KB165697

아무도
모르는
뉴 욕

아무도
모르는
뉴 욕

세계 최대 도시는
어떻게 살고 있는가

윌리엄 B. 헬름라이히
William B. Helmreich

딜런 유 옮김

글항아리

일러두기

· 원서에서 이탤릭체로 강조한 것은 고딕체로 표시했다.

· 숫자로 매겨진 미주는 지은이의 것이며, 옮긴이 주는 본문 안에 괄호로 넣었다.

· 네이버후드neighborhood, 버러borough, 스트리트street, 애비뉴avenue, 커뮤니티community 등 미국의 행정적·문화적 요소를 지칭하는 단어는 번역하지 않고 그대로 표기했으며 필요한 경우 옮긴이 주로 설명했다.

아버지에게

내가 아홉 살 때 아버지는 '종점 놀이'라는 게임을 만들어 나와 놀아주
셨다. 우리는 맨해튼의 어퍼웨스트사이드 지역에서 살았는데, 주말에
시간이 나면 언제든지 아버지는 나와 IND(독립 지하철 시스템)의 103번
스트리트 정거장으로 걸어갔다. 그 역에서 다른 기차로 갈아타고 노선
의 종점까지 가는 것이 '종점 놀이'였다. 종점에서 한두 시간 정도 인근
동네를 걸어서 돌아다니기도 했고 때로는 시영 버스를 타고 답사 거리
를 더 멀리 늘리기도 했다. 수많은 노선의 종점을 모두 다니고 난 다음
에는 종점에서 세 번째 정거장 혹은 다른 정거장 등으로 목적지를 옮
겨다녔다. 고등학교에 들어갈 때까지 우리는 5년 정도 이 게임을 하다
말다 하면서 계속했다.

　이게 내가 뉴욕시를 사랑하고 고맙게 여기는 법을 배운 방식이다. 나

는 아버지와 브루클린 커나시 지구의 습지를 바라보며 "그래요, 선생님이 제가 말썽을 피우면 보내버리겠다고 한 곳이 여기죠" 하며 회고하기도 했다. 한번은 아버지가 브루클린 유티카애비뉴 인근 바에 머리를 들이밀자 손님들이 뿔뿔이 흩어져버린 적이 있었다. 왜 그랬는지는 지금도 전혀 알 수 없다. 또 한번은 브롱크스의 스록스넥으로 가는 버스를 타다가 낚시하는 사람을 본 적 있는데, 태어나 처음 보는 광경이라 그야말로 경이롭게 쳐다봤다. 나는 도시 아이였다. 스틱볼 게임을 하면서 놀았고, 우리 블록(뉴욕시를 구성하는 폭 76미터, 길이 180미터 정도의 기본 구획 단위―옮긴이) 내의 패거리 집단에 속해 있었으며, 동네 사탕 가게의 모든 초콜릿 과자를 외우고 있었다. 이러한 경험과 내가 다녔던 여행은 이 책에 대한 아이디어가 자라난 비옥한 땅이 되었다. 아버지에 대해 말하자면, 그는 80세가 될 때까지 걷기의 효능을 찬탄하면서 계속 걸어다녔다. 천수를 누리고 2011년 102세 생신을 3주 앞두고 영면하셨으니, 나 역시 당신이 옳았다고 생각한다.

나는 뉴욕시립대학과 대학원에서 40년간 가르치는 일을 해왔다. 이곳에서 그렇게 오랫동안 가르치면서 좋았던 것은 함께한 동료들이 이 도시에 대한 정말 탁월한 업적들을 쌓아왔다는 점이다. 이들의 업적은 1920년대 시카고대학의 학자들이 자신들의 도시를 탐사한 것에 비견될 만했다.

연구 주제에 대해 집중적으로 읽고 논문을 쓰는 것 외에, 내가 맡은 과정의 학생들은 교과과정의 일부로 나와 함께 종일 다른 버러 Borough(뉴욕을 구성하는 다섯 개의 자치구―옮긴이)를 걸어서 답사하는 일을 해오고 있다. 꽤 많은 학생이 외국 출신인데, 내가 가끔 세상에서 가장 위대한 야외 박물관이라고 부르는 곳을 직접 보는 것은 그들에게 멋진 경험이다. 학생들은 모든 버러가 각각의 방식대로 독특하고 흥미롭다는 점에 예외 없이 감탄하고 놀란다.

그러던 어느 날, 뉴욕시립대 대학원 사회학과의 학과장 필립 카시니츠가 거의 즉석에서 내게 "뉴욕에 대해 그렇게 오랫동안 가르쳐왔으니 책을 한번 써보는 것은 어때요?"라고 물어왔다. 그의 제안에 대해 곰곰이 생각하던 중 문득 내 전 생애 동안 그 책을 쓰고 싶었던 건지도 모른다는 느낌이 들었다. 그래서 그렇게 해보기로 했다. 또한 조지프 버거의 2007년 책 『새로운 뉴욕The New New York』의 영향도 받았는데, 『뉴욕타임스』 저널리스트로 수십 년간 이 도시를 담당해온 버거의 책은 다양한 민족들로 구성된 뉴욕의 동네를 관통하는 놀라운 견문록이다. 책은 동네와 구성원들에 대한 정보와 경이로운 통찰로 가득 차 있다.

대부분의 삶을 뉴욕에서 살아왔다는 사실은 대단한 이점이었다. 나는 상당수의 도시를 이전에도 여러 차례, 혼자서 혹은 학생들과, 재미로 혹은 단순히 어딘가로 가기 위해 걸어다녔다. 하지만 그런 걷기와 이제부터 실행해보려는 여정에는 큰 차이점이 하나 있었다. 이전에는 골목 구석구석을 체계적으로, 책을 쓰겠다는 목적으로 걸어다녀본 적이 없었다. 이렇게 하자 집중력이 엄청나게 늘어났고 모든 것을 헤아려보게 되었으며, 파악하고 서술하고 분석하게 되었다. 모든 감각이 각성되고 두뇌는 고속 기어 상태로 움직이기 시작했다.

내가 뉴욕에서 자랐을 뿐만 아니라 여기서 여러 일을 하며 살아왔다는 것이 또 다른 장점이었다. 젊은 시절에는 사회복지 부서의 현장 업무를 보기도 했고, 식당에서 그릇을 치우거나 웨이터를 하기도 했으며, 택시 운전도 했다. 어떤 때는 홈리스, 또 어떤 때는 선거 캠페인에서 조사원이 되어 사람들의 식습관과 바닥재와 전화 사용에 대해 인터뷰하고 그 외 수많은 마케팅 조사를 하면서 경험을 쌓았다.

게다가 자란 곳 외에 뉴욕의 다른 지역에서도 살았다. 뉴욕을 벗어나 애틀랜타, 세인트루이스, 뉴헤이븐과 같은 다른 도시에서도 살아봤다. 이 도시들과 전 세계 다른 도시에서의 짧은 체류 경험이 내게 비교학적인 관점을 주었고, 무엇이 빅 애플(뉴욕시의 별명—옮긴이)을 특수하게 만드는 동시에 다른 메트로폴리스들과 유사하게 만드는지를 볼 수 있게 해주었다. 이런 정보와 개인적인 경험들을 챙겨 넣고 거리로 나서자, 그 여정에서 나는 이전에는 상상도 못했던 것들을 경험하고 배우게 되었다.

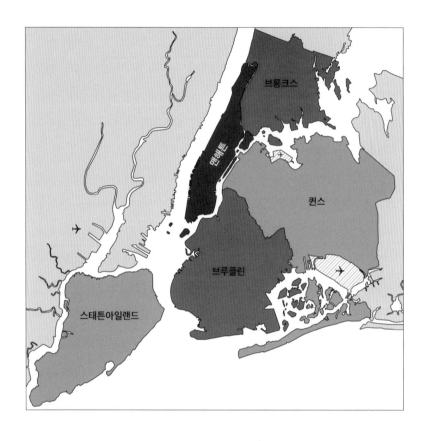

뉴욕시

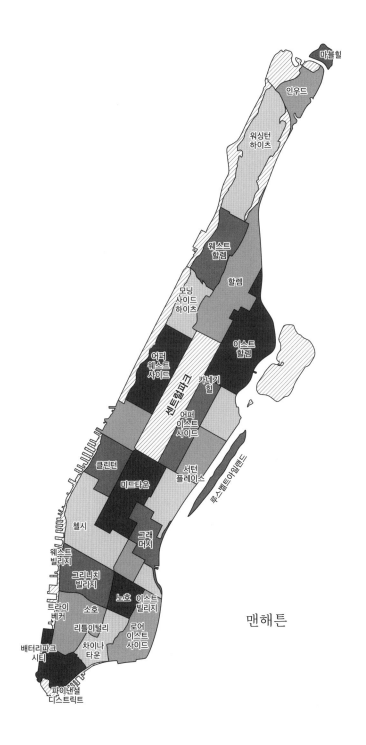

마블힐

인우드

워싱턴
하이츠

웨스트
할렘

할렘

모닝
사이드
하이츠

어퍼
웨스트
사이드

이스트
할렘

센트럴파크

카네기
힐

어퍼
이스트
사이드

클린턴

미드타운

서턴
플레이스

루스벨트아일랜드

첼시

그래
머시

웨스트
빌리지

그리니치
빌리지

노호

이스트
빌리지

트라이
베커

소호

리틀이탈리

로어
이스트
사이드

배터리파크
시티

차이나
타운

파이낸셜
디스트릭트

맨해튼

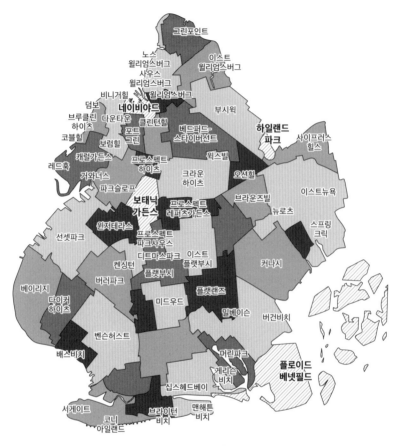

그린포인트

노스
윌리엄스버그
사우스
윌리엄스버그

이스트
윌리엄스버그

비니거힐   월리엄스버그
덤보   네이비야드   부시윅
브루클린 다운타운
하이츠   틀린턴힐   하일랜드
코블힐   보럼힐   포트   베드퍼드-   파크
캐럴가든스   그린   스타이버선트   사이프러스
레드훅   윅스빌   힐스
            거와너스   프로스펙트
                          하이츠   크라운   이스트뉴욕
            파크슬로프   하이츠   오션힐
                  보태닉   프로스펙트   브라운즈빌
                  가든스   레퍼츠가든스   뉴로츠
            윈저테라스   스프링
                        프로스펙트   크릭
      선셋파크   파크사우스
                    디트마스파크   이스트
            켄싱턴   플랫부시
                  버러파크   플랫부시   커나시
베이리지   플랫랜즈
      다이커   미드우드
      하이츠   밀베이슨
                  벤슨허스트   버건비치
                                          머린파크
            배스비치   게리슨   플로이드
                              십스헤드베이   비치   베넷필드
      서게이트   맨해튼
            코니   브라이턴   비치
            아일랜드   비치

브루클린

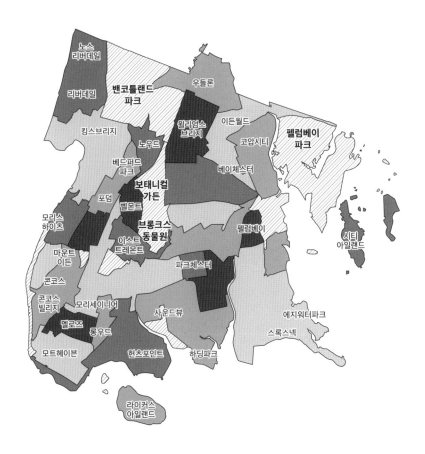

노스
리버데일

밴코틀랜드
파크

우들론

리버데일

이든월드

킹스브리지

노우드

펠럼베이
파크

코압시티

베드퍼드
파크

베이체스터

보태니컬
가든

포덤

벨몬트

모리스
하이츠

브롱크스
동물원

펠럼베이

이스트
트레몬트

마운트
이든

파크체스터

콘코스

시티
아일랜드

콘코스
빌리지

모리세이니어

사운드뷰

에지워터파크

멜로즈

롱우드

스록스넥

모트헤이븐

헌츠포인트

하딩파크

라이커스
아일랜드

브롱크스

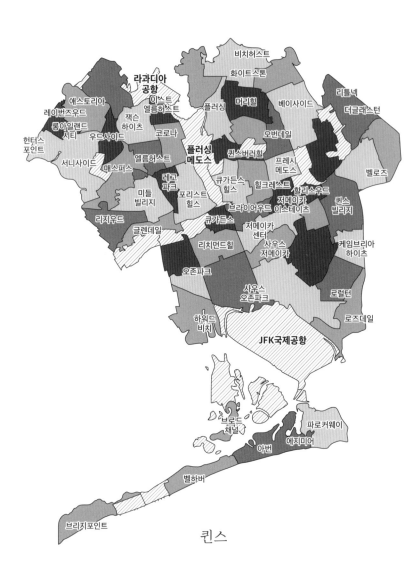

비치허스트
화이트스톤
라과디아 공항
애스토리아
레이븐즈우드
롱아일랜드 시티
헌터스 포인트
이스트 엘름허스트
잭슨 하이츠
우드사이드
플러싱
머리힐
베이사이드
리틀넥
더글래스턴
코로나
오번데일
프레시 메도스
벨로즈
서니사이드
매스퍼스
엘름허스트
플러싱 메도스
퀸스버러힐
큐가든스 힐스
힐크레스트
할리스우드
저메이카 이스테이츠
퀸스 빌리지
레고 파크
미들 빌리지
포리스트 힐스
브라이어우드
케임브리아 하이츠
리지우드
큐가든스
저메이카 센터
글렌데일
리치먼드힐
사우스 저메이카
오존파크
로럴턴
사우스 오존파크
로즈데일
하워드 비치
JFK국제공항
브로드 채널
파로커웨이
에지미어
아번
벨하버
브리지포인트

퀸스

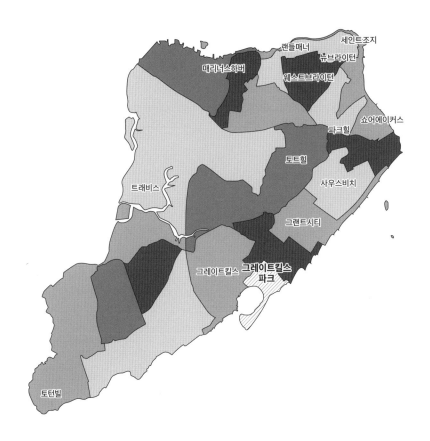

랜들매너
세인트조지
매리너스하버
뉴브라이턴
웨스트브라이턴
쇼어에이커스
파크힐
토트힐
트래비스
사우스비치
그랜트시티
그레이트킬스 그레이트킬스
파크
토턴빌

스태튼아일랜드

1장 | # 뉴욕의 내밀한 삶과 심장

이 책의 궁극적인 목표는 뉴욕시의 내밀한 삶과 심장, 영혼을 묘사함으로써 독자들이 그 정신을 포착하여 생생하게 되살리게끔 하는 것이다. 나는 뉴욕시의 주민들이 일반적인 사람으로서, 동시에 뉴요커로서 자기 삶을 어떻게 경험하고 있는지를 배워나가는 것으로 이 목표를 이뤄보려 했다. 도시의 정수는 사람들이다. 행동과 상호작용을 통해, 그들은 도시가 염두에 두고 있는 모습과 매일의 삶의 흐름, 그 안의 염원과 꿈을 결정하게 된다. 이곳에서 살고 있는 사람들 사이의 관계, 그들이 경험하고 공유하는 기쁨과 실망, 하고 있는 일들과 여가를 보내는 방법, 이 모든 것이 도시 자체의 기본적인 생명선을 구성하고 있다.

도시라는 것은 고정된 상태로 존재하는 단위가 아니다. 주민들의 필요를 수용하면서 역동적으로 쉴 새 없이 변화하는 환경이다. 전 세계에서 온 800만 명 이상의 주민이 한 도시에 있는 경우라면 그 도시가 어떻게 작동하는지 이해하는 것은 주눅 들 정도로 벅찬 일이 된다. 실증적으로 검증할 수 있는 관찰 집합으로 규모를 줄여서 명쾌하게 결론 내리는 것은 뉴욕시의 엄청난 규모와 범위, 대단히 다양한 주민 때문에 불가능한 일이다. 그 시도 자체에 성공할 가능성이 없다. 차라리 부분의 합보다 총합이 더 커지는 넓은 시각에서 뉴욕을 바라보고, 도시 사람들의 이야기와 그들이 자기 삶을 어떻게 조정해서 살아내는지 알아보는 것을 이 놀라운 세계를 이해해보려는 시작점으로 삼는 게 적합할 듯하다.

뉴욕시를 구석구석 블록마다 걷다보면 현실에 정확히 초점을 맞출 수 있다. 현실이란 것은 언제나 거기 있는 줄 알고 있지만 굳이 말할 필요 없을 정도로 너무나 자신의 한 부분이라서 실은 한번도 정확하게 표현해본 적이 없는 것이다. 이런 현실은 길에서 만난 사람들과 이야기하고 교류하는 동안 순간순간 계속 떠오르게 된다. 종합해서 말하자면, 뉴욕은 역동적이고 다양하며 놀라울 만큼 풍부한 사람과 마을의 집합체다. 그 구성원은 작은 촌락민들이 가질 만한 가치관과 고도의 교양을 동시에 드러내는 사람들인데, 이는 대단히 현대적이고 기술적으로 앞선 세계적인 도시에서 살고 있기 때문이다. 바로 이 점이 뉴욕을 구성하는 다섯 개 버러의 구석구석을 훑는 치열하면서 상세한 이 여정의 주요 주제인 동시에 결론이다.

앞으로 상세히 묘사하겠지만, 사실 이런 점은 뉴욕시만의 유일무이한 특징이 아니다. 파리나 런던, 상하이, 뉴델리, 로스앤젤레스, 시카고나 보스턴 같은 다른 주요 도시의 특징이기도 하다. 이 도시들 역시 각각의 독특한 정체성을 가지고 있지만, 세계 곳곳에서 온 사람들이 토박이들에게 섞여들고 휘적거려 생기를 불어넣음으로써 도시를 재구성한다. 그런 경험에서 나온 삶과 행동 양식을 모든 뉴요커가 같은 수준으로 표현하며 생활하진 않는다. 주민 사이에서 서로 다른 수준으로 드러날 뿐이다. 그리고 이 책은 그 현실을 탐사하여, 현실이 어떻게 잠재력을 100퍼센트 발휘하게 되는지, 어떻게 도시를 총체적으로 드러내는지를 알아보려고 한다.

이 프로젝트의 또 다른 중요한 발견은 책의 결론 부분에 요약되어 있다. 여기에는 젠트리피케이션과 이민자가 뉴욕을 변화시키는 근본적인 방식, 9·11 테러 사건이 이 도시에 미친 영구적인 영향, 에스닉ethnic 동화同化 과정의 장기적인 추세와 혼종 정체성의 형성, 서류 미비 이민자에 대한 광범위한 공감대 같은 것이 포함되어 있다(에스니시티ethnicity, 에스닉ethnic은 본문에서 '민족-종교[적]' 또는 '민족[적]'으로 번역했다. 에스니시티는 종족으로도 번역되지만 반드시 혈통적 집단을 의미하는 것은 아니며, 공통 문화, 혈통, 종교들의 다양한 계승을 공유하고 있는 정체성을 가진 집단을 의미한다 — 옮긴이).

뉴욕시는 사회학적인 측면에서 한 번도 총체로서 과학적으로 연구된 적이 없다. 아니, 사실 도시의 어느 버러도 한 개의 단위로 탐구된 적이 없다. 지금까지는 커뮤니티들에 대한 여러 훌륭한 연구가 있었을 뿐이다.[1] 나는 이 사실을 동료에게 흥분해서 얘기한 적이 있다. 그의 대답은 "뭐, 그건 너무 큰 주제잖아요. 아마 당신 이전에는 도시 전체를 걸어다니면서 연구하겠다는 제정신 아닌 사람이 없었던 거겠죠"였다. 어쩌면 그가 옳을지도 모른다. 내 방식으로 이 도시를 탐험해보겠다면, 비록 건강에 좋고 재미있고 또한 도전적이라 우길지라도, 약간 제정신이 아니어야 할지도 모른다. 게다가 이건 맥락상의 문제이기도 하다. 아무도 뉴욕시 마라톤 대회에서 달리는 주자를 이상하다고 생각하지 않는다. 일반적으로 받아들여지는 개념에 해당되기 때문이다. 마라톤을 준비할 때 그들은 한 주에 65킬로미터씩 달리기를 한다. 애비게일 마이설이 『뉴욕타임스』에서 보도한 것처럼 자전거를 타는 사람들이 점점 늘어나, 30~60킬로미터 밖의 교외 지역에서 자전거로 출퇴근하는 사람들도 있다. 적어도 고섬Gotham시(뉴욕의 별명 — 옮긴이)에서 걷는 것은 받아들여지는 행동 양식 중 하나로 보인다. 로스앤젤레스에서 걸을 때는 뉴욕 사람들처럼 걷는 이를 만난 적이 없었다. 그곳 사람들에게 운동은 헬스클럽에 가거나 조깅이나 수영을 하러 가는 것을 의미했다.

그러나 도시를 걷는 경험은 이보다 더 많은 것을 의미한다. 걷기는 직접 밖으로 나가게 하여 도시를 더 가까이에서 알게 해준다는 점에서 이 작업에 필수적이다. 하지만 그냥 걸어다니기만 해서는 도시를 알 수 없다. 주위에서 어떤 일이 일어나는지를 흡수하기 위해 그 자리에 충분히 멈춰 서 있어봐야 한다. 그리고 이를 위한 단 한 가지 방법은 자신을 그곳에 푹 담가 거리에서 오랜 시간을 보내고, 모르는 사람들이 모이는 곳에 가서 같이 어울리고, 모임이나 콘서트, 스포츠 이벤트 같은 일에 끼어보는 등 주민들이 하는 일을 직접 해보는 것이다. 그게 민족지학적 방법Ethnographic Method, 즉 직접 관찰하고 심지어 발생하는 일에 참여하는 방식을 이 프로젝트의 기본 접근법으로 채택한 이유다.

애초의 계획은 도시의 대표적인 거리 20곳을 끝에서 끝까지 걸은 다음 책의 기본 골격으로 사용하는 것이었다. 하지만 뉴욕만큼 큰 도시를 대표한다고 할 만한 특정 거리 20곳을, 아니 100곳이라도 골라내기란 불가능하다는 것을 깨달았다. 제대로 하려면 그저 도시 전체를 걸어야만 했다. 힘에 부치는 일이긴 하지만 아주 해볼 만한 프로젝트였다. 생각대로 안 된다면 어쨌든 운동이라도 많이 한 게 될 테니까!

필수 불가결한 결정이었다. 이제 쓰고 관찰한 수백 가지 예시가 생겼기 때문이다. 이 책에 소개된 수많은 사연과 일화는 내 기준으로 너무나 전형적인 현상이거나 그 독특함이 뉴욕시의 흥미로움을 말해주기 때문에 선정되었다. 골라 쓸 게 충분할 때에는 요점에 가장 잘 들어

맞는 것을 선택할 수 있다. 도시 전체를 일반적으로 이해하는 것으로는 결국 모든 동네를 심도 있게 보여줄 수는 없겠지만, 좀더 폭넓고 큰 그림을 보려면 그 한계를 감수해야 한다.

나는 9733킬로미터를 걸었다. 뉴욕시에서 로스앤젤레스까지 갔다가 되돌아와서(8000킬로미터) 세인트루이스까지 가는 거리다. 퀸스, 맨해튼, 스태튼아일랜드, 브루클린과 브롱크스의 거의 모든 블록을 답사했고, 차고 다니던 옴런 만보기로 이동한 거리를 측정해 각 답사 끝에 기록했다. 4년간 한 주에 대략 평균 51.5킬로미터를 걸었고, 2008년 6월 퀸스의 리틀넥에서 시작해 2012년 6월 브루클린 그린포인트에서 답사를 마쳤다. 총 9733킬로미터의 거리로 연평균 2433킬로미터, 매달 203킬로미터 또는 12만960도시블록(미국 거리 단위로, 1.6킬로미터가 대략 20개 블록)에 해당된다. 갖고 있던 신발 중 가장 편하고 질긴 샌안토니오슈즈SAS 아홉 켤레가 닳았다. 그리고 바깥쪽 버러들은 처음에 예상했던 것보다 훨씬 더 흥미로운 곳으로 다가왔다.

걸어다니면서 만난 수백 명의 사람을 인터뷰했다. 인터뷰라는 것은 대단히 즉각적인 특성이 있어서 역시 노력이 중요한 것이다. 도시 주민들과 직접 대화하는 것은 내겐 두 번째로 중요한 접근법이었다. 대화를 거부하는 사람은 거의 없었다. 성과 이름을 묻지 않고 사생활을 건드리지 않으려고 했지만 몇몇 사람은 자발적으로 알려주기도 했다. 책 속에 이름이 다 나오는 경우는 허락을 받은 것이다. 몇 가지 사소한 세부 사항을 변경하긴 했지만 대부분의 이름과 장소는 정확하게 했다.

대체로 즉흥적이고 격식을 차리지 않은 대답을 원했기 때문에 그들이 묻지 않으면 굳이 내 실체를 드러내지 않았다. "실례합니다. 이 커뮤니티에 대해 몇 가지 질문을 해도 괜찮겠습니까?"와 같은 방식으로 인터뷰를 시작해본 적이 없다. 그 대신 이런 말을 꺼냈다. "왜 이런 옷을 입고 있나요?" 아니면 "이 동네는 안전한가요?" 혹은 "저 사람 뒷마당에서 말이 뭘 하고 있는 거죠?"(실제로 브루클린의 게리슨비치에서 써먹은 인사말이었다.) 그들이 알아차리기 전에 (그리고 그들 대부분은 결코 알 수 없었지만) 인터뷰를 하고 있었던 것이다.[2]

가능하면 언제나 테이프 녹음기를 사용했고, 왜 녹음하냐고 물어보는 사람들에겐 당신의 말을 기억해두고 싶어서라고 말했다. 대부분은 별로 신경쓰지 않았고, 자신의 말에 녹음할 가치가 있다고 우쭐대기도 했다. 녹음하는 게 좋은 생각이 아니다 싶을 때는, 대화가 끝나는 즉시 내용을 다시 요약해서 녹음기에 녹음했다. 격식을 차리지 않은 이런 인터뷰 중 상당수는 다양한 수준에서 좋은 통찰을 제공해줬다. 예를 들자면 이런 일이 있었다. 로어맨해튼의 주차장 밖에서 오렌지색 플라스틱 깃발을 흔들고 있는 땅딸막하고 젊은 온두라스계 남자에게 다가간 적이 있다. 그는 주차장에 빈자리가 있다는 것을 운전자들에게 알리는 중이었다.

"이 일 지루하지 않아요?"

"이건 내 원래 일이 아니에요."

"원래 일은 뭐예요?"

"멘텐"이라고 짧은 영어로 그가 말했다.

"그게 뭐죠?"

"멘텐."

어떤 일인지 설명해달라고 하면 무슨 뜻인지 알아낼 수 있을지도 모른다고 생각하고 다시 물어봤다. "멘텐할 때 당신은 뭘 해요?"

"차고를 청소하고, 쓰레기를 치우고, 바닥을 쓸기도 하죠."

"관리하는 것 말인가요?"(유지·관리하다라는 의미의 'maintain'을 잘못 발음한 것을 깨달은 것이다 — 옮긴이)

"네, 멘텐."

갑자기 번뜩 생각이 들어 "나도 그 깃발을 1분만 흔들어볼 수 있을까요? 어떤 느낌인지 알고 싶어요" 하고 물었다.

"괜찮겠어요?" 그는 걱정스레 물었다.

"괜찮아요. 저는 대학교 선생이랍니다."

물론 내 전공은 이 일을 잘할 수 있는 것과 아무 상관이 없지만, 나는 아무 말이나 막 하고 있으면 실제로 많은 사람이 그 말에 그렇게 신경 쓰지 않는다는 것도 배웠다. 인터뷰를 하고 난 다음 바로 결혼식에 갈 거라며 화장실을 잠시 쓸 수 있는지 물어보거나, 지금 휴가를 떠날 예정이라 뭘 좀 복사해도 괜찮은지 물어볼 수도 있었다. 말도 안 되는 것 같지만, 아무튼 대답은 '예'인 경우가 많았다.

아니나 다를까 온두라스 남자는 "오케이"라고 했고, 이상한 일이 일어났다. 1분간 깃발을 흔드는데 천이 막대기에 단단하게 말려버려 더이상 흔들 수 없게 됐다. 나는 얌전하게 깃발을 돌려주었다. 그 일을 통해 배운 것은 가장 간단한 작업도 그걸 어떻게 하는지 모르는 사람에게는 어려울 수도 있다는 점이었다.

생각에 잠긴 나를 그가 깨웠다. "당신이 누구인지 알겠어요! 보스 맞죠!"

그가 CBS의 리얼리티 프로그램 「언더커버 보스Undercover Boss」를 봤는지는 모른다. 그 프로그램에서는 직장 상사가 직원들이 일을 어떻게 하는지 보려고 신분을 감추고 직원들 틈에 끼어든다. 나는 그가 이 가능성에 대해 적어도 귀찮아하지 않는다는 것을 알아차렸다. 내가 좀 모호하게 "그건 알 수 없죠"라고 응수하자 그는 그냥 웃으며 말했다. "잘 가슈, 친구."

이 에피소드의 중요한 교훈은 우리 사회가 감시사회가 되었다는 것이다. 사람들은 다른 사람이 자신을 감시하고 있을지도 모른다는 생각을 대수롭지 않게 받아들이고 있는 것 같다. 이는 다른 여러 인터뷰에서도 확인되었다. 또 다른 교훈이라면 뉴요커는 계층과 무관하게 대체로 친근하고 개방적인 사람들이라는 것이다. 이 역시 여러 번에 걸쳐 입증되었다.

도시의 주요 지도자들, 커뮤니티 위원회, 종교 단체 등을 이끌고 있는 사람들과 공식 인터뷰도 여러 번 했다. 답사와 즉흥적인 대화들이 완전히 설명해주지 못한 문제를 해결하기 위해서였다. 특히 전 시장들인 에드워드 코크, 데이비드 딘킨스, 루돌프 줄리아니와 현재 시장인 마이클 블룸버그(원작 당시의 시장—옮긴이)와의 인터뷰가 특히 흥미로웠다. 그들 모두 마음이 열려 있고 진취적이었으며, 역사와 경험에서 얻은 관점으로 도시에서 자신들의 역할, 도시에 필요한 것과 해결해야 할 문제에 대한 생각을 이야기해주었다. 이 모든 사람은 본문에서 이름을 밝혀두었다.

보통 사회학자들은 자신의 작업에 관한 느낌과 생각이 분명하더라도 더 조심스러운 관점을 취하는 편이다. 하지만 이 책의 연구는 대부분 걷기와 개인적으로 사람들과 엮이는 것으로 이루어졌으므로, 내가 어떤 생각을 했는지 말하는 것이 중요하다고 느꼈다. 그래서 내가 무엇을 느꼈는지 설명하려고 노력했다. 다른 연구자들도 이런 방식을 택한다면 도시 연구의 더 좋은 도입부가 되겠지만, 그건 확실히 내가 결정할 수 있는 일은 아니다.

이 책은 도시를 이해하기 위한 새로운 시도로서, 탐색적인 연구라고 할 수 있다. 완전히 철저하거나 포괄적이지는 않다. 내가 바라는 점은 연구자들이 여기에 소개된 도시의 많은 측면과 주제를 더 상세한 작업을 위한 기초로 사용해주었으면 하는 것이다. 어떤 동네에 처음 도착했을 때, 너무 많이 가정하지 않도록 주의해야 한다. 통계상의 결론과는 반대로 통찰력과 깊이 있는 이해를 제공하는 데 있어 가장 성과가 좋고 정성定性적이면서도 종종 직관적인 접근법인 민족지학에 있어 이는 특히 중요하다.

뉴욕시를 분석하는 여러 방법이 있다. 하나는 지리적인 구분을 버러와 네이버후드에 적용하여 각각을 신중하게 검토하는 것이다(버러Borough는 다섯 개의 행정적 자치구이며 네이버후드Neighborhood는 사전적 의미인 '동네'와 조금 다른 개념의 지리적 구역을 의미한다. 본문에서는 맥락상 동네와 네이버후드를 구분해서 번역했다 — 옮긴이). 다른 접근법으로는 도시를 아시아인, 백인, 뉴요커, 브루클린 주민, 단체, 소규모 상점, 스포츠, 노인, 어린이와 같은 **카테고리**의 측면으로 생각하는 것이 있다. 이민, 젠트리피케이션, 범죄, 교육과 같은 이슈를 기준으로 도시를 평가할 수도 있다. 뉴욕시를 물리적 **공간**의 조각보처럼 보는 방법도 있다. 여기에는 거리, 건물, 담장, 동상, 놀이터 및 기념비가 포함된다. 이런 모든 일련의 질문이 복잡한 대도시를 좀더 잘 이해하는 데 도움이 되기 때문에 이 책에 적용되었다.

각 장의 주제는 중요하고 특히 관찰하기에 적합했기에 선택되었다. 이민은 오래전부터 뉴욕뿐 아니라 미국 역사에서도 핵심이었으며, 나는 걷는 동안 많은 이민자와 만나고 교류할 기회를 얻었다. 뉴욕시는 여러 커뮤니티로 구성되어 있기 때문에, 뉴요커들이 자유 시간을 어떻게 보내는지 보는 것과 마찬가지로 커뮤니티 각각을 가까이에서 검증해보는 것은 당연한 선택이었다. 또한 도시 거주자들이 공간을 어떻게 사용하는지도 도시가 그들에게 주는 의미의 무게를 대변해주기에, 도시를 하나의 공간으로 보는 것 또한 중요했다. 젠트리피케이션의 과정을 이해하는 것은 지난 40년 동안 어떻게 뉴욕시가 주거·상업적으로 활기차고 흥미로운 곳으로 변화해왔는지를 가장 효과적으로 알려주기 때문에 매우 중요했다. 마지막으로 사람들이 자신이나 타인을 특정한 민족-종교적 집단으로 정체화하거나 정체화하지 않는 방식은 개인적으로나 집단적으로 그들이 누구이며 어디로 향하고 있는지라는 핵심적인 문제에 대해 많은 것을 말해준다. 나는 이 책에서 1975년에 뉴욕시가 재정적으로 파탄이 난 후 어떻게 변화해왔는지를 고려하기 위해 노력을 기울였다.

수천 시간에 달하는 고되고 어려운 작업이 투입된, 분명히 노동 집약적인 프로젝트였다. 대부분의 시간 동안 도와줄 연구보조원 없이 혼자 걸어다녔다. 2시간 정도 답사하기 위해 대중교통을 1시간 30분은 타고 가야 하는 동네도 있었다. 시간이 나면 놓칠 수 없었다. 가을이든 봄이든, 여름이든 겨울이든, 날씨가 괜찮으면 거리를 걷는다. 비 오는 날이나 매우 추운 날에는 나가지 않는 대신 녹음테이프를 듣고 필요한 것을 옮겨 적는다. 뿐만 아니라 읽고, 인터뷰하고, 쓰고, 또 생각하는 데 그 시간을 쓸 수도 있다. 그야말로 낭비할 시간이 없었다. 그러지 않으면 이 분량의 책을 쓰는 데 10년을 보내고도 여전히 책을 마무리 짓지 못할 수 있다.

최종 국면, 즉 책을 쓴다는 것은 몇 날 며칠이고 하루 12시간에서 14시간 동안 의자에 앉아 글을 써내려갈 능력과 의지를 요하는 일이다. 외골수로 집중해야 하니까 하루에 다섯 번씩 이메일을 확인하는 일은 없다. 그리고 혹시라도 몸이 아파진다면, 빨리 완쾌할 수 있도록 무슨 수든 써야 한다. 다행히 내 몸은 놀라울 정도로 잘 유지되었고, 건강 문제도 거의 없었다. 단언컨대 꾸준한 운동 덕분에 책을 쓰기 시작했을 때보다 훨씬 더 좋은 상태가 되었다. 12월 초 어느 날 커나시 지역을 답사할 때 발에 염증이 생긴 적이 있다. 나는 얼음찜질과 휴식이라는 느린 방식보다는 시간을 좀 앞당기려 코르티손 주사를 맞으러 갔다. 눈 오는 시기가 슬슬 오고 있었던 것도 결정에 영향을 미쳤다. 추운 계절에는 걷거나 인터뷰할 수 없기 때문이었다. 주사는 효과가 있었다. 또 한번은 위장 바이러스로 고생한 다음 조금 괜찮아지자 곧바로 밖으로 나서기도 했다. 현장 작업과 책 쓰기의 간격이 벌어지면 생생함이 덜해지고 무언가를 잊어버릴 가능성도 있어서, 시간은 진짜 적이 될 수 있다. 당연히 돌아볼 시간은 필요하니까 이 균형을 잘 잡아야 한다.

집에 돌아오면 녹음한 테이프를 듣고 옮겨 적었다. 이때 원고 필사 서비스를 이용하지 않고 직접 작업했다. 녹음테이프를 다시 들어보는 것은 처음 말을 꺼낼 때의 대화 속 억양과 뉘앙스를 파악하는 데 도움이 되어, 포함할 것과 뺄 것을 그 자리에서 결정할 수 있었다. 또한 뉴욕에 관한 학술적이거나 대중적인 글도 읽었는데, 오래된 것들은 수업에서 가르쳐오면서 이미 익숙해졌기 때문에 주로 최근 정보에 초점을 맞추었다.[3] 따라서 이 책의 내용은 스스로 찾아낸 것과 다른 사람들의 연구를 모두 보여준다고 할 수 있다. 최종적으로 여백 없이 빽빽하게 입력한 750쪽 분량의 노트를 썼고, 그 노트는 실질적으로 이 책의 원재료가 되었다.

민족지학적 연구를 할 때는 뭔가를 처음 보는 경우 자신의 관찰에서 조금 가감해야 한다는 것을 기억하고 있어야 한다. 예를 들어 스태튼아일랜드 해변 근처의 주차장에 아름답고 클래식한 코벳 몇 대가 주차되어 있는 것을 본다. 뜨거운 아스팔트에서 올라오는 열기 속에 이글이글 햇빛을 받으며 차들은 반짝이고 있다. '이 코벳을 가진 사람들은 얼마나 좋을까, 자신을 표현해낼 멋진 취미와 동호회가 있으니'라고 생각한다. 차주들과 이야기를 나눈 후 나는 그들이 그저 모여서 차를 자랑하며 친목을 다지려고 여기 있는 게 아니라는 것을 발견하게 된다. 장난감 상자를 가리키며 그중 한 명이 이렇게 말한다. "이 장난감을 불우한 아이들에게 주려고 이곳에 왔어요. 그게 바로 우리가 클럽을 결성한 이유예요." 대다수 클럽은 어떤 선행도 하지 않을 수 있으니, 사람들에 대해 일반화하거나 가정하지 않는 것이 최선이다.

비슷한 맥락에서, 유대인 이름이 붙은 술집을 본 적이 있냐고 묻는다면 나는 그렇다고 할 것이다. 맨해튼 로어이스트사이드의 앨런스트리트와 스탠튼스트리트 교차로 모퉁이에 있는 엡스타인스 바Epstein's Bar였다. 나는 그곳을, 유대인이 술을 마시지 않는다는 생각은 사라지고 있고, 젊은 유대인 여피 세대는 그 고정관념을 바꾸고 있으며, 음주를 조금도 당혹스러워하지 않는다는 신호로 받아들였다. 그러나 그것이 진짜 알려준 것은 왜 추정하지 말고 직접 물어보는 것이 중요한지였다.

안으로 들어가, 젖은 천으로 유리잔을 닦고 있는 금발의 젊은 여성 바텐더에게 다가갔다. 유대인은 아닌 것처럼 보였다. 그녀는 내 질문에 미소를 지으며 「웰컴 백, 코터Welcome Back, Kotter」(1970년대 후반의 미국 시트콤 — 옮긴이)에 출연했던 후안 엡스타인한테서 딴 거예요"라고 말해주었다. "시트콤에서 그의 어머니는 푸에르토리코인이었고 아버지는 유대인이었죠. 그래서 새 주인이 그렇게 이름 지었어요. 게다가 로어이스트사이드가 한때 유대인 지역이었다가 그 후에 푸에르토리코인 지역이 되기도 했으니까요." 벽에는 '리바이스를 사랑하기 위해 유대인일 필요는 없습니다'라고 적힌 리바이스의 유대식 호밀빵 광고 포스터가 걸려 있었다. 특히 색다른 버전의 이 광고는 히스패닉계 아이가 파스트라미온라이Pastrami-on-rye 샌드위치(파스트라미를 끼운 호밀빵 샌드위치로, 전형적인 유대 음식이다 — 옮긴이)를 먹는 모습을 담고 있었다.

많은 사람이 내게 왜 시간을 절약하지 않고 도시를 통과해서 운전해 가는지 물어봤다. 하지만 뉴욕시 간선 고속도로를 경유하는 운전은 사실상 가치가 없다. 정원과 나무, 지역의 대다수를 차지하는 작은 건물과 상가 속에 자리 잡은 교회들의 이야기를 놓치게 된다. 브루크너 간선도로에서는 브롱크스의 5층짜리 워크업 아파트(주거지역의 엘리베이터 없는 2~6층 규모의 작은 빌딩—옮긴이)를 보고 영화 「허영의 불꽃Bonfire of the Vanities」을 상기할 순 있겠지만, 실제로 건물과 현관 앞의 계단, 아이들로 가득 찬 거리에서 일어나고 있는 왁자지껄한 삶은 만날 수 없다. 차로 거리를 천천히 달리는 것은 조금 더 낫다고는 해도 아주 많이 낫지는 않다.

사람들이 그 공간에서 어떻게 기능하는지 관찰하고 그들과 대화를 해보려면, 즉 본질을 포착하려면 천천히 그 지역을 걸어 지나가야 한다. 운전은 스냅숏 이상을 제공하지 않을뿐더러, 더 중요하게는 당신과 이웃 사이에 물리적인 벽을 만들어낸다. 차를 타고 지나간다는 것은 당신이 이 지역 사람이 아니라 외부인임을 분명히 하는 것이다. 동네를 걸어서 지나갈 때, 사람들은 당신이 다른 동네에서 왔어도 그곳을 걷고 있다는 사실만으로 적어도 방문 중이라고 생각하게 된다. 아마도 당신은 그곳에 볼일이 있는 사람으로 여겨질 것이며, 일을 하거나 친구든 사업 상대든 마약 거래처든 동네 주민을 만나는 것처럼 보일 수도 있다. 당신은 경찰일 수도 있고, 아니면 그 동네 토박이들과 비슷하게 보이진 않지만 다른 데서 살기에는 너무 가난한 사람일 수도 있다. 이중 어느 것도(경찰일지 모른다는 시나리오는 제외하고) 당신이 운전해서 지나간다면 생기지 않을 생각들이다. 걷는 것은 대단히 힘들고 시간이 많이 걸리기는 하지만, 도시를 이해하고 현지인들과의 친근감을 만들어내는 데 관심을 가진 사람이라면 반드시 필요한 일이다. 그래서 나는 걷기로 했다.

자전거를 타고 도시를 지나가는 것은 어떨까? 이 탐사 방법은 어떤 지역에서는 자동차보다는 효과적이지만, 진지하게 살펴보기에는 여전히 너무 빠르다. 동시에 걸어서 답사할 시간은 조금 모자라고 어느 정도 친밀감은 가지면서 바닥을 빨리 훑어보고 싶다면 도시의 맥박을 느껴보기에는 훌륭한 방법이기도 하다. 또한 자전거를 탄다면 그 동네 주민으로 보일 가능성도 높아진다. 사실 사람들에게 끼어들고 싶다면, 그렇게 해보기에 더 쉬운 것은 자동차보다 자전거다. 자동차는 훨씬 거슬리게 끼어드는 것처럼 보인다.[4]

그러면 또 이렇게 묻는 사람들이 있다. "어떤 지역을 왜 네 시간 동안이나 걸어야만 하는 거죠? 특히 위험한 곳이라면요. 특색을 느끼기에 한 시간 정도면 충분하지 않나요?" '그건 그렇죠'라고 말할 수 있었으면 나도 좋겠다. 그렇다면 확실히 답사가 더 쉬워질 것이다. 문제는 언제 정말로 흥미롭고 놀라운 이야기나 사람을 만나게 될지 절대 알 수 없다는 것이다. 처음 한 시간 동안에 만날 수도 있지만, 네 시간째에 가서야 만날 수도 있다. 그날의 답사가 끝날 때쯤에야 하루를 가치 있게 만들어주는 만남이나 통찰력을 마주친 게 몇 번인지 아무리 강조해도 모자랄 정도다. 예수님에 대한 이야기를 듣고 있는 20명의 유치원생이었을 때도 있고 브루클린의 부시윅에서 보아뱀 두 마리를 목에 느슨하게 두르고 맹견인 핏불테리어 네 마리를 산책시키던 남자일 수도 있으며, 사우스브롱크스의 삶과 죽음에 대한 이야기를 들려준 흑백의 벽화일 수도 있다. 그날 12~16킬로미터 정도를 걷지 않았더라면 그런 광경은 결코 보지 못했을 것이다. 고된 일의 결과는 대개 그 노력을 부을 만한 가치가 있음을 일러준다. 충분히 걸었다는 걸 어떻게 알 수 있을까? 아마도 건물, 커뮤니티 센터, 소음, 냄새, 무엇보다 대화가 반복되기 시작한다고 여겨지는 바로 그 시점이다.

주로 낮에 걸었지만 밤에 도시의 거리를 여행하기도 했다. 해가 지면 모든 게 달라진다. 애비뉴에서는 더 많은 활동이 펼쳐진다(애비뉴는 보통 좀더 대로인 경우가 많다 — 옮긴이). 사람들이 밖으로 나와 건물 앞과 거리 모퉁이에 서서 이야기와 농담을 나누고 있으며, 극장, 레스토랑, 북적이는 여러 광장 등 어두워진 후에 시작되는 유흥을 즐긴다. 주말이나 휴일에 걸어봐도 역시 차이가 보인다. 물론 계절에 따라서도 그렇게 서로 다른 것을 볼 수 있다.

나는 바지 뒷주머니에 내가 방문했던 거의 모든 거리의 지도를 꽂고 다녔다. 그렇게 해서 모든 블록을 걸었다는 것을 확인할 수 있었다. 일반적으로 어떤 동네로 답사하러 갈 때는 지하철을 타고 갔는데, 그 시간을 종종 책 읽을 기회로 활용했으며, 답사하려는 곳이 외진 곳일 때만 차를 타고 갔다. 걷는 동안에는 손에 아무것도 들지 않으려고 '틱택 Tic-Tac 방법'이라고 내가 이름 붙인 방법을 사용했다(틱택은 값싼 민트 사탕 브랜드 — 옮긴이). 작은 식료품점에서 틱택 민트 사탕 한 상자를 사서 돈을 낸 다음 점원에게 내가 지하철에서 읽고 있었던 책과 틱택을 돌아올 때까지 맡아달라고 부탁한 것이었다. 그러면서 "안 돌아오면 둘 다 가지세요"라는 말을 농담처럼 건네는 것이다. 그들은 거의 늘 그렇게 맡아줬다. 한두 번은 가게 주인이 이렇게 말하기도 했다. "책을 맡아달라고 일부러 뭘 살 필요는 없어요. 아무튼 맡아줄게요." 테이프리코더는 주머니에 넣었다.

이 일을 직접 하기 전까지는 1만 킬로미터 가까이를 걷는다는 것이 무엇을 수반하는지 깨닫기가 불가능하다. 허드슨강에서 이스트강까지 56번 스트리트를 따라 서쪽에서 동쪽으로 걸으면 대략 40분(횡단보도 신호등이 바뀌기를 기다리는 시간을 포함해서)이 걸리고 거리는 3킬로미터 정도다. 그다음 55번 스트리트에서 50번 스트리트까지 걸어가면 총 16킬로미터가 된다. 이 얘기는 뉴욕시가 얼마나 큰지 알려준다. 나는 답사마다 사람들과의 대화 길이와 내가 발견한 관심사에 따라 8킬로미터에서 20킬로미터 정도를 걸었다.

때로 '연구자의 음성'을 잃기도 했다. '작가로서의 슬럼프'가 아닌 '답사자로서의 슬럼프'가 찾아오는 경우도 있는데, 사람들과 대화할 기분이 아니었거나, 관심을 끌 만한 질문이 떠오르지 않았거나, 보이는 것에서 독창적인 생각을 떠올리지 못했을 수도 있다. 그러면 '이걸 너무 오래 해온 건지도 모르겠어'라는 생각을 하게 된다. 아이디어, 주제 등이 반복되기 시작할 때면 걷기를 멈추고 글을 쓸 때가 되었다는 뜻일 수도 있지만 한편으로는, 한 번도 걸어본 적 없는 도시 안의 새로운 지역에 와 있을 때조차 그렇다면 그저 잠시 쉬는 게 좋을 수도 있다. 좀 쉬면서 책을 읽으며 시간을 채우거나 짧은 휴가를 가져야 한다. 다행히

'답사자의 슬럼프'는 그렇게 자주 일어나지는 않았다. 아마도 뉴욕시가 그저 아주 흥미로웠기 때문인가보다.[5]

주민들과 섞이고 싶다면 뭔가 먹거나 마시는 것은 좋은 생각이다. 어떤 지역이 안전해 보이지 않을 때는 특히 그렇다. 먹고 마시는 일반적인 행동은 그들에게 이웃처럼 보이게 해준다. 동네가 아니라면 누가 걸어가면서 뭘 먹겠는가? 그건 당신이 긴장해 있지 않은 것처럼 보이게 해준다. 음식과 음료수병을 손에 들고 있다는 것은 경계하고 있지 않다는 의미이기도 하다. 나는 중산층은 어디에 있든 간에 거리를 걸으면서 먹는 경향이 덜하다고 미심쩍어하는 편이다. 휴대전화로 통화하는 것도 효과가 있다. 그것은 주위 환경에 그렇게 세심한 주의를 기울일 필요를 느끼지 않고 있는 것으로 보이게 해준다. 건물의 계단이나 현관 베란다에 앉는 것도 좋다. 많은 주민이 하는 행동이기 때문이다. 다만 어디에 앉을지는 조심하는 게 좋다. 아무도 없는 것처럼 보이는 집을 고르도록 하자.

내가 이 연구에 대해 언급했을 때 가장 자주 들은 질문은 "백인 남자로서 어떻게 해코지를 당하지 않고 위험한 동네를 걸을 수 있었나요?"였다. 이 질문은 좀더 심사숙고할 가치가 있다. 우선, 주목받을 만한 밝은 옷을 피하고 거슬리지 않는 옷을 입었다. 내가 어디에 있든 가능한 한 많이 섞여 들어가길 원했다. 열악한 게토 지역에서는 이 규칙에 더욱 주의를 기울였고 특히 밝은 빨간색이나 파란색을 입지 않도록 주의했는데, 때로는 갱단의 색상으로 보이기 때문이었다.[6] 이 지역 사람들은 보통 전혀 어울리지 않는 티셔츠와 반바지를 종종 입었고, 나는 그곳의 스타일을 따라서 흰색 양말과 검정 SAS 신발을 신었다. 말하자면, 나는 두 번 쳐다볼 사람이 아니었다.

물론 백인이라는 것을 못 알아차릴 정도는 아니었지만, 내가 주위를 걷는 유일한 백인도 아니었다. 그곳에는 경찰, 교사, 사회복지사, 자동차 수리점 주인 같은 이들이 있었다. 게다가, 히스패닉계 사람은 비히스패닉계 백인으로 보일 때도 많았다. 나이는 내게 불리하게 작용했다(나는 육십대다). 체력적으로 약해 보일 수도 있었다. 그러나 내 관점에서 보자면 단점보다 장점이 더 컸다. 나는 동네 주민이나 그들의 남성성에 위협을 가하지 않는 무해한 사람으로 보였고, 도전하거나 공격할 가치가 없어 보였다. 하지만 나를 경찰로 오인한 사람들은 있었다. 그에 대해 한 번 항의한 적이 있는데, 한 흑인 남자가 내게 "경찰은 머리카락을 일부러 염색할 수 있으니 머리 색은 아무 의미도 없다"고 말했다. 여전히 다른 사람들은 백인에게 해를 끼치는 것이 위험하다고 생각할 수도 있다. 누군가는 이렇게 말했다. "만약 내가 백인에게 뭔가를 한다면 경찰들이 올 거고, 그건 내 비즈니스에 방해가 됩니다." 나는 그 비즈니스가 뭔지 묻지 않았다. 불법이었을 가능성이 가장 높기 때문이었다.

스스로를 능숙한 뉴요커라고 여기는 사람들은 웃음기 뺀 단호한 걸음걸이의 터프가이처럼 강한 척할 필요가 있다고 자주 생각한다. 그것은 방문자가 절대 하지 말아야 할 행동이다. 속으로 겁먹고 있다는 표시이고 도전적으로 보이기도 할 것이다.

갱단의 일원이거나 마약 거래상일 가능성이 높아 보이는 터프하고 근육이 우람한 젊은이들 쪽으로 걸어갈 때마다, 나는 그들과 눈이 마주칠 때까지 기다렸다가 즉시 미소를 지으며 "어이, 별일 없어요?" 하며 말을 걸었다. 이런 헐렁한 인사의 효과는 거의 항상 즉각적이었고 같은 반응을 끌어냈다. "좋아요. 그쪽은요?" 어떤 때 그들은 다정하다 할 만큼 약간 농담으로 '아저씨'를 붙이기도 했다. 결국, 나는 우호적인 존재감을 유지했다. 많은 경우 인사말을 할 필요도 없었다. 왜냐하면 게토 지역의 사람들에게는 종종 눈길로 시비가 붙어 아예 눈을 마주치지 않았기 때문이다.[7] 또 다른 경우는 긴장시키는 사람들이 앞에 있다고 발걸음을 빨리해서는 절대 안 된다는 것이다. 그렇게 하면 겁먹었다는 것을 알려주는 셈이 되고, 그래서 문제를 불러일으킨다. 어차피 뛰는 것도 해결책이 아니다. 당신이 두려워하는 사람들은 마음만 먹으면 대부분 당신을 잡을 수 있다.

역설적으로, 험한 동네 가장자리보다 안쪽 깊숙한 곳이 더 안전하다. 안쪽 깊숙한 곳에서는 이웃 중 한 사람처럼 보이지만, 가장자리에서는 외부에서 잘못 들어왔거나 경계를 넘어오려는 것처럼 보인다. 이는 예를 들면, 웨스트할렘에 있는 시티칼리지 학생들이 컬럼비아대학 근처에 사는 학생들보다 더 안전한 이유를 말해준다. 시티칼리지는 위험한 맨해튼빌과 그랜트 공공 주택 프로젝트의 바로 옆 아름다운 클레어몬트애비뉴와 모닝사이드드라이브에 걸쳐 있다. 빈곤층 사람들은 컬럼비아대학 학생이 대표하는 부를 불쾌하게 여긴다. 반면에 시티칼리지 학생들은 중산층이나 그 이상의 계층 출신이 아니기도 하고, 그렇다고 간주되지도 않는다. 사실 많은 학생은 그 동네 사람이거나 또 다른 저소득 공동체 출신이다.

이것은 이들 동네를 걷는 일이 그렇게 위험하지 않다는 의미일까? 절대 아니다! 위험하다. 하지만 무엇을 하고 있는지 알면 확실히 위험을 줄일 수는 있다. 예를 들어보자. 여전히 뉴욕시에서 가장 위험한 지역 중 하나인 브루클린의 브라운즈빌에서 흑인 남성 2명과 여성 1명이 내 앞을 걷고 있었다. 사람들은 게토 지역에서 누가 뒤따라오진 않는지, 아니면 누가 덤벼들진 않는지 확인하기 위해 자주 뒤돌아보게 된다. 그럴 때는 뒤에 있는 사람을 절대 직접 쳐다보지 말고 어깨너머로 힐끗 쳐다봐야 한다. 직접 쳐다보면 실랑이가 벌어질 수 있기 때문이다. 나는 어쩌다 세 사람 뒤로 3분의 1 블록 정도 거리를 두고 걸어가고 있었는데, 실수로 병뚜껑을 걷어찼다. 병뚜껑이 보도 위로 요란한 소리를 내며 굴러가자 그들은 나를 직접 쳐다보지 않는 척하면서 재빨리 뒤를 돌아봤다. 왜일까? 병뚜껑을 찬 소리 때문에 나를 확인할 구실이 생겼기 때문이다. 나도 알고 그들도 알고 있었다.

사회학자 일라이자 앤더슨의 고전적인 책 『거리의 규칙Code of the Street』에는 이런 반응 외에도 무수한 반응을 매우 통찰력 있게 그려낸 거리 관계의 예시들이 있다. 책은 게토에 항상 존재하는 비언어적 의사소통의 정교한 체계를 묘사한다. 과거의 경험을 바탕으로 뭘 해야 하는지 아는 것은 매우 중요하다. 하지만 일어날 수 있는 모든 일에 대비하는 것은 불가능하다. 누군가와 마주쳤을 때, 게다가 낯선 사람이라면 1분 내에 상황을 파악해야 한다. 그들이 나를 어떻게 바라보는지, 내게 말할 때 목소리가 어떻게 변하는지, 어떻게 서 있고 어떤 옷을 입는지, 하루 중 언제인지, 그들에게 어떻게 보이는지와 같은 모든 것을 고려해야 한다. 게다가 각각의 사례는 다 다르다. 당신은 그 자리에서 바로 생각하고 제대로 대처했기를 바랄 뿐이다. 위에서 설명한 세 사람을 만났을 때 나는 아무런 관심도 기울이지 않으면서, 그들을 직접 쳐다보지 않고, 그들이 뒤돌아볼 때도 계속 앞으로 걸어갔다. 다행히 내 외모와 태도, 나와 그들 사이의 간격은 확실히 아무런 위협이 되지 않았다.

그런데, 그렇게 요령 있는 사람에게도 위험한 상황은 발생할 수 있다. 어떤 지역을 100번이나 걸었고 그때까지 아무 일이 없었다 해도, 101번째에 일이 일어날 수 있다. 또한 처음 그곳을 걷고 있을 때 일어날 수도 있다. 빈곤 지역에서는 십대 청소년이 비이성적으로 행동할 가능성이 더 크다. 체포될 위험이나 두려움은 그들의 계산에 들어 있지도 않다.

빈민가 답사를 다녀온 후 나는 가끔 일상적인 경계심을 잃어버리고 있는 것 같은 느낌이 들었다. 수천 개의 블록을 걷고 나서야 나는 주위에 익숙해지기 시작했다. 이렇게 경계를 풀고 있는 것은 위험할 수 있다. 어느 일요일 오후, 나는 사우스브롱크스에서 스무 무리 정도의 젊은이 사이를 아무 생각 없이 지나가고 있었다. 문제는 각각의 무리가 모두 각각의 새로운 위협이어서 적절하게 접근해야 했다는 것이다. 다행히 내 현실감이 적절하게 상황을 파악했다.

뉴욕의 네이버후드를 답사하는 동안 공격을 받거나 강도를 당한 적은 없지만, 아슬아슬한 상황은 있었다. 아마 내가 알아차리지 못한 경우도 많았을 것이다. 이른 저녁 브루클린 사이프러스힐스 거리를 따라 걸어가다 검정 옷에 반바지를 내려 입은 덩치 큰 이십대 남성 세 명이 나를 향해 어슬렁어슬렁 걸어오는 것을 봤다. 반대편으로 길을 건너가

기엔 이미 늦어서, 그들이 가까이 다가왔을 때, 나는 그들이 내가 지나가도록 길을 터줄 생각이 없다는 것을 알아챘다. 어둑해진 황혼의 밤하늘에 잔뜩 낀 회색 구름과 함께 그 남자들이 흐릿하고 좀더 위협적으로 보였다. 나는 어쩔 수 없이 1번과 2번 남자 사이로 공간을 침범하면서 걸어 지나갔다. 그래도 "안녕" 하고 인사는 했다. 그들은 대꾸도 하지 않았고 오히려 나를 째려봤다. 하지만 아무 일도 일어나지 않았다. 그들에게 내 인사는 뜨뜻미지근하게 받아들여졌어도 그렇게 효용이 없지는 않았던 것 같다. 아마도 내가 무례하지는 않다는 신호 같았을 것이다. 그렇지만 누가 알겠는가?

특히 한 사건은 기억에 아직 생생하게 남아 있다. 친구 중 한 명이 도시의 '험한 지역'으로 데려가달라고 부탁했다. 그를 위험에 빠뜨리고 싶지 않아 미적거리고 있는데 그가 계속 졸라서 결국 나는 알겠다고 했다. 우리는 브롱크스 포덤 구역의 182번 스트리트 근처에 있었고, 뉴욕 빈곤 지역에 많은 벽화 중 하나를 바라보던 중이었다. 벽화에는 몇 년 전 마흔일곱 살의 나이로 사망한 어두운 피부색의 히스패닉계 사나이 '빅 주니어'의 이미지가 그려져 있었다. 나는 그가 갱단의 우두머리였을 것 같다는 인상을 받았다. 나는 벽에 쓰인 시와 이름을 읽었고 친구는 벽화의 수준에 대해 웃기도 하면서 비판적인 의견을 내기 시작했다.

"말할 때 조심해줘"라며 나는 그에게 충고했다. "누가 보고 있는지 절대 알 수 없어."

"아무도 안 보잖아"라고 그는 대꾸했다. "너무 걱정 마."

그런 다음 자리를 옮기려고 돌아서는데, 티셔츠에 낮게 내려 입은 반바지 차림의 건장한 젊은 히스패닉계 남자가 우리에게 다가왔다. 그의 건들거리는 걸음걸이('핌프 워크pimp walk'라고도 함)와 찌푸린 눈초리로 미루어 우려되는 상황임을 직감했다.

"요, 뭐 도와드릴까?"라는 말 자체는 중립적이었지만 그 딱딱한 어조에서 묻고 싶은 것이 '뭘 보는 중이야?' 또는 '왜 이 벽화를 쳐다보고 있는 거지?'라는 게 분명하게 느껴졌다. 나는 시비로 번지지 않도록 일부러 무관심한 척 반응했다.

"그냥 이 예술작품이 얼마나 아름다운지 감탄하고 있었어요. 어떻게 이렇게 큰 벽면에 그림을 그린 걸까요?"라고 묻자, 내가 바라던 대로 그는 벽화가 어떻게 그려졌는지 기술적인 세부 사항을 설명해주기 시작했다. 일단 그가 설명을 하기 시작하면 어떻게든 분노는 사그라들 것이라 생각했고, 상황은 그렇게 진정됐다. 누그러진 그가 설명을 마치자 나는 "그런데 빅 주니어는 누구죠?"라고 물었다.

"제 아버지예요. 우리 가족은 이 벽화에 그의 추억을 담았죠"라며 그가 대답했다.

"아, 이런 젊은 나이에 세상을 떠나셨다는 것이 몹시 유감입니다"라고 나는 대답했다. "어떻게 되신 거죠?"

"아, 당뇨병을 앓으셨어요."

"아이고, 정말 힘드셨겠군요. 하지만 적어도 아버지를 추모할 좋은 방법은 찾으셨네요."

그뿐이었다. 시비도 없고, 문제도 일어나지 않고. 하지만 내가 큰 소리를 내며 웃거나 미소 짓고 있는 모습을 그가 봤다고 상상해보자.

장황하게 말할 필요 없이, 냉소적이고 냉정하며 믿기 힘든 평균적인 뉴요커의 스테레오타입이 존재한다. 더욱이 뉴요커는 자신이 활동하는 견디기 힘든 환경에서 스스로를 지키려면 이런 방식으로 행동해야만 한다. 내가 만난 이들 중 일부는 그런 사람이기도 했지만, 대부분은 친절하고 솔깃해하고 개방적이었으며 도움이 되어주었다. 내가 왜 그들과 이야기하고 있는지를 그들이 모른다는 것을 생각하면 이건 특히 주목할 만한 일이었다.

전체적으로 말하면 도시에는 서로 돕는다는 정신이 있다. 즉, 오늘날의 도시가 이전보다 더 안전하다는 인식이 있기 때문에 대부분의 경우 30년 전보다는 그런 정신이 더 널리 퍼져 있다고 할 수 있다. 개인적인 관찰로도 이를 확인할 수 있다. 맨해튼 59번 스트리트 지하철역에서 천천히 계단을 올라가는 한 노인을 지켜봤다. 긴 머리를 하나로 묶고 붉은 재킷을 입은 35세 정도로 보이는 한 여성이 그를 보고 "도와드릴까요?"라고 묻는다. 그는 "아니요"라고 대답한다. 흥미롭게도, 그녀도 무거운 여행 가방을 끌고 있다. 곧바로 어떤 낯선 이가 계단 위로 그녀의 여행 가방을 들고 올라가준 다음 어둠 속으로 걸어가버린다. 수백만의 도시에서 정말 의미 있는 무성영화 같은 장면이다. 그리고 그 도움의 손길은 전염된다는 것을 바로 알았다. 몇 시간 후 나는 어떤 여자에게 택시를 잡아주려고 3번 애비뉴를 뛰어서 건너고 있다. 앞서 본 것에 영향을 받았을까? 확실하진 않지만 꽤 가능성 있다.[8]

조지아주 출신의 제임스 테리는 할렘의 마커스가비 공원에서 만난 공원 관리국의 젊은 직원이다. 그에게 공원 화장실을 사용할 수 있는지 물어봤다. "그럼요. 하지만 지금은 비시즌이기 때문에 제가 동행해야 합니다"라며 그가 대답했고, 우리는 수영장 아래의 지하 구역으로 들어갔다. 반짝이는 갈색과 노란색 벽돌로 장식된 벽의 내부는 어둡고 침침했다. 그곳 관리자와 마주치자 제임스는 갑자기 팔을 들어 나를 감싸며 상사에게 "여기 제 사촌이에요"라고 말했다. 그는 잠시 후 또 다른 사람에게 활짝 웃으며 똑같이 말했다. 그러다 미심쩍어하는 표정을 짓는 사람이 있으면(제임스는 흑인이고 나는 백인이다) "입양됐어요"라고 덧붙였다.

"글쎄요, 피부색은 달라도 우리는 모두 형제니까요"라고 농담조로 내가 말했다.

"아, 아마 놀라실 겁니다"라고 제임스가 말했다. "조지아주 톰슨에 연례 가족 모임을 하러 가면 이탈리아인, 스코틀랜드인 등 당신이 말하는 모든 백인을 만날 수 있어요." 제임스는 그 지역 커뮤니티 정보의 원천이었다. 123번 스트리트에 있는 커뮤니티 센터에서 매일 일곱 가지 코스의 50센트짜리 점심을 먹을 수 있다는 등, 내게 가볼 만한 곳에 대한 팁을 알려주었다. "술주정뱅이나 쓰레기 같은 자식들이 있는 밤 시간 말고"는 공원이 안전하다고도 알려주었다.

역시 주민들이 갖고 있는 예리함이 있다. 그건 외부인에게 자칫 무례하고 거칠며 '면전에 대놓고' 말하는 것처럼 보일 수 있는데 원주민들은 대수롭지 않게 아무 말이나 던진다. 그리고 자신들이 받은 만큼은 준다. 앞서 말했듯 나는 다른 대도시에서 살아봤는데, 대부분은 사람들을 불쾌하게 하거나 혼란을 주지 않으면서 그렇게 행동하기는 어려웠다. 비꼬는 농담을 해도, 그들은 대개 그런 유머에 대한 경험이 없어서 농담을 농담으로 받지 못했다.[9] 뉴욕은 정반대다. 브루클린의 베드퍼드-스타이버선트에서 서른 살 정도로 보이는 어느 흑인 여성과 나눈 대화를 보면 그런 점이 눈에 그려질 것이다. 나는 개와 산책하는 중이었는데 그녀가 "강아지가 예쁘네요!"라며 말을 붙였다.

나는 "감사합니다. 아주 다정한 녀석이에요"라고 답했다.

"어머, 근데 당신 혹시 이 아이를 버리려는 건 아니죠?"라고 그녀는 되받아쳤다. "절대요, 이런 개는 그럴 수 없죠"라고 내가 웃자, "아니죠? 절대 그러지 않을 거죠, 맞죠?"라며, 가벼운 말장난은 몇 분간 이런 식으로 계속된다. 기본적으로 이것이 뉴욕 스타일로, 일종의 셀프 예능 같은 것이다.

이 도시 주변을 걷는 것은 마치 무대 위에 서는 것과 같다. 사람들이 얘기를 시작하면 당신은 그냥 무시하고 나가버릴 수 없다. 그러는 것은 사실 위험할 수도 있다. 브루클린 레드훅 거리를 답사하면서 누군가와 휴대전화로 얘기하던 중, 검은 두건을 쓴 키 큰 남자가 좀 위협적으로 다가와 말을 걸면서 장난을 치기 시작했다. 내가 대꾸하지 않고 가자, 그가 크게 웃더니 "쿨" 하고 내게 말했다. 그러더니 "돈 좀 남는 거 있니?"라고 물었다. 나는 믿을 수 없다는 표정으로 "장난치니? 내가 부자로 보여?" 하고 응수했고, 그는 신경질적으로 웃더니 "좋은 날 되슈"라고 말하며 자리를 옮겼다. 그를 무시하는 것이 어쩌면 그를 자극했을 수도 있다. 그렇지만 어떤 때는, 일반적으로 무언가가 아슬아슬할 때, 자세를 훨씬 더 직설적으로 취할 수도 있다. 그날은 성금요일이었고 한 젊은 흑인 남성이 센트럴파크에서 사탕을 팔려고 애썼지만 별로 팔리지 않았다. 근처를 걸어가던 하버드대학 로고가 그려진 맨투맨 티셔츠를 입은 이십대 백인 남자에게 "사탕 안 살래요? 싸요"라고 하는데도 백인 남자가 대꾸하지 않고 지나치자, 무시당해서 화가 난 그는 "이봐, 나도 하버드에 갈 거야, 이 멍청아. 사탕 좀 사라고. 좀 보라고!" 하고 소리 질렀다.

글쎄, 미국에서는 어떤 것도 가능하다. 그러니 사탕 파는 남자의 말도 그렇게 터무니없는 것만은 아니다. 빈곤지역 출신이 때로 하버드 같은 학교에 들어가는 경우도 있다. 아무도 그걸 이상하게 여기지 않는다.

나는 예상치 못한 것을 예상하거나, 아니면 적어도 예상치 못한 것에 대비하는 법을 익혔다. 목표를 가지고 시작해서 그 목표를 달성하기도 하지만, 그냥 뭔가가 일어나기도 한다. 처음 만났는데 아파트 단지에서 자신의 집을 보여준 남자가 있었다. 그 아파트에 들어갔을 때, 나는 그가 빨간색을 좋아한다는 것을 바로 알 수 있었다. 아파트 안의 모든 것이 빨간색으로 되어 있었다. 접시, 전자레인지, 은식기류가 아닌 적식기류, 빨간색 코트걸이, 의자, 소파, 아예 벽까지 모두 밝은 빨간색이었다.

"언제 빨간색과 사랑에 빠지셨어요?"라고 물어보자, "어렸을 때부터 쭉이요"라고 그는 대답했다.

"왜요?"

"모르겠어요. 그냥 그 색이 좋아요." 그는 그것을 자기 인격의 기본 요소로 취급하면서 전혀 당황하는 기색이 없었다. 하지만 그가 집을 자신의 방식으로 꾸민 것은 내가 들어가기 전까지는 대단히 사적인 것이었다. 외부인에게 이 색깔 구성이 이상해 보일 수 있다는 사실을 그는 알고 있었을까? 아마도 그는 자랑스러워했던 것 같다. 어쩌면 내 반응을 보고 싶었던 것인지도 모르겠다. 그런 취향 아래에 숨겨진 의미는 무엇일까? 나도 알 수가 없다.

이 에피소드는 왜 뉴욕 걷기가 내가 지금까지 수행해본 연구 프로젝트 중에서 가장 매력적인지 설명해주는 수백 가지 사례 중 하나일 뿐이다.

자, 이제 시작해보자.

2장

핫도그, 꽃, 꿈:

새로 온 이들

매일 수천 대의 차량이 3번 애비뉴와 2번 애비뉴 사이 124번 스트리트 병목 구간을 뚫고 로버트 F. 케네디(이전의 트라이버러) 다리로 올라간다. 동쪽으로 차를 몰고 가는 사람들은 테너먼트라고 불리는 6층 높이의 공동주택 건물을 가득 메운 인상적인 벽화를 볼 수 없을 것 같다. 이 벽화를 보려면 서쪽을 향해 가야 한다. 센트로 데 라 파스Centro de La Paz(평화의 중심)라 불리는 이 벽화는 크리에이티브 아트 워크숍의 후원을 받아 빈곤층 동네의 200명 이상의 젊은 뉴요커가 상당 부분을 그린 것이다.(사진 1) 이들의 노력은 아르헨티나, 에콰도르, 나이지리아, 잉글랜드 등 전 세계 100여 명의 예술가에 의해 확장되었다. 참가한 예술가들의 이름은 벽화의 일부로 2층 높이의 두루마리 모양에 새겨져 있다.

컬럼비아 사범대학의 교직원인 모세스 차사르는 1995년 이 프로젝트에 자원했을 때 열네 살이었다.

저는 126번 스트리트에서 자랐고, 저 같은 아이들은 '최고'와는 늘 멀었어요. 그래서 이 벽화에 우리의 희망과 꿈을 표현했습니다. 그 안에 지구 전체를 관통하는 하나의 길이 있고, 주변을 고층 빌딩, 얼음집, 피라미드, 그랜드캐니언이 둘러싸고 있어요. 그리고 옆에는 러시모어산이 있는데, 미국 대통령이 아닌 인디언들의 얼굴이 있죠. 많은 예술가가 시간뿐 아니라 돈도 제공했어요. 우리는 비계飛階 위에서 여름을 두 번이나 보냈고, 80년이나 간다는 독일제 특수 페인트를 사용했습니다.

수백 개의 벽화가 있는 도시에서 이 벽화는 그 스케일과 디자인, 아

사진 1 게토 젊은이들에게 동기를 부여한 센트로 데 라 파스. 2번 애비뉴와 3번 애비뉴 사이 124번 스트리트. 제시 리스 촬영.

름다움, 크기에서 단연 독보적이다. 묘사된 많은 이민자 집단과 통합, 다양성 및 관용이라는 주제는 뉴욕시가 생긴 이래 이곳에 도착해 뉴욕을 세계에서 가장 위대한 도시 중 하나로 형성해온 수백만의 이민자가 가진 갈망과 희망을 대표하고 있다.

이민은 왜 오늘날 뉴욕을 이해하는 데 중요한 열쇠가 될까? 그 이유는 1960년대 중반 이후 300만 명 이상의 신규 이민자가 주로 경제적 기회뿐만 아니라 정치적 자유도 찾기 위해 이곳으로 몰려왔다는 데 있다. 그 정도 숫자라면 한 도시를 진정으로 바꿀 수 있는 힘을 갖는다. 이민자들의 도착이야말로 바로 변화다. 새로운 인구가 유입될 때는 항상 정부뿐만 아니라 기존의 주민 모두를 충족시켜줘야 하는 다양한 요구와 희망, 기대와 함께 새로운 일을 하는 방식이나 아이디어, 관점도 같이 들어온다. 1990년대 후반부터 다소 둔화되었지만, 이민은 여전히 증가하고 있다. 집단으로서 새로 들어온 이들의 규모 또한 그들을 무시할 수 없게 만든다. 어떤 이민자는 "여기 있는 모든 사람은 어느 시점에는 새로 온 사람들입니다. 그게 바로 뉴욕을 훌륭하게 만들죠"라며 뉴욕시를 묘사하기도 했다.[1]

이민자에게 다소 부수적인 것으로 보이는 도시의 측면도 실은 부수적이지 않다. 예를 들어 젠트리피케이션을 보자. 지역을 재생하거나 재개발할 때, 이 지역으로 전입하는 어느 정도 부유한 사람들에게는 그들이 이용할 특정 서비스가 있어야 한다. 새로운 거주자들의 정원을 가꾸거나 그들의 건물과 아파트를 청소하고 아이들을 돌보는 노동자들이 그렇듯이, 자전거 배달부 역시 합법적이든 서류 미비자 신분이든 대부분 이민자다. 그 과정에서 이민자는 젠트리피케이션의 주역들을 관찰하며 뉴욕 주민에게 뉴요커가 된다는 것이 어떤 의미인지를 배운다. 심지어 어떤 경우에는 신참들의 자녀가 더 성공한 장기 거주자들의 자녀와 같은 학교를 다니게 되기도 한다. 엘리베이터도 없는, 여기저기를 고친 갈색 브라운스톤 건물이 같은 블록에 있는 이 마을에서, 사람들은 종종 이질적인 이웃들과 공간을 공유하면서, 학교나 놀이터, 예배당에서부터 동네 상점에 이르기까지 다양한 장소에서 서로 만난다. 대부분은 그런 상호작용에 대해 잘 알지 못하지만, 그것이야말로 변화가 어떻게 일어나는지 알기 위해 필수적으로 알아야 할 부분이다.

이민자들은 도시의 재탄생에 중요한 역할을 해왔다. 1970년대 중반 이 도시를 특징지었던 상태, 거의 파산한 재정 및 마약과의 전쟁, 만연한 범죄, 그리고 기본적인 서비스 제공 불능의 어두운 시기에 이 도시는 부활했다. 이민자들의 에너지, 주도력, 야망이 여기에 크게 기여했다는 믿음이 퍼져 있다. 이 믿음은 현실에 의해 증명되었다. 하지만 이민자가 뉴욕 부활의 유일한 요인은 아니다. 미국 내 다른 지역과는 비교도 되지 않을 정도로 많이 유입된 수천 명의 젊은 고학력자도 이 이야기에서 똑같이 중요한 부분이다. 도시에 투자하려는 민간 부문의 의지와 역동적인 시 정부, 시민 보호 시스템을 개선하려는 모든 노력이 뉴욕의 부흥에 있어서 똑같이 엄청나게 중요한 역할을 했다.

거리를 걷다가 이민자들과 얘기를 나누면, 뉴욕에 오기 위해 엄청나게 애를 쓴 그들 대부분은 열심히 일하고 낙관적이며 대체로 이 도시와 국가가 제공해주는 기회에 감사하고 있다는 것을 깨닫게 된다. 게다가 그들의 정신력과 할 수 있다는 사고방식은 세대 간 갈등에도 불구하고 종종 아이들의 삶으로 이어져, 부모 세대가 할 수 없었던 성공을 성취하고 있다. 이민자에 대한 오래된 거주자들의 반응은 대부분 호의적이다. 이민자의 장성한 자녀는 압도적일 정도로 근면하고 야심 찬 모습으로 비친다. 그들의 씨족주의나 낯선 가치관 또는 이상한 관습에 대해 불평하는 사람도 일부 있다. 사실, 뚜렷이 구분되는 민족 또는 인종 집단이 갑자기 나타나 외국어를 말하고 다니면 내 자리를 뺏기는 것은 아닐까 혹은 그 속에 녹아들어버리는 것은 아닐까 하는 두려움은 누구나 느낄 수 있다.

이민자들과 대화를 나누면서 나는 그들의 이전 삶으로부터 현재로의 전환이 대단히 복잡했다는 사실을 분명히 알게 되었다. 그들은 미래를 바라지만 과거의 끈을 놓기를 주저하곤 한다. 과거는, 지금도 그렇고 앞으로도 계속, 그들 삶의 필수적인 부분이기 때문이다. 어느 날 퀸스의 저메이카 거리를 걷다 조용한 블록에서 어떤 남자를 보고 그 분기점을 명확히 알아차리게 됐다. 그는 배수구 옆으로 이어지는 풀밭을 따라 아름다운 정원을 만들어뒀는데, 1.2미터 길이에 폭이 1미터 정도 되는 작은 면적에 미니 피켓 담장을 둘러 쳐놓고 있었다.

"꽃들이 아름답네요" 하고 내 방식대로 대화를 시작했다. 단정한 콧수염에 밝고 흰 치아를 가진, 몸집은 작지만 강단 있어 보이는 그는 부드러운 미소를 지으며 "사랑하는 나의 나라 가이아나에서 가져온 꽃이에요. 고향을 생각하며 심었죠. 밖을 내다볼 때마다 언제든지 여기 오기 전 살았던 아름다운 곳을 기억할 수 있답니다" 하고 대답했다. 도시의 이민자 중 몇 명이나 이와 비슷한 이유로 정원을 가꾸는지 알 수 없지만, 그가 유일한 사람은 아니다. 나는 '놀랍다'고 생각했다. 공통적인 정체성의 표시로 송금, 다국적주의, 모국 방문, 신용 단체에 대해 얘기를 한다. 그건 그렇고, 낮은 목소리지만 한 사람의 정체성이 어떻게 깊이 감정적이고 심지어 개인적인 모습으로 드러나는지를 보는 것도 중요하다. 집은 이민자들의 사고와 멀리 떨어진 것이 아니란 점이 이 사연에서 분명히 드러난다. 이것은 매년 겨울 몰래 정원에 무화과나무를 심었던 이전 세대의 이탈리아인과 뭐가 다르겠는가?

이 장에서는 이민자의 몇 가지 중요한 측면과 뉴욕시에 새로 온 사람들의 적응에 대해 살펴보려고 한다. 먼저 누가 여기에 와서 어디에 정착했고 어떻게 여러 동네의 모습을 변화시켰는지 보겠다. 이민자 인구 중에는 서류 미비자 주민이 상당수 있어서 이 도시에 특별한 문제를 던져주고 있는데, 이들은 별도로 다루도록 하겠다.

다음으로 이민자가 주로 하는 일의 종류에 대해 살펴볼 텐데, 상당수는 믿기 어려울 정도의 추진력과 야망을 갖고 있다. 그들이 그렇게 열심히 일하는 이유 역시 평가해보려 한다. 또한 자신들의 정체성을 지키고 자식들에게 전해주려는 신념과 동시에 이 나라의 삶에도 적응하기 위해 겪어야 하는 더 큰 갈등에 대해 고찰해보겠다.

실은 같은 집단의 구성원들 사이에도 미묘한 온도 차가 있다. 이러한 차이점과 이민자들이 다른 집단과 어떻게 상호작용하는지에 대한 논의를 분석해보고, 연대를 형성하는 일부 집단의 가능성과 함께 결론을 내려보려 한다.

누가 여기에 오는가?

뉴욕시는 세계 어느 도시보다 더 많은 법적 이민자와 이민자의 자녀가 살고 있는 곳으로, 지난 10년 동안 거의 70만 명의 신규 이민자가 이주했다.[2] 이들이 도시에 살고 있는 830만 명의 인구 중 대다수를 구성하고 있으며, 그중 대부분은 도미니카공화국, 중국, 자메이카, 멕시코, 가이아나, 에콰도르, 아이티, 트리니다드토바고, 콜롬비아, 러시아, 인도, 한국 출신이며, 예외적인 시민권 신분을 가진 푸에르토리코 출신이 있고, 여기에 50만 명 이상으로 추정되는 서류 미비자가 있다. 물론 뉴욕은 항상 이민자들의 도시였지만, 그 구성은 오래전 이탈리아인, 유대인, 아일랜드인, 독일인, 폴란드인, 러시아인 및 그 외 유럽인이 장악하고 있던 시기와는 달라졌다.

도미니카인(전체의 12퍼센트)이 가장 큰 외국 태생 집단이며 중국인(11퍼센트), 자메이카인(6퍼센트), 멕시코인(6퍼센트)이 뒤를 따르고 있다. 푸에르토리코인은 여전히 이 도시에서 가장 큰 히스패닉계 집단으로, 인구가 80만 명이 넘는다. 전반적으로 멕시코계 인구가 가장 빠르게 증가하고 있으며, 보통 합법적으로 여기 있는 사람 중에서 멕시코계 여성의 수가 남성의 수를 능가하는 반면 서류 미비자의 경우는 남성의 수가 여성의 수를 초과하는 것으로 보인다.

이민자들은 그 다양성이 정말 놀라울 정도이며 네팔과 말레이시아, 예멘, 이집트, 필리핀, 포르투갈, 아일랜드, 호주, 부르키나파소처럼 전 세계 거의 모든 곳에서 왔고 170개 이상의 언어를 구사한다. 이 사람들로 말하자면 종교로 구분 짓는 것이 항상 맞아떨어지진 않는다. 관련도라는 측면에서 이따금 출신 국가가 종교에 우선하기 때문이다. 예를 들어 시리아, 이집트, 이라크 같은 아랍 국가의 이슬람교도는 키르기스스탄, 카자흐스탄, 파키스탄, 아프가니스탄이나 터키 같은 곳에서 온 사람과 동일한 이슬람교도라고 하기엔 문화적으로 거의 공통점이 없다. 사실 이들 나라에서 온 사람들의 이민 경험에 관하여 일반적으로 알려진 게 거의 없다.[3]

이민자를 소득 수준만으로 구분 짓는 것도 거의 비슷하게 도움이 안 된다. 부유한 페르시아인, 인도인, 서유럽인, 서인도제도인, 라틴아메리카인이 있다. 그러나 개별적인 경우를 제외하고, 이들 집단의 구성원이 친구를 선택하는 주요 기준이 돈인 것은 아니다. 국가들 안에서도 분명한 구분이 있다. 원래 아프리카계 가이아나인은 인도계 가이아나인과 껄끄러운 관계에 있다. 아프리카계는 대부분 브루클린에 살고 인도계는 주로 퀸스에 산다. 역시 우즈베키스탄과 타지키스탄 같은 남부의 공화국에서 온 러시아계 유대인도 우크라이나와 다른 유럽 공화국 출신의 러시아계 유대인과 거의 공통점이 없다.

새로 들어온 사람들은 어디에서 사는가?

이민자가 가장 집중적으로 모여 사는 곳은 퀸스와 브루클린이고 그 다음으로 브롱크스, 맨해튼, 스태튼아일랜드 순이다. 퀸스의 엘름허스트는 거의 120개에 달하는 지역에서 몰려든 가장 다양한 사람으로 구성된 동네다. 그러나 퀸스에는 대부분이 아일랜드-가톨릭계인 브리지포인트와 브로드채널이나, 케임브리아하이츠와 로즈데일의 흑인 커뮤니티 같은 대단히 동질적인 공동체도 존재한다. 새로 들어온 사람이 실제로 어디에 거주하는지 더 잘 알아보기 위해, 이런 지역의 일부를 표본으로 살펴보자.

파키스탄인과 방글라데시인은 브루클린의 플랫부시, 퀸스의 플러싱과 벨로즈에 거주하는데, 여기는 남인도계 사람들도 살고 있다. 브롱크스의 베이체스터는 자메이카 이민자의 첫 번째 선호지역이고, 인접한 브루클린의 크라운하이츠, 이스트플랫부시, 플랫랜즈와 커나시에는 서인도제도 출신의 사람들이 집중적으로 산다. 브루클린에 있는 선셋파크와 벤슨허스트는 신참 중국인들의 매우 큰 대표적인 본거지인데, 그중 플러싱은 중국인과 한국인이 상당수를 차지하고 있는 곳이다. 부하라계 유대인과 일반적인 유대인의 상당수가 퀸스의 포리스트힐스와 저메이카이스테이츠에 거주하고, 힐크레스트, 프레시메도스, 큐가든스 힐스, 파로커웨이 동부 지역의 퀸스 커뮤니티들 역시 마찬가지다. 브루클린의 버러파크, 크라운하이츠, 윌리엄스버그, 플랫부시에는 하시드파로 이루어진 정통파 유대인 공동체가 크게 자리 잡고 있다. 러시아계 유대인은 오래전부터 브루클린의 브라이턴비치에 살았지만 최근 몇 년 동안 브루클린의 밀베이슨, 벤슨허스트, 버러파크와 스태튼아일랜드 남쪽의 해변 근처로 이사했다. 필리핀 이민자들이 44퍼센트로 가장 많은 포리스트힐스는 그들에게 집이라고 불린다. 경제 상황에 따라 이민이 몰리고 빠져나가기를 반복해온 아일랜드계는 주로 브롱크스의 우들론 구역과 인접한 사우스양커즈, 훨씬 적은 규모로는 퀸스의 매스퍼스, 우드사이드, 서니사이드에 살고 있다. 아일랜드계 주민이 크게 자리 잡아왔다는 사실과 영어 구사력 덕분에 뉴욕은 항상 아일랜드 신참들에게 인기 있는 도시다.

히스패닉계는 일반적으로 대단히 큰 집단으로서 모든 버러에 거주한다. 하지만 가장 집중적으로 사는 곳은 브롱크스다. 그런데 브롱크스 모리세이니어의 인구는 93퍼센트가 미국 출생이다. 왜 그럴까? 주로 푸에르토리코계 히스패닉이 수십 년간 그곳과 브롱크스 곳곳에서 살아왔기 때문이다. 역시 악마는 디테일에 있다. 멕시코인들은 거의 전적으로 이스트할렘과 선셋파크, 코로나, 브롱크스의 모트헤이븐 지구에 거주한다. 이 사람들의 발전에 대한 흥미로운 통계 차트가 있다. 1985년에는 뉴욕에 토르티야 가게가 하나 있었다. 2001년에는 멕시코인이 소유한 토르티야 공장 여섯 군데에서 매주 합쳐서 100만 개의 토르티야를 생산했는데, 이게 모두 부시윅과 윌리엄스버그 사이의 작은 조각 지구인 '토르티야 삼각지대'에서 생산됐다. 브루클린의 브라운즈빌과 이스트뉴욕, 그리고 퀸스의 아번, 에지미어, 케임브리아하이츠, 퀸스빌리지, 로럴턴, 저메이카 지역은 거의 완전히 흑인 지역으로, 그곳에서 나고 자란 주민과 외국 출신의 주민이 섞여 있다. 그리고 웨스트브롱크스는 서부 아프리카 이민자를 끌어들이는 자석이 되었다.[4]

관용에 대한 명성과는 상관없이 뉴욕은 여전히 미국에서 가장 분리되어 있는 도시 중 하나다. 다양한 집단별로 주거지가 집중되었을 때의 부정적인 결과 중 하나는 고립 현상이다. 코로나의 일부분이나 부시윅의 대부분, 아니면 브롱크스의 구역처럼 전체 네이버후드가 단일 히스패닉계로 구성되면 사실상 히스패닉계가 아닌 사람들에게 폐쇄적인 곳이 된다. 이들 주민 대부분은 영어를 쓰지 않고, 상점이나 옥외광고 게시판도 스페인어로 되어 있다. 뉴욕이 국제적인 도시임에도 어느 한 지역에서는 집단 내의 사람들끼리만 대화가 가능하다. 이건 브롱크스의 서부 아프리카계 동네라든가 퀸스 플러싱과 브루클린 선셋파크의 중국계 주민에게도 마찬가지다. 언어 장벽은 새로 도착한 집단에게 편리하고 보호받는 느낌을 주면서 그들의 적응 속도를 느리게 만든다. 어떻게 보면 뒤섞인 축복이다.

인구 변화

이민자의 패턴은 유입 속도와 숫자만으로도 지도상의 변동을 불러왔으며, 그 변동은 금세 일반적인 표준으로 자리 잡게 된다. 아직 별로 변하지 않은 네이버후드도 있지만, 그런 곳은 점점 더 드물어지고 있다. 맨해튼의 워싱턴하이츠를 보면 주로 젠트리피케이션을 주도하는 계층과 학생으로 이루어진 비히스패닉계 백인들이 이미지 쇄신을 통해 이익을 얻으려는 부동산 중개업자를 참가시켜서 최근 지역 이름을 허드슨하이츠로 바꿔가며 기존의 도미니카인을 대체하기 시작했다. 북쪽으로 인우드와 로어워싱턴하이츠(168번 스트리트와 135번 스트리트 사이)가 이 패턴을 따르기 시작해서, 많은 학생과 저소득 백인이 그곳으로 이주하고 있다. 퀸스에서는 점점 더 많은 인도계가 브라이어우드와 리치먼드힐을 택하고 있고 상당수의 중국계가 플러싱과 퀸스버러힐에 있는 과거 인도계였던 구역의 부동산을 임대하거나 매입하고 있다. 중국계 인구는 선셋파크, 벤슨허스트, 프레시메도스에 급속도로 집중되고 있다. 로어맨해튼과 퀸스 잭슨하이츠, 우드사이드의 중국계 인구는 줄어들고 있는데, 퀸스의 해당 지역은 인도계와 방글라데시계 인구가 중국계 인구를 대체하고 있다.

한국계의 이동은 플러싱에서 동쪽으로 메인스트리트에서부터 나소

카운티 경계의 대략 255번 스트리트까지 노던불러바드를 따라 120개 블록 구간의 지역에서 사업을 매입하면서 그야말로 경탄할 정도로 진행되고 있다. 여기는 한때 이탈리아계, 아일랜드계, 유대인들이 압도적으로 다수인 지역이었다. 차를 타고 노던불러바드를 지나가다보면 대부분의 영어 간판 옆에 한국어(때로는 중국어) 간판이 같이 붙어 있는 네일 살롱, 주유소, 레스토랑, 자동차 매장, 서점 같은 수백 개의 상점을 볼 수 있다. 그리고 리틀넥을 지나 나소카운티로 들어가면 한인 소유의 대형 식료품 체인점인 H마트가 있다. 나소가 계층 상승에 가장 민감한 한국계(및 중국계)의 다음 목적지일까? 그렇다. 이미 일어나고 있는 일이다.

지난 30년 동안 이민자의 출신과 규모에 있어서 많은 변동이 목격되었다. 가장 근본적인 변화 중 하나는 아시아인들 사이에 있다. 처음으로 이 도시의 아시아 인구가 100만 명을 넘어, 거의 뉴요커 8명 중 1명이 아시아계로 로스앤젤레스와 샌프란시스코의 아시아 인구보다 더 많아졌다. 이는 2000년과 비교해 32퍼센트가 증가한 것으로 같은 시기 히스패닉계 인구 증가의 4배에 해당된다. 반면 같은 기간 비히스패닉계 백인은 3퍼센트, 흑인은 5퍼센트 감소했다. 이중 절반은 중국 출신이다. 물론 남아시아인은 동아시아인과 다르며, 필리핀인은 두 부류와 또 다르다. 어떤 사람들은 아시아계의 다양한 기원이 그들의 영향력을 감소시킨다고 주장한다. 예를 들어 현재까지 정치권에서는 존 리우 시 감사원 한 명만 시 정부의 고위직에 오를 수 있었다. 아시아계 시의회 의원은 두 명뿐이고, 주 의원은 단 한 명뿐이다. 투표 연령의 인구 중에서 아시아계 미국인의 숫자가 밀리는 것도 이유이긴 하지만 큰 집단에 있어서 이는 아무것도 아닌 문제다. 아시아계 미국인에게는 또 다른 불평등이 있다. 인구의 13퍼센트를 차지함에도 시의회 재량 기금을 겨우 1.4퍼센트밖에 할당받지 못하고 있다. 그들은 압도적으로 교육 수준이 높은 집단으로 잘못 인식됨으로 인해, 많은 아시아계 미국인이 사실은 영어 실력이 부족한 정도가 아니라 소득 수준이 도시 평균보다 현저하게 낮다는 사실을 간과하게 만든다.[5] 그러나 2012년 퀸스의 미국 하원 선거에서 중국계 미국인 그레이스 멩이 당선되면서 변화의 조짐이 보이기 시작했다.

기존에 거주하던 백인들은 이민자들 집단으로 대체될 것 같았지만 실제로는 그렇지 않았다. 부분적으로 젠트리피케이션, 경제적 변동, 도시 재생에 힘입어, 백인 원주민들은 맨해튼에서 약간 다수를 차지하고 있다. 퀸스 애스토리아와 브루클린의 베드퍼드-스타이버선트 및 포트그린 같은 젠트리피케이션이 진행되는 몇몇 네이버후드에서도 백인 인구가 늘고 있다. 그럼에도 뉴욕의 다른 지역들, 예를 들면 브루클린의 벤슨허스트, 마린파크와 퀸스 동북부의 베이사이드, 비치허스트, 화이트스톤, 머리힐, 더글래스턴, 리틀넥 등에서 백인의 수는 크게 감소했다. 그 이유의 상당 부분은 이 지역에 아시아계 인구가 크게 전입해온 것에 있다.

민족-종교적 대체를 경험하고 있는 지역 안에서도 특정 구역은 부분적으로 버티고 있었다. 남쪽 파크웨이 고속도로와 북쪽 로커웨이파크웨이 고속도로 사이에 있는 퀸스의 오존파크, 동쪽의 애퀴덕트 경마장과 서쪽 우드헤이븐불러바드 사이 지역은 소수민족도 혼재하고 있긴 하지만 여전히 다수가 백인이고, 그중에서도 이탈리아계 백인이 많았다. 그곳에 퍼져 있는 성조기, 겨울에 비닐로 둘러싼 무화과나무, 앞뜰의 성모마리아상, 거주자와의 대화로부터 그 사실을 알 수 있었다. 이탈리아인 중 일부는 도로에 명확하게 그어진 경계 덕분에 버티고 있었다. 성격상 이탈리아인들이 격렬하게 싸우지 않고서는 다른 사람들이 자기들을 밀어내지 못하게 하기 때문이기도 하다. 어느 정도 격렬할지는 그들의 나이와 아이들과의 동거 여부에 달려 있다. 오존파크에는 유대인도 살고 있지만 대부분은 이민족 간 결혼에 의한 거주로, 크리스마스 장식 속에 하누카를 축하하는 작은 메노라가 있는 것을 볼 수 있다(하누카는 12월에 돌아오는 유대인의 명절로, 메노라라는 전통 촛대를 사용한다―옮긴이). 이러한 저항은 브롱크스 북부와 브루클린 남부에도 남아 있다.

오존파크의 주택은 대부분 네덜란드 식민지 양식이다. 이곳 네이버후드의 오존파크 유대인 센터는 주로 인근의 이탈리아계 네이버후드인 하워드비치에서 온 사람들이 운영하는 것으로 보이며, 적지만 여기에도 유대인 인구가 있다. 가끔 오존파크에서 소수민족 가구의 자취도 볼 수 있다. 우드헤이븐의 서쪽은 대부분 히스패닉계 지역이 되었다. 브루클린과 그리 멀지 않아서 영향을 받은 듯한데, 왜냐하면 퀸스의 이 지역과 경계를 이루는 지역이 대다수의 흑인과 히스패닉계가 집중된 곳이기 때문이다. 여전히 악명 높은 브루클린의 핏킨애비뉴에서 이어지는 우드헤이븐 동쪽의 퀸스 구역은 조용하고 평화로우며 거의 전원풍이라고 할 수 있다.

원래의 출신 계급과 지역이라는 측면에서도 일부 집단 안에서 변화가 있어왔다. 1960년대와 1970년대에 이민을 온 초기 인도계 공동체는 부유층에 고등교육을 받은 사람들로 주로 맨해튼에 정착했고, 다수가 점차 교외 지역으로 이주했다. 1980년대와 1990년대에 온 이민자들은 전형적인 제3세계 이민자들에 더 가까웠고 대개 퀸스로 유입되었다. 인도계 이민자들은 미국 전역에 정착하면서 뉴욕시를 다양한 이들이 혼재되어 국제적인, 그래서 자신들의 고국과도 비슷한 곳으로 간주하는 경향을 보여줬다. 퀸스가 전통적으로 인도계에게 매력적이었던 이유 중 하나는 합리적인 가격의 임대 아파트가 많고, 라과디아 공항이나 존 F. 케네디 공항이 일터인 맨해튼과 가깝다는 점이었다.[6]

비슷하게도 오늘날 중국계 이민자들은 대부분 아주 오래전 먼저 이민을 온 사람들이 주로 사용하는 광둥어 방언을 이해하지 못하는 베이징어 사용자들이다. 그런데 언젠가부터 중국 본토에서 푸젠성 출신들이 다시 밀려오기 시작했다. 그들은 곧 이민자 사회를 구성하는 일부가 되었다. 이는 커뮤니티 구성원들을 더 잘 이해할 필요가 있는 사람들에게 혼란을 불러왔다. 심각하다기보다는 희극적인데, 유명한 병원에 근무하는 작업치료사가 한 뇌졸중 환자가 기본적인 명령을 따르지 못해 급속하게 악화되고 있다고 잘못 추측한 일도 있었다. 사실 환자의 모국어는 베이징어로, 치료사가 환자의 말을 광둥어로 번역해서 이해했기 때문에 그런 상황이 발생한 것이었다.

뉴욕의 유대인 인구도 전환 과정을 겪고 있다. 1950년대 이 도시에는 약 200만 명의 유대인이 있었다. 2010년 UJA연합United Jewish Appeal-Federation의 최신 연구 결과를 조지프 버거가 2012년 6월 12일 『뉴욕타임스』에 기사로 보도했다. 연구에 따르면 뉴욕에 있는 유대인 수는 110만 명으로 엄청나게 감소했다고 한다. 그러나 감소라는 이 결과 속에는 근본적인 변동이 있었다. 고학력에 자유주의적인 전형적인 유대인의 수는 줄어들고 있는 반면 정통파 유대인의 수는 매우 빠르게 증가하고 있다는 것이다. 10년 전 이 도시의 유대인 중 33퍼센트가 정통파였는데 지금은 약 40퍼센트가 여기에 속한다. 뉴욕에 있는 전체 유대인 어린이의 74퍼센트가 정통파에 속하기 때문에 수치는 훨씬 높아질 것이다.

또 다른 두 개의 중요한 유대인 집단은 18만5000명 정도가 거주하고 있는 러시아계 유대인과 뉴욕시, 나소, 서포크, 웨스트체스터카운티에 살고 있는 약 2만9000명의 이스라엘인이다. UJA연합 보고서에 따르면 대부분의 러시아계와 이스라엘계 유대인은 브루클린에 살고 있다. 그곳 주민의 대부분은 전체 유대인 공동체보다 더 오래됐다. 러시아계는 대부분 1970년대 말, 1990년대 초반 각각 두 번의 파도를 타고 뉴욕에 왔다. 그들의 교육 수준과 고용 패턴은 일반적으로 다른 유대인과 비슷하며, 종교적인 영향보다는 민족적 집단으로서의 유대인과 러시아인의 정체성이 훨씬 강하다.

1960년대 후반까지 유대인 인구가 줄었던 맨해튼의 어퍼웨스트사이드는 1980년대와 1990년대에 젊은 세대 유대인 지역으로 다시 부상했으며, 오늘날까지 이어져 어퍼이스트사이드의 오래된 유대인 공동체와 서로 어깨를 나란히 한다. 이러한 발전과 병행하여, 경계를 나누기에 따라 달라지기는 하지만 현재 3분의 1이 백인 거주자인 할렘의 새로운 전입자 중에는 다수의 유대인, 여피족, 예술가, 학생, 도시 재정주민도 포함되어 있다. 루바비처 하시딕 운동Lubavitcher Hasidic Movement은 무연고 유대인을 대상으로 하는 봉사활동에 중점을 두고 있는 변화하는 유대주의의 상징으로, 현재 차바드 하우스Chabad house라는 센터한 곳을 두고 있으며 뉴욕시티칼리지 내에 있는 센터도 포함하면 사실상 두 곳을 운영하고 있다. 이는 도시가 어떻게 계속 변하는지 보여주는 하나의 표지일 뿐이다. 20세기 초만 하더라도 할렘이 15만 명 이상의 유대인이 사는 곳이었다는 사실을 생각해보면, 여러 다른 이유로 인해 어떤 이입 전출의 패턴이 시간이 지남에 따라 어떻게 반복되는지 역시 보여준다. 당시 사람들은 로어이스트사이드의 열악한 환경에서 벗어나려는 열망으로 할렘으로 이사했지만, 현재는 할렘의 아파트가 맨해튼의 다른 지역보다 싸기 때문에 옮기고 있다.

40여 년 전 네이선 글레이저는 대니얼 P. 모이니핸과 뉴욕시의 민족-종교적 집단 및 인종 집단에 대한 고전적인 저술인 『용광로를 넘어서Beyond the Melting Pot』를 펴내면서, 이민 유입의 엄청난 증가를 예견할 수 없었다는 것을 인정했다.[7] 이민 유입의 증가는 결정적으로 이민자들이 도착할 때 뉴욕시에 이미 거주하고 있던 많은 푸에르토리코인과 아프리카계 미국인 빈곤층의 기회를 빼앗는 결과를 가져왔기 때문에 이는 중요한 관찰이다. 이들 새로운 집단은 더 나아져가는 정치·사회·경제적 환경 속에서 기회를 잡는 데 필요한 사회·경제적 자본을 가지고 왔다. 그들은 자신의 집단 내에 네트워크와 재정적 자원을 가지고 있었기 때문에, 푸에르토리코인과 아프리카계 미국인의 에너지와 희망을 무너뜨렸던 차별과 편견을 경험하지 않았다. 당연스레 먼저 온 집단은 새로운 이민자를 복합적인 감정으로 맞이했다.[8] 지난 35년간 이 나라에 들어온 많은 이민자, 특히 아시아에서 온 이민자뿐만 아니라 서인도제도 출신 이민자들은 이미 교육을 받았고 재빨리 사다리를 타고 올라갈 기술이 있었다. 그리고 교육받지 못했던 도미니카인, 예멘인, 에콰도르인들도 가장 어려운 시기를 헤쳐나갈 수 있게 해준 아메리칸드림에 대한 믿음과 함께 기업가적 능력과 열심히 일하겠다는 의지를 가지고 있다.

서류 미비자와 그들의 영향

이 나라에는 불법체류자로 불리는 서류 미비 이민자가 있다.[9] 뉴욕시에 대략 60만 명이 거주한다고 하지만 그 수치 역시 추정일 뿐이다. 서류 미비자들은 자신이 여기 있다는 것이나 혹은 어디서 사는지를 알리고 싶어하지 않는다. 대부분 비자 기간을 초과해 체류하는 이들이며, 최근 몇 년 동안 불법으로 이곳에 온 사람 대부분은 멕시코인이나 중국인일 가능성이 크다. 뉴욕시의 아무 레스토랑에나 걸어 들어가 "이미그레이션immigration!"이라고 소리친다면 뒷문으로 도망치는 그들을 볼 수도 있다(이미그레이션은 이민 단속반을 의미—옮긴이).

늦은 밤 퀸스나 브루클린의 조용한 거리를 걷고자 나오면, 애들에게는 절대 사주지 않을 것처럼 보이는 전조등도 없이 끼긱 소리를 내는 녹이 잔뜩 슨 자전거를 타고 지나가는 이들을 볼 수 있다. 아마 그들은 10~15킬로미터 거리를 가로질러 직장 또는 집으로 가는 중일 것이다. 또한 번잡한 거리에서는 보데가bodega(스페인어에서 유래된 단어로, 뉴욕 지역에서 20세기 중반부터 등장한 잡화점 – 옮긴이)라고 부르는 연중무휴 잡화점 앞에 그들이 버드와이저, 타미힐피거, 하버드 같은 글이 적힌 몸에 잘 맞지 않는 스웨트셔츠를 입고 삼삼오오 모여 있는 것을 볼 수 있다. 자기들끼리 웃으면서 얘기를 나누고 있지만, 대개 눈과 서 있는 자세에서는 불확실성이랄지 은밀함 같은 것을 볼 수 있다. 그린카드라고 부르는 영주권을 받기 전에는 그들은 이 땅에서 완전히 편안해질 수 없다.

이민자가 많은 도시에 사는 사람이라면 누구나 6명 정도가 살 만한 아파트에 20~30명이 복닥거리는 이야기를 들려줄 수 있다. 누군가 아파트를 나서려 복도의 문을 열었을 때 거실에 벙커 침대 5개가 놓여 있는 것을 흘깃 볼 수도 있다. 건물 안전 수칙과 위생 규정은 이미 위반한 상태이고, 심지어 일하는 시간에 맞춰 침대를 돌아가며 사용하기도 한다. 코로나나 선셋파크 같은 동네에서 차만 타고 지나가면 이 상황을 절대 알 수 없지만, 서류 미비자들이 전체 블록에 걸쳐 사는 그런 거리가 있다.

그냥 지나치면 서류 미비자를 찾기 힘들다고 해서 이들이 도시의 삶에 아무런 영향을 미치지 않는다는 것은 아니다. 이들은 여러 측면에서 영향을 미치고 있다. 첫째, 서류 미비 이민자는 누구도 일하지 않으려는 많은 직종에서 일하고 있다. 몇 가지 예를 들면 접시 닦이, 공장 및 건설 현장의 비숙련 노동자, 웨이터, 가사 도우미, 택시 운전사, 세차장 직원 등이 있다. 이들이 이런 일을 하지 않으면 누가 하게 될까? 게다가 고용주와 직원 모두에게 뭐가 비용이고 혜택이 될까? 예를 들어 서류 미비자인 입주 가사 도우미가 가족을 돌보는 경우를 생각해보자. 그 집 주부는 주중에 공연이나 박물관을 가기 위해 외출할 수 있다. 그녀가 나가서 항공권, 지하철 요금, 점심 식사, 택시비 등에 지출하는 모든 돈이 도시 경제를 지속 가능하게 만든다. 서류 미비자들이 없다면, 입주 가사 도우미는커녕 아예 도우미를 구할 수 없는 사람들도 분명 있을 것이다. 그리고 만일 그들에게 더 많은 돈을 지불해야 한다면, 오락이나 고가의 옷에 쓸 돈이 없게 될 것이다. 이것은 하나의 예에 불과하지만 요점은 명확하다. 마이클 블룸버그 시장은 2006년 상원 청문회에서 "만약 그들을 추방한다면 도시 경제가 붕괴될 것"이라고 단언했다. 그들은 물론 종종 자신들의 생존 수단인 매춘, 암시장 거래, 도박, 마약 같은 불법 활동에 연루되어 있기도 하다.

특히 다수의 서류 미비자는 건설, 관리, 경공업, 이민 변호사, 서비스업 또는 기타 많은 경제적 영역에 깊은 영향을 미치고 있다. 서류 미비자를 합법화하길 원하는 미국 시민은 그로써 많은 산업에서 원가가 상승할 거라는 점을 잘 알고 있다. 그럼에도 합법화가 시민적 삶의 보호와 미래를 모두 보장하는 옳은 일이라고 생각한다. 현재 그들은 심각한 지경에 이르지 않으면 의사에게 갈 수도 없고 범죄를 신고할 수도 없으며, 은행 계좌를 사용하거나 운전면허증을 합법적으로 취득할 수 없다. 이는 공동체에서 제외된다는 것을 의미한다.

딜레마에 대한 근본적인 해결책 없이 서류 미비자들은 지속적으로 법적 권리를 얻기 위해 비합법적인 수단에 의지할 수밖에 없는데, 일부는 실제로 효과를 얻을 때도 있다. 중앙아시아계의 어느 대학생이 내게 설명했다. "학생이라면 체류 허가를 받을 수 있어요. 그리고 학생이 되기 위해 제가 합법적으로 여기 있다는 것을 증명할 필요는 없고요."

"하지만 학생이 아닌 사람은 어떻게 하나요?"

"정치적 망명 자격을 얻고 싶다면 변호사에게 돈을 지불해야 한다는 것을 저희 커뮤니티에서는 누구나 알고 있어요."

"어떤 종류의 망명이죠?"라고 내가 물었다. "키르기스스탄에서는 전쟁을 피해 도망치는 사람이 아무도 없잖아요." 그녀는 이렇게 말했다. "기독교인이거나 레즈비언이어서 박해를 받는다고 말할 수 있어요."

이 제도는 넘어야 할 산이 너무 많아서 필사적으로 영주권 지위를 얻기 위한 이민자들에게 사기를 저지르도록 장려하는 효과를 가져왔다. 1990년에 시작된 연간 영주권 추첨 제도에 매년 수백만 명이 신청하고 대략 5만5000여 명이 영주권을 받고 있다. 또한 정부가 이미 이곳에 비합법적으로 살고 있는 대부분의 이민자를 추방하지는 않지만, 그들에게는 추방이 일어날 수 있다는 사실 자체가 공포스러울 때가 많다. 근래 추방된 사람의 수는, 오바마의 두 번째 임기 동안에는 좀 달라질지 몰라도, 오바마 행정부의 친이민정책 아래에서조차 매년 대략 40만 명에 이른다.

비합법적 지위의 또 다른 결과는 서류 미비자들이 병원이나 학교 같은 공공서비스를 이용한다는 사실이다. 더 복잡한 문제는 미국 태생의 자녀들은 모두 합법적이라는 사실인데, 이것이 위험을 무릅쓰고 밀입국한 중요한 이유 중 하나이기도 하다. 전국적으로 비합법 체류자의 4분의 3에 해당하는 대략 230만 가구가 미국에서 태어난 아이가 적어도 한 명은 있고, 따라서 푸드스탬프와 기타 사회보장 혜택을 받을 수 있다. 비합법 체류자의 아이들은 정기적이진 않지만 학교를 다니고, 문제가 발생해도 부모가 도와줄 수 없는 일종의 회색지대에 살면서 서류 미비인 부모의 법적 지위가 발견되지 않도록 조심해야 한다. 뉴욕시 전체 학생 인구의 11퍼센트를 차지하고 있는 이들에게 적어도 1년에 10억 달러 정도의 교육 비용이 쓰이고 있다. 이 아이들이 어른이 되고 늙으면 자녀에게 부양을 받을 수 있을 것이다. 하지만 그들의 부모는 나이가 들어 보살핌이 필요함에도 사회보장이나 연금, 미국 노인들이 일반적으로 누리는 다른 혜택을 받지 못한다. 그러면 어떻게 될까?

서류 미비 이민자는 종종 별개의 실체인 것처럼 다뤄지지만 실제로 그렇지만은 않다. 이들 중 많은 이는 미국에 합법적으로 사는 친척이 있고 친척의 도움을 받으며 잘 살고 있을 수 있다. 합법적 이민자가 서류 미비 이민자를 동정할 수 있는 반면, 합법적으로 이민했지만 서류 미비 이민자와 별로 관련이 없는 경우는 어떤가? 그들 중 일부는 정말로 서류 미비자들이 자신의 일자리를 빼앗고 있다고 믿어서 억울해하고 있을까? 미리 건너온 가족이 없는 서류 미비자는 훨씬 더 어려운 시간을 보내게 된다. 그래서 함께 일하거나 일상생활에서 가까운 그룹을 형성하고, 서로에게 '가족'이 되어준다.

전체적으로, 나는 서류 미비자의 곤경에 대해 대단히 동정심이 생겼다. 브롱크스의 한 히스패닉계 커뮤니티 위원회 구역 관리자도 이렇게 말했다. "일하려고 하는 사람들이니 저는 아무런 문제가 없다고 봅니다. 고용주가 그들에게 적절한 임금을 지급하지 않는다면 부끄러운 일이죠. 그 사람들은 자신을 위해 일하는 게 아니라, 자식을 위해 일해요. 이 나라는 불법 활동을 바탕으로 만들어졌잖아요. 이야기 끝이죠." 유대인 퀸스 커뮤니티 구역 관리자는 이렇게 말했다. "여기 있는 사람들을 합법화하지 않을 이유가 없잖아요? 열심히 일하고 범죄를 저지르지도 않습니다." 실제로 이들이 범죄 활동에 연루됐다는 증거는 거의 없다. 만약 그런 활동이 발각되면 추방으로 이어지는데, 그건 서류 미비자들이 가장 피하고 싶어하는 일이다.

서류 미비자들이 시민권자의 일자리를 빼앗아가며 세금도 내지 않는다고 주장하는 이들도 있다. 2012년 7월 전 시장 에드 코크와의 인터뷰에서 이 문제에 대해 질문했을 때 그는 다음과 같이 답변했다.

저는 광범위한 사면에 대해서는 반대하는 입장입니다. 물론 이민을 찬성하며, 이민이 나라에 매우 도움이 된다고, 바로 이민이 뉴욕을 위대한 도시로 만들었다고 믿고 있습니다. 하지만 불법에 동의하지는 않습니다. 저는 우리가 연민을 가져야 한다고 믿고 있으며 이미 들어와 있는 16세 이하의 젊은이들을 추방하지 않을 것이라고 한 오바마 대통령의 정책을 지지하고 있습니다. 그러나 저는 1100만~1200만 명의 불법 이민자에 대해서 동정심을 갖는 것과는 별개로 그들이 고국으로 돌아가야 한다고 생각합니다. 이민과 관련해 미국보다 더 관대한 나라는 세상에 없습니다. 우리는 매년 100만 명의 이민자를 받아들이고 있습니다. 이중 75만 명은 정규 이민자고, 25만 명은 정치적 망명자입니다. 나는 그들을 불법으로 고용한 사람을 처벌하는 것에 동의합니다. 만일 일자리를 빼앗는다면, 그들은 고국으로 돌아갈 것입니다. 사실 최근 경기 침체기에 많은 이민자가 고국으로 되돌아갔습니다. 그러나 저는 당시 시장으로서 "자녀를 학교에 보내는 것에 주저하지 마십시오. 치료가 필요해 병원에 가야 하는 경우 주저하지 마십시오. 다른 범죄를 저지르지 않았다면 비합법적으로 여기에 있다는 사실만으로는 경찰관이 이민 당국에 당신을 넘길 수 없기 때문에, 범죄의 공격 대상이 된다면 주저하지 말고 경찰에게 알려주십시오"라고 말했습니다. 저는 그 때문에 비판도 받았지만, 아직도 그것이 온정적인 방법이라고 믿습니다. 그리고 제 다음의 모든 시장이 똑같은 명령을 내렸습니다.

코크 전 시장의 말은 서류 미비자로 미국에 있는 사람들에 대한 죄책감과 양면적인 감정을 강조한다. 서류 미비자와 그들을 고용하는 사람들이 그들의 존재가 경제를 돕는지 여부와는 상관없이 법을 위반하는 것은 사실이다. 그런가 하면 사람들은 다른 인간에게 동정심을 갖고 싶어하며, 서류 미비자들이 일단 이곳에 와 있는 한 의료나 안전 같은 그들의 기본적 권리가 거부되는 것을 받아들이지 못한다.

뉴욕에서 살아내기

뉴욕시 이민자는 경제적으로 제한된 선택에 직면하게 된다. 제조업 규모는 수십 년 동안 감소했고, 서비스 경제의 첨단 직종은 이들에게 없는 새로운 기술을 요구한다. 남은 일이란 대부분 오랜 시간 열심히 일하면 보답받는 종류로, 영어를 많이 할 필요가 없고 전 가족이 유급 일자리를 얻을 수 있는 일이 많다.[10]

미국보데가협회에 따르면 뉴욕시에는 2만5000개의 보데가, 델리, 카운터가 있다(보데가, 델리, 카운터 모두 잡화점을 의미하는데 보데가는 잡화점, 델리는 식료품점에 가깝다 — 옮긴이). 연간 매출이 70억 달러에 달하며 약 6만5000명을 고용하고 있다. 종종 이런 업종이라면 히스패닉계나 한국계가 운영한다고 생각하지만, 가장 최근에 이 업종에 들어온 집단은 예멘 사람들이다. 그들은 높은 적응력을 보이며, 히스패닉계 지역에서 잘 지낼 만큼 스페인어를 구사할 수 있다. 그들은 9·11 테러 이후 이슬람교도가 다른 사람에게 어떻게 보이는지에 민감해하면서 민족-종교적 집단으로서 낮은 자세를 유지하고 있다. 일반적으로 예멘 사람이 보데가를 경영한다는 사실은 물어보지 않는 한 알기 어렵다. 예외적으로 이스트할렘의 1번 애비뉴와 108번 스트리트 근처에 잘 자리 잡은 가게가 있는데, '예멘 킹 그로서리'라는 대형 간판이 걸려 있다.

일반적으로 특정 민족-종교적 집단이 특정 경제적 틈새를 장악한다. 예를 들어 세차업은 이스라엘인, 주유소는 인도인·파키스탄인·방글라데시인, 네일 살롱은 아시아인이 대표적이다. 이러한 민족적 틈새 시장을 거슬러 올라가면 그 시장에 먼저 들어가 같은 민족 집단에 활로를 열어준 어떤 개인이 나오곤 한다. 또 다른 이유로는 집단 구성원이 가진 자원과 기술, 경제적 기회, 노동력 부족, 도착 시점, 다양한 직업에 대한 그들의 선호도 등이 있다. 때때로 이들은 사업에 자신들 문화의 고유한 스타일을 반영하기도 한다. 예를 들어 미국인이 운영하는 미장원과 네일 살롱이 고객에 대한 친근함과 귀를 기울이는 것을 강조하는 반면, 한국계의 네일 살롱은 존중과 실력, 효율성을 강조한다.[11] 미국인이 선호하는 감성적인 관계에는 아무래도 언어 장벽이 있어서 한국계로서는 불가피하게 이런 방식을 수용하는 것일지도 모른다.

다양한 직업군이 주로 민족-종교적 집단별로 장악되어 있는 것은 거기서 배제되었다고 느끼는 다른 그룹에게는 억울하게 느껴진다. 그중 한국계와 아프리카계 미국인의 갈등은 아마도 가장 잘 알려진 경우일 것이다.[12] 이를 다른 이민자 집단의 배타적 집단주의 탓으로 돌리는 것을 수없이 들었다. 때로 그 탓은 틈새 영역에만 국한되는 것도 아니고, 모두에게 열려는 있지만 편애 집단이 존재하는 좀더 일반적인 분야에 대한 것일 수도 있다. 흥미로운 것은 겉으로는 공개적인 듯한 이 편애 집단의 진입장벽에 대해 불평하던 사람들에게 반대로 자신에게 유리한 경우가 발생했을 경우다. 예를 들어 브루클린에서 폴란드계 도급업자 한 사람과 이야기를 했는데, 브루클린에 있는 중국계 이민자에 대해 엄청나게 불평을 했다. 그는 폴란드 비아위스토크에서 뉴욕으로 이민 와서 20년 동안 살았다. "중국인들은 사업할 때 오직 자신들끼리만 돕는다구요. 누구도 중국인 회사와 거래할 수 없어요. 중국 공급업자에, 중국 건축업자, 중국 노동자만을 고용하죠. 겉으로는 친절하지만 도움이 되지 않아요."

　그런데 사실 폴란드 및 슬라브계 연합신용조합도 민족적 배경과 충성심에 노골적으로 호소하고 있다. 이 은행은 폴란드계 교회와 폴란드어 학교를 지원하고, 폴란드계 인구가 많은 퀸스의 글렌데일과 매스퍼스, 브루클린의 그린포인트, 롱아일랜드와 뉴저지 커뮤니티에 지점을 두고 있다. 이를 에스니시티Ethnicity로 비즈니스를 만드는 것이라 부른다. 지지자들은 "하지만 그게 뭐 잘못되었어요?"라고 말한다. 고객은 특정 수준의 편안함을 제공받으니 좋아한다. 모국어로 대화할 수 있고, 동족인 폴란드나 슬라브인과 더 믿고 거래할 수 있다고 느낀다. 나와 얘기한 그 폴란드계 업자조차 먼저 했던 말과 이 사실의 모순을 무시하고 아무런 잘못을 찾지 못했다.

　마찬가지로 할렘의 116번 스트리트에 울타리로 둘러싸여 있는 아프리카계 시장은 아프리카인을 위한 주요 상업 중심지다. 의류 상점, 이발소, 전자 상점, 레스토랑이 있고, 주변 지역에는 모하메드 인바이런 먼틀 클리너 같은 사업체가 모여 있다. 5번 애비뉴와 6번 애비뉴 사이에 위치한 이 시장은 아프리카 민속 의상, 보석, 그림, 포켓북 같은 종류의 상품을 판매하는 아티스트와 중간상인을 위한 공간을 제공하고 있다. 저항이 거셌음에도 불구하고, 상인 집단은 훨씬 방문객이 많았던 125번 스트리트에서 할렘의 현재 위치로 옮겨졌다. 오직 관광객만을 대상으로 영업했다면 그들은 벌써 끝났을 것이다. 시장이 있다는 것은 이곳이 아프리카인도 모여 쇼핑을 하는 주 지역이라는 것을 의미한다. 아프리카인들은 이곳에서 뉴스를 교환하고 고국의 TV를 볼 수 있는 장소인 식당을 통해 가게를 후원하면서 동시에 사회적 커뮤니티를 발전시킬 수 있었다. 109번 스트리트와 5번 애비뉴의 고급 콘도 빌딩 1층에는 아프리카 박물관도 계획되고 있을 정도다.

이런 보호주의는 관련된 혜택과 상관없이 가난한 흑인과 푸에르토리코인, 서류 미비자와 같이 운이 부족한 집단의 기회를 제한한다. 이들 집단의 경우 공병 수거나 '자동차 뒤쫓기' 또는 '삐끼'로 일하는 것이 그나마 대안이 된다. 일부는 창문이 깨지거나 후미등이 고장난 차의 운전자를 동네 수리점으로 데리고 가는 일을 한다. 만약 히스패닉계라면 스페인어를 쓰는 운전사에게 좋게 보일 것이다. 그 대가로 보통 차 한 대에 10달러를 버는데, 운 좋으면 한 주에 350달러도 벌 수 있다. 이들은 어디에서 일할까? 퀸스의 시티필드 구장 주변 또는 브롱크스 헌츠포인트 주변의 수리점이 있는 곳이다.[13]

힘들게 일자리를 찾다보면 가끔 신규 이민자는 거의 믿기지 않는 일을 하게 되기도 한다. 오전 7시경에 나는 허드슨강 근처 57번 스트리트에 있는 차고에서 페디캡(3륜 자전거 택시)을 고치고 있는 한 남자와 얘기를 나눴다. 그는 온두라스 출신으로 몇 년 전만 해도 아예 존재하지도 않았던 페디캡의 일종의 선구자였다. 페디캡은 실제 인력거의 자전거 버전으로, 허가를 받는 데 2600달러가 들고 요금은 한 블록당 1달러를 받았는데, 결과적으로는 말이 끄는 관광 마차가 더 돈벌이가 됐다. 휴스턴스트리트에서는 예루살렘 근처의 베이트 익사에서 이민와서 30년 이상 뉴욕에서 거주하고 있는 팔레스타인 사람을 만난 적이 있다. 그는 보도에 그림을 그렸고, 상업적으로 행사를 알리는 광고를 하기도 했다. 그가 파스텔로 그린 수백 개의 그림은 보통 1년 정도 남아 있었다. 그는 웹사이트도 운영하며 여러 장소에 그림을 그렸다. 그는 "아무도 거슬려한 적이 없었어요. 그리고 누가 하지 말라고 한다면, 이미 메시지가 다 알려졌을 때죠"라고 말했다.

만약 당신이 이민자 또는 빅 애플을 방문한 알뜰 방문객이라면, 이름도 열정적인 아메리칸드림호스텔을 확인해볼 필요가 있다. 이스트 24번 스트리트 168번지에 있는 조식 포함 숙소다. 소박하게 개조된 4층 높이의 이곳은 페루 이민자가 소유하고 있는데, 그는 이색적인 방식으로 꿈을 이루었다. 로비에 있는 전단지에는 '해외에서 온 청소년 및 교사에게' 헌정한다고 적혀 있다. 직원이 얘기해주기를, 사실 숙박할 곳을 찾을 때 알파벳순으로 위에 있는 이름이라는 것이 그가 그 이름을 선택한 이유 중 하나라고 했다. 객실은 하루에 119달러로 꽤 저렴하며 공용 욕실을 쓰는 1인실이다. 20년 전에 이곳은 도시의 저소득층을 위한 SRO(1인실) 숙박소였다. 하지만 오늘날 노숙인 보호소가 증가해 이러한 저가 숙박 시설은 더 이상 인기가 없어졌고, 2013년 경제적으로 활기찬 뉴욕에서는 다르게 돈을 벌 수 있게 되었다. 이 페루인은 이쪽 업종을 하기로 하고 뉴욕과 미국 전역에서 소규모 호텔 또는 모텔을 관리하거나 소유하는 수천 명의 이민자 대열에 합류했다.

뉴욕시에 온 이민자의 대부분은 식료품점과 저렴한 식당 같은 소규모 업장을 소유하거나 종업원으로 일하고, 가게를 소유하기 위해 고군분투한다. 벤 하우는 관료적 규칙에 맞서 살아남기의 고역에 대해 이 규칙의 대부분은 하찮거나 더 나쁜 경우 아예 말이 안 되는 것이라고 말했다. 더군다나 공권력은 이민자들에게 유독 지나치게 행사되곤 한다. NYPD 경찰관, 소비자 문제 담당 직원, 마약단속국 직원 등 수많은 공무원이 사소한 이유로 이민자들의 가게를 찾아온다. 우스갯소리로, "감자 샐러드에 숟가락을 잘못 놓았다"는 것도 위반 사항이 될 정도다.[14]

이민자들은 왜 그렇게 열심히 일하는가?

많은 미국인은 자신들을 행복하게 하는 무언가가 직업을 정하는 주요 기준에 있어야 한다는 것을 당연시한다. 이민자는 그러한 사치스러운 생각을 감당할 수 없다. 그들은 우선 경제적으로 생존해야 한다는 것부터 생각한다. 나는 성경박물관의 경비원이자 가나 이민자인 패트릭과 이야기를 나눴다.

"경비원 일을 하는 거 어떠세요? 여기에 하루 종일 서 있으면 지루하지 않나요?"라고 나는 물었다.

"뭐," 그가 대답하길, "예수님의 그림을 보고 삶에 대해 묵상하고 있죠."

"그래도 지루하긴 할 거 아닌가요. 성인이나 구도자가 아니고서야 하루 종일 묵상할 수는 없잖아요."

"글쎄요, 뭐. 그건 맞는 말이죠." 패트릭은 마지못해 동의했다. "그렇지만 먹고살아야죠. 이거 말고 제가 할 만한 다른 일을 알고 계시나요?"

나는 갑자기 미안한 마음이 들었다. 어쩌면 그가 이전부터 어렴풋이 알고 있던 불행의 씨를 내가 싹트게 하고 있는지도 몰랐다. "이 일은 얼마나 오래 했습니까?" 하고 물었다.

"거의 10년 됐어요."

"무엇을 해보고 싶으세요?"

망설임 없이 그는 "사기 사건 수사"라고 답하며 바지 주머니에서 카드 하나를 꺼내 진지함을 증명하려 했다. '사기 수사 요원'이라고 쓰인 그 사원증은 블랙스타시핑이라는 회사 것이었다. 그는 이것이 마르쿠스 가비(20세기 초반의 흑인 운동가 및 기업가 – 옮긴이)의 회사 중 하나라는 것을 알고 있었다. 그는 회계사 경험도 있었다.

"10년 전에 여기 온 이후로 무엇이 가장 흥미로운 경험이었어요?"라고 나는 물었다.

"글쎄요, 한번은 그리스인이 몇 명 왔죠. 그리스 정교회의 전시품이 있었는데 그들은 촛불을 켜고 싶어했어요. 그래서 '여기서 촛불을 켜면 안 됩니다. 여기는 박물관입니다'라고 말했죠."

나는 "박물관에서 전기 촛불을 켜줄 수 있진 않을까요"라고 제안했고, 그는 그 생각을 재미있게 받아들였다. 패트릭은 좋은 사람이었다. 그가 10년 동안 가장 흥미로웠던 경험이라고 예를 든 것은 반대로 수많은 일자리나 삶이 정말로 흥미롭지 않을 수 있다는 것을 확인시켜주었다.

어느 화창한 날, 부시윅 거리를 걷다가 '젠장할 매일-그냥 해라'라는 글이 새겨진 티셔츠를 입은 젊은 히스패닉계 남자를 지나쳤다. 그것은 아마 이민자에게는 더 잘 적용될, 매일 아침 일어나 계속 해내야 한다는 힘겨운 삶을 나타내주고 있었다. 그들에게는 그게 인생의 전부다.

한국인은 종종 될 때까지 한다는 고정관념에 묶여 있다. 게다가 그것을 부인하려 하지 않는다. 우습지만 실은 대단히 정보가 정확한 벤 하우의 『마이 코리안 델리』의 얘기를 다시 들어보자. "그리스인과 이탈리아인으로부터 델리 업종을 넘겨받은 사람들, 중국인을 드라이클리닝 업종에서 몰아낸 사람들, 아프리카계 미국인으로부터 손톱 관리 업종을 빼앗은 사람들, 부모님이 다닌 그 학교에 나 같은 부진아는 절대 들어갈 수 없게 만든 사람들."[15] (저자는 한국계와 결혼한 백인 앵글로색슨계 프로테스탄트WASP다) 한국계 미국인인 식료품 가게 주인은 28년의 경제적 성공 기록을 이렇게 설명했다. "내 식료품 가게와 두 블록 떨어진 곳에 슈퍼마켓이 있습니다. 하지만 나는 성공적으로 경쟁할 수 있었습니다. 왜일까요? 일주일에 네 번 헌츠포인트 시장에 가서 내가 좋아하는 신선한 농산물을 골라왔기 때문입니다. 반면에 두 블록 떨어진 슈퍼마켓은 트럭으로 배달되는 농산물을 받아야 하는데, 선택의 여지가 별로 없습니다. 또한 헌츠포인트 시장에서 특별 할인하는 상품을 골라왔기 때문에 슈퍼마켓과 가격으로도 경쟁할 수도 있었습니다."[16] 바로 그거다. 아무리 작은 사람이라도 더 열심히 하려고만 하면 큰 사람을 이길 수 있다.

중국인은 야망에 있어서 한국인에게 필적할 만하다. 미국 내에 작은 중식 테이크아웃 매장이 없는 쇼핑센터가 있을까? 벤슨허스트의 73번 스트리트 근처 18번 애비뉴에서 브루클린 음악예술센터를 가로질러 가다가 전면 대형 스크린에 흰색 블라우스와 짙은 남색 점퍼를 입은 7, 8세 정도의 중국계 소녀가 나오는 것을 봤다. 소녀는 무대 위에 앉아 소형 그랜드 피아노를 치고 있었다. 계속해서 반복되는 2분짜리 영상은 연습이 완벽함을 만들며, 성공하려면 완전히 헌신해야 한다는 학교의 방침을 효과적으로 전달해줬다. 거리에서 그 음악을 들을 순 없었지만, 훌륭할 것임은 알 수 있었다. 어떤 경우든 그건 입시 준비 및 과외 센터들과 함께 도시 전역의 아시아계 네이버후드의 제일선에서 번창하고 있는 수백 개의 학원 중 하나인 이곳을 광고하는 멋진 방법이다.

맨해튼의 헬스키친 지역에 있는 54번 스트리트와 11번 애비뉴의 교차 지점에는 뉴욕 어디서나 볼 수 있는 사브렛Sabrett 핫도그 스탠드가 자리 잡고 있다. 삶은 물에 떠 있는 프랑크푸르트 소시지의 냄새는 모든 뉴요커가 알고 있듯이 친숙하고 자극적이다. 나는 올리브색 피부의 시무룩한 얼굴을 한 람이라는 이름의 핫도그 상인과 대화를 나누었다. 펀자브에서 온 그는 이 나라에서 20년간 사는 동안 휴가가 한 번도 없었다고 했다. 나는 이민자들이 미국에서의 성공을 꿈에 그리다가 지금의 일을 하게 된 것이 무엇을 의미하는지 생각해봤다. 이 남자는 하루 9시간, 한 주에 6일, 수년 동안 이 일을 해오고 있는 것에 실망하고 있을까?

이 질문을 하자 그는 이렇게 답했다. "뭘 할 수 있겠어요? 이건 내 인생이고, 가족을 위해 돈을 벌어야 합니다. 이 빌딩에 있는 사람들처럼 아무것도 안 하고 무료로 뭐든 받아 쓰는 그런 짓은 하고 싶지 않아요." 그는 근처에 있는 저소득층 아파트 건물에 몇몇 사람이 모여서 맥주를 마시고 있는 것을 보고 무시하듯이 고개를 내저었다.

대학에 다니고 있는 자녀에 대한 얘기를 시작하자 그의 얼굴은 생기를 띠기 시작했다. 람은 기본적으로 자신을 그의 과거와 미래 사이의 다리라고 생각하는 듯했다. 그 중심에는 그가 세상에 데리고 온 이들이 있었다. 나는 인도를 방문했을 때 뉴욕시에 비해 훨씬 더 심각한 빈곤을 목격한 적이 있었고, 이 사람은 자신이 무엇을 하든 진정으로 감사하게 여길 것이라고 생각했다.

얘기를 나눴던 다른 노점상도 비슷한 이야기를 했다. 람의 말은 스태튼아일랜드의 인도계 델리 주인이 "저는 열심히 일하죠. 새벽 5시 30분에 일찍 문을 열고, 밤 10시에 자러 갑니다. 7월 4일 독립기념일에는 휴가를 내서 아이들과 함께 캐나다도 갔죠. 긴 휴가는 12월, 1월에 인도에 한 달간 다녀올 때입니다"라고 한 것과 너무나 흡사했다.

"자녀는 델리에서 일을 할 건가요?"라고 물어보자, "그러지 않길 바라요. 저는 아이들에게 '너희는 더 나은 일을 해라. 돈이 문제는 아니다. 어떤 고생이든 내가 할 것이고, 너희는 좀더 나은 일을 해야 해. 왜냐하면 난 너희가 여기 서서 고기 자르는 것을 보고 싶지 않기 때문이지'라고 얘기합니다."

"여기서는 얼마나 되셨죠?"라고 나는 물었다. "약 5년쯤이요."

"미국에 왔을 때 결국 델리에서 일하게 되리라고 생각하셨나요?"

그의 대답이 나를 놀라게 했다. "사실 나는 인도에서도 식료품점을 했어요. 하지만 여기서도 그 일을 할 거라고 생각하진 않았죠. 스태튼아일랜드 이전에 뉴저지의 델리에서 7년쯤 일했습니다." 그의 대답에서 이런 종류의 일을 하는 모든 이가 전에도 이 같은 일을 한 번도 한 적이 없는 것은 아님을 알 수 있었다. 이 델리 주인은 인도에서 같은 일을 했다.

 사람들은 델리를 이민자가 먹고살기 위해 하는 업종이라고 생각하지만, 그렇지만은 않다. 열심히 일하려고 한다면, 아니 아주 **열심히 일한다면**, 실제로 돈을 벌 수 있다. 서니는 브루클린의 목이 좋은 거리에 델리를 차리고 생필품, 복권, 담배를 팔고 있다. 그러나 많은 수익은 뜨거운 조리 음식에서 나온다. 서니는 팔라펠, 샤와르마, 터키버거, 치즈버거 등 알 만한 것은 다 팔고 있다. 그의 고향은 팔레스타인으로, 대부분의 뉴요커에게 나라를 세우려고 투쟁하는 곳으로 잘 알려져 있다. 그러나 뉴욕의 많은 이민자와 마찬가지로 그의 1차 목표는 사업이고, 이스라엘인 고객과도 좋은 관계를 가지고 있다. 그의 아내는 시칠리아인이다. 가장 주목할 만한 점은 사업 규모다. "이 장소의 가치는 자그마치 150만 달러입니다"라고 그는 말했다. "가격을 더 낮게 불러서는 안 돼요. 10만 달러도 못 깎아요. 주당 8만~9만 달러를 버는 사업이거든요. 24시간 내내 돌리면요."

 그게 핵심이다. 하루 24시간, 일주일에 7일이라는 것이다. 열심히 일할 생각이 있어야 그렇게 할 수 있다. 주인 서니는 겨울에는 돈벌이가 되는 야간 근무를 한다. 큰돈이 되는 것은 바로 이때다. "겨울에 햇빛을 본 적이 없습니다"라고 그는 말했다. 그러나 무엇보다 뉴욕메츠의 스타터그 맥그로가 말한 것처럼, "당신은 믿어야 한다". 서니는 엄청난 자신감이 있었다. 그의 말을 들어보면 그걸 알 수 있다. "들어봐요, 저는 5개 언어를 하는 사람이에요. 아시겠어요? 나는 이 사업을 하늘 높이 올려놓을 수 있어요." 서니는 일주일에 8000달러에서 1만 달러 정도를 집에 가져간다고 했다. 그러면 일 년에 거의 50만 달러다. 어떤 경우든 그의 가족은 전형적인 미국의 궤적을 따라간다. 꿈을 현실로 만들고 아이들에게 전리품을 제공하고 난 후, 아이들이 "아니요. 아빠, 저는 그렇게 일하지 않을 거예요. 그렇게 못해요"라고 말하는 것을 듣게 된다. 서니는 이어서 "애들은 약사나 의사, 아니면 변호사가 되길 원해요. 걔들은 일하고 싶어하지 않아요. 학교, 대학에 가고 싶어해요. 아시겠어요?" 서니에게 있어 그런 직업은 신분상의 지위가 될 수는 있지만 **진짜** 일 같지는 않다.[17]

이곳에서 돈을 벌어 고국으로 돌아가지 않는다면, 서니 같은 사람들은 뉴욕의 교외 또는 부유한 주거지역으로 이사한다. 브루클린의 남쪽에 있는 밀베이슨은 이러한 종착지 중 하나다.(사진 2) 최근 몇 년 동안 그곳은 성공적인 이민자들에게 인기 있는 곳이 되었다. 그들 대부분은 러시아인이고, 가끔 조직폭력배들도 있다. 원래 이곳은 소박한 랜치 양식, 콜로니얼 양식, 복층 주택이 있는 유대인, 이탈리아인, 아시아인의 거주 지역이었으며, 여전히 이들이 많이 살고 있다. 아마 위치가 결정에 중요한 역할을 하는 것 같다. 유대계 러시아인과 비유대계 러시아인 모두의 첫 번째 정착지인 브라이턴비치에서 멀리 떨어져 있지 않기 때문이다.

현재 이 지역의 많은 집은 스태튼아일랜드의 이탈리아계 토트힐 구역의 집처럼 규모가 크고 아름답고 화려하다. 어떤 집의 높은 대문 뒤로 포르셰, 벤틀리, 마이바흐(약 40만 달러짜리)가 보였다. 고가의 자동차는 한 대라도 충분했을 텐데 굳이 세 대씩이나? 그 위로 "해냈다!"라

사진 2 그들은 해냈다. 브루클린 밀베이슨에 있는 주택. 제시 리스 촬영.

고 외치는 것 같았다. 내가 거기 서 있는 동안 위협적인 독일 셰퍼드 두 마리가 으르렁거리고 짖으면서 건물을 지키고 있었다. 그 집은 녹색의 이중 경사 지붕과 흰색 벽돌로 만들어진 곡면의 벽과 3층 높이의 입구가 있는, 뒤섞인 모양이었다. 반대편에는 다른 멋진 집이 수면 위로 드러났다. 이 집은 커다란 돌 항아리가 바깥에 놓여 있고 기와지붕이 있는 로마네스크 양식이었다. 그런가 하면 바로 앞에 경비 초소가 있는 또 다른 미니 궁전도 있었다.

이를 계기로 경제적 생존의 욕구를 넘어서는 또 다른 차원이 있음을 알 수 있다. 바로 성공하려는 욕구 말이다. 그 욕망을 가진 이들은 적당한 소득에 만족하는 사람과 개인적인 기질 자체가 다르다. 그들에게 특별한 재능이나 능력이 있을 수도 있다. 그리고 종종 초인적인 그들의 노력에 불을 붙이는 것은 의심할 여지 없이, 기회가 제한적이었던 고국과는 반대로, 이 나라에서는 정말로 큰 기회를 봤다는 것이다. 이러한 두 가지 요인, 즉 필요와 야망은 그들의 탁월한 에너지에 기름을 붓는 것과 같다.

새로 이민온 사람들의 이웃에게 이러한 성공은 종종 눈부실 정도다. 그들은 베벌리힐스의 유명인사에 대해 설명하는 관광 안내인처럼 '새로운 러시아인 백만장자'와 그 집에서 일어나는 파티에 대해 이야기한다. 허세를 미화하는 것을 보면, 실은 이것이 과거 수 세대의 이민자들과 현재 이민자들을 사로잡고 동기를 부여해온 아메리칸드림의 최근 버전임을 알 수 있다. 왜 어떤 집단은 가진 것을 더 과시하고 싶어하는지가 흥미로운 연구 대상이 될 것 같다.

그런데 어떤 이민자는 성공에 관심이 없다. 그들은 마음속 다른 기준, 즉 사회에서의 위상에 대해 생각한다. 이런 경우를 고려해보자. 남부 인도계 커뮤니티에 대해 정통한 한 여성은 핫도그 스탠드를 운영하는 것은 상당히 수익이 좋은 일이라고 말한다. "이들은 부유한 사람들입니다. 1년에 7만 달러를 쉽게 벌 수 있고, 세금은 매우 적게 내죠. 아마도 1만, 2만 달러 정도를 수입으로 신고할걸요. 그리고 만일 장부상으로 너무 수입이 적으면, 무료 메디케이드나 학비 감면을 받을 수 있죠. 그러니 경제적으로 좋은 일입니다."

"그럼 당신의 남편은 핫도그 장사를 하나요?"

"아니요, 엔지니어예요."

"얼마나 버나요?"

"연간 6만5000달러밖에 못 벌고 있죠."

"그래서 불만스러워하나요?"

"네, 하지만 엔지니어를 하고 싶어해요."

"핫도그 장사꾼 아니면 엔지니어, 누구와 결혼하실래요?"

"엔지니어요. 그리고 저는 그렇게 했습니다."

"왜요?"

"엔지니어라는 신분 때문이죠. 제 아버지도 엔지니어셨어요. 돈만의 문제가 아니에요."

존경받는 것 역시 아메리칸드림의 일부다. 택시를 운전하면 세금을 많이 내지 않고도 1년에 10만 달러를 벌 수 있다. 그러나 그들의 신분은 높지 않다. 미국인들처럼, 새로 온 사람들은 그들이 온 원래 사회나 공동체의 문화·경제적 수준에 따라 소득뿐만 아니라 특권에 의해서도 계층화된다.

최근 수십 년간 이민자들은 어떤 일을 하든 이전에 온 사람들보다 국경을 넘어 훨씬 더 강한 연결을 가지고 있다. 그들은 고향에 돈을 송금하고 모국으로 자주 여행 가며, 각각 정도는 달라도 언젠가 고향으로 돌아가는 것도 고려한다. 새로 떠오르는 추세는 부모의 고국으로 옮기려는 고학력 2세대 이민자 자녀의 역이민이다. 이러한 경향은 미국에서보다 주로 인도와 중국과 같은 나라에서 일하는 것이 더 매력적이게 된 경제 상황에 의해 가속화되고 있다. 얼마나 많은 사람이 그렇게 하는지, 추세가 일시적인지 아니면 오래 지속되는지는 두고 봐야겠지만, 더 나은 삶을 찾아 이곳에 온 이전 세대는 상상조차 할 수 없었던 현상이다. 경제적 상황과 세계경제뿐만 아니라 21세기 들어 여행의 용이성과 인터넷이 물리적 거리를 무의미하게 만들고 즉각적으로 연락할 수 있게 만들었다.[18]

노동시장에서 여성 인력의 참여는 지난 30년 동안 모든 집단에서 크게 증가했지만, 집단마다 차이가 있다. 예를 들어 자메이카 여성은 도미니카 여성보다 일할 가능성이 더 높다. 왜냐하면 자메이카인은 영어를 구사하고, 교육 수준이 더 높으며, 이미 여성 노동력이 우위에 있는 사회에서 왔기 때문이다.[19] 도미니카는 '일하지 않아도 된다'와 같은 말에서 보이는 것처럼 일하지 않는 것을 지위의 상징처럼 여겨왔기 때문에, 상황이 좋아지면 문화적으로 일을 금지해왔다. 일하지 않으면 그 시간에 자녀를 돌볼 수 있다. 그렇지만 이 역시 변하고 있다.

아이들은 때때로 돕기는 하지만, 주력은 아니다. 중식 테이크아웃 매장에서 아이들이 보일 때도 있고, 가사 도우미 엄마를 따라 함께 일하러 갈 때도 있지만, 이것은 대부분 집에 아이를 돌볼 사람이 없기 때문이다.

미국에서의 삶에 적응하기

대부분의 이민자에게 경제적인 문제는 그들의 결정을 끌어내는 원동력이며, 여기에 가족과 함께하려는 열망이 동반된다. 심지어 어떤 이들은, 믿기 어려운 데가 있기도 하지만, 전형적인 이민 적응 사례 같은 성공 서사의 주인공이 되기도 한다. 케네디프라이드치킨 체인의 예를 들어보자. 이 체인은 뉴욕시의 빈곤 지역과 그 외 동부 해안 도시에 약 1000개의 상점이 있고 매출 규모가 수백만 달러에 달한다. 1979년 두 명의 아프가니스탄인, 타이브 지아와 압둘 카림에 의해 시작되었으며, 그들의 말에 따르면 자신들의 이름을 딴 간판을 내걸어봐야 그다지 소용없다는 것을 애당초 알아차렸다고 한다. 그들은 친숙한 이름을 찾았고, 전직 미국 대통령의 이름을 쓰면 자신들의 상황에 딱 들어맞겠다고 판단했다. 그들이 만든 빨갛고 하얀 이미지 색상과 KFC 이니셜은 때때로 다른 유명한 치킨 브랜드인 KFC와 문제가 생기곤 했다. 또한 뉴욕에서는 이들을 모방해 링컨프라이드치킨, JFK치킨, 오바마프라이드치킨이 생겼다. 여기서는 뭔가 큰일을 이룰 수도 있고 성공을 누리지 못한 다른 이민자의 질투를 받을 수도 있다.

일부 이민자 집단은 상당한 경제적 자본이 있다. 그들은 고국에서 수입한 상품을 그대로 판매하기도 하지만, 이를 미국식 규범과 취향으로 전환하고 각색하기도 한다. 때때로 어색하고 말 그대로 '번역에서 길을 잃어버리는' 것이 될 수 있다. 영어를 거의 못하는 퀸스의 중국인이 소유한 작고 붐비는 할인점 쇼윈도에는 바비 인형 비슷한 인형 상자가 놓여 있다. 액세서리와 함께 판매되는 인형은 '데파 루시Defa Lucy'라 불리는데, 상자에 적힌 설명이 미국인과 외국인의 차이를 간결하게 보여준다. 조금만 읽어보면 이렇다. "여기 웃음과 기쁨이 가득합니다. 계속 즐거워하세요. 지구상에는 다채로운 꽃이 있습니다. 보세요! 데파 루시는 나비와 춤을 추고 있습니다." 단어 선택이 끔찍하진 않지만 뭔가 어울리지도 않는다. 마치 중국 식당이 해피 브로콜리나 이스턴 스트로베리, 뉴 골든 빌리언 같은 이름을 고른 것과 비슷한 느낌이다. (영어 화자에게 Defa는 '무시하다' '허용하지 않다'라는 의미의 defy와 유사하게 들려서 Lucy와의 조합이 어색하다는 것으로 보인다―옮긴이)

성공하기 위해 무엇이 필요한지를 이해하는 데 있어 경제는 단지 일부일 뿐이다. 사회학자 마리차 포로스는 인도계 민족 집단 중 하나인 구자라트인의 네트워크 분석에서, 이민자들이 어떻게 자기 사람들을 돕기 위해 친구, 고국, 지역사회 단체, 직능단체와의 사업관계를 활용하는지 보여주고 있다. 그러나 관계를 활용하는 것은 대가를 치르기도 한다. 내부자가 잘못을 저지르면 용서해줄 수밖에 없는 경우가 생기기도 하는데, 그들을 벌주면 운영 방식, 지원의 출처라든지, '편법을 쓰는' 것에 대한 비밀 정보가 흘러 나갈 수 있어서다. 면죄부를 주는 대신 내부자가 외부인과 사업할 기회를 찾으러 집단을 떠나는 것을 막는다. 이런 결과로 집단의 배타성은 강화되지만 사회적 적응 과정은 느려진다. 이는 외부인이 구자라트인과 거래할 생각을 하지 않는 이유이기도 하다. 외부인으로서는 쉽게 그들을 제어할 수 없기 때문이다. 지역 커뮤니티로부터 배척을 당한다 해도 구자라트인들에게는 아무 의미가 없다. 그들은 커뮤니티 안에서 수치심을 느끼지 않는다. 너무나 당연하게도 그들은 실제로 그 커뮤니티에 속하지 않기 때문이다.[20]

교육은 오래전부터 적응의 성공적인 열쇠였다. 그러나 성공적으로 동화한다고 할 때도 많은 집단은 자신들의 윤리적 문화를 보존하고 싶어하며, 그래서 사립학교를 만들기도 한다. 가톨릭 및 유대인은 그들의 교구 학교, 전일제 학교, 방과후 학교를 오랫동안 운영해왔고 무슬림도 그렇게 하고 있다. 브루클린 21번 스트리트 근처 4번 애비뉴의 알누르 학교Al-Noor School와 같은 많은 이슬람 학교는 고등학교 졸업생들이 대학에 진학하도록 장려하고 있다. 교육은 성별로 분리되어 이루어지고 종교 프로그램도 제공된다. 학교의 모토는 종합하자면 이렇다. "삶 그리고 내세를 위한 교육."

퀸스의 134번 스트리트와 로커웨이 유료고속도로의 교차로에는 무슬림계 알리 산 아카데미Ali San Academy가 있다. 아이러니하게도 바로 길 건너편에는 라브바리아치 보안 제품 가게가 있는데, 이 가게는 도어록과 키를 만드는 유명한 이스라엘계 회사다. "저 학교에도 판매해요?"라고 물어보고 싶었지만 참았다. 학생들 외관상으로는 국적과 종교의 융합을 지향하는 가이아나계 이슬람교도들처럼 보였다.

말레이시아, 노르웨이, 부탄, 우루과이처럼 이민자가 거의 없는 나라 출신들은 이민 전문가로부터 별로 주목받지 못한다. 이민 전문가는 당연히 도시에 미치는 영향이 더 큰 대규모 집단을 검토하기 때문이다. 퀸스 글렌데일의 71번 스트리트 근처 머틀애비뉴의 마나카마나 마이 델리앤드그로서리Manakamana Mai Deli&Grocery(힌두교 신의 이름을 따서 지은 가게 이름)를 지나칠 때 이 점이 연상되었다. 그곳에서 일하는 젊은 이는 23세의 네팔인 락수Laxu라고 한다. 이름이 로스앤젤레스 국제공항의 약칭인 LAX와 비슷하다고 말하자, 그는 놀라워하며 매우 좋아했다. 구글 검색을 해보라고 하자, "와!" 하고 외치며 감탄했다. 농담을 주고받으면서 그에게 "상상해봐요, 본인 이름이 세계적인 공항의 이름을 따라 지어졌다는 걸요"라고 하자, 그는 고마워하듯이 웃었다. 아무도 그런 얘기를 한 적이 없었는지 궁금했다. "요즘 당신 정부는 어떻게 하고 있나요?"라고 묻자, "나쁘죠"라고 그가 대답했다. "마오쩌둥주의 게릴라라니까요."

그는 여기서 2년 동안 살고 있었다. 어떻게 영어를 잘하는지 물어봤다. 그는 네팔에서부터 영어를 배웠다고 했다. 영어를 구사하는 것이 적응 과정에서 얼마나 중요한지를 다시 상기할 수 있었다. 네팔인 커뮤니티의 일부는 머틀애비뉴와 윅오프애비뉴 인근의 리지우드에 살고 있다. 네팔인의 주 커뮤니티는 퀸스 잭슨하이츠에 있으며 히말라얀야크 같은 레스토랑이 있어 모임 장소로 사용된다. 락수는 재미를 위해 다른 여덟 명의 플레이어와 온라인 포커를 하며 시간을 보낸다. 이는 지난 35년 동안 빅 애플이 변화해온 사소한 방식, 바로 기술이다. 사람들은 빈둥거리며 인터넷을 통해 일하는 동안의 지루함을 해소할 수 있게 됐다. 락수는 일터와 집에서 매일 4~5시간 동안 게임을 한다. 비록 포커 게임에 컴퓨터를 사용하고 있지만, 영어로 인터넷을 다룰 수 있는 사람이라면 얘기를 듣자마자 바로 LAX를 온라인에서 검색할 수 있는 그 능력으로 더 빨리 적응할 수 있을 것이라는 데는 의심의 여지가 없다.

새로 온 사람이 새로운 터전에 대해 어떻게 느끼는지에 중요한 심리적 영향을 미친 사건은 버락 오바마 대통령의 당선이었다. 그 결과 흑인, 백인, 이외의 사람들도 인종관계가 개선되었다고 느꼈다. 오바마의 당선(그리고 재당선)은 출신과 상관없이 누구나 정상에 오를 수 있다는 가능성을 보여주었다. 선거 이후 민족-종교적 집단이 주류인 여러 네이버후드를 돌아다니다보면 신임 대통령에 대한 열정적 관심은 인종에 상관없이, 특히 십대 청소년들 사이에서 매우 높았다.

노령 이민자의 적응에 관한 연구는 실제로 별로 없다. 사회학자 주디스 트리스의 관찰이 왜 그런지를 시사해준다. "그들은 결코 스펠링비(이민자 아동이 활발하게 참가하는 철자법 대회―옮긴이)를 하지 않습니다"라고 그녀는 말한다. "그들은 범죄 조직에 가담하지 않습니다. 그리고 한국인 할머니가 일자리를 잃는다는 것에 대해 아무도 걱정하지 않습니다." 나이 많은 이민자는 사회학자들이 조사할 만큼 중요한 집단이 아니다. 그러나 젊은 사람에게는 중요하다. 그들은 베이비시터일 뿐만 아니라 롤 모델이면서, 가족에게 오래된 전통을 전하는 사람들이다. 또한 모든 노인이 갖고 있는 전형적인 문제와 사회적 이슈인 우울증, 육체적 질병, 외로움을 경험하는 사람이기도 하다. 이들이 문화적으로 중요한 이유도 있다. 아시아 사회에서 고령자는 미국에서보다 훨씬 더 존경받는다. 79세의 인도인 데벤드라 싱은 "인도에서는 노인들에게 호의적인 편견이 있어요. 그런데 여기서는 사람들이 자신의 유불리만을 생각하죠"라고 유감스럽게 회상했다. 그리고 이건 미국화된 그녀의 자녀에게도 적용되는 말이다.[21]

적응의 어려움

뉴욕에서는 때때로 외부 사건이 어떤 커뮤니티를 심각하게 흔들어 놓기도 한다. 이슬람 커뮤니티에게 큰 영향을 미친 건 9·11 테러였다. 많은 무슬림이 스스로 이 사건과 거리를 두려고 하는 것을 느꼈다. 예멘계 보데가 점주의 대답이 전형적인 것이다. "나는 자신의 종교에 따라 다른 사람을 죽여도 된다고 믿는 이슬람교도들에 동의하지 않습니다. 1000명을 죽이면 지옥 불에 떨어질 것입니다. 그렇게 하는 사람은 신을 믿지 않는 공산주의자임에 틀림없습니다. 신은 당신이 다른 사람을 죽이는 것을 원하지 않습니다. 제 아이는 여기 학교에 다니고 있어요. 저는 아이가 이곳에서 완전한 미국인으로서 좋은 삶을 살기를 바랍니다." 얘기를 듣고 있을 때 그의 목소리는 플랜틴(바나나 비슷한 열매로 보데가나 델리에서 조리해서 판매하는 흔한 음식—옮긴이) 근처에 진열된 양말 더미를 뒤지는 스페인 사람들 대화에 섞여 점점 커졌고, 나는 그의 고향이 어디인지를 문득 생각하게 되었다. 15년 전 예멘의 어떤 마을에 살던 그는 워싱턴하이츠의 보데가에서 자신의 신앙과 9·11에 대해 큰 목소리로 변호하게 될 것을 상상이나 할 수 있었을까? 다른 많은 사람처럼 그는 자신과 가족을 위해, 자신을 재창조하기 위해, 새로운 실존을 서로 이으려고 노력하고 있었다.

일부 이슬람교도는 자신들에 대한 미국인의 감정에 공감하기 위해 한 발짝 더 노력하고 있다. 세계무역센터가 무너진 후 퀸스 애스토리아의 이집트계 커피숍에 대한 공격이 있었지만, 상점 주인은 그 분노를 이해한다며 고발하지 않겠다고 했다. 문제를 일으킨 장본인들은 차례로 사과하고 손해배상을 하겠다고 제안했다. 어떤 아랍계 택시 기사는 더 넓은 관점에서 이 사건에 대해 솔직하고 직관적으로 얘기했다.

자신이 저지르지 않은 것에 대해 우리 모두가 비난을 받아야 합니까? 우리가 얼굴을 바꿀 순 없습니다. 성형수술을 할 수도 없으며, 다음 테러를 중국인이나 백인이 저지른다면 그때에나 원래 얼굴로 돌아올 수 있을 겁니다. 저는 1989년부터 쭉 여기에 살았습니다. 그리고 한 번도 세계무역센터에 올라가본 적이 없습니다. 하지만 그곳은 내가 먹고사는 곳이었습니다. 하루에도 열두 번, 사람들을 태우고 내려주는 곳이었죠. 관광객이 뉴욕에 오면 "세계무역센터가 어디에 있습니까?"라고 가장 먼저 묻습니다. 펜실베이니아 역이나 195번 스트리트의 주택 지구에서 온다면, 손가락으로 그 건물을 가리키기만 하면 됩니다. 세계무역센터는 나에게 있어 기자의 피라미드나 스핑크스와 똑같은 것이었습니다. 당신이 이집트에 있다면 어디를 가든지 그것을 볼 수 있습니다. 7000년 만에 그게 무너진다면 내 영혼의 일부가 무너지는 듯할 겁니다.[22]

9·11 테러 이후 10년이 넘게 지난 오늘날도 이슬람교도들은 여전히 특별 감시 대상으로 지목되고 있다. 일반적으로 이슬람교도가 새로운 환경에 성공적으로 적응한다는 사실에도 불구하고, 사건에 대한 자신의 견해와 상관없이 뉴욕시의 무슬림에게 이것이 미치는 영향은 대단히 크다. 코크 전 시장에게 9·11 테러의 영구적인 효과가 뭐라고 생각하는지를 물은 적이 있다. 답변은 이 주제에 대한 그의 열정이 얼마나 깊은지 보여준다.

나는 우리가 이슬람 광신자들, 테러 분자들과 전쟁을 벌이고 있으며, 이 전쟁은 50년, 어쩌면 더 오래 계속될지도 모른다고 생각합니다. 문제는 미국

이 이 전쟁에 맞설 수 있는 배짱과 용기가 있냐는 것입니다. 재앙적인 비극의 영향이 크다고 생각합니다. 매년 추모식마다 다시 상기될 것이기 때문입니다. 그러면 온 나라가 다시 굳게 다짐하겠죠. 우리 사회는 삶을 사랑하는 사회입니다. 서구 문명에 대해 이야기하는 것입니다. 그렇다면, 문제는 누가 이길 것인가입니다. 삶을 사랑하는 사람들? 아니면 죽기를 원하는 사람들? 아무도 실제로 대답할 수 없는 질문입니다. 이슬람교도들이 모두 테러리스트는 아니라는 것은 분명합니다. 직접 테러를 저지르지 않아도 아주 작은 비중, 10억 명 중에 10퍼센트라도 테러 행위를 지지하는 것만으로도 엄청난 일이 됩니다. 뉴욕시 경찰청장은 뉴욕, 런던과 뉴저지주에서도 대테러 부대를 보유하고 있습니다. 그리고 소위 시민 자유주의자들의 일부는 대테러 대응을 멈추기를 원하죠. 말도 안 됩니다!

이것은 한 집단의 이민자들이 직면하고 있는 도전들이다. 어떤 이유든 개인적인 면에서 적응하지 못하는 사람은 있으며, 모든 집단 내에서 일어나는 일이다. 어떤 사람은 고국으로 돌아가고, 또 어떤 사람은 이곳의 주변부에서 그저 목숨만 부지하고 만족스럽지 못한 삶을 살아가며, 또 다른 사람은 비극적인 방법으로 삶을 끝내기도 한다. 통계와 패턴은 중요하지만 그것만으로는 이민자 이야기의 일부인 희망과 고통, 재앙을 강조하는 인간적인 이야기를 들을 수 없다.

나는 뉴욕 거리에 대한 연구에서 이런 수많은 사례를 듣고 읽었다. 그중 2002년 고향에 있는 가족을 위해 좀더 큰 땅을 살 수 있을 만큼 돈을 벌려고 뉴욕에 온 과테말라인 우고 알프레도 탈레약스의 사연만큼

슬프고 가슴 아픈 얘기는 없었다. 그의 가족은 고원지대의 작은 텃밭에서 옥수수를 재배하는 소농민이었다. 우고의 꿈은 2010년 4월 18일 퀸스의 사우스저메이카에서 어떤 남자와 시비가 붙은 여인을 도우려다 칼에 찔려 죽으면서 잔인하게 끝나고 말았다. 가장 끔찍한 것은 우고가 땅바닥에 피를 흘리며 쓰러져 있는 동안 수십 명이 아무 조치를 취하지 않고 그를 지나쳐 갔다는 점이다. 어쩌면 술에 취한 노숙인이라고 생각했을지도 모른다. 하지만 피를 흘리고 있었던 것도 몰랐을까? 한 번만 눈길을 돌려 살펴봤다면 911에 전화할 수도 있지 않았을까?

우고는 솜씨 좋은 목수였고, 다른 많은 사람처럼 경기 침체로 인해 일자리를 잃었음에도 한 달 전 아버지에게 "어려움을 뚫고 계획대로 해나가겠다"고 약속했다. 그러나 약속했던 것처럼 가족의 꿈을 이룰 수 없게 되었다. 게다가 가족들에게 말하기 어려운 속사정이 있었다. 일자리를 잃자 술을 많이 마셨고 결국 노숙인이 되어 밴윅 고속도로 근처 91번 애비뉴에 있는 놀이터에서 임시로 기거하고 있었던 것이다. 장례식이 끝난 후 우고의 시신은 "6000달러를 내고 멕시코를 지나 텍사스로 갔던 그 길을 되돌아 14일이 걸려서" 집으로 보내졌다.[23]

무엇 때문이었을까? 여기 열심히 일하는 선량한 사람이 있었고, 그는 자신과 가족의 삶을 더 좋게 만들겠다는 것 외에는 바라는 게 없었다. 집으로 돌아갔다면 우고의 가족과 마을은 그를 지원해주는 시스템 역할을 했을 것이다. 그의 형이 말한 것처럼 우고는 미국에서 꿈을 이룰 수 없다는 사실에 좌절해 고통에 시달리는 동안에도 다른 사람에게 친절을 베풀다 죽었다. 자랑할 만한 일이다. 그가 잊혀서는 안 될 이유는 그것으로 충분하다. 이 글을 쓰고 있는 동안에도 살인자는 아직 잡히지 않고 있다(2022년 현재도 미제사건이다 — 옮긴이).

정체성을 유지하기 위한 투쟁

이민자는 여러 방법으로 집단 정체성을 유지하려 노력한다. 가장 일반적인 것은 언어, 정치, 종교, 음식, 음악 및 그 외 형태의 엔터테인먼트, 스포츠, 문학, 민족 미디어, 교육 및 문화 프로그램, 고국 방문, 가족관계의 유지, 그리고 서로 가까이 사는 것이다. 2010년 12월 3일 정오, 맬컴엑스불러바드 서쪽으로 116번 스트리트를 따라 아프리카 이민자 동네를 거닐던 중 나는 이러한 요소와 그 요소가 스스로를 드러내는 여러 방법에 대해 깨닫게 되었다. 그때 식당 밖에서 갑자기 소동이 일어나는 것을 봤다.(사진 3) 젊은 흑인 남자들이 음식을 들고 오며 고함을 지르고 서로 등을 두드리고 있었다. 몇 명은 화가 난 것처럼 보였고, 또 다른 사람은 행복해 보였는데, 모두 흥분한 상태였다. 식당 안으로 들어가자 여러 명이 긴 식탁에서 쌀밥, 콩, 닭똥집을 먹고 있었다. 내가 그 안의 유일한 백인이었는데 어느 누구도 나를 거들떠보지 않고 대형 스크린 텔레비전에 집중하고 있었다. 텔레비전은 논란이 많았던 코트디부아르의 대통령 선거 결과를 방송하고 있었다. 한번은 어떤 공무원이 자신이 지지하지 않는 후보의 표를 찢어버리는 것을 보여주었다. 그러나 바로 그 순간 공식 집계에서 야당 후보인 알라산 우아타라가 놀랍게도 현직 대통령 로랑 그바그보를 제치고 당선되었다고 선포했

사진 3 아프리카 식당, 고향을 떠나온 또 다른 고향. 맬컴엑스블러바드 인근 116번 스트리트. 제시 리스 촬영.

다. 기쁨과 실망의 외침은 이 아프리카 이민자들이 아직도 고국과 얼마나 가까이 있는지를 분명히 보여줬다. 그들에게 이 선거는 뉴욕시에서 실시된 것과 다름이 없었다.[24] 폴란드, 도미니카, 호주, 우즈베키스탄 등 어디든지, 민족 기반 레스토랑이나 바, 이발소에 들어가면 이들의 고국에서 방송하는 모든 종류의 TV 프로그램을 볼 수 있다.

특히 미국 스포츠는 이민자의 열광을 끌어모으는 방법을 알고 있다. 음악이나 언어와 달리 본질적으로 스포츠는 민족-종교적인 것이 아니기 때문이다. 스포츠에 열광하는 각각 다른 배경의 수백만 미국인에게 선수의 인종이나 민족은 경기력만큼 중요하지 않다. 그러나 이민자와 그들의 자녀, 심지어 손자에게 그것은 극단적으로 중요한 일인데, 왜냐하면 자신의 나라 누군가가 주류에 들어갔다고 주위 사람들에게 말하기 위한 것이기 때문이다.

다음 두 사례 모두 도미니카 이민자의 얘기이지만 완전히 다른 방식으로 정체성을 유지하는 것을 보여준다. 여기엔 그들의 정체성이 어떻게 형성되는지 이해할 수 있도록 해주는 요소가 있다. 첫 번째 이야기는 스포츠에 관한 것이고, 두 번째는 창의적이지만 어쩌면 우발적인 것이라고 할 수 있다.

워싱턴하이츠의 191번 스트리트와 세인트니컬러스애비뉴에 있는 엘누에보카리다드라는 레스토랑에 들어갔다. 주인 미겔 몬타스가 뉴욕메츠와 뉴욕양키스의 유명한 야구 선수들과 찍은 사진이 걸려 있었다. 포마이카 테이블에는 선수들의 사진이 래미네이트되어 있었고, 홀로 들어가는 복도 쪽으로 야구 글러브와 배트가 전시되어 있었다. 스페인식과 서인도제도식, 일반적인 음식이 혼합된 약 마흔 가지 메뉴의 이름은 선수들의 이름을 따서 붙여졌는데, 대부분 히스패닉계 선수였고 은퇴한 자이언츠 투수, 후안 마리첼 같은 불멸의 선수도 일부 있었다. 보고 있으니 유명한 할리우드 배우의 이름을 샌드위치에 붙인 래리 데이비드의 로스앤젤레스 델리가 떠올랐다. 엘누에보카리다드의 난간은 실제 야구 배트와 글러브로 만들어져 있었다. 여기서 식사를 함으로써 손님들은 또한 이곳에서 식사한 선수들에게 경의를 표하면서 적어도 그들 중 몇몇은 미국에서 큰 성공을 거뒀음을 상기하게 되는 것이었다.[25]

정체성은 찾는 것일 뿐만 아니라 만드는 것이기도 하다. 우리 가족이 한동안 살던 어퍼맨해튼의 164번 스트리트 코너에 있는 포트워싱턴 애비뉴 106번지에 들른 적이 있다. 뉴요커들이 보통 '슈퍼Super'라고 부르는 빌딩 관리인 마이크는 세 명의 자녀를 둔 머리가 벗겨지기 시작한 55세의 도미니카인이었다. 우리는 대화를 시작했다. 그가 이 지역에 누가 들어왔고 지역이 어떻게 개선되었으며 대기 리스트가 얼마나 긴지, 자녀가 무슨 일을 하는지 그런 얘기를 하는 동안 나는 듣고 있었다. 갑자기 앞뒤 맥락 없이 그가 말했다. "믿을 수 있겠어요? 이 건물은 사마나맨션이라 불립니다. 도미니카공화국의 지도를 보면, 동부 지역 북쪽 끝에 사마나반도라고 있어요. 알래스카에서 회유하는 고래들로 대단히 유명한 곳으로 관광객들이 찾아오죠. 그리고 이 건물은 도미니카 사람들로 꽉 찼어요! 도미니카에 사마나라는 이름의 지방과 반도가 있어요. 심지어 사마나라고 불리는 산악 지역도 있습니다."

"제가 여기 살았을 때도 사마나라고 불렸어요. 도미니카 사람들 동네가 되기 전에요"라고 내가 말했다.

그러자 그는 "정말요?" 하며 놀라긴 했지만 방어적이지는 않은 태도로, "제가 아는 것은 그것이 나에게 어떤 의미인가예요"라고 말했다. 그의 답변은 자신의 나라 사람들과 어떤 연결을 찾고 있다는 것을 가리켰다. 그것은 도미니카인이 도시 안에 자기 자리를 차지하고 있다는 것이었지만, 연결 고리는 그리 강하지 않을 수 있다. 우연에서 의미를 찾아내기 때문이다.

건물 이름은 입구 위 흰색 콘크리트에 새겨져 있다. 왜 사마나라고 했을까? 알고 보니 사마나는 다른 의미가 있었다. 사마나는 방랑하는 인도의 금욕주의자 집단을 지칭하는 이름이며, 그중 한 명은 바로 싯다르타라고 불린 가우타마 붓다였다(사마나는 한국 불교에서 말하는 사문沙門—옮긴이). 또한 파키스탄의 산악 지역 이름일 뿐만 아니라 인도의 펀자브 지방에도 사마나라고 불리는 마을이 있었다. 하지만 우리는 이 건물이 왜 그 이름을 가지고 있는지 알 수 없다. 90년도 더 전인 1920년에 세워졌다는 사실 외에는 더 이상의 정보도 없고, 미스터리로 남게 될 것으로 보인다.

종교는 종종 이민자의 적응을 위한 자기 조정에 중요한 역할을 한다. 성직자는 조언을 해주고, 교회 예배가 그들을 위로하고, 종교와 연관된 기구가 그들을 돕는다. 미국에서 종교의 두드러진 역할은 그 교리를 전파하는 데 좋은 환경을 조성한다.[26] 이곳 퀸스 오순절교회의 나이지리아계 목사가 그 예를 보여준다. 그녀는 설교에서 택시 운전사가 사고와 강도, 과태료로부터 안전하기를 기도한다. 간호사가 처방을 잘못해서 고소당하지 않기를 기도한다. 하느님이 지혜를 주셔서 신자들의 자녀가 "A학점 학생"이 될 수 있기를, 사업하는 신자들이 번창하기를 기도한다. 분명히 먹혀들 만한 정확한 포인트를 알고 있는 것이다. 그녀는 새로 온 사람들이 힘들어하는 것과 그들이 매일 직면하는 도전에 대해 아주 잘 이해하고 있으며, 그렇게 종교를 그들의 삶과 무관하지 않도록 만들고 있다.[27]

일요일 아침 브라운즈빌에 있는 아프리카·카리브해 계통의 교회에 들어서면, 종교가 채워주는 많은 이민자의 깊은 영적·감성적 필요를 쉽게 이해할 수 있다. 여성들은 화려한 색상의 머릿수건과 전통 의

상을 입고 있다. 이곳은 불과 기적의 산 교회Mountain of Fire and Miracles Ministry라 불리며, 앰보이스트리트 근처의 블레이크애비뉴 180번지에 위치해 있다. 수백 명의 성도가 무아지경으로 찬송가를 부르며 함께 몸을 흔들고, 맹렬히 흥분한 상태에서 위를 가리키며 손짓을 했다. 음악과 찬송은 아름다웠으며 나는 그 폭발적인 참여에 감동받았다. 사람이든 새로 온 사람이든, 부자든 가난한 사람이든, 그 사이 어딘가에 해당되는 사람이든, 이들은 많은 사람을 이끄는 종교의 막강한 힘에 대한 증언이다. 매주 일요일 도시 전역에 걸쳐 수백 개의 교회에서 진행되는 것이다.

백인이 흑인 교회에 걸어 들어가면 금방 눈에 띄고 따뜻한 환영을 받는다. 교회 구성원은 행복과 기쁨을 당신과 함께 나누기를 간절히 원한다. 자신들이 하는 일을 너무 굳건히 믿어서 당신이 함께하도록 격려해야 한다고 느끼고 그렇게 함으로써 자신들의 신앙을 증명하려 한다. 이 교회에서 유색인이란 점은 아프리카, 아이티, 자메이카 및 다른 곳에서 온 사람을 하나로 통합하는 요인이 된다. 이것은 범아프리카주의의 한 예이기도 한데, 일반적으로 정치적 운동이지만 종교적 영역에서도 나타날 수 있다.

종교에 대한 이민자의 관심 수준은 오순절 계열의 교회에만 해당되는 것은 아니다. 좀더 형식적으로 표현되긴 하지만, 큰 종파들 안에 있는 것과 결국 같은 것이다. 퀸스의 신자들도 관할하고 있는 로마 가톨릭교회 브루클린 교구의 니컬러스 디마지오 주교는 인터뷰에서 이민자들이 교회의 사역과 영향력에 있어 얼마나 중요한지를 설명해줬다.

이민자들은 우리의 사역에 매우 중요합니다. 수많은 신자가 이민자이며 그들의 신앙은 매우 강합니다. 그중에서도 아이티인들은 매우 적극적입니다. 제게는 64명의 신학생이 있습니다. 아마 11명이 흑인이고 대부분이 아이티인인데, 이는 믿기 어려울 정도로 높은 비중입니다. 서인도제도 출신 가톨릭 신자 수천 명이 신앙의 구성원임을 자랑스러워하며 가톨릭교도로서 퍼레이드에서 행진합니다. 그 퍼레이드는 약간 문란한 점이 있습니다. 하지만 [웃으며] 우리는 앞으로 행진합니다. 그런 것은 안 봅니다. 강력하고 매우 힘이 되는 문화입니다. 특히 내년에는 중국인에게 다가가려 합니다. 중국인 중 대다수가 아무 소속이 없기 때문입니다. 그리고 수년 동안의 큰 변화는 종교가 훨씬 더 공통분모가 되었다는 것입니다. 가톨릭 아일랜드인이 가톨릭 도미니카인과 결혼하면 그렇게 되는 거죠. 우리와 그들이 함께 만든 겁니다. 이는 이 도시에서 성공적인 이민 사례를 보여주죠.

이민자는 종종 죽어가는 교회에 새로운 생명을 불어넣고 있다. 한때 가톨릭교회는 주로 아일랜드인, 이탈리아인, 독일인이 섬기던 곳이었으나 오늘날은 히스패닉계, 아이티인, 아시아인이 훨씬 더 많이 참석한다. 개신교 교회 역시 마찬가지로 신도들이 극적으로 변화했다. 예를 들어 플러싱의 제일연합감리교회가 있다. 1986년에 영어가 모어인 신도는 30명이었지만 한국인 신도는 450명이었다. 심지어 그때 이미 뉴욕에 300개가 넘는 한국 교회가 있었고 대부분 퀸스에 자리 잡고 있었다. 미국인 신도들은 건물 증축 자금 조달을 한국계 신도들의 공으로 돌렸다. "그들은 돈이 있고 우리는 없죠"라고 어떤 사람이 말하기도 했다. 그러나 예배 스타일과 전망에는 차이가 있었다. 목사는 각각의 집단에 설교를 다르게 한다. 한국인 신도는 거의 전적으로 성서적인 주제에 초점을 맞춘 긴 설교를 좋아한다. 영어가 모어인 신도들은 사회적, 정치적 주제에 초점을 맞춘 짧은 설교를 선호한다. 오늘날 도시 전역에서 수백 개의 교회가 영어와 함께 스페인어와 중국어, 한국어, 폴란드어, 크리올어 같은 다양한 언어로 진행되는 예배를 광고하는 중이다.[28]

고유 문화를 유지하려는 이민자들의 노력이 50년 전과 비교했을 때 현재 훨씬 더 수월하다고는 해도, 뉴욕에 새로 도착한 사람들은 여전히 자신의 출신을 밝히기 어려워한다. 『뉴욕타임스』의 한 기사는 이슬람 델리 소유자들이 코란의 금지 사항에도 불구하고 돼지고기와 술, 복권을 팔아야 할 것처럼 느낀다고 보도한 적이 있다. 이 딜레마를 이스트할렘의 한 델리를 소유한 방글라데시인 카이룰 카비르가 잘 표현해주었다. "하람Haram(금기 사항)을 파는 것은 하람을 먹는 것과 같습니다. 엄청난 죄책감을 느낍니다. 사업을 처분하고 싶고, 고향으로 돌아가고 싶고, 하람을 팔지 않아도 되면 좋겠습니다. 그래야 한다고 매일 생각합니다." 그러나 카비르는 그의 '생각'을 불경기 때문에 누그러뜨릴 수밖에 없다는 것도 알고 있다. 사실 경제적 틈새를 찾은 이민자에게는 선택지가 제한된다. 그래서 그는 자책의 기도를 한다. "저는 나쁜 일을 많이 하고 있습니다. 알라에게 용서해달라고 기도하고 있습니다." 이는 지난 200년 동안 헤아릴 수 없는 숫자의 이민자가 직면해온, 경제적 우선순위와 소속 집단의 충성심이나 신앙 사이의 갈등이다. 물론 여기서 종종 경제적 우선순위가 이기곤 한다.

카비르의 이맘(무슬림 예배를 이끄는 지도자 — 옮긴이)인 잭슨하이츠이 슬람센터의 모하메드 파에크 우딘은 카비르의 진퇴양난에 대해 심지어 종교적 삶과 사회적 삶은 별도라는, 매우 자유주의적인 견해를 취했다. "사람은 먹고살기 위해 뭐든 해야 합니다. 저는 사람들 앞에서 설교합니다. 그건 여러분의 선택에 달려 있다고요. 적어도 이 나라에서 처벌은 없습니다. 알라가 심판의 날에 처벌하는 것이지, 제게는 정죄할 권한이 없습니다."[29]

이민자의 자녀

사회학자 필립 카시니츠와 공동 저자들은 10년 넘는 민족지학적 연구를 통해, 미국에 온 이민 2세대에 대해 가장 권위 있는 책을 썼다. 그들은 미국의 다른 어떤 도시보다 뉴욕시에 성인 이민자와 그 자녀가 더 많다는 것에 주목했다. 그 부모들은 자녀가 너무 미국화되어 자신들의 커뮤니티와 문화적 유대를 상실할 수 있다고 우려하고 있었다. 카시니츠와 동료들의 연구에서 가장 중요한 발견은 대부분의 이민자 자녀들이 매우 잘하고 있다는 것이다.

하지만 이 낙관적 평가가 모든 사람에게 적용되지는 않는다. 이민자들은 종종 빈민 지역에 거주하며 일자리를 찾지 못하는 경우가 많다. 그 결과 이민자 자녀는 사회학자 루빈 럼버트와 알레한드로 포르테스가 명명한 '무지개 하층계급rainbow underclass'이 될 수 있다.[30] 그중 멕시코계 2세대는 가장 큰 문제를 경험 중이다. 열심히 일하는 이민자 부모와는 반대로 많은 젊은 세대가 실패한다. 열여섯 살에서 열아홉 살까지의 학생 중 약 41퍼센트가 학교를 중퇴했거나 한 번도 입학한 적이 없다. 그 와중에 멕시코인들은 1990년 6만1722명에서 2007년 약 26만 6000명으로 이 도시에서 가장 빠르게 성장하는 이민자 집단이 되었다.[31] 인구조사 자료에 포함되지 않는 서류 미비 이민자들을 추가하면 숫자는 훨씬 더 높아질 것이다. 불법 체류자들은 도움받는 것을 두려워한다. 자녀들 때문이다. 또한 언어 장벽, 간신히라도 먹고살 만한 일자리, 사회자본 부족 등의 문제도 있다.

웨이터 이반 루체로는 어릴 적 멕시코에서 불법으로 들어와 체류하던 시절을 회상하며 "친구들이랑 즐거웠던 것, 여자애들을 만나고 남자애들이랑 어울려다닌 것 말고는 아무것도 생각나는 게 없어요. 마지막으로 생각나는 게 학교예요"라고 말했다.[32] 다른 이들과의 인터뷰에서도 이는 마찬가지였다. 가족 갈등, 십대 음주, 사소한 범죄와 목적 없이 건들거리며 시간을 보내는 것이 이들 기억의 대부분을 차지한다. 만약 이 문제가 해결되지 않는다면 이 가치관을 '잃어버린 세대'가 어른이 될 때 훨씬 더 심각한 문제가 될 것이다.

집단 내에서의 격차

외부에서는 모두 비슷하게 보일 수 있지만, 같은 나라 출신들 안에서도 계급부터 시작해 중요한 차이가 있다. 렉싱턴애비뉴 인근 100번 스트리트에 있는 라갈레트라는 식당 앞에 있을 때였다. 이 식당은 '고급

세네갈 요리'를 광고하고 있었다. 세네갈인으로 이루어진 커낼스트리트에 있는 짝퉁 지갑 판매상들이 그곳에서 그 가격에 식사하지 않으리라는 것은 너무 명백한 일이다. 한 아이티인은 '상류층' 아이티인들이 케임브리아하이츠의 세이크리드허트교회에 참석하는 반면 가난한 아이티인들은 인근 퀸스빌리지의 세인트앤교회에 간다고 설명해주었다.

때때로 이러한 계급적 차이는 해당 그룹의 인식과 얽혀든다. 가난한 '다운타운 차이니즈'와 달리 '업타운 차이니즈'로 알려진 중상류층 중국계 이민자들이 어떻게 미국인들의 가치관을 낮춰 보는지 들어보자.

중국계 이민자 부모들 눈에는, 학교에서 충분한 과제를 주지 않고 부모들도 규율이나 절제력을 가르치려 하지 않기 때문에 백인이나 흑인 미국인 자녀들은 근면성이 없어 보인다. 백인 아이들이 방과 후 스포츠를 즐기는 동안, 중국계 아이들은 학원에 등록한다. 교외에 거주하는 타이완 태생의 전업주부 청은 "자유 시간이 너무 많아요"라면서 "나는 아이들이 시간을 낭비하는 것을 보고 싶지 않아요. 당신도 알겠지만, 인생은 시간 낭비가 아니거든요. 제 친구 아이들은 음악을 배우고 있어요"라고 자신의 전략을 설명해주었다. 미국 아이들은 대체로 어른과 권위에 대한 존중이 부족하고 안 좋은 것, 특히 튀긴 요리를 너무 많이 먹으며, 자칫 정체성 혼란으로 이어질 수 있는 일탈적인 성적 행위에 너무 많은 시간을 쏟는다.[33]

계급 간 차이는 적대감을 불러일으킬 수도 있다. 나이지리아의 작가 테주 콜은 그가 만난 아프리카 출신 택시 운전사가 얘기한 것을 들려주었다. "좋지 않아요, 정말 좋지 않아요, 아시겠어요? '헬로'도 하지 않고 택시에 타는 것은, 안 좋은 일이에요. 이봐요, 나도 당신처럼 아프리카인이에요. 왜 이렇게 하세요?" 콜은 사과했지만 소용없었다. 이미 엎어진 물이었다. 운전사는 앞만 보면서 운전했고 그의 침묵이 모든 것을 얘기하고 있었다.[34]

주목할 점은, 많은 이민자가 이 도시에 도착했을 때는 가난할 수 있지만, 오기 전에는 중산층 출신으로 중산층의 가치관을 가지고 있었다는 것이다. 그들은 기회를 찾아 떠나왔고 종종 돌아갈 계획을 갖고 있다. 플러싱 지역의 중국인과 한국인들, 퀸스 큐가든스에 정착했던 페르시아계 유대인들은 빠르게 교외로 빠져나갔다.

다른 한편으로는 모든 집단 구성원이 스테레오타입에 들어맞는 것은 아니다. 우리는 유대인을 의사, 변호사, MBA 같은 고학력자로 생각하는 데 익숙하지만, 부하라계 유대인 이민자들이 그 선입견을 약간 바꿔놓았다. 그들은 주로 제화업자, 이발사, 재단사, 도급업자, 전 부문에 걸친 노동자로서 피아노 연주자, 의사, 유럽·러시아 출신 컴퓨터 프로그래머들과는 매우 다르다. 많은 이가 매우 전통적이다. 여기 전통적 머리쓰개인 키파kippa를 쓰고 신발 수리점을 운영하는 사람이 있다. 1번 애비뉴와 2번 애비뉴 사이 66번 스트리트의 조그만 가게에서 구식 목대를 구부린 전등 옆에 앉아 선반 위에 몸을 굽히고 고장 난 물건을 고치고 있는 그를 보면, 거기엔 구세계의 무언가가 있다. 원래는 유대인지역이 아니었던 퀸스의 리치먼드힐이나 미들빌리지에서 부하라계 유대인을 볼 수 있다.

집단 안에 들어가보면 계급뿐만 아니라 너무 많은 종교적, 부족적, 언어적, 지리적 차이가 있다. 그러나 문제는 똑같다. 이민자들은 집단 외부와 일을 처리해야 할 뿐만 아니라 숨은 위험들을 피해 가야만 한다. 다른 미국인들과 동등해지기 위해 극복해야만 하는 위험과 도전이 가득하다.

함께 살아가기

비교적 짧은 기간에 많은 집단이 이곳에 왔기 때문에 새로운 접촉들이 생겨났다. 미국은 언제나 용광로라 불렸지만 새로운 사람들의 혼합은 자체적 긴장을 수반했으며, 도전적이지만 기회를 제공해줬다. 사회적 태도와 기술, 경제적 조건의 변화는 문제를 더욱 복잡하게 만든다.

스리랑카 사람들이 운영하는 퀸스 저메이카의 힐사이드애비뉴에 있는 아시아 보데가에 들어갔다. 내 관심을 끈 것은 밖에 있는 표지판이었다. "스리랑카, 인도 및 서인도제도 상품을 취급합니다." 순간 이거야말로 융합의 좋은 예라고 생각했다. 사실 그 가게는 대부분 아시아인을 상대로 하고 있었다. 하지만 같은 아시아라도 스리랑카와 서인도제도는 수천 킬로미터 떨어져 있고 문화적 환경도 같지 않다. 나는 주인이 서로 다른 나라별로 특정한 품목을 취급하는지도 궁금해졌다. 그런데 정말 그랬다. 스리랑카에서 생산한 몰디브 건조 생선 과자가 있었고, 약간의 CD 컬렉션에는 세 지역의 음악이 모두 담겼다. 판매하는 양초 중에는 유대계 기념식 양초인 야르차이트yahrzeit도 있었다. 그 지역에는 유대인들이 전혀 살지 않는다. 점원이 뭐라고 할지 궁금해서 나는 그게 뭐냐고 물어봤다. "아, 그거요. 종교적인 사람들이 가끔 사가는 교회용 촛불이에요."

나는 여러 나라 출신이 자리 잡은 퀸스의 다른 쪽에 있는 리지우드에서도 비슷한 곳을 가본 적이 있다. 유럽, 발칸 국가, 중동의 특정 제품을 전문으로 판매하는, 중립적이지만 어찌 보면 어울리지도 않는 패럿(앵무새)이라는 이름의 델리였다. 그 안의 수많은 물품 중 몇 개만 말하자면 폴란드, 헝가리, 프랑스, 루마니아, 그리스 및 불가리아 치즈 같은 게 있었다. 또한 헝가리의 살라미와 매운맛의 집시 살라미도 있었다. 이 모든 민족-종교적 집단은 인접한 그린포인트, 리지우드, 글렌데일, 서니사이드, 매스퍼스에 정착해 살고 있다. 이 루마니아인이 운영하는 가게는 이스라엘 브랜드의 헤어 샴푸 두 종류와 독일 샴푸를 판매하고 있었다. 마치 전 세계가 모여 있는 느낌을 받았다. 고객이 어떤 사람들인지 묻자 상점 매니저는 "모든 사람이 옵니다"라고 답했다. 다양한 층위의 관심을 끌어 매출을 늘리려는 일반적인 상술의 패턴이다.

융합의 또 다른 예는 브롱크스 웨스트체스터애비뉴에 있다. 많은 상점이 할랄(이슬람법으로 인증된 것을 의미) 고기를 광고하지만, 여기서는 '무사의 할랄 중국 음식'이라고 광고하고 있었다. 간판의 한쪽에는 닭, 다른 한쪽에는 소를 그려놓아서 돼지고기는 팔지 않는다는 것을 나타냈다.[35] 그런데 이 가게는 외국전쟁재향군인센터와 도미노피자 사이에 끼어 있다. 하나 건너 가게는 멕시칸엘텍사노 식당이다. 이 상점의 주인들이 그야말로 서로 뺨을 맞대고 있어 서로에 대해서, 서로의 손님들에 대해서 잘 알게 될 것이 분명하다. 때때로 관심을 끌려는 전략은 할렘 피자·치킨 가게 앞에서 본 "노 포크 온 마이 포크No Pork on My Fork" (우리 포크는 돼지고기를 찍지 않습니다—옮긴이)라고 주장하는 표지판처럼 노골적이기도 하다.

그러나 한 동네의 정체성을 드러내는 것은 음식 말고도 많다. 그건 이웃 간의 접촉이다. 이들 음식점은 다민족 공간이긴 하지만, 동네 사람들끼리의 실질적 접촉은 건물, 거리, 공원, 커뮤니티 센터, 학교, 종교 시설 등 100년이 넘는 동안 이민자들이 만나고 서로 섞여왔던 모든 장소에서 발생한다. 2003년에 세워진 캐슬힐애비뉴 동쪽 워터베리애비뉴의 제194중학교를 방문하면서 브롱크스의 이 지역에 수많은 이슬람계 아시아 이민자, 특히 방글라데시인, 파키스탄인, 인도인, 가이아나인이 있다는 것을 알게 되었다. 이 학교는 아시아인 약 50퍼센트, 히스패닉계 약 45퍼센트에 약간의 백인과 흑인이 있으며, 그중 대다수가 인근 파크체스터에서 온 학생들이다. 학교는 넓고 아름다우며 완벽한 곳이다. 그러나 가장 중요한 점은, 이곳이 여러 집단이 서로에 대해 알고 서로 존중하는 법을 배우기에 완벽한 장소라는 것이다.

이런 장소에서만 접촉이 발생하는 것은 아니다. 때로는 일반적이지 않은 곳에서 발생하기도 한다. 나는 어퍼웨스트사이드의 코셔(유대인 율법에 따라 만든 정결한 음식—옮긴이) 패스트푸드 식당에 앉아 멕시코인 노동자들을 관찰하고 있었다. 이들은 일상적으로 먹고사는 문제 외에 자신의 아이들이 학교에서 종종 마주하는 문화적 집단에 대해 전혀 알지 못한다는 생각이 들었다. 여기서 유대인에 대한 이들의 어떤 고정관념이 강화되거나 바뀔까? 특히 이런 상황에서는 사람들이 패스트푸드 근로자, 식당의 그릇 치우는 직원, 세차장 직원 같은 사람들을 마치 물건처럼 취급하고 존재하지 않는 것처럼 무시하면서 대화하고 비밀 얘기 같은 것을 하기 때문에, 그 가능성은 충분하다. 대부분 작은 마을 출신인 멕시코인들은 뉴욕에 도착하기 전까지 유대인을 만난 적이 없었다. 게다가 미국 문화에도 익숙하지 않다. 그들이 폴란드 문화센터의 관리직 자리를 구하거나 아일랜드식 바에서 접시닦이로 고용되는 경우에도 이와 동일하게 어리둥절한 상황에 빠질 것이 분명한데, 그들은 분명 그 뉘앙스를 이해하지 못할 것이다. 우리는 이것을 충분히 더 탐구해보지 않는다. 도시 전체에 걸쳐 많은 현장에서 발생하는 이러한 경험은 이민자들의 과거 삶과 미래 관점이 어떻게 형성될 것인가를 우리에게 말해주기 때문에 중요하다.

여러 민족-종교적 집단이 같은 동네에 어울려 살면 종종 고정관념에 빠져 서로에 대해 말하지만, 오늘날 도미니카인이 주로 거주하는 워싱턴하이츠에서 오래 산 한 독일계 유대인의 발언은 사람들이 다른 집단에 대해 받을 수 있는 인상이 얼마나 복잡할 수 있는지를 잘 보여준다. 또한 이들이 완전히 공정하지는 않을 거라 생각하는 서로의 의견에 대해 어떻게 고군분투하는지도 볼 수 있다. "여기 도미니카인들과 유대인들은 꽤 잘 지내는 것처럼 보여요." 그러고 난 후 나는 정통파 유대인이면서 회계사인 그 남자의 반응을 살펴봤다.

도미니카 사람들이 이곳에 왔을 때, 독일계 유대인들은 시끄러운 음악, 그래피티, 소음과 쓰레기 때문에 깜짝 놀랐습니다. 저는 인종차별주의자가 되고 싶지 않습니다. 왜냐하면 그게 그 섬들에서 쓰레기를 처리하는 방식이란 것을 알기 때문입니다…… 길 한가운데에 버리는 거죠. [지금은 더 이상 해당되지 않는 얘기다.] 반면에 저의 어머니는 15년 전 181번 스트리트를 산책하다가 노상강도를 만났습니다. 그러자 히스패닉계 가게 주인이 뛰쳐나와 강도를 쫓아가 잡아서는 "다시는 이 동네에 올 생각하지 마라, 아니면 혼이 나가게 패줄 테다"라고 소리쳤습니다. [이것은 민족을 넘어선 '괜찮은 사람들' 사이의 동맹의 한 예다.] 제 아내가 전철을 타고 있을 때, 누군가 일어나 그녀에게 "자리를 내줄까요?"라고 말했습니다. 히스패닉계였답니다. 뿐만 아니라 어머니가 시바shiva(부모나 배우자와 사별한 유대인이 장례 후 지키는 7일간의 복상 기간 — 옮긴이) 중일 때, 그 건물의 히스패닉계 사람들이 모두 함께 와주었습니다. 다른 일로 만나기도 했습니다. 정통파 유대인들은 유대 회당 옆에 학교가 세워지는 것을 원하지 않는 것처럼 여러 우려되는 문제가 있기 때문에 학교 [설립] 위원회에 참여합니다. 물론 히스패닉계 사람들은 화를 내며 "당신네 아이들을 학교에 보내지도 않으면서, 왜 그들에게 일어날 일을 얘기하는 건가요?"라고 말합니다.

만남은 균일하지 않으며 때때로 상황에 따라 정의된다. 예를 들어 어린 하시드파 소년 리비 클레츠키가 실종되었을 때(정통파 공동체에 속한 누군가에 의해 토막 살해되었다), 대략 20명의 파키스탄인 자원자가 수색에 참여하면서 그 지역에서 사업을 하는 이슬람교도끼리의 연대를 보여주었다.[36] 이건 냉소적으로 본 사람들의 말처럼 호의를 얻어내려는 방법이었을까, 아니면 이웃을 위한 순수한 동정심의 행위였을까? 어쩌면 둘 다였을까? 물론 이런 질문과는 상관없이 주목할 만한 일이었다. 한 유대인 주민은 "정말 놀라웠고 깊은 인상을 받았습니다"라고 말했다.

파키스탄 정부 건물 건너편에 있는 맨해튼 유대인 사원을 지나쳤다. 이슬람교도와 유대인들 사이에는 긴장도 있지만 우호적인 접촉도 있을 거라 생각하면서, "사원 안에 있는 사람들과 뭐라도 일이 있습니까?" 하고 밖에 서 있는 파키스탄 직원에게 물어봤다.

"아니요." 그가 대답했다. "우리는 친절하게 '안녕하세요'라고 인사합니다만, 그뿐입니다."

이것은 잃어버린 기회일까, 아니면 때때로 사람들에게 뭔가 일어나려면 클레츠키 사건과 같은 위기가 필요한 것일까? 그런 소통의 채널이 얼마나 자주 열리고, 사람들은 그렇게 열린 틈을 얼마나 자주 이용할까? 우리는 알지 못할 뿐이다.

일반적으로 긴장관계에 있는 인도-파키스탄 접경지역에서와 용광로 같은 세계의 수도에서는 경우가 달라진다. 인도인과 파키스탄인들은 이곳에서 잘 지내는 것처럼 보인다.[37] 독실한 이슬람교도와 정통파 유대인들은 플랫부시에서 우호적으로 함께 살고 일한다.(사진 4) 수수한 여성의 복장에 대한 그들의 믿음은 두 집단이 각자의 종교를 진지하게 받아들인다는 사실뿐만 아니라 함께 일하는 하나의 이유가 된다. 폴란드계 빌딩 관리인들도 이 지역에서 자신에게 딱 맞는 자리를 발견했고, 그들에게 더 인기 있는 지역은 정통파 유대인들이 많이 살고 있는 버러 파크다. 폴란드인들이 유럽에서 매우 반유대적인 사람들로 간주되는

사진 4 무슬림 가게와 유대계 가게가 나란히 있다. 제시 리스 촬영.

것은 여기서는 전혀 중요하지 않다. 사실 정통파 유대인들은 제2차 세계대전 이전 폴란드의 작은 유대인 마을(슈테틀shtetls)에서 폴란드인 가사 도우미를 선호해 일종의 공생관계를 형성했다고 한다. 한 폴란드계 도급업자는 이 버러파크의 저명한 지도자인 랍비 메나셰 클라인과 밀접한 관계를 맺었다며, "그는 유대교 회당을 설계하기 위해 내가 이스라엘에 가보길 바랐습니다"라고 말했다.

이렇게 말하니 그런 충돌의 여지가 없는 것처럼 보일 수도 있다. 하지만 더한 것이 작동하는 중일 수도 있다. 다만 안심되는 것은 분쟁의 원인 대부분이 이민자들에겐 그다지 중요하지 않은 점이다. 이민자에게는 범죄와 일자리, 교육과 같은 당장의 문제가 더 중요하다. 그리고 중국인과 한국인처럼 같은 종류의 편견을 경험하고 하나로 뭉치는 경우도 있다. 서로의 차이를 알고 있지만 그것을 극복하기 위해 그런 편견을 일종의 기회로 여겼을 수 있다. 그런 의미에서 이 도시는 분쟁 해결을 위한 실험실이 되어 서로 대립적인 집단들이 조화를 이루며 함께 살 수 있음을 보여준다. 이는 이민자들에겐 가장 낙관적이고 희망적인 관점이다. 즉, 오래된 갈등을 뒤로하고 다시 시작할 수 있다는 것이다. 개인적 동기가 무엇이든, 이민 2세대들은 성인이 되었을 때 삶의 대부분을 이곳에서 살아온 게 되며 그들에겐 익숙하지 않은 분쟁에서는 더욱 멀어진다. 만일 부모 세대가 아이들에게 편견을 가르친다면 그런 조화는 더 보류될 수 있다.

그러나 이민자들은 사회 전체의 관용적 분위기의 일부일 뿐이다. 2013년 1월 뉴욕랍비위원회 실무 부의장인 랍비 조지프 포타스니크를 인터뷰했을 때 이러한 상호작용의 예를 들었다. 그는 다양한 배경의 사람들을 아우르기로 명성이 높은, 명료하고 카리스마 있으며 매력적인 사람이었다.

몇 년 전, 지금은 예루살렘의 성묘교회에 있지만, 에드윈 오브라이언 대주교가 1996년 뉴욕 대교주 부주교로 임명될 때 그 임명식에 초대되었습니다. 그는 제게 두 장의 티켓을 보냈습니다. 우리는 「릴리전 온 더 라인 Religion on the Line」이라는 주간 라디오 프로그램에서 공동 사회를 봤던 적이 있습니다. 그날 도착했을 때, 그곳에 절실하게 들어가고 싶어했지만 입장권을 구하지 못한 나이 많은 가톨릭 여성 신자분이 있었습니다. 추가 입장권을 받았기 때문에 그녀에게 건네주자 그녀는 "누구세요?"라고 물었습니다. "랍비입니다"라고 그녀에게 말했죠. 그녀는 "성패트릭 대성당의 식에 참가하려는 가톨릭교도를 랍비가 돕는 건 미국에서만 가능한 일이죠"라고 말했습니다. 이것이 지금의 현실입니다. 오늘날 뉴욕에서는 신앙이 다른 사람들이 서로를 인간 가족의 일원으로 바라보는 것이 흔한 일입니다. 그리고 저는 우리가 다양한 신앙 공동체와 공유하는 인간관계의 깊이 속에서 항상 그것을 보고 있습니다.

목표 달성을 위해 연합하기

동맹이나 연합은 공동의 필요와 관심에 의해 형성된다. 편의상의 문제를 넘어 필요성의 문제에 도달하기 때문에 그것이 구축되는 것이다. 그러나 극복할 수 없는 차이, 질투, 의혹, 경쟁의 도구가 너무 많다는 것으로 이러한 연합들은 종종 좌초되거나 아주 국한된 영역에 그칠 때가 있었다. 1960년대와 1970년대에 히스패닉계와 흑인들이 함께 일하려고 할 때 긴장이 고조되었던 것을 보자.[38] 오늘날, 이러한 차이는 서인도제도 출신과 아프리카계 미국인의 경우처럼 집단 내에서 불거지기도 하고, 또는 도미니카인과 푸에르토리코인의 경우처럼 히스패닉계 집단 사이에서 발생하기도 한다.

히스패닉계는 적어도 언어를 공유하는 데다, 매우 광범위하게 말하자면 공통의 지리적 원류를 주장할 수 있다. 아시아인들은 그렇게 쉽게 말할 수 없다. 한국인과 중국인, 일본인, 베트남인들은 동아시아적 문화유산을 공유하며 지리적 위치가 비슷하다. 하지만 다른 언어를 사용하며 과거 상호 간 부정적인 경험을 했다. 그러나, 그들은 남아시아인들보다는 더 공통적이다. 남아시아인들은 내부에 강한 차이점을 가지고 있다. 파키스탄인, 방글라데시인, 인도인들은 지리적 기원이 같고, 적어도 외부인이 이들을 서로 구분하기는 어려워 보인다. 그러나 인도인들은 거의 힌두교도이고, 파키스탄인과 방글라데시인들은 압도적으로 이슬람교도다. 그리고 파키스탄과 방글라데시는 공통된 종교에도 불구하고 긴장관계에 있다. 가이아나인들은 어떻게 분류할 수 있을까? 미국 내 가이아나인의 50퍼센트는 인도계다. 그러나 그들은 남아메리카 국가에서 왔고, 수 세대에 걸쳐 인도에서는 산 적도 없으며, 기독교, 힌두교, 이슬람교 신앙 모두의 통합적 요소들을 가진 채 세 종교로 나뉘어 있다.

히스패닉계도 비슷한 문제가 있다. 페루, 콜롬비아, 에콰도르와 볼리비아에서 온 이들은 카리브해 출신의 히스패닉계와 문화적으로 별개의 집단이다. 그런데 카리브해 출신 안에서도 도미니카, 푸에르토리코, 쿠바계는 서로 또 다르다. 이 모든 것은 아시아인이나 히스패닉계, 흑인들을 하나의 큰 집단으로 묶는 것의 효용은 제한적이라는 것을 의미한다. 이질적인 민족들 사이의 동맹은 서로 질적인 차이가 큰 집단들 사이에서와 마찬가지로 매우 성급할 수 있기 때문이다. 그리고 언급하지 않은 아프리카 출신 집단도 마찬가지다. 케냐, 앙골라, 나이지리아, 라이베리아와 같은 나라들의 문화와 역사도 서로 대단히 다르다.

이 모든 것을 포함하는 대동맹은 이론으로만 작동하는 것처럼 보인다. 그러나 그들을 아우르는 큰 연합이 없다면, 이민자 집단들 중 누구도 진정한 정치적, 경제적 힘을 가질 수 없을 것이다. 집단의 정체성은 종종 내부가 아닌 외부의 작용으로 형성된다는 점을 기억할 필요가 있다. 이는 서로 다른 집단이 합칠 수 있도록 슬로건을 제공할 수 있다. 1960년대 현대 인권 운동이나 아일랜드인, 슬라브계, 이탈리아인들이 마이클 노박의 묘사처럼 '융합되지 않는 민족'이 된 방식을 살펴볼 수 있다.[39] 그리고 결국, 유대인들조차 흑인과 히스패닉에게는 종종 백인으로 보이곤 했다. 조금도 과장하지 않고 말하더라도 이것은 복잡하다. 하지만 변동하는 모자이크는 도시의 인구 구성에서의 엄청난 변화를 보여주고 있으며, 그 결과는 여전히 정의되고 결정되어야 할 숙제다.

3장

다이너, 사랑, 엑소시즘, 양키스:

뉴욕의 커뮤니티

5번 애비뉴 근처로 올라가면, 마커스가비 공원 맞은편 차고에 '할렘 바이크 닥터Halem Bike Doctor'라는 간판이 달린 곳이 있다. (할렘의 철자 Harlem에서 'r'이 인쇄 착오로 잘못되어 Halem이 되었지만 그대로 사용하기로 했다 한다. 사진 5) 바이크 닥터는 실제로 청진기를 사용해서 자전거가 왜 그렇게 건강하지 못한지, 그러니까 왜 고장났는지 진단해주는 도널드 차일즈라는 사람이었다. 그는 자신이 어떻게 일하는지 설명해주었다. "저는 자전거의 '맥박'을 듣습니다"라고 '리틀 도널드'가 말했다. (그 지역 모든 사람은 별명이 있는 것 같았다. 별명은 한번 붙으면 평생 따라다닌다고 한다.) "공기 빠진 소리 같은 건 괜찮은 겁니다. 하지만 삐걱 소리가 나면 자전거 몸통 어딘가가 깨졌거나 베어링이 필요한 거죠." 바깥에는 세일 가격에 팔리고 있는 자전거 수십 대가 반짝이며 줄지어 있어서 이 광역 도시 전역에서 열광적인 마니아들을 끌어들이고 있었다. 리틀 도널드는 매번 아버지의 날마다 마커스가비 공원 주변을 35바퀴 정도 도는 자전거 경주 대회를 조직하고 '좋은 성적표'를 받은 아이들에게 무료로 자전거를 빌려주고 있는 오랜 후원자다.

『뉴욕타임스』 기사에 따르면 이 대회는 1973년 전 지역 경찰관이었던 데이비드 워커의 아이디어로 시작된, 뉴욕시에서 가장 오래된 자전거 경주 대회다. 무엇보다 이 대회는 뉴욕의 네이버후드에 단합과 목적의식을 부여하는 수천 개의 이벤트 중 하나다.[1] 마커스가비 공원에 대해서 말하자면 마운트모리스 네이버후드의 보물과도 같은 곳이다. 그곳은 아이들의 그네를 밀어주고 있는 백인과 흑인 어머니들 모두가 말하듯이, 안전하게 느껴지는 곳이다. 여름에는 대형 수영장이 북적대고,

사진 5 할렘 바이크 숍. '닥터'를 방문하다. 5번 애비뉴 동쪽, 124번 스트리트. 제시 리스 촬영.

원형 극장에서는 도시 전역에서 사람들이 몰려드는 퀸시 존스나 어리사 프랭클린과 같은 유명 스타들의 콘서트가 열린다.

뉴욕시는 많은 커뮤니티의 집합이기도 하지만, 또한 통일된 전체이기도 하다. 분명히 이 도시에는 복잡한 네이버후드들이 있다. 실제 마음속으로도 뉴요커들은 자신이 사는 곳을 작지만 활기찬 나라로 보고 있는데, 이 나라들은 독특한 규범에 지배되고, 독특한 가치 체계에 묶여 있으며, 오직 실용적 필요에 의해서만 외부의 통제를 받아들인다. 간단히 말해 뉴욕시는 마을과 동네들 혹은 뭐라고 부르든, 마치 큰 국가로부터 떼어내서 고정된 공간으로 압축한 것 같은 작은 지역의 집합체다.

왜 그럴까? 첫째, 이는 안전함을 느끼기 위해 서로 결합하려는 원초적인 욕구를 반영한다. 둘째, 사람들은 공간 환경을 통제하고 자신이 집이라고 부르는 장소의 한계와 경계를 알려고 하기 때문이다. 그 물리적, 집단적 구성 측면에서 보면, 대부분의 도시 내 커뮤니티는 다수의 구성원이 원하고 필연적이라고 생각하는 곳에 있다. 그게 그들이 자발적으로 특정 네이버후드에 살기로 한 이유다. 선호에 따라 함께 있게 된 사람들은 그곳에 적응하거나 아니면 다른 곳으로 이주해야 한다.

그 등식의 반대쪽도 있다. 뉴요커들은 한편으로 자신이 세계에서 가장 큰 도시 중 하나에 살고 있다는 사실을 누구보다 잘 알고 있다. 이러한 사고방식은 일상적인 대화에서, 즉 이 도시를 언급하면서 어떤 식으로 양념을 치는지에 잘 반영되어 있다. "나는 뉴요커인데요, 뭘 기대하는 거죠?" "빅 애플에 오신 것을 환영합니다"와 같은 식이다. 이런 것은 그들이 메트로폴리탄 박물관, 브롱크스 동물원, 타임스스퀘어, 리버사이드드라이브에 대해, 버러마다 열리는 수백 개의 퍼레이드에 대해, 퍼레이드가 들려주는 사람들 이야기와 열망뿐 아니라 그것이 그들 자아에 어떤 의미를 부여하는지에 대해 느끼는 감정에 내재되어 있다. 그리고 그것은 자신들보다 훨씬 더 큰 공간과 마음의 상태로 구체화된 아이디어에 연결된다. 그게 바로 거기 있고, 그들은 그것이 사실임을 알고 있으며, 여기에 사는 다른 모든 사람에게도 마찬가지라는 것이다.

안전은 커뮤니티를 살 만한 곳으로 만들기 위해 매우 기본적인 것이기 때문에, 이번 장에서 첫 주제로 살펴보려 한다. 안전은 정착을 결정할 때 가장 중요하게 고려하는 사항이다. 오늘날 도시가 얼마나 안전한

지에 관해 다른 시각이 있을 수 있지만, 내가 얘기해본 대부분의 사람은 20년 또는 10년 전에 비해 훨씬 안전해졌다는 데 동의하고 있다. 살펴보겠지만 현실은 그 인식을 뒷받침하고 있다. 물론 안전하지 않은 지역에 사는 사람들에게는 삶이 때때로 매우 불안하고, 사실 안전한 지역이라고 해도 범죄나 위험으로부터 완전히 면제받은 곳은 없다. 그리고 뉴욕시의 범죄가 줄어든 이유 역시 많은 요인의 조합임을 알게 될 것이다.

안전하다고 느끼기: 실체일까, 환상일까?

이것은 지난 35년 동안 뉴욕시에서 일어난 가장 큰 변화 중 하나다. 사람들이 안전하다고 느끼지 못하고 거리를 걷는 것조차 두려워한다면, 이 도시에 사업 투자를 하고 젊은 고학력 인재들을 유치해 도시를 번영시키는 것은 불가능해진다. 1970년대와 1980년대 뉴욕에서는 매년 1000명 단위로 살인 사건이 일어났다. 최악의 해는 무려 2251명의 희생자가 나왔던 1990년이었다. 비록 데이비드 딘킨스 시장 재임 기간에 이런 일이 일어났지만, 루돌프 줄리아니가 시장이 되기 전에 딘킨스 역시 5000명의 경찰관을 추가로 고용하기도 했다. 오늘날 이 도시의 살인 사건은 매년 500여 건 정도를 맴도는데, 이는 75퍼센트 이상 감소한 것이다. 2012년에는 단 414건으로 최저 기록이 수립되었으며 대부분의 사건은 면식범에 의한 것이었다. 시 당국에 따르면 그해 살인 사건 감소의 원인에는 '정지 신체 수색stop and frisk' 정책, '요주의 지역' 경찰 배치, 가정 폭력에 좀더 중점을 둔 경찰력 추가, 폭력 조직 관련 살인을 방지하기 위한 소셜 미디어 모니터링 등이 있었다.

이에 반해 1977년에는 트럭 운전사들이 낮에도 경찰 호위 없이는 특정 지역으로 배달하러 가려고 하지 않았고, 만약 경찰이 건물에 들어가게 될 때는 한 명은 순찰차를 보호하기 위해 밖에 머물러야만 했다. 게다가 도시 빈곤지역의 집주인과 세입자, 범죄자들이 셀 수 없이 많은 건물에 여러 이유로 방화를 해 도시 전체가 무법지대라는 느낌을 주었다.[2] 커뮤니티 구역 관리자 존 개스카는 로커웨이에 있는 에지미어하우스의 1970년대 후반과 1980년대 상황을 이렇게 설명해주었다. "오후 11시 이후에는 경찰이 비치채널드라이브(지역간선도로)에서 빨간 불을 켜도록 했습니다. 그렇지 않으면 차에서 당신을 끌어내려 강도짓을 하고 차를 훔쳐가니까요. 프로젝트 건물 지붕 위에 서서 길 건너편의 퍼닌설러병원에서 나오는 간호사들에게 총을 쏘는 '짐승'들도 있었습니다. 얼마나 나빴는지 모릅니다." 이것은 극단적인 상황이지만, 도시의 많은 부분이 위험하다고 여겨진 것은 사실이다.

오늘날은 다섯 개 버러 모두에서 극적인 변화를 볼 수 있다. 브롱크스의 사운드뷰 지역에는 주민 구성이 다양한 라파예트이스테이츠나 브리터니, 도빌(마이애미비치같이 들리는!)과 같은 중산층 아파트 단지가 있다. 파크체스터와 코업시티에서도 마찬가지다. 2007년 현재 1만 5372주택단위와 5만5000명의 주민이 있으며 여전히 확장되고 있는 코업시티는 세계에서 가장 큰 공동주택 개발단지다. 흑인 55퍼센트, 히스패닉계 25퍼센트, 나머지 비히스패닉계 백인과 일부 아시아인으로 다양하게 구성된 지역사회이기도 하다. 주차장, 잘 가꿔진 잔디밭, 대형 발코니가 있는 이곳은 비록 가난한 사람들도 살고 있기는 해도 확실히 중산층 느낌을 준다.

그러나 가난한 지역 거주자들은 범죄율이 낮아졌다고 믿지 않는 경우도 많다. 두 명의 나이 많은 흑인 여성은 TV에서 막 여성을 공격한 강간범 보도를 봤다며, 범죄율이 낮아진 것이 사실일 수 없다고 말했다. 이 지역 사람들은 사회학자도 아니고, 트렌드도 읽지 않는다. 그들은 자신의 직감을 믿는다. 만약 언론이 범죄에 대해 기사를 쓴다면 그들의 관점에서는 범죄가 늘어나고 있는 것이다. 이 단지의 한 흑인 거주자는 뉴욕에 범죄가 너무 많아서 자신의 지역이 안전하지 못하다고 말했다. 내가 살인당하는 사람이 1980년대와 1990년대 초에는 연간 약 2000명이었는데 오늘날 500명 수준으로 하락했다고 말하자 그는 매우 놀라워했다. 나는 브롱크스 149번 스트리트에 있는 잭슨하우스의 다른 여성에게도 같은 말을 했다. 그녀의 반응은? "아, 예? 글쎄요, 만약 살인율이 1년에 500명으로 내려갔다면, 그중 400건은 우리 건물 바로 앞에서 일어났겠군요. 숫자를 가지고 하고 싶은 대로 할 수는 있겠지만 여기서는 사람들이 계속 죽어나간답니다." 사실 오늘날 범죄의 양상은 다양하고 복잡하며, 그리고 상대적인 문제다. 어떤 여성이 말하기를 "아, 부시윅은 어디든 안전해요"라기에 나는 물었다.

"밤에도 그런가요?"

"오, 하느님, 아니죠. 확실히 밤늦게는 아니죠."

그렇다면 그녀는 왜 안전하다고 느꼈을까? 15년 전까지만 해도 부시윅은 대낮에도 위험한 곳이었지만 지금은 1990년에 비해 범죄가 75퍼센트나 감소했기 때문이다. 물론 오늘날 확실히 더 높아진 기준에 따르면 2010년 13건의 살인이 있었던 커뮤니티를 '안전'하다고 말할 수는 없다.[3]

브루클린의 이스트뉴욕 지역에 있는 펜실베이니아애비뉴 동쪽, 리보니아애비뉴를 걷고 있을 때였다. 이 지역은 오늘날에도 위험하며, 얘기를 나눈 경찰관도 이를 확인해주었다. "물론이죠. 1980년대나 1990년대만큼은 아니지만, 나쁩니다. 여기는 뉴욕 최악으로 평가되고 있죠. 새벽 1시에 이곳을 걸어다닐 일은 절대 없습니다. 그리고 아칸소, 매사추세츠, 텍사스, 미주리, 펜실베이니아, 인디애나 등 어디서 차를 도난당하든, 결국 여기 이스트뉴욕으로 오게 되어 있어요." 물론 도난 차량들은 여러 곳으로 가기 때문에 정확한 얘기는 아니다. 하지만 이러한 활동의 중심지가 이곳이라는 지적은 정확하다. 몇 블록 뒤 멋진 자동차에 '이스트뉴욕 최고의 자동차 경주 클럽'이라고 쓰인 스티커가 붙어 있는 것을 봤다. 역설적인 것 같지만, 아마 그 클럽은 앞서 언급한 도난 차량들의 본부일 것만 같다!

안전에는 민족-종교적·인종적 요인도 있다. 커나시 유치원에서 일하는 정통파 유대인 여성은 "낮에는 안전하지만 날이 어두워지기 시작하는 즉시 떠나야 해요. 어쨌든 저는 백인이니까요"라고 말했다.

"하지만 브라운즈빌과 같은 곳은 아니죠?"라고 계속 물어봤다. 브라운즈빌은 위험한 동네로 알려져 있는 곳이다.

"아니에요." 그녀는 이렇게 말했다. "하지만 2주 전에 여기 한 블록 건너에서 총격이 있었어요."

총격은 분명 범죄의 증거이며, 피부색은 그녀를 취약하게 만든다. 도시의 다른 빈곤지역에서 일하는 백인들도 비슷한 관점을 토로하곤 했다. 그러나 같은 질문을 그 유치원에서 일하는 나이 든 흑인에게 던졌을 때는 다른 반응을 보였다. 그는 조지아주 출신 흑인으로서 길 건너편의 글렌우드하우스에서 살고 있었다. "꽤 안전합니다." 잠시 휴식 중에 케네디 프라이드치킨으로 급히 점심을 먹으면서 그는 이렇게 대답했다. "저는 크라운하이츠에서 왔는데, 항상 조심하기는 해야 하지만 밤에도 안전하다고 느낍니다." 현실은 어떨까? 이 구역의 범죄율은 1990년 이후 70퍼센트 이상 하락했다.

그럼에도 소수민족을 크게 화나게 했던 것은 마치 그들을 표적으로 삼은 듯한 정지 신체 수색 정책이었다. 이는 2012년에 더욱 공개적인 이슈가 되어 주 의회에 이 정책의 변경을 강제하기 위한 법안이 도입되었다. 하지만 경찰은 이 정책을 강력하게 고수하고 있다.

안전하지 않은 지역의 삶

안 좋은 네이버후드에 사는 것은 외부인들은 모르겠지만 현실적 우려를 안고 사는 것이다.

"저 아래 블록 저 집은 왜 위아래 모두 철창을 쳤대요?"

"어디더라, 가이아나인가 파키스탄인가, 아무튼 인도 남자의 집이에요."

"왜 감옥처럼 갇혀서 그렇게 사는 걸까요?"

"이유가 있어요. 그가 그 빌어먹을 블록의 4분의 3을 소유하고 있거든요. 스스로 보호하는 거겠죠."

"그는 여기 갱들과도 계약하나요?"

"누구나 하죠. 불문율입니다. 다니면서 서류에 서명받고 악수를 하니 갱들이 지켜보죠."

결국 사람들은 살아남기 위해 해야 할 일을 하게 된다.

이것이 창살을 설치해야 하는 유일한 이유는 결코 아니다. 흥미로운 점은 같은 블록에서 어느 집은 창살이 1층부터 꼭대기 층까지 설치되어 마치 난공불락의 요새처럼 보이는데 거리에 바로 접한 다른 집은 철창 하나 없는 무방비 상태였다는 것이다. 그 집은 도둑맞을 걱정을 하지 않는 것인가? 아니면 철창 속에 사는 게 스스로 만든 감옥 같아 너무 싫다고 생각해서일까? 타인들이 함부로 해코지할 수 없을 만큼 힘센 사람들인가? 범죄에 대한 인식이 서로 아예 다른 것인가? 요새에 사는 이들은 은닉한 마약 자루를 지키는 마약 거래업자인가? 어느 쪽에도 해당될 수 있다. 요즘에는 도시가 안전해지면서 많은 사람이 제거하기는 했지만, 창살은 동네가 더 위험했던 과거에 대한 기념물이기도 하다.[4]

이 도시의 일부는 여전히 치안을 유지하려는 모든 노력을 완강히 거부하고 있다. 경찰이 단속을 벌인다. NYPD 로고가 붙은 크레인 트럭이 신호다. 범죄가 사라지고, 경찰이 떠난다. 그리고 한두 달 뒤 범죄자들이 다시 돌아온다. 브롱크스의 포덤 구역이 그러하며 특히 티보애비뉴와 184번 스트리트다. 이곳 버라이즌 빌딩의 건물 벽에는 섬세하게 그려진 매력적인 대형 벽화가 있다. 도시의 우범지역에서 거의 항상 볼 수 있는 이 벽화에는 이렇게 적혀 있다.

사랑하는 남편 윌슨에게.

나는 매일매일 당신을 그리워해요.

지금 내가 가진 것은 마음속에 영원히 간직될 소중한 기억뿐이죠.

내가 아는 것은 우리가 행복하게 함께 살았다는 것, 평화롭게 저세상에서

함께 쉴 것이라는 거예요.

당신의 아내, 미치.

벽화는 전혀 훼손되지 않았고, 가족으로 확인되는 많은 사람이 공동으로 서명을 남겨두었다. 에밀리, 조슈아, 로비, 세르조, 올가, 이본, 파포 등 35명 이상의 이름이 적혀 있었다. 모두 평범한 이름이었고, 나는 이것이 갱단원으로선 예외적이라고 생각했다. '정말 좋군. 한 여인과 자녀, 그녀의 대가족이 이런 방식으로 그녀 인생의 동반자를 기념했군' 하고 생각했다.

잠시 후 오른쪽에 있는 '셔츠 보이스 CC 몹Shirt Boys CC Mob'이라는 글 아래 여기 서명한 이들의 이름이 또 나열된 것을 보았다. 게다가 벽화의 다른 부분에는 '184번 스트리트 패거리' '156번 스트리트 벡 보이스' 'L. A. 보이스, 웨스트 코스트' 같은 이름들이 보였다. 그러니까, 전국구 집단들이었다. 벽화에 갱단원과 관련되어 보이는 이름은 대략 25개가 더 있었다. 갱과 가족이 한 집단으로 얽혀 있는 갱단 벽화였던 것이다.

버라이즌 사의 직원에 따르면 이 회사는 현지 갱 조직들과 암묵적인

양해가 있어서, 벽화는 그대로 손대지 않고 갱단도 직원들을 건드리지 않기로 되어 있다. 이것이 바로 도시에서 사업할 때 치러야 할 대가다. 도시 전체에 걸쳐 모든 비즈니스가, 직원들은 인정하지 않으려 하지만, 비슷한 협정이 있다. 그 블록에서 내가 얘기를 나눈 다른 사람들은 앞서 편지 속 윌슨이 티셔츠 사업을 운영하면서 동네 아이들이 험한 일에 말려들지 않게 돕던 좋은 사람이라고 주장했다. 그들의 말에 따르면 그는 자동차 사고로 사망했다. 누구를 믿어야 할까? 확신할 수는 없지만 윌슨은 어느 시점에는 갱단에 속하거나 적어도 친구가 있었고, 그러면서 동시에 사업을 하고 있었을 것이다.

사업을 하려면 이 위험한 동네의 소문난 거리를 자주 걸어다녀야 한다. 경영자는 직원들이 안전하지 않은 동네에서 일하도록 붙잡아두기 위해 '어반 페이urban pay'라고 부르는 보너스를 지불하기도 한다. 돈이 필요한 사람들은 그런 계약 조건에도 일하러 갈 수 있지만, 그래도 안전하다고 느끼지는 않는다. 나는 근처의 보데가에서 두 명이 사망한 총격 사건으로 트라우마가 생긴 히스패닉계 남자와 이야기를 나눴다. "저는 절대 이곳이 안전하다고 느끼지 않습니다. 백 년이 지난다고 해도요. 한 2년 동안 아무 일도 일어나지 않을 수도 있겠죠. 그러다 탕, 탕, 그럼 당신은 죽은 거예요." 정신이 번쩍 들게 하는 말이었다. '내게도 일어날 수 있겠군' 하고 생각했다. 그러나 그 생각을 머리 속에서 지웠다. 답사를 해야 하니까.

갱단 활동은 도시 전체적인 수준에서는 25년 전보다 줄었지만, 더 우범지역인 네이버후드에서는 여전히 문제였다. 심지어 시詩조차 갱 문화의 계속되는 존재를 노래했다. 이스트뉴욕의 버몬트애비뉴와 뉴로 츠애비뉴에 있는 세탁소에 화장실을 사용하러 들어갔다. 벽에는 "비를 내리게 하라, 홍수가 되어 넘치게 하라, 크립 킬라Crip Killah가 피를 흘리게 하라"라고 휘갈겨 쓰여 있었다('크립 킬라'는 크립이라는 갱단에 연루된 이를 살해하려는 자들을 칭하는 은어. 갱단 간의 충돌이 화장실 벽에 낙서로 적힌 것이다 — 옮긴이). 이 지역의 모든 것은 가난하고 가난하며 가난하다. 루이지애나애비뉴, 조지아애비뉴, 핏킨애비뉴와 다른 여러 곳이 그렇게 황량한 커뮤니티다. 여기는 거리 상가에 자리 잡은 교회가 많으며 이는 빈곤의 표상이다. 반면 베드퍼드-스타이버선트처럼 멋진 브라운스톤 건물들은 없다. 딱히 할 일 없어 보이는 젊은이들이 길거리에 많이 모여 있으며, 한결같이 회색 또는 검은색 후드 티와 낮게 내린 바지를 입고 있다. 매우 거친 지역이다.

이 지역에서만 수용되는 행동 양상 역시 존재하며 그들을 차별화한다. 부시윅은 이 도시에서 가장 가난한 네이버후드 중 하나로, 범죄 발생률이 높고 젠트리피케이션이 거의 일어나지 않은 지역이다. 마침, 내가 한 번도 본 적 없는 유형을 거기서 만났다. 삼십대 초반의 흑인 남성으로, 붉은 셔츠와 짙은 갈색 바지를 입고 선글라스를 낀 채 제퍼슨스트리트 근처의 브로드웨이를 따라 커다란 핏불 네 마리를 산책시키고 있었다. 브로드웨이는 부시윅과 베드퍼드-스타이버선트를 나누는, 경계 역할을 하는 대로다.

일곱 살 된 딸을 데리고 걸어가던 한 여인에게 남자는 "여기요, 아이가 이 개들을 만져봐도 괜찮아요" 하고 말했다. 그녀가 거절하자 딱히 누구에게라고 하기는 어렵지만 "와우, 당신은 친절한 뉴요커가 아니군요"라고 말했다. 좀더 자세히 들여다보니(나는 그와 같은 방향으로 걷고 있었다), 커다란 보아 구렁이 두 마리가 그의 목을 감고 있는 것을 볼 수 있었다. 잠시 후 그는 어떤 남자를 붙잡고는 어린 딸이 뱀을 만져보게 하라고 권했다. 아빠는 보아 뱀 한 마리를 자기 딸에게 둘러주게 허락했고, 아이는 아주 조금은 불안해 보였지만 그보다는 호기심이 가득해 보였다.

이런 지역에서만 이런 광경을 볼 수 있다. 보아뱀을 반려동물로 키우는 것은 불법이며, 네 마리의 핏불은 동네가 안전하지 않다는 증거다. 사람들은 이것이 부시윅의 일상이라는 걸 행동으로 나타낸다. 그들은 개인적인 경험으로 이 지역에서 법이 최소한으로 집행된다는 것을 알고 있기 때문에 네이버후드 내에서 행해지는 그런 행동을 일반적으로 용인하는 것이다. 그래서 그들은 잊힌 사람들처럼 느끼고 행동한다. 다른 지역에서였다면 그 남자 주위로 군중이 몰려들었거나 아예 근처에 가지도 않았을 것이고, 경찰을 불렀을 것이다. 하지만 2011년 5월 초 햇볕 좋은 어머니의 날 오후, 부시윅에서는 그렇지 않았다.

무법적인 행동들에 지친 사람들이 말썽꾼들을 제거하기 위해 일치된 행동을 하기도 한다. 순찰대를 조직하고 경찰과 긴밀하게 협력한다. 사회학자 일라이자 앤더슨은 『거리의 규칙Code of the Street』에서, 그런 노력이 지역사회에서 일반적으로 존경받는 인물의 '주먹'을 움직이게 했을 때 얼마나 효과적인지를 보여주었다. 그는 '노장'들이 어떻게 시끄러운 놈들을 처리하는지 설명해준다. 그러나 노장들은 '거리의 규칙'을 따른다. 마약 거래상들에게 먹혀들 만하려면 물리적 수단을 고수해야 함을 분명히 한다. 이는 바로 '남자답게 굴기'다. 오직 이런 방법으로만 '괜찮은' 사람들이 '거리'의 사람들을 이길 수 있다.

하지만 너무 자주, 그들의 승리는 순식간에 흘러가버린다. 공원이나 길가에서 총격이나 마약 거래가 중단될 수도 있지만 장본인들은 사라지지 않는다. 그저 몸을 낮추고 다른 장소로 옮겨 갔을 뿐이다. 이런 구역을 답사하는 동안 나는 가끔 다른 나라를 방문하는 중인 것 같았다. 맨해튼의 그래머시 공원과 어퍼이스트사이드, 아니면 브루클린의 코블힐이나 베이리지와 똑같은 이 도시의 일부인데도 말이다. 이 경계에는 벽이나 경비원이 있는 것도 아니다. 고급 거주 지역에서 범죄가 발생할 경우 그 범죄를 저지르는 사람들은 종종 가난한 지역 출신이다. 그 이유만으로 그들의 존재는 모두에게 문제가 되는 것이다.

완전히 안전한 네이버후드가 있을까?

아무리 범죄가 없는 것처럼 보여도 어떤 지역이든 완전히 안전한 곳은 없다. 뉴저지로 넘어가는 아우터브리지크로싱 대교 근처의 스태튼 아일랜드 남쪽 끝에 위치한 뉴욕에서 가장 조용한 커뮤니티 중 하나인 전원적인 토턴빌에서 갑자기 난장판이 벌어졌을 때 절실하게 깨닫게 되었다. 어느 봄날 사진 작가와 함께 그곳을 답사하던 중, 거의 동시에 다섯 대의 경찰차가 사이렌을 울리고 불을 번쩍이며 힐런불러바드를 따라 길 끝 수변으로 이어지는 작은 공원으로 전속력으로 달려가는 것을 봤다. 우리는 무슨 일이 일어나고 있는지 보기 위해 두 블록 떨어진 거리를 달려갔다.

그 광경은 엄청났다. 찌그러진 차가 난간 위에 놓여 있었다. 내 짐작에 순찰차 열다섯 대 정도와 수사용 차량 몇 대가 와 있었던 것 같다. 현장 왼쪽에는 건장한 남자가 땅을 보며 엎드려 있었고, 경찰관들이 머리 쪽에 총을 겨누며 그를 내려다보고 서 있었다. 두 경찰관 사이에 사법적 견해 차가 확실히 생겨난 것처럼 보였다. 상황이 폭력적으로 전개될 것 같았지만 또 다른 경찰관들이 개입해서 진정시켰다. 오른쪽에서는 경찰관들이 두 번째 남자를 쫓아 잡으려고 공원을 달려가고 있었다. 우리는 강력 범죄가 발생했다고 짐작했다. 아마 막 일어난 일 같았지만, 두 남자가 도난당한 차량을 운전하던 중 정지 명령을 무시하고 도주하면서 추적이 막 시작된 것이었다.

따라서 대도시의 문제들이 미치는 영향은 반향을 불러일으킨다. 아닐 이유가 없지 않은가? 이곳은 브라운즈빌, 사우스저메이카, 웨스트브롱크스를 포함하는 같은 경찰 관할구역의 일부다. 의심할 여지 없이 스태튼아일랜드에는 뉴욕의 강력 범죄 다발 지역에서 근무했던 경찰관들이 있다. 이 도시에서는 나쁜 곳에서 멀리 떨어져 있을 수 없다. 여러 차원에서 우리의 공간에서도 사건이 일어날 수 있다는 것은 확인이 된다.

아무튼 어떤 지역이 위험한지 그냥 쳐다만 봐서는 알 수 없다. 경찰에 따르면 오듀본애비뉴와 앰스터댐애비뉴 사이의 188번 스트리트는 어느 시점에는 맨해튼에서 총격을 받을 가능성이 가장 높은 거리로 간주되었다(이러한 '사실'은 경찰의 응답 여부에 따라 달라지긴 하지만). 그러나 여기엔 중요한 사전 상황이 있다. 총격 사건은 대부분 밤에 마약 거래업자에게 일어난다. 만약 일반 시민이라면 피해자가 될 가능성은 없다. 나는 그 블록을 여러 번 걸으면서 느낌이 어떤지 살펴봤다. 몇몇 험악한 사람이 모여 어슬렁거리는 동안에도, 모든 것이 조용했고 이상할 게 없었다. 사실 그 거리의 한쪽은 전체가 공립학교였다. 한 블록 떨어진 곳에 위치한 예시바대학의 신입생 몇 명도 내가 보기로는 거리의 명성도 모른 채 그 블록에서 살고 있었다.

삶의 질 범죄

노숙인들 또한 문제다. 때때로 범죄를 저지르기도 하고 노상방뇨하거나 배회하며 풍기문란 같은 위법 행위를 하기 때문이다. 종종 다른 사람들을 위협하거나 괴롭히기도 한다. 노숙인에 대한 정책은 계속 바뀌지만 항상 두 가지 주요 문제에 초점을 맞춘다. 즉 어떻게 치료하고 돌봐줄 것인지, 그리고 일반인과 통합할 것인지 격리할 것인지다.

1980년대에는 노숙인이 공공의 눈에 띄게 허용되었다. 그들은 구걸하거나 차창을 닦고(신호 대기로 정차한 차의 창을 닦고 돈을 요구하는 것-옮긴이) 거리에서 잘 수 있었다. 펜실베이니아 역에서는 비록 담요를 덮어도 춥지만 밤을 지낼 수 있는 구역을 노숙인들에게 할당해줬고, 널브러져 있는 그들을 통근하는 사람들이 피해다녀야 했다. 1993년 루돌프 줄리아니 시장은 취임한 후 모든 것을 바꿨다. 노숙인들은 셸터로 강제 이동되었고 사람들에게 너무 심하게 들이댈 때마다 체포되었다. 그렇기는 하지만 그들은 뉴요커의 집단적 양심 속에 영구적으로 존재하는 한 부분이며, 뉴요커들은 모든 방식으로 노숙인들과 상호작용을 한다. 그들에게 동정심을 가지고 있는 사람도 많고, 그렇지 않은 사람도 많다. 그리고 대부분은 왜 그들이 이런 식으로 살기를 원하는지 이해하지 못하고 있다.

만만치 않은 문제임에도 불구하고, 상황은 1990년대 이후 상당히 개선되었다. 1995년에서 2011년 사이에 브롱크스에서 노숙인 수는 80퍼센트 정도 줄어들었다. 노숙인이 가장 많은 맨해튼을 포함한 도시 전체로는 40퍼센트가 감소되었다. 변화의 대부분은 사생활이 없고 종종 안전하지 않은 오래된 막사 스타일의 노숙인 셸터 대신 더 작은 규모의 따뜻한 분위기의 셸터가 마련되면서 일어났다.[5]

선구자적인 책 『보도Sidewalk』에서 사회학자 미첼 두나이어는 6번 애비뉴와 8번 스트리트 주변의 보도에서 책을 파는 일단의 흑인에 초점을 맞추며 노숙인들에 대한 이해를 넓혀주었다. 그들은 공공장소에서 소변을 보고, 마약을 사용하며, 모른 척 지나가려는 행인들에게 큰소리로 말을 건넨다. 하지만 그 동네 사람들에게 필요한 것들을 팔고 있고 동네를 지키는 역할도 한다. 두나이어는 또한, 제공하는 상품과 관련하여 그들은 본질적으로 합법적인 사업가들이라고 주장한다. 하지만 사회의 경계에서 살아가는 데다, 그들의 전과 기록을 본다면, 이 일을 못할 경우 쉽게 범죄자가 될 가능성이 높다.[6]

지난 5년 동안(2007~2012년) 정기적으로 지하철을 타고 있는 나는 개인적인 관찰을 통해 뉴욕시 전 지역에서 걸인과 전차 내 공연자가 크게 증가했다고 자신 있게 말할 수 있다. 그들 중 여럿은 겁을 주기도 하지만 대부분은 단지 적선하지 않는 것에 마음이 불편해지고 죄책감을 갖게 하는 정도다. 하지만 어느 날 밤 IRT(Interborough Rapid Transit, 뉴욕의 지하철 운영 노선의 하나 — 옮긴이)의 1번 지하철을 타고 가다가 다른 종류의 위협을 목격했다. 한 남자가 자신은 너무 늙어서 춤을 추거나 노래를 부를 수도 없다며 단지 뭘 먹을 수 있도록 쿼터(25센트 동전 — 옮긴이) 하나만 바란다고 얘기했다. 그런 다음 좀더 구체적으로 말하면서, "만약 여기에 앉아 있는 아시아인 한 명만 돈을 좀 주면 정말 좋겠네"라는 것이었다. 바로 뒤에 앉아 있던 내 쪽을 향해 돌아서면서 그는 독백처럼 속삭였다. "그런 일은 일어나지 않겠지." 나는 아시아인을 지목하는 것은 불공평하다고 그에게 말하고 싶었지만, 내 안의 사회학자는 그 말을 참게 만들었다. 나는 아무 말도 하지 않고 무슨 일이 일어날지 보기 위해 '벽에 붙은 파리'처럼 가만히 있었다. 근처에 있던 여섯 명의 젊은 아시아인 여성은 아무 데도 눈을 마주치지 않고 있었지만, 분명히 불편해하고 있었다. 그러나 그들뿐 아니라 다른 누구도 그 사람에게 아무것도 주지 않았다. 요즘은 경찰관이 걸인들을 쫓아내는 것을 보는 것도 흔치 않다. 최근 몇 년 교통 경찰 인력이 감축되었고, 딱히 소란을 피우지 않는 걸인들의 권리를 보호하는 새로운 법률 때문일지도 모른다.

마크 트웨인은 '친숙함은 무시를 낳는다'고 말했다. 이는 이러한 접촉에 대한 또 다른 측면이다. 뉴요커들은 노숙인이나 걸인들에게 너무나 익숙해져서 그들을 개인으로 보지 못하는 게 아니라 심지어 사람으로 보지도 못하게 되어버렸다. 그들은 그저 짜증나는, 무시해야 할 어떤 것이다. 그와 동시에, 많은 사람은 걸인들을 멈춰 세워 심문하면 심각한 범죄자 상당수를 잡아낼 것이라고 믿고 있었다.

그러나 인간적인 측면의 묘한 문제가 있다. 일단 그들을 알게 되면, 노숙인들은 복잡하고, 재미있고, 심지어 독특하기까지 한 사람들이다. 클리프스트리트와 풀턴스트리트가 교차하는 블록에서 흑인 거지 제임스와 이야기를 나눈 적이 있다. 그는 하얀 파나마 모자 같은 밀짚모자와 깔끔하게 검은 셔츠에 다채로운 색상의 넥타이를 매고, 다소 어울리지 않게도, 옆에 흰 선이 들어간 추리닝 바지와 스니커즈를 신고 있었다. 비싸 보이는 것은 없었지만, 이상하게도 모든 것이 잘 어울렸다.

그에게 물었다. "왜 이렇게 멋지게 차려입었어요? 사람들이 돈이 필요한 사람이 아니라고 생각할 거예요."

"그게 더 좋아요. 나는 일을 찾고 있어요. 원래 인쇄업자고 예술가랍니다. 수년 동안 오프셋 인쇄 일을 했어요. 스테이플스(문구, 사무용품을 판매하는 대형 할인 매장. 인쇄와 같은 사무 서비스도 저렴하게 제공한다 ─ 옮긴이) 같은 것들이 들어오면서, 우리 같은 인쇄업자들을 박살내버렸죠."

"어디 출신이에요?"

"할렘의 116번 스트리트였죠. 지금은 코니아일랜드에 살고 있어요."

"하루에 대충 얼마나 버나요?"

"하루 평균 60에서 70달러 정도."

"꽤 좋은데요. 어떻게 사람들이 그렇게나 주게 할 수 있나요?"

"일단 나한테 오면 벌 수 있죠. 그들은 모두 나를 알고 있어요."

"경찰이 와서 '여기서 뭐하는 거냐'라고 한 적이 있습니까?"

"아니요, 경찰들도 나를 알고 있고 내가 전혀 문제를 일으키지 않는다는 걸 알고 있어요."

"일주일에 며칠이나 일하십니까?"

"대략 7일이요."

"그러면 1년에 세금 없이 2만5000달러나 버는군요. 몇 시에 와서 언제 떠나세요?"

"언제든지 내가 원할 때죠."

"그런 게 직장이죠!"

"네." 그는 키득거리며 말했다.

"모자가 비어 있을 때와 꽉 차 있을 때 어느 쪽이 더 나은가요?"

"비어 있을 때요."

"왜죠? 모자가 차 있으면 사람들이 '모두 주고 있으니 나도 줘야지' 하지 않나요?"

"아니요. 전혀 그렇게 생각하지 않죠. 사람들은 더 나은 인간이 되는 걸 더 좋아해요."

"지금까지 받은 액수 중 얼마가 가장 컸나요?"

"어떤 나이 든 여자로부터 받은 100달러. 나는 그저 약간의 잔돈을 원했는데 정말 놀랐어요. 그 돈으로 집세를 지불했죠."

"어떤 유형의 사람들이 돈을 줄 가능성이 가장 높습니까?"

"유형이 딱히 없습니다. 여기에는 전략이 없어요."

"흑인들은 어떤가요?"

"마찬가지입니다. 사람은 사람이고 돈은 돈이죠. 어떤 사람들은 하루 종일 주머니 속에 잔돈을 가지고 다니지만 절대 꺼내지 않죠."

"이 장소가 좋은 점이 있습니까?"

"아, 네. 이 작은 도로 장벽 때문에, 사람들이 속도를 낮춰서 뭔가를 줄 수 있죠. 그리고 내 뒤에 맥도널드가 있는 것을 보고, 뭔가 먹을 수 있도록 돈을 준다고 생각하게 되고요. 술집 앞에 서 있는 것은 좋은 생각이 아닙니다."

"대화 나눠주셔서 감사합니다. 저는 지금 뉴욕시에 대한 책을 쓰고 있어요."

"네, 좋습니다. 저를 '배가본드 러버Vagabond Lover'로 넣어주세요(일자리를 찾지 못한 떠돌이 밴드가 우여곡절 끝에 성공과 사랑을 얻게 된다는 내용의 동명 영화가 있다 — 옮긴이). 세상을 사랑하라. 그러면 세상이 당신을 사랑할 것이다. 그게 내 모토입니다."

"당신, 다니는 교회가 있나요?"

"아니요, 교회에 가지는 않아요. 조직화된 종교에 소속되지 않았죠. 하지만 저는 영적인 존재입니다. 기원전 100만 년으로 돌아간다면 사람들은 아마 화산을 경배하고 있었을 거예요."

겉보기에 친절하고, 점잖으면서도, 한편으로 탄력적이며, 세상 물정에 밝은 이 사람은 자신을 위해 다양한 삶을 만들어왔다. 그는 자리 잡은 장소, 지원해주는 사람들, 보호해주는 경찰관들을 데리고 있었다. 삶의 철학도 있으며, 비록 경제적 변화로 쓸모없어졌지만 기술도 있었다. 왜 모자가 의도적으로 비워져 있는지, 왜 그 자리에 서 있는지, 누가 그에게 돈을 줄지 말하는 것을 들으면, 그는 자기 일에 대해 주의 깊게 생각하고 전략을 갖고 있다는 것이 분명해진다. 그는 또한 독특한 커뮤니티의 일부이기도 하다. 독특하다는 것은 그의 옆엔 늘 그냥 '지나치는' 사람들뿐이기 때문이다. 그 행인들은 일은 거기서 하지만 살기는 다른 곳에서 산다. 그들과 제임스가 같은 커뮤니티인 것은 제임스 같은 사람이 자신의 목적을 위해 이들을 유동적이지만 실제로 무엇인가를 나누는 공동체로 만들어왔기 때문이다.[7]

범죄가 줄어드는 이유

앞서 언급했듯이 딘킨스 전 시장이 5000명의 경찰관을 추가로 고용했을 때, 그의 감독하에 범죄율은 일정 수준으로 떨어졌다. 다른 모든 뉴욕시 시장과 마찬가지로, 딘킨스에게도 자신의 업적을 깎아내리는 사람들이 있다. 그래서 2013년 2월 춥고 바람 부는 목요일 아침 그가 국제문제대학원의 교수로 재직 중인 컬럼비아대학으로 가서 고섬시에서의 범죄를 비롯한 여러 가지에 대한 그의 견해를 알아보기로 했다.

그는 나를 따뜻하게 맞아주었다. 나는 그에게 1960년대 흑인 무장단체에 대한 내 연구에 대해 얘기하며, 맨해튼에서 자랐으며 뉴욕시립대학에서 가르치고 있다고 소개했다. 그는 알겠다는 미소를 지으며 거의 눈에 띄게 긴장을 풀었다. 말할 때 이 도시가 그의 혈관 속에 있는 것을 느낄 수 있을 정도였다.

팔십대의 딘킨스는 여전히 꽤 좋아 보였다. 감색의 재킷에 어울리는 나비 넥타이를 매고 흠잡을 데 없이 옷을 차려입고 있었다. 그를 잘 아는 사람에 따르면 매일 사무실에 출근하여 '때때로 경적을 울린다'고 한다. 딘킨스는 상냥하게 말하면서도 치밀하고 조심스럽게 대답했다. 집요한 성품과 상반되어 보였다. 그는 성공할 때까지 맨해튼 버러장에 세 번이나 도전했다. "무엇을 하느냐고 사람들이 물으면, 저는 '버러장에 출마한다'고 말했어요"라며 눈을 반짝였다. 비록 언론이 좀 불공평하게 대우했다고 생각하지만, 그는 원칙적으로 다른 사람들을 비판하거나 비난하지는 않았다. 그는 겸손하게 '나의 작은 책'이라고 말한 회고록을 쓰고 있었다. 얘기를 듣다보니, 힘든 자리를 맡아서 올바른 일을 하려고 노력했던 정말 멋진 사람이었다는 생각이 들었다. 그는 수년 동안 사람들이 자신들만의 정의를 불관용적으로 가차없이 추구하는 환경에서 살았다. 딘킨스는 시장직을 맡고 있던 시대를 회고하면서 다음과 같이 말했다.

총기 규제나 신체 수색을 지지하든 반대하든 간에, 기자들은 종종 "딘킨스가 시장이었던 1990년대의 범죄에 시달리던 날들로 돌아가지 말자"라고 말합니다. 그건 늘 저를 불편하게 만듭니다. 왜냐하면 제가 시장으로 취임하기 전날인 1989년 12월 31일에는 범죄가 없었다는 것처럼 기사를 썼거든요. 사실 재임 기간에 대부분의 주요 범주에서 범죄는 줄어들었습니다. [그의 임기 동안 살인율은 1990년 2245명에서 1993년 1946명으로 내려갔다.] 우리가 시장실에 들어갔을 때, 시는 재정적인 어려움을 겪고 있습니다. 레이 켈리가 경찰부청장이었고, 리 브라운이 경찰청장이었습니다. 우리는 이전보다 더 많은 경찰관과 더 많은 지방 검사ADA, 더 많은 보호관찰관을 만들었습니다. 그리고 어느 정도는 모든 뉴욕시 소득세 세입 잉여금을 투입해 그 모든 것을 했습니다. 5000명의 경찰관을 고용했어요. 이런 정책의 수혜는 루돌프 줄리아니가 받았습니다.

각계 각층의 뉴요커, 부자, 가난한 사람, 흑인, 히스패닉, 아니면 백인들 모두, 범죄가 그렇게 급감한 주된 이유로 루돌프 줄리아니를 꼽고 있다. 심지어 그를 강하게 싫어하는 사람들조차 이 부분에서 마지못해 그에게 공을 돌렸다. 줄리아니는 조지 켈링과 제임스 Q. 윌슨의 '깨진 유리창broken windows' 이론을 적극적으로 채택했다. 이론은 사소한 범죄로 사람들을 체포하는 것이 더 큰 범죄가 일어날 것을 상쇄하게 된다고 주장했다. 1994년 줄리아니가 경찰청장으로 임명한 윌리엄 브래튼 역시 이를 강하게 믿었고, 데이비드 딘킨스 전 시장 밑에서 교통 경찰을 이끌 때 이를 사용했다. 깨진 유리창에 대해 '무관용 정책'이라는 용어와 지하철 무임승차, 신호를 기다리는 차량의 차창 닦기, 구걸과 같은 것에 대해 '삶의 질 범죄'라는 용어를 처음 사용한 것이 그였다. 2003년에서 2009년 사이 뉴욕시의 범죄는 감소했고, 깨진 유리창의 수 또한 감소했다. 6년 전의 깨진 유리창이 15만6900개였던 데 비해, 2009년에는 약 2만3500개의 유리창이 깨졌다. 살인율은 1993년 1946명에서 줄리아니가 퇴임하던 2001년에는 649명으로 매우 크게 감소했다.[8]

브래튼은 또한 우범지역을 대상으로 해당 지역 경찰소장이 범죄율을 낮추는 데 책임을 지도록 한 COMPSTAT(컴퓨터 통계 또는 비교 통계) 시스템을 개발했다. 어떤 이들은 다른 요인들이 범죄를 줄였다고 믿고 있다. 이를테면 경찰력 확충, 카메라 시스템, 합법 이민자와 서류미비 이민자 모두에게 안전망을 제공하는 비공식적인 경제의 성장, 더 많은 지역사회 단체, 주민들에게 자긍심을 갖게 하는 게토 지역에 지어진 새로운 주택, 그리고 심지어 일부 범죄 유형을 비교적 심각하지 않은 카테고리로 재분류한 일 등이 있다.[9]

줄리아니의 생각을 더 잘 이해하기 위해, 2013년 1월 초 그가 운영 중인 보안업체 줄리아니파트너스에서 그를 만났다. 건강한 인상의 그는 굳은 악수로 나를 맞았다. 재킷을 걸치지 않고 넥타이만 맨 채 편한 분위기로 뉴욕시와 현재 정치 현안들에 대해 활발하게 얘기했다. 그는 시장 선거에 출마한 여러 후보의 가능성에 대해 큰 소리로 궁금해하며, 전 부시장이었던 조 로타가 그 모든 후보를 이길 수 있겠는지 내 생각을 알고 싶어했다. 에드 코크처럼, 그는 직설적이고 날카로운 재치는 여전히 갖고 있으면서도 연륜이 있어 원숙했다. 그는 수천 킬로미터를 걸어다닌다는 내 아이디어에 매료되어 내가 발견한 것을 알고 싶어했고, 내가 경험한 것들을 설명하면 열심히 귀를 기울였다.

시장으로서 가장 크게 공헌한 것이 무엇이라고 생각하는지 물었을 때 그는 이렇게 대답했다. "범죄 감소, 뉴욕시의 사업 투자를 촉진한 것, 관광 증가, 세출 통제, 이 모든 것이 제가 자랑스러워하는 업적이었습니다. 그러나 가장 큰 기쁨은 이 도시에 대한 사람들의 **태도를 변화시**

킨 것입니다. 정치 전문가와 지식인들 모두 이 도시는 다스릴 수 없다고 주장했습니다. 사람들은 그냥 포기했죠. 이 도시를 사랑하는 지도자로서 저는 '그렇게 말하는 것은 용납할 수 없다. 한 가지 방법으로 할 수 없다면 다른 방법을 찾아야 한다'는 태도를 취했습니다." 그리고 범죄 문제로 돌아가서 그는 "컬럼비아대학을 졸업한 어떤 사람이 학교 인근이 걸어다니기 너무 위험해 아들을 모교로 보내는 것에 대해 걱정하고 있었다는 어느 신문의 독자 투고가 결정적이었습니다. 하지만 최근의 도시 내 변화로 이제 이 도시는 안전하고 활기찬 곳이라고 그도 확신할 수 있게 되었습니다"라고 결론을 지었다.

이민자 증가, 젊은 사람들의 태도 변화, 수술실에서 더 많은 생명을 구함으로 인한 살인율 감소, 유행성 전염병의 감소, 공공 주택의 변화, 낙태 합법화, 불법 약물 사용 감소와 같은 다른 이론들은 검증되지 않았거나 다양한 전문가에 의해 틀렸음이 밝혀졌다. 버클리 법대 교수 프랭클린 짐링이 인정했듯이, 더 나은 정책을 만든다는 것은 어느 정도 타당성이 있을 것 같지만, 일부 대도시에서만 그렇지 전국적으로는 아니다. 논란이 무엇이든지 하나의 이론이 모든 것을 해결해주지는 않는다는 것에는 모두 동의한다. 어떤 사람들은 충분히 돈을 쓰지 않아서 찾아내지 못하는 것이라고 한다.[10]

진보주의자들은 일반적으로 교육과 직업이 해답이라고 주장하지만, 불법적 행위를 하면 더 많은 돈을 벌 수 있는 경우에는 하찮은 일을 하겠다는 사람이 없어진다. 보수주의자들은 더 엄격한 법 집행을 선호한다. 이것은 어느 정도 효과가 있지만, 삶이 너무나 절망적이기 때문에 모험할 준비가 되어 있는 사람들은 항상 있다.

　사람들과의 대화에서 나는 커뮤니티의 리더, 경찰, 범죄자들이 범죄를 줄이는 데 큰 역할을 하는 요인으로 카메라의 존재를 들고 있는 것을 발견했다. 잘못 설치되어 있거나 오작동하는 카메라에 대한 불만에도 불구하고, 그 존재 자체가 상당한 억지력을 제공한다. 브라운즈빌의 마약 거래상은 "당신이 뭔가를 하는 것을 아무도 보지 못했다 해도 카메라는 보고 있고, 누가 그것을 보고 있을지 당신은 전혀 알 수 없어요"라고 내게 말했다. 이 도시의 가장 가난한 지역에는 수천 개의 건물 내부와 외부에 카메라가 있다. 누가 그 영상을 시청하고 있을까? 물론 빌딩 관리인이겠지만 그뿐만 아니라 건물주들도 자신의 사무실에서 시청을 한다. 게다가 관리인이나 경비원 또는 다른 사람들이 영상을 실시간으로 보지 않았어도 녹화 영상은 항상 검토될 수 있다.

　이것은 과거에 비해 엄청난 변화다. 뉴욕시는 하나의 거대한 감시 센터가 되었다. 2006년 조사에서 뉴욕시민자유연합은 맨해튼에만 4000대 이상의 감시 카메라가 사용되고 있다고 보고했는데, 지금은 감시 카메라가 더 많을 것이라고 확신한다.[11] 시민 자유 옹호자는 카메라에 대해 반대 입장을 낸다. 학자 데이비드 매든은 이것이 공공 공간의 종말을 시사한다고 보고 있다. 뉴욕의 브라이언트 공원을 '민주주의가 없는 공공성'의 한 예로 들면서, 그는 이곳을 민권, 민주주의, 자기 계발에 관련된 공공 공간이 대신 소비, 사업적 이해, 대중 통제의 '빅 브러더' 아이디어를 지향하는 것으로 '분리되는' 예로 보았다.[12] 그러나 매든의 견해는 대중적인 의견을 반영하지 않고 있다. 만약 그랬더라면,

이 정책에 대한 항의가 훨씬 더 컸을 것이고 카메라는 훨씬 적게 보급되었을 것이다. 마지못해하는 사람도 있지만, 대부분의 사람은 범죄율을 낮게 유지하고 테러리스트의 공격으로부터의 안전이 사생활보다 우선된다고 생각한다.

범죄 감소에 대한 또 다른 접근법은 주로 건축학자들의 공간·생태학적 접근법이다. 그들의 해결책은 좁고 조명 상태가 좋지 않은 골목이 없는 상업 공간과 주거용 주택을 건설하는 것이다. 더 나은 가시성과 접근 가능한 창문 앞에 있는 가시 관목, 로비에 가까운 엘리베이터, 밖으로 열리는 문, 낙서 방지 페인트 등 여러 가지 아이디어가 있다. 또한 출입구가 잘 표시되어 있고 정기적으로 자주 관리할 수 있는 길고 좁은 공원도 언급된다.[13]

모든 것을 고려해볼 때, 왜 뉴욕시를 비롯해 전국적으로 범죄율이 떨어졌는지에 대한 많은 이론이 있다. 어떤 이론에 수긍하는지와는 상관없이, 뉴욕에서 범죄는 줄어들었고 10년 넘게 잘 유지되어왔다. 그리고 이것이 시민의 삶과 도시 재탄생에 미친 엄청난 영향을 아무도 부인할 수 없다.

일단 안전이 확보되면, 살고 싶은 뉴욕의 네이버후드에 대하여 여러 생각이 떠오른다. 커뮤니티가 무엇인지와 이 커뮤니티가 도시생활에 왜 그토록 중요한 역할을 하는지 이해하기 위해서는 해당되는 모든 구성 요소를 나눠서 파악할 필요가 있다. 이를 위한 가장 좋은 방법은 사람들이 특정 커뮤니티로 이사하기로, 혹은 이사하지 않기로 선택한 이유를 살펴보는 것이다.

살 곳을 결정하는 가장 중요한 기준 중 하나는 공통 배경, 가치, 관심사, 공동체 의식이며, 이 요인들은 그 지역에 사는 특정 개인들에 의해 보완되기도 한다. 공원, 레크리에이션, 가까운 예배당, 쇼핑, 교통수단 등의 편의 시설도 문제이며, 레스토랑, 저녁의 유흥, 건강 문제도 그러하다. 커뮤니티 정원과 역할은 어떤 이들에게는 중요하며 별도 논의의 할 가치가 있다. 커뮤니티의 위상, 즉 명성cachet이 또 다른 고려 사항이다.

흥미롭게도, 어떤 사람이 선택한 블록이 전체 네이버후드만큼 중요할 수 있다. 커뮤니티 내의 조직들, 정치, 사업적 관심사, 교육 역시 사람들 주거 결정에 중요한 역할을 한다. 그다음, 커뮤니티와 관련하여 구분되어 있고 중요한 문제 두 가지를 살펴보겠다. 하나는 프로젝트 주택 단지, 그리고 맨해튼과 외곽 버러 간의 관계이고, 다른 하나는 이 커뮤니티들이 각자의 정체성을 유지하면서도 어떻게 한 도시의 깃발 아래 모두 통합되어 있는지를 판명하는 것이다. 그리고 기술과 커뮤니티에 대한 몇 가지 생각으로 마무리하려 한다.

공유하는 배경, 가치와 관심사

커뮤니티를 선정할 때 가장 중요한 고려 사항은 나와 비슷한 사람들 사이에서 사는 것이다. 따라서 사람들은 종종 민족 집단이나 인종, 종교를 기반으로 선택한다. 한 아일랜드계 미국인 남자가 유나이티드파슬서비스UPS의 운전사 일을 하는 길에 브루클린의 게리슨비치 동네에 익숙해져서 그곳으로 이사를 했다. "우리는 근처의 미드우드 지역에서 살았지만, 대부분의 이웃이 정통파 유대인이었습니다. 그들과는 인사도 하고 괜찮았지만, 우리와는 아무런 공통점이 없었고, 우리 아이들도 그랬죠. 그래서 여기에 왔습니다. 저는 롱아일랜드의 헌팅턴과 웨이딩리버에서 성장했고, 비슷한 마을의 느낌과 인근의 수변이 마음에 들었습니다." 반면, 브루클린의 디트마스파크 거주자들과 같은 어떤 뉴요커들은 다양한 집단의 사람들이 그곳에 살고 있기 때문에 의도적으로 커뮤니티를 선택하기도 한다.[14] 그들에게 가장 중요한 가치는 개방성, 관용, 모든 사람을 개인으로 판단하는 것이다.

이 선택이 무엇을 의미하는지, 그리고 어떻게 작동하는지 진정으로 이해하려면 네이버후드를 한 블록 한 블록 걸어봐야 한다. 섬이라고 할 정도로 매우 고립된 곳도 있다. 그중 하나가 브롱크스의 스록스넥 다리 건너 에지워터파크다.(사진 6) 대부분의 집은 방갈로의 확장판이다. 보도도 없어서 집들은 좁은 길을 마주보고 있는데, 대부분 특정한 거리 이름 없이 알파벳 문자로만 지정된 섹션이 있다. 여기는 서로 다 알고 지내는 곳이며, 주민 대부분은 아일랜드, 이탈리아 또는 독일계 후손들로, 압도적으로 가톨릭 신자이고, 일반적으로 경찰, 환경미화원 또는 소방관으로 도시에서 일하고 있다. 해안선을 따라 있는 일부 주택에서는 롱아일랜드 해협의 아름다운 전망을 볼 수 있으며, 주민들 다수가 보트를 소유하고 있다. 맨해튼까지 운행하는 특급 버스 서비스를 에지워터파크에서 탈 수 있다.

동네를 돌아다니던 중 누군가 내게 "도와드릴까요?"라고 묻는다면 무슨 말을 해야 할지 궁금해졌다. 확실하지 않지만, 지난 반세기 동안

사진 6 에지워터파크, 수변의 백인 거주지. 제시 리스 촬영.

뉴욕의 거리를 걸어본 경험상, 나는 자연스럽게 무슨 말인가를 떠올릴 것이다. 아직 일어나지 않은 일을 걱정할 필요가 있겠나? 편안하게 느끼는 곳뿐만 아니라 이 도시 어디든 걸어다니려면 그런 대범한 태도가 필요하다.

이 도시에서 고립되어 있거나 출입을 통제하는 대부분의 커뮤니티는 전적으로 백인들 지역이다.[15] 한 가지 주목할 만한 예외는 에지워터파크에서 약 8킬로미터 떨어진 브롱크스의 수변에 있는 하딩파크라고 불리는 푸에르토리코인 지역이다.(사진 7) 대부분은 작은 방갈로 양식이지만 랜치 하우스나 복층 주택, 콜로니얼 양식 주택들도 있는 소박한

사진 7 하딩파크, 브롱크스에 있는 푸에르토리코의 경험. 제시 리스 촬영.

지역이다. 주민들 대다수는 수십 년 동안 여기서 살아왔고, 수변에서는 멀리 맨해튼의 멋진 스카이라인을 볼 수 있으며, 전경으로 헌츠포인트와 라이커스아일랜드가 보인다. 한 가지 거슬리는 것은 라과디아 공항에서 비행기가 이륙하는 소음이다.

이 지역은 내가 본 적 있는 푸에르토리코의 마을을 떠올리게 한다. 작은 집, 울창한 정원, 새들이 지저귀는 소리, 심지어 간혹 닭들이 길을 건너가는 것도 볼 수 있는 많은 집 앞에는 미 육군이나 해병대 깃발과 함께 푸에르토리코 깃발이 산들바람 속에서 펄럭인다. 간혹 도미니카 국기도 섞여 있다. 사람들은 친근하고 모두 서로를 아는 것같이 보인다.

뉴욕시에서 일하는 로베르토는 이렇게 말한다. "대부분 푸에르토리코인이 사는 아름다운 동네입니다. 하나의 커뮤니티죠. 우리 모두는 서로를 잘 알고 있습니다." 수상 가옥에 살고 있는 에스메랄다와 이야기를 나눴다. 그녀와 남편은 밖에서 손자들과 놀고 있었다. "멋진 곳입니다. 여기서 24년 동안 살고 있어요. 우리 정원에 가보세요." 90미터 정도 걸어가면 수변에 바위가 있는 작은 잔디밭이 있다. 공용 공간이지만 그녀의 집 바로 뒤에 있었다. "7월 4일에 맨해튼 불꽃놀이로 사람들이 여기 온답니다. 피크닉을 하고 불꽃놀이를 구경하러 사람들이 꽉 들어차죠. 그건 못 이겨요." 그녀는 들쭉날쭉한 해안선에 부딪히는 부드러운 파도를 바라보면서 결론지었다. 분명히 보이지만 뉴욕은 멀리 떨어져 있는 것만 같았다.[16]

공유하는 가치가 있는 커뮤니티는 때때로 자신들의 세계에서 살아가는 것에 대한 표식을 분명히 하거나 심지어 공적인 질서에 어긋나는 규칙을 만들기도 한다. 예를 들어 노스윌리엄스버그의 리애비뷰에 있는 하시드파 유대인 소유의 테이크아웃 식당 밖에 붙어 있는 복장 규칙은 '민소매, 반바지, 목선이 깊이 파인 옷은 이 상점에서 허용되지 않습니다'라고 경고하고 있다. 규칙이 지켜지고 있는지 궁금해졌다. 왜냐하면 외부인으로선 원하는 대로 옷을 입을 수 없다는 사실이 충격적일 것이기 때문이다. 다른 상점 옆에 있는 표지판은 '피부색과 비슷한 색상의 스타킹은 착용해선 안 됩니다'라고 규제하고 있었다.(사진 8) 이것은 뉴저지 레이크우드의 랍비 회의가 제정한 법적 판결이다. 재봉선이 보이기만 하면 살색 스타킹을 허용한 예전 방식보다 더 강화되었다.

사진 8 '당신은 지금 나의 나라에 있습니다.' 하시드파 유대인 복장 규정. 제시 리스 촬영.

때때로 서로 다른 커뮤니티의 경계는 명확하게 구분되어 있는 것처럼 보이지만 실제로는 일부의 영역에서만 그러하다. 예를 들어 플러싱 애비뉴를 경계로 사우스윌리엄스버그의 하시드파 유대인 동네와 대부분 흑인이 사는 베드퍼드-스타이버선트가 나뉘는 것처럼 보인다.(사진 9) 노스트랜드와 마시애비뉴 사이를 이어주는 거기 서서 보면 두 개의 커뮤니티가 극명하게 구분되는 것 같다. 남쪽에는 뉴욕시 주택관리국의 저소득 프로젝트인 마시하우스Marcy Houses가 있는데, 인근에 J선과 Z선이 지나가며 주로 흑인이 사는 이 지역에서 래퍼 제이지Jay-Z가 자랐다. 이곳에서 흑인 아이들은 공원에서 농구를 하고 어른들은 근처

사진 9 경계처럼 보이지만 사실은 아닌, 리애비뷰와 마시애비뷰 사이의 플러싱애비뷰. 제시 리스 촬영.

의 벤치에 앉아 잡담을 나누거나 그저 휴식을 취한다. 플러싱애비뷰의 북쪽에는 하시드파 커뮤니티가 있다. 최근에 지어진 빨간 벽돌 아파트 건물에는 테라스가 있는데, 거기서 검은색 커다란 유대인 머리쓰개 모자를 쓰고 귀 옆머리를 곱슬곱슬하게 감아 늘어뜨린 젊은이들이 활기차게 얘기하거나 웃고 있었다. 어떤 이들은 열중해서 농구 경기를 지켜봤다. 그들은 농구 경기에 끼고 싶은 비밀스런 욕망을 품고 있을까? 문화·경제적으로 이들 두 커뮤니티의 간격은 얼마나 큰가! 그들은 서로 다른 우주에 속해 있었다. 흑인과 루바비치 하시드파 유대인이 사는 크라운하이츠에서 벌어졌던 일로 인해 두 집단의 틈이 다소 좁혀질 수 있었다는 것을 우리는 알고 있다. 그러나 이곳의 대단히 고립적인 사트마르 하시드파 유대인들은 루바비치파가 아니었으며, 이들은 외부로 손을 내밀지 않는다.

그러나 이 거리를 진짜 경계선으로 보는 것은 진실에 대한 왜곡이다. 사실 뉴욕시 주택관리국 정책은 하나의 프로젝트 단지를 철거하는 것이 아니라 재생시켜서 개조하는 것이다. 그렇기 때문에 마시하우스가 여전히 남아 있다. 하시드파 유대인들은 대가족으로 구성되어 있고 공간이 더 필요하지만 완전히 흑인과 히스패닉계 구성인 프로젝트 단지로 이주하지는 않을 것이다. 그래서 일어난 일은 하시드파 유대인들이 이 프로젝트 단지를 우회하여 플러싱애비뉴 남쪽에서 몇 블록을 다시 골라 베드퍼드-스타이버선트 안에 새 주택과 유대인 학교인 예시바를 만든 것이다. 여기서 두 집단은 길거리와 건물 부지 및 놀이터에서 접촉이 생겼고 아이들은 중립적인 곳에서 만나게 되었다. 티페레스 브노스 학교Tiferes Bnos school는 플러싱애비뉴의 남쪽 아래 마시애비뉴 585번지에 있다. 그리고 한 블록 더 아래에는 아침 예배에서 돌아오는 사람들이 있다. 이러한 방식으로 공유하는 가치를 가진 커뮤니티는 몇 개의 블록으로 떨어지더라도 계속 유지될 수 있다.

대부분 흑인이 거주하는 베드퍼드-스타이버선트에서의 이런 움직임이 다양한 집단의 상호 인식 방식에 영향을 미치는지는 흥미로운 연구 주제가 될 수 있다. 집단의 구성원이 더 많아지면, 더 많은 것을 수용하게 만들려는 욕망에서 이웃에게 더 많이 접근하는 경향이 있다. 이는 하시드파 유대인에게도 적용된다. 어떤 사람들은 이것이 왜 흑인과 푸에르토리코인이 브라운즈빌이나 커나시 같은 백인 브루클린 지역으로 이사했던 1960년대, 1970년대, 1980년대의 상황과 다르냐고 묻기도 한다. 대답은 태도가 그때와는 상당히 달라졌다는 것이다. 대중적인 관찰에 따르면 처음 흑인이 이주해 들어온 시기와 마지막으로 백인이 이동해 나간 시기에 통합이 일어났다. 더 많은 수의 흑인, 히스패닉계, 백인이 같은 네이버후드 지역에 거주하는 오늘날에는 그렇지 않다(6장 참조). 심지어 하시드파 유대인과 다른 집단 사이에서도 긴장이 훨씬 적어지고 일반적인 접촉이 더 많아졌다. 실제로 나는 사우스브롱크스나 이스트뉴욕, 그 밖의 지역에서 현지 주민들과 긴밀하게 협력하여 부동산을 건설하고 매입 및 관리하는 하시드파 유대인들을 만난 적이 있다. 7장에서 살펴볼 것처럼, 하시드파 유대인들은 100퍼센트 소수민족으로 구성된 공립학교에서 아이들을 가르치기도 한다. 많은 상황에서 현지인과의 상호작용은 더 면밀하게 조사해볼 만한 가치가 있다.

마지막으로, 공통 가치와 이해관계는 그 안의 많은 커뮤니티를 가로지르는 전체 버러에 걸쳐 민족-종교적 집단을 뭉치게 할 수 있다. 사우스브롱크스를 걸어갈 때, 나는 자동차와 아파트 창문에서 수많은 뉴욕 양키스 깃발과 스티커들을 볼 수 있었다. 주민들이 이 도시의 야구팀에 대한 충성도가 높고 자부심을 가지고 있다는 건 사실이다. 하지만 그건 맹렬하고 편파적으로 양키스 팀을 응원하는 일 이상이다. 그게 바로 양키스가 그들을 위해 하는 일이다. 물론 양키스는 부유한 팬들로 잘 알려진 팀이며, 실제로 가난한 브롱크스 지역에 사는 대부분의 주민에게는 양키스타디움에 입장한다 해도 가장 멀고 제일 싼 자리에 앉는 것 외에는 할 수 있는 게 없다. 하지만 그건 양키스가 사우스브롱크스에 계속 머물기로 한 사실만큼 문제가 되지는 않는다. 아름다운 경기장은 버러를 지지하고 있다. 그건 브롱크스가 그들의 진정한 고향이라는 뜻이며, 이 경기장의 존재가 모든 것을 말해준다.

이런 배경에서 보면 모트헤이븐의 늙은 푸에르토리코 정착민이자 한국전쟁 참전 용사가 커다란 휴대용 라디오로 스페인 음악을 크게 틀어놓고 집 밖에 서서 내게 "나는 양키스를 사랑해요. 내 팀이고 내 삶의 일부입니다. 나는 갈 수 있는 모든 경기에 가는데, 할인을 받는답니다. 군대에 있었기 때문이죠"라고 말하는 게 전혀 이상하지 않은 얘기가 된다. 그리고 더 큰 의미에서 이것은 또한 커뮤니티를 커뮤니티가 되게 만든다. 커뮤니티는 충성심을 공유하고, 기억을 공유하며, 브롱크스를 항상 홈으로 만들어온 팀과의 유대감을 가지고 있다. 특히 팀의 히스패닉계 선수인 반신반인 같은 마리아노 리베라와 슈퍼스타 알렉스 'A 로드' 로드리게스에 대해서, 로드리게스가 얼마나 많이 받는지 투덜대면서도, 유대감을 갖는 것이 사실이다. 양키스타디움은 이 사람들이 자신들의 커뮤니티에 자부심을 갖게 만드는 필수적인 요소다. 외부인들이 세계 최고의 야구팀 경기를 보겠다면 멀리서 와야만 하니까 말이다.

커뮤니티 의식

커뮤니티는 매우 중요하고 복잡한 구성 요소이며, 여러 측면을 가지고 있다. 무엇보다 커뮤니티는 친근함을 의미한다. 브롱크스의 모리세이니어 구역에 있는 교회 앞을 지나가면서 이 아이디어가 떠올랐지만, 실은 모텔 업계에서 사용되는 광고를 빌려서 표현할 수 있었다. 거대한 창문이 있는 매우 오래된 1층 벽돌 건물인 마더 월스 AME 시온 교회 Mother Walls AME Zion Church 바깥에는 수백만 명의 미국 여행자에게 친숙한 초대장이 있다. 표지판에는 '마더 월스의 집으로 와서 아버지와 함께 있으라. 우리는 불을 켜둘 것이다'라고 적혀 있다. 듣고 있나요, 모텔 6? 그리고 적절하게도 실제로 그 교회는 인터베일애비뉴와 교차하는, 바로 홈스트리트에 있다. (모텔 6는 "우리는 당신을 위해 불을 켜둘 것이다We'll leave the light on for you"라는 광고로 유명한 저가 숙박 체인점인데, 교회가 이 유명한 광고 문안을 차용한 것이다 ─ 옮긴이) 이런 맥락에서 잠재적으로 전달되는 메시지는 진정으로 절묘하게 보인다.

그런 감정을 생생하게 느낄 수 있는 곳은 스태튼아일랜드로, 뉴욕의 다른 지역과 느낌이 다른 곳이다. 다른 곳처럼 지하철로 연결되어 있지 않고 비교적 인구가 적어서, 스태튼아일랜드 사람들은 소외감을 느끼며 심지어 여러 번에 걸쳐 뉴욕시에서 벗어나고 싶어했다. 스태튼아일랜드섬의 북쪽 페리 선착장 인근에 30년 이상 살고 있는 댄과 루이즈와 대화를 나눠보니 그들은 자신들만의 세상에 사는 사람들이라는 인상을 받았다. 레스토랑, 예술가 집단, 싸움, 역사 등 모든 것이 오랫동안 이어진 이 마을의 문화와 자신만의 공간적 특성을 제시하고 있었다. 그런데 가장 인상적인 것은, 섬의 주민들이 어느 정도로 이웃이나 서로의 자녀와 교류하는지와 어느 정도로 연대감을 느끼는지였다. "이것이 제가 이곳에 이사온 이유 중 하나입니다. 이곳은 믿을 수 없을 정도로 커

뮤니티 감정이 강합니다"라고 루이즈가 말했다.[17]

뉴욕시의 네이버후드들이 적어도 그곳에 사는 사람들에게 대체로 얼마나 친절한 곳인지를 정말 알고 싶으면, 사람들이 느긋해져서 바깥에 있을 때인 저녁이나 주말이 적당하다. 어느 여름날 저녁 나는 뜨거운 아스팔트 길 위로 어둠이 내려앉는 8시 30분경에 브롱크스의 웨스트체스터애비뉴를 걸어가고 있었다. 따뜻하고 후텁지근한 밤이었으며, 몇몇 여성이 지나쳐 걸어갔다. 몇은 식료품 가방을 들고 있었고 다른 이들은 6번 전철의 세인트로렌스 역에서 집으로 돌아가는 길로 보였다. 보데가 바깥의 사람들은 대부분 남자로, 접이식 의자에 앉아 담배를 피우며 저녁의 서늘한 바람을 즐기고 있었다. 크로스브롱크스 고속도로의 서비스 도로(고속도로와 평행하게 주택 상점에 접근하기 쉽게 나 있는 도로－옮긴이)를 따라 걸으며 작은 클럽을 지나칠 땐 열린 입구를 통해 들여다보기도 했다. 안에는 네 명의 남자가 접이식 테이블 주위에 앉아서 도미노 놀이를 하고 있었다. 조명이라고는 그저 천장의 전선에 달린 노란색 알전구뿐이었는데, 철제 선풍기에서 나오는 바람에 밀려 미친 듯이 앞뒤로 흔들리면서 방 전체에 그림자를 드리우고 있었다. 빛이 떨어지는 탁자에는 민소매 언더셔츠를 입은 히스패닉계 중년 남성들이 앉아 있었다. 더위로 이마에 땀방울이 맺혀 도미노 패를 앞뒤로 움직이면서 웃으며 농담을 주고받고 있었고, 대화는 마치 요점을 강조하려는 듯 손놀림과 고개 끄덕임에 딱딱 맞아떨어졌다. 전적으로 느긋하게 내려놓고 완전히 집에 있는 것 같은 느낌이었다.

하지만, 가깝게 짜인 커뮤니티에서 사는 것은 단점도 있다. 예를 들어 맨해튼 이스트빌리지의 이스트 9번 스트리트에 사는 한 나이 많은 여성은 이렇게 정리했다.

여기는 작은 마을처럼 강한 커뮤니티입니다. 우리는 서로를 지킵니다. 그리고 돌보기도 합니다. 여기서 마찰은, 만약 발생한다면, 인종이나 사회적인 것이 아니라 정치적인 것입니다. 내 말은, 당신이 마르크스주의자인가 아니면 무정부주의자인가에 관한 것입니다. 이 거리 전체에 내가 아는 한 등록된 공화당원은 두 명뿐입니다. 하지만 어쨌든 이상적인 세상은 아닙니다. 뒷소문이 너무 많아요. 차를 갖고 있다면 어떤 차를 가지고 있는지, 누가 누구와 싸웠는지, 누가 남자 친구가 있는지 알고 있습니다. 중서부 지역의 작은 마을처럼 모든 사람이 모든 것을 알고 있습니다. 그리고 때때로, 인정하기 싫지만, 한 주에 열일곱 번이나 마주치는 누군가에게 매번 '헬로' 하고 인사하는 것에 지쳐버립니다.

얘기를 나눴던 다른 사람들도 동네에 대해 비슷한 내용으로 비판하기는 했지만, 좋은 것이 나쁜 것보다 훨씬 많다는 공감대가 있었다. 왜일까? 대체로 이웃이 필요할 때 그들이 당신을 알고 있고 당신을 위해 그곳에 있기 때문이다.

매우 강한 공동체 감각을 가진 또 다른 지역은 라과디아 공항 바로 옆에 있는 퀸스 이스트엘름허스트의 흑인, 히스패닉계 및 아시아 중산층 커뮤니타다. 흑인들은 1970년대에 그곳에 집을 사기 시작했다. 나는 어니스트 카이저의 랜치 양식 집을 방문한 기억이 있다. 할렘의 숌버그 흑인문화센터Schomburg Center for Black Culture 디렉터였던 그는 1986년 은퇴할 때까지 41년 동안 숌버그에서 탁월한 문헌학자이자 역사가로 일했다. 그의 집 뒷마당에서 레모네이드를 마시며 그는 그동안 내가 아프리카계 미국인과 아프리카인의 관계에 대해 궁금해했던 것에 시간을 할애해주었다. "그 커뮤니티는 낙원이었죠"라고 그가 얘기했다. 사실 그것은 상당수가 흑인인 네이버후드의 많은 사람이 느끼는 감정이었다. 미 인구조사국에 따르면 2000여 개의 인구조사 구역 중에서 이스트엘름허스트는 한 지역에 오래 거주하는 인구라는 측면에서 뉴욕에서 첫 번째였다. 이곳 거주 연수의 중앙값은 믿을 수 없게도 36년이나된다. 유명한 이들로는 윌리 메이스(야구선수), 해리 벨라폰테(가수), 에릭 홀더 법무장관, 디지 길레스피(재즈 음악가)가 있다.[18]

일부에게 '커뮤니티 의식'이란 도시 내의 교외 생활 같은 이상에 뿌리를 두고 있다. 사람들은 뉴욕의 백인 지역에 누가 사는가에 따라, 그곳이 정적이라고 생각한다. 그들은 40년 전에는 젊은 가족들이 아이들을 키웠던 활기찬 커뮤니티였지만 현재는 노령화되었고 자녀는 오래전에 교외지역으로 떠났다고, 역사학자 케네스 잭슨이『잡초 우거진 개척지Crabgrass Frontier』에서 정리한 것과 똑같이 인식하고 있었다.

그러나 이는 너무 단순화한 초상화다. 스룩스넥과 펠럼베이 지역을 관할하는 커뮤니티 위원회 제10구의 구역 관리자 케네스 컨스는 내게 이렇게 말했다.

이 지역은 여피족이 몰려와서 젠트리피케이션이 일어나는 지역이 아닙니다. 지금은 도시 경계 내에서 교외 생활을 추구하는 젊은 백인 가정들의 지역이 되어가고 있습니다. 이곳 펠럼베이는 맨해튼에서 일하는 사람들의 베드타운 커뮤니티입니다. 많은 사람이 브롱크스 코업시티, 포덤, 사운드 뷰나 킹스브리지 같은 다른 곳에서 살곤 했습니다. 여기는 상향 이동의 커뮤니티입니다. 어떤 경우에는 부모님의 집을 사기도 합니다. 웨스트체스터에서라면 1년에 적어도 1만 달러 정도 되는 거액의 세금을 내야 할 겁니다. 여기서는 평균 과세액이 1년에 약 3000달러 정도입니다. 그들은 뿌리를 내리고 싶어하는 사람들입니다.

이 비非여피 집단은 레이더 화면에 잘 잡히지 않는다. 그들은 퀸스에 있는 리틀넥, 베이사이드, 케임브리아하이츠, 브루클린의 머린파크, 밀베이슨, 베이리지 커뮤니티처럼 특정 지역에서만 볼 수 있는, 도시와 교외적 삶의 적절한 조합을 원한다. 윌리엄스버그의 하시드파 유대인처럼 그들도 좀더 자세히 들여다볼 만한 흥미 있는 집단일 수도 있다.

커뮤니티의 캐릭터들

거의 모든 커뮤니티에는 그 장래의 운명이라는 측면에서 진정한 차이를 만들고 단결감을 높일 수 있는 사람들이 있다. 나는 실제 나이보다 젊어 보이는 42세의 흑인 남자 더글러스와 대화했다. 그는 스태튼아일랜드 웨스트브라이턴 근처의 뉴브라이턴 공원, 스카이라인 커뮤니티 경계에서 전지형all-terrain 자동차를 타고 있었다. 처음에는 그가 공원에서 일한다고 생각했지만, 알고 보니 커뮤니티 자원봉사 유형 중 하나였다. 그는 "이곳에 살고 있지만 차를 타고 돌아다니면 많은 것을 볼 수 있습니다. 그래서 그런 것들이 잘 조치될 수 있도록 적절한 부서를 찾아 보고합니다"라고 설명했다. 더글러스는 커뮤니티의 삶의 질에 중요한 기여를 하는 사람이다. 이들은 경계 활동을 통해 범죄율을 낮추고, 사람들이 '실제' 커뮤니티의 일부라고 느낄 수 있도록 도와주며, 커뮤니티 서비스를 위해 효과적으로 로비를 할 수 있다. 확실히 이러한 유형의 자발적 활동은 안전하기만 한 것은 아니다. 2012년 9월에 센트럴파크에서 강간을 당한 73세의 여성은 공원에서 자위행위를 하는 자신의 사진을 찍었다는 데 분노한 남자로부터 공격을 받았다. 그녀는 개들의 목줄을 풀고 걷거나 금지된 구역에서 자전거를 타는 등 공원 규정을 위반한 사람들을 신고하는 습관이 있었다는 사실이 나중에 드러났다.[19]

또 다른 유형은 도시의 많은 네이버후드 어디에나 있는 '공공 인물' 형이다. 이들은 삶이 워낙 흥미로워 딱 어떤 사람인지 정의하기 어려운 성향의 사람들, 즉 캐릭터character들이다. 예를 들어 문독Moondog이라는 알쏭달쏭한 거리 공연자가 있었다. 뿔이 달린 바이킹 헬멧을 쓰고 찰랑거리는 망토를 두르고 손에 창을 들고 있는 문독의 본명은 루이스 하딘으로, 54번 스트리트 근처 6번 애비뉴에 자리를 잡고 있었다. 돈을 준 행인들의 대부분은 길가에 있는 이 붙박이 시각장애인이 앤절나 CBS와 같은 레이블에서 발매한 음악을 작곡한 작곡가이며, 상당수의 라디오·TV 광고 음악을 썼다는 것을 전혀 알 수 없었다.[20] 이런 것이

전설을 만든다. 뉴욕에는 그런 사람들이 너무 많아 뉴욕을 특별한 장소로 만들기도 한다. 문독만큼 성취한 일이 없더라도 이 독특한 캐릭터들은 사람들의 삶에 특별한 양념을 더해준다. 사람들은 그들에게, 그들에 대해 이야기한다. 성미 고약한 상점 주인이든, 거리의 댄서나 가두연설을 하는 사람이든, 옷을 벗은 카우보이나 그냥 거리 모퉁이에 모여있는 사람들이든, 이런 사람들이 커뮤니티를 형성한다. 그들은 종종 여러 가지를 서로 이어주는 접착제 역할을 한다.

또한 도자기를 만드는 사람, 독특한 꽃다발을 디자인하는 사람, 전문 레스토랑의 주인, '할렘 바이크 닥터'와 그 밖의 많은 사람처럼 자신의 작품에 손자국을 내어 커뮤니티에 특징을 부여하는 사람들도 있다. 극단적인 피자 파이를 만드는 루이스 팰러디노가 완벽한 예라고 할 수 있다. 그는 브롱크스의 스록스넥 지역에 있는 여러 가게에서 거의 70년 동안 피자를 만들어왔으며, 자신에 따르면 가장 오랫동안 피자를 만들어온 기록 보유자라고 한다. 최근에 그는 필립애비뉴에 있는 P. J. 브래디스라는 아일랜드식 레스토랑의 주방에 자리를 잡았다. 이곳에서 그는 일요일 밤마다 작품을 선보이고 있다. 다른 날에는 직원들이 그의 레시피로 요리를 한다.

팰러디노가 어떻게 파이를 만드는지 들어보자. (뉴욕에서는 피자를 파이pie라고도 부른다―옮긴이) 그는 우선 끝부분에서부터 가운데까지 같은 두께로 조리되어야 한다고 말한다. "처음에 얇았다가 점점 두꺼워지면 아마추어인 거죠." 가장자리 부분을 만들면서는 반죽을 바르게 늘이는 것도 중요하다. 재료를 뿌리는 방식에도 대단히 중요한 차이점이 있다. 그는 오레가노를 뿌려 소시지 파이를 양념한다. 하지만 버섯 파이에는 마늘 분말이 향미의 선택이 된다. "100만 개 이상의 파이를 만들겠지만, 모든 파이에 마음을 담고 있습니다. 저는 파이 만드는 것을 좋아합니다. 파이맨이죠. 그게 바로 나입니다. 저는 아마 아흔 살쯤 되었습니다. 그래도 계속 만들 수 있다면 만들어드릴 거예요." 루이스 팰러디노는 떠돌이 노동자나 숙련공 정도가 아니다. 바로 예술가이자 공예가다.[21]

어느 일요일 나는 팰러디노의 주방으로 찾아갔다. 그는 친절했지만 조용했고 수줍음을 탔다. "네, 그건 제가 맞아요"라고 그는 말했다. "저는 제가 하는 일을 좋아해요." 팔십대의 그는 여전히 건강하고 정신이 또렷해 보였다. "제가 만든 파이를 여러 해 동안 먹고 있는 고객들이 있죠. 신의 도움이 있으면 그 사람들은 계속 파이를 먹게 될겁니다." 가게는 반짝거리는 부스와 목제 벤치, 준비된 미소를 띤 젊은 웨이트리스가 있는 기분 좋은 곳이었다. 만약 그저 걸어서 지나친다면 이곳이 동네 사람들이 맥주와 에일을 마시며 양키스나 메츠, 레인저스, 닉스의 경기들을 보면서 크게 떠들어대는 멋진 술집이라는 것 말고는 다른 무엇이 있는지 절대 알 수 없을 것이다. 하지만 그 옆 방에서 파이맨은 자기 일을 하고 있고, 사람들은 계속 다시 찾아오고 있다.

다음은 완전히 다른 질서의 다소 독특한 커뮤니티 양상이다. 나는 180번 스트리트와 181번 스트리트 사이의 그랜드애비뉴 2112번지에 있는 교회 밖에 멈춰섰다. 금속 십자가가 외벽에 걸려 있는 3층의 세미어태치드(옆 건물과 외벽을 같이 사용하는 복층 주택을 의미─옮긴이) 벽

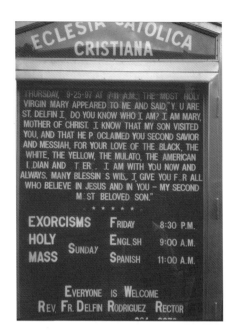

사진 10 엑소시즘과 성자. 에클레시아 카톨리카 크리스티아나. 180번 스트리트와 181번 스트리트 사이의 그랜드애비뉴. 제시 리스 촬영.

돌 건물이었다. 교회 이름은 에클레시아 카톨리카 크리스티아나Eclesia Catolica Cristiana라고 했다. 그리고 밖에 있는 게시판에는 매우 흥미로운 내용이 있었다.(사진 10)

1997년 9월 25일 목요일 오전 7시 11분, 성모마리아가 내게 현현하여 말씀하시길 "너는 성 델핀 1세다. 내가 누구인지 알겠는가? 나는 그리스도의 어머니인 마리아다. 나는 내 아들이 너를 방문했고 흑인, 백인, 황인, 물라토, 미국 원주민[그리고 다른 사람]들에 대한 너의 사랑을 보고 그가 너를 두 번째 구세주이자 메시아로 선포했다는 것을 안다. 나는 지금도 그렇고 언제나 너와 함께 있다. 예수와 나의 두 번째 사랑하는 아들인 너를 믿는 모든 사람에게 내가 축복을 많이 베풀 것이다".

이어지는 일정은 이러했다.

구마 의식, 금요일, 오후 8시 30분.
일요일, 성미사, 영어 오전 9시, 스페인어 오전 11시.
모든 사람을 환영함.
델핀 로드리게스 주임신부.

델핀 로드리게스는 사망한 지 7년이 지났다. 그러나 그가 어떻게 성자가 되었는지에 대한 이야기는 게시판에 남아서 마치 시간 속에 얼어붙어 있는 것 같았다. 게시판은 이 사람이 활기차게 살아 있던 때를 얘기해주고 있었다. 나는 바깥의 작은 밴에 앉은 흑인 여성과 얘기를 나눴다. 평생 동안 여기 거주해온 그녀에게 이 게시문이 무엇에 관한 것인지 물어봤다. "그의 아내가 이어가고 있어요. 하지만 매주 일요일에 오는 사람 몇 명밖에 안 남았어요. 그는 사람들을 많이 도와준 좋은 사람이었죠. 하얀 수염을 길게 기르고 항상 흰옷을 입고 있었어요."
"그가 진짜 성자라고 믿었습니까?"
"저는 그분께 특별한 것이 있다고 믿습니다. 필요할 때면 언제나 그가 있었어요. 그리고 사람들은 교회가 있던 그 집을 지나쳐 걸을 때마다 그를 기억한답니다."

이 여성은 성인이라고 주장하는 로드리게스의 진실에 대해 아무런 판단을 하지 않았다. 하지만 장기적으로 보면 그녀는 그게 문제가 되지 않는다고 느끼는 것 같았다. 중요한 것은 그가 다른 사람들을 돌봐주었던 좋은 영혼이었으므로 딱히 그의 주장에 도전하고 싶은 생각이 없다는 것이었다. 어쨌든 그런 일에 대한 진실을 누가 알 수 있겠는가? 한 남자에게 꿈이 있다. 그 꿈에는 일어난 일들의 오직 한 가지 버전, 즉 자신의 일만이 있을 수 있다. 그리고 우리는 그것을 믿거나 믿지 않거나 선택하면 된다. 이 이야기 자체로만 보면 대단히 특이하다. 뉴욕시 커뮤니티에는 구마사가 많지는 않다.[22] 그런데 특이하지 않은 것은 일반적으로 커뮤니티 특성은 보편적이라는 점이다.

나는 로드리게스 신부와 만나 대화를 나눌 수 있기를 바랐다. 나에게는 드문 느낌이 아니었다. 왜냐하면 도시들은 너무나 많은 방식으로 역동적이며, 끊임없이 변하고 있기 때문이다. 뒤에 남는 것들은 건물이든, 간판만 남고 텅 빈 식당이든, 수년 동안 계속 남아 있다가 새 건물로 대체되거나 새 건물주가 지워버린 벽화든, 이런 장소를 만든 사람들보다 오래 살아남아 기억을 상기시켜주는 정적인 것들이다. 나는 또한 그 여성이 거기에 없었거나 그녀와 이야기하기로 마음먹지 않았다면 델핀 로드리게스에 대해 훨씬 많이 알게 되지 못했을 것이라고 생각했다.

유니언 턴파이크는 머틀애비뉴에서 끝이 나고, 바로 그 마지막 블록은 프레더릭 A. 할러 웨이Frederick A. Haller Way라는 이름이 있다. 이곳은 뉴욕시 미화 계획인 그린스트리트가 후원하고 있으며, 그린스트리트는 여기 작은 산책길도 만들어서 '오랜 세월 글렌데일 커뮤니티에 헌신하고 공헌한 것을 기려' 친근한 프레더릭 T. '버드' 할러 주니어라는 이름을 붙였다. 커뮤니티에 공헌한 동네 주민들을 기념해서 아주 작은 규모의 공원과 거리에 이름을 붙이는 것은 연대를 강화할 수 있다. 그러면 사람들이 잠시라도 커뮤니티의 의미에 대해 생각하게 만들고, 가장 중요하게는, 그곳에 사는 사람들에게 자신 또는 친구들이 자발적으로 한 일을 미래 세대가 기억해줄 것이라는 희망을 느끼게 한다. 그러나 그렇게 하는 것은 그 생각을 끝까지 지킬 만큼 충분히 신경쓰는 사람들이 있어야 한다는 것을 의미한다. 물론 때로는 커뮤니티들도 변한다. 멕시코인, 중국인 또는 더 최근에 도착한 다른 이들은 명패 위에 적힌 이름을 알아보지 못하지만, 적어도 그곳에서 살아온 사람들은 뒤돌아보고 기억할 수 있다.[23] 모든 동네에는 이발소, 미용실, 보데가, 공원, 심지어 사람들이 이야기를 나누는 길모퉁이까지, 모여서 시간을 보내는 곳들이 있다. 이러한 활동은 사람들이 아파트나 집 외에 집이라고 부를 수 있는 장소가 있다고 느끼게 하며, 커뮤니티 의식을 유지하는 데 매우 중요하다.

나는 퀸스의 부하라계 이발소에 가끔 가곤 한다. 알렉스는 대부분의 이발사처럼 친절하지만 손님의 의사를 존중하기도 한다. 만약 내가 말하고 싶어하면 그도 이야기한다. 내가 그냥 신문을 읽고 싶다면 그는 말을 걸지 않는다. 그 이발소의 한 가지 차이점은 그와 동료 이발사들에게 대형 스크린 텔레비전이 있어서 러시아 연속극과 영화를 보면서 살인이나 섹스, 아니면 화면 속에 벌어지고 있는 일들에 대해 부하라어로 왁자하게 떠들어댄다는 것이다. 미니 커뮤니티처럼 가게의 뒷자리에는 앉아서 술을 마시거나 뭘 먹으며 시간을 보내는 붙박이 친구들 또한 몇 명 있다.[24] 가끔 그들이 웃거나 제스처를 하고 등짝을 서로 때리거나 하면 그들의 말을 나도 이해할 수 있으면 좋겠다고 생각하기도 하지만, 그것도 인생이다. 모든 언어를 다 할 수는 없는 거니까!

네이버후드 커뮤니티의 느낌은 특정 유형의 전문가, 특히 의사들에 의해서도 고양될 수 있다. 의사가 네이버후드 안에 살면서 돌보는 경우는 더욱 바람직하다. 이러한 사람들이 커뮤니티를 규정하며, 그 가치를 전형적으로 보여주고 분명히 나타내준다. 한 커뮤니티에서 수백 명의 아이를 출산한 의사라든가 수십 년 동안 부모나 당신을 돌봐준 의사, 이들이 차이를 만든다. 커뮤니티 의식을 더해줄 수 있는 또 다른 카테고리는 경찰관과 소방관이다. 이 사람들은 생명을 구할 수 있고 또 구하고 있다. 그들과 동네 사람들의 관계는 커뮤니티의 자기 인식과 외부인의 시각에 영향을 미친다.

편의 시설

놀이터, 박물관, 도서관, 수영장 같은 편의 시설은 모두 이주를 결정하는 데 중요한 역할을 한다. 야외활동 유형의 사람이라면 공원의 영향을 받을 수 있다. 경건한 종교인은 활기찬 교회나 사원 또는 모스크를 리스트의 윗자리에 둘 것이다. 커뮤니티는 또한 특정 활동을 중심으로 돌아간다는 이유로 매력적일 수도 있다.

게리슨비치, 에지워터파크, 십스헤드베이, 브롱크스의 시티아일랜드처럼 수변에 위치한 네이버후드는 물가나 여러 주택의 진입로 모두에서 보트 여러 대가 쉽게 눈에 띄는 곳이다. 밀베이슨은 수변 구조물이 많은 전형적인 곳이다. 거기에는 200개가 넘는 개인 전용 선창과 버건 비치 요트 클럽 그리고 밀베이슨 정박지가 있다.[25]

어떤 경우에는 쇼핑 지구가 어디에서 활동이 일어날지를 결정하기도 한다. 중요한 요인이지만 사람에 따라 다른 의미를 갖게 된다. 어떤 이들은 페어웨이 식료품 가게나 이케아 쪽으로 기울어질 수 있다. 또 다른 사람들에게는 저가 상점이 있는 쇼핑몰이 그곳일 수 있다. 여전히 차를 20분 몰고 메이시스나 블루밍데일, 버그도프굿먼 같은 백화점으로 가기로 하는 사람들도 있으며, 브루클린의 킹스플라자 같은 실내 쇼핑몰에 더 깊은 인상을 받는 사람들도 있다. 다양한 민족-종교적 집단에 맞춰진 매장은 해당 집단의 구성원이 우선적으로 가게 되는 장소다.

이 도시의 다언어적인 특성을 고려하면 쇼핑 지구는 다민족적인 곳이다. 극단적인 경우는 퀸스의 루스벨트애비뉴에서 찾아볼 수 있는데, 이곳에는 한국계, 인도계, 중국계 상점들이 콜롬비아, 도미니카, 아르헨티나계 사업장 일곱 군데와 함께 입점하고 있다. 멀지 않은 코로나의 윌리엄 무어 공원 맞은편에는 유대인 상점 한 곳, 한국인 상점 한 곳, 그리스인 상점 두 곳, 도미니카인 상점 두 곳이 이탈리아인 사업장 열네 곳과 공존하고 있다.[26] 이 장소를 보면 갑자기 뉴욕이 얼마나 복잡한 곳인지 번뜩 생각이 들 정도다. 한 장소에 이 모든 상점이 있는 도시가 몇 개나 되겠는가. 더 일반적인 패턴은 민족적인 가게들이 모두 한 쇼핑 거리에 자리 잡고 있는 것인데, 그것 또한 이 도시가 가지고 있는 무언가다.

고섬의 좀더 팍팍한 지역에 사는 사람들도 밀베이슨의 킹스플라자 몰이라든가 퀸스의 더글래스턴 쇼핑센터, 맨해튼의 5번 스트리트, 브로드웨이, 그리고 여러 다른 쇼핑가와 별로 닮지 않은 자신들만의 쇼핑 지역을 가지고 있다. 거기에는 물론 메이시스나 로드앤드테일러 같은 고급 백화점은 절대 없다. 전형적인 곳이라면 퀸스의 저메이카애비뉴인데, 싸구려 카펫 가게, 중고 가구점, 미용실, 조그마한 델리가 많이 뒤섞여 있는 곳이다. 주요 쇼핑 지역은 160번 스트리트부터 169번 스트리트까지이며 잘 알려진 레인보우, 마셜스, 올드네이비, 제일스와 같은 체인점이 있는데, 그중 제일스는 이 지역에서는 너무 화려해서인지 손님이 별로 없어 보였다. 반면에, 인근의 킹데이비드주얼리 보석점은 쇼핑객으로 가득 차 있었다. 꽤 큰 상점들도 있지만 대부분 잘 알려지지 않은 상호들이고 주변 동네의 낮은 소득 수준을 반영하고 있다. 예를 들면 일렉트로닉스포베스트, 돈트패닉, 포르타벨라슈즈 같은 곳들이다.(저가 전자, 잡화, 신발 가게 등의 이름 – 옮긴이) 저메이카센터 네이버후드에서는 심지어 반세기나 된 술집 블라니 바처럼 느닷없는 유머 감각과 마주친다. 블라니 바는 바깥에 '뜨거운 맥주, 형편없는 음식, 나쁜 서비스'라는 경고판이 붙어 있다.

비슷한 쇼핑센터로는 웨스트체스터애비뉴와 3번 애비뉴가 만나는 브롱크스의 149번 스트리트에 '허브Hub'라고 널리 알려진 곳이 있고, 브루클린에서는 브로드웨이, 풀턴스트리트와 선셋파크의 5번 애비뉴에도 있다. 그곳들이 공통적으로 갖고 있는 것은 주변의 빈곤을 반영하는 저가 매장들이다. 그 동네 사람들은 선택할 수 있는 구색이 없거나, 아예 선택의 여지가 없거나, 우울한 분위기에 만족하지 않는 것 같다. 하지만 가깝기도 하고 그들의 형편에 닿는 것은 그뿐이기도 하다. 이 점을 생각해보면 이곳에 사는 사람들이 맨해튼의 5번 애비뉴를 따라 걸으면 어떤 느낌을 받을지 궁금해진다. 로드앤테일러를 가득 메운 사람들을 부러워할까? 궁금해할까? 얼마나 자주 윈도 쇼핑을 하러 갈까? 생일이나 기념일과 같은 특별한 날을 위해 돈을 펑펑 써본 적이 있을까? 아니면 가질 수 없는 것을 쳐다보려고조차 하지 않고 그저 서둘러 지나치려 할까? 이 지역의 노점상이나 관리인, 가게 안의 경비원조차 브라운즈빌과 이스트뉴욕의 할인점 쇼핑 대로, 핏킨애비뉴와는 멀리 떨어져 있다. 그런 세계를 생각해봐야 한다.

교통 수단의 부족은 해당 지역을 덜 매력적으로 보이게 한다. 유일하게 맨해튼으로 이어지지 않는 G라인 열차가 있는 그린포인트는 맨해튼에서 일하는 사람들에게 고려해볼 만한 장점이 적다. 그러나 안전의 측면에서 공공 교통의 부족을 **장점**으로 보는 사람들이 있다. 이 사람들은 이중 운임 구역(지하철과 버스를 갈아타야 하는 곳)에 거주하면 범죄자들이 그 동네에 접근하기 어려워질 수 있다고 생각한다.

이 모든 요인은 어디에 살아야 할지 결정하는 데 있어 매우 중요하다. 비록 기본적인 것은 아니지만 결정적일 수 있는 다른 기준들도 있다. 그중에는 어디서 식사할 수 있는지와 같은 선택 사항도 있다. 레스토랑에서의 성공은 종종 커뮤니티와 연계하는 능력에 달려 있다. 할렘의 이스트 124번 스트리트에 있는 시스터스의 손님들은 특히 로티(남아시아식 빵—옮긴이) 요리와 이곳의 대표 요리인 브라운 스튜 치킨을 좋아하는 것 같았다. 그래서 요리사 리키에게 어떻게 만드는지를 물어 봤다.

그는 고향인 세인트키츠의 경쾌한 토박이 억양으로, "감미로운 맛이 있지요"라고 대답했다. "너무 맵거나 훈연한 맛은 없는데, 우리는 갈색 설탕과 양파를 비롯한 여러 재료를 사용합니다. 모든 요리사가 말하듯이 요리는 과학이 아니라 예술이고, 요령은 양과 타이밍입니다."

"하지만 특별한 성분이 있습니까?"라며 계속 물어봤다.

"글쎄요, 그렇죠." 그는 부드럽게 웃음을 터뜨리면서 말했다. "사랑이라고 부르는 거죠."[27] 그 엄청나게 많은 메뉴, 적당한 가격, 편안한 분위기 때문에 다이너diner(주로 카운터 자리와 칸막이 부스 식탁이 있고 아침부터 종일 식사가 제공되는 저렴한 소규모 식당—옮긴이)는 종종 커뮤니티의 닻이며, 아이들, 노인들, 사업가, 여성이나 남성 집단 등 모든 사람을 위한 곳이다. 사업상 이야기도 할 수 있고, 잠깐 친구들과 시간을 보낼 수도 있으며, 자녀, 배우자, 여자 친구, 애인과 마음을 나눌 수 있다. 거창한 저녁 식사도 할 수 있고 커피를 한잔 할 수도 있다. 들어가면 모든 사람이 당신을 쳐다볼 수 있는 작은 식당과는 반대로, 다이너는 대규모이고 부스로 나뉘어 있기 때문에 단골들은 약간의 사생활이 보장된다. 동네 다이너가 문을 닫으면 커뮤니티의 많은 사람이 영향을 받는다. 그들은 어쩌면 인생을 바꿨을 매우 중요한 여러 사건과 이 식당을 연결시키기 때문이다. "당신 딸이 계속 내 딸을 괴롭힌다면 당신이 절대 생각 못할 방식으로 손봐주겠다고 말했을 때 어디에 앉아 있었는지 정확히 기억합니다." 혹은 "그녀는 문베이 다이너가 은밀하니 거기서 만나자고 했습니다".

그래서 70년 동안 퀸스 리틀넥에 있던 스코비 다이너가 문을 닫은 것에 대한 『뉴욕타임스』 기사에서 조지프 버거가 그곳을 "리틀 리그 경기가 끝난 후 부모들이 유니폼을 입은 아이들을 데려오던 곳. 십대들이 첫 데이트를 했고, 성적표가 어찌 되었건 한 학년을 마치면 축하하던 곳, 그 동네의 사회적 중심이었던 곳"이라고 묘사한 것은 놀라운 일이 아니다. 그리고 덧붙이자면, 나는 리틀넥 커뮤니티의 연례 메모리얼 데이 퍼레이드가 노던불러바드 구역 아래로 행진할 때 식당 바로 옆을 지나간 적이 있다.

흥미롭게도 스코비 다이너는 조지 J. 테닛 전 CIA 국장의 부모가 잠시 소유했고, 테닛은 5년 동안 식탁의 그릇을 치우는 버스보이로 일하면서 첫 자동차를 살 수 있었다. 다른 많은 식당과 마찬가지로 이 다이너도 리처드 터커, 텔리 사발라스, 앨런 킹 같은 유명한 단골들을 자랑했다. 하루 24시간 연중무휴로 줄곧 열려 있는 식당의 긴 영업 시간과 300가지 품목의 메뉴를 강조하며, 마지막 주인의 딸은 식당 문을 닫으며 다음과 같이 가슴 아픈 이야기를 들려주었다. "여기는 제가 추수감사절을 보낸 유일한 곳이었어요. 그날이 테이블 주위로 둘러앉는 날이라는 것도 몰랐죠."[28]

레스토랑과 마찬가지로, 저녁의 오락도 많은 사람이 어디에 살지 결정할 때 고려하는 무언가다. 긴 하루를 마무리하거나 주말에 스포츠 경기를 관람하면서 모여서 술 한잔 할 수 있는 동네 술집은 어떤 사람들에게는 대단히 끌리는 요소가 된다. 거기에 새로운 사람들을 만나거나 친구들과 어울려 에이트 볼(포켓볼 당구 게임 방식의 일종 — 옮긴이)과 다트 게임을 즐길 수 있다면 더 좋을 것이다. 젊은이들의 많은 관심을 끄는 와인 바와 나이트클럽 역시 마찬가지다. 히스패닉계 인구가 많은 어퍼맨해튼에서 브로드웨이를 따라 걷거나 퀸스의 잭슨하이츠, 엘름 허스트, 코로나의 루스벨트애비뉴에 가면 하나 걸러 하나씩 이런 곳을 볼 수 있다. 로어맨해튼의 첼시, 노호, 소호, 트라이베커의 떠들썩한 유흥지에 있는 것처럼 이 장소들에 몰려든 인파도 대단할 수 있다.

　마지막은 건강에 대한 고려다. 그린포인트에 있는 몇몇 폴란드계 주민은 그린포인트 산업지역의 오염 문제 때문에 인근 리지우드로 이사하고 있다고 말했다. 수십 년 동안 '쓰레기 더미'는 사람들이 '스태튼아일랜드'라고 말했을 때 처음 떠오르는 것들 중 하나였고, 이는 프레시킬스 매립지Fresh Kills Landfill 때문이었다. 50년 동안 수백만 뉴요커의 쓰레기 1억5000만 톤이 그곳에 폐기되어 세계 최대의 시립 매립지가 되었다. 하지만 오늘날 프레시킬스는 습지와 그림 같은 작은 만, 카약, 승마를 즐기며 도시의 멋진 전경을 감상할 수 있는 공원으로 바뀌었다. 현재는 새로 조성한 프레시킬스 공원에 100만 명이 참여하는 예술작품을 설치하자는 미얼 래더먼 유컬리스의 제안이 검토되고 있는 중이다. 이곳이 완공되면 프레시킬스는 펠럼베이 공원에 이어 뉴욕시에서 두 번째로 큰 공원으로, 센트럴파크나 프로스펙트 공원보다 더 큰 규모가 될 것이다. 이것은 추함이 아름다움으로 변모한 대단히 특별한 예가 되었다.

커뮤니티 정원의 매력

커뮤니티 정원은 사람들이 네이버후드에 더 많은 애착을 갖게 만드는 또 다른 방법이다. 커뮤니티 정원이 가장 많은 곳은 이 도시 전체 정원 중에서 거의 절반인 316개가 있는 브루클린이고, 이스트뉴욕에도 88개가 있다. 정원들은 동네 주민과 스타이버선트 고등학교 학생들처럼 외부에서 온 자원봉사자들이 잘 돌보고 있다. 해당 지역의 히스패닉계 및 흑인 거주자 대다수가 시골 출신이라는 것도 정원의 인기에 적잖게 기여하고 있다. 공공 공원이 적은 지역일수록 정원이 많은 경향을 보인다. 뉴욕시의 그린 섬 프로그램Green Thumb program에 따라 최소 주당 10시간 이상 공공에 정원을 개방하면 1년에 1달러의 임대료를 받을 수 있지만, 정원은 영구적이지 않다. 사실상 시 정부나 민간 단체가 그 땅을 개발하고자 한다면 30일 이내에 비워야 한다. 이것은 갈등을 야기해왔다.[29]

사우스브롱크스를 답사할 때 틴턴애비뉴와 이스트 158번 스트리트의 교차로에 있는 잘 관리된 하얀 지붕의 콜로니얼풍 집을 지나쳤다. 이 집에는 아름답게 조경된 정원이 있었는데, 작은 가문비나무들과 아래쪽으로 배치된 둥글고 반질반질한 베이지색의 돌들 위로 천천히 흘러내리는 작은 폭포가 있었다. 성상이 정원 전체에 흩어져 있고, 푸에르토리코 국기가 그 위로 펄럭이고 있었다. 깔끔하게 쓰인 표지판에는 '우리 정원'이라고 적혀 있고, 꽃들은 화창한 하늘 아래 막 피어나기 시작했다. 철제 울타리 뒤편에 어떤 가족이 지구상의 작은 천국을 창조했다는 느낌을 받을 수 있었다. 작은 플라스틱 애디론댁 의자가 현관 앞

베란다에 놓여 있어, 정신없는 도시생활에서 멀리 떨어진 것처럼 상상할 수 있었다.

도시에서의 평화와 평온에 대한 나의 몽상은 갑자기 웨스트체스터 애비뉴 위의 고가 철로를 따라 노스브롱크스를 향해 가는 익숙한 지하철의 소리에 깨졌다. 이런 보조금 지원 주택이 꽤 있다는 것을 알게 되면 사우스브롱크스는 지난날 범죄와 폭력투성이의 「허영의 불꽃the Bonfire of the Vanities」(브롱크스를 배경으로 한 1990년 영화의 제목 — 옮긴이)을 닮지 않았다는 것을 분명히 알게 된다. 사실 평일 낮 시간 거리에는 거의 아무도 없었다.

158번 스트리트에 있는 그로브힐 공원에 있는 표지판은 '정원 깨우기 행사'를 알리고 있었다. 동네의 초등학교 학생들이 교사와 함께 땅바닥에 앉아 옥수수와 토마토, 후추와 같은 야채 역할극을 하고 있었으며, 근처에는 튤립, 피튜니아, 데이지들이 요란하게 피어 있고 선생님이 꽃들을 가리키며 꽃가루받이의 개념을 설명하고 있었다. 삼십대의 젊고 진심 어린 모습의 열정적인 그녀를 바라보면서, 아마도 그 불우한 사람들에게 다가가는 이상주의적이고 진심 어린 사람들이 없었다면 이런 활동은 일어나지 않았을 거라는 생각이 들었다. 이 정원은 또 브롱크스 개선의 방향성도 제시하고 있다. 이 지역에는 15층 높이의 건설용 크레인이 모든 곳에 들어서서 새로운 주거용 타워가 건설되고 있고 불도저와 귀를 따갑게 하는 잭해머 소리가 공기를 가득 채우고 있다.

그다음으로 이 네이버후드를 아름답게 만드는 수많은 커뮤니티 정원 중 하나인 이스트 150번 스트리트에 있는 엘 플램보이언 정원El

사진 11 엘 플램보이언 정원, 도시의 녹화. 150번 스트리트 틴턴애비뉴. 제시 리스 촬영.

Flamboyan Garden을 봤다.(사진 11) 어릿광대가 운전석에 앉아 있는 상자 같은 미니어처 스쿨버스가 정원에 있고, 옆쪽에는 빨간색과 흰색이 번 갈아 칠해진 축소된 말뚝 담장이 있었으며, 푸에르토리코 국기 옆에는 예수상이 있었다. 공지문은 아버지의 날 기념으로 사람들을 정원으로 초대하고 있었다. 이런 식으로 커뮤니티와 가족이 함께 어울리고 관계 를 강화하게 된다. 이 지역에는 아마도 블록마다 2~3개의 정원이 있는 것 같다. 이런 식으로 공터를 활용하는 것은 정말 기막힌 생각이다.

정원의 디자인은 매우 다채롭고 때로는 닥치는 대로일 정도여서 표 현의 자유라는 것 말고는 겉보기에 통일된 요소라고는 전혀 없기 때문 에 오히려 그들에게 개인적인 느낌을 준다. 종교적인 조각상, 민족을 상 징하는 깃발, 양키 팀 깃발, 도자기 작품, 어울리지 않는 꽃들이 꽂힌

양철로 만든 범선 등이 놓여 있었고, 밝은 풍선껌 핑크색 트랙터가 작은 흙더미 위에 있었다.

이 도시의 정원에 관여하고 있는 유명인사 중 하나는 뉴욕복원프로젝트NYRP의 창시자인 [영화배우] 벳 미들러다. 이 비영리단체는 현재까지 64개의 정원을 조성했다. 실제로 수백 개의 기업, 교회, 박물관 및 기타 단체들이 돈과 시간을 기부해 다양한 프로젝트, 미화 사업, 교육과 개조를 진행하고 있다. 그들이 없었다면 도시는 훨씬 더 많이 가난해졌을 것이다. 브롱크스에 있는 NYRP의 오그던애비뉴 사무실의 사람들(다른 사람들은 맨해튼 다운타운에 있다)에 따르면, 벳 미들러는 자주 나와 개인적으로 관여하고 있다고 한다. 이 사무실에서 일하는 젊은 여성은 남는 시간 평화봉사단의 미국 버전인 아메리콥스AmeriCorps를 위해 일하고 있었다. 그녀는 정원의 기물 파손 행위가 문제라고 알려주었다. NYRP의 최신 프로젝트, 밀리언 트리스 NYCMillion Trees NYC는 뉴욕시 공원관리부와 함께 뉴욕에 백만 그루의 나무를 심어 도시를 더욱 친환경적으로 만들기 위한 노력을 기울이는 것이다. 이 프로젝트는 2009년 10월 9일 브롱크스 텔러애비뉴의 벳 미들러 장미 정원 근처에서 발표되었다. 나는 이 도시에 그렇게 많은 나무를 심을 공간이 있는지 궁금해졌다.

수요가 어떻게라도 표시되면 아마 공간은 있을 것이다. 그리고 이 현상은 저소득 지역에 국한되지 않는다. 주민 대부분이 백인 중산층인 리지우드와 글렌데일을 포함하는 퀸스 커뮤니티 의원회 제5구의 의장인 게리 지오다노는 "시의 자금을 통해 다른 어떤 지역보다 나무를 제일 많이 심어 자랑스럽습니다. 블록을 내려다보고 나무가 늘어선 것을 보면 모든 게 차이가 납니다"라고 말했다. 플러싱 커뮤니티 위원회 제7구 의장 매릴린 비터먼도 이런 시각에 공감했다. "공원도 낳지만, 네이버후드 자체에 더 많은 녹지 공간이 필요합니다." 엉망이었던 1980년대와 비교해보자. 그때는 나무가 마약중독자들이 숨는 곳이 될까봐 사람들이 두려워했다!

요약하자면, 커뮤니티 정원은 다양한 방식으로 커뮤니티의 본질에 기여한다. 주로 가난한 지역에서 만들어진 그 정원들의 존재는 대지 공간에 흩어져 있는 공동주택형 건물들이 블록마다 이어져 있어 종종 단조로운 도시의 풍경을 아름답게 해준다. 그들은 농촌에 뿌리를 둔 주민들에게 마음 편안한 공간을 제공하며, 집 같은 느낌도 준다. 고국의 국기, 종교적 조각상, 어린이 장난감과 다른 물건들을 전시하는 절충적 특성 덕분에 주민들은 자신을 표현할 수도 있다. 마지막으로, 정원들은 많은 사람이 추구하는 모든 중요한 커뮤니티 의식을 사람들에게 베풀어주는 파티와 축하를 위한 환영의 장소이기도 하다.

커뮤니티의 명성

대부분의 커뮤니티는 명성(명성 또는 후광으로 옮긴 cachet이란 단어는 사람들이 우러러보거나 흠모하는 특징 같은 것을 의미한다 — 옮긴이)을 원하지만 모두가 그것을 얻을 수는 없다. 손이 닿더라도, 걸 수 있는 결정적인 고리를 만들어야 한다. 어퍼웨스트사이드의 웨스트엔드애비뉴와 브

사진 12 에드거스 카페, 매니저 시인. 앰스터댐애비뉴 91번 스트리트와 92번 스트리트 사이. 제시 리스 촬영.

로드웨이 사이의 84번 스트리트에 지적인 취향으로 상징적인 네이버후드가 있다. 이곳의 이름은 에드거 앨런 포 거리다. 하지만 내 눈에 띄는 것은 브로드웨이 근처의 커피하우스인 에드거스 카페였다.(사진 12) 가게에 들어가자 시티칼리지에 다니는 우크라이나인 웨이트리스와 마주쳐 대화를 나누게 되었다. 포의 시 중 일부가 벽을 장식하고 있고 그의 그림도 그려져 있는 것을 볼 수 있었다. 1844년 이곳에 있었던 농가에 그가 잠시 살았는데, 그때 유명한 시 「갈까마귀」를 쓴 것으로 보였다.

젊은 사람들을 둘러보며 "포가 누구인지 이 사람들이 알고 있습니까?"라고 물어봤다.

"딱히 아니에요. 거의 없어요. 사실 '에드거'와 통화하겠다고 여기로 전화를 하는 사람들도 있죠. 그들은 그가 카페를 관리하거나 소유하고 있다고 생각해요."

나는 그녀에게 미심쩍은 표정을 지었다.

"진짜예요! 맹세한다니까요!" 그녀는 거의 신음하듯 외쳤다.

"그럼 뭐라고 대답해줘요?"

"그분 지금 안 계신다고 대답해요"라고 그녀는 웃으면서 말했다. "그리고 '제가 도와드릴 게 있나요' 하고 물어본답니다."

그러니까 우리는 미국에서 우크라이나인 웨이트리스가 어떻게 단 3년 만에 지식 게임에서 토박이 미국인들을 따라잡는지 볼 수 있다! 에드거는 가파른 임대료 상승으로 이제 앰스터댐애비뉴로 이전했지만, 여전히 꽤 멋진 곳이다.

나는 18번 스트리트와 어빙플레이스에 있는 피츠 태번을 지나쳤다. 여기도 바깥에 '오 헨리가 유명하게 만든' 곳이라는 표지판이 있다. 작가 오 헨리는 어빙플레이스 55번지 근처에 살았고 이곳의 단골이었다. 그는 또한 「동방박사의 선물」을 여기에서 썼다. 가게 안에는 오 헨리의 사진과 기사가 실린 신문이 있는 코너가 있었다. 제임스 딘, 내털리 포트먼, 존 레귀자모, 조지 스테퍼노펄러스, 자크 시라크, 대니얼 패트릭 모이니핸 같은 유명한 사람들도 다녀갔다. 1864년에 연 이곳은 뉴욕시에서 가장 오래 영업해온 술집이다. 그래서 이 장소와 여기 모이는 커뮤니티 모두에게 사회적 위상이 부여되어 있다. 나는 작가이자 오 헨리의 대단한 팬인 아내를 어느 저녁 이곳에 데리고 와 놀라게 해주기로 마음먹었다.

일주일 후에 함께 그곳에 갔는데 정작 깜짝 놀란 것은 나였다. 내가 상상한 것은 문학에 대해 토론하고, 오 헨리가 아니라 그의 식탁이기는 하지만 그래도 얼마나 위대함과 함께하는 것인가 생각하며, 조용하고 사색적인 저녁 식사를 하는 것이었다. 실망스럽게도 우리가 들어갔을 때 피츠 태번은 더 이상 아침에 들렀던 조용한 곳이 아니었다. 수많은 젊은이가 붐비는 시끌벅적한 싱글스 바(주로 미혼의 젊은 사람들을 대상으로 하는 바의 유형 – 옮긴이)로 바뀌어 있었다. 그들 대부분은 엄청 술에 취해서, 오 헨리가 그 자리에 있다 해도 알아보지 못하거나 심지어 그에게 한턱냈을지도 모른다. 우리는 소음 속에서 서로의 말을 간신히 들을 수 있을 정도였다.

그 경험에서 얻은 것은 뉴욕시를 같은 장소라도 다른 시간에도 볼 수 있도록 시도해야 한다는 것에 대한 상기였다. 왜냐하면 언제가 어디서만큼이나 중요할 때가 있기 때문이다. 낮 또는 밤? 주말 또는 평일? 겨울 혹은 여름? 종종 그렇지만 시간에 따라 아주 다를 수 있다.

이스트빌리지의 이스트 9번 스트리트 307번지에 있는 인터넷 카페 머드도 비스티 보이스가 첫 앨범 『폴리 워그 스튜Polly Wog Stew』를 녹음한 곳이었다. 그건 확실히 사람들이 부러워하는 명성이다. 그리고 321번지는 한때 지미 헨드릭스의 집이었다. 그 건물 앞에 있는 표지판에는 지나가는 사람들에게 '지미에게 편지를 써서 오렌지색 메일박스에 자유롭게 넣어라'면서 편지들이 '천국으로 바로' 갈 거라고 적혀 있다. 그리고 예기치 않게, 스태튼아일랜드의 작은 마을 트래비스에서 나는 빨간색과 금색의 뉴욕시 소방차와 마주쳤다. 그 옆면에 금색 글자로 쓰인 것은 '초원의 빛Splendor in the Grass'이라는 단어였다. 궁금해져서 운전사에게 무슨 뜻인지 물어봤다. "누군가 그 영화를 아주 좋아했나 봐요?" "아, 아닙니다. 여기 빅토리불러바드에 있는 집에서 영화의 많은 부분을 촬영했답니다." 그 집은 더 이상 없고, 내털리 우드도 이젠 없지만, 영화에 대한 추억은 여전히 살아 있었다. 맨해튼에서 만든 수백 편의 영화와는 비교할 수 없다 해도, 그건 이 커뮤니티에 약간의 지위를 안겨주었다. 트래비스에서는 매년 7월 4일에 퍼레이드도 열리는데, 루돌프 줄리아니 시장과 마이클 블룸버그 시장 모두 이전에 이 퍼레이드에 참가했다.

때때로 사람들은 역사가 회상되는 방식에 완전히 행복해하지는 않는다. 맬컴 엑스는 워싱턴하이츠 166번 스트리트와 브로드웨이의 오듀본 볼룸Audubon Ballroom에서 암살되었다. 그를 추모하는 인상적인 입구가 있는 교육 센터가 세워졌는데, 그곳은 대화형 박물관이면서 이벤트 공간이다. 프랑스 관광객 두 명 말고는 방문객이 나밖에 없는 평일 낮 12시에 가서 관계자와 얘기를 나눴다. 그녀는 말했다. "방문객이 좀 있어요. 하지만 충분히 홍보되지는 않았죠. 자금이 계속 문제입니다. 그래서 직접 파티장으로 이곳을 대여할 수밖에 없었어요. 아시죠, 술 마시고, 칵테일 드레스, 스위트 식스틴 파티, 뭐 그런 일들인데 제 맘에는 들지 않습니다. 제 말은, 여기는 신성한 땅과 같은 곳이에요." 1960년대의 산물로서 나는 그녀에게 강하게 공감했다. 맬컴은 그 시대에 자라난 사람들에게 영감이 되었고, 큰 고난을 극복한 사람이었으며, 삶의 정점에서 총에 맞아 쓰러졌던 것이다.

나는 위층으로 올라가서 볼룸으로 들어갔다. 벽면의 아름다운 벽화는 맬컴 엑스의 이야기를 움직이는 그림처럼 담고 있었다. 이곳은 그의 삶의 하이라이트를 보며 회고를 불러내야 하는 엄숙한 곳이다. 1965년 2월 18일로 기록된 마지막 사진에는 "나는 단지 사실만을 마주보고 있다. 그리고 어느 날이든, 어떤 밤이든 나를 죽음으로 이끌 수 있다는 것을 안다"는 맬컴 엑스의 말이 적혀 있었다. 사람들은 이런 종류의 것에 항상 관심을 보인다. 이런 걸 보면 그가 예기치 않게 세상을 떠나기 바로 며칠 전 그런 이야기를 했다는 게 얼마나 예언적이었는지 알게 되기 때문이다.[30]

밝은 측면을 보자면 할렘만큼 이 도시의 역사를 간직한 커뮤니티는 없다. 이 네이버후드에는 프레더릭 더글러스, 듀크 엘링턴, 마틴 루서 킹, W. E. B. 듀보이스, 서굿 마셜 등 많은 이의 이름을 따서 지은 명판, 도로 표지판, 광장, 건물들이 있다. 뿌리에 대한 이러한 관심은 할렘이 장소로서나 이름으로서나 그토록 다양한 특성을 가지게 된 주요 이유 중 하나다.

지금까지는 헨드릭스, 오 헨리, 포처럼 과거 인물 위주였지만, 오늘날에는 유명인들이 사는 네이버후드에도 이런 지위가 부여되고 있다. 베벌리힐스 주민들과 마찬가지로, 뉴욕 사람들로서도 셀 수 없이 많은 인근 VIP에게 눈길이 가는 것은 일상 다반사다. 어느 날 그리니치빌리지를 답사하다 월드클래스클리너스 가게로 들어갔다. 카운터 뒤에 도널드 트럼프의 서명이 있는 서비스 품질 우수 상장이 걸려 있었다. 매장 직원은 자랑스럽게 "도나 커랜, 리브 타일러, 유마 서먼 모두 이곳에 옵니다. 이분들 주소를 알려드릴 순 없지만 모두 이 지역에 살고 있죠"라고 말했다. 1980년대 중반 버락 오바마와 그의 여자 친구가 파크슬로프의 브라운스톤에 살았던 사실을 알게 된 그 집 주인이 "버락 오바마가 이 계단을 걸었을 수도 있잖아요?"라고 말하는 건 또 어떻고?[31]

근접성은 그 동네 네이버후드의 위상이 될 뿐만 아니라 주민들이 얘기하는 개인적인 일화들을 통해 유명 인사들을 더 인간적이고 친근하게 만들어준다. 주민들은 유명 인사들이 실제로 어떤지 얘기해줄 수 있다. 그리니치빌리지에 사는 한 주민은 이런 얘기를 들려주었다. "어느 아침에 『월스트리트저널』 칼럼니스트인 도러시 래비노위츠가 걸어가고 있는데, 거리 한가운데서 두 사람이 부부 싸움을 하고 있었어요. 어떤 면에서, 시끄럽기도 했고, 거의 코믹하다고 할 정도였죠. 그리고 그녀는 딱히 둘 중에 누구라고 지칭하지 않고 '아마도 오바마 지지자들일걸요'라고 주저 없이 말하더군요.. 그게 바로 그녀죠. 정말 성마른 여자예요." 현지인들의 눈에 이런 공적인 인물들은 만만한 대상이다. 그 사람들 이야기를 하는 데 허락을 받을 필요도 없다. 개를 산책시키던 한 여성은 배우 크리스토퍼 노스가 살았던 건물을 가리키면서 그의 거주를 확인해주었다. "좀 오만한 사람이었어요." 그녀는 말했다. "저 건물에서 그와 마주쳤죠. 제 아들도 거기서 살았답니다. 그래서 제가 '아, 당신 그 경찰 드라마에 나왔죠' 했더랬죠. 그런데, 틀리게 말했던 거죠. 그랬더니 그가 정말 차가운 어조로 말하더군요. '아니요, 「로 앤드 오더

Law and Order」예요.' 그리고 저는 혼잣말을 했답니다. '이번이 마지막이네."' 이건 정말 고전적인 뉴욕 이야기다. 아무개씨는 아무리 그가 유명하더라도 다시는 말을 걸지 않기로 함으로써 상황을 비판하고 통제할 자신의 자유를 주장하고 있다. 결정은 그가 아니라, 그녀가 한다.

어떤 블록에서 시트콤이나 영화가 제작될 때도 네이버후드에 지위가 생겨난다. 영화 제작자들이 거주자들을 고려하는 한, 대부분의 사람은 그들의 블록이 '영화 찍을 만한' 곳이라는 생각을 좋아하는 듯하다. 하지만 카메라에 둘러싸였을 때 모든 사람이 다 좋아하는 것은 아니다. 마이클 소킨 건축학 교수는 도시를 배경이 아닌 세트로 만들어버리는 도시의 '디즈니화'를 지향하는 경향을 비판하며, 현지 주민에게 불편을 끼치는 것에 대해 불평한다. "진부함도 짜증 나지만 다른 사람이 고안한 드라마에서 역할을 수행해야만 한다는 것도 마찬가지죠. 그게 잘 짜인 거짓말에 현혹되는 것을 의미하든 제작 보조자가 길 반대쪽으로 가달라고 요청할 때를 의미하든 말입니다."[32]

불량한 지역에 사는 사람들은 이런 식으로 느낄 가능성이 낮다. 그들은 범죄나 빈곤과 같은 더 큰 문제를 가지고 있다. 내가 학생들과 함께 답사 수업을 할 때, 덴절 워싱턴의 영화 「아메리칸 갱스터American Gangster」가 맬컴엑스불러바드를 따라 할렘에서 촬영 중이었다. 학생들도, 주변 할렘 사람들도, 그 누구도 개의치 않는 것 같았다. 대조적으로 주민들은 메이저 스튜디오가 이 지역을 영화 로케이션으로 사용하고 있다는 사실에 열광했다. 그런 의미에서 이 네이버후드들도 우위에 있다. 진정한 영광을 제공하고 있기 때문이다.

블록

일반적인 말로 어퍼웨스트사이드와 같은 네이버후드를 설명한다고 하면 완전한 이야기를 전하는 게 아니다. 콜럼버스애비뉴와 앰스터댐애비뉴 사이의 105번 스트리트라고 하자. 여기 있는 6층 이하 공동주택 블록은 같은 애비뉴의 106번 스트리트와 판이하다. 106번 스트리트는 양방향 차선인 넓은 블록으로, 좀더 고급스러운 건물들과 큰 요양원이 있다. 두 거리 모두 매우 고급스럽고 아름다운 브라운스톤 건물이 줄지어 있는 콜럼버스애비뉴와 앰스터댐애비뉴 사이의 78번 스트리트와 공통점이라곤 없다. 여러 네이버후드 안에서 엄청나게 다양한 변주를 볼 수 있다는 건 뉴욕시의 오래된 역설 중 하나다.[33] 한 블록은 평화롭고 목가적이기까지 한데, 그다음 블록은 사람들이 들락날락하며 얘기를 나누고 어울리는 모퉁이의 보데가와 함께 쓰레기와 낙서가 있는 활기찬 곳일 수 있다. 각각의 블록에서 사람들이 어떻게 행동하는지, 누가 거기에 모이거나 모이지 않는지는 일반적으로 그곳에 거주하는 사람들의 합의와 관습에 의해 결정되고 유지된다.

노숙인 레이와의 대화는 이러한 판단이 얼마나 일반적인 견해인지를 보여준다. 그가 주로 지내는 맨해튼 9번 스트리트에 있는 블록이 그의 관점에서 좋은 블록인지 물어봤다. "좋죠"라고 그가 대답했다. "다들 자기 집이 있고 훨씬 속물적인 데다 아무것도 안 주는 10번 스트리트나 11번 스트리트보다는 훨씬 낫잖아요. 여기가 훨씬 현실적이죠. 그리고 노숙인 쉼터가 있는 3번 스트리트보다 확실히 낫고요."

나는 슈퍼마켓에서 폐기한 것 같은 레이의 녹슨 쇼핑 카트를 들여다봤다. 원통형의 용기에 어릴 적 가지고 놀던 것 같은 픽업 스틱이 들어 있었고, 쑤셔 넣은 티슈, 부러진 연필, 천 모자 몇 개, 빈 소다 캔, 변색된 상추, 가운데 구멍이 뚫린 장갑 한 짝, 누더기 몇 벌, 종이컵 몇 개, 그리고 다른 몇 가지 생활 쓰레기, 어쩌면 산산조각 난 삶의 단편들이 보였다.

고섬 어디서나 볼 수 있는 블록 주민회block association는 도시생활의 중요한 부분이다. 이것은 뉴요커들에게 공식적인 마을에 가장 가까운 것이다. 주로 포트럭 파티(미국의 문화로, 각자 음식을 가져오는 파티 ― 옮긴이)가 펼쳐지는 연례 행사는 어떤 공통성과 유쾌한 분위기를 강조하기 때문에 그런 마을의 개념을 강화하는 데 도움이 된다. 거리에선 그날 차량 운행이 통제되는데, 덕분에 잠시나마 특별한 느낌이 든다. 음식이 제공되고 음악이 연주되며, 대화를 나누고 사진을 찍는 모든 것이 역사적으로 그 블록을 바탕으로 한 경험의 집단적 기념 행사에 열기와 의미를 더해준다. 물론 거리의 마주보는 양쪽을 모두 아우르는 것이니까 실은 두 개의 블록에서 파티가 열리는 것이다.

주민회에서 발생하는 이러한 사회적 동력은 그들의 필요에 따라 달라질 뿐만 아니라 거기 소속된 개인들에 따라서도 달라진다. 블록 주민회는 자발적인 조직이며 사람들은 여기에 흥미로운 방법으로 자원한다. 블록에 있는 모든 사람은 자격이 있고, 따라서 구성원이 된다. 하지만 완전히 수동적으로 임하거나 아무것도 하지 않을 수도 있다. 주민회의 번영은 적임자 또는 기술, 재능, 정치적 연계, 심지어 정치적 야망을 가진 특정 핵심 인물들이 어떻게 포진해 있느냐에 달려 있다. 정치적 야망을 품은 인물들 같으면 이러한 목표를 달성하는 데 더 적극적으로 동기를 부여할 수도 있다. 다른 사람들과 개인적으로나 정치적으로 의견이 충돌해 건물에서 이사 나가는 사람이 실제로 얼마나 될지 궁금하다. 어쨌든, 큰 다툼이 있었다 해도 계속 그 사람들을 봐야만 한다. 하지만 이것은 따로 연구해야 할 주제일 것이다.

마지막으로, 제인 제이컵스의 고전 작품인『미국 대도시의 죽음과 삶The Death and Life of American Cities』의 유명한 구절 '커뮤니티의 눈과 귀'에 대해 언급해야겠다. 이 눈과 귀는 대부분 거주자들 자신이다. 만약 그들이 블록 안의 모든 사람을 감시하고 있다면, 동네는 안전하고 활기가 넘치게 된다. 그러나 이 일은 동네 가게 주인들, 미첼 두나이어가 연구한 노점상, 배달원, 건물 관리인, 수위나 도어맨들이 함께 해야만 한다.

그러나 이러한 개인의 역할은 갑자기, 예상치 못한 방식으로 바뀔 수 있다. 어느 브롱크스 출신 빌딩 경비원이 자신이 일하던 맨해튼 빌딩(이스트 74번 스트리트 340번지)에 사는 모델과 결혼했을 때 일어난 소란을 생각해보자. 경비원은 건물 입주민 위원회에 의해 해고되었는데, 위원회는 '사회적 금기를 어긴 모든 것'을 구실로 두 사람을 건물에서 내쫓으려 했던 것으로 알려졌다. 건물 관리인 어윈 맥스위니는『뉴욕타임스』와의 인터뷰에서 "만약 그들이 맺어졌다면, 맺어진 거죠. 그게 미국인 거 아닌가요? 그저 행운을 빌어주었어야 했습니다"라고 말했다. 맥스위니는 이런 견해를 밝혔다는 사실을 입주민 위원회가 알아도 개의치 않는 게 분명했다.

그러나 이 상황에 대한 양면적 태도를 반영하듯, 빌딩의 도어맨은 결혼에 대해 다른 반응을 보였다. 기자가 '문을 열어주는 사람은 주민과 수준이 다르다'는 말은 문제가 있지 않냐고 묻자, 그는 '불편한 미소를 만면에' 띠며 기자에게 "나와 당신을 놓고, 나는 4만 달러를 벌고 당신은 400만 달러를 번다고 합시다. 우리가 식당에 가요. 나는 술을 마시면 걱정이 되죠. 당신은 100달러짜리 술을 주문하겠지만요"라고 대답했다. 그의 관점에서 관계는 괜찮았지만 그것도 거리를 유지할 때 얘기였다. "하지만 더 살다 보면, 당신은 무슨 얘기를 하겠죠. 나는 그거랑은 다른 얘기를 하고 있고요. 같이할 건 없죠, 홋."[34] 짧게 말해, '눈'은 1초만에 벗어날 수 있다. 관리인은 해고되고, 노점상은 체포되며, 가게 주인은 문을 닫고, 경비원은 결혼하고 나가게 된다.

커뮤니티의 조직

커뮤니티를 꾸린다는 건 하나라는 인식만으로는 부족하다. 커뮤니티가 사람들을 끌어들이고 성공하려면 공식적, 비공식적 조직이 필요하다. 이를 반영하듯, 뉴욕에는 수백 개의 청소년 프로그램이 있다. 많은 활동에 더해, 프로그램의 전반적인 목적은 자부심을 불어넣는 것이다. 따라서 1995년에 설립된 웨스트 143번 스트리트 512번지에 있는 브러더후드/시스터솔Brotherhood/SisterSol의 모토는 "나는 남자가 될 것이다" "자매애는 단지 말이 아니다. 마음의 상태다. 스스로 획득해서 자랑스럽게 써야 하는 왕관이다. 제대로 해내야 한다"와 같은 말이다. 어떤 회원이 이렇게 요약해줬다. "여기서 제가 영리하고 재능 있다는 걸, 할 말이 있는 것에 사람들이 관심을 기울여준다는 걸 처음으로 느꼈습니다. 마침내 저 자신이 될 수 있고 중요한 사람일 수 있는 곳이에요."

슬픈 현실은 이 아이들 중 대다수가 누구에게서도 긍정적인 말을 들어보지 못한 가정에서 왔다는 것이다. 브러더후드/시스터솔에서 얻는 자신감은 그들의 삶을 변화시킬 수 있다. 실제로 이 단체는 고등학교 졸업률 88퍼센트에, 85퍼센트가 대학에 입학하는 성공 사례를 보였다. 그리고 그다음 통계는 그저 인상적일 뿐만 아니라 이 커뮤니티에서 무엇이 중요한지를 알려주기도 한다. 커뮤니티의 혜택을 누린 사람들 중 단 2퍼센트만이 스물한 살 이전에 부모가 된 것이다. 70퍼센트 이상의 흑인 아이들이 미혼모에게서 태어났고, 어린이의 3분의 1 이상이 가난 속에 살고 있는 커뮤니다. 브러더후드 회원 중에 감옥에 수감된 사람은 없는 것으로 알려져 있다. 이러한 조직은 매우 중요하다. 하지만 안타깝게도 더 많은 조직이 필요한 실정이다.[35]

1979년 빌 델토로에 의해 설립된 저스트어스JustUs와 같은 여러 프로그램이 방과 후 프로그램의 일부로 과외 공부를 제공하고 아이들을 박물관, 연극, 그리고 라디오시티와 같은 음악 공연장에 데리고 가고 있다. 예술과 문화도 일반적이지 않은 혁신적인 방법으로 커뮤니티를 찾아온다. 예를 들어 최근까지 자연사박물관에는 도시 곳곳에 소장품을 전시하러 다니는 대형 이동식 트럭이 있었다. 모트헤이븐에 있는 초등학교 앞에 그 트럭이 주차되어 있는 걸 본 나는 학교가 학생들을 맨해튼에 데려갈 여유가 없어서 그런가보다 하고 생각했다. 하지만 사실은 그게 아니라 브롱크스에서 가려면 너무 멀기도 하거니와 박물관 본관이 너무 붐비고 길게 줄을 서서 기다려야 하기 때문이었다. 내가 우연히 봤을 때에는 트럭에 인터랙티브 공룡 전시인 「공룡, 고대 화석, 새로운 발견Dinosaurs, Ancient Fossils, New Discoveries」이 실려 있었다. 이 전시는 키스팬에너지와 제휴를 맺은 뉴욕시에서 지원하고 있었다. 아이들은 몇 발자국 앞으로 다가서서 화려한 색깔의 미니 공룡들을 열심히 둘러봤다. 확실히 박물관 직원들이 제공하는 수업을 즐기고 있었다. 직원 중 한 명은 오하이오에서 온 이십대 초반의 젊은 남자였다. 도시 내 공립 및 사립학교뿐만 아니라 커뮤니티나 도서관도 방문하는 밴이 네 대 있었다. 하루에 어린이 120명, 1년에 대략 8000명까지 함께 사용할 수 있는 차량이었다.

"정말 재미있는 일이에요." 그 젊은이가 말했다.

"왜 뉴욕에 왔어요?" 나는 물었다.

"실은 작가가 되고 싶습니다. 하지만 그때까지는 이 일을 하고 있어요."

'해결되지 않은 미스터리'라는 매력적인 표지가 있었다. 또 다른 트럭에는 다른 문화권의 가옥을 보여주는 인류학 전시가 있었고, 세 번째 트럭에는 학생들이 별을 탐험하고 관찰할 수 있게 꾸며놓은 전시물이 있었다. 진짜 전시품은 아니었지만, 어린이들에게는 확실히 '박물관'이었다.[36]

종교는 도시 커뮤니티 생활에 스며들고, 특히 가난한 동네에서는 중요한 것이다. 그러나 그저 여러 교회, 유대교 회당, 그리고 점점 많아지는 이슬람 모스크와 사원들이 문자 그대로 동네를 거의 아우르는 것은 아니다. 어린이들은 아주 일찍부터 직접적으로 종교에 노출된다. 어린이집과 기타 프로그램, 특히 노령층을 위한 프로그램을 제공하는 동네 종교 단체들이 도시 전역에 있다.

트리니티애비뉴 근처에 있는 허브의 동쪽 149번 스트리트를 걷다가, 네 살에서 여덟 살 사이의 어린아이 25명 정도가 덮개를 깔아놓은 보도 위에 앉아 있는 것을 봤다. 아이들의 어머니나 형제자매는 공공 주택 프로젝트 지구 앞 공원 벤치 주변에 모여 서 있었다. 이들은 일주일에 한 번, 수요일 4시 30분경에 이 지역에 와서 사립 종교 단체에 기꺼이 아이들을 데려다준다.

스물다섯 살 정도 되는 젊고 진지한 여성이 이야기를 들려주고 아이들은 넋을 잃고 듣고 있었다. "많은 사람이 잡지나 다른 사람들이 하는 말, 친구의 말이나 노래 가사가 시키는 대로 살아갑니다. 하지만 저는 오늘 이 모든 것이 사라지게 될 거라고 말씀드립니다. 이것이 바로 성경의 말씀입니다. '하늘과 땅은 사라질지라도 내 말은 결코 사라지지 않을 것이다.' 하나님은 항상 그대로 계십니다." 이 가난한 아이들에게 그녀의 말은 진정한 가치가 있다. 부모가 없거나 부모에게 학대당하고, 거리는 온갖 위험으로 가득한 세상에서, 의지할 데가 있다는 것은 정말로 중요하다. 하물며 그게 예수라면, 그리 되옵소서, 하게 된다. 어떻게 그것이 진실임을 알 수 있을까? 이 젊은 이야기꾼이 바로 다른 길거리 설교자처럼 아이들에게 말해주었다.

예수님은 반석이십니다. 힘든 때가 오면 여러분은 그분을 의지하면 되고,

그러면 큰 폭풍이 와도 휩쓸려 가지 않을 겁니다. 길버트가 친구들에게 말했습니다. "우리는 집들이 아직 버티고 있는 큰 바위로 가야 해." 그러자 친구들 모두 그를 비웃기 시작했죠. 친구들은 모두 게코gekko(우스꽝스러울 정도로 냉담한 사람을 의미하는 속어 ─ 옮긴이)였죠. 그들은 웃고 또 웃었답니다. "길버트, 바보짓 하지 마." 그래도 길버트는 말했습니다. "나는 바위를 찾을 거야. 휩쓸려가고 싶지 않아." 마침내 그들은 바위에 다다랐습니다. 그곳에선 모든 집이 바위 위에 세워졌기 때문에 그대로 있었습니다.

교훈은 명백했다. 그녀는 그림을 보여줬고, 아이들은 좋아했고 마음을 빼앗겼다. 그녀가 "살면서 나쁜 일을 겪어본 사람 있나요?"라고 묻자, 아이들 중 절반이 손을 들었다. 근처 트럭 옆에 커다란 요기 베어 그림이 있었다. 그녀는 아이들 앞에서 춤추고, 울고, 웃고, 몸짓하고, 이야기를 연기했다. "모두 따라 하세요. '예수님은 반석이시다!'" 그러고 나면 가스펠 음악이 울려 퍼지는 가운데 선물을 나누어줬다.

그다음 주 화요일에 나는 그 트럭이 다른 곳, 다른 주택가 옆에 자리잡은 것을 봤다. 이런 활동들은 매너핸스트리트와 부시윅애비뉴에 있는 브루클린 교회에서 운영되는 개신교회(아일랜드 벨파스트처럼 멀리 떨어진 교회에서 지원을 받는 대도시 사역기관)가 후원한다. 그들은 지난 30년 동안 대부분 가난한 커뮤니티에서 사람들에게 전도를 해왔고, 현지 사람들에게 따뜻한 환대를 받았다. 부모들은 종교가 아이들에게 좋다고 믿으며, 구조 및 안정성 측면에서 실제로 그렇기도 하다. 그래서 아이들은 어린 나이에 종교에 노출된다. 주중 오후에 무료로 이용할 수 있는 주일학교가 있다. 한 엄마가 내게 말한다. "이게 여기로 이사 온 이유 중 하나예요. 주일학교와 가까워 제 아이와 그 친구들이 좋아해요."

다음으로, 구역 매니저인 켄 컨스가 설명하는 브롱크스의 프로그램 같이 어른들을 위한 것이 있다. "코업시티의 베이플라자극장에서는 동시 상영을 제공하고 있습니다. 14개 AMC시어터 상영관 중 하나에서 메트로폴리탄오페라하우스의 「아이다」 공연을 상영했습니다. 그래서 링컨센터에서 사람들이 3시간 동안 200달러를 내고 보는 공연을 우리는 15달러에 봤죠. 런던 왕립오페라하우스 공연도 실시간으로 봤습니다."

노인 센터는 뉴욕 노년 생활의 핵심이다. 특히 가난한 지역에서는 노인 센터가 거의 유일하게 교제 활동과 기타 서비스를 제공한다. 브롱크스의 세인트앤스애비뉴와 이스트 144번 스트리트에 걸쳐 있는 버탠시스시니어센터Betances Senior Center에 들어가봤다. 푸에르토리코 히스패닉계 노인기관으로 뉴욕시 노인복지부DFTA의 지원을 받는 이곳에선 히스패닉계 노인들이 방에서 당구를 치거나, 또 다른 방에서 빙고 게임을 하고, 도미노 게임을 하거나 일찍 점심을 받으러 줄을 서는 것을 볼 수 있다.

어떤 노인들은 종종 고립감을 느낀다. 일례로 노령의 중국계 이민자 로빈 후는 러시아 망명자들에 관심을 보이며 다가가보려 노력했다고 얘기했다. "우리는 왜 러시아인들이 여기에 왔는지 잘 모르죠. 그리고 그들은 왜 중국인들이 여기에 왔는지 모릅니다. 서로 물어볼 수가 없으니까요. '안녕하세요' 하고 인사를 하죠. 그다음은 뭐겠어요? 그다음은 없습니다. 그래서 가까워지지 않는 거죠." 하지만 그에게 점수를 주자.

후 씨는 이웃들을 집으로 초대해 노래방 기계로 러시아 노래를 부르려고 해봤다. 아이고, 아무도 오지 않았다.[37]

자녀가 장성한 후 부모를 밖으로 이끌지 않거나, 노인들이 동네에 너무 애착심이 생겨 떠나지 않으려다보니 많은 노인이 뒤에 남겨지게 된다. 그러나 숫자가 줄어들었다 해도, 그들은 새로 온 수많은 이와 다르지 않게 지역사회에 대한 강한 욕구가 있다. 그 욕구의 초점은 대개 교회나 유대교 회당이다. 거기에서 매일 또는 매주 모여 기도하고, 대화하고, 추억을 회상하며, 생각이 비슷한 사람들과의 교제를 즐긴다. 자녀들은 이미 오래전에 떠나갔지만, 자녀들을 어떻게 길렀는지에 대한 기억도, 예배당이 수백 명의 신도로 가득 찼던 날들의 기억도 부모들의 마음에 남아 있다. 그 소중한 기억들은 그들에게 아직도 커뮤니티의 일원으로 살아가는 느낌을 준다.

궁핍한 처지의 사람들을 생각할 때 히스패닉계, 흑인, 아시아계 신참들이 보통 떠오르곤 한다. 그러나 뉴욕에서는 유대인이 가난한 노인층의 다수를 차지하고 있다. 그들을 가장 활발하게 지원하는 기관은 윌리 래포겔이 이끌었던 메트로폴리탄 협의회Metropolitan Council다. 이 도시 전체 유대인 인구의 25퍼센트가 빈곤층으로 분류되는데 이는 2002년의 20퍼센트보다 증가한 수치이며, 메트로폴리탄 협의회는 방문 돌봄, 법률 서비스, 식단 프로그램, 저렴한 주택, 위기 상담 같은 다양한 서비스를 제공한다. 그 서비스 대상은 대부분 러시아계와 정통파 유대인 가정이다.[38]

모든 커뮤니티에는 문제가 있기 때문에 커뮤니티 조직 또한 중요하다. 과거 헌츠포인트 공장 지대에서처럼, 성매매 같은 문제가 있는 커뮤니티는 위원회를 통해 그런 문제에 대항하는 시위를 조직할 수 있다. 브롱크스 멜로즈에서 내가 목격한 것처럼, 주민이 경찰에게 공정한 대우를 받을 수 있도록 법률 지원을 요청하고 시민 감시 위원회를 만들 수도 있다.

당연하게도 정치 역시 뉴욕 네이버후드에서 중요한 역할을 한다. 그러나 존 몰런코프의 주장처럼 그 과정은 매우 복잡하다. 정치 지도자들의 운명은 투표에 달려 있으며, 커뮤니티 지도자들도 이를 알고 있다. 풀뿌리 조직들, 지역 기관 및 커뮤니티 위원회는 정치인들이 주민들을 위해 환경을 개선하도록 압력을 가한다. 뉴욕에서 가장 영향력 있는 조직 중 하나는 무비엔도 훈토스Moviendo Juntos로, 부시윅과 윌리엄스버그에 기반을 둔 세입자 협회, 블록 조직들, 저소득 협동조합, 사친회, 비영리단체 등 여러 네이버후드 단체 지도자 350여 명의 연합 조직이다. 이렇게 주체가 여럿일 경우 민족-종교적 요인이 정치의 양상을 결정한다. 이를테면 무비엔도 훈토스는 '뉴욕시에서 가장 큰 라틴계 지도자들'로 묘사된다. 하시드파 유대인이나 백인 같은 다른 집단들도 비슷한 전술을 사용한다. 이민자가 인구의 47퍼센트를 차지하는 퀸스에서는 버러장 헬렌 마셜이 이민사무국을 설립했다. 이 기구는 여러 행사를 후원하고 이민자 서비스 제공자와 변호사들을 한데 모으며 다양한 프로그램의 기금을 조성한다. 장기 거주자와 이민자들이 함께 모여 공통 관심사를 논의하는 퀸스 총회Queens General Assembly를 만들기도 했다.[39]

코크 시장 행정부를 시작으로, 시 정부는 기업 부문이 도시 커뮤니티에 투자하도록 적극적으로 장려했다. 오늘날 이는 큰 사업이 되었다. 수백 개의 기업이 공원이나 커뮤니티, 도시 정화 캠페인의 재정을 지원하고 있다. 더 큰 무대에서는 부동산 개발업자와 사업가들의 이해관계가 맞아떨어져, 브루클린 내 애틀랜틱야드 상업 및 주거 프로젝트 같은 대규모 개발이나 연중무휴 놀이공원 재개장 등 다양한 코니아일랜드 개발 계획에 여러 사업체가 뛰어들게 되었다. 참여한 기업은 영업권, 커뮤니티에 재정적으로 개입할 자격, 심지어 세금 감면 등의 혜택을 받았다. 프로젝트는 기업이 커뮤니티에 과도한 영향을 미치고 사적 이익을 위해 커뮤니티를 이용할지도 모른다는 우려를 불러일으키기도 했다.[40] 그러나 내가 얘기해본 대부분의 사람, 즉 지역 지도자와 보통 사람들은 좋은 일이 나쁜 일을 덮을 만하다고 느끼고 있었다.

맨해튼 17번 스트리트에 있는 식당 프렛어메인저를 지나치다 가게 창문에 붙은 안내문을 봤다. "신선한 음식을 이튿날 다시 판매하지 않고 매일 밤 뉴욕의 노숙인들에게 제공하고 있습니다." 정말 팔 수 있는 음식이었을까, 어차피 내버릴 음식이었을까? 팔지 못해서 생기는 손실을 메울 만큼 충분한 고객을 이렇게 확보하는 것일까? 그저 신선한 식품만 판매한다는 사실을 알려주려는 것일까? 당연히, 가난한 사람들에게 음식을 주면서도 알리지 않는 게 최고의 자선 행위일 것이다. 다시 말하지만, 이건 **비즈니스**다.

교육

학교는 사람들이 어디에 살지 결정하는 데 있어 정말 중요한 요소다. 첫째, 학교는 아이들이 하루의 대부분을 보내는 곳이다. 둘째, 오늘날 교육은 훨씬 더 중요하게 받아들여진다. 브롱크스 4번 구역 관리자 랠프 샐러맹카는 이렇게 말한다. "사람들은 좋은 직장을 얻으려면 학교를 다녀야 한다는 생각에 교육을 받는 거예요."

이는 어디까지나 커뮤니티 내의 투쟁 또는 범죄와 빈곤이 지배적인 다른 근처 커뮤니티와의 투쟁이다. 이스트뉴욕에 인접한 커뮤니티인 브루클린 사이프러스힐스가 생존을 위해 어떻게 노력하는지를 보자. 퀸스와 접한 동쪽 부분은 꽤 양호한 상태다. 나머지 지역은 상당히 위험하다. 리치먼드스트리트에서 두 개의 코린트 양식 기둥 뒤에 있는 작고 오래된 공립학교를 봤다. 붉은 벽돌색이 눈에 띄는 제65공립학교였다. 진기할 정도인 벽돌색은 그곳이 정말 오래되었다는 것을 보여주었다. 출입문 위에 달린 장식용 시멘트 방패 한 쌍은 학교가 120년도 더 전인 1889년에 지어진 자랑스러운 '황금 사자(학교의 마스코트—옮긴이)의 집'임을 알려주고 있었다. 건물 바로 오른편 전화선엔 어린이 운동화 한 켤레가 달랑 걸려 있었으며, 짐작건대 매일 더 높이 오르려는 마음으로 학생들이 발을 옮기는 계단에는 다양한 표어가 붙어 있었다. "좋은 사람이 되려면 열심히 공부하자." "성공하려면 노력해야 한다." "목표를 높게 잡자." "우리는 대학이라는 산에 오르고 있다." 사실상 사이프러스힐스 같은 곳에서 대학은 정말 산이다.

여전히 불만족스러운 부분이 많지만, 도시의 공립학교는 지난 몇 년 동안 많이 개선되었다. 교육의 인종 간 격차가 좁아지고 있다는 것이 한 가지 징후다. 2009년에 흑인 학생은 여전히 백인 학생보다 17퍼센트 포인트 뒤처졌지만, 이는 2006년의 31퍼센트포인트 차이보다는 훨씬 더 나아진 것이다. 일부 비평가는 점수 인플레이션 등 다른 문제들이 영향을 미쳤을 수 있다며 이러한 결과를 일축했지만, 전반적인 방향은 긍정적이다.[41]

뉴욕시 교육제도는 차터 스쿨charter school(정부 예산을 받으면서 기존 교육구와는 독립적으로 운영되는 학교의 한 형태. 영리 혹은 비영리 기업이 자금 조달이나 운영에 참가하기도 한다 — 옮긴이)이 성장하면서 새로이 발전했다. 다수의 차터 스쿨이 기업과 헤지펀드로부터 지원받고 있으며, 투자자들은 차터 스쿨이 교육에 진정 신선한 바람을 불어넣을 거라고 보고 있다. 그러나 공립학교는 교원 노조에서 적시했듯 차터 스쿨이 공립학교 제도를 간접적으로 비판하고 일자리를 빼앗는다고 여긴다. 그럴 수도 있지만, 공립학교들은 공적으로 자금을 조달하여 사립처럼 운영되는 병폐가 크다. 비노조 교사도 많이 고용하는 등 정규 학교가 아이들을 충분히 교육시키지 못하고 있다는 감정에 대한 반응이 바로 차터 스쿨이라고 할 수 있다. 많은 부모가 차터 스쿨을 좋아하며 교복, 학칙, 교과과정, 공립학교보다 더 좋은 처우를 받는 의욕 넘치는 교사들을 강하게 옹호한다. 별생각 없이 차터 스쿨이 더 낫다고 간주하는 경향도 있다. 이러한 견해에 대해서 일부 교육학자들은 차터 스쿨도 전통적인 공립학교와 똑같이 실적이 좋지 않다는 증거가 많다며 이의를 제기했다. 그들이 보기에 성공이나 실패는 학교 하기 나름이었다.[42]

교구 학교와 무교파 사립학교들도 항상 선택지에 있었는데, 후자는 대부분 부유한 네이버후드에 자리한다. 이러한 유형의 학교들도 차터 스쿨만큼 중요하다. 저소득층 지역 사람들은 가톨릭 학교를 가장 많이 선택한다. 너무 거칠긴 하지만, 브롱크스의 한 푸에르토리코인 어머니의 설명은 가난한 사람들이 교구 학교의 어떤 점을 좋아하는지를 잘 대변한다. "공립학교에서는 아무것도 못 배워요. 어떤 선생님은 문자 메시지를 보내려고 수업 시간 내내 아이들에게 머리를 숙이고 있으라고 했어요. 그건 교육이 아니라 농담이죠. 가톨릭 학교는 학비가 1년에 1500달러 정도 듭니다. 장학금을 받아서 절반만 내요. 그들은 가치 있는 걸 가르칩니다. 그리고 문제가 생기면 제게 전화를 합니다, 부모에게요. 학생에 대해 자부심을 갖고 진정으로 돌봅니다." 이 여성은 4학년 아들의 성적표를 가지고 있었다. 그것을 포켓북에서 꺼내 나에게 A 학점을 보여주었다. "애가 얼마나 잘하는지 보세요."

2009년 5월 『뉴욕타임스』 기사에 따르면, 젠트리피케이션이 진행 중이던 포트그린에 있는 제20공립학교의 숀 키턴 교장은 교사 노조 대표를 폭행한 혐의로 기소되어 교장직에서 해임되었다. 이 사건은 학부모들 사이에서 기나긴 논쟁으로 번졌다. 학교의 성과에 대해서는 누구도 질문하지 않았다. 4년 동안 키턴의 지도력 아래 문제 학생들이 방향을 잡게 되었고, 성적이 올랐으며, 새로운 문화 교과과정이 도입되었다. 최근에 이 지역으로 이주해 보럼힐과 파크슬로프의 멋진 재개발 브라운스톤 건물에 사는 부유한 백인 학부모 무리는 키턴에 대해 비판적이었다. 너무 완고해서 부모의 개입을 거의 허용하지 않는다고 여겼다. 반면 흑인 노동자 학부모들은 키턴의 엄격하고 잘 짜인 접근 방식을 선호했다. 키턴과 대부분의 학생은 흑인이었다.

기본적으로 가치와 우선순위의 충돌이었다. 한쪽은 키턴을 '단호하고 가부장적인' 이로, 다른 쪽은 그를 '포악하며 폭력적인' 이로 봤다. 이 교장은 인터뷰에서 이렇게 항변했다. "부모들이 원할 때 교실에 와서 참관하는 것 외에 뭘 더 바란다는 건지 도무지 이해가 안 됩니다. 파크슬로프에서는 그런 무리한 요구를 못합니다. 어퍼웨스트에서도 이피이스트에서도 안 되는 일이죠. 그런데 왜 제20공립학교에서는 된다는 거죠?"

이 마지막 문장에 뭔가 실마리가 될 만한 게 있다. 키턴은 어쩌면 자신이 흑인이고 좋은 동네에 있는 학교가 아니라서 부모들이 다른 네이버후드에서는 감히 요구하지 못할 것까지 자신에게 요구한다고 생각했는지도 모른다. 그러나 여기서 진짜 문제는 가치 체계가 다르다는 점이고, 이는 노동자 계층 흑인과 중산층 백인 부모의 서로 다른 배경과 니즈, 기대치에 뿌리를 두고 있다. 후자는 아이들이 허튼짓을 못하게 하는 간단명료한 접근법보다는 보살펴주는 양육 환경을 선호한다. 하지만 그것은 가정에 부모가 둘 다 있고 매일 밤 엄마가 자녀와 숙제를 하기 때문이다. 아마 학교를 찾아올 시간도 더 많을 것이다. 흑인 어머니는 학교 근처에서 보낼 시간이 없다. 그래서 학교가 교육을 제공하고 규율을 가르쳐주길 바라고, 돈을 버느라 자녀에게 주기 어려운 강인한 사랑을 주기를 기대한다. 젠트리피케이션이 점점 진행되어 더 많은 백인이 흑인 지역으로 진입함에 따라 이러한 충돌은 계속 발생할 것이다.

또 다른 쟁점은 키턴이 노조 대표를 폭행해서 교장직에서 해임되었다는 비난이다. 우선 그런 혐의는 비난받을 여지가 있고도 남으며, 혐의를 받는 사람이 자리에서 해임되면 그의 혐의는 즉각 기정사실화된다. 그래서 사건 이후 대부분의 사람이 키턴을 유죄로 간주했다. 가장 열렬한 지지자들조차 폭력을 지지할 수는 없기에 그를 두둔하기 어려웠다. 그의 혐의는 이성적이고 인내심 있으며 리더십을 가진 사람이라는 교육자상에 반하는 것이었다.

2년 뒤『뉴욕타임스』기사에 따르면 키턴은 "모든 혐의를 벗었다"고 한다. 그를 이전 직장에 복귀시킬 것이냐는 질문에, 교육부 대변인 마기 파인버그는 "검토하고 있다"고만 말했을 뿐이다.[43]

사건 당시의 기사는『뉴욕타임스』종이신문 A14면에서 크게 다뤄졌다. 그런데 판결 결과를 보도한 후속 기사는 A22면에 작게 실렸다. 과연 몇 명이나 그것을 알아차렸을까 싶은 데다, 앞쪽을 읽은 사람들 중 몇이나 이어지는 뒷부분을 읽었을까 싶다. 그리고 물론 너무 성급히 판단해서 키턴을 오랫동안 방치해뒀던 교육부로서도 당혹스러운 일이었다. 사람들은 키턴이 성마른 사람이었다고 비방했지만, 결국 그는 좋은 성과를 거둔 교육자였다. 그런 그가 여론 법정에서 완전히 유죄로 몰려 큰 상처를 입었다는 것은 슬픈 일이다. 그럼에도 더 큰 의미에서의 교훈은 교육이 커뮤니티에 매우 중요한 문제이며, 그 최선의 방법에 대해서는 서로 다른 집단 간에 큰 이견이 있다는 것이다. 그리고 서로 다른 계급과 인종이 같은 커뮤니티에 있으면 이견의 초점이 훨씬 더 선명하게 맞춰진다는 것이다.

마지막으로, 뉴욕시에 컬럼비아대학이나 뉴욕대학 같은 여러 우수한 대학이 있다는 것을 언급할 가치가 있다. 이 가운데 뉴욕시립대학은 특히 매슈 골드스타인 총장의 역동적이고 비전 넘치는 지도력 아래 중대한 역할을 해왔다. 저렴한 학비와 부상하는 학교 수준에 많은 이민자와 그 자녀들이 이끌렸다. 또한 중산층 학생들이 늘어나고 있는데, 이들은 이 학교에 입학한 게 탁월한 선택이었다고 여긴다. 예를 들어 2012년, 학생들은 이과계 대학원 연구에서 각각 12만6000달러 상당의 국립과학재단상 16개를 수상하는 기록을 세웠다. 잘 알려져 있지 않지만 좀더 낙후한 지역에서 성취를 거두고 있는 다른 계층의 상경·기술계 학교들도 중요하다. 브롱크스 제롬애비뉴에 있는 먼로대학이 좋은 사례다. 모든 사람은 꿈을 가지고 있다. 그리고 먼로대학은 처음 예상과는 달리 거의 80년 동안이나 사라지지 않고 그 꿈을 이루어주기 위해 노력해오고 있다.

근처의 조그만 동네 공원에서 나는 벤치에 앉아 있는 회색 티셔츠 차림의 히스패닉계 청년을 발견했다. 옆에는 큰 녹색 비닐 쓰레기봉투가 든 쇼핑 카트가 있었다. "헤이! 차가운 얼음물, 1달러, 하나 사세요!" 그는 매분 노래 부르듯이 외치고 있었다. 아무도 물을 사지 않은 것 같았다. 목이 마르지는 않았지만 걸어가서 한 병을 샀다. 그는 얼음물을 사준 내게 정말로 고마워했다.

"여기서 어떻게 물병을 차갑게 보관해요?"라고 내가 먼저 물었다.

"음, 먼저 집에서 냉동을 해둬요. 그러면 꽤 오래 차갑게 유지된답니다."

"학교는 어디를 다니나요?"

"막 고등학교를 졸업했습니다."

"이제 뭘 하려고 해요?"

"먼로대학에 갈 거예요."

"왜요?"

"부유한 사업가가 될 거예요. 거기는 훌륭한 대학이죠."

그의 꿈은 어지간히 낮은 곳에서 생수병, 바로 이 기업가 정신과 함께 시작된다. 이 젊은이의 여정이 어디에서 끝날지 누가 알겠는가? 지금 당장은 이곳이 바로 그의 지평선이다. 그는 아이비리그 대학이나 하다못해 뉴욕시립대학 바루크칼리지에 대해서도 생각하지 않는다. 지금은 이게 시작이다. 하지만 그에게는 족하고도 남는다.

딘킨스 전 시장의 관점에서 교육은 이민자들을 돕는 것과 더불어 아마도 뉴욕시가 오늘날 직면한 가장 큰 도전인 듯했다. 그는 이렇게 말했다. "확실하게 모든 아이가 좋은 교육을 받도록 만들어야만 합니다. 우리는 이 행성을 소유한 게 아닙니다. 맡고 있는 것입니다. 저는 아이들을 사랑해요. 아이들에게 푹 빠져 있습니다. 친구들에게 '내가 너를 좋아하는 만큼 아이들을 돌보지 않는다면 당국에 신고할 거야'라고 말하곤 한답니다. 그들은 웃음을 터트리지만, 저는 정말로 아이들이 너무너무 좋거든요."

프로젝트 단지: 특별한 경우

대다수의 대도시와 마찬가지로, 뉴욕에 있는 정부 주도 저소득층 주택 프로젝트는 대상지 인근의 가난한 주민들에게 큰 영향을 미치며 이들이 거주지를 선택하는 데 중요한 요인으로 작용할 수 있다. 내가 얘기를 나눈 주민들은 마약 거래가 공공연히 이루어지고 경찰도 거의 없는, 프로젝트 주택 단지 내 십대들이 가장 우려스럽다고 여러 차례 말했다. 경찰은 프로젝트 단지 안에서 일어나는 일은 우선순위가 아니라는 태도다. 하지만 현재 프로젝트 단지를 둘러싼 주변 지역에는 단지와 극명한 대조를 이루며 새로 보조금을 지원받은 주택들이 들어서고 있다. 프로젝트 단지는 여전히 구조적으로 훌륭하지만, 종종 실패의 오명이 남아 단지를 둘러싼다. 그래서 사람들은 가능하면 새로운 주택으로 옮겨 가고, 그럴 여력이 없는 이들은 더 문제적인 상황에 빠지는 경우가 많다. 십대들로 보자면 단지 바깥의 사람들이 향유하는 더 나은 주거 환경을 부러워하게 된다.[44]

사우스브롱크스의 이스트 146번 스트리트에 있는 버탠시스하우스에 들어가봤다. 공공 주택에 사는 사람들은 환경에 적응하는 경향이 있어서, 그 안에서 한 세대 넘게 살고 있는 주민들을 보는 것도 드문 일이 아니다. 건물은 꽤 깨끗했지만, 엘리베이터 안에서 오래된 소변 냄새가 많이 났다. 엘리베이터에서 나와 21층 복도를 걸어가면서 보니 계단에서 어정거리는 사람들은 없었다. 문도 긁혀 있지 않았고 벽에 낙서도 없었다. 장식 하나 없이 온통 전형적인 노란색 알전구와 쇠창살뿐이었다. 그러나 그곳 사람들은 적어도 자녀를 위한 희망과 열망을 아직 가지고 있었다. 43년 인생을 버탠시스에서 보낸 여성과 이야기를 나누었다. 그녀는 깔끔히 차려입은 아홉 살짜리 아들과 함께 서 있었다. 아들은 '영재반에 다니는 영재'라고 했다. "딸도 상위 2퍼센트예요. 그래서 유치원에 보낼 거예요. 지금은 프리스쿨에 다니고 있고요."

뉴욕시 주택 건설 프로젝트는 미국에서 가장 잘 만들어져 관리되는 프로그램으로 지난 70년 동안 운영되어왔다. 그래서 프로젝트 건물들은 거의 철거되지 않고 개조된다. 약 2600채의 건물을 아우르는 대규모 사업이 프로젝트 단지를 잘 유지하며, 입주자 규모는 공식적으로 42만 명이지만 실제로는 60만 명에 달한다. 물론 아직도 문제는 많다. 『효과가 있었던 공공 주택Public Housing That Worked』의 저자 니컬러스 데이건 블룸은 이렇게 말했다. "궁박한 세입자들에게 주택을 제공하고 도시 내 가장 낙후된 지역에 집중하는 여러 뉴욕시 주택 개발 사업은 높은 비율로 지속적 비판에 시달리고 있다. 알루미늄 방수 판도 자주 도난당하고, 세입자들은 복도와 엘리베이터에 이해가 안 될 정도로 방뇨를 하며, 보안 시스템은 누군가에 의해 망가지기 일쑤고, 매일 창문으로 쓰레기가 투척되거나 멀건 벽돌에 계속 낙서가 그려지고, 충격 방지 유리가 산산조각 나고 있다. 얼마 전에는 세입자가 반려동물로 키우던 호랑이 새끼에게 변을 당하는 일도 있었다."[45]

다소 우울한 평가에도 불구하고, 저소득층을 위한 주택 공급이 너무 부족하고 건물이 기본적으로 튼튼하기 때문에 프로젝트 아파트는 여전히 시장에서 수요가 높다. 1990년대 이후 뉴욕시 주택관리국은 새 커뮤니티 센터를 짓고 공원을 수리했으며, 보안 시설에 투자했다. 평균적으로 매년 5500채의 아파트가 시장에 나오며 7년 동안 기다려야 하는 대기자 명단에 등록된 약 10만 명이 이 아파트에 입주를 신청한다.

보통의 뉴요커들은 프로젝트 단지를 주로 복지 혜택을 받는 세입자를 위한 공간으로 생각한다. 그러나 실제로는 복지 혜택 수혜자와 노동자 계층이라는 두 개 계층 체계로, 노동 계층이 일반적으로 리스트의 선순위를 차지하게 된다.

브롱크스 프로젝트 아파트 안에 들어서면 왜 이곳이 아직도 그대로 있는지 쉽게 알 수 있다. 이 아파트들은 암반처럼 단단하게 지어졌다. 벽들은 석회로 되어 있고, 석고 보드 건식벽이 아니다. 이웃집이 정말 너무 시끄럽지 않으면 소음을 거의 들을 수 없다. 객실은 적당한 크기이고, 샤워실과 욕실, 부엌 설비, 그리고 가전제품은 확실히 좋다. 물론 가격도 적당하다. 외관은 암울해 보일 수도 있지만, 실내는 예상했던 것보다 더 낫다.

이 프로젝트 단지의 활기 없는 성격을 고려했을 때, 사람들이 뭐라도 해서 좀더 좋게 보이도록 하려는 것도 그리 놀랄 일은 아니다. 브루크너 고속도로를 따라 자리한 브롱크스데일하우스는 최근 그 프로젝트 단지에서 살았던 소니아 소토마요르 대법관을 기리기 위해 그녀의 이름을 따서 명칭을 바꾸었다.(사진 13) 이름을 바꿨다고 크게 달라질 거라 생각하는 사람은 없다. 그녀의 지위와 그녀가 푸에르토리코인이라는 사실은 가난한 현실을 변화시키지 못하고 희망은 줄지언정 부를 가져다 주지도 못하지만, 주민들에게 어느 정도의 자부심을 주는 것은 분명하다. 마찬가지로 소토마요르가 졸업한 인근의 교구 학교에는 그녀의 대법관 취임을 축하하는 표지가 붙어 있다. 나와 얘기를 나눈 한 부제副祭는 "대법관님이 2010년 6월에 저희와 아이들을 방문하기 위해 오셨습

사진 13 소니아 소토마요르 대법관, 커뮤니티에 용기를 주다. 왓슨애비뉴와 로즈데일애비뉴 모퉁이. 제시 리스 촬영.

니다. 그분은 조용한 우등생이었습니다. 그분이 이룬 것은 정말 훌륭하고, 그분은 아이들에게 원하면 무엇이든 될 수 있다고 말해줍니다"라고 말했다. 소토마요르는 '우등생'이었을지도 모르지만, 자서전에는 분명히 그녀가 다른 게토 아이들처럼 거친 환경에서 자랐고 수녀 선생님들이 다른 학생들에게 한 것처럼 소토마요르도 체벌했다고 적혀 있다.

이렇게 전반적으로 보면 피할 수 없는 결론에 도달한다. 프로젝트 단지는 더 나은 삶을 바라는 사람들의 욕구에 대한 진정한 해답은 아니라는 것이다. 확실히 다른 어느 곳보다 더 좋은 모습으로 잘 지어졌지만, 하루를 마쳤을 때 더 신이 나거나 희망적이거나 흥미로운 것은 없다. 그 안에서 사는 데는 어떤 낙인이 붙어 있다. 문제는 이렇게 많은 사람과 무슨 일을 하는가다. 지난 20여 년간 브롱크스, 브루클린, 퀸스에서 정부로부터 저금리로 돈을 빌려 지은 3~4가구 벽돌 주택에 사는 사람들은 상당히 성공한 사례들이다. 그들은 소유권을 가지고 있기 때문에 집을 유지하는 데 자부심을 느낀다. 반면, 프로젝트 단지 내의 사람들은 아무것도 소유하지 않는다. 빌려 사는 집이 매력적이라면 모르겠지만, 실제로 그렇지도 않다. 역설적으로 제한된 성공, 즉 살 만한 곳이라는 사실이 훨씬 더 큰 실패를 초래했다. 시 정부가 적절하다고 판단했다는 이유로 건물을 철거하고 재개발을 할 수 없게 된 것이다. 젠트리피케이션 유입층의 주택 수요가 증가함에 따라 현상은 더욱 악화되고 있다. 주택 수요는 이들이 말 그대로 프로젝트 단지의 바로 길 건너편에라도 살고 싶어할 정도로 크다. 그들이 이렇게 원하지 않았다면 민간 투자 부문에서 프로젝트 단지를 철거하려고 압박을 가했을 것이다.

외곽 버러들과 맨해튼

사람들이 왜 커뮤니티를 선택하는지에 대한 논의는 이 관계를 건드리지 않고서는 완전할 수 없다. 특정 네이버후드에 한정되지는 않지만, 맨해튼 바깥에 사는 모든 사람에게 크고 작은 영향을 주는 것이다. 다시 말해 일과 놀이에 있어 맨해튼이 갖는 중심성과 세계에 알려진 이미지 때문에, 그곳에 살지 않는다는 것은 그 바깥의 커뮤니티에 살겠다고 의식적으로 결정했다는 것을 의미하게 된다. 그리고 사람들에게는 맨해튼에 살 여력이 없다는 것에서부터 조용하고 덜 붐비는 곳에서 살고 싶다는 것에 이르기까지 다양한 이유가 있다. 하지만 무척 중요한 또 다른 측면도 있다. 바로 맨해튼과 주변 지역의 차이에도 불구하고 뉴요커들이 거주하는 개별 커뮤니티를 넘어서는 통일된 요소가 있다는 것이다.

맨해튼 바깥에 사는 사람들은 30년이나 40년 전에 비해 누그러들었다고는 해도 애증의 관계에 있다. 맨해튼에 근접해 있고 그 점이 오락과 관광, 그리고 세계 금융 중심지로서의 지위를 통해 무엇을 제공하는지를 잘 인식하고 있기 때문에 그들은 그것에 긍정적인 반응을 보인다. 게다가 그들 중 대다수가 맨해튼에서 일하며 출퇴근을 한다. 그러면서도 자기가 사는 커뮤니티에 열렬히 충성하며, 그곳이 북적이는 도심과 가까우면서도 조용하고 친절하고 먼 오아시스라고 자랑한다. 브루클린과 퀸스 내 젠트리피케이션이 진행되는 구역에 사는 사람들은 자기들의 네이버후드가 '발견되어서', 그리고 맨해튼 사람들에게 인기를 얻었음을 알고 기뻐하곤 한다.

외부 버러에 사는 사람에게 자신을 뉴요커라고 생각하는지 물어보라. 대답은 십중팔구 '예스'일 것이다. 어찌 됐건 뉴욕시는 다섯 개 버러 자치구로 정의되어 있지 않은가? 그리고 다들 맨해튼에서 고작 30분에서 1시간 거리에 있지 않은가? 이러한 현실은 사람들이 어디에 거주하든 하나라는 의식에 기여한다. 하지만 거기에도 차이는 있다. 포리스트힐스, 브루클린하이츠, 리버데일처럼 가깝고 이름난 고급 동네에 있는 사람들은 브라운즈빌, 우들론 또는 게리슨비치에 사는 사람들보다 뉴요커로서의 정체성이 더 강한 경향이 있다. 어떤 배관공은 신랄하게도 "게리슨비치라는 곳에 대해 들어본 사람은 아무도 없습니다"라고 얘기하기도 했다.

특히 스태튼아일랜드는 많은 뉴요커에게 시골 같고 고급스럽지 않으며, 매립지에다, 접근하기 어렵고 편협한 듯한 후미진 곳으로 간주된다. 벤 하우는 『마이 코리안 델리』에서 이런 고정관념을 잘 보여주고 있다. 스태튼아일랜드는 "뉴욕시의 버림받은 버러"이며, 스타벅스도 없는 곳, 구소련 출신 이민자들만 있는 곳, 세계에서 가장 퇴락한 경제만 있는 곳이다. 소년들은 스태튼아일랜드에 가면 "덤프차 냄새"가 나지는 않을지 걱정하고 스태튼아일랜드 억양을 배우려면 얼마나 걸릴지에 대해 이야기한다.[46] 가혹한 표현이지만, 스태튼아일랜드 사람들은 다양한 측면에서 외진 곳에 있다는 것을 알고 있다. 나는 이 버러를 끝에서 끝까지 답사하면서, 스태튼아일랜드 주민들이 처음 다가갔을 때 시비조의 태도를 취하곤 한다는 것을 발견했다. 그들은 방어적인 태도로, 사람들이 스태튼아일랜드 사람들을 멍청이라고 생각한다는 자신들의 생각을 확인시켜주는 얘기를 당신이 꺼내기를 기다린다. 하지만 당신이 자신들을 깔보거나 놀리려고 하는 사람이 아니고 괜찮다고 판단되면 친절해지고 도와주려 할 때도 많다. 그들은 이 섬과 삶의 방식에 대해 지극히 편파적인 애정을 가지고 있으면서, 다른 사람들이 이 섬을 촌구석으로 볼지 모른다는 것도 정확히 알고 있다.[47]

그럼에도 불구하고 뉴욕의 모든 사람을 진정으로 통합하는 한 가지가 있다. 바로 9·11의 기억이다. 인류학자 낸시 포너는 이 주제를 포괄적으로 다루는 편저 『상처 입은 도시Wounded City』에서 이것을 '널리 퍼진 비극'이라고 언급했다. 왜냐하면 뉴욕시의 모든 지역과 주변 교외 지역의 사람들이 죽거나 다쳤기 때문이다. 또한 그들을 아는 사람까지 모두 더하면, 이 비극의 광범위한 영향은 명백해진다.[48] 많은 거리가 희생자들의 이름을 따서 명명되었고, 다섯 개 버러에 있는 거의 모든 소방서에는 희생자들의 이름과 함께 '절대 잊지 말자'라는 문구가 적힌 표지가 걸려 있다.

브루클린 프로스펙트하이츠 구역의 딘스트리트에 있는 소방서 옆을 걸어가던 때다. 헨리 밀러라는 소방관의 이름이 9월 11일 이 소방서에서 희생당한 사람들 사이에 크게 표시되어 있었다. 헨리 밀러 하면 보통 유명한 작가를 떠올리지만, 이 커뮤니티에서 헨리 밀러는 다른 사람을 가리키는 것이라는 생각이 들었다. 아마 다른 헨리 밀러에 대해서도 들은 적이 있을지 모르지만, 그 헨리 밀러는 그들의 삶에서 중요한 인물이 아니다. 이것은 9·11 테러가 그토록 많은 뉴요커에게 얼마나 중요한 사건이 되었는지를 다시금 상기시켜준다.

수많은 사람이 직접적으로 영향을 받은 것 외에, 공포에 질린 수십만 명이 불타는 트윈타워를 봤다는 사실도 있다. 벨하버에서 스록스넥, 헌터스포인트에서 하딩파크, 뉴저지에서 롱아일랜드에 이르기까지, 사람들로 가득한 건물이 무너지는 것을 사람들은 봤다. 한번 살펴보자. 도시의 스카이라인이란 정적이어서 사람들은 거기에 익숙해진다. 이렇게 늘 한결같은 모습은 보는 이에게 안전감을 느끼게 해준다. 그래서 어느 9월의 맑은 날 하늘 높이 불꽃과 연기가 가득 찼을 때, 그것은 놀랍고 근본적인 변화일 수밖에 없었다. 충격과 공포, 심지어 부적절한 감탄마저 있었다. "어떻게 이런 일이 일어날 수 있을까?" 사람들은 라디오나 TV에서나 보고 들었던 것들이 현실로 펼쳐지는 비극을 그저 놀라서 바라봤다. 그리고 나중에는 이를 보지 못한 모든 사람에게 목격담을 들려주었다. 1963년 케네디가 암살되었던 날처럼, 사람들은 바로 이날에 대해 묻는다. "그 일이 일어났을 때 어디에 있었습니까?" 이 모든 것이 9·11 테러 이후 뉴요커들이 강하고 지속적인 방식으로 결집된 이유다.

누구나 이 대참사에서 루돌프 줄리아니가 한 역할을 기억한다. 그 기간에 그의 강한 지도력은 어떤 일이 일어나더라도 무너지지 않겠다는 도시의 이미지와 사실상 동의어가 되었다. 인터뷰에서 그는 세계무역센터에 오래전부터 애착을 가지고 있었다고 했다.

사진 찍기를 좋아해서 뉴욕시에 있는 빌딩이나 다른 관심 있는 장소들을 찍고는 했습니다. 엠파이어스테이트빌딩과 크라이슬러빌딩, 양키스타디움 같은 곳들이죠. 하지만 그중에서도 특히 트윈타워를 좋아했습니다. 두 빌딩이 하늘을 배경으로 서 있는 방식과 대칭적인 모습은 아름다워 보였습니다. 검사 시보로 그 근처에서 근무하던 1970년대에 그 건물이 올라가는 것을 지켜봤습니다. 시장직을 맡은 동안에는 제 취미에 대해 들은 라이카사에서 새 카메라 라이카 R7으로 제가 찍은 사진 전시회를 갖자고 제안했죠. 저는 동의했고 트윈타워 사진을 포함한 도시 사진으로 전시회를 열었습니다. 1998년에 열린 이 전시회의 수익금은 학대당하는 아이들을 돕는 자선단체로 갔습니다. 스태튼아일랜드 버러장이었던 가이 몰리너리와 함께 스태튼아일랜드양키스 야구단의 자금 조달을 하면서도 트윈타워에 대한 제 감정을 표현할 기회가 있었습니다. 몰리너리와 제가 그 장소를 보며 정말 좋아했던 것은 바로 배경에 펼쳐진 맨해튼 스카이라인이었습니다. 이는 좌전 담장을 넘어가는 공이 거의 말 그대로 트윈타워 쪽 공간으로 날아가리라는 것을 의미했습니다.

마지막 생각: 기술 및 커뮤니티

현금인출기, 휴대전화, 고급 비디오 게임, 아이팟, 노트북 및 기타 컴퓨터 등 늘어나는 기술 관련 모든 주제에 대한 책이 쓰이고 있어서, 거의 대부분의 질문에 대한 답을 즉시 찾을 수 있다. 이 기술들은 하나같이 우리의 커뮤니티에 영향을 끼쳤는데, 이건 전 세계적으로도 그랬다.

잠시 그중 한 가지, 휴대전화에 대해 생각해보자. 뉴욕시를 걸어갈 때, 나는 길을 걷거나 건물 앞 계단에 앉아서 휴대전화로 얘기를 하는 사람들을 끊임없이 지나친다. 옛날 같으면 그들은 그냥 교수형에 처해졌을지도 모른다. 또한, 휴대전화는 의사소통의 수단이 될 뿐만 아니라 사람들이 식료품 가게나 버스 정류장에 가는 동안 지루함을 덜 뭔가를 제공해준다. 몇 년 전까지는 집에 돌아가거나 공중전화 부스를 찾아야 했다. 오늘날 전화 부스는 역사의 유물이 되었다. 어떤 면에서 휴대전화는 커뮤니티의 중요성을 떨어트리는데, 어디에서든 누구하고나 대화할 수 있기 때문에 정신적으로 '떠나거나' 아니면 '밖으로' 나갈 수 있다는 것을 의미하기 때문이다. 좀더 일상적인 차원에서는, 필요하다면 경찰이나 다른 사람들에게 전화를 걸 수 있기 때문에 위험에 처했을 때 안전하다는 느낌도 준다.[49]

여기 지난 40년 동안 기술이 어떻게 변했는지 보여주는 또 다른 예가 있다. 나는 한때 디마리아 레스토랑을 소유했던 사람을 만났는데, 지금은 없어졌지만 이곳은 2012년까지 퀸스 리틀넥에 위치해 있던 꽤 괜찮은 식당이었다. 그는 브루클린 사이프러스힐스에 향수를 느꼈다. 그곳에서 여덟 살 때까지 살았는데, 그 후 가족이 좀더 전원적이고 안전한 환경을 갖춘 퀸스 화이트스톤으로 이사했다고 한다. 그는 말했다. "그 집을 또렷이 기억하고 있습니다. 조부모님이 그곳에 살았기 때문에 좋은 기억이 있습니다. 뒤뜰은 크고 아름다웠고 식물들과 포도, 포도덩굴, 올리브나무, 할아버지가 고국에서 가져온 모든 '귄초guinzo'(이탈리아인을 의미하는 속어—옮긴이) 물건이 있었습니다."

"그 이후로 다시 가본 적이 있습니까?" 내가 물었다.

"한 번인가 두 번쯤이요. 그 집이 얼마나 엉망이 되었는지를 보면 너무 마음이 가라앉아 어떻게 해야 할지 모르겠더라고요. 지금은 꽤 불량한 지역이 되었고 사람들은 대부분 히스패닉계인데, 그때는 거의 100퍼센트 이탈리아계였습니다. 하지만 기다려보세요." 그는 이렇게 말하더니, "보여줄 수 있습니다"라고 덧붙였다.

그는 휴대전화에서 집 사진을 찾아냈고, 우리는 함께 그 예전 집과 서니사이드코트의 한 블록 전체가 찍힌 아주 선명한 사진을 들여다봤다. 그는 애정 어린 눈으로 집을 바라봤다. 사진 속에서 나쁜 동네는 중요치 않았다. 거리에는 어슬렁거리는 이가 아무도 없었다. 간단히 말해, 기술을 사용하면 이제는 옛 모습이 하나도 남아 있지 않고 변해버린 동네와 같은 새로운 현실을 직접 대면할 필요 없이 다시 옛집으로 돌아갈 수 있는 것이다.

4장

바차타 춤,
보체 게임,
중국 학자의 정원:

도시를 즐기기

3번 애비뉴와 2번 애비뉴 사이 이스트 51번 스트리트에서 나는 1971년 록펠러 가문이 조성한 아름다운 작은 공원을 가로질렀다. 그린에이커 파크라 불리는 이곳은 개인 소유이지만 대중에 개방되어 있어서, 아침에 문을 열고 오후 7시 45분에 문을 닫는다. 몇 개의 커다란 바위 위로 물이 떨어져 내리는 멋진 폭포가 주된 볼거리다.(사진 14) 물은 바위 구조물 꼭대기 위로 넘쳐나면서 상당히 강하게 떨어진다. 옆으로는 담쟁이넝굴로 덮인 벽과 식물 화분이 몇 개 놓여 있다. 나무가 많이 심겨 있어서, 울창한 잎과 넉넉한 그늘을 제공한다. 사람들은 보통 나무 아래 작은 테이블에 앉아 크루아상과 커피 한잔을 즐기며 대화를 나누고 문자 메시지를 보내고 신문을 읽거나 헤드폰으로 음악을 듣는다.

폭포 바로 앞에 앉으면 트럭이 지나가는 소리, 경적 소리, 공사 현장 소리 같은 도시의 모든 소리가 폭포 소리에 문자 그대로 빨려 사라져버린다. 마치 수백 킬로미터 떨어진 캐츠킬산맥이나 애디론댁산맥의 숲 속 깊은 곳에 있는 듯한 느낌이 든다. 폭포를 오래 바라보고 있으면 흐르는 물줄기가 최면이라도 걸듯 원래 앉아 있으려고 했던 것보다 더 오래 그곳에 머무르게 되기도 한다. 처음에는 겨울에 물을 데워야만 했지만 아마도 기후변화 때문인지 지금은 더 이상 그럴 필요가 없다. 공원에는 나이 든 사람과 젊은 사람, 그리고 관광객과 현지인이 섞여 있다. 어떤 도어맨이 내게 말했다. "저는 매일 점심 시간에 이곳에 와서 폭포 앞에 앉아 휴식을 취합니다. 동네의 보석과도 같은 곳입니다."[1] 얼마나 많은 사람이 이 엄청나게 번잡한 거리에서 단지 몇 걸음만 옮기면 이런 아름다움이 있는 줄 모르고 매일 공원 옆을 지나칠까?

사진 14 공원의 폭포. 도시에서 잠시 빠져나가다. 2번 애비뉴와 3번 애비뉴 사이의 51번 스트리트. 제시 리스 촬영.

그의 얘기와 일반적인 풍경에 대해 다시 생각해보다가, 나는 그가 말한 것의 중요성에 화들짝 놀랐다. 뉴요커들은 활동적이다. 열심히 일하며 바쁜 삶을 영위한다. 심지어 일자리를 구하는 것조차 종종 어렵고 힘 빠지는 경험일 때가 많다. 도시의 풍경과 소리, 냄새가 전방위에서 그들을 공격하는데, 이런 곳에 산다는 건 때때로 거대한 장애물 코스에 사는 것처럼 보일 수도 있다. 이런 감정이 맨해튼 미드타운보다 더 크게 드는 곳은 어디에도 없다. 그 한가운데 인기 있는 평화와 고요의 오아시스가 있다는 사실은 사람들에게 휴식을 취할 기회가 필요하다는 점을 역설한다. 휴식이 없으면, 삶은 사실상 견디기 어려워진다. 밤에 나가 노는 것, 해변에서의 주말, 휴가에 대해 말할 때 사람들은 그러한 시간을 모든 노동에 대한 보상으로 생각하며, 이것이야말로 그 모든 일을 가치 있게 만든다.

도시를 거닐며 뉴요커들이 삶을 즐기는 무수한 방법, 즉 그들이 앉아 있는 공원, 경기를 하는 야구장, 자주 이용하는 레스토랑과 술집, 가는 영화관, 방문하는 박물관, 그리고 모이는 거리를 관찰해보면, 여가 생활이 삶의 중심이라는 것이 명백해진다. 그 시간은 생활에서 얼마나 많은 부분을 차지하는가로 측정될 수 있는 게 아니라, 삶의 다른 부분과의 대조, 그리고 여가를 즐기는 정도에 의해 측정된다.

이제 알게 되겠지만, 엔터테인먼트, 종교나 민족적 행사, 스포츠, 공원, 사교 모임 같은 여가 활동은 프리즘과 같아서 그를 통해 또 다른 중요한 삶의 측면을 나눠 볼 수 있게 된다. 이로써 뉴요커들을 통합하는 것이 무엇이며 그들이 어떻게 자신들을 식별하고 무엇에 가치를 두는지, 삶의 이런 중요한 측면이 커뮤니티를 어떻게 향상시키는지 이해할 수 있게 된다. 여가 활동은 또한 경쟁적인 집단이 한정된 공간을 두고 경쟁할 때 필연적으로 발생하는 사회생활과 갈등의 무대로서 기능하기도 한다. 마지막으로, 뉴요커들이 자유 시간을 보내는 방법이 새롭게 변화하는 모습은 결국에는 받아들여질 미래 트렌드의 실마리가 되기도 한다.

엔터테인먼트

도시 곳곳에서 다양한 민족, 종교, 인종에 속한 많은 사람이 자신의 유산과 정체성에 맞닿은 콘서트, 코미디 쇼, 댄스 공연 등에 참여한다. 아이리시 포크 뮤직 트리오일 수도 있고, 이디시어나 클레츠머 klezmer(유대인 민속음악단―옮긴이) 콘서트, 폴란드의 폴카 공연단이나 이란 가수, 아니면 브루클린의 서인도제도 퍼레이드나 맨해튼의 푸에르토리코식 퍼레이드도 될 수 있다. 보통 '부족 구성원'으로 구성된 군중은 이런 행사들을 단지 즐길거리로서만이 아니라 자신이 누구인지 더욱 잘 알고 즐길 기회로 여긴다.

어느 봄날 저녁, 아내와 나는 브롱크스 서북부에 위치한 뉴욕시립대학 허버트리먼칼리지에서 열리는 베리스 해먼드 콘서트를 관람했다. 참석자들 면면이 말해주듯이 관중은 '99.9퍼센트 서인도제도 사람들'이었다. 특히 자메이카 사람이 많이 모여 있는 것은 여기가 바로 레게와 팝 메가 스타인 해먼드의 본바닥이기 때문이었다. 사람들은 너 나 할 것 없이 그 자리에 서서 2분간의 휴식 시간을 제외하고 내내 춤을 추며 정말 그에게 푹 빠져 있었다. 무대 옆에 서 있던 운 좋은 사람들은 해먼드와 악수를 하고 그를 껴안기도 했다.

미국에 오는 이민자는 저마다 새로운 상황에 맞춰 적응할 필요가 있는 삶의 방식은 뒤로하고 온다. 그렇지만 그들은 한편으로 자신의 정체성을 보존하고 싶어하기도 한다. 그래서 지금은 미국에 있고 미국 음악을 듣고 있지만 그리움, 기억, 공유하는 가치, 문화적 표현 양식―그러니까 집은 어떻게 생겼고 음식은 어떤 맛이고 사람들이 서로 어떻게 관계를 맺는지 같은 것을 나타내주는 가사와 노래 역시 매우 중요하다. 물론 그 가사는 새로운 집에서 해나가야 하는 도전들을 대변해주기도 한다. 이것은 사람들이 서로 다시 연결되는 방식이다. 연결감은 한곳에서 수천 명이 넘는 사람이 함께 경험하고 있다는 사실 때문에 훨씬 더 강력해진다. 베리스가 마이크에 대고 "자메이카 사람이어서 자랑스럽습니다"라고 소리쳤을 때 관중이 우레와 같은 환호성을 보낸 이유다. 그는 "애정을 갖고, 돌봐주고, 일터에서 싸워나가세요"라고 말했다. 직업 차별에 관한 것이든 그저 일상적인 일에 관한 것이든, 그의 이 마지막 멘트는 열심히 일하는 커뮤니티 구성원들의 가치와 열망에 정말로 반향을 불러일으켰다. 그들은 베리스가 "항상 당신의 일자리를 차지하려는 누군가가 있습니다"라고 말했을 때도 똑같이 열광적으로 반응했다.

군중의 약 65퍼센트가 여성이었고, 사람들은 보통 캐주얼이라고 부르는 것보다 두 단계는 더 잘 차려입고 있었다. 많은 여성이 밝은 색의 여름 원피스와 화려한 장신구를 착용했다. 해먼드보다 먼저 공연을 한 다른 밴드들 중 하나인 이너서클은 꽤 알려진 밴드였다. 다른 밴드들이 연주할 때 사람들은 박수는 쳤지만 일어서서 춤을 추지는 않았다. 그들이 정말 기대하고 있던 밴드는 해먼드였다. 그는 강하게 울리면서 약간 허스키한 목소리가 근사했다. 관중은 가사를 이미 알고 있었고, 그는 여러 번 관중에게 뒷소절을 따라 부르게 했다. 그를 보면, 확실히 내세울 만한 외모이기는 하지만, 그렇게까지 이목을 끌 만하지는 않을 수도 있다. 브래드 피트나 덴절 워싱턴처럼 보이지는 않지만 청중에게는 우상이었다. 한마디로, 그는 존재감과 카리스마가 있었다. 관객들은 그를 절대적으로 사랑했고, 그와 함께 웃었으며, 그의 음악에 몸을 맡겼고, 공연하는 그의 영상을 찍었다. 간단히 말하자면, 해먼드는 그들의 마음과 영혼에 대고 말하고 있었다.

할렘은 항상 음악, 춤, 예술에 있어 전국적인 장소였는데, 최근에 그런 문화 분야에서 인기가 재부상하고 있다. 이들 문화적인 장소로는 아폴로극장, 숌버그센터, 포에츠덴극장, 시티칼리지 에런데이비스홀, 할렘댄스시어터, 국립재즈박물관, 재즈모빌, 드와이어문화센터, 맨해튼음악학교 등등 무수한 곳이 있다. 베리스 해먼드 콘서트와는 달리, 이 그룹들은 외부인과 내부인을 모두 끌어들여 음악으로 하나가 되게 한다. 수많은 개인 클럽 중 하나를 살펴보고 그곳에서 커뮤니티에 무엇을 제공하는지 알아보자.

71세의 토미 토미타는 할렘의 슈거힐 구역에 있는 세인트닉스재즈펍에서 정기 모임을 열고 있다. 1987년부터 할렘에서 살아온 그는 재즈음악을 연주하는 유명 공연 술집으로 일본인 관광객들을 불러들인다. "그들에게 현지 사람들과 함께 전형적인 할렘을 보여주고 싶습니다. 관광객을 위해 준비된 곳이 아니라 진정한 분위기를 느끼게 해주고 싶은 거죠." 과연 그렇다. 이곳은 70년 이상 한두 가지 모습으로 줄곧 거기 있어왔기 때문이다. 한 열성 팬은 이곳의 매력을 '그 공간 속의 재즈'에 돌리기도 했다.

정장과 흰 셔츠, 그리고 회색 실크 넥타이를 좋아하는 토미타부터 1년 내내 실내를 밝히는 크리스마스 조명까지, 그곳은 펑키하고 독특한 술집이다. 원래 토미는 일본에서 재즈 클럽을 소유하고 있었다. 일본 출신이지만 그는 진짜 뉴요커의 정취를 풍긴다. 최소한 두 번은, 그러니까 두 번 다 1980년대 후반의 험한 시기였는데, 문자 그대로 총알을 피한 적이 있다. 맨해튼애비뉴와 123번 스트리트에 있는 퍼크스레스토랑 밖에 서 있었을 땐 누군가 등 뒤에서 칼을 들이댔다. 또 한번은 브롱크스의 이스트트레몬트 구역에서도 비슷한 일이 있었다. 하지만 그는 그만두지 않았다. 왜일까? "재즈가 좋아요"라고 그는 말했다.[2]

총알은 잠시 제쳐두고, 여기서 중요한 것은 토미타나 그의 손님으로 온 관광객 같은 이들이 할렘을 외부인에게 개방하고 있고, 그것도 음악이라는 매개체를 통해 그렇게 하고 있다는 것이다. 이로써 방문하는 사람들은 재즈가 늘 중심이었던 할렘의 문화생활을 접할 수 있게 된다. 이는 양쪽의 고정관념을 깨는 것이기도 하다. 할렘 사람들도 아시아인들을 그저 가게 주인으로만 보는 것이 아니라 할렘의 역사와 문화에 가치를 두는 개인으로 볼 수 있기 때문이다. 이것은 반대로 자존감을 높여주는 일이다. 한편 이런 일을 하는 이가 단지 관광객들만은 아니다. 의사, 건축가, 전 세계에서 온 뮤지션, 대학생들, '진정한 할렘'을 찾아온 뉴요커들은 이곳을 다양한 사람들이 함께 모이는 곳으로 변신시킨다.

뉴욕에 있는 히스패닉계 지역을 거닐어보면, 어디서든 다양한 외국음악을 연주하는 클럽과 레스토랑을 보게 될 것이다. 어느 토요일 밤나는 아내와 친구들과 함께 사우스브롱크스 138번 스트리트에서 그런 클럽에 갔다. 1층에서는 도미니카 음악이 연주되고 있었고, 단골 손님들은 4인조 밴드 반주에 맞추어 도미니카공화국에서 유래된 감각적이면서도 활기찬 바차타bachata 춤을 추고 있었다. 음악가들이 한 시간 늦게 도착했다는 것을 아무도 괘념치 않았다. 들뜨는 분위기는 아니었지만 행복했다. 내가 잘 모르는 춤을 막 취대는 것도 사람들은 개의치 않았다. "그저 열심히 취보는 것, 그것도 쿨하다"고 생각했다.

위층 공간은 멕시코인 그룹이 빌려 쓰고 있었다. 여기는 참석한 사람이 대부분 연인이었는데, 테이블 주위에 둘러앉아 밴드가 고향 음악을 연주하는 동안 맥주를 마시는 것을 보니 그 대비가 극명했다. 어떤 이들이 희미한 불빛 속에서 느린 춤을 추기도 했으며 전체적인 분위기는 아래층보다 훨씬 더 차분했다. 그들의 얼굴은 마치 힘든 한 주를 보내고 여기 와서 주로 이야기를 하며 긴장을 푸는 듯이 우울해 보였다. 어떤 대화를 들어보니 그런 인상뿐 아니라, 참석자들이 대부분 서류 미비 노동자라는 사실을 알 수 있었다.

아무 주말에나 이런 이벤트가 수백 개 열린다. 퀸스의 롱아일랜드시티에서는 플라멩코 무용수들의 공연을 보면서 저녁을 보낼 수 있다. 글렌데일에서는 독일 음악을, 브롱크스 우들론 지역에서는 아이리시 발라드를, 브루클린 그린포인트 폴란드 클럽에서는 폴카를, 브루클린 플랫부시에서는 남녀가 종교적 신념에 따라 따로 앉는 유대인 음악 축제를 즐길 수 있다. 이 도시의 독특한 점은 다양하다는 것이다. 다른 나라에 갈 필요가 거의 없을 것처럼, 그 많은 문화가 한곳에 펼쳐져 있으며 저마다 한결같이 외부인을 환영한다. 물론 이 모든 것은 카네기홀이나 메트로폴리탄오페라하우스와 다른 유명한 공연장들에 더해지는 것이다.

지하철은 원래 고국에서 음악을 연주했던 많은 뮤지션에게 쇼케이스 무대와 같은 곳이다. 예를 들어 전통 악기를 연주하는 중국인 연주자, 지하철 안을 누비는 멕시코의 마리아치 가수들, 에콰도르인, 콜롬비아인, 페루인, 그리고 볼리비아인은 고국의 고원 지방에 전해 내려오는 잊히지 않을 즐거운 음악을 연주한다. 평범한 뉴요커라면 다른 문화에 친숙해질 기회가 될 것이다. 사실 지하철과 거리의 공연자들은 줄곧 뉴욕시의 일부였다. 이런 현상은 어떤 대도시에서든 마찬가지이지만, 이민자 집단이 많은 뉴욕에서는 특히 다채롭고 다양하다. 공연자들이 지난 수십 년 동안 이곳을 찾았지만, 그들이 공연해도 되는지, 한다면 언제 어디서 할 수 있는지를 규제하는 법규 시행은 1990년대 이후 이전보다 훨씬 엄격해졌다.[3]

도시 전역의 학교들은 예술을 커뮤니티로 들여오는 데 중요한 역할을 하며, 사람들을 끌어들이는 데 어떤 종류의 유인책을 쓰기도 한다. 예를 들어 1929년에 개교한 셰익스피어애비뉴의 셰익스피어학교(제199공립학교)는 매년 6월에 부모와 공동체를 위해 셰익스피어 연극 「말괄량이 길들이기」를 공연한다. 셰익스피어학교이기 때문이다. 본질적으로 그 이름이 문학과 문화를 학교에 접목할 수 있는 편리를 제공한다. 웨스트브롱크스의 이런 커뮤니티에 브로드웨이 쇼 티켓을 살 여유가 있는 사람은 거의 없기 때문에, 이 학교 공연이 사실상 공연이란 것을 볼 유일한 기회인 경우가 많다.

예술 분야의 프로그램 개발은 종종 커뮤니티에 활력을 불어넣고 커뮤니티를 발전시키기도 한다. 뉴욕시의 대규모 예술 단체 중 하나는 스태튼아일랜드에 있으며, 이곳에서는 조이스 골드스타인을 비롯한 섬

북부의 다른 커뮤니티 지도자들의 주도하에 수백 명의 예술가, 음악가, 작가, 시인, 영화 제작자가 각종 프로그램과 거리 전시회 같은 것들을 창작해오고 있다. 또한 대략 40명 규모의 뮤지션이 참여하는 여름 음악 축제도 열린다. 매년 열리는 아트 바이 더 페리 페스티벌Art by the Ferry Festival에는 수천 명의 방문객이 몰려든다. 참가자들로는 스태튼아일랜드 송라이터스 서클, 가이스 인 더 밴드, 핫 몽키 러브, 그리고 아이라 골드스타인, 로나 마텔, 애덤 워링 같은 시인들이 있다. 또한 예술작품 전시회와 곡예사, 인형사, 브레이크댄서 공연과 워크숍들이 모두 무료로 입장할 수 있게 열린다.⁴ 여기에 다섯 개 버러의 다른 지역에서 열리는 수백 개의 예술 축제까지 늘리면 뉴욕시의 사회생활에서 이 행사들이 행하는 중요한 역할을 쉽게 확인할 수 있다.

때때로 예술은 커뮤니티의 건물 벽에도 있다. 브롱크스 이스트 180번 스트리트와 아서애비뉴에는 소브로 포에트리 프로젝트SoBro Poetry Project가 창작한 벽화가 있다. 이런 예가 있다: "내 가족은 바다에 있는 물이고, 아이팟에 있는 음악이며, 치즈 두들(치즈 가루를 묻힌 과자류-옮긴이)의 치즈다. 내 가족은 사랑이다." 제3공립중학교의 '밀널리스'가 쓴 것이다. 여기에 「친구」라는 제목의 또 다른 시가 있다. "친구들은 나를 이름으로 부르지 않아요. / 친구들은 내가 필요로 할 때 여기에 있어요. 나를 행복하게 해주고 / 내가 슬퍼할 때 미소를 짓게 만들어줘요. / 친구들은 내 가족이에요. / 나에게 진실을 말해주죠." 이건 마사가 썼다. 정말 좋은 시일까? 확실히 독창적인 데는 있다. 특히 치즈 두들 구절이 그렇다. 벽화가 해내는 일은 바로 이 아이들에게 장을 열어주고, 어떤 인정을 받게 하고, 자존감을 준다는 것이다. 거리의 벽화는 학교 복도 벽에 걸려 있는 것보다 훨씬 더 많은 사람이 볼 수 있다. 당신의 이야기가 공공 도로를 따라 벽에 붙어 있다는 것은 그것이 발표되었음을 의미한다. 정확히 말해 이벤트 행사에 참가하는 것과 같은 엔터테인먼트는 아니지만, 지나갈 때면 잠시 멈춰 서서 거기 있는 것들을 감상할 수 있다.

확실히 우리는 도시에서의 사회생활을 공원, 극장, 거리 축제 같은 것들로 생각한다. 그러나 도시 자체를 행위예술 작품으로 생각할 수도 있다. 전형적인 도시의 하루에도 경찰 추격이나 TV 시리즈 촬영 같은 특별한 것을 목격하거나 공유했다고 느끼는 낯선 사람들을 한데 모을 만한 많은 일이 발생할 수 있다.

맨해튼의 웨스트사이드, 센트럴파크웨스트 도로와 콜럼버스애비뉴 사이에 있는 96번 스트리트를 따라 걸을 때였다. 저 앞쪽 넓은 양방향 도로 건너편을 쳐다보니, 한 남자가 사다리 위에 올라서서 아파트 창문을 깨뜨리고 있었다. 창밖으로 검은 연기가 솟아오르고 소방차가 달려왔다. 대부분의 행인은 심드렁하게 '아무것도 놀랄 게 없다'는 표정으로 걸어갔지만, 여기저기 몇몇이서 모여 벌어지는 광경을 뚫어져라 바라보고 있었다. 일부는 사건 현장의 사진이나 동영상을 찍기도 했다.

이것은 점심시간에 잠깐 쉬는 이들을 위한 일종의 오락이며, 나는 몸에 샌드위치 모양 보드를 걸치고 세계의 종말을 주장하는 남자, 부부 싸움, 시위하는 사람을 경찰이 체포하는 광경, 아니면 단순히 은퇴하고 여유를 만끽하는 사람들의 모습, 이렇게 주위에서 벌어지는 일들을 사람들이 종종 주시하는 것을 봤다. 갑자기 어렸을 때 맨해튼애비뉴 근처 웨스트 104번 스트리트에서 목격한 두 여자가 기억났다. 그때는 그곳이 빈민지역에 해당됐는데, 둘은 치고받고 싸우다 시궁창에 빠지기까지 했다. 그곳에 있던 누구도 무엇 때문에 싸우는지 안다고 할 수 없었지만, 싸운 어느 쪽도 크게 다친 것 같지는 않았기 때문에, 몰려든 사람들은 그저 서서 마치 동네 주민들의 즐거움을 위해 미리 준비된 경기인 양 지켜보고만 있었다.

종교 및 민족 행사

종교 행렬과 퍼레이드, 거리 축제는 화합과 정체성을 표현할 수 있는 또 다른 형태의 사회생활이다. 종교 행렬은 도시 전체에 걸쳐 서로 다른 네이버후드에서 다양한 간격을 두고 열리며, 기독교, 유대교, 힌두교 및 기타 종교가 모두 종교 의식으로 행진을 한다. 지역에 그런 행사가 없다면, 네이버후드가 너무 다양하거나 행사를 진행할 만큼 강한 지역 종교 기관이 없기 때문이다.

어느 일요일 늦은 날에 나는 프랑스 성인 리지외의 테레즈(테레사 수녀와 다른 인물이다)의 이름이 붙은 세인트테리사애비뉴를 따라 대부분 백인 지역인 브롱크스 펠럼베이에서 성 테레즈를 기념하여 열리는 축일 행사를 볼 기회가 있었다. 같은 이름의 교회가 축일 행사를 후원했으며, 적어도 2000명이 참석했다. 이러한 행사는 일반적으로 오래된 이탈리아, 아일랜드, 독일, 슬라브계 거주자들이 모여 있는 네이버후드에서 열린다. 축하 행사의 분위기를 더 잘 이해하고 포착하기 위해, 행렬에 참가하여 성모마리아 성상 뒤에서 같이 걸어보았다. 주위를 둘러싼 인파에도 불구하고 광경은 이상하게도 평화로웠다. 어쩌면 스피커에서 들리는 장엄한 음악과 평화와 존경을 나타내는 눈빛으로 행진하는 사람들의 느린 걸음걸이 때문일지도 모르겠다. 애비뉴에는 소시지나 피자와 다른 맛있는 음식이 즐비한 노점상이 늘어서 있어서, 맛있는 냄새가 탁 트인 공기를 가득 채웠다. 또한 뽑기나 인형 때리기Hit the Dummy라든가 미니 농구 같은 게임들도 제공되었다. 노점상들은 종교 행렬이 지나갈 때 잠시 판매와 호객 행위를 일제히 멈췄다.

교회 앞에는 색색깔 옷을 입은 다양한 교회 관계자가 서 있었고, 그중 한 명이 이렇게 말을 시작했다. "여러분도 동의하실 거라고 생각합니다. 성 테레즈께서는 이 행렬을 수행하는 것을 매우 염려했습니다. 저는 그분이 좋은 분이셔서 우리를 어느 정도 진정시키려 했다고 생각합니다. 모든 게 감사할 것투성이입니다. 물론 가장 위대한 선물은 우리 믿음의 선물입니다." 그의 개회사는 성인이 청중에게 인간적으로 보이게끔 했다. 개회사를 마친 후 성가대의 찬양이 이어졌고, 그는 회중을 위해 기도하고 성 테레즈를 현대의 가장 위대한 성인으로 선언한 후 모두에게 잠시 묵상의 시간을 권했다. 그리고 붉은색, 흰색, 노란색 장미 꽃잎이 마치 하늘에서 내려오는 듯 교회 지붕에서 던져졌다. 기적의 현장을 연상하기라도 하듯, 모든 사람은 우와 소리를 지르며 감탄했다.

이 광경을 살펴보면서 나는 수백만 뉴요커의 삶에서 종교가 가지는 중심성에 대해 다시 한번 생각하게 되었다. 뉴욕시의 가톨릭 네이버후드를 관통하는 수많은 축일 행사가 수천 명의 열렬한 신자를 끌어들이지만, 주류 언론에서는 거의 보도되지 않는다. 행사들은 종교적 표현에 대한 기회와 사회생활의 장소를 제공함으로써 커뮤니티를 하나로 묶어준다. 그러나 이 도시에는 종교와 무관하거나 아예 종교가 무의미하다고 하는 사람도 많이 있다.

그리고 두 집단의 다수가 동일한 네이버후드에 거주한다면 충돌이 발생할 수도 있다. 바로 얼마 전 브루클린 윌리엄스버그에서 있었던 일이다. 2010년 6월 7일 『뉴욕타임스』에 「여전히 성인을 공경하기 위해 거리로 가는 것Still Taking to the Streets to Honor Their Saint」이라는 제목으로 게재된 데이비드 곤잘레즈의 기사는 종교에 대한 두 가지 태도 사이의 간극을 허물었다. 뉴욕의 이탈리아계와 다른 가톨릭교도 주민들이 채택한 한 쪽의 관점은 사람들이 그 축일 행사 행렬에 경의를 표하고 참여하거나 적어도 잠시 멈춰 서서 본다는 것이다. 다른 쪽의 태도는 "호기심 많은 힙스터들이 휴대폰을 꺼내 스냅사진을 찍는" 게 특징인 행사라는 것이다.

이것은 눈에 띄지 않고 넘어가기 어렵다. 노스윌리엄스버그 거주자인 루시 달토는 이렇게 말했다. "예전에는 거리 전체가 헌금을 하기 위해 기다리는 이로 가득했습니다. 이제는 잘 볼 수 없는 풍경이죠. 사람들은 이해를 못하고, 행사를 어떤 피상적인 것으로 본답니다. 어린아이나 예술가, 당신이 무엇이라고 부르든, 다들 우리를 존중하지 않습니다." 이 기사는 성모설지전교회 회장인 앤토니오 커시오가 느꼈던 분노를 묘사하고 있다. "2년 전 성 코노St. Cono 축일 행사를 할 때 이 여피들 중 한 명이 바지를 벗어 내렸습니다. 살면서 한 번도 본 적이 없는 일이에요. 남자로서 그를 붙잡아 벽에 처박아버리고 싶었지만, 그보단 나은 사람이 되어야 했습니다." 만약 그에게 그보다 더 나은 사람이 되어야 한다는 생각을 어디서 배웠느냐고 묻는다면, 아마도 자신의 기독교 신앙을 들 것이다.[5]

이것이 두 커뮤니티가 문화적으로 충돌하면 일어나는 일이다. 노스윌리엄스버그는 점점 너 젠트리피케이션이 진행되고 있다. 여러 집단이 조화를 이루며 살고 있다면, 각각의 집단은 인내와 존경을 보여주어야만 한다. 하지만 펠럼베이 구역은 젠트리피케이션이 나타나지 않는다. 커뮤니티는 여전히 상당히 동질적이고, 예상할 수 있게도 이런 종류의 충돌은 표면에 떠오르지 않았다. 어떤 방법이 더 나은 것일까? 이는 배경과 관점에 따라 달라진다. 하지만 노스윌리엄스버그 사례는 도시 일부 지역 내 여러 집단 간의 사회적 접촉이 가져올 유해한 영향을 명확하게 보여준다. 보통 충돌은 종교적, 인종적, 민족적 집단 간에 일어나지만, 노스윌리엄스버그에서의 충돌은 좀더 계급적인 문제가 세대 차이와 혼합되어 일어난 것이다. 하지만 펠럼베이의 예는 적어도 젊은이들이 연장자들이 믿는 것을 아직 인정하고 있음을 보여주고 있다.

차이는 종교적 행렬의 규모에서도 존재한다. 브롱크스에서는 어떤 행렬에 수천 명이 모이지만, 브루클린에서는 100여 명 정도의 신도만을 동원할 뿐이다. 거기에 큰 틈이 있다. 이탈리아계 가톨릭이라는 뿌리를 암시하는 이름을 가진 배우 크리스 토코의 말에 이것이 명백하게 반영되어 있다. "아주 작은 퍼레이드였고, 그레이엄애비뉴를 폐쇄했습니다.

꽃수레 한 대와 끔찍한 수준의 악대가 있었죠. 정말 아이러니했습니다. 라틴계 퍼레이드가 더 페스티벌 같았어요." 그건 판결이라고 할 수 있다. 더 좋은 음악을 가진 쪽에 우선순위를 주어야 한다. 토코에게는 전통보다는 엔터테인먼트가 더 중요한 것이었다. 옛것에 대한 거부는 이를 지켜본 27세의 존 맥그래스의 언급에 잘 표현되어 있다. "매우 오래된 것처럼 보입니다. 마치 브루클린의 오래된 네이버후드의 흔적 같아요."

하지만 도시의 새로운 계급은 '정통성authenticity'에는 관심이 없는 걸까? 곤잘레즈는 이 10평방블록(미국에서 사용하는 면적 단위. 1평방블록은 도시 1블록의 면적, 약 6475제곱미터에 해당한다. 10평방블록은 소구역을 언급할 때 관용적으로 사용하는 표현이다—옮긴이) 구역에서 매년 20회 이상 진행되는 이 행렬이 "단지 신앙만이 아니라 옛 네이버후드와 고국과의 연결을 재확인하고 있다"고 봤다.**6** 그렇다, 새로운 계급도 정통성이라는 개념을 좋아하지만 그건 제한적인 범위 내에 있다. 그들은 진기하고 예스러운 느낌은 주면서도 자신들의 라이프스타일을 절대 구속하지는 않는 자신들만의 방식을 원한다. 그리고 그들로서는 종교 행렬이 그곳에서 사는 사람들에게 진실로 개인적인 것이라는 점을 알기 어려울 것이다. 예를 들어 이탈리아 테자노 마을에서 윌리엄스버그로 이주한 성 코노의 열렬한 신도들이 있다. 성 코노는 12세기 지진과 포위로부터 테자노를 구출한 공로로 시성되었다.

새로운 주민인 잭 샤라프카는 주스 바를 열 준비를 하고 있었다. 그는 성 프란치스코 하비에르의 성상을 얻었고 그의 새로운 가게 이름을 '성 프란치스코 하비에르 주스 바'로 지을까 고려 중이었다. 상관없는 것으로 여겨질까? 어쩌면 그럴 수도 있지만, 그에게는 그것이 과거와 연결되는 방법일지도 모른다. 당신이 어떻게 보는지에 관계없이, 이런 종류의 종교적 이벤트들은 신앙에 대한 사람들의 믿음, 감정, 태도와 도시 거주자들의 삶에 미치는 영향에 선명하게 초점을 맞출 수 있고 또 그렇게 하고 있다. 니컬러스 디마지오 주교는 무례한 행동을 비난하면서도 융화적인 관점을 수용하며 내게 "커뮤니티 안에서의 역사가 없고 종교와 단절되어 있는 경우가 많은 이 아이들에게 다가가려고 애쓰고 있습니다. 그것이 첫 발걸음입니다"라고 언급했다.

성 파트리치오 축일과 푸에르토리코, 서인도 문화를 기념하는 종교 및 에스닉 퍼레이드는 서로 다른 관점을 강조하곤 한다. 전형적인 예는 매년 봄에 열리는 이스라엘의 날 퍼레이드다. 대부분 뉴욕 대도시권 지역(롱아일랜드 중·서부, 허드슨강 건너편의 뉴저지 북부, 코네티컷 서남부, 허드슨강을 따라 뉴욕시에 인접한 뉴욕주 지역과 뉴욕시 다섯 개 버러를 포괄하는 대도시권─옮긴이)의 종교계 사립학교에서 온 현대 정통파 학생들이 추정상 10만 명의 참가자와 함께 맨해튼 5번 애비뉴를 자랑스럽게 행진한다. 유대인은 민족 집단이면서 종교 집단이기도 하기 때문에 이스라엘을 지지하는 것은 민족적·종교적인 정체성과 충성심의 표현으로 봐야 한다. 이 행사는 공중에 가득 찬 음악과 노랫소리로 행사 참가자와 참관자, 그리고 환호하고 박수 치는 행인까지 모두 함께 서로 사회적인 유대감을 갖게 되는 즐거운 행사다. 많은 사람이 여러 해 동안 마치 캠프나 동창회에 온 듯 친구들과 어울린다.

하지만 그게 그렇게 간단하지는 않다. 뉴욕시에는 유대인이 대략 백만 명은 살고 있고, 압도적인 다수는 퍼레이드에 참석하지 않는다. 왜일까? 첫째, 그들은 행진에 참가하는 자녀가 없고 그렇게 하려는 의무감도 바람도 없다. 그러나 그 이상으로, 오늘날 많은 유대인은 세속적이며 이전 세대만큼 이스라엘과의 연대감을 강하게 느끼지도 않는다. 때때로 적대감을 보이는 것까지는 아니더라도, 어떤 사람이 내게 말했던 것처럼 '정통파 사람들이 장악해버린' 느낌이 퍼레이드에 대한 이중적인 태도를 더한다. 이는 아마도 10년 전 익명의 정통파 후원자들이 이 행사를 장악했을 때부터 사실이었을 것이다. 오늘날은 뉴욕 UJA 연합의 방패 아래 있는 유대인지역사회관계위원회가 퍼레이드를 담당하고 있지만 지나간 여러 해 동안의 부당함에 대한 쓰디쓴 감정은 남아 있다. 당시 갈등의 원인은 퍼레이드 운영자들이 유대인 동성애자들의 행진을 거부한 것이었다. 오늘날에는 더 이상 그런 일이 없다. 바이커스포 이스라엘을 비롯해 참가하려는 그 누구라도 환영이다.

퍼레이드는 공개적인 행사라, 주변 그룹에 굉장한 홍보의 기회를 제공한다. 매년 네투레이 카르타Neturei Karta라는 그룹에 속한 하시드파 유대인 5~10명의 소모임은 5번 애비뉴와 60번 스트리트에 서서 이스라엘에 대한 반대와 아랍인에 대한 지지를 표명하는 대형 깃발을 펼쳐 든다. 내용을 잘 모르는 사람들에게는 유대인의 영성을 나타내는 종교적 복장을 입은 유대인들이 이스라엘에 반대하는 사람들과 같은 입장을 취하는 듯 보이는 게 충격적인 일일 것이다. 다시 말하지만, 그들은 언론의 자유와 집회의 자유에 대한 권리를 입증해 보이는 것이다. 퍼레이드가 끝난 직후에는 센트럴파크에서 이스라엘콘서트위원회가 후원하는 콘서트가 열린다. 이 단체는 웨스트뱅크의 유대인 정착민들을 강력하게 지지하며, 그 명분에 대한 헌신을 표현하는 소속 밴드와 가수들을 보유하고 있다. 이 위원회에 찬동하는 사람들은 성서 시대의 유대 왕국과 사마리아, 지금의 웨스트뱅크에 사는 사람들에 대한 지지를 유대인들에게 촉구하는 음악과 연설을 듣는다. 이런 이벤트는 같은 그룹 구성원들 사이의 분열뿐만 아니라 그룹들 사이의 분열도 완화시켜주고, 멋진 일요일 오후에 열리는 재미있는 이벤트가 어떻게 훨씬 더 확장될 수 있는지를 보여준다. 한편으로 이 콘서트는 상반된 견해를 밝히고 심지어 확대시키지만, 다른 한편으로는 할 수만 있다면 비록 콘서트 위원회에 반대하는 사람들이 행사를 헛소리로 여길지라도 이데올로기적인 열기를 방출할 기회를 제공해준다. 뉴요커들은 자기주장이 강해서 거의 모든 환경에서 원하는 대로 말하고 행할 권리를 누린다.

　뉴욕에서 이루어지는 사회 활동은 거주자와 준종교적인 관광객 모두의 내부 관광을 분명하게 아우른다. 여기에는 리틀이탈리의 성 야누아리오 축제San Gennaro Festival, 커뮤니티 행사, 페어 또는 다른 소규모 이벤트가 포함된다. 좀더 특이한 일 중 하나는 베이리지와 벤슨허스트 사이에 있는 브루클린의 다이커하이츠를 방문하는 것이다. 이곳은 대부분 이탈리아계가 거주하는 고급 지역으로, 보통 나란히 있는 성조기와 이탈리아 국기 옆에 성모상과 마구간의 아기 예수 모형이 함께 놓여 있는 곳이다. 가장 가까운 지하철역도 1.6킬로미터나 떨어져 있기 때문에 운전을 하지 않는다면 다이커하이츠에 가기 위해서는 수고를 좀 해야 한다. 우아한 개인 주거지가 있는 이 지역은 크리스마스 시즌이 되면 아름답고 값비싼 장식으로 집들을 화려하게 꾸민다. 순록, 목제 호두까기 인형, 정교한 화환, 나무 등 화려한 전시와 다채로운 조명으로 눈이 부실 만큼 진정한 축제가 펼쳐진다. 그중에는 심지어 동력으로 움직이는 것들도 있는데, 집주인들이 서로 경쟁이라도 하는지 의아할 정도다. 이 지역은 대체로 11번 애비뉴부터 13번 애비뉴 사이, 83번 스트리트에서부터 86번 스트리트 사이에 있다.

자동차로 다이커하이츠의 거리를 천천히 오르내리면 탑승자들은 입을 벌리며 100만 달러짜리 화려한 쇼를 바라보곤 한다. 전에 본 사람도 많겠지만 처음으로 경험하는 친구들의 얼굴을 보는 것은 여전히 즐겁다. 어떤 사람들은 차가운 거리를 기꺼이 따라 걷기로 하고 그 100만 달러짜리 집들 앞 계단을 경쾌하게 오르락내리락하기도 한다. 상당수의 집 앞에는 대리석 재질, 로마식 기둥과 아치가 있는 호화로운 원형 계단이 있다. 나는 노르웨이, 중국, 아르헨티나 같은 전 세계에서 온 사람들과 대화를 나누었다. 그들의 뉴욕 방문 일정에는 이 네이버후드가 포함되었고, 이곳은 세상에 알려져서 점점 뉴욕 내부자의 여행이라는 측면이 줄어들고 있다. 이 지역을 관광하는 것은 종교적 경험일까, 아니면 단순히 관광객이 해볼 만한 일종의 재미있는 관광 경험일까? 방문객들과 대화를 해보니 이것 조금 저것 조금이라는 생각이 들었다. 아내와 함께 타이완에서 온 한 젊은이는 "조명과 집들이 보이는 방식이 정말 마음에 듭니다. 크리스마스 정신을 느낄 수 있으니 예수께서 신도들의 마음에 기쁨을 가져다주신다는 것도 느낄 수 있고요"라고 말했다.

심지어 스포츠에도 종교적 고색창연함이 있을 수 있다. 경기 전에 팀이 무릎을 꿇고 기도할 때 그 모습에 주목하는가? 미식축구 경기를 하는 도중에 관중이나 경기 중계자들이 헤일 메리 패스Hail Mary pass(미식축구에서 거의 가망성 없이 멀리 던지는 것을 말하는데, 헤일 메리는 가톨릭에서 성모마리아에게 기원하는 기도를 의미한다 — 옮긴이)라고 부르는 것은 어떤가? 내가 목격한 스포츠와 종교 간의 흥미롭고 어쩌면 독특한 연결 중 하나는 브루클린의 머린파크 네이버후드에서 지켜보던 보체bocce 게임(공을 굴려 표적구에 가장 가깝게 보내는 경기로 주로 유럽계 미국인들이 즐기는 게임이다 — 옮긴이) 중에 있었다. 한 참가자가 다른 선수의 아름다운 슛을 지켜봤다. 볼은 벽과 다른 공 사이에 거의 틈새 없이 자리 잡았다. "와!" 그가 외쳤다. "십자가에 못박아버렸어!" 그러고 나서 그는 강조하기 위해 그 말을 반복했다. 이 표현을 사용한 사람은 보체 게임을 하는 사람들이 거의 확실히 가톨릭 신자이며 주로 이탈리아계임을 알고 있었고, 그의 표현을 제대로 알아주리라는 것도 알았다. 물론 내가 얘기를 나눈 어떤 가톨릭 신자들은 이 표현을 별로 좋아하지 않았지만 말이다. 이런 방식으로 그는 민족적·종교적으로 그들을 이어주면서, 그들 모두에게 여기가 편안한 지역이라는 것을 알려주면서, 집단의 단결과 정체성을 나타내고 입증했다. 따라서 그의 말은 '단지 말하는 방식' 이상의 것이 되었다. 나는 속으로 생각했다. '자신에게 정말 만족하는 사람이 여기 있군. 그는 내가 외부인이라는 것을 알고, 내가 1미터 앞에 서서 경기를 보고 있는 것도 알지. 그게 그에게 아무런 차이도 주지 않는데, 어쩌면 친구들과 함께 있기 때문인 것 같아.'

스포츠와 게임

뉴욕에 대한 많은 것은 스포츠에 관한 것이다. 그리고 일요일에는 모든 사람이 TV나 라디오에 들러붙어 있기 때문에 그것을 알아차릴 수밖에 없다. 전형적인 것은 파크슬로프 5번 애비뉴에 있는 200 피프스 200 Fifth라고 불리는 거대한 스포츠 바 겸 식당이다. 모든 테이블에 제츠나 자이언츠의 미식축구 경기를 시청할 수 있는 작은 TV 스크린이 있다. 소란한 팬들이 스크린에 대고 자신이 응원하는 팀이 이기라고 기를 쓰며 시끄러운 함성을 외치고 소리를 지르는 와중에 햄버거와 감자튀김을 열심히 먹고 맥주와 소다로 씻어 내리고 있다. 홈팀이 점수를 내면 기뻐서 폭발적으로 터져 나오는 응원의 함성을 반 블록쯤 떨어져서도 들을 수 있을 정도다. 이른 가을의 아름답고 포근하고 화창한 날이었는데도, 사람들에게 그 행동은 바깥에서 일어나는 것이 아니라 확실히 안에서 이루어지는 것이었다. 나 또한 군중 속에서 그 흥분에 사로잡혔다.

도시 연고 팀을 응원하는 일은 주민들을 단결시킬 수 있다. 또한 한 버러가 중점을 두는 것이 될 수도 있다. 스태튼아일랜드에는 브루클린과 마찬가지로 자체 야구팀 스태튼아일랜드양키스(뉴욕양키스 산하의 마이너리그 팀―옮긴이)가 있다. 이 양키스 경기의 입장권은 9달러밖에 안 되고, 야구장에는 한 주민이 "거기서 하면 재밌어요"라고 말한 여러 프로그램이 있다. 양키스 경기는 작은 마을 느낌을 주며, 핫도그는 싸고, 누구나 야구장에 어렵잖게 갈 수 있다. 메츠-양키스 연례 시리즈와 달리 시장 배 경기는 없지만 지난 몇 년간 스태튼아일랜드양키스와 브루클린사이클론스(뉴욕메츠 산하의 마이너리그 팀 – 옮긴이) 간에 상당히 치열한 라이벌전이 전개되고 있다. 양키스타디움과 시티필드에 비해서 가격은 확실히 합리적이다.

　스포츠의 중립성은 그게 농구든 야구든 미식축구나 축구든 참가 선수와 관중을 하나로 만드는 데 영향을 미친다. 이 객관성이 어떤 소속원의 성공에 대한 민족-종교적 집단의 자부심을 막지는 못하지만, 전체적인 효과는 단결이다. 그래서 하시드파 유대인 청소년도 경기를 보고 있는 히스패닉계나 흑인 청년에게 "누가 이기고 있어?"라고 쉽게 물어볼 수 있게 된다. 예를 들어 볼링을 살펴보자. 다른 많은 스포츠와 마찬가지로 볼링도 사회계급과 민족-종교적 경계를 넘나들 수 있는 기회가 된다. 미국볼링장업주협회 전 회장 존 라스피나의 얘기는 다음과 같다. "이건 제 오래된 법칙인데요, 유엔이 세상에 레인 몇 개만 설치해도 사람들은 잘 지낼 수 있을 거예요. 흑백은 잊어버리세요. 쉽잖아요. 고등학교 체육 시간 운동장에 모인 하시드파, 아시아계, 이슬람 아이들 같은 것입니다. 어떤 이유에서든, 먹힌다니까요."7 스포츠는 댄스 플로어나 나이트클럽에서처럼 거절당할 위험 없이도 우정을 만들 기회를 제공한다는 것이 한 가지 이유일지도 모른다. 여기에는 의무도 없다. 누군가와 대화를 시작한 다음, 대화를 계속하거나 아니면 그 자리를 떠나면 된다.

　특정 스포츠와 게임은 특정 집단이 선호한다. 탁구는 많은 사람이 하기도 하지만 아시아계에게 특히 인정받는 스포츠다. 놀랄 것도 없이 브루클린 선셋 공원에서 탁구는 당연히 중요한 일이다. 공원 주변 지역 역시 선셋파크라고 불리는데 아시아계가 대다수인 지역이다. 이 공원의 자랑거리는 중국계 시민이 기증한 여섯 대의 세계적인 수준의 탁구대다. 내가 방문한 어느 목요일 아침 그곳의 모든 선수는 중국계였고 다른 날 역시 마찬가지였다.

아니면 흑인 커뮤니티에 농구가, 그리고 이탈리아계 커뮤니티에 보체 게임이 있듯 히스패닉계 커뮤니티에 중요한 도미노 게임을 보자. 여름철에 도시의 히스패닉계 지역을 산책하면서 보면 대부분 남자들이 인도, 공원, 심지어 상점 안에 있는 접이식 탁자 주위에 앉아 크림색, 검은색 또는 붉은색 타일에 인생을 걸기라도 한 듯 집중하는 것을 볼 수 있다. 그들 방식대로라면, 언어, 출신지, 내부자 농담 같은 것을 포함한 그들의 정체성과 문화의 모든 측면을 반영한 게임, 그리고 유대감으로 나누는 농담, 거기에 따라오는 마초스러움 없이는 수많은 사람이 사는 낙을 못 느끼기 때문이다. 물론 도미노는 어린 시절부터 가장 잘 알고 있는 게임이다. 얼핏 보면 도미노 조각에 있는 점을 표에 있는 점과 연결하기만 하면 되니 쉽게 보이지만, 실은 그렇지 않다. 기억력이 좋아야만 가능한 높은 수준의 기술이 필요하다. 상대편이 예전 경기를 바탕으로 내리려는 결정을 직감적으로 알아차리는 것도 필요하다. 이 게임은 또한 민족-종교적 집단에 대한 충성심과 구분을 특징으로 한다. 푸에르토리코, 쿠바, 도미니카 사람들은 일반적으로 각자의 스타일과 규칙이 달라서 자신의 집단 내에서만 게임을 할 수 있다.[8]

도시를 답사하면서 타임스스퀘어에서 할렘의 거리까지, 스타벅스, 공공 공원에서까지 체스를 두는 수많은 흑인을 봤다. 그들을 지켜보면서 눈에 띈 것은 그들이 보여주는 열정뿐만 아니라 게임에 대한 헌신이었다. 밤에 공원을 산책하다 보면 사람들이 보드 위에 휴대용 램프를 켜두고 체스를 두는 걸 볼 수 있을 정도다. 스피드 체스가 특히 인기다.

이 주제에 관한 어떤 기사는 체스 게임을 인종적 맥락에 올려놓고는, 흑인들은 흰 말을 가진 사람이 항상 먼저 움직인다는 것을 정확히 알고 있으며 이것을 '인생 교훈'이라고 보는 것은 흑인들의 눈에는 우연의 일치가 아니라고 주장했다. 기사는 워싱턴 D.C. 지역에 초점을 맞추고 이곳에 사는 흑인 수천 명이 이 게임을 하고 있다고 보도하면서, 최초의 흑인 그랜드마스터였던 모리스 애슐리가 뉴욕 사람이긴 하지만 이는 단지 뉴욕에 국한된 현상이 아니라 전국적인 현상임을 시사한다. "블랙 체스는 유럽 체스와 비슷하지 않습니다"라고 한 내부자가 말했다. "유럽 체스는 모두 조용하게 자리에 앉아 아무 말도 하지 않지요. 흑인들은 도발적인 말도 마구 합니다. 같이 게임을 하려면 건방지게 굴어야 합니다."

이렇게 체스를 사랑하는 문화적인 이유가 있는 걸까? 흑인 메릴랜드주 상원의원인 율리시스 커리는 이렇게 설명해보려 했다. "체스는 신문이나 텔레비전에서 종종 우리를 부정적인 이미지로 규정하는 방식과는 다른 방식으로 우리를 정의합니다. (…) 체스는 고정관념을 무너뜨리고 우리가 지성적이고 지능적인 인간들이며 농구가 아닌 다른 것에도 관심이 있다는 것을 보여줍니다."[9] 즉, 이것은 말 그대로 지적 능력이 존중되어야 한다는 가치를 보여준다.

이 주장은 체스에는 도가 텄다고 이미지가 굳어진 유대인에게는 적용되지 않는다. 유대인은 너무 영악하다고 정형화하는 경향이 있다. '성질이 나쁘다'와 '영악하다' 같은 단어가 유대인을 언급하는 데 자주 사용된다. 그러나 유대인과 흑인들은 공통된 무언가를 지니고 있다. 언제나 외부로부터 들여다보이며 생존의 위험을 느끼는 주변적 인간으로서의 역사다. 그러니 이러한 집단들은 단지 살아남기 위해 조금 더 똑똑하게 한발 앞서 나가야 한다고 느낄 것이다.[10]

안전이나 고정관념과 같은 다른 문제들도 스포츠에 대한 논의에 맞물려 들어갈 수 있고 이는 문제를 복잡하게 만들기도 한다. 체스는 평화로운 오락처럼 보이기는 하지만, 어떤 사람들은 다른 이유들에도 불구하고 그것을 달가워하지 않는다. 2010년 『뉴욕타임스』에 「경찰이다! 폰을 내려놓아라! 테이블에서 물러나라!Police! Drop the Pawn! Step away from the Table!」라는 제목의 도발적인 기사가 게재되었다. 맨해튼 북쪽 인우드힐 공원의 체스 테이블에서 체스를 즐기는 현장을 경찰이 습격하는 내용이었다. 이는 현행 법률에 위배된다. 어른은 어린아이를 동반하지 않으면 그곳에 들어갈 수 없다.

확실히 이 법은 공간이 어떻게 사용되고 협의되는지에 대한 딜레마를 보여준다. 안전 문제를 이해할 수 있지만, 로스앤젤레스나 피츠버그에 사는 손자들이 생각나 아이들이 노는 것을 지켜보고 싶은 사람이 있다면 어떻게 해야 할까? 아니면 체스 테이블이 있길래 그냥 그곳에 있었다면? 그러나 문제는 다른 데 있었다. 그룹으로서 체스를 두는 사람들은 규정상으로도 위협이 되지 않는다. 그래서 체스를 두다 소환장을 받은 마흔아홉 살의 흑인 야카후다 해리슨은 "체스가 뭐가 그렇게 해롭습니까?"라고 반문했다. 문제는 그가 노숙인, 다른 말로 불쾌한 사람이라는 것이었다. 해리슨은 어떤 주민이 아이들에게 체스 게임을 가르쳐달라며 공원에 초대했다고 주장했다. 우리가 노숙인들을 아주 잘 돌봐서 그들을 돕기 위해 조직을 만들고, 돈을 주고, 집을 찾아주려고 노력한다면, 그들도 다른 방법으로 사회에 뭔가 기여할 수 있지 않을까? 아니면 노숙인이 된다는 건 어린이들과 잘 교류할 수 있을지 미심쩍은 존재가 된다는 의미인가? 그들은 나쁜 롤 모델일까? 인종이 이 그림 속에 들어오는가? 1960년대 시카고 세븐(1968년 반전 폭동 음모로 7명이 체포된 사건 ─ 옮긴이)의 유명한 일화를 기억하는가? 기사를 쓴 기자들은 그날 법을 어겼다고 소환되었던 체스를 두던 사람들에게 인우드힐 세븐이라는 별명을 붙였다.

해리슨은 "재스민 차를 마시고 머핀을 몇 개 먹었을 뿐 퇴폐적인 짓은 일절 없었습니다"라고 말하며 음주자에 대한 고정관념에 대해 문제를 제기했다. 소용 있건 없건 울타리는 놀이터 자체와 놀이 공간을 분리해준다. 그리고 지역엔 그들을 지지하는 이들이 있었다. 한 여성은 시장과 경찰에게 편지를 써서 일곱 살 난 아들이 그곳에서 자주 시간을 보내는 사람들 중 한 명에게 체스 두는 법을 배웠다고도 했다.[11]

경찰은 공원 내 범죄에 대한 불만에 대응하려는 노력의 일환이라며 업무를 변호했다. 문제는 선을 긋기가 어렵다는 것이다. 할렘에 있는 모닝사이드 공원을 따라 걷다가 걸음을 멈추고 놀이터가 아닌 곳에 놓인 테이블 몇 개에서 체스를 두는 남자들을 관찰한 적이 있다. 내 주의를 끌었던 것은 그때가 밤이었고 사람들이 체스판과 말들을 비추기 위해 휴대용 형광등을 공원에 가져왔다는 것이다. '정말 이 게임을 사랑하나 보다'라고 나는 생각했다.

그중 키가 크고 젊은 남자가 검은 가죽 재킷에 선글라스를 끼고 테이블 옆에 서 있는 것을 봤다. 아마 그전부터 보고 있었거나 체스를 두고 있었을 것이다. 그러나 바로 그 순간 그는 휴대전화로 내가 분명히 엿들을 수 있을 정도로 격하게 마약 거래에 대해 자세히 이야기하고 있었다. 나는 낯선 사람이며 거기 있던 다른 다섯 명 중에 유일한 백인이었는데도, 그는 내 존재를 무시하고 있었다. 거래를 하지 않을 때는 정규적으로 체스를 두고 있는 걸까? 물론 많은 사람이 다양한 상황에서 여러 역할을 소화한다. 그러나 거기 서 있기 때문에 그가 마약상이자 체스 선수라고 추정하는 것은 공정한 일인가? 아마 그렇지 않을 수도 있지만, 그런 일들이 종종 뒤섞이는 환경에서라면 이러한 역할이 공존할 수도 있다는 얘기다.

주로 앉아서 즐기는 또 다른 게임으로는 빙고가 있다. 하지만 사람들이 말하듯 참가자, 장소, 그리고 운발을 생각하면 이건 완전히 다른 게임이다. 빙고는 주로 노년층, 나이 든 노동자 계층 여성들 같은 특정 집단의 구성원들 사이에서 매우 중요한 게임이며, 그들이 가까이 모이도록 해주고 심지어 하나로 뭉치게도 해준다. 보체와 마찬가지로, 빙고도 이탈리아가 원조다. 오리지널 버전은 1530년 이탈리아에서 만들어졌으며 로 주오코 델 로토 디탈리아Lo Giuoco del Lotto D'Italia('이탈리아의 경매 뽑기 청산'이라는 뜻)라고 불렸다. 1920년대에 미국에 소개되었으며 처음에는 카드를 표시하는 데 사용했던 콩 때문에 베아노beano라고 불렸다고 한다. 『뉴욕타임스』의 기자 N. R. 클라인펠드는 브루클린에 있는 노스트랜드빙고홀을 묘사하면서 '오랜 세월 일하면서 소중히 간직해온 퇴색된 게임의 흔적 중 한 곳'이라고 말했다. 이들은 애틀랜틱시티로 가는 버스를 타는 바로 그 사람들이지만, 이 경우에는 버스에 올라탈 필요도 없다(뉴저지주의 애틀랜틱시티는 뉴욕 인근에서 카지노가 있는 곳―옮긴이). 이 고참들에게 빙고는 거의 종교와 같다. 그들의 삶은 게임, 동지애, 1000달러 혹은 그 이상을 따낼 가능성 같은 것 주위를 공전하며, 대다수가 은퇴하기 수년 전부터 게임에 몰두해온 사람이다. 클라인펠드가 말한 대로 빙고는 "노인의 하품 나는 공허함을 위한 진통제다".

심지어 지적인 선구자들도 있는데, 그중 특히 컬럼비아대학의 수학교수 칼 레플러는 6000개의 조합을 찾아냈으며 연구 스트레스로 정신이 나갈 정도였다고 알려졌다. 이런 혈통에도 불구하고 빙고에서의 승리는 전적으로 운에 달려 있기 때문에 많은 사람은 그것이 바보들을 위한 게임이라고 생각한다. 적어도 경마에서는 경마 출전표에 설명된 대로 경주마의 능력에 대해 추측할 수 있다.[12] 내가 방문한 곳은 리치먼드힐의 빙고홀이었는데, 열광자들이 정기적으로 모이는 이곳은 휑뎅그렁한 예전의 영화관 자리에 있다. 참가자들의 대화는 건강, 정치, 경제, 그리고 변화하는 동네에 초점이 맞추어져 있었다. 이 중 몇몇은 엉망이 돼버린 주식에 대한 정보를 열심히 논의하고 있었고, 어떤 이들은 그런 데 아무 관심도 없었다.

이 도시의 서인도제도와 남아시아계 인구 규모가 크다는 사실을 반영하듯, 이들이 주로 사는 브롱크스, 퀸스 등의 지역에 크리켓 구장이 있다. 많은 경우 비공식적이지만 가끔 정반대로 철저히 격식을 갖추는 사람들도 있다. 한 가지 좋은 예는 스태튼아일랜드 부두 근처 바드애비뉴와 데이비스애비뉴 사이에 있는 워커 공원에 있다. 여기서는 흰 유니폼을 차려입은 선수들의 크리켓 경기가 열린다. 근처에 있는 사람들은 가족과 함께 앉아 경기를 지켜보고 피크닉을 즐기거나 음악을 들으며, 부드러운 칼립소 음악에 염소 고기 카레와 남아시아식 납작한 빵 로티의 향이 대기에 섞여든다. 관중은 대부분 서인도제도인과 남아시아인이며, 이 경기는 1872년에 창단된 140년 전통의 스태튼아일랜드 크리켓 앤드 베이스볼 클럽Staten Island Cricket and Baseball Club이 후원하고 주최한다.

당시 이 섬에는 영국인들이 살았는데, 크리켓은 뉴욕으로 옮겨온 영국군 장교들로부터 전래되었다. 그때 그들이 그랬던 것처럼 오늘날 워커 공원에 오는 사람들도 이 클럽을 사회적 관계를 형성하고 정체성과 문화의 중요한 측면을 인증하기 위한 일종의 출구로 간주한다. 토요일에는 캐주얼한 경기들이 열리고, 일요일에는 더 많은 경쟁적인 대회 경기가 펼쳐진다.[13]

뉴욕에서 '테니스'라는 단어를 들으면 퀸스와 US 오픈을 생각하겠지만, 흥미롭게도 이 스포츠는 실제로 1874년 스태튼아일랜드에서 처음 시도됐다. 메리 유잉 아우터브리지가 버뮤다에서 테니스 경기를 본 후 이 도시로 가져와야겠다고 생각하고 소개했다는 것이다. 부언하자면 대부분의 사람은 스태튼아일랜드에서 뉴저지로 가는 아우터브리지크로싱 대교에 관해, 양쪽 지역의 가장자리나 외곽을 잇는 다리이기 때문에 그 이름이 붙었다고 생각할 것이다. 하지만 사실은 메리의 형제인 뉴욕항만국의 초대 수장 유지니어스 아우터브리지의 이름을 따라 명명된 것이다.[14]

뉴욕에서 가장 특이한 스포츠 중 하나는 옥상 비둘기 날리기다. 과거에 이 활동은 주로 이탈리아인을 비롯한 백인 남성들에 의해 진행되었으며, 대부분 브루클린과 퀸스에서 성행했다. 요즘 비둘기를 날리는 사람들은 주로 아프리카계 미국인과 푸에르토리코인이다. 흥미로운 점은 남아 있는 나이 든 백인들이 소수민족과 섞여 있어서 이 활동을 통해 집단 경계를 넘어 관계가 발전되고 있다는 점이다. 브루클린의 베드퍼드-스타이버선트와 부시윅 네이버후드에서 3년간 이들을 연구한 콜린 제롤맥이 그 모든 연원과 전개를 시대별로 정리했다.[15]

다섯 개 버러 전체의 YMCA와 YMHA(기독교 청년회와 유대인 청년회)는 커뮤니티 생활에 대단히 중요하다. 그들의 다양한 프로그램은 비싼 체육관 또는 사설 레크리에이션 클럽을 이용할 형편이 안 되는 이들을 위한 것일 뿐 아니라 종교를 강화하기도 한다. 전형적인 곳으로 사이프러스힐스의 하일랜드 공원 인근 저메이카애비뉴와 포스튜브애비뉴에 있는 트웰브타운 YMCA가 있다. 센터에는 라켓볼, 수영, 피트니스 룸, 농구, 댄스반 등이 있다. 정작 놀라운 것은 요금이다. 25세에서 64세 사이의 성인은 연간 429달러, 자녀가 2명 이상이면 780달러다. 그렇다고 Y로 시작하는 모든 곳이 이렇게 저렴한 건 아니다. 반대로 비싼 축에 드는 곳으로는 맨해튼 미드타운이스트사이드의 밴더빌트 YMCA를 꼽을 수 있는데, 가족 연간 비용이 2000달러다. 물론 이것도 여전히 사설 체육시설에 비해서는 싼 가격이다.

이 도시에서 가장 중요한 스포츠와 게임 중 마지막으로 참여 인원을 생각할 때 가장 중요한 것은 아이들이 하는 비공식적인 게임들이다. 어디서 자라든지 아이들은 장난치기를 좋아하며, 창문에서 물풍선을 던지거나 아파트 건물에서 초인종 누르고 도망치기 같은 것을 한다. 핼러윈 장난으로 감자나 달걀을 차에 던지는 것도 좋은 예다. 브루클린 게리슨비치에서 가장 인기 있는 장난은 커뮤니티를 돌아다니며 길을 잃은 운전자들에게 엉터리 길을 알려주는 것이다. 운전자는 결국 막다른 길의 물웅덩이를 마주하게 된다. 이러한 즐거움은 나중에는 주민들을 서로 묶어주는 역할을 하고 그들이 어린 시절을 회상하게 한다.[16]

공원

센트럴파크와 브루클린 프로스펙트 공원으로 잘 알려진 좋은 공공 공원에 쉽게 갈 수 있다는 것은 특정 커뮤니티에 살 만한 가치가 있다고 생각하게 되는 주된 이유다. 동물원까지 있는 공원이 제공되는 것은 일반적으로 그곳에 주로 누가 사는지에 기반한 커뮤니티의 관심사와 집단 정체성을 반영한다. 그래서 145번 스트리트와 리버사이드드라이브에 있는 리버뱅크 주립공원에서는 가스펠 콘서트가 열리기도 하고 핼러윈 파티와 가장행렬, DJ 공연, 작품 전시도 열린다. 1달러짜리 어린이용 회전목마도 운행된다. 공원에 가는 사람들은 이 네이버후드의 푸에르토리코 전통을 기념한다.

뉴욕시 공원 운영에 사기업과 부유한 개인이 관여하는 것은, 외부 이해관계로 연결되면서 미칠 수 있는 영향에 대해 많은 전문가가 우려를 표하긴 하지만, 오늘날 현실에서 있을 수 있는 일로 받아들여진다. 이 패턴은 코크 행정부 당시 공원관리국장이었던 고든 데이비스의 열정적인 지도하에 시작되었다. 공원은 뉴요커들에게 매우 중요하다. 대도시의 모든 유형의 건축에 대한 높은 수요에도 불구하고, 도시 부지의 14퍼센트에는 공원이 조성되어 있다. 주목할 만한 것은 도시에 존재하는 다양한 공원과 그 용도가 제각각이라는 점이다.

때로는 공식적으로 일반에게 개방되는 공원 전체는 특정 집단이 다양한 활동을 통해 자신의 정체성을 강화하는 장소가 되기도 한다. 브루클린 선셋 공원은 대체로 거기 거주하는 중국계 커뮤니티의 중심지다. 그곳은 모든 배경의 사람들에게 매력적이지만, 아시아인들에게 특히 즐거운 장소인 듯하다. 최근 그곳을 찾았을 때 나는 중년 남성과 여성이 요가나 태극권 수련을 하는 것을 봤다. 한 남성이 나에게 이렇게 설명했다. "우리 문화의 일부로 건강에 매우 좋습니다. 한번 해보세요." 일단의 중국계 남성이 공원 북쪽 끝 언덕배기에 모여 담소를 나누기도 한다. 언덕 위에 높게 자리한 이 공원은 맨해튼 스카이라인과 자유의 여신상, 뉴욕 항구의 멋진 전망을 자랑한다.

선셋 공원 같은 경우도 있지만, 다민족 네이버후드의 일반적인 경우든 그 지역 주민이 한 집단에서 다른 집단으로 전환되는 경우든 통합은 분명한 현상이다. 몇몇 민족 집단은 함께 농구 경기를 할 때가 있는가 하면 어떤 때는 안 그럴 때도 있다. 그것도 다양한 요인에 따라 달라진다. 서로를 알고 있거나 개인적으로 좋아하는가? 같은 블록에 사는가? 근처 학교에 함께 다니는가? 때때로 공원은 민족-종교적 집단의 공존, 그리고 실제로 어떻게 섞여 사는지를 보여준다. 예를 들어 52번 스트리트와 54번 스트리트 사이 11번 애비뉴에 있는 드위트클린턴 공원을 몇 번 다녀오면서, 나는 흑인 십대만을 대상으로 하는 농구 경기를 봤다. 그런데 근처 핸드볼 코트에서는 참가자들이 모두 아시아인이었다. 하지만 급수대 주위에선 아이들이 자유롭게 섞이며 벤치를 따라 서로 계속 마주쳤다. 내 질문에 대한 대답을 종합해서 보면, 누가 무엇을 하는지는 단순히 게임 선호의 문제처럼 보일 것이다.

도시 곳곳에 있는 크고 작은 규모의 수백 개 공원은 경기장에서 함께 뛰는 차원으로나마 다양한 사회경제적 집단의 사람들이 만나고 어울리는 장소로 사용된다. 스태튼아일랜드 북부의 스카이라인 공원은 뉴브라이턴 언덕 아래 가난한 커뮤니티 사람들이 웨스트브라이턴에서 온 더 잘사는 계층 사람들과 만나는 곳으로 알려져 있다. 이곳에선 모든 사람이 함께 잘 지내는 것으로 알려졌는데, 나의 관찰과 질의응답을 통해서도 그것은 사실임이 확인되었다. 어른들은 같은 민족-종교적 집단이나 계급적 집단으로 무리를 짓는 경향이 있지만, 아이들은 몽키바, 물놀이 시설과 모래 상자 안에서 자유롭게 섞인다.

대부분의 도시 공원은 공공시설이지만 예외도 있다. 가장 아름다운 곳 중 하나는 맨해튼에 있는 약 8100제곱미터 크기의 그래머시 공원이다. 이곳은 미학적으로 아름다운 정원과 꽃들로 가득하며, 심지어 새집들도 볼 수 있다. 안타깝게도 이곳은 사유지로 열쇠가 있어야만 들어갈 수 있으며 근처에 사는 주민들만 이용할 수 있다. 물론 많은 도시 아파트 단지의 내부 정원도 공중이 접근할 수 없는 곳들이지만, 그런 곳은 거리에 있지 않다. 행인들은 공공 공원으로 오인하기 쉬운 곳에 접근하지 못하게 되면 특히 실망하게 된다. 그 결과 그래머시 공원은 어떤 엘리트주의적인 분위기를 풍기는데, 캐주얼한 유모차는 왠지뭔가 잘못되었다고 막연하게 느껴지게 된다. 반대로, 그 공원을 공유하고 즐기는 주민에게는 통합의 장소가 된다.

사유지 공원에서 입장할 수 없어 못마땅한 사람들을 위해, 이 도시에는 훌륭하고 비교적 알려지지 않은 공원들이 모든 버러에 있다. 스태튼아일랜드 식물원의 일부인 스너그하버 내 차이니스스칼러스 정원은 500만 달러의 비용을 들여 조성되었다.(사진 15) 이 정원은 이제까지 볼수 있었던 것들 중 가장 정교하고 아름다운 정원에 속하고, 정원이란 커뮤니티에서 펼쳐지는 사회생활에 대단히 중요한 프로젝트로 일조한다는 강한 믿음을 반영한다. 석물, 나전칠기 작품, 조각상, 음각화, 정자, 격자 공예, 금붕어 연못 및 기타 많은 예술작품을 보러 갈 만한 가치가 있는 곳이다. 모든 것이 아름다운 완성도를 자랑하며, 이곳을 거니노라면 유독 명상적이고, 편안하고, 심지어 학구적인 느낌마저 든다. 정원 안내 책자는 방문객들에게 식물이 어떤 의미를 가지고 있는지, 특정 꽃이 어떤 시나 철학적 개념을 나타내는지를 알려준다. 예를 들어 어떤 꽃 근처의 설명은 이렇다. '개화하는 매화, 대나무, 소나무는 세한삼우 歲寒三友입니다. 매화는 늦겨울에 꽃이 피기 때문에 정치적으로 가장 혹

사진 15 뉴욕의 숨겨진 아름다움, 스너그하버의 차이니스스칼러스 정원. 제시 리스 촬영.

독한 시기에도 선비의 벗이 되어주는 충심을 상징합니다.' 이 정원에 있는 짧은 다리의 작은 계단은 방문객이 한 번에 한 걸음씩 걸을 수 있도록 설계되어 있어 길을 따라 각 지점에서 다른 풍경을 감상할 수 있다.

특별히 언급할 만한 또 다른 공원은 역시 스태튼아일랜드의 폰브리센 공원Von Briesen Park이다. 베라자노 다리 바로 아래 그늘에 자리 잡고 있지만, 대부분의 뉴요커들은 이름도 한 번 들어본 적이 없는 곳이다. 동쪽에서 바람이 잔잔하게 부는 곳인데, 유명한 독일 이민자 아르투어 폰브리센이 설립했다. 이곳은 수면 위 약 4만500제곱미터 부지에 조성되었는데, 레크리에이션 시설을 지으려고 몇 차례나 시도했음에도 불구하고 공원 관리위원회에서 '도시에서 가장 아름답고 소극적인 공원'을 표방하는 그대로 유지되어야 한다고 강하게 밀어붙여 모두 실패했다. 공원에는 아직도 가시칠엽수나 루브라참나무와 같은 특이한 나무들이 있다.

폰브리센은 민주주의적 이상을 열렬히 지지했고 이민자들을 공정하게 대우하면 더 나은 시민이 될 것이라고 믿어, 1876년 독일법률지원협회German Legal Aid Society를 설립했다. 이 협회는 오늘날까지 명맥이 이어져 매년 뉴욕에 있는 수천 명의 궁핍한 사람을 돕는 유명한 법률구조협회가 되었다. 두 활동을 하나로 묶는 것은 보호받지 못하고 방치된 나무와 꽃 그리고 어려운 사람들에 대한 우려다. 내가 관찰한 바에 의하면, 이 이야기는 공원이 산책하고 어울릴 수 있도록 아름다운 환경을 제공함으로써 주민과 다른 사람들의 사회생활을 향상시킨다는 점에서 우리 목적과도 관련이 있다.

나는 공원이 아주 작으면서도 특별할 수 있다는 사실을 발견했다. 사우스브롱크스 깊숙이 위치한 크로스브롱크스 고속도로 끝자락의 풀턴애비뉴에 있는 작고 아름다운 공원으로 들어가봤다. 그곳은 길이가 4분의 1블록쯤 되었을 것이다. 아파트 건물 벽을 등지고 아늑하게 자리 잡은 부드러운 검은 자갈이 깔린 이곳은 업타운시팅 공원이라 불리며, 기본적으로 앉아 있으라고 만든 곳이다. 서너 명이 앉을 수 있는 정도의 곡선형 벤치 예닐곱 개 중 하나에 앉으면 된다. 벤치 몇 개 옆에는 콘크리트로 만든 체스나 체스보드 테이블이 있다. 공원엔 그늘이 드리워 있으며, 많은 나무와 꽃이 덮인 아름다운 격자 구조물이 있다. 거기에는 놀이터도 스포츠 시설도 쓰레기도 없다. 비닐봉투를 걸어놓은 쓰레기통들은 거의 비어 있다고 해야 한다. 이곳을 세 번 찾았는데, 딱 한 번 젊은 아프리카계 커플을 본 것 외에는 아무도 보지 못했다. 이 블록에 산다는 그들은 내게 여기가 '사랑에 빠진 사람들'이 가장 좋아하는 장소라고 말해주었다. 정말이지 평화로우면서도 고독한 정취를 풍기는 곳이었다.

공원 바로 뒤에는 북적이는 3번 애비뉴에 자리 잡은 바쁜 주유소가 있는데, 공원을 둘러싼 상록수에 대부분이 가려져 있었다. 주유소로 걸어가서 직원에게 물어봤다. "저기 뭐가 있는지 아세요?"

"아니요"라고 그가 대답했다.

"아름다운 작은 공원이 있어요"라고 그에게 말해주었다.

"아", 하고 지루한 어조로 대답한 그는 다시 주유기로 돌아가버렸다. 그는 3년 동안이나 힘들게 이 일을 해왔다고 한다.

가장 놀라운 것은 그 벤치에 앉아 있으면 크로스브롱크스 고속도로의 선명한 풍경을 감상할 수 있다는 점일지도 모른다. 도로 위 바퀴가 10개 달린 견인 트레일러, 버스, 자동차를 보면서 공원의 고요함과 주변의 분주함이 이루는 대비에 충격을 받을 정도였다. 거기 공원이 있다는 것을 모른 채 보도를 지나는 사람들 때문에 그 대비는 더 극명하게 느껴졌다. 그곳은 나무로 위장하여 숨어 있는 것 같았다. 나는 멀리 좋은 자리에서 도시를 내려다보며 마치 꿈을 꾸는 듯한 기분이었다. 도시를 보고 도시가 맥동하는 것을 느꼈지만, 나는 전혀 거기에 속해 있지 않았다.

떠나려 할 때 주차장에서 시끄러운 소음이나 요리, 쓰레기 배출에 대한 일반적인 지시 사항을 적은 표지판을 봤는데, '독점 금지No Monopolizing'라는 첫 번째 경고가 내 눈길을 끌었다. 이게 무슨 뜻일까? 공간을 독점하지 말라는 건가? 대화를 독점하지 말라? 재정적 독점 금지인가? 모노폴리 게임을 금지한다는 걸까? 누가 알 수 있겠는가? 언덕 위 두 블록 떨어진 곳에서 오후의 짙푸른 하늘 위로 솟아오른 브롱크스의 여러 공공 주택 프로젝트 중 하나를 볼 수 있었다. '저곳에서 자신의 엄한 삶을 피해 여기 온 적 있는 이는 없을까?' 나는 궁금해졌다.

대부분의 사람은 그렇게 생각하지 않지만, 뉴욕시는 개울과 연못, 숲이 많고 심지어 그 안쪽에선 야생동물들이 살아가는 곳이다. 코요테는 설치류가 많으면서도 곰이나 쿠거와 같은 상위 포식자가 없기 때문에 이 도시를 사랑한다. 코요테는 브롱크스에 주로 서식하는 경향이 있는데 반해 왜가리, 뱀, 야생 칠면조는 스태튼아일랜드에서 번성하고 있다.[17] 많은 공원에는 숲과 목초지가 있다. 가령 맨해튼 최북단의 인우드 힐 공원은 다이크먼스트리트에서 베이커필드까지 북쪽으로 뻗어 있다. 이곳은 동쪽 끝에 있는 테니스 코트와 야구장 외에는 조용하고 나무가 울창하다. 그늘진 길을 따라 걷다보면 주변에 사람도 많지 않고 마치 시내에서 100킬로미터 밖에 와 있는 듯한 느낌이 든다. 퀸스의 바운 공원과 커닝햄 공원, 브루클린의 프로스펙트 공원 등 많은 공원에서도 마찬가지다.

스태튼아일랜드에는 수 킬로미터에 걸쳐 하이킹을 할 수 있는 대규모 그린벨트 지역도 있다. 그리고 베라자노 다리 왼쪽으로는 불그스름

사진 16 스태튼아일랜드의 해변 판잣길, 배경에는 베라자노 다리. 제시 리스 촬영.

한 모래와 6.5킬로미터 길이의 해안 산책로가 있는 아름다운 해변이 있다.(사진 16) 사람들은 다른 곳에서와 마찬가지로 일광욕을 하거나 배구, 산책, 조깅, 자전거를 즐긴다. 사우스비치로 알려진 이 지역에선 시즌이 되면 무료 카약, 회전목마, 인형극, 불꽃놀이를 즐길 수 있다. 해변은 150년 전부터 있었는데, 전성기에는 롤러코스터, 게임, 놀이기구, 요식업자와 기타 오락거리가 있는 코니아일랜드와 비슷한 곳이었다. 1890년대 사우스비치 구역에 있었던 프레드 스콧 무비 랜치Fred Scott's Movie Ranch에서 100편 이상의 서부극이 촬영되었다. 배우 릴리언 기시나 D. W. 그리피스 감독 같은 무성영화 시대의 스타들이 이곳에서 경력을 시작하곤 했다. 파로커웨이에는 뉴욕시 내에서 유일한 서핑 해변이 있다. 4월 초 어느 화창한 날, 나는 물속에서 서퍼 두 명이 넘실대는 파도 너머로 서핑보드에 떠 있다가 파도가 부서질 때 딱 맞춰 올라타는 것을 봤다. 3개 주(뉴욕, 뉴저지, 코네티컷) 전역에서 온 서퍼들이 이곳에서 즐거운 시간을 보내고 있다.

뉴욕시에서 자연이 제공하는 최고의 보석은 저메이카베이 야생동물 보호구역Jamaica Bay Wildlife Refuge으로, 휴양 시설로도 훌륭한 곳이다. 미 국립공원관리청 관할이며, 이 나라에서 유일하게 지하철을 타고 가서 야생동물을 볼 수 있는 보호시설이다. 자연의 생태학적 중요성에 대한 인식이 점점 높아지는 현상을 자세히 다룬 『뉴욕타임스』 심층 기사에서 앨런 포이어는 저메이카베이를 '이 도시 최대의 개방 공간'으로 꼽았다. 그는 이 지역을 '문자 그대로나 조형적으로나 자연과 인공 세계가 충돌하는 경계'에 자리 잡은 곳으로 묘사했다.

주변 지역의 여러 집단이 다양한 방식으로 이곳을 이용한다. 가이아나인들은 플로이드베넷필드와 제이컬리스 공원에서 커리 덕 페스티벌을 주최하고, 아메리카 원주민의 파우와우 축제도 수천 명의 방문객을 매년 유치하고 있다. 이곳은 수백 개의 커뮤니티 정원이 들어서는 장소이기도 하다. 자연적으로 베이 지역에 사는 사람들이 가장 자주 사용하는 곳으로, 보통 낚시, 보트 타기, 수영, 하이킹을 몇 세대에 걸쳐 해오고 있다. 한때 많은 주민이 이곳에서 생계를 해결하기도 했는데, 말하자면 어업에 종사하거나 십스헤드베이 같은 곳에서 전세 보트로 낚시를 했다.[18]

매년 수백만 명의 사람이 도시의 공원, 보호구역, 그린벨트를 비롯해 도시 내 시민에게 제공된 드넓은 공간들을 이용한다. 이 공간들이 가로 24미터, 세로 30미터 부지라 할지라도 땅값이 100만 달러씩 하는 도시에서 공중을 위해 할애되고 있다는 점은 자명한 사실이다. 이런 공간은 뉴요커와 방문객 모두의 신체적, 정신적 웰빙에 매우 중요하다. 여기서 새로운 사람들을 만날 뿐만 아니라 휴식하고 성찰하거나 가족, 친구들과 함께 시간을 보낼 기회를 얻기 때문이다. 게다가 이러한 장소에서 진행되는 활동을 관찰하면 사람들의 사회생활, 가치, 요구 및 우선순위에 대해 많은 것을 배울 수 있다.

사교 클럽 및 모임

벤슨허스트의 18번 애비뉴를 따라가면, 최근 이곳에 온 사람들이 운영하는 가게들 사이에 이전 세대에 대한 찬사라고 할 수 있는 '회원 전용' 로열 오더 오브 무스Loyal Order of Moose라는 곳이 있다. 이곳에서는 추수감사절마다 필 앤서니의 크리스마스 음악을 틀어놓고 모든 테이블에 칠면조 한 마리씩을 직접 잘라 먹을 수 있게 제공한다. 그리고 얼마 지나지 않아 신년 전야 댄스가 열린다. 사실 이곳은 우애에 헌신하는 비종파적 단체라고 주장하는 퓌티아스의 기사단Knights of Pythias이다. 이 단체는 대부분 기독교도가 참여하고 운영하며 고유한 집단으로 구성원을 통합하는 기능을 한다. 아이들은 자라 집을 떠나지만, 옛 시절의 향수를 불러일으키는 이 장소들은 그 자리에 남는다. 이탈리아계의 델리도 그렇고, 동네 공원의 보체 경기장, 그리고 늘 그렇듯 교회와 같은 곳들이 그러하다. 교회는 더 작은 곳이고 새로운 민족-종교적 집단에 공간을 나눠주곤 하지만 여전히 노인들에게 닻 역할을 하는 중요한 안정 장치다. 주로 노동자 계층인 유대인들도 여기 속하는데, 특히 메이슨스 앤드 브나이 브리스Masons and B'nai Brith 같은 사교 단체에 소속된다. 그러한 경우 회원 자격이란 대부분 유대인인지 여부에 따라 주어지는 편이라고 말할 수 있다.

사교 조직과 마찬가지로 노인 센터도 중요한 모임 장소이며, 회원들에게 사람들과 어울리며 활동에 참여할 기회를 제공한다. 브루클린의 한 관리자는 "어르신들께 아침에 옷을 입고 립스틱을 바를 이유를 제공해 드리고 있습니다"라고 말했다. 자유주의 성향의 유대인 노인들은 브롱크스 노우드 구역에 있는 베인브리지애비뉴의 숄렘알레이헴문화센터나 세지윅애비뉴에서 가까운 웨스트킹스브리지 지역에 있는 워크멘스서클멀티케어센터에서 모인다. 왜 여기에 오는 것일까? 여기가 한때 인근 공동주택에서 살던 좌파 유대인들의 네이버후드였기 때문이다.

노인들은 레스토랑, 공원, 거리에서 자주 모인다. 실제로 벤슨허스트는 브루클린 그 자체라고 할 수 있다. 여기는 아르데코, 아트 모던, 그리고 건축 디자인이 뒤죽박죽인 아파트 건물들이 2층에서 4층, 크라이셔 시대풍, 내닫이창이나 돌출창을 낸 노란 벽돌 주택, 분리층이나 랜치 양식이나 콜로니얼 양식 등 1880년대에 지어진 모든 종류의 단독 주택과 다가구 주택들이 섞여 있어서, 방문자들에게 옛 브루클린 하면 떠오르는 그런 모습을 보여준다. 크라이셔 벽돌 공장은 스태튼아일랜드에 있었다. 가로수가 줄지어 있는 거리도 있고 가로수가 전혀 없는 거리도 있는데 대부분은 그 중간 정도의 모습이다. 그 네이버후드에서는 중년층과 노년층 사람들이 건물 앞이나 현관 앞 계단이나 접이식 의자, 좋아하는 단골 자리가 있는 근처 커피숍이나 버거킹 등지에 앉아서 시간을 보내곤 한다.

전형적으로 그들은 플란넬 셔츠와 수수한 바지를 입고 '한국전쟁 참전용사'라든가 '메츠'라고 적힌 바람막이 점퍼에 두껍고 네모난 작업화를 신고 있다. 그들은 종종 자기들이 일한 곳, 좋아하는 맥주와 사랑하는 스포츠 팀을 나타내는 문구가 적힌 모자를 쓰고 있다. 주로 낡은 푸른색 야구모자에 브루클린다저스를 상징하는 흰색 B 자를 가장 흔히 볼 수 있다. 그들은 활기찬 목소리로 얘기하고 몸짓하며 웃고 서로 장난스럽게 지껄이며 말하려는 바에 열을 올린다. 대화는 주로 가족, 직장, 그때와 지금에 관한 것이다. 라이언스, 패트리어트, 제츠 중 누가 이길 것인지, 양키스와 메츠의 끊임없이 오락가락하는 운과 능력 사이를 왔다 갔다 하는 게 가장 중요하다.

하지만 거기에는 새로운 브루클린도 있어서 이 나이 든 토박이들의 의식을 파고들기도 한다. 토박이들도 86번 스트리트 쇼핑지역을 지나치는 수많은 아시아인과 러시아인을 무시할 도리가 없다. 그곳에는 에스닉 가게, 다국어로 된 간판, 세계 각지로 향하는 저렴한 운임을 광고하는 여행사, 그리고 뉴욕의 국제연합이라 해야 할 터키, 러시아, 일본, 멕시코, 페루, 중국, 한국, 베트남, 아프가니스탄 식당들이 빼곡하게 모여 있다. 지금은 몰라도, 미래는 분명히 그들의 것이다. 전체적으로 보면 벤슨허스트 지역은 대부분 중국인, 러시아인, 약간의 알바니아인과 아직 남아 있는 백인인 이탈리아인, 아일랜드인 일부, 그리고 유대인 일부가 사는 지역이 되었다. 변화는 실제로 오고 있으며, 토박이들도 그것을 안다. 그러나 지금으로선 서로에게 매달려 현상을 유지하려고 안간힘을 쓰는 중이다.

조금 더 작은 도시나 교외지역, 뉴욕시의 외곽 버러에서는 보통 친구를 만나려고 바에 간다. 동네 사람들은 서로를 잘 알고 있다. 그러나 맨해튼에서는 그렇지 않은 경우가 많다. 맨해튼의 바는 다른 곳에 사는 사람들, 특히 젊은 사람들이 찾는 경우가 많다. 특히 주말이나 휴일에 지하철에서 흥청거리는 이들이 쏟아져 나와 즐기겠다고 작정하고 덤비듯이 타임스스퀘어, 펜실베이니아 역, 유니언스퀘어, 애스터플레이스, 웨스트 4번 스트리트를 마치 흥분의 도가니 같은 분위기로 가득 채운다. 이게 빅 애플에 사는 장점 중 하나로 여겨지기도 하는데, 뭔가를 했다고 느끼려고 멀리 갈 필요가 없다는 것이다. 45분 안에 어딘가 가서 새로운 사람들을 만나고, 기막힌 스탠드업 코미디를 듣고, 5성급 레스토랑에서 식사를 하거나, 아니면 그냥 뛰어들어 새롭고 색다른 도시생활의 편린을 엿볼 수 있다.[19]

당연히 가장 보편적인 형태의 사교 모임은 누군가의 집에 모여 식사와 술, 대화를 나누며 저녁 시간을 보내는 것이다. 생일 파티나 기념일 같은 행사도 특별한 의미를 준다. 어머니의 날이나 아버지의 날과 같은 공식적인 기념일 또한 사회를 하나로 묶어주는 접착제 역할을 한다. 어머니의 날에 부시윅 거리를 걷다보면 도시 곳곳에서 전형적인 파티가 많이 열리고 있다. 공휴일에는 가족이 함께 모인다. 많은 집이 은색 하트 모양의 '해피 마더스 데이!' 풍선으로 장식되어 있다. 부시윅 같은 가난한 지역 사람들은 특히 뭔가 행복해질 기회가 생기면 정말 반갑게 맞이한다. 새로 지은 어떤 2층 벽돌 건물을 지나쳤는데, 그곳에는 가족으로 보이는 히스패닉계 사람들이 모여 있었다. 음악은 시끄러웠고 분위기는 유쾌했다. 브루클린의 가난한 이 지역에 어울리지 않게도—리무진은 아니고 보통 크기였지만—번쩍이는 선홍색 롤스로이스가 집 앞에 주차되어 있었다. 부자 친척일까? 렌터카? 마약 상인? 아니면 복권 당첨자? 누가 알 수 있겠는가?

마지막 생각

뉴욕시에서의 사회생활을 조사할 때 일반적으로 나타나는 새로운 경향은 보건 및 환경 문제에 대한 더 큰 관심인데, 이는 때때로 예상하지 못한 방식으로 나타난다. 새로운 주택 건설 프로젝트는 그러한 이슈들을 강조해 홍보하기 시작했다. 비아 버드Via Verde라고 불리는 정부 보조 주택 개발이 사우스브롱크스 브룩애비뉴와 156번 스트리트에서 시작되었는데, 이곳은 대체로 건강한 삶을 설계 근거로 강조한다. 빈곤지역의 주요 건강 문제는 비만, 영양실조와 천식이다. 비아 버드의 1층에는 의원이 입주해 있다. 꼭 필요한 경우가 아니면, 에어컨을 사용하는 대신 천장 선풍기가 사용된다. 계단은 사람들이 더 자주 사용하도록 만들어졌으며, 건물은 자연광을 활용하고, 피트니스 센터도 들어와 있다.[20] 이러한 특징들은 지축이 흔들릴 정도로 놀라운 것은 아니더라도, 개발업자들이 아파트 용적률에만 중점을 두는 사업에서 보건과 환경을 새롭게 의식하는 사업으로 전환하게 된 것을 반영한다. 그들은 또한 건축업자들이 그 점을 유용한 판매 포인트로 여기도록 제안한다.

여가 활동에서도 건강을 중시하는 추세는 두드러진다. 보호 단체들은 늘 환경보호 활동을 촉진해왔지만 그 수준은 지난 10년 동안 크게 향상됐다. 2001년에 설립된 브롱크스 리버 얼라이언스Bronx River Alliance는 폐차와 다른 잔해가 어마어마하게 버려져 심각하게 오염된 브롱크스강을 청소하는 사업에 헌신하고 있다. 이 연합 단체는 공원 관리국 및 다수의 커뮤니티 단체와 긴밀하게 협력한다. 자원봉사자들이 달성해낸 일은 정말 놀라울 정도다. 1997년부터 브롱크스강 보호 단체 Bronx River Conservation Crew와 수천 명의 자원봉사자가 강에서 250톤의 잔해와 쓰레기, 72대의 폐차와 1만6000개에 달하는 타이어를 수거했다. 이들의 목표는 브롱크스에 길이 37킬로미터에 달하는 '센트럴파크'를 조성해 브롱크스강을 따라 녹지로 이어지는 전체 공원 네트워크를 만드는 것이다. 이를 위해 그동안 4만5000그루의 관목과 나무를 심었다. 이 기구는 도시를 탐험하고 싶어하는 학생과 일반인들을 위한 카누 프로그램을 개발하기도 했다. 미래 세대를 위한 이러한 계획된 접근 방식은 차츰 일반적인 것이 되어가고 있다.

또 새로운 것으로는 뉴욕의 12개 거리를 일시적으로 폐쇄하여 달리기, 요가, 줄넘기, 테니스, 럭비 등을 하며 건강을 증진시킬 수 있도록 한 '운동 거리play street'로 지정한 것이다. 이 거리는 특히 소아비만을 퇴치하기 위한 노력의 일환으로 고안되었다. 지금까지 수집된 자료에 따르면 이 계획은 이전에 대부분의 시간을 TV와 비디오게임을 하며 보내던 아이들을 성공적으로 밖으로 끌어낸 것으로 보인다.[21] 물론 이 도시는 공원으로 가득 차 있고 그 공원들도 실제 많이 이용되고 있지만, 집 바로 앞에 놀이 공간이 있으면 적어도 멀리 가고 싶지 않은 사람, 집 근처에 있고 싶은 사람, 아이들을 가까이서 지켜보기를 원하는 가족들에게 먹혀들 것이다.

2011년 뉴욕시는 알파벳 문자 등급 체계를 활용해 식당 청결 등급을 매기기 시작했다. 이 역시 미국 사회 전체에서 건강에 대한 관심이 높아진 것을 반영한다. 등급 체계는 음식의 질과 맛을 다루지는 않지만 저갯 서베이Zagat survey(미국의 식당 정보 평가 안내서—옮긴이)와 같은 효과를 낸다. 효과는 아직 심도 있게 연구되지는 않았지만 예비적 결과로는 고무적이다.[22] 그렇다 해도, 평가 척도가 어떤 추론을 하게 할 순 있다. 'B' 등급은 방문을 다시 한번 생각하게 하고 'C' 등급 또는 '보류'라면 보통 식사를 하러 가는 사람이 확실히 꺼릴 것이다. 결국, 맛있는 음식을 제공한다 하더라도 고객을 병들게 한다면 무슨 가치가 있겠는가? 부지불식간에 'A'는 항상 품질의 동의어로 인식된다. 즉, A를 평균이라 생각하거나 트리플 A 등급에 집착하는 식이다. 적지 않은 수의 식당에서 식탁에 뭔갈 올려놓거나 앞에 화분을 놓아서 등급 표시문을 가리려 끈질기게 노력하는 것을 보고 그 식당이 얼마나 끔찍한지, 얼마나 비싼지를 짐작할 단서로 삼을 수 있다.

요컨대, 도시를 답사해보면 건강 중심 음식점들의 폭발적인 증가에서 금연이나 웰빙 캠페인에 이르기까지 건강에 더 집중하는 경향이 오늘날 더욱 확산되고 있으며 사회 모든 측면에 스며들기 시작하는 추세라는 것을 알 수 있다.

5장

타르 해변,
보도 위의 조각,
아일랜드 자유의 투사,
슈퍼맨:

빅 애플의 공간들

브롱크스나 브루클린의 버스를 공간으로 부르는 것도 적절하다고 생각한다. 이 버스의 세계에 올라타면 가난한 사람, 흑인, 그리고 히스패닉계 사람들이 대부분인 세계에 합류하게 된다. 이 세계에는 간혹 아시아인도 있고 한두 번이 아니었을 백인 인구의 교외 이주 시기를 놓쳐버린 것이 확실한 백인 노인들도 있다. 십대들을 제외하고 거의 모든 사람이 피곤하고 지겨워 보이며, 많은 경우 팍팍한 삶에 시달리거나 패배한 것처럼 보인다. 옷은 대체로 후줄근하고, 아이들은 어머니의 옷이나 바지, 팔과 다리를 끈질기게 붙잡고 늘어진다. 여기에는 지팡이를 짚거나 휠체어를 탄 사람들도 있다. 몇몇은 스페인어로 된 책을 읽는다. 어떤 사람들은 무기력하게 얘기를 하거나 음악을 듣지만, 대부분은 멍하니 먼 곳을 응시한다.

버스에서 내 존재는 알아차리지 못할 정도로 미미하다. 나는 가능하면 눈에 잘 띄지 않도록 파란색 반바지와 썩 어울리지는 않는 카키색 폴로셔츠, 흰 양말, 검은색 신발처럼 별 특징 없는 옷을 입고 있다. 사실 지나치면서 힐끗 쳐다보는 것 이상으로는 아무도 나를 신경쓰지 않는다. 유일하게 눈길을 끄는 승객은 이 버스가 뉴욕을 탐험하는 진정한 방법이라고 마음먹은 독일, 스칸디나비아 같은 곳에서 온 모험심 가득한 네 명의 젊은 관광객뿐이다. 사람들은 그들의 옷, 언어, 행동거지, 이질성 때문에 '이 버스에서 이상하게 보이고 이상한 말을 하는 당신들은 여기 전혀 어울리지 않는 사람들이고, 그러니 우리한테도 원하는 만큼 당신들을 쳐다볼 권리가 있다'는 듯이 그들을 빤히 쳐다본다. 물론 사람들은 외부인을 빤히 쳐다본다. 그곳은 공공장소이고, 어떤 의미에서 내리기 전까지는 그들의 영역이다. 그러나 아무리 그래도 같은 동네 주민들은 그렇게 공개적으로 처다볼 수 없다.

뉴욕시에는 수천 개의 공간이 있다. 여기에서는 그 공간들에 대해 자세히 살펴보겠다. 먼저 네이버후드, 산업지역 및 상업지역, 공원처럼 넓은 공간에서 시작하려 한다. 그런 다음 거리와 보도에 집중해보고, 다음으로 상점과 쇼핑몰, 그리고 가게 간판, 광고 공간, 종교 시설의 표지판에 주목해보겠다. 그다음으로 살펴볼 곳은 건물과 벽이다. 성지聖地, 명판, 동상, 그리고 전망으로 마무리를 할 것이다.

이 공간들은 이곳에 사는 사람들에 대해 많은 것을 가르쳐준다. 이들에게 공간이 어떤 의미인지, 생활, 일, 놀이에 공간을 어떻게 사용하는지, 신앙, 가치, 우선순위, 그리고 그들이 관심사를 어떻게 표현하는지 배워보겠다. 그중에는 세력권, 예술적 표현, 다양한 종류의 정체성, 다양한 이슈에 대한 지지나 반대, 유대감, 이야기와 농담을 나누는 것, 사람들이나 역사를 기억하는 것, 다른 사람에게 베푸는 것, 그리고 연대를 통한 저항과 같은 것들이 있다. 이 공간들은 대부분 야외 및 공공장소이지만, 간혹 개방된 사적 공간인 경우도 있다. 어느 정도는 다루고 있지만, 잠긴 문 뒤에 있는 사적인 세계에 대한 논의는 여기서 빠져 있는데, 이 대도시가 어떻게 생존하고 번성하는지에 대한 이해와 통찰을 제공하는 엄청나게 많은 일이 이 잠긴 문 뒤에서 일어난다. 먼저 네이버후드에 눈을 돌려보자. 커뮤니티는 물론 공간으로서의 네이버후드에도 초점을 맞추어보겠다.

네이버후드

내가 어렸을 때 우리 가족은 워싱턴하이츠에서 수년 동안 살았다. 어떤 블록은 내가 항상 걸어다니는 곳이었고 한 번도 거닐어보지 않은 블록도 있었다. 이건 누구에게나 해당되는 얘기다. 친구가 사는 블록과 친구가 살지 않는 블록이 있다. 다니는 교회가 어떤 거리에 있다면, 학교는 또 다른 거리에 있다. 좋아하는 매장이 이쪽 상가 블록에는 있지만 저쪽 상가 블록에는 없다. 어떤 블록은 그쪽 애들이 외부인들에게 불친절하다는 평판이 있어서 걸어보지 않았다. 그런 일은 이런 위험을 모르는 채 거리를 활보하는 어른들에게는 적용되지 않는다. 어른들에게 위험이란 보통 노상강도를 당하는 것을 의미한다. 따라서 거주자들은 얼마간 '하위 네이버후드'에 사는 것처럼 자기네 동네를 보게 될 때가 많다.

나는 맨해튼 워싱턴하이츠의 브로드웨이에서 서쪽으로 한 블록 떨어진 164번 스트리트에서 몇 년 동안 살았는데, 161번 스트리트와 165번 스트리트는 가도 브로드웨이 동쪽으로 162번 스트리트, 163번 스트리트, 164번 스트리트에는 발도 들이지 않았다. 또 157번 스트리트를 따라 걷기는 해도 158번 스트리트와 159번 스트리트는 거닐지 않았다. 친구들과 나는 이 지역 전체를 우리 '홈구장'이라고 생각했지만, 사실 그중 일부만 그런 것이었다. 이제 옛 네이버후드의 그 거리들과 더불어 이 도시의 거의 모든 거리를 체계적으로 답사하며 마치 처음인 듯 이 블록들을 지나가봤는데, 그렇게 다녀보니 사실 정말로 처음인 곳들이었다. 그때는 전혀 알아차리지 못했는데, 지금 처음으로 보고 나니 이제는 보이는 것들이 있다.

이게 무슨 의미냐면, 사람들의 공간 경계는 종종 그들이 말하는 '나의 동네' 또는 '내가 자랐던 곳'이라 말하는 것보다 좁다는 것이다. 따라서 맨해튼 '웨스트사이드'나 브루클린 '플랫부시'에 대해 일반화해서 언급할 때, 그런 용어들은 언급 당시 의미했던 것보다 전체 지역에서 훨씬 더 적게 적용될 수 있다. 그리고 네이버후드에서 중요하다고 생각하는 곳이 사람마다 다르기 때문에, 같은 지역에서 성장했더라도 그곳의 매력이나 사람들, 안전 및 심지어 주요 관심사에 대한 의견은 천차만별일 수 있다. 이는 또래 네트워크, 선호하는 활동 등과 같은 것들로, 스스로 설정한 경계들이다.[1]

일반적으로 세력권이라는 측면에서 주민들이 '장악한' 블록에 대해 생각할 때, 먼저 머리에 떠오르는 것들은 블록 주민회, 친구 네트워크, 제인 제이컵스가 논의한 '눈과 귀', 아니면 그 블록에 갱들이 있는지 여부 등이다. 마지막 카테고리의 극단적으로 부정적인 예를 꼽자면 웨스트브롱크스의 모리스하이츠 구역에 있는 일방 도로인 언더클리프애비뉴인데, 그 길은 갱단의 손안에 있었다. 거리에 있는 1571번지 아파트 건물은 갱단이 '경비하는 요새'였고, 감시 장소에서 접근하는 모든 차를 보고 '문제가 감지되면 총을 휘두를' 수 있는 곳이었다. 그것은 빈 아파트 열 개로 만든 '막 나가는 작전'으로, 두목은 도미니카공화국 출신 호세 델로르베였다. 델로르베는 또한 아파트 관리인 호세 히미네스의 전적인 협조를 받고 있었다. 당국에서는 '장기' 작전으로 그들을 감시 중이라고 설명했다.[2] 사람들은 왜 더 일찍 이들을 저지하지 않았는지 궁금해한다. 그 대답은 주민들이 증언하는 것을 너무 두려워했고 지금도 두려워하고 있는 듯하다는 것이다. 이 사례는, 법으로 제재하지 않으면 엉뚱한 사람들이 마치 자신들의 사적 소유인 양 공공의 공간을 통제할 수 있다는 것을 보여준다.

단지 몇 군데의 도시 내 공공장소만이 외부 세계에 휘둘리지 않는 신성한 곳이 될 수 있다. 뉴요커들은 모든 네이버후드나 다른 공공장소를 걸어다닐 수 있고 또 실제로 그러고 있다. 외부인이라 해도 아무 블록에서나 서서 노래하고 춤을 추거나 레모네이드를 팔 수 있다. 스태튼 아일랜드에 있는 배타적이며 고급스러운 네이버후드인 토트힐의 골목길과 굽잇길을 지나며 곰곰이 이 생각을 했다. 일요일 오후에 나는 학생들과 함께 지내는데, 그들과 도시 전역을 답사하는 것은 내가 뉴욕시에 대해 가르치는 대학원 과정의 일부다. 토트힐에는 팔라초palazzo라고 하는 거대한 대문이 있는 저택들이 있으며, 아름다운 고딕, 조지안, 로마네스크, 그리스 부흥 양식을 절묘하게 구현한 집들이 있다. 일부는 초현대형이고, 다수가 이 도시의 장관을 이룬다. 10월 어느 일요일 오후, 그 거리는 텅 비어 있었다. 길모퉁이에 닿았을 때, 공중전화 부스 기둥에 붙어 있는 평범한 종이에 검은색 단정한 손 글씨로 쓴 표지를 우연히 보게 되었다. 이 간단한 메시지는 모든 것을 직접적이고 모호하지 않게 말하고 있었다. "싱글, 어울리고 싶음." 뒤에 그 동네 전화번호가 적혀 있었다.

길을 따라 아래위로 자세히 들여다보면서 나는 이 부자들의 보루 안에서 그 공간과 사생활이 어쩐지 침해되었다고 느꼈다. 하지만, 물론 그런 것은 아니다. 여기는 도시이고 거리는 사실 사유지였으니까. 그들로서는 사적인 커뮤니티를 가지고 있다고 느낄 수도 있지만, 만약 그렇다면 그들의 상상 속에서나 맞는 얘기다. 야생의 삶이, 전부터 그랬듯, 사유지 가장자리 바로 너머에서 손짓하고 있다. '이 제안에 누군가 꼬여넘어갈까?' 하고 반문해봤다. '얼마나 오래 붙어 있을 수 있을까? 화가 난 주민이 뜯어낼까? 아무도 알 수 없지.' 나는 결론을 내렸고, 그러면서 오래전에는 이 지역이 일반인에게 다른 방식으로 보였던 게 기억났다. 이곳은 원래 마피아 조직폭력배였던 폴 카스텔라노가 총에 맞아 죽기 전에 살았던 커뮤니티로 알려져 있었다.[3]

네이버후드를 정의하는 공간은 거주자에게만 국한되는 것이 아니라 그 지역에서 정기적으로 일하는 사람들까지 포함할 수 있다는 점을 이해할 필요가 있다. 요컨대 고급스러운 트라이베커의 웨스트브로드웨이와 화이트스트리트에 있는 카페 클레먼타인에서는 대부분이 라틴계인 10여 명의 직원이 동네 주민들에게 식사를 배달한다. 바깥에는 배달원이 사용하는 약 15대의 자전거를 세워두는 자전거 보관대가 있다. 그러나 이러한 거래 외에 주민들과의 의미 있는 상호작용은 거의 없다. 왜냐하면 배달원은 대부분 그들의 특정 역할에 의해서만 정의될 뿐이기 때문이다.

역시 트라이베커의 커낼스트리트와 리스퍼나드스트리트 사이 처치스트리트에 위치한 웨스트사이드 커피숍은 주로 이 지역에서 일하는 이민자들에게 도미니카 음식을 제공한다. 저녁이 되면 놀랍게도 대부분의 고객이 라틴계가 아니라 커낼스트리트에서 가두 판매상으로 일하는 아프리카 사람들로 바뀐다. 이곳은 주로 세네갈인들이 모이는 곳으로, 안쪽에서 추운 날씨를 피하거나 화장실을 이용하고 서로 어울릴 수 있도록 사람들의 편의를 봐주고 있다. 그곳에 온 라틴계 몇몇은 식당의 본래 용도대로 스페인 음식을 먹기도 한다. 낮 시간 동안에는 백인과 히스패닉계가 한두 명 단위로 주로 점심 식사를 하러 온다. 따라서 공간의 사용 양상은 하루 중 다른 시간대에 어떤 일이 일어나는지에 따라 달라지며, 이것은 도시 내 여러 네이버후드에서도 마찬가지다.[4]

네이버후드 내 공공 공간에서 벌어지는 다툼은 공원에서부터 건물이나 길모퉁이까지 다양한 장소에서 펼쳐진다. 리처드의 법률 사무소는 9번 스트리트에 있는 브리보트Brevoort라는 아파트 건물 건너편에 있다. 그가 말했다. "여기 브리보트에 개 한 마리와 사는 여자가 있는데, 매일 개가 길을 건너 내 사무실 바로 앞에 와서 볼일을 봅니다. 물론 주인이 치우기는 하지만, 그래도 왜 하필 여기입니까? 그래서 어느 날 누군가가 그녀에게 브리보트 앞은 왜 안 되느냐고 묻자 그러더군요. '오, 코업 아파트 규칙이 허용하지 않아요.'" 리처드는 이 말을 하면서 웃었지만 "어쩔 수 없죠"라고 덧붙였다.[5] 이 일은 사적인 아파트 위원회의 권한이 어떻게 형식적인 반발 외의 다른 저항에 전혀 부딪치지 않고 공공 광장으로 확장되는지를 보여준다. 그 밖에 그런 행동의 다른 많은 예가 있다. 사람들은 지하철이나 버스에서 빈 좌석에 발이나 가방을 놓는다. 주차 공간이 비어 있으면 운전자가 차를 몰고 도착할 때까지 누가 차를 세우지 못하게 다른 사람이 그 빈 자리를 지킨다. 전신주에 농구 골대를 매달아놓기도 한다.

또한 영화 제작자들이 다양한 네이버후드를 무대나 소도구 등으로 사용할 때도 뉴욕의 공간은 격전지가 될 수 있다. 이것은 동네 주민들을 들뜨게 만드는가 하면 쫓아내는 일이기도 하다. 건축학 교수인 마이클 소킨은 이를 공공 공간에 대한 총체적인 침해라고 생각하며 분노한다. 공공 공간은 소킨에게 그 자신의 공간이기도 하기 때문이다.

이동식 분장실과 소품 장비 공급 트럭들을 지나칠 때면 혈압이 오르는 것을 느끼는데, 돈을 넘치게 버는 스타들을 시원하게 하거나 따뜻하게 하느라 가스를 토해내는 시끄러운 발전기가 모두 갖추어져 있습니다. 바보 같은 광고 촬영이 중단 없이 진행될 수 있게 반대쪽 길로 건너가라고 주장하는 거들먹거리는 프로덕션 어시스턴트들이 싫습니다. 특히 가로변에 설치한 영양 많은 간식을 차려둔 케이터링 테이블이 싫습니다. 프로덕션 관계자는 누구나 먹을 수 있지만 나는 안 된다고 합니다! 이러한 테이블 차림은 언제나 레이건주의를 연상시키는데, 소수만 풍요를 누리고 나머지에게 그 낙수효과란 환상에 불과할 뿐이죠.[6]

과장이 좀 있다 해도(누구나 알듯이 프로덕션 어시스턴트는 아무것도 제작하지 않으며, 심지어 그중에는 소킨 이웃의 자녀가 인턴으로 일하는 곳도 있다) 소킨의 관점은 유효하다. 공공 공간은 누구의 소유인가? 그 공간을 소유한 사람들의 권리에 어떤 제한이 있는가? 아무리 시장실의 영화, 연극 및 방송지원국의 승인을 받았다 하더라도, 공간을 징발당한 주민들이 어떤 식으로든 보상을 받을 수는 없는 것인가? 어쩌면 동네 파티로? 영화 무료 입장권으로? 물론 소킨이 '바보 같은 광고' 또는 '레이건주의'라고 언급할 때 그의 견해에는 어떤 계급적이고 문화적인 편견이 있다. 그러나 영화를 만드는 사람들 쪽에서도 배려가 부족하지 않은가? 그런 촬영은 처음에야 주민들에게 재미있는 이야깃거리가 되지만, 조금만 지나면 생활에 방해를 주는 것처럼 보인다. 소킨에게 무엇보다 중요한 조건은 영화 제작자들의 존재가 이러한 공간에 대한 공공의 접근을 얼마나 방해하거나 장려하는가이다. 뉴욕시만큼 다양한 도시에서는 그러한 날카로운 차이가 확실히 부각된다. 그리고 이런 문제를 해결하기 위해서는 솔로몬의 지혜가 요구될 때가 있다.[7]

산업 및 상업 공간

뉴욕시는 특히 맨해튼 외곽에 많은 산업 거점이 있다. 이 공간은 상품 공급자와 경공업 제조업자가 대체로 점유하고 있고, 주거용 주택은 거의 없거나 멀리 떨어져 있다. 일반적으로 이런 구역들은 수계水系와 가깝다. 인근 주택가의 사람들은 거주지와 경계를 접하고 있거나 자신이 사용하는 공간들이 있기 때문에 산업지구에 익숙해진다. 예를 들어 바레토포인트 공원Barretto Point Park은 헌츠포인트 남부 산업 지구의 티퍼니스트리트 끝에 있다. 주택가에서 2.5킬로미터 정도 떨어진 엉뚱한 곳에 있는 다소 황량한 공원처럼 보인다. 하지만 사람들은 여기를 농구나 수영, 피크닉 장소로 쓰고 있다. 여기 자주 오는 사람들은 화이트로즈티컴퍼니와 대리석 화강암 석재회사들, 또는 뉴욕 거리의 사브렛 핫도그 가두 판매대의 제조사를 지나가게 된다. 그렇게 하다보면 도시를 사람들이 살고 쇼핑하고 노는 곳만이 아니라 산업의 터전으로 보는 법을 배우게 된다.

이 공간에서의 생활 역시 나름의 리듬이 있어서 외부인이 방문하거나 머무르려 할 때는 그 리듬에 맞춰야 한다. 이 지역에 있는 식당들은 일반적으로 소박한 곳들인데, 장시간 문을 열어야 한다. 오아시스라는 식당에 들어서서 속사포 같은 뉴욕식 영어로 전화 주문을 받고 있던 그리스계 미국인 매니저와 얘기를 나누었는데, 그녀는 이곳 헌츠포인트에서 영업하는 것은 쉽지 않은 일이라고 말했다. "최소한 새벽 4시부터 저녁 9시까지는 영업해야 합니다. 그리고 손님들이 노동자들이라서 너무 비싸게 받을 수도 없습니다." 메뉴를 보니 정말로 그녀 말이 옳았다. 감자 튀김을 곁들인 햄버거는 4달러, 달걀 샌드위치는 1달러 45센트였다. 그곳은 청결했고 큰 식물 화분으로 쾌적하게 꾸며져 있었다.

크로스브롱크스 고속도로 북쪽에 있는 제롬애비뉴를 따라서 상가가 길게 뻗어 북쪽으로 포덤로드까지 1.5킬로미터 이상 이어진다. 여기 거의 모든 종류의 자동차나 자동차 액세서리 판매점, 수리점들이 라디오와 라디에이터, 머플러나 모터, 윈드실드와 배선, 타이어 및 견인 장비, 속도계와 시트 커버 등 필요한 것은 모두 취급하고 있다. 그러나 이 사업장들은 단순히 동네 사람들을 위한 곳이 아니다. 사람들은 스태튼아일랜드나 뉴저지, 그리고 코네티컷 등지에서 이곳으로 싼 가격을 찾아오고 있으며, 단골에게는 현금도 제공한다. 퀸스의 시티필드 구장 그늘 아래 있는 자동차 수리점과 폐차장도 마찬가지다. 이러한 공간은 원래의 경공업 전용 용도 외에도, 보통은 전혀 시간을 보내지 않을 다양한 네이버후드를 커뮤니티 외부 사람들에게 소개하는 역할을 한다.[8]

또 다른 상업성 업체로는 외곽 버러에 소재한 중간 가격대의 홀리데이인익스프레스나 컴포트인, 데이스인 같은 호텔 체인점들이 있다. 이런 곳들은 하루에 400달러씩 내지 않고도 맨해튼 인근에 머무르려는 외국인 관광객들에게 저렴한 숙박 시설을 제공한다. 전형적인 소재지는 롱아일랜드시티, 거와너스 네이버후드 같은 브루클린 시내, 심지어 스태튼아일랜드의 작은 마을 트래비스 같은 곳들이다. 이 장소들은 유럽이나 라틴아메리카 시장에서 발행되는 해외 미디어에 광고를 게재한다. 고객들은 맨해튼까지 지하철로 30분 정도밖에 걸리지 않는 곳에서 1박에 150달러에서 250달러에 방을 구할 수 있다. 이런 호텔은 일시적인 주거지라서 주변 동네와는 거의 접촉이 없는 광범위한 용도로 사용된다. 말하자면 방문객들이 도시에 좀더 쉽게 다가갈 수 있게 해주는 것이다. 이런 의미에서 호텔들은 대부분 커뮤니티의 진정한 일부라기보다는 단지 공간을 차지하는 장소이며, 그곳에 머무는 사람들은 어쩌다 그곳에서 식사를 하기는 하지만 보통 일찍 일어나 맨해튼으로 향한다.

호텔 체인점에 들어맞지 않는 독특한 장소 중 하나는 박스스트리트에 있는 박스하우스호텔이다. 산업지역인 그린포인트 북쪽을 답사하면서 이곳을 지나가봤다. 밖에서는 꽤 평범해 보였지만, 내부는 사정이 전혀 달랐다. 이곳은 원래 창호를 제작하던 공장이던 독특한 부티크 호텔이었다. 로비는 프랑스 시골풍의 의자와 빅토리아풍 집이나 새와 꽃들이 그려진 만화 같은 액자로 꾸며져 있었고, 근처에는 오래된 업라이트형 피아노와 골동품 문진文鎭, 탁상시계, 그리고 기묘한 물건들이 들어 있는 유리 진열장이 있었다. 복도는 연노란색으로 칠해져 있고 흰색 몰딩으로 장식되어 있었으며, 광을 낸 나무 바닥이 깔려 있었다. 일반적이지 않은 객실은 넓고 아름다웠으며 5미터 정도 높이의 천장에 현대식 주방과 평면 TV가 구비되어 있었다. 일반적인 호텔처럼 박스하우스호텔도 외국인 고객을 위한 숙박을 하룻밤 250달러에 제공하며 여기서 맨해튼까지는 지하철로 15분밖에 걸리지 않는다. 뉴욕 외곽 버러에 있는 이런 적당한 가격의 호텔은 해외에서 온 방문객들의 관심을 끌게 된다면 트렌드가 될 수도 있을 것이다.

또 다른 특이한 장소는 브루클린의 유서 깊은 스타이버선트하이츠 지역의 가로수가 늘어선 맥도너스트리트에 있는 아크와바맨션이다. 아프리카 중심주의를 강조한 1880년대의 역사적인 저택이다. 여기에는 '빗자루 뛰어넘기'(흑인 노예들이 결혼 예식으로 빗자루를 뛰어넘던 것을 의미─옮긴이) 방이라든가 '아샨티', 그리고 '흑인 기념실'이라고 하는 객실들이 있다. 객실은 아름답게 꾸며져 있고 아침 식사는 남부 스타일인데, 이 모든 것을 맨해튼의 좋은 호텔 절반 가격으로 누릴 수 있다. 뒤편에는 파티에 적당한 크고 아름다운 정원이 있으며, 맨해튼까지 지하철로 19분밖에 걸리지 않는다.

공원

일반적으로 거리와 네이버후드를 세력권territoriality의 표현으로 생각하지만 공원 역시 마찬가지다. 젊은 엄마들, 아시아인, 히스패닉계, 노인, 같은 동네 친구들 등 다양한 집단의 사람들은 자기 공간의 영역을 지정하곤 한다. 퀸스에 있는 제이컵리스 공원은 해변을 14개의 만으로 구분한다. 하나는 주로 동성애자들이 사용하고, 두 개는 흑인들이, 다른 하나는 라틴계와 카리브계가 사용한다. 갱단의 구역과는 달리, 다른 집단 사람이 '잘못된' 지역으로 들어왔다 해도 아무런 보복을 당하지 않는다. 이 공간은 다른 것보다 공동의 합의에 의해 경계를 유지하며, 그런 와중에 '관광객'을 위한 공간도 제공한다.[9]

공원은 종종 공간을 두고 경합하는 단체들 간의 충돌을 위한 피뢰침 역할을 한다. 2010년 5월에 열린 공청회의 논쟁에서 이 문제가 더욱 두드러졌다. 뉴욕시의 제안은 배터리 공원, 하이라인 공원, 유니언스퀘어 공원 및 센트럴파크의 통행량이 높은 구역에서 허용되는 예술가와 수공예품 상인의 수를 75퍼센트 줄이자는 것이었다. 문제는 고요한 도시 속의 오아시스와 예술품을 고르고 살 수 있는 장소라는 두 개의 핵심적인 가치 중에서 선택을 해야 한다는 것이었다.

공청회에서는 '아티스트 파워'라는 문구가 적힌 셔츠를 입은 예술가들이 특히 먼저 눈에 들어왔다. 파스텔 유화 그림을 파는 한 지지파가 "예술이 없는 공원은 소스 없는 스파게티와 같다"고 선언하기도 했다. (이 비유의 논리는 예술을 원하지 않는 사람들이 나는 다른 소스를 선호한다거나 소스를 전혀 선호하지 않는다고 하면 오히려 곤란해질 수도 있다.) 실제로 반대파에서는 어떤 사람이 "우리는 공원에 쇼핑몰을 만들고 싶지 않습니다"라고 덧붙이며 전면적으로 반대했다.[10]

주말에는 2만 명이 방문할 정도로 대단히 인기가 있는 하이라인 공원은 상당한 논란 속에서 탄생했다. 개발업자들은 지금 이 공원이 자리 잡고 있는, 만들어진 지 오래된 1.6킬로미터 길이의 웨스트사이드 고가 철로를 철거하려고 했지만, 1990년대 후반에 격렬한 저항에 부딪혔고 계획에 반대하는 단체가 꾸려졌다. '프렌즈 오브 더 하이라인 Friends of the High Line'이라 불리는 이 단체는 이 구간의 답사 투어까지 조직해가며, 이곳을 독특한 위치에 있는 공원으로 전환할 방법을 찾으려고 했다. 오래된 철로는 잡초가 우거져 있었지만, 이상하게도 평화로웠으며 땅 위로 우뚝 솟아오른 모습이 잊을 수 없으리만치 아름다웠다. 하이라인은 원래 정말 화물을 문에서 문으로 운반하는 데 사용되었던 철도 화물선이었다. '문에서 문으로'라는 것은 철로가 말 그대로 운행하는 공장과 창고 사이를 지나다녔기 때문이다. 1980년 냉동 칠면조 화물을 운반한 것으로 마지막 철도 운행이 끝났다. 보존주의자와 개발자들 사이의 싸움에서 중요한 승리는 2002년 블룸버그 시장이 공원 아이디어에 지지를 던졌을 때였다.[11]

하이라인은 뉴욕에서 가장 특이한 공원 중 하나다. 이곳은 30번 스트리트와 10번 애비뉴에서 12번 스트리트 근처에 있는 갠스부트스트리트까지 이어진다. 사용하지 않는 고가철로를 따라 이어져 있기 때문에 화초가 잘 조경되어 있기는 하지만 공원이라기보다는 공터라고 해야 할 것 같다. 공원이라고는 하지만 실은 산책로라고 해야 할 것인 데다, 건물 3층 높이만큼 높다. 그래서 마치 도시의 건물 숲을 지나가는 것처럼 느껴진다. 골목길을 통해 여러 블록을 질러가는 것처럼 도시를 넘나들 수 있기 때문이다. 이 높이에서는 또한 도시를 말 그대로 전체적으로 조감할 수 있는데, 즉 현 위치를 포함해서 더 넓은 공간의 척도에서 내가 걷고 있는 장소를 볼 수 있게 된다. 이 위에서 나는 지상의 보도 높이에서는 볼 수 없었던 그래피티 낙서를 볼 수 있다.[12] 하이라인 공원의 존재는 다른 평범한 지역의 부동산 가치에 긍정적인 영향을 미치기도 했다.[13]

최근 공원 부지가 된 지역 가운데 가장 화제가 되었던 건 웨스트웨이 고속도로 건설에 대한 논란이었다. 웨스트웨이 고속도로 건설은 제안되긴 했지만 대규모 반대가 오래 지속되면서 결국 무산됐다. 아무래도 뉴욕시가 고밀도 도시생활의 모범 사례이기 때문에, 공원 부지를 제거하거나 조성하려는 시도는 자주 격렬한 투쟁을 불러일으키게 되는 것 같다. 1972년의 계획은 선착장, 창고, 기타 사용되지 않은 구조물을 약 2.8제곱킬로미터의 새로운 주택, 상업 공간 및 공원지로 대체하는 것이었다. 연방 고속도로에 사용할 자금이 있었기 때문에 도시 지도자들도 이 구역에 예전에 있던 웨스트사이드 고속도로를 재건설하려고 했다. 허드슨강에서 충분히 멀리 떨어진 곳에 세워져서 강과 그 구간에 최대 8만 5000호의 주택을 공급할 수 있었다.

하지만 이 계획은 일찍이 제인 제이컵스와 동조자들에 의해 로어맨해튼 고속도로 제안이 폐기된 것과 같은 유형의 반대 운동을 불러오면서 수년간 논쟁에 휘말리게 되었다. 과거 뉴욕시의 고속도로 구조를 세우는 데 중요한 역할을 했던, 당시에는 훨씬 더 심하게 매도당했던 건축가 로버트 모지스가 고안한 이 대형 프로젝트의 낌새만 보여도 엄청나게 많은 사람이 본능적으로 반대했다.[14] 고속도로 재건설이 심각한 오염으로 이어질 것이라는 환경보호청의 결론도 도움이 안 됐다. 1990년 연방정부는 현실에 고개 숙이고 웨스트웨이 고속도로 건설 승인을 받으려는 노력을 중단하기로 했다. 자칭 '작은 사람' 보존주의자들이 다시 승리했다. 이곳은 허드슨강을 따라 매우 아름다운 공원으로 되살아나서 다운타운 쪽에는 자전거 도로가 만들어졌고, 일부 선착장과 거리도 개·보수와 개선 작업이 이루어져서, 2000년 5월 31일 마침내 연방정부의 승인을 받았다.

거리와 보도

거리와 보도는 분명히 공공의 공간이지만 뉴욕을 거닐 때 누릴 수 있었던 최소한의 프라이버시는 도시를 뒤덮은 수천 대의 카메라에 의해 훼손되었으며, 이런 현상은 주로 교통량이 대단히 많은 지역에서 더욱 두드러진다. 예를 들어 마지막으로 세어봤을 때 34번 스트리트에서 51번 스트리트 사이의 17개 블록에 시에서 설치한 카메라 82대가 있었다. 그리고 여기에 포함되지 않은 매장주나 건물주가 설치한 카메라, 무심코 그러는 것이든 의도적이든 보이는 것은 죄다 비디오로 찍어두는 수천 명의 사람이 사용하는 개인 카메라도 있다. 따라서 공공장소에서 남들 없는 곳이라고 몸을 긁적대도 된다고 생각한다면 다시 생각해보는 게 좋을 것이다. 그나마 한 가지 위안이라면 그들이 당신을 개인적으로 알지 못할 거라는 점 정도다. 게다가, 일반적으로 전 FBI 또는 비밀검찰국USSS 요원 출신들이 모니터링하는 이 카메라들은 폭탄 위협이나 도난과 같은 범죄가 저질러진 후에만 볼 수 있도록 설치된다. 여기 더해 라이브 영상을 자주 시청하는 사람들은 얼마 뒤 본 것에 무감각해진다.[15]

짐작건대, 어디에나 존재하는 카메라 때문에 범죄자들도 한 번 더 생각하게 되고, 그래서 도시가 더 안전한 곳이 되는 게 아닌가 한다. 그게 프라이버시를 상쇄할 만한 가치가 있는 것일까? 프라이버시가 개인에게 얼마나 중요한지에 따라 어느 정도 달라질 수도 있다. 아마도 연인과 함께 익명으로 행복에 겨워 거리를 거니는 기분을 느끼고 싶을 수 있다. 아니면 그날 저녁 어디서 눈에 띄었는지에 대해 얘기할 때 거짓말을 하고 싶지 않을 수도 있다. 어쩌면 어떤 아파트 건물을 지나쳐 갈 때 비록 안전을 위해서라고 해도 누군가가 지하에서 보고 있다고 생각하면 꺼림칙할 수도 있다.

그럼에도 불구하고 우리는 관찰되고 있다는 것을 알아차리게 되더라도 그것이 장기적으로 행동에 영향을 미칠 가능성은 거의 없다는 점을 안다. 왜일까? 대부분의 사람은 누가 그들의 행동을 보고 있는지보다 뭐가 됐든 자신들의 행동에 훨씬 더 많은 관심을 가지고 있기 때문이다. 관찰이나 인터뷰 녹음을 통해 연구를 수행할 때 사전 동의를 받아야 하는 사회학자들은 이 모든 것을 너무 잘 알고 있다. 조금만 시간이 지나면 사람들은 자의식을 더 적게 가지고 다시 자신이 하던 일로 돌아간다. 그럼에도 불구하고 결과는 공공 공간이 훨씬 덜 사적인 공간이 되어간다는 것이다.[16]

뉴욕시 교통부는 도시의 거리가 바뀔 것이라고 말한다. 유럽 스타일의 궤도차가 있는 거리라든가 도로 한가운데에 작은 교통섬들이 있고 조경이 잘된 녹지가 있어, 자동차 운행 속도를 낮춰주고 자전거·보행자 친화 도로로 전환하게 될 것이라고 한다. 목표는 사람들이 "거리가 단순히 자동차를 위한 간선도로일 뿐만 아니라 안전, 미학, 환경 및 커뮤니티의 관심사가 통합된 공공 공간이라고 생각하게 하는 것이다".[17] 블룸버그 시장의 지원을 받는 이 접근법은 로버트 모지스가 보는 관점과는 매우 다르다. 그러나 어떤 사람들은 이런 계획이 상거래를 둔화시키고 효율적으로 목적지에 가지 못하게 할 것이라고 걱정한다. 그럼에도 불구하고 이 움직임의 일환으로 브로드웨이의 일부 차량 통행이 폐쇄되었고, 이 개념에 대한 전반적인 반응은 호의적이었다.[18]

일시적인 사건도 공간에 대한 갈등을 일으킬 수 있다는 것은 놀라운 일이다. 시 정부는 브로드웨이의 보행자 구역에 놓을 영구적인 의자와 테이블을 주문했는데, 의자와 테이블이 도착하기 몇 달 전에 그 구역을 공개한다는 것은 사람들이 앉을 자리 없이 돌아다녀야 한다는 의미임을 뒤늦게 깨닫고 저렴한 접이식 잔디용 의자를 주문해야 했다. 그것은 북극 지방의 수영복처럼 쓸모없는 일이었다. 시장을 포함한 사람들은 그 의자들이 공간의 격을 떨어뜨리며 세계 최고의 도시에 어울리지 않는 뜨악하고 수준 떨어지는 것이라고 말했다. 그런데도 많은 사람이 의자들을 좋아했고, 쿨하고 '엄청 재미있다'고 생각했다. 게다가 그들은 그 상황이 단지 일시적인 것임을 확고히 했다. 타임스스퀘어연합회 회장인 팀 톰킨스는 여러 의견을 잘 알았다. 그는 종합해서 말했다. "저더러 천재의 한 획을 그었다고도 했고 제가 이동식 휴지통의 왕이라고도 했습니다. 잔디 의자 결정은 제가 7년 동안 연합회 회장을 지내며 내린 결정 중에 단연코 가장 논란이 큰 사업이었죠."[19]

『뉴욕타임스』의 오피니언난에서 수전 도미너스는 보행자 전용 구역이 "뉴욕에서는 별로 가치가 없는 것 같다"면서, 비유적으로 주장했다. "이미 어떻게 되든 내팽개쳤다. 금발 염색을 그만두지는 않았지만 전체적으로 관리하는 건 포기해버린 리먼브러더스의 모 직원 부인처럼." 도미너스는 늘어진 플라스틱 의자에 아무렇게나 질펀하게 앉아 있는 사람들의 모습부터가 문제인지도 모른다고 말한다. "뉴욕시는 앉아 있는 사람들이 아니라 걸어다니는 사람들의 도시이며, 움직이는 도시이지 휴식을 취하는 도시가 아니다." 이런 의견은 그곳에서는 사실이지만, 공원처럼 모든 장소에 딱 들어맞게 적용되는 것은 아니다. 센트럴파크의 시프메도Sheep Meadow에는 거의 언제나 수백 명의 사람이 풀밭 위에 누워 있다. 오히려 보행자 전용 구역은 빅 애플에 어울리지 않는 조잡한 장소인 듯하다. 도미너스는 타임스스퀘어를 "도시가 반을 정의하고 관광객이 나머지 반을 정의"하는 곳으로 묘사한다. 도시의 절반이 잠식되었다는 그 느낌은 분명한 사실이며, 이 논란은 공간이 어떻게 비전, 계급, 인식, 지리적인 정체성에 의해 정의되는지를 보여준다.[20]

의자 문제가 그렇게 물의를 일으켰다는 사실은 많은 사람에게 공공 공간이 얼마나 중요한지를 보여준다. 타임스스퀘어와 같은 곳을 걷다 보면 마치 그곳을 가진 듯한 느낌을 받는다. 왜일까? 그건 타임스스퀘어가 뉴욕시의 본질적인 표현이기 때문이다. 어쨌든, 사람들은 뉴욕에 대해 얘기할 때 워싱턴하이츠나 레퍼츠가든스에 있는 동네 블록을 생각하지는 않는다. 우리 모두가 알다시피 그들은 자유의 여신상, 센트럴파크, 5번 애비뉴를 떠올리고, 그래서 그곳에서 일어나는 일들은 뉴요커들에게 중요한 관심사가 된다. 그뿐 아니라, 이 도시 사람들은 여러 문제에 대해 강한 의견을 가지고 있고, 공간이란 특히 세금이 관련될 때 논란을 유발하기에 너무나 좋은 장소다.

나 역시 내 의견을 갖고 있다. 그 문제의 의자를 봤을 때 처음에는 사람들이 앉으려고 가져온 의자인 줄 알았다가, 곧 같은 종류의 의자 수백 개를 보고서야 그게 아니라는 것을 깨달았다. 비록 여전히 속으로 임대를 하는 것이겠거니 생각하기는 했지만. 사실 어떤 사람들은 그 접이식 의자를 마치 자기 의자처럼 대했고, 그중 약 열다섯 개 정도가 도난당한 것으로 보고되기도 했다. 결국 나는 그 아이디어를 지지했다. 보행자 전용 구역을 한 시간 정도 그저 걷다보면 지루하거나 피곤해져서 어딘가 앉아서 휴식을 해야 하기 때문이다. 어떤 면에서 그 구역은 공원과 같다.

거리는 분명히 공공의 공간이다. 그리고 거리의 이름을 나타내는 표지판도 그러하다. 거리 이름은 뉴욕시의 역사를 가르쳐줄 수 있으며, 이 도시의 수천 개 거리와 그 거리가 어떻게 명명되었는지에 대해 많은 정보를 제공한다. 궁금증을 불러일으키는 예를 들어보자. 나는 퀸스까지 이어지는 길인 브루클린 사이프러스힐스에 있는 포스튜브애비뉴를 걷고 있다. 여기는 어떻게 이 이상한 이름을 붙이게 되었을까? 포스 튜브force tube는 1858년 완공된 리지우드 저수지에 펌프로 물을 주입하던 주철 파이프를 의미한다. 뿐만 아니라 파이프는 실제로 포스튜브애비뉴를 따라 지나가는데, 그 경로는 이 길이 왜 네이버후드를 대각선으로 가로지르는 유일한 길인지 설명해준다. 그 펌프장은 인근의 애틀랜틱애비뉴와 로건스트리트에 있었다.[21]

나는 그곳에 사는 파키스탄인 주택 소유자에게 거리가 '포스튜브애비뉴'라고 불리는 이유를 아는지 물어봤다. "모르겠어요." 그는 대답했다. 그는 거기에서 겨우 1년 정도 살았을 뿐이었다. 하지만 그건 편지나 입사 원서, 운전면허증 등등에 매일 사용하는 주소다. 호기심이 없었던 것일까? 그런데 대답은 '아니요'다. 그가 궁금해해야만 하는 것인가? 그걸 누가 말할 수 있을까? 하지만 그의 태도에서 흥미로운 관점을 발견할 수도 있다. 즉, 그의 관점에서는 상관없다는 것이다. 그것이 그에게 아무런 영향을 미치지 않기 때문이다. 그는 미국에서 살아내는 것만으로도 너무 바빠서 그런 건 걱정은커녕 생각조차 할 수 없다.

풀턴스트리트 바로 동쪽 170번 스트리트에서 이어진 코티지플레이스Cottage Place라고 불리는 브롱크스의 거리를 지나갔다. 이곳은 높은 철망으로 둘러싸인 학교로 막힌 짧은 블록이다. 거리 왼편과 오른편은 아파트 건물 뒷면과 옆면인데, 어느 쪽으로도 입구가 나 있지는 않다. 간단히 말해, 그것은 아무것도 아니지만 뭔가이긴 한 거리라고 할 수 있다. 퀸스 리지우드의 클루펠코트라든가, 사우스브롱크스 모리스애비뉴에 이어진 보너플레이스Bonner Place처럼 뉴욕시에는 그런 블록이 많이 있다. 들어본 사람도 거의 없는 곳들이다. 말 그대로 빅 애플의 작은 조각들이다. 그러나 그런 블록에 사는 사람들에게는 중요한 공간이다. 그들의 장소이기 때문이다. 그곳이 그들의 집인 것이다. 사실 이곳들은 사적인 공간이라고까지 할 수 있다. 그 규모가 작고, 거기 살면서 서로 잘 아는 이들의 수도 적으며, 그곳 주민이거나 그곳에 지인이 있는 게 아니라면 갈 일도 잘 없기 때문이다. 왜 나는 이 작은 블록들을 답사해야 한다고 주장하는 걸까? 단지 작다는 이유로 무시해버리는 것은 불공평하다고 느끼기 때문이다. 그곳에는 사람들이 실제로 살고 있다. 또한 그게 아니라도, 나는 내가 정말로 뉴욕 전체를 답사했다고 말할 수 있기를 바란다.

짧은 거리는 심지어 뉴욕에서 가장 번잡하고 가장 보행자가 많이 다니는 곳에도 있다. 월스트리트와 존스트리트, 윌리엄스트리트에 가까운 클리프스트리트와 이 도시의 금융 중심지인 메이든레인 같은 곳들이 그렇다. 클리프스트리트는 어떤 곳인가? 건물 한두 개를 따라 있는 블록인데, 바가 두 개, 시 위생관리국 직원 노조 로컬 831의 본부, 맥도널드가 있으며, 임대용 사무실도 하나 있다. 클리프스트리트에 가보고 싶다면? 그냥 가보면 된다. 또 다른 짧은 거리로는 펠스트리트에서 완만하게 곡선으로 이어지는 도이어스스트리트가 있다. 그런데 그곳은 미국우정청USPS의 차이나타운 지점이 있어서 중요한 곳이다. 실제로 이 지점은 고섬 거리를 활주하는 자전거 메신저의 세계를 무대로 한 2012년 영화 「프리미엄 러시Premium Rush」에서 중요한 배경으로 등장했다.

보도는 거리 공간의 중요한 부분이다. 비록 주로 도보를 위해 사용되지만, 그곳은 또한 미첼 두나이어가 저서 『보도』에서 묘사한 사람들처럼 노점상 같은 사회 경계선에서 살아가는 이들에게 집과 같은 곳이다.

이 노점상들은 포켓북, 사과 케이크, 선글라스, 책, 애플사이다, CD, 야채 등 모든 것을 판매한다. 보통 사람들은 노점상은 간접 비용이 없어서 가격이 더 쌀 거라고 생각하기도 하는데, 실제로 더 저렴하기도 하다. 그린마켓Greenmarket 같은 조정 기구들은 많은 식품 공급자를 허가하고 감시하기 위해 생겨났다. 2010년 그린마켓은 스태튼아일랜드몰에서부터 퀸스 헌터스포인트, 브로드웨이, 컬럼비아대학까지 5개 버러에서 51개 구역을 등록했다. 진보적인 단체인 서스테이너블 테이블 Sustainable Table은 현지 참여 농장들을 대상으로 설문 조사를 진행했다. 그들은 "소가 항생제를 투여받은 적이 있습니까?" "암탉들을 강제환우 強制換羽(닭에게 사료와 물을 일주일 이상 주지 않고 강제로 털갈이를 시켜 인위적으로 생산주령을 늘리는 행위로 동물학대로 여겨진다 — 옮긴이)시킵니까?" "닭과 칠면조가 밖에서 보내는 시간은 하루에 얼마나 됩니까?" 등을 질문했다.

뉴요커들은 공공 공간을 무단으로 무제한 사용하고 있다. 사실 일라이자 앤더슨이 저서 『길모퉁이의 공간A Place on the Corner』에서 보여주듯이, 상점 앞에 있는 보도를 따라 사람들이 모여 있곤 하는 장면은 많은 커뮤니티의 필요 불가결한 부분이다. 무엇보다 자주 모이는 이들은 이 행동에서 세력권에 관련된 거의 공격적인 종류의 자존감을 느낀다. 윌리엄스버그 보도에서 중년의 푸에르토리코와 도미니카 남자들을 만난 적이 있다. 그들은 소매 없는 골지 내의에 양키스 야구 모자를 쓰고 보도 위 철제 접이식 의자에 앉아 카드 테이블에서 도미노 게임을 하고 있었다. 거기 새로운 것은 없다. 다른 점은 그들이 앉아 있는 곳이 단지 그 공간의 조그마한 부분이라는 것이다. 그 뒤에는 사람들이 그들의 공원이라고 부르는 풀이 난 공터가 있어서, 주말이나 휴일에는 그곳에서 바비큐와 파티를 즐긴다. 핼러윈에 보는 해골이 높은 철조망에 이상한 각도로 매달려 있고, 그 뒤쪽은 남자들의 공원이다.

보도 위의 테이블에서 약 1.5미터 떨어진 곳에 야구방망이가 보관된 철제 벽장, 베이지색 더플백 몇 개와 갈색 레인코트가 있고, 그 옆 벽돌 건물의 벽을 따라 1.2미터 정도 높이의 책장이 있다. 책장에는 뉴욕주의 연방항소법원에서 다룬 수백 건의 소송 절차를 포함한 일련의 법률서적이 가지런히 꽂혀 있었다. 남자들은 나에게 열두 권의 책을 20달러에 전부 가져가라며, "이 책들이 당신을 감옥에서 꺼내줄 수 있어요"라고 농담했다. 내 생각에 그 책들은 그들의 아슬아슬한 삶을 '그저 보여주는' 하나의 예인 것만 같았다. 창업자 정신을 더 보여주면서 그들은 나에게 한 시간에 단돈 5달러만 내면 도미노 게임 하는 방법을 가르쳐주겠다고 제안했다. 나는 선약이 있다고 사양하며 갈 길을 계속 갔다. 이곳은 삶의 질을 높이는 중요한 공간이며 그들이 이 공간을 소중히 여긴다는 것이 훤히 보였다. 앤더슨의 연구 대상이었던 사람들처럼 그들은 그곳을 방어할 것이다. 매일 밤 그곳을 치우는 대신 사람들은 노숙인들에게 돈을 주고 그곳을 지키게끔 한다.

보도는 또한 예술적인 목적으로도 사용될 수 있다. 워즈워스애비뉴를 따라 걷다가 192번 스트리트의 전형적인 아파트 건물 앞에 멈췄다. 내 관심을 끈 것은 사실 그 앞의 땅이다. 내가 학생들에게 말하듯이, 사람들은 걸을 때 보통 똑바로 앞을 보거나 옆을 보거나 가끔 위를 보기

도 하지만, 아래는 거의 보지 않는다. 그 길바닥에는 아파트 건물 정면 너비에 걸쳐 사각형 보도블록이 20개 있었다. 보도블록에는 아름답고 섬세하게 그린 덩굴과 격자무늬뿐만 아니라 튤립, 장미, 잎들이 새겨져 있었고, 여러 디자인이 번갈아 나타났다.(사진 17)

건물 밖으로 걸어 나온 사람들에게 누구의 작품인지 물어봤지만 그들은 잘 몰랐다. 아니, 관심이 있는 것 같지도 않았다. 나는 도미니카인 관리인을 발견하고 물어봤다. "보도가 막 만들어졌던 1992년에 제가 동생이랑 그렸습니다." 그는 대답했다. 27년 동안이나 미국에 살았는데도 그는 영어를 거의 하지 못해서, 열한 살 된 그의 딸이 통역해주었다.

그는 덜 마른 시멘트에 플라스틱 주형을 눌러 그림을 찍었다. 왜 그랬을까? "이곳을 멋진 곳으로 만들기 위해서였습니다." 알고 보니 그는 예술가였고 아파트 안벽에 자신의 그림을 자랑스럽게 걸어두었다. 보도에 새긴 그림은 사람들이 거주지에 자부심을 갖는 방식, 그리고 그들의 창작욕이 표현되는 방식을 보여준다. 이 예술작품은 그와 남동생이 글자 그대로 작은 공간에 새겨둔, 누군가 나타나 물어볼 때까지는 익명으로 남아 있는 작품이다. 그러나 이 이민자에게 그 공간은 개인적으로 대단한 의미가 있고, 어쩌면 민족-종교적인 의미도 있을 수 있다. 이 거리는 그가 이곳에 존재한다는 영구한 상징이요, 건물 관리인이라는 변변찮은 직업을 가지고 있다 해도 자부심을 가질 수 있다는 표시다. 그리고 그게 다가 아니었다. 그는 조만간 작품을 그릴 계획을 가지고 있었다.[22] 나는 이 사람이 잘 알지 못하는 언어를 쓰는 낯선 사람인 나를 만나, 내가 그의 작품에 관심을 표하자 어린 딸과 함께 사는 아파트로 나를 초대해 둘러볼 수 있게 해주었다는 데 놀랐다. 이런 신뢰나 여유는, 내가 이 도시를 수없이 많이 답사하는 동안 원하면 수백 번이고 반복된 일이었다. 사람들은 내 예상보다 훨씬 더 쉽게 문을 열어주었다.

공간은 영구적이면서 동시에 임시적일 수 있다. 보도는 영구적이지만, 통행량과 사람들이 어떻게 사용하는지에 따라 그 용도는 달라진다. 도시계획자이자 사회학자인 윌리엄 H. 화이트는 사람들이 뉴욕시와 다른 대도시의 거리에서 어떻게 공개적인 대화를 하는지 설명했다. 놀랍게도 많은 대화가 거리나 건물 벽 근처가 아니라 사람들 가운데서 주로 이루어지는 것처럼 보이며, 그래서 보행자들이 그 주위로 지나가게 되었다. 그는 사람들이 통행을 가로막는 이유, 떠밀리는 것에 신경쓰지 않는 이유를 궁금해하면서 말했다. "왜 이렇게 행동하는지는 아직 밝혀내지 못했다."[23]

한 가지 가능한 설명은 이러한 만남은 십중팔구 서로 아는 사람들이 약속 없이 우연히 길을 가다 마주친 결과라는 것이다. 그들은 귀갓길이거나 출근길이거나, 아니면 모임이나 저녁 식사, 약속 등 뭐가 됐든, 뭔가 하러 가던 길이었다. 하지만 우연한 마주침은 원래 계획에 있던 게 아니라서 갈등이 생겨난다. 대화를 하고 싶거나 해야 할 것 같은데, 원래 계획된 활동을 포기하기도 싫다. 시간 제약에 압박을 느끼게 되고, 그 와중에 보도 가장자리로 옮기는 것은 계획 실패를 인정하는 꼴이 된다. 그러니까, 계획은 이미 망쳐버렸고 바꾸는 것도 가능할 것 같지 않다. 그래서 대화 상대를 불쾌하게 하지 않으면서 원래 하려던 것을 해낼 수 있다는 희망의 끈은 붙잡으려고, 걷던 길 한가운데서 계속 자리를 지키게 된다는 것이다.

따라서, 우리는 공간이 어떻게 영역을 나타내는 식으로 배치되는지 보여주는 또 다른 예를 볼 수 있다. 다만 이 경우 물리적 경계는 보이지 않고 투과 가능하며 임시적이다. 그러나 이 영역들은 인간의 마음에 심리적으로, 어쩌면 무의식적으로 아주 명확하게 그려진다. 이러한 방식으로 공간을 개념화하면 의도가 불분명한 공공장소에서의 인간 행동을 설명하는 데 도움이 된다. 공간을 차지하는 또 다른 예로 공원 입구 근처에 서 있는 것이나 건물 입구 계단에 앉는 것을 들 수 있다.

상점과 쇼핑몰

상점은 공적인 공간이지만 상점 주인에겐 원하는 방식대로 사업장을 꾸미거나 장식할 권리가 있다. 대부분 별생각 없이 이 권리를 행사하지만, 때로 상당히 색다른 방식도 있다. 여기 이런 독특한 노력의 예가 두 곳 있다. 워싱턴하이츠 약국을 지나 걷던 중 창문 너머로 보이는 오래된 언더우드 타자기가 내 눈길을 사로잡았다. 187번 스트리트 근처 포트워싱턴애비뉴에 위치한 이 힐톱파머시의 주인은 주로 약국과 관련된 1940년대와 1950년대의 기념품들을 쇼윈도에 전시하고 있다. 그중에는 파란색 병에 담긴 요오드와 같은 약물이나 그 시대의 체중계 같은 것이 있다. 체중계에는 "스프링 없음"이라는 표시가 적혀 있어서 이 체중계가 정확하고 정직하게 무게를 잰다고 알려준다. 체중계 옆에는 수크렛 목캔디 상자, 캐시미어 부케 화장용 분통, 닥터셰필드 구강 진통제, 그리고 그런디그 사에서 제조한 라디오와 같은 옛날 브랜드 제품들이 있다. 약사 빌에게 왜 이런 식으로 쇼윈도를 장식했는지 물어보자, 그는 이렇게 말했다. "저도 모르겠습니다. 1940년대와 1950년대는 더 유서 깊은 빈티지처럼 느껴져요. 저는 오래된 것을 좋아합니다. 그 시절 물건을 가져다주는 고객들이 있습니다. 이건 좀 별난 일 같습니다. 제 가장 친한 친구의 아버지는 의사였는데, 돌아가실 때 자기 사무실을 정리하면서 물건들을 주셨습니다. 저는 그 물건들을 그대로 둘 겁니다. 단순히 보기 좋은 것 이상이죠." 빌은 '오래된 것'을 좋아한다는 것 말고는 취미에 분명한 이유가 있는 것은 아니지만, 그것이 그가 가치를 두는 일인 것은 분명하다.

사진 18 르 보 도르 식당, 독특한 도서 선별. 렉싱턴애비뉴 바로 서쪽의 60번 스트리트. 제시 리스 촬영.

　다음 사례에서는 이유는 좀 불분명하지만, 그 인테리어 장식의 근거는 훨씬 더 명확하다. 렉싱턴애비뉴 서쪽의 60번 스트리트에 있는 값비싼 프랑스 식당 르 보 도르Le Veau D'or에선 창문에 책이 높이 쌓여 있는 것을 볼 수 있다.(사진 18) 일부는 대니엘 스틸의 소설이며, 한 권은 여행기이고 또 다른 책은 올레크 카시니가 쓴 것이다. 세 번째 책의 제목은 『유나이티드 스테이츠 오브 루콜라The United States of Arugula』이고, 마이클 루이스의 『머니볼Moneyball』도 있다. 이 흥미로운 공간 사용과 외견상으로는 마구잡이 같은 문학적 선별이 궁금해져서, 나는 들어가서 질문을 해봤다. 한 노인이 "딱히 의미는 없습니다. 나도 잘 모르겠어요"라고 대답했다.

"여기서 어떤 일을 하십니까?"라고 나는 물었다.

"제가 주인이지만 딸이 운영하고 있습니다. 딸아이에게 물어보세요. 곧 올 겁니다."

그녀는 5분 후에 등장해서는 즉시 궁금증을 풀어주었다. "모두 이곳에서 식사를 하는 고객이 쓴 책으로, 아버지의 이름이나 이 식당의 이름이 언급되어 있습니다. 아버지는 50년 동안 식당 사업을 해오셨어요. 사람들이 항상 이곳에 와서 창문에 자기 책도 넣어달라고 하는데, 그 조건을 설명하면 물론 그분들도 이해합니다. 우리 가게를 언급하시면 선생님 책도 창문에 비치될 거예요." 팔십대의 주인 로베르 트레부는 분명히 그 책들이 왜 거기에 있는지 알고 있었지만, 그저 겸손한 사람이었다. 문제는 해결되었고, 새로운 방식의 식당 홍보라고 할 것도 없이 확실히 흥미로운 공간 사용이었다.

그리고 여기, 세력권에 관련하여 공간을 무단 점거하는 더 이상한 경우가 있다. 사건이 일어났다는 것 자체부터도 이상했다. 그 공간, 즉 델리의 사장이 그것을 우연히 발견할 때까지는 전혀 모르고 있었기 때문이다. 물건을 사려는 고객들을 위한 통로를 막고 있는 TV 시청자들에 시달린 그는 조용한 장소나 공간을 찾고 있었다. 델리를 인수한 지 얼마 되지 않았을 때였다. 창고에 숨어서 책을 읽으려던 그는 가게 뒤편 창고에서 낯선 목소리가 들리고 무언가 타면서 구역질 나는 냄새가 난다는 것을 알아차렸다. 창고 커튼을 열어젖히자 처음 보는 사내들 서너 명이 뿌연 연기 속에서 대마초를 피우고 있었다. 그는 "무슨 일이죠?"라고 습관적으로 물었지만, 침묵 끝에 돌아온 대답은 "잘 모르겠어요. 당신이야말로 무슨 일이죠?"였다.

바로 이 시점에 델리 주인은 그 사람들이 자기가 누구인지 알지 못한다는 사실을 알아차렸다. "제가 뭔가를 방해했던 게 분명해요" 하고 그는 결론을 내렸다. "어쨌든 나는 누구인 거지?" 그는 스스로에게 물었다. 그는 자신이 그들의 공간을 침범했다는 것을 알아차렸다. 그들은 델리 직원의 허락을 받고 항상 이 공간을 사용해왔던 것이다. 하지만 직원은 그 내용에 대해 이야기한 적이 없었다. 외부 세계에서 그 델리는 주인이 소유하고 운영하는 곳이고, 실은 고객을 위한 상점이다. 하지만 그는 손님들도, 심지어 주인도 모르게 숨겨져 있던, 하위 사회를 구성하는 사람들이 대마초를 피우고 술을 마시러 모이는 상점 뒤 공간을 발견한 것이다.

마침 직원 드웨인도 창고에 있었고, 사람들을 향해 "새 주인 벤이에요"라고 말했다. "이 가게의 주인이라는 말이야?"라며 '인간 종말'이라고 불리는 덩치 큰 남자가 믿을 수 없다는 듯이 물었다. "제가 고개를 끄덕이는 것을 모두 쳐다봤습니다. 말 못할 범죄의 가해자로 밝혀진 것 같은 느낌이었죠."[24] 여기서 얻을 한 가지 교훈은 당신이 어떤 공간을 소유하고 있다고 생각할지라도 어떤 면에서는 소유한 게 아니었음을 발견하고 충격받을 수 있다는 것이다. 당신이 매일 밤 문을 잠근 장소에는 당신이 결코 들어가보지 않은 영역이 있고, 그곳은 당신을 특별히 환영하지 않을 것이기 때문이다. 사실, 공간은 종종 우리가 만드는 것이다. 짧게 말해 우리가 공간을 사용하는지 여부와 어떻게 사용하는지가 공간을 만드는데, 만들기 전까지 **공식적으로는** 소유할 수 있지만 실제로는 그렇지 않은 것이다.

공간을 사적 용도와 공적 용도로 구분하는 선에는 가끔 구멍이 있다. 델리 주인 벤은 어떤 고객들은 하루에 대여섯 번이나 드나들면서 마치 "파자마를 입고 이구아나를 쓰다듬으며 집에 있는 것처럼 행동한다"는 사실을 비꼬듯이 얘기해줬다. 마치 '여기는 뉴욕이야. 그런 건 그냥 넘어가'라는 듯한 태도였다. 그가 말했다. "물론 맞습니다. 그들이 맞죠. 나쁜 행동이 없다면 어떻게 뉴욕이 되겠어요. 그리고 델리 안에서가 아니라면, 어디서 그래보겠습니까?"[25]

델리 주인은 분명 익살스러운 사람이지만, 이런 식으로 느껴도 괜찮은 걸까? 이 사람들은 법을 어기지도 않고, 조금 극단적인 개념을 갖고 있긴 하지만, 그런 의미에서조차 고객은 항상 옳은 것 아닐까? 여기서 진짜 문제는 공공의 시설을 소유할 때 우리가 정말 통제할 수 있는 정도에는 한계가 있다는 것이다. 확실히, 고객이 제멋대로 굴면 밖으로 쫓아낼 수는 있다. 하지만 벤의 또 다른 불만 중의 하나인, 전화로 길고 시끄럽게 대화하는 것은 그것과 한참 먼 얘기다.

주인에겐 안된 일이지만 고객은 주인이 그들을 필요로 한다는 것을 알아서 그 사실을 유리하게 이용할 수 있다. 결국 이것은 공유된 공간의 재난이다. 물론 만약 개인 식당이라면, 규칙과 관습의 모호한 부분이 있기는 하겠지만, 그래도 달라질 수 있다. 예를 들어 갈빗대를 손으로 들고 먹듯이 으깬 감자도 냅킨으로 닦아가며 손으로 먹어도 될까? 혼자 식사하면서 시끄러운 대화에나 해당될 데시벨 수준의 노래를 불러도 될까?

공간은 여러 용도로 쓰인다. 부티크 상점은 주변 이웃에 물건을 팔기 위해 지어질 뿐 아니라, 사람들에게 친밀하고 고급스런 느낌을 주는 곳이 될 수도 있다. 이것이 바로 첼시나 퀸스의 헌터스포인트와 같은 지역이 브랜드화하는 방법이다. 물론 어떤 고객은 낮은 가격과 다양한 종류의 대형 상점을 선호해서 이를 마음에 안 들어할 수도 있다. 유니언스퀘어의 파머스마켓처럼 어떤 상점들은 서로 다른 집단이 만나는 장소로도 이용될 수 있다.[26]

일반적으로 쇼핑몰은 근처 커뮤니티와 관련이 있으며 그 일부로 간주된다. 이러한 현실을 반영하듯, 퀸스센터몰은 창립 20주년 기념 무료 엔터테인먼트 공연을 주말 동안 네 차례 선보였는데, 클레즈머라는 유대인 민속 음악과 안데스산맥, 그리스, 인도 음악과 노래는 물론 플라멩코와 아일랜드 춤도 제공되었다. 이 모든 공연은 민족 구성이 복합적인 엘름허스트, 코로나, 잭슨하이츠, 레고파크 지역이라는 쇼핑몰의 위치에 영향을 받은 것이다.[27] 좀더 '소극적인 모드'에서 이러한 활동은 동일한 공간을 다양한 유형의 용도로 여러 목적에 활용할 수 있음을 보여준다. 이런 목적으로는 십대들이 모이는 곳이나 사교적인 장소, 시장 조사를 할 기회, 쇼핑 옵션, 먹거리 등등을 즐기면서 미국 문화를 볼 기회 같은 것들이 있다.

표지판

미국의 다른 모든 지역과 마찬가지로 뉴욕의 상점과 종교 시설, 그리고 지하철의 광고, 벽과 건물들에도 표지판이 있다. 이러한 공간 사용에는 여러 목적이 있으며, 그 목적은 도시 주민에 대한 정보와 이들에게 중요한 정보에 대해 많은 이야기를 해준다.

상점에 붙인 이름은 정보를 전달하고 사람들을 유인해야 한다. 상호는 커뮤니티나 거리 이름을 따서 짓기도 하고, 때로는 '맛있는 피자'(어떤 상호는 '하이 클래스'라고 하기도 했다)나 빨래방 밖에 붙은 '골든 버블'과 같은 말로 얼마나 좋은 것을 제공하는지 설명하기도 한다. 부유하든 가난하든 어떤 커뮤니티도 그러한 호소를 당해낼 곳은 없다. 때로는 사람들이 살면서 일반적으로 찾는 것을 이름에 쓰기도 한다. 예를 들어 이름에 '행운'(러키)이라는 단어가 있는 가게가 많다. 특히 길모퉁이 식료품 가게와 델리들이 그러한데, 아마 복권 구매자들에게 매력적으로 보일지도 모르겠다. 147번 스트리트와 148번 스트리트 사이의 애덤클레이튼파월불러바드에 있는 러키원델리 같은 곳들이 있지만, 안타깝게도 사업이 러키하지만은 않아서 그 행운의 델리 주인처럼 브루클린에서 강도를 만나 살해된 경우도 있다.

'행운'은 일반적으로 상점의 가장 인기 있는 이름일 수도 있는데, 어쩌면 대체로 많은 사람이 이 나라에 와서 자신의 행운을 바꾸려고 하기 때문일지도 모른다. 로어이스트사이드를 답사하는 동안 리빙턴스트리트와 스탠턴스트리트 사이의 포사이스스트리트에 있는 러키피시라는 중국계 소유의 해산물 가게를 봤다.(사진 19) 주인에게는 행운이 오

사진 19 러키피시 가게. 누가 운이 좋은 걸까? 생선? 리빙턴스트리트와 스탠턴스트리트 사이의 포사이스스트리트. 제시 리스 촬영.

면 좋겠지만, 결국 여기서 삶을 끝내는 물고기는 반대로 잡아먹히게 되니 확실히 행운이라고 하기 어려울 것 같다. '행운'은 중국 문화에 특별한 중요성을 지닌 몇 개의 낱말 중 하나여서 정말 많은 중국계 상점이 그 이름을 지니고 있다. 또 다른 그런 중국 이민자들에게 인기 있는 낱말은 '행복'(해피)이다.[28]

버몬트애비뉴의 살기 팍팍한 사이프러스힐스 지역에는 서바이벌그로서리델리가 있다. 아마도 경제적 생존을 의미하는 이름일 것이다. 그 델리에서 '불경기 특별 요리'라고 불리는 음식을 광고하는 걸로 봐서는 말이다. 161번 스트리트와 앰스터댐애비뉴 코너에 조그맣게 들어가 있는 맨해튼그로서리 같은, 실제로는 꽤 평범해 보이는데 이름은 거창한 가게가 있는가 하면, 어퍼이스트사이드의 작은 복사집에는 카피랜드라는 이름이 붙어 있다. 크라운하이츠의 버겐스트리트에서는 이코노믹델리앤드그로서리라는 좀더 지적인 이름의 보데가를 볼 수 있다. 벽면의 낙서에는 이상한 요청이 적혀 있다. "마약을 싸게 달라고 하세요!Say economic to drugs!" 이건 아닌가? 아무래도 아닌 것 같다.

어떤 간판은 딱히 절묘하지는 않은 것 같은데도 감탄할 만한 연상작용을 불러일으키기도 한다. 96번 스트리트 근처 콜럼버스애비뉴에 가면 싱앤드싱마켓이 있다. 대부분의 사람, 특히 뉴욕 사람들은 이를 보면 뉴욕주의 싱싱 감옥(뉴욕시 북쪽으로 50킬로미터 떨어진 곳에 있는 주州교도 시설—옮긴이)을 연상한다. 안에서 카운터를 보는 히스패닉계 여성에게 그 이름이 무엇을 의미하는지 물었다. 그녀는 연상되는 그 이름에 관해 알고 있었으니, 내가 감옥을 떠올리기라도 했다는 듯이 "감옥은 아니에요. 마켓이에요"라고 강조했다. 나는 그녀에게 알려줘서 고맙다고 인사했다.

아마도 이런 일반적이지 않은 이름들은 시대의 징표일 것이다. 그러니까, 계속 외국에서 유입돼 비즈니스를 시작하는 사람들이 갖게 되는 영어의 어려움을 보여준다. 클리프스트리트의 코셔 간이식사 코너에서는 '피시앤드칩스'의 chip을 cheep라고 표시한다. 브로드웨이 근처에 있는 한 카페테리아는 평범하다는 '플레인plain'이 아니라 철자를 잘못써서 '플랜plan 베이크드 포테이토'를 제공한다. 또한 어떤 표지판은 파크슬로프의 한 반려동물 숍이 퍼프슬로프Pup Slope라고 이름 지은 것처럼 커뮤니티에 대한 애정에 호소하기도 한다.

간판은 플랫부시애비뉴에서 조금 떨어진 곳에서 내가 본 것처럼 사람들의 두려움을 해소할 수도 있다. '선진적advanced 치과', 그런데 그게 무슨 뜻일까? '높은 품질, 아프지 않으며 저렴한 가격'이라고 이어서 적혀 있었다. 하지만 정작 내 눈길을 끈 말은 '우리는 겁이 많은 사람을 잘 대합니다'였다. 대부분의 치과 의사는 겁이 많은 환자들에게 짜증을 냈나보다. 이 치과는 그런 환자들의 비위를 맞추는 것이었다.

5번 애비뉴와 76번 스트리트에 있는 베이리지에서 본 것처럼 어떤 상점의 표지판은 아무런 의미도 없는 듯이 보이기도 한다. '탭 하우스─훌륭한 펍 음식'이 차양에 적혀 있는 표시의 첫 번째 시작이었다. 그러나 다음 말들은 정말 모순적이라 할 수 있다. '한결같이, 그 어느 때보다 좋습니다.' 탭 하우스가 그 어느 때보다 '항상' 더 좋았다는 걸까? 그렇다면 그 '어느 때'는 언제를 가리키는 것일까? 다시 말하지만, 아마도 이상한 표현은 단순히 눈길을 끌기 위한 장치 그 이상일 것이다.

차바드/루바비치 하시딕 운동Chabad/Lubavitch Hasidic movement(동유럽계 유대인들이 주류인 유대교 내 보수파 운동─옮긴이) 또한 매우 소비자 및 지지자 지향적이다. 맨해튼의 그래머시 공원 내에서 나는 주변이 둥글고 노란 작은 전구로 둘러싸인 소규모 영화 상영 천막을 봤다. 검은 글자로 '그래머시의 차바드, 현재 기도 중Now Praying, G등급'이라고 적혀 있었는데, 일반적으로 적듯 '지금 상영 중'이라고 하지 않아서 눈길을 끌었다(Playing 대신 praying으로 비슷한 발음을 사용한 말장난을 의미—옮긴이). 아무튼 차바드식 메노라(일곱 개의 촛대가 하나로 이어진 촛대로 유대교 제식에서 상징적 의미를 갖는다—옮긴이)는 차바드가 뿌리내린 곳이면 어디든 바깥에서 볼 수 있는 상징적인 것이다. 가느다란 유선형 은색 금속 선이 중앙에서 V 자 형태로 뻗어 있는 모습의 이 메노라 촛대는 뉴욕시 곳곳의 아르데코 건축물을 장식한 갈매기 모양 장식을 연상하게 한다.

또한 가게 안팎에 붙은 옛 간판과 지금 간판들은 범퍼 스티커나 그래피티 낙서처럼 정서나 감정을 전달하는 데 사용될 수도 있다. 스태튼 아일랜드에서 간판에 '다른 시대로부터: 골동품, 수집품—중고'라고 적힌 가게를 지나쳤다. 뭐, 이것은 거의 분명한 것 같았다. 하지만 가게 안을 들여다보자, 사람들이 TV를 보고 카드 게임을 하는 사교 클럽이라는 것을 알 수 있었다. 가게 밖 나무 의자에 앉아 있던 한 남자가 확인해주면서 이렇게 덧붙였다. "예전에는 골동품 가게였습니다."

"그런데 가게를 인수한 후에도 왜 그 간판을 그대로 뒀나요?"

"특히 참전 군인들을 위한 곳이기 때문입니다. 베트남전이나 심지어 제2차 세계대전에도 참전했던 사람들, 아시죠, 자신을 다른 시대 사람처럼 느끼잖아요."

개인 사업체는 종종 영업 목적뿐 아니라 사회적 메시지, 뉴욕시가 나타내는 모든 것에 대한 표현, 그리고 그 외의 다른 커뮤니케이션을 제공하기 위해서도 공간을 사용한다. 수천 명의 관광객과 주민이 보는 이 메시지는 매력적인 방식으로 전달된다면 큰 영향을 미칠 수 있다. 좋은 예는 맨해튼미니스토리지의 광고다. 그 광고들은 사옥의 여러

층을 덮고 있는 큰 옥외 간판을 사용해 회사를 광고하면서 자사의 관점을 표현하기도 한다. 몇 가지 예는 이런 것들이다. "디모인에서는 아무도 유명해지지 않습니다"라는 말은 뉴욕이야말로 유명해지는 곳이라는 의미다. (그리고 물론 맨해튼미니스토리지에 물건을 보관할 수도 있다.) 광고는 디모인 주민들뿐 아니라 미국 전역의 수천 개 소규모 커뮤니티의 감정을 배려하지 않는다는 것을 거의 노골적으로 시사한다. 또 다른 주제의 메시지는 회사가 최근의 사건과 첼시라는 위치를 어떻게 의식하고 있는지 보여준다. "동성 결혼을 좋아하지 않는다면, 동성과 결혼을 하지 마세요." 다시 말해, 아무도 강요하지 않으니 당신 일에나 신경 쓰라는 것이다. 이 정서에 더하여 이런 접근은 터프가이, 즉 대도시에 딱 맞는 태도를 상징한다. 게다가 동성애자 커뮤니티가 집중된 이 지역에서 현지 영업을 창출하기도 한다.

건물

스태튼아일랜드의 그랜트시티를 답사하던 중, 어떤 정원 아파트를 지나가다 1층과 2층 발코니에 아름답고 작은 정원이 있는 것을 보게 되었다. 사람들은 덩굴 식물과 꽃을 키우기 위해 사용 가능한 그 최소의 공간을 최대한으로 활용하고 있었다. 심지어 격자 울타리를 설치한 곳도 있었다. 모두가 속담처럼 '태양 아래 있는 곳'을 원한다. 보여주기 위한 곳이 아니라, 주인들 스스로의 즐거움을 위한 곳. 도시 어디에서나 정원 아파트가 있는 곳이라면 이런 용도를 쉽게 알아볼 수 있다. 그런가 하면, 어떤 사람들은 발코니에 아무것도 두지 않고 자전거를 거꾸로 뒤집어 보관하는 용도로 쓴다. 길 건너편에는 큰 정원에 적합한 넓은 공간이 딸린 개인 주택이 있다. 발코니가 열 개는 들어가고도 남을 정도의 공간인데, 역설적이게도 그 집에는 정원이 전혀 없다. 대신 집주인은 그 공간을 자갈로 채웠는데, 어쩌면 그래서 다시는 잔디를 깎을 필요가 없어졌을 수도 있다. 여기서 공통분모는 사람들이 자신의 공간에서 원하는 것을 뭐든지 할 권리를 갖고 행사하며, 스스로를 표현하는 방법으로 그 권리를 사용한다는 것이다.

로어맨해튼에 있는 헨리스트리트를 걷다보면, 서로 나란히 있지만 낮과 밤만큼이나 다르게 보이는 두 건물을 볼 수 있다. 하나는 한 세기 전에 지어진 공동주택이었던 5층 건물이고, 다른 하나는 아주 새것처럼 보이는 세련되고 번쩍이는 건물이다. 공동주택 건물엔 화재 탈출용 외부 계단이 있고, 신식 건물에는 유리를 장착한 테라스가 있다. 그러나 두 곳 모두 건물의 외부 공간이라는 동일한 용도를 보여준다. 즉, 그 위에 앉거나 자전거나 화분을 보관하는 등의 용도로 사용된다. 비록 다르게 보일 수는 있지만, 같은 용도로 사용할 경우 결국 같은 공간일 뿐이다.

아마도 도시 옥상을 사용하는 가장 일반적인 방법은 일광욕일 것이며, 일광욕하는 사람들은 이 공간을 '타르 해변tar beach'(일반적으로 빌딩 옥상에 방수용 검은 타르를 칠하기 때문에 이렇게 부른다 — 옮긴이)이라고 부른다. 하지만 옥상도 점차 정원을 만드는 용도로 사용되고 있다. 『뉴욕타임스』는 이 같은 추세를 전국에 보도하면서, 37제곱미터의 옥상정원을 조성하기 위해 로어이스트사이드의 아파트 거주자들이 지역적인 노력을 기울이고 있다고 인용했다. 이러한 정원을 만드는 이유로는 정원이 환경을 위해 좋고, 그곳에서 재배하고 만든 음식을 먹을 수 있으며, 또 그저 재미있다는 점 등을 꼽을 수 있다. 그러나 종종 이유는 단순히 그 개념에 감정적으로 붙어 있는 것이기도 하다.

뉴요커 폴라 크로스필드는 옥상정원을 조성하기로 한 자신의 결정에 대해 이렇게 회상했다. "핵심은 제가 농부가 되고 싶다는 비밀스러운 욕망을 갖고 있다는 것입니다. 그걸 실행하는 방법은 제가 가진 것을 사용하는 것인데, 그게 바로 옥상이었던 거죠."[29] 사실 많은 사람에게 아파트 건물의 옥상은 이 도시에서의 삶을 매우 훌륭하게 만들어주는 부분이다. 옥상의 전망은 그들을 도시와 연결해준다. 리처드 굿먼은 도시를 전망하면서 "맨해튼의 이 전망이 주는 약속은 얼마나 의미 있는가"라고 외친다.[30]

스툽stoop이라 불리는 건물 앞 계단은 뉴욕 생활에 오래 확립되어 있는 특징 같은 것이다. 수 세대에 걸쳐 사람들은 아파트 건물 밖에 있는 계단에 모여왔다. 하필 사람들이 모여 있을 때 건물 밖으로 나오면 사람들의 눈총을 받아 사적인 대화에 끼어들기라도 한 듯 느껴질 정도다. 십대들은 그 계단 하나에 (보통 스폴딩 브랜드 농구공이라 스폴딘이라고 불리는) 공을 던져 맞추는 스툽 볼stoop ball이라는 게임을 좋아했다. 아마도 건물 주민과 방문객들만이 건물의 스툽을 합법적으로 쓸 수 있을 것이다. 하지만 이곳은 공공 장소 같은 느낌을 주며 낯선 사람들이 종종 그 위에 앉기도 한다.[31]

퀸스 리치먼드힐에서 나는 보도에 연접해 있는 개인 주택의 스튭에 잠시 앉아 있었다. 비록 개인 주택이었지만, 거기 걸터앉은 것이 특별히 나쁘다고 생각하지는 않았다. 맨해튼 거리에서 자란 나는 항상 공공이 접근 가능한 계단이라면 누구나 이용할 수 있다고 생각했기 때문이다. 앉아 쉰 지 5분 정도 지나자 인도계 주인이 나타났는데, 억양으로 미루어 아마도 이 도시에서 자라지는 않은 것으로 판단되었다. "괜찮으시다면, 몇 분 동안만 잠시 발을 쉬고 싶습니다." 내가 말했다.

"아, 얼마든지요." 그가 말했다. "마음껏 쉬다 가세요." 스튭, 그리고 가끔 보도 가장자리는 더 이상 필요하지 않은 물품을 나눠주는 데 점점 더 많이 사용되고 있다. 사람들은 다른 사람에게 뭔가 주려 할 때 공간을 사용한다. 보통은 중고 의류, 장난감 및 가구를 거리에 내놓지만 최근 몇 년 사이에는 새로운 추세가 나타나고 있다. 특히 브루클린 하이츠, 파크슬로프, 어퍼웨스트사이드처럼 책 읽는 사람이 많은 동네에서는 스튭 위에 책 더미가 가지런하게 쌓여 있는 경우가 많다. 그 분야는 소설부터 사전까지, 그리고 스웨덴어·영어 문법 책처럼 특이한 카테고리까지 다양하다.

건물들은 문자 그대로 수백 가지 방식으로 도시 위에 표시를 만들어내며, 이는 다양한 스타일, 모양, 크기, 색상으로 나타난다. 사람들은 네이버후드의 성격에 대해 자주 우려를 표하며, 이는 커뮤니티 조직 모임과 뉴욕시 랜드마크보존위원회 회의에서 종종 중요한 안건이 된다. 2번 애비뉴와 1번 애비뉴 사이의 이스트 51번 스트리트에 있는 타운하우스는 말 그대로 전체가 철갑을 두르고 있다. 철갑 뒤에는 유리가 있는데,

작은 틈으로 집 안을 들여다볼 수는 있지만 사실상 아무것도 보이지 않는다. 개인 주택이기 때문에 설계를 가지고 무어라 할 수는 없다.

하지만 사람들도 비판할 권리가 있으며 비판을 하고 있다. 한 도어맨은 이렇게 말했다. "제 마음에는 들지 않습니다. 저는 이 사람들을 압니다. 좋은 커플이지만, 돈이 너무 많아요. 자기들 돈으로 무엇을 해야 할지 모르죠. 이곳은 이 블록의 여느 평범한 타운하우스들과는 성향이 다릅니다." 그 커플이 듣고 있지는 않지만, 블록이 전체로서는 공적이라는 이유만으로 어떻게 공적 압력이 사적 공간을 변화시킬 수 있는지를 여기서 알 수 있다. 이 문제에는 가치 판단이 들어간다. 즉, 집이 커뮤니티 내의 다른 건물들과 어울려야 한다고 생각하는지도 고려된다.

또 다른 흥미로운 표식이 된 주택의 예는 브루클린 밀베이슨 네이버후드에 소재하며 아칸소드라이브와 교차하는 배싯애비뉴 139번지에 있는 디자인이 매우 독특한 개인 주택이다. 4층 높이의 이 집을 바라보고 서면 왼쪽에는 바람에 휘날리는 세 개의 대형 성조기가 있다. 집은 밝은 회색 시멘트로 지어졌으며 튜브 모양으로 설계되어 있다. 집 벽에는 사각형과 직사각형 무늬가 있고, 집 앞에는 은색의 금속성 추상 조각품들도 놓여 있다. 꼭대기에는 우아하게 나는 은빛 새들로 구성된 조각상이 있으며, 반투명 유리로 된 창문에는 물결 모양의 선이 그려져 있다. 대지는 예술가 칼더풍의 다양한 스태빌 조각으로 장식되어 있고, 잔디엔 뛰노는 어린이들의 조각상이 있다. 집 뒤로 물가에는 파란 하늘을 배경으로 큰 보트가 자리 잡고 있다.

이 특별한 집을 보는 것은 초현실적이고 기억에 남을 만한 경험이다.

누가 집주인일까? 한 이탈리아계 미국인 가족이 조직폭력단의 앤서니 '가스파이프' 카소로부터 이 집을 매입했다. 투라노가라고 하는 그 일가는 부패로 유죄 판결을 받은 전 주 상원의원 칼 크루거와 매우 가깝게 지내는 일종의 '사적인 커뮤니티 캐릭터'다. 크루거는 그 집에 자주 오는 손님으로 알려져 있다. 나는 몇몇 이웃에게 특이한 설계에 대해 물어봤다. 아무도 반대하지 않는 것 같았다. 아니면 적어도 아무도 공개적으로 불평하려 하지 않았다. 전형적인 대답은 이랬다. "다른 사람의 마음에 들지 않더라도 누구든지 자기 집을 원하는 대로 설계할 수 있습니다. 그러려고 돈을 지불했고 그건 그 사람들 일이지 제 일은 아니죠."[32](사진 2)

때때로 집단이나 조직이 커뮤니티에 받아들여지려고 건물 설계를 의도적으로 무난하게 할 수 있다. 예를 들면 집단 주택의 관리자가 주택들을 사서 동네의 다른 개인 주택과 비슷하게 보이게끔 하는 경우가 있다. 분명히 그 주택들이 물리적으로 잘 어우러지면 자기들도 그에 따라 받아들여지리라는 바람일 것이다.

또한 구조물을 눈에 띄지 않도록 설계하는 경우도 있을 수 있다. 그 대표적인 예가 바로 퀸스 리치먼드힐의 유대교 회당이다. 이곳은 큐가든스 경계에서 몇 블록 떨어져 있지 않고 유대인들이 많이 사는 지역이지만, 위치 자체는 확실히 유대인 지역이 아니며 사실상 이슬람교, 힌두교, 그리고 기독교인들이 많은 지역과 경계를 접하고 있다. 회당은 1층 건물로, 정통파 회당인데도 메주자mezuzah(양피지 두루마리에 구약성서의 구절이 적힌 유대교 심벌—옮긴이)는커녕 유대교 예배당이라고 할 수 있는 표시도 거의 없다. 건물의 현대미술풍 유리 블록은 내부가 보이지 않게 되어 있으며, 창문도 없다. 입구에는 숫자 다이얼 자물쇠와 평범한 금속 문 위에 작은 영문 명판이 있을 뿐이다. 그러나 그 글자는 이미 잘 알고 있는 관찰자가 아니라면 전혀 알 수 없을 것이다. 가장 놀라운 점은 문 앞에 번지수도 없고, 다윗의 별도 없고, 메노라 촛대도 없고, 예배당이라면 있을 일반적인 표식도 하나 없다는 것이다.

회당의 교인 중 한 명과 대화를 나누면서 알게 된 것은 그곳의 사용자들이 전혀 관심을 끌고 싶어하지 않는다는 점이다. "우리는 두드러지지 않으려고 노력하고 있습니다. 이곳은 유대인 동네가 아니며, 풍파를 일으키지 않는 것이 최선이라는 조언을 들었습니다." 식구가 늘면서 저렴한 주택을 찾으려는 젊은 유대인 가족들이 리치먼드힐의 다른 지역으로 이주해 들어오고 있는 가운데, 이곳은 분명히 일종의 상륙 거점과 같은 곳이다. 이곳은 회당까지 도보로 가까운 거리에 있다. 회당 옆집에 사는 시크교도 이웃에게 물어봤더니, 그 역시 이 유대인의 얘기를 확인해주었다. 나는 그에게 회당 사람들이 회교도가 건물을 폭파할까봐 두려워하는지 물어봤다. 그는 불편하게 웃으면서 말했다. "지나가던 아이들이 돌멩이를 던지지 못하게끔 하는 것처럼, 그들은 그저 어떤 문제도 만들고 싶어하지 않습니다." 나는 이 건물에 맞춰진 카메라가 있다는 것도 알게 되었다.

뉴욕의 버러들을 답사할 때 이 정도 수준의 우려는 거의 본 적이 없었다. 유대인들이 자민족이 얼마 거주하지 않는 네이버후드에 들어와 이곳을 변화시킬 때, 높은 울타리와 카메라를 설치하기는 해도 건물의 종교적 정체성을 숨기려는 시도는 하지 않는다. 내가 볼 때, 정치적으로든 보안상의 이유로든 고려 대상이 될 가능성이 큰 대상은 항상 다문화 커뮤니티 속의 이슬람 모스크였다. 또 다른 극단적인 예는 앰스터댐 애비뉴와 105번 스트리트에 있는 유대교 회당으로, 민감한 위치에도 불구하고 존재를 드러내는 데 거리낌이 없었다. 이곳은 앨리스터 드러먼드 목사가 이끄는 오래된 웨스트엔드 장로교회와 공간을 공유한다. 이 회당의 회중은 케힐라트 로메무라 불리며, 정통파 출신으로 힙하기로 유명한 랍비 데이비드 잉버가 운영한다. 그 공간에는 뉴욕피아노아카데미도 있다.

나는 1924년에 지어진 웨스트 71번 스트리트 59번지의 전형적인 10층 아파트 건물 앞에 서 있다. 이 구조물의 한가운데 4층과 5층 사이, 대형 콘크리트로 만든 M 자 구조물이 붙어 있다. 길에서도 잘 보이는 이 구조물은 돌로 둘러싸여 있으며, 양쪽으로 꽃 장식이 달려 있다.(사진 20) 왜일까?

건물을 나서는 두 여자를 보고 "이 M 자는 무슨 의미죠?"라고 물었다.

한 여성이 글자를 쳐다보더니 놀랐다는 듯이 이렇게 말했다. "아이고, 이게 있는지 전혀 몰랐어요."

"이곳에서 얼마나 오래 살았습니까?"

"40년이 넘었지만, 한 번도 올려다본 적 없고 전혀 알아차리지도 못했어요."

"몇 층에 살고 있습니까?"

"처음에는 9층에 살다가 지금은 4층에 사는데, M 자 바로 아래인 것

사진 20 꽃 장식이 있는 문자 M. 웨스트 기번 스트리트 59번지. 제시 리스 촬영.

같아요. 건축가가 그랬을 게 분명해요."

그녀가 핵심을 잘 짚었다. 모든 버러의 건축가와 건축업자는 종종 자기 이름을 따서 건물 이름을 짓는데, 보통 트럼프타워처럼 자기 성을 전부 표기한다. 또는 자녀, 부모, 형제 또는 배우자 이름을 따라 '로라'라든가 '시어도어 암스' 같은 이름을 붙이거나 자신만 아는 다른 이유로 이름을 지을 수도 있다. 하지만 알파벳 한 글자만으로 과감하게 식별된 장소를 보는 것은 일반적이지 않다. 이 관행의 기원은 불확실하지만, 수십 년 동안 건물에 살고 있는 사람이 이 글자를 전혀 눈치채지 못하고 있었다는 것이 흥미롭다. 단 하나의 첫 문자로 눈길을 끌기 위해 건물 정면을 활용했지만 누구의 머리 속에도 각인되지 않았다. 그렇게 노력한 가치가 있었을까? 나는 M 자에 대해 몇 명에게 더 물어봤지만, 모두 M 자가 존재하는지조차 몰랐다. 현재 건물 관리인과 관리사무소는 글자가 왜 거기 있는지 알지 못했지만, 건물 관리인은 어쩌면 설계자나 건축자의 이름을 따서 명명된 것일 수 있다고 생각했다. 그는 한때 아파트의 모든 문손잡이에 M 자가 있었다고 알려주었다. 만약 내가 광고주라면 광고비 지불을 멈출 것이다.

브루클린 그랜드스트리트 인근의 부시윅애비뉴에서 나는 매우 특이한 장면을 본 적이 있다. M 자 구조물처럼 정체가 불분명했다. 전신주에 지상에서 4.5미터 정도 높이로 걸린 철사 옷걸이에 40센티미터 정도 길이의 플라스틱 인형이 달려 있었다. 매끈한 밀짚처럼 보이는 밝은 갈색의 긴 머리카락이 있고 수영복 같은 옷을 대충 걸쳐놓은 여자 인형이었다. 손에는 진저에일처럼 보이는 녹색 병이 있었다. 미소 짓는 인형의 얼굴을 바라보면서, 나는 누가 무엇에 홀려 인형을 거기에 두었는지 궁금해졌다. 세력권 표시의 문제는 거의 확실히 아니었다. 어쩌면 다른 이유 없이 그냥 장난일 수도 있다. 이곳에는 오래된 공립학교가 있었지만 건물 밖에 있는 아이들은 왜 그곳에 인형이 매달려 있는지 전혀 알지 못했다. 18개월 후 그곳을 다시 걸어가는데 인형은 여전히 그대로 있었다. 그런 것들은 의외로 수명이 길다. 이 인형은 우리가 보는 모든 것을 항상 이해할 수는 없다는 것을 상기시켜준다. 왜냐하면 그 일이 벌어질 때 우리는 그곳에 없었기 때문이다.

건물들은 나름의 생명이 있어서 과거의 사용 방식보다 더 확장되어 현재에 영향을 미친다. 그리고 사람들의 마음에 생각과 감정을 불러일으킬 수 있다. 워싱턴하이츠의 앰스터댐애비뉴와 브로드웨이 사이 157번 스트리트에서, 나는 반세기 이전에 정통파 유대인 회당이 있던 장소에 세워진 제7일안식일 재림파 교회를 방문했다. 뉴욕시에서는 커뮤니티 내 민족-종교적 집단의 변천으로 인해 기독교계의 교회들이 종종 유대교 회당을 사서 재단장하곤 한다. 하지만 여기에는 차이가 있었다. 제7일안식일 재림파는 유대교와 많은 유사점을 가지고 있다. 그들은 문자 그대로 성경을 해석하기 때문에 토요일에는 안식일을 지키듯 일하지 않고 돼지고기도 먹지 않는다. 그래서 유대교 회당을 이어받는 것은 재림파 교회 신자들에게 어떤 의미가 있다. 이곳은 신성한 장소인 것이다. 과연, 그 성소에 들어서자 내부가 원래 그대로 아름답게 보존되어 있었다. 긴 의자도, 창문도, 심지어 사교실도 그대로였다.

정통파 유대인처럼 긴 치마를 소박하게 입은 히스패닉계 교인과 대화를 나눴다. 그녀는 말했다. "매주 금요일 밤에 우리는 이 사교실에서 함께 저녁을 먹습니다. 안식일에는 일하지 않고, 요리도 하지 않으며, 불을 켜고 운전은 해도 아무것도 구매하지 않습니다. 우리는 구약성서를 따릅니다. 어떤 말씀이든지 따릅니다. 코셔 음식만 먹고, 돼지고기나 새우, 바닷가재도 먹지 않습니다. 200명의 신도가 있는데, 대부분은 도미니카인이고 푸에르토리코인도 몇 명 있습니다."

"당신은 많은 유대교 관습을 따르는데, 이 교회가 예전에 유대교 회당이었다는 사실에 대해서는 어떻게 생각합니까?" 나는 물었다.

"음, 이곳이 전에 유대 회당이었기 때문에 특별히 거룩함을 느낍니다. 그리고 우리가 따르는 많은 관습과 율법이 유대인의 그것과 같습니다. 그들 또한 안식일을 지킵니다. 그리고 서로 공통의 관습을 가지고 있어서 안심하고 우리에게 건물을 팔았다고 얘기를 들었습니다." 그녀가 대답했다.

도시의 거리를 답사하면서 들었던 가장 특이한 교회 관련 이야기 중 하나는 올세인츠교회 이야기였다. 그 아름다운 대형 석조 건물은 129번 스트리트와 130번 스트리트 사이 매디슨애비뉴에 있다. 인상적인 구조물인데, 올려다보니 작지만 선명히 눈에 띄는 다윗의 별들이 여기저기 보였다. 한때 유대교 회당이었던 흔적이 남아 있는 뉴욕의 많은 교회와는 달리, 이 교회는 유대교 회당이었던 적이 결코 없었다. 실제로 베네치아 고딕 양식의 이 건물은 1893년 성베드로대성당의 건축가였던 제임스 렌윅 주니어가 이 지역 아일랜드계 이민자들을 위한 교회로 설계했다. 수백 년 동안 유대교의 상징으로 사용되어온 그 다윗의 별들은 도대체 무엇이었을까? 흥미가 생겨 교역자 중 한 사람에게 연락했고, 그 목사는 이런 얘기를 들려주었다. "이 교회는 한 세기 이상 그 자리에서 잘 운영되어왔습니다. 전해지는 얘기로는 원래 어떤 유대인이 그 부지의 소유자였는데 땅을 교회에 파는 것을 불편해했다고 해요. 그는 그 장소에 교회를 세운다면, 한때 유대인이 소유한 땅이었다는 사실이 기억될 수 있도록 다윗의 별 여러 개를 포함해달라고 요구했다고 합니다. 사실인지는 확인할 수 없었지만, 여기가 유대교 회당이었던 적은 한 번도 없으니 그럴듯한 설명이기는 한 것 같습니다." 만약 이 이야기가 사실이라면, 어떤 사람이 자신의 재산에 표시를 남겼지만 지나가는 사람 대부분은 건축가가 한 일도 그 이유도 알지 못한다는 점에서, 이건 가장 특이한 공간 사용일 것이다. 나도 이 이야기를 뒷받침할 만한 확실한 증거가 없기 때문에 '그럴 수도 있다'고 말하겠다.[33]

담벽

보통의 지하철 승객들에게 온갖 갈리는 소리, 끼익 하거나 찌익 하는 소리로 가장 잘 알려진 7번 열차는 헌터포인츠 주변을 천천히 굽이 지나며 씨티그룹빌딩과 서니사이드야드를 지나 도시로 향한다. 연접한 암트랙 고속열차의 호루라기 발차 신호, 지하철 차량의 신음 소리, 지나가는 트럭과 최대 출력을 올리는 엔진, 그리고 온통 낙서로 뒤범벅된 인근 버스 정류장과 모퉁이의 섀넌스태번을 지나는 전철 교각 아래를 걸어가면 이 멋진 도시의 깊숙한 곳에 있다는 것을 본능적으로 알 수 있다.

데이비스스트리트는 일본어 가이드북과 함께 목에 카메라를 매달고 있는 일본인 여행자들을 제외하고는 사실상 사람이 거의 없는 곳이다. 엠파이어스테이트빌딩과 크라이슬러빌딩은 여기서 이스트강을 가로질러 선명하기는 하지만 가깝고도 멀게 보인다. 퀸스 수변에서 물리적으로는 여덟 블록 내지 아홉 블록 떨어져 있지만 새 콘도 건물들 역시 비유적으로 말하자면 여기서는 멀리 떨어져 있다. 존 코는 여기 데이비스스트리트에서 아버지로부터 물려받은 트럭 부품 회사를 운영한다. 나는 코에게 낙서를 보는 게 지겨운지 물어봤다. "아닙니다. 매년 바뀌니까요. 사람들은 항상 이곳에 와서 기존 작품들에 검은 페인트를 칠한 다음, 거기에 자신만의 새 작품을 만듭니다." 그가 대답했다. 그의 옆에는 펜트하우스에 벽난로를 공급하는 곳이 있었다. 이제 이런 전문점도 있다!

이곳은 23번 스트리트, 데이비스스트리트, 잭슨애비뉴 교차로 중간에 위치한 파이브포인츠5pointz(퀸스 롱아일랜드시티에 있는 그래피티로 대표적인 벽화 건물이다 - 옮긴이)가 있는 곳이다.[34] 여기에 자신만의 예술을 펼치기 위해 한국, 스웨덴, 베네수엘라, 캘리포니아 등 각지에서 사람들이 찾아온다. 일반인에게 개방되어 있고, 카메라 촬영에 몰두하는 관광객들이 항상 주변을 돌아다니며 사진을 찍으며, 가끔 패션 화보나 영화 촬영도 이루어진다. 투어 버스도 퀸스에서 정기적으로 파이브포인츠에 정차한다. 이 벽화에 이름이 자주 등장하는 한 아티스트는 작품에 '메레스 원'이라고 서명한다. 단체로 모인 슈퍼히어로라든가, 몬스터, 막대인간이나 거의 벌거벗은 여자들이 그려져 있다. 한 벽화는 광대들을 가득 그려놓고는 '우리는 광대처럼 굴지 않는다'라고 주장한다. 대부분의 벽화작품이 있는 이 건물은 많은 예술 스튜디오의 고향 같은 곳이다. 데이비스스트리트 건너편 맨해튼이그니션컴퍼니는 벽에 트럭 두 대를 그려두었는데, 지역 문화가 영향을 미친 듯했다. 이 네이버후드는 극좌 테러 조직 웨더언더그라운드가 잭슨애비뉴 법원 아래에 폭탄을 설치한 1970년 10월, 평판이 안 좋아서 가벼운 마찰을 겪기까지 했다.

거리 예술은 뉴욕시 산업지역에서 가장 흥미로운 부분 중 하나다. 이 산업지역은 가장 창의적인 벽화와 그래피티의 본고장이다. 제한된 공간에서 해방된 산업지역은 실험과 표현을 하기에 적격지이며, 벽화를 볼 수 있는 최고의 장소 중 하나는 이스트윌리엄스버그다. 일반적으로 이 지역은 제조업 중심지였던 시절의 뉴욕시에 가장 가깝다. 여전히 화강암 공장, 전기 부품 센터, 중장비 제조업체, 건조식품 생산업체, 건축자재 공급업체, 벽돌 창고, 버스 정비소, 신발 공장, 파이프 공급업체 등을 찾아볼 수 있는 곳이다. 50년 전 제조업이 무대를 더 많이 차지하고 있었을 때만 해도 이런 유의 예술가들은 이 지역에 존재하지도 않았다. 예술가들에게 오래된 공장 건물의 널따란 외벽은 작업에 이상적인 캔버스였겠지만, 이러한 산업지역에서 그들의 존재 또한 옛 도시 내부의 영혼과 재연결되는 시도가 될 수 있다.

브루클린 이스트윌리엄스버그에 있는 메서롤스트리트와 워터베리스트리트의 교차로 인근에서는 놀라운 예술 전시를 볼 수 있다.(사진 21 a, b) 세계적으로 유명한 그래피티 예술가들이 그린 벽화를 보고 사진을 찍겠다고 이 장르를 잘 아는 사람들이 세계 각지에서 카메라를 들고 온다. 한 표지판은 작품이 얼마나 넓은 범위를 아우르는지 설명하고 있다. "두 도시 사이의 세 개 미술관에서 8일 동안 11개국 100명 이상의 예술가가", 서명은 "페이퍼 걸 뉴욕, 2010". 거리 양쪽으로 1930~1940년대를 묘사한 것으로 보이는 트롱프뢰유trompe l'oeil(실물 같을 정도로 실감 나게 그린 눈속임 화법－옮긴이) 작품이 전시되어 있다. 이 작품은 멀어질수록 작아져서, 실제로는 평평한 표면이지만 마치 거리를 내려다보는 것처럼 보인다. 또 다른 전시 작품으로는 둥근 세계를 가리키는 작은 아이 조각상이 있다. 아이는 머리부터 발끝까지 탱

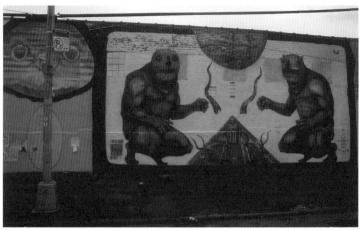

사진 21 a, b 브루클린의 트롱프뢰유 벽화와 그래피티. 메서롤스트리트와 워터베리스트리트. 제시 리스 촬영.

크, 미사일, 헬리콥터, 군인, 트럭 등 작은 군대 장난감으로 덮여 있다.

근처 건물 지붕 위로 뻗쳐 나가는 거대한 금속제 발톱 구조물도 있다. 이 조소에는 거대하고 기형적인 머리가 달려 있다. 또 다른 벽화에는 한 흑인 남자가 HP라고 적힌 니트 모자를 쓰고 있다. 초기 영화 스타들을 옛날식으로 그린 초상화도 있다. 또 다른 구역에서는 무지갯빛 물방울이 떨어지는 것처럼 보이도록 만든 생생한 그림을 볼 수 있고, 오렌지색과 분홍색의 곰 얼굴들도 있다. 우연히 근처 전선에 매달려 가볍게 흔들거리는 운동화 한 짝의 그림자가 어떤 벽화에 드리웠는데, 일종의 환각처럼 느껴질 정도였다. 전시는 계속 바뀌어서 특정 시기에 볼 수 있었던 작품 가운데 최소 몇몇은 1년 후에 없어질 수도 있다. 재발견된 이 지역에 커피하우스 몇 곳이 문을 열었는데, 워터베리의 뉴타운카페에서 일하는 한 바리스타가 언제 어떻게 일이 시작되었는지 설명해주었다. "약 2~3년 전에 시작된 것 같아요. 사람들이 막 이곳으로 왔는데, 어떤 사람들은 이사해서 들어왔고 어떤 사람들은 오래된 건물을 스튜디오로 만들었습니다. 지금은 그 건물 안에서 토요일에 콘서트가 열리고요. 거리 전체에 벽화를 그린 셰퍼드 페어리도 오죠. 그래피티계의 마이클 조던 같은 사람이에요." 실제로 페어리는 유명한 버락 오바마의 '희망' 포스터를 디자인했다. 그래피티를 위한 또 다른 멋진 장소로는 부시윅 근처 트라우트먼스트리트와 세인트니컬러스애비뉴가 있다.

그래피티는 이스트브롱크스 분스트리트를 따라 자리한 저층 가게들의 벽을 장식하기도 한다. 이스트윌리엄스버그 수준은 아니지만, 만화와 영화의 영웅들이 등장하는 정교하고 다채로우며 좋은 기운을 느끼게 해주는 작품들이다. 게다가 투어 버스가 중국, 일본, 스페인 등 해외 관광객들을 싣고 드나들면서 이 벽화들은 외부 세계에도 알려진다. 가게 주인들이 예술가들에게 외벽을 사용할 수 있게 해주는 이유는 무엇일까? 작품이 멋진 것도 있지만, 허가해주지 않으면 벽을 엉망으로 망가뜨릴 수도 있어서 예술을 지원하는 편이 훨씬 더 확실한 대안이 된다. 이곳에는 정치적·종교적 벽화, 갱 폭력 관련 벽화, 누군가를 기리기 위한 벽화, 단순한 예술작품 등 다양한 종류의 벽화가 있다.

그래피티 관련 서적은 많지만, 이런 형태의 예술은 햄턴스나 로스앤젤레스에서 가끔 전시회를 하는 경우를 제외하고는 주류 예술로 자리 잡지 못했다. 어쩌면 아방가르드 그래피티라는 형식이 기존 예술계의 갤러리, 아트 쇼나 전시회에 맞지 않기 때문일 수 있다. 게다가 그래피티 예술은 상업화하기도 어렵다. 해당 공간을 사유재산으로 전환해 입장료를 부과할까? 건물 주인이 그래피티에 돈을 지불하는 상황을 상정해볼 수는 있지만 그걸 팔 수도 없는 노릇이다. 어쨌거나 거리 예술은 상업 예술계와는 다른 우주에 있다.[35]

벽화는 종종 교육 도구로도 사용된다. 일부 커뮤니티 프로젝트는 다양성과 단결, 평화, 세상을 떠난 이웃에 대한 추모, 아일랜드 단식 투쟁과 같은 정치운동 및 항거, 히스패닉계나 흑인 영웅과 같은 큰 주제를 강조한다. 이중에는 하메스 데라베가나 치코 같은 유명한 예술가가 그린 작품도 있다. 할렘 에지컴애비뉴와 165번 스트리트의 전형적인 벽화를 지나간 적이 있다. 웨스트할렘 공립학교의 열린 문 안쪽으로 로비에 있는 이 벽화를 볼 수 있다. 교사들의 도움을 받아 아이들이 창작한 것으로, 벽화에 그려진 사람은 모두 이 학교의 졸업생인데 특별한 세 사람이 포함되어 있다. 뉴욕공연예술고등학교를 졸업하고 「태양 속의 건포도Raisin the Sun」 등 여러 연극에 출연했던 흑인 배우 다이애나 샌즈와 가수 해리 벨라폰테, 그리고 연방준비제도이사회 의장이었던 앨런 그린스펀이 그 세 사람이다. 마지막 그림으로 그린스펀을 그린 것은 아이들에게 흑인뿐 아니라 백인도 롤 모델이라는 점을 보여준다. 그린스펀은 최고의 경제학자이기도 하다! 마찬가지로 이스트뉴욕 버몬트 스트리트 근처 서터애비뉴에 있는 제149공립학교 대니케이스쿨은 백인 코미디언의 이름을 따서 지어졌다.

광고 게시판 외의 지하철 예술 공간을 생각하자면 몇몇 역의 벽화가 떠오른다. 예술가들이 공공 공간을 전용하는 방식의 예를 볼 수 있는 곳들이다. 그 벽화는 예술가들의 작품이지만 뉴욕교통국 '교통을 위한 예술Arts for Transit' 사업부에서 관할한다. 그리고 이제 사업부의 관할하에 '지저귀는 새, 바스락거리는 나뭇잎, 졸졸 흐르는 시냇물' 같은 소리도 틀게 됐다. 96번 스트리트와 브로드웨이의 새로 단장한 IRT 역에 숨겨진 스피커를 통해 이 소리를 내보내겠다는 계획이다. '아시아 팝 아트의 아이디어와 도상, 현대 그래픽 디자인'에서 착안한 개념이다. 이 소리는 회전식 출입구에 매달린 약 200개의 스테인리스 꽃으로 꾸며진 전시의 배경음으로 깔린다. 꽃들은 조금씩 흔들리기도 하면서, '은은하게 빛나는 정원'처럼 보일 것이라고 한다. 물론 아무도 속지 않을 것이다. 그래도 통근하는 사람들이 고요하고 평화로운 느낌에 마음이 편안해지면 좋겠다. 역이 지어진 1904년만 해도 어퍼웨스트사이드의 이 부근은 비교적 교외 지역이어서 블루밍데일(네덜란드어로 꽃의 계곡이라는 뜻)로 불렸다는 점에서, 이 계획에는 과거와의 연결이라는 의미도 있다.[36] 오늘날 이런 예술적인 장치들은 여러 지하철역에 있다.

168번 스트리트와 앰스터댐애비뉴에 서서 워싱턴하이츠를 재발견하면서, 나는 아파트 건물 측면에 그려진 매우 아름다운 6층 높이의 벽화에 충격을 받았다. 두 팔 가득히 야채를 안고 있는 남자와 나이 많은 여자 옆에 서서 아기를 안고 있는 여자가 그려져 있었다. 이 벽화는 그라운즈웰 커뮤니티 주택 프로젝트가 기획한 것으로, 「운명의 환경적 영역에서 살아가기Live in the Environmental Area of Your Destiny」라는 제목이었다. 벽화는 자신을 표현하기 위해 분투하는 사람들이 이 네이버후드에서 만들어낸 엄청난 창의성의 실례였다. 이와 같은 예술작품들은 도시를 아름답게 하는 많은 요소 중 하나다. 단조로운 네이버후드 한가운데서 이런 벽화들을 본다는 건 항상 예상치 못한 일이고 즐거운 놀라움이다.

예상대로 그라운즈웰 벽화를 만드는 데 협력한 사람들의 이름이 벽에 표시되어 있었다. 맨해튼 버러장 버지니아 필즈, 러시아자선예술재단, 로스, 모델스, 밸스파페인트, 그리고 특별한 감사를 제33관할경찰서와 워싱턴하이츠-인우드 커뮤니티 위원회에 돌리고 있었다. 그래서 지미 듀랜트(1920년대부터 1960년대까지 주로 활동한 뉴욕 출신 코미디언 겸 배우─옮긴이)의 말로 바꾸어 표현하자면, 정치인, 경찰, 커뮤니티 그룹, 민간 기업 등 모든 사람이 이 활동에 참여하게 된다는 것이다. 그들은 지위, 자금 확보, 세금 혜택의 정당성을 얻기 위해 인지도를 필요로 한다. 이는 다른 커뮤니티에서도 볼 수 있는 '참여 비용pay for play' 현상으로, 비용은 이름이 언급되는 것이 참여자에게 얼마나 중요한지에 달려 있을 때가 많다. 이렇게 이름을 올리는 것이 좋든 나쁘든 아니면 그 사이 어디쯤이든지 간에 이는 뜨거운 논란이 되는 주제여서, 다음 장에서 더 날카로운 초점으로 논의해보겠다.

미국 전역에 걸쳐 여러 인물을 정치적으로 지지하거나 반대하는 표현이 광범위하게 퍼져 있는 것은 놀라운 일도 아니다. 조금 더 거칠긴 하지만 여전히 전형적인 것으로, 브루클린 클린턴힐의 게이츠애비뉴 인근 세인트제임스플레이스에 헨리 폴슨과 벤 버냉키, 크리스토퍼 콕스를 그린 「악의 축Axis of Evil」이라는 제목의 벽 포스터가 걸려 있다. 일련의 현상수배 포스터처럼 보인다. 성명서는 어느 버려진 집 벽에 붙어 있다. 더 보수적인 측면의 정치 스펙트럼이라면 브루클린 거와너스의 8번 스트리트 미국재향군인회 회관의 작은 주차장에 있는 벽화가 있다. 벽화에는 자유의 여신상과 다양한 군대 표장과 함께 미국을 상징하는 흰머리수리가 그려져 있다. 독수리에게 달린 만화 형식의 말풍선에는 "모두 무언가를 주었다. 누군가는 모든 것을 바쳤다"라며 나라에 바친 삶의 궁극적 희생을 의미하는 말이 적혀 있다. 외벽에 새겨진 애국적인 메시지가 없는 재향군인회 회관이나 소방서는 이 도시에 거의 없다. 브롱크스 리버데일 지역의 모숄루애비뉴의 사람이 붐비지 않는 곳, 러시아 대사관 바로 앞에는 유대인 러시아 반체제 인사인 아나톨리 샤란스키의 이름을 딴 샤란스키 광장이 있다. 이러한 노골적인 결정은 1982년 당시 브롱크스 버러장이었던 루빈 디아스 주니어가 내린 것이었다.

이 모든 것 가운데 내 관심을 끄는 것은 다뤄지는 이슈의 다양성이다. 게토 구역 전역에서 수많은 추모 벽화를 통해 갱단원을 기리는 것을 볼 수 있지만, 반폭력 메시지들도 볼 수 있다. 브로어 공원 서쪽 끝자락에 맞닿아 있는 크라운하이츠에는 사람들에게 총기를 사용하지 말라고 촉구하는 벽화가 있다. 거기에는 총을 휴대한 사람들, 아이들, 순례자들, 전국총기협회를 상징하는 뱀의 혀를 가진 사람, 피가 뚝뚝 떨어지는 수정헌법 제2조가 적힌 두루마리의 그림들이 겹쳐 그려져 있다. 벽화에는 '오늘의 총기 쇼: ID 불필요'라고 적힌 표지판과 파이프에서 무기가 쏟아져 나오는 모습이 그려져 있다. 이스트할렘의 또 다른 벽화는 완전히 다른 방향에서 비롯되었다. 현대 예술을 표방하는 그 벽화는 고흐Gogh에서 두 번째 g를 빠뜨리고 Goh라고 적으며 스스로를 「피카소와 반 고Picasso and Van Goh」라고 밝히고 있다. 그렇지만 피카소 스타일에 더 가깝기는 하다. 벽화 위 표지엔 마치 사회운동의 고귀한 외투를 걸친 것처럼 '그래피티를 지원하자'고 적혀 있다. 이런 메시지는 도시 전체에서 공통적으로 보인다.

103번 스트리트와 3번 애비뉴의 북서쪽 모퉁이에는 동물을 기리는 벽화가 있는데, 아름다운 개와 고양이 그림이다. 나는 이 작업이 2001년 9월 9일에 완료되었다고 적혀 있는 것을 봤다. 이 벽화를 그린 예술가들은 불과 이틀 후 트윈타워가 무너지고 이 도시가 재정의되는 일을 겪게 되리라고는 생각지 못했을 것이다. 이 날짜를 알아차린다는 건 그 하루로 우리 생각이 얼마나 많이 바뀌었는가를 보여주는 또 하나의 예다. 벽화는 사람들에게 반려동물을 중성화시키라고 하며, 저렴하게 중성화하는 방법을 문의할 수 있는 전화번호를 같이 적어두었다. 그러나 모든 사람이 주의하거나 신경쓰는 것은 아니다. 벽화 앞에선 가판대 상인이 정기적으로 매대를 설치했지만 그도 별로 신경쓰지 않으며 "저는 여기 관심이 없습니다"라고 말했다.

때로 담벽에는 사회적 문제를 단호하게 설명함으로써 간단하게 사람들의 관심을 끄는 구호들이 있다. 여기 작은 광고판처럼 생긴 메시지들이 그 예다. '뉴욕의 HIV 신규 감염 여성 중 92퍼센트가 흑인과 라틴계입니다.' 이 정보는 뉴욕시 보건및정신위생국에서 발표한 보고서를 출처로 한다. '무료 HIV 검사 연락처', 그리고 그 밑에 누군가가 이렇게 휘갈겨놓았다. '누가 신경써?' 표지판은 컬럼비아프레즈비테리언병원 건너편 오듀본애비뉴와 168번 스트리트에 있다. 담벽은 사실 일방향이 아닌 쌍방향의 소통을 위한 공간이다.

내가 본 것 중 가장 특이하고 인상적이며, 주제를 고려해볼 때 가장 의외였던 전시물은 2번 애비뉴 바로 서쪽 124번 스트리트에 있는 4층 높이의 벽화였다. 건물 한쪽에 붙어 있는 그 벽화는 캔버스 같은 직물 소재로 만들어져 있으며, 그 위에 1981년 아일랜드 단식 투쟁에 동참했던 보비 샌즈와 다른 IRA 단원들의 얼굴이 그려져 있다.(사진 22) 그런데 왜 할렘일까? 왜 에메랄드섬(아일랜드의 별명 – 옮긴이)에서 온 이민자들이 여전히 많이 사는 퀸스 우드사이드나 브롱크스의 우들론 구역이 아닐까? 네이버후드의 몇몇 사람은 이 벽화가 할렘 흑인들과의 유대를 보여주기 위한 노력이었다고 추측했다. 나는 좀더 자세히 알아

사진 22 캔버스에 그려진 IRA 프리덤 벽화. 2번 애비뉴와 3번 애비뉴 사이의 124번 스트리트. 밥 마커스 촬영.

보기 위해 이를 추적하여, 은퇴한 뉴욕시 형사 브라이언 매케이브와 이야기를 나누게 되었다. 그는 수사 및 보안업체인 페더럴실드시큐리티의 부사장이며 이 기념물을 만들기 위해 아일랜드 벨파스트의 예술가들을 불러오는 데 중요한 역할을 한 사람이었다.

　매케이브는 "할렘에 우리의 투쟁에 대해 잘 아는 사람들이 있다는 것은 확신하지만, 그런 이유는 전혀 아니었습니다"라고 말했다. "수십만 명의 운전자가 트라이버러 다리[지금은 로버트 F. 케네디 다리로 개칭됨]에 진입하기 위해 124번 스트리트를 이용하기 때문에 벽화를 여기에 설치했습니다. 운전자들은 신호 대기를 하며 이 그림을 보고 한동안 생각을 해볼 수 있겠죠." 그러면 그들은 무엇을 보게 될까? 먼저, 그곳에는 다음 문구가 적혀 있다. "이 그림은 1981년 목숨을 바친 열 명의 용감한 아일랜드 단식 투쟁자에게 헌정되었습니다. 그들의 이상은 우리의 이상이기도 합니다. 자유." 이 단식 투쟁자들의 이미지 외에도 마틴 루서 킹 주니어 목사, 마하트마 간디, 아메리카 원주민 활동가 레너드 펠티어, 넬슨 만델라의 초상과 함께 네 개의 고대 아일랜드 주를 상징하는 그림이 있다. "이상적으로는 휴스턴스트리트에 벽화를 걸면 더 좋았겠지만 거긴 너무 비쌉니다"라고 매케이브는 말했다.

안타깝게도, 이 아름다운 캔버스 그림은 젠트리피케이션의 희생양이 되어 철거되었다. 현재는 신규 아파트 건물이 이 공간에 들어섰다. 지금은 어디에 있는지 모르겠지만, 이 벽화가 사라진 것은 끊임없이 변화하는 도시의 속성에 대한 소리 없는 증언이라고 할 수 있다. 오래된 건물들도 허물어 대체하는 마당에, 담벽에서 뭔가를 제거하는 것은 얼마나 더 쉽겠는가.[37]

성지, 명판, 동상, 그리고 전망

브루클린 역사와 문화의 놀라운 성지聖地로 묘사될 수 있는 곳을 그곳이 숭배하는 상징물들과 함께 볼 기회가 있었다. 역내 모든 블록을 답사해보지 않았더라면 나도 발견하지 못했을지 모른다. 그곳은 역설적이게도 브루클린의 유일한 카발라Kabbalah(유대교 신비주의 사상 — 옮긴이) 센터 바로 아래 블록인 85번 스트리트 2056번지의 개인 주택처

사진 23 스티브의 집, 브루클린의 역사 아이콘들. 85번 스트리트 2056번지. 제시 리스 촬영.

럼 보이는 곳이었다. 두 곳은 따로 교류를 하지는 않고 피차 존재만 알고 있는 듯하다. 이 독특한 집은 브루클린의 풍부함과 다양성을 보여주는 놀라운 예다.

앞에 있는 청동 표지판에는 '본 건물은 미국 내무부 지정 국가 사적지입니다'라고 되어 있었다. 그곳은 흰 벽돌로 지어진 콜로니얼 양식의 건물로, 2층에 현관 베란다가 있고 3층에 비닐 벽재가 있으며 집 앞과 진입로를 따라 석고상 여러 개가 세워져 있었다. 쓰레기통도 하나 있었는데, 그 속에서는 작은 괴물이 '스티브의 집에 온 것을 환영합니다'라고 적힌 빨갛고 노란 표지판 주위를 살펴보고 있었다.(사진 23) 오른쪽에는 트렌치 코트를 입고 검은색 모자를 쓴 키 90센티미터 정도의 갈색 동상이 있었으며, 가운데는 검은 가죽 재킷을 걸치고 모자를 눌러쓴 1950년대 갱스터 스타일의 조각상이 긴 구레나룻을 기르고 선글라스를 끼고 입에 담배를 물고 있었다. 기타를 들고 오토바이를 탄 마네킹도 있었고, 조그만 모자를 쓰고 간신히 몸을 가린 담배 팔이 소녀가 튤립 조화가 담긴 작은 쟁반을 들고 있는 모습도 보였다. 그 옆에는 영화「대부」에 나올 듯한 인물이 느긋하게 몸을 젖히고 시가를 손에 들고 앉아 있었다. 눈치채지 못할까 싶었는지 '오리지널 카포네 갱스터'라는 표지가 있고, 맨 위에는 '배심원이 카포네에게 유죄 판결을 내리다'라고 적혀 있었다. 이와는 대조적으로, 카포네 비슷한 것 옆에는 미 육군의 상징이 있었다. 뒤쪽 창문에는 그렘린 괴물들도 있었다. 그 옆으로 차렷 자세의 해병대 조각상과 함께 부랑자 조각상이 있었다. 위로는 그 유명한 해병대가 제2차 세계대전 당시 이오섬에서 성조기를 세우는 장면을 담은 사진이 있었다. 다양한 정글 동물도 여기저기에 흩어져 있었다.

2층에서는 슈퍼맨이 집을 부수고 날아 나오며, 양옆으로 배트맨과 로빈의 포스터가 붙어 있고, 갑옷을 입은 기사 위에는 어떤 얼굴상이 벽에 부착되어 있었다. 이발소 회전간판 옆으로는 옛날 만화영화 주인공인 베티 부프도 있고 관람객이나 손님에게 유명한 옛날 헤어 로션 브랜드 광고 문구 '와일드루트를 달라고 하세요'도 보였다. 거기에는 기타를 맨 엘비스, 그 뒤로는 「돈트 비 크루얼Don't be Cruel」이라는 노래 제목이 붉은색 음표들과 함께 부착되어 있었다. 엘비스 옆에는 환기구 위에서 바람이 불어 날리는 치마를 붙잡고 있는 유명한 매릴린 먼로가 서 있었다.

마치 도로처럼 중앙에 점선을 칠한 차량 진입로 뒤로는 밝은 색상의 차고 문이 있는데, 3차원으로 실감나게 그려서 마치 그 속으로 운전해 들어가는 느낌이 들었다. 그런데 어디로 운전해 들어가는 걸까? 왜 'EZ 패스' '현금' 및 '브루클린을 벗어납니다' 같은 표지판이 있는 브루클린 배터리 터널을 그려두었을까? 그리고 험프리 보가트의 동상도 있었고, 슈퍼맨이 공중전화 부스에서 재빨리 옷을 갈아입고 클라크 켄트로 변장하여 나오고 있었다. 꼭 그를 몰래 살펴보는 것 같은 느낌이 들었다. 특히 『데일리 플래닛』의 발행인 페리 화이트의 유명한 '대왕 카이사르의 유령!'이 인용된 것을 보니 더욱 그랬다. 그 밖에도 키드 선장 모습의 해적, 드라큘라, 프랑켄슈타인, 포러스트 검프, 그리고 폰즈라고 불리는 아서 허버트 폰차렐리도 있었으며, 브루클린다저스의 홈구장이었던 에비츠필드와 같이 브루클린의 상징적인 사진들을 비롯해 많은 것이 있었다.

전체적으로 이 광경은 브루클린의 역사를 풍부하게 엮어놓은 태피스트리이면서 이 구역 주민들이 좋아하는 캐릭터와 실제 인물들을 묘사하고 있었다. 지난 35년간 일어난 그 모든 사건에도 불구하고, 고유함을 간직한 한편 더 큰 사회의 일부이기도 한 지역의 문화와 역사를 브루클린이 지켜왔음을 보여주려는 노력이기도 했다. 요약하자면, 독특하게 장식된 이 집은 미국의 일부이면서 동시에 별개의 장소였다. 크리스마스 디스플레이를 제외하고는 다섯 개 버러에 그렇게 복잡한 전시품이 있는 다른 집을 나는 알지 못한다. 그곳은 놀라운 사유지이지만 지나가는 사람들 누구나 볼 수 있었다.

퀸스에 있는 또 다른 성지는 훨씬 더 작은 규모이지만 흥미롭고 특이한 곳이다. 헌터스포인트의 조 콜레티라는 남자는 집을 1912년의 타이태닉호 참사를 기념하는 성지로 개조한 것으로 보인다. 그는 이 이야기를 들려주는 전용 박물관을 11번 스트리트 47-08번지에 만들었다. 그곳은 2층 건물에 있는데, 현관에 들어가면 버저가 울리면서 손님이 왔음을 주인에게 알리거나 주인이 지켜보고 있음을 손님에게 알려준다. 앞 창문에는 이 유명한 비운의 선박 모형이 놓여 있다. 조는 이 공간을 통해 큰 역사적 비극 중 하나를 기리면서 그가 관심을 가지는 활동에 푹 빠져들 수 있다.[38]

'후회 없는 삶을 살라'라는 글이 옅은 노란색 알루미늄 외벽으로 덮인 부시윅의 단출한 집 밖 표지판에 적혀 있다. 어떤 남자의 망모를 기리는 추도문의 한 구절이다. 사람들은 그의 집 밖에 있는 나무 근처 구멍에 빠지곤 했다. 그래서 이 푸에르토리코인 남자는 '행운의 토끼'라는 것을 구멍 앞에 세워놓았다. 그는 내게 말했다. "84세에 돌아가신 어머니를 위해 세워놓은 것이기도 합니다. 창밖을 내다볼 때마다 그 나무를 보셨거든요. 저는 구멍을 막아두려고 조그만 아기 침대를 파랗고 하얗게 칠해서 가져다놓기도 했습니다. 그것도 그저 어머니를 기억하고 있다는 것을 보여주는 디자인입니다." 그의 프로젝트에 관심을 표한 내게 그는 좀 가벼운 농담으로 즉시 화답했다. "거리 건너편에 댄싱 클럽이 있어요. 들어가려면 신분증이 있어야 하는데, 선생님은 너무 어리

사진 24 P. 데 로사 그로서리, 가문의 가치와 선조에 대한 존경을 표하는 성지. 거와너스 4번 애비뉴와 3번 애비뉴 사이 8번 스트리트 180 1/2번지. 제시 리스 촬영.

서서 못 들어가시겠네요." 우리는 크게 웃었다. 사실 수천 명의 뉴요커가 시 소유의 보도를 필요에 따라 개조해 사용해왔다.

브루클린 거와너스에 있는 4번 애비뉴와 3번 애비뉴 사이의 8번 스트리트에서 매우 흥미로운 장소를 발견했는데, 이곳은 내가 찾은 곳들 중 유일하게 이런 종류의 장소였다. 3층 높이 벽돌 연립 건물 1층 창 안쪽에 흰색의 수직 미니 블라인드가 있고 창에는 금색 글자로 "P. 데 로사, 180 1/2, 그로서리"라는 문구가 쓰인 것을 봤다.(사진 24) 그 바로 아래쪽 옆에 불 꺼진 네온사인이 뉴욕의 오래된 맥주 브랜드 셰퍼와 라인골드 엑스트라 드라이를 광고하고 있었다. 완전히 주거지역이라 상업 광고판이 있을 것 같지 않은 이곳에 왜 가게가 있는지 궁금해졌는데, 확실히 문을 닫은 것처럼 보였고, 현재 영업을 하는 시설인지 전혀 알 수 없었다. 마침 길 건너 건물 앞 계단에 앉아 있는 한 노파를 보고 그곳에 대해 물어봤다.

궁금증은 그분의 대답으로 완전히 풀렸다. "40년 전 제가 이곳에 이사 왔을 때 한 할아버지가 가게를 소유하고 운영했죠. 여기 오래 산 이탈리아인 가족으로 100년 동안 살았어요. 지금은 손자가 그렇게 그대로 유지하고 있습니다. 크리스마스랑 부활절이면 맥주 광고판에 불을 켠답니다."

나는 다시 길을 건너 벨을 울려봤다. 하지만 개가 집 지키는 임무를 다하고 있음을 알려주는 짖는 소리만 들릴 뿐이었다. 다소 특이한 공간 사용법이었다. 손자는 이 영구적인 성지를 보존하면서 할아버지에게 경의를 표하며 자손 된 도리로 선조에게 존경을 보여왔다. 그리고 그의 사연은 이웃들과 가던 길을 멈추고 영문을 물어오는 사람에게도 알려졌다.[39]

잠시 묘지를 살펴보자. 묘지도 성지에 해당된다. 사람들은 사랑하는 이들이 묻힌 곳을 묘지라고 생각한다. 그러나 묘지는 종종 우리가 사는 곳에서 멀리 떨어진 장소에 위치해 있는 데다, 참배하러 가는 게 아니면 굳이 방문하지는 않을 동네에 있는 경우가 많다. 지역은 시간이 지나면서 간간이 민족-종교적 구성이 달라지기도 하지만, 죽은 사람을 옮기는 것은 살아 있는 사람들이 움직이는 것보다 훨씬 더 어려운 일이므로, 묘지는 동네에 그대로 남게 된다. 그래서 공동묘지 답사는 다른 집단에 대해 배우는 시간이 되기도 한다. 생경한 커뮤니티를 발견하고, 주변을 걸어서 둘러보고, 간식이나 식사를 위해 그곳에 머물 수도 있다. 이런 방식으로 사람들은 서로 다른 커뮤니티와 전체로서의 도시에 대한 지식을 확장시킬 수 있다.

물론 이것은 또 다른 향수를 불러일으키는 오래된 동네의 방문에도 적용된다. 공간들은 늘 바뀌지만, 어떤 이유에서건 그곳에 돌아오는 사람들에게는 기억의 보물이다. 어린 시절에 다녔던 교회를 보고 그곳에 서서, 그 청소년 그룹과 주일학교에 다녔던 친구는 모두 어디로 갔는지 궁금해한다. 그때의 어른들, 그들이 일하던 위원회들은 어떻게 되었을까? 여기서 삶이 계속됐고, 정치적인 관심에 눈을 떴으며, 종교 행사들이 치러졌다. 그리고 평생의 우정이 그 벽 안에서 시작되었다. 옛 동네를 다시 방문한 사람들에게 이런 여행은 추억으로 가득하다. 그리고 교회는, 온전하게 남아 있는 한, 특별한 의미와 위안까지도 주는 매개물이 된다. 그런 면에서 오래된 건물은 빙고홀이나 커뮤니티 센터로 개조된다 해도 이전의 사용자들이 보존하기를 열망하는 과거를 생생하게 간직하고 있다.

가끔 동네에 있지도 않은 건물이 기억을 일깨우는 역할을 하기도 한다. 공간은 한때 있었던 일을 떠올리게 하는 매개가 되곤 하는데, 전형적인 예로는 아직도 건재한 시어스로벅빌딩이 있다. 브루클린에 있는 뉴욕시 첫 번째 시어스로벅 건물이다. 베드퍼드애비뉴와 비벌리로드에 소재한 이 건물은 현대 예술적 구조로, 1932년에 인근 이스트플랫부시의 2층 주택과 작은 아파트 건물들 사이에 말 그대로 우뚝 세워졌다.

그리고 1930년대에 살았던 사람이라면 누구라도 건물 꼭대기의 '시어스로벅앤드컴퍼니Sears, Roebuck and Co.'라는 파란색, 빨간색, 흰색 대형 문구를 되돌아보고 그 시대를 그리워할 것이다. 건물 준공식에는 엘리노어 루스벨트도 참석했다. 오늘날에는 폐쇄되어 있지만, 알 만한 사람이면 누구든지 그 옆을 걸으며 잊힌 시대의 기념비를 보고 있다는 사실을 인식하게 될 것이다. 그 사람들에게 있어서 이 건물이 갖는 의미를 곰곰이 생각하면서, 나는 뉴욕시가 일종의 타임머신 같다는 생각을 하게 되었다. 이 빌딩을 보는 당신은 지금 1930년대에 있다. 기억의 길을 따라 더 내려가서, 워싱턴스퀘어 주변의 그리니치빌리지를 돌아보면 그때는 1700년대 말에 와 있다. 다시 노스윌리엄스버그 옆에 흐르는 이스트강을 따라 지어진 새 철골 아파트를 방문하면 이제는 21세기로 다시 내던져진다. 이곳에는 모든 취향에 들어맞는 뭔가가 꼭 있다.

누군가의 기억을 따라가기 위해 장소가 반드시 커야 할 필요도 없다. 나직이 흥얼거리는 거리의 활동들 가운데, 맨해튼 이스트 9번 스트리트 225번지에 있는 오래된 6층 높이의 석회석과 벽돌 공동주택 건물 앞에 작은 청동 표지판이 있는 것을 봤다. 이런 표지판은 도시 곳곳에서 볼 수 있는 사적지와 행사를 기념하는 것이다. 표지판을 보고 이곳이 1884년에 설립된 헤브루기술연구소의 지점이 있던 건물임을 알 수 있었다. 당시 독일계 유대인 지도자들은 동유럽 이민자들을 생산적인 노동자로 훈련시킴으로써 유대인들은 기생충이며 비양심적인 대금업자라는 고정관념에 맞설 수 있을 것이라고 생각했다. 그 창립자들 중 한 명이 위대한 시인 에마 라자루스(자유의 여신상의 동판에 새겨진 유명한 시를 쓴 시인—옮긴이)였다. 이 건물은 루커스 A. 스타이넘 철공학교로 사용되었다. 후원자로 조지프 블루밍데일, 제이컵 시프, 헨리 셀리그먼 같은 뉴욕시의 가장 영향력 있는 인사들이 포함되어 있었다는 사실이 이 학교의 위신을 잘 나타내준다.

동상은 언급할 가치가 있는 또 다른 물리적 공간이다. 이 도시에는 수천 개의 동상이 있으며, 대부분은 공원에 세워져 있다. 표지판에 보통 그 중요성이 드러나지만, 리버사이드드라이브의 병사와 수병 기념비 같은 유명한 명물들을 제외하고, 대부분은 이 공간의 평균적인 이용자들에게 마땅한 평가를 못 받고 있다. 동상은 오래된 게 많고 지역에 새로운 사람들이 유입되기 전부터 있었기 때문에, 공원을 이용하는 사람들은 명판에 눈길을 거의 주지 않고 거기에 새겨진 중요성이나 관련성을 이해하지 못하는 경우가 많다.

퀸스 저메이카의 힐사이드애비뉴를 걸으며, 175번 스트리트에서 173번 스트리트 사이의 힐사이드 남쪽에 위치한 메이저마크 공원을 지나쳤다. 이곳은 고층 아파트 빌딩으로 둘러싸여 있다. 비가 오는 날이었고 몇몇 노숙인, 노동자, 귀여운 닥스훈트를 데리고 노는 파란색 티셔츠를 입은 남자 외에는 사람이 거의 없었다. 내 눈길을 끈 것은 작은 공원 한가운데 있는 우아한 청동상이었다. 오른손에 종려나무 가지, 왼손에는 월계관을 든 천사의 동상이었다. 기념 표지판도 없고, 심지어 기념물 제작자의 이름도 없었다. 동상의 의미에 관한 유일한 표시는 화강암 받침대에 새겨진 남북전쟁 기간에 해당되는 '1861-1865'라는 날짜뿐이었지만 최근에 이민을 온 사람이거나 외국인 여행자 혹은 그 연대가 어떤 의미인지 모르는 사람이라면 전혀 단서를 찾을 수 없을 것이다.

재빨리 검색해서 동상의 역사와 목적을 알 수 있었다. 프랑스에서 교육받은 조각가 프레더릭 웰링턴 럭스툴이 남북전쟁에서 사망한 퀸스 출신의 북군 병사와 수병들을 추모하기 위해 만든 것이었다. 이 동상은 시립예술협회와 뉴욕시예술위원회가 만든 기념물 세우기 프로그램 Adopt-A-Monument Program의 일환으로 보존되었으며, 럭스툴은 확실히 미국 북부와 남부 커뮤니티를 기리기 위해 그러한 기념물을 설계한 기회 균등 피고용자였던 것 같다. 그것이 그의 전문 분야이기도 했다. 모든 것을 고려해볼 때, 동상이란 이런 조직들이 도시의 역사를 어떻게 유지하는지 보여주는 또 하나의 예다. 예술위원회 웹사이트를 방문하면 다음과 같은 질문이 보인다. "메이저마크 공원에 대해 공유하고 싶은 흥미로운 이야기를 알고 계신가요? 저희에게 보내주십시오." 이 질문에 얼마나 많은 사람이 응답했을지 궁금하다.

마지막이지만 덜 중요하다고는 할 수 없는 것은, 공간이 단순히 커뮤니티 내에 있는 공간만을 말하는 게 아니라는 점이다. 스카이라인, 공원, 마천루 등 볼 수 있는 모든 것이 바로 공간이다. 젠트리피케이션이 진행되고 있는 워싱턴하이츠나 허드슨하이츠에 오랜 기간 살아온 주민은 말했다. "록펠러는 강 건너 뉴저지주 팰리세이드 지역을 개발하는 것을 허가한 게 아닙니다. 소유해버렸죠. 그래서 치튼던애비뉴에서 뉴저지를 바라보면 조지워싱턴 다리 북쪽으로는 자연 그대로 남아 있습니다. 뉴욕에서 가장 비밀스러운 장소 중 한 곳이고 개방되어 있죠. 사람들은 그냥 잘 모르는 거죠." 이 익명의 주민은 이 지역에 어떤 특별한 지위, 특정한 명성을 부여했다.

"다리 남쪽에서도 같은 전망을 볼 수 있을까요?" 나는 물었다.

"그렇지 않을 겁니다." 그는 대꾸했다. 하지만 그 말은 어느 정도만 맞다고 할 수 있다. 사실 그들은 자기 눈앞에 보이는 다리와 강가의 멋진 전망을 다리 양쪽에서 볼 수 있다. 다른 모습이긴 해도, 여전히 아주 멋진 전망이다.

전망에 대한 이러한 우려와 함께, 도시의 작은 녹색 공간인 트리비움이 새롭게 재부상한 워싱턴하이츠에 지어졌다. 라틴어 '트리위움 Trivium'은 세 개의 도로가 합쳐질 때 만들어지는 공간을 뜻한다. 이 공간은 파인허스트애비뉴와 카브리니불러바드, 187번 스트리트가 만나는 지점에 있다. 사람들이 그곳 벤치에 앉으면 근처의 아파트 입주자들의 자랑인 허드슨강의 전망을 볼 수 있다. 이에 걸맞게도 트리비움이라는 이름은 거의 모든 아파트에서 강을 바라볼 수 있는 캐슬빌리지 아파트를 건설한 찰스 파테르노의 이름에서 따온 것이다. 트리비움의 사용자 친화성은 눈을 마주보고 얘기를 나눌 수 있게 만든 U 자형 벤치에 의해 더 높아진다.[40] 이 특별한 작은 손길은, 특히 주민들에게 그 독특한 특징이 알려지면, 커뮤니티의 자부심과 연대를 더욱 고양시킨다.

6장

워싱턴하이츠에서 허드슨하이츠까지, 소호에서 소하까지:

젠트리피케이션

최근 어느 해 어머니의 날 저녁 7시 즈음에 롱아일랜드 고속도로를 타고 운전하던 중 롱아일랜드에서 뉴욕 방향으로 교통 정체가 생기는 현상에 주목하게 되었다. 이 교통 체증은 왜 일어나는 것일까? 도시 내의 젠트리파이어gentrifier들이 어머니를 방문했다 집으로 돌아가고 있기 때문이었다. 이 어머니들은 1950년대부터 1970년대 초까지 교외의 천국을 찾아 도시 아파트를 떠난 이전 세대를 대표한다. 그 몇십 년 동안, 이 어머니 세대는 해마다 어머니의 날이면 도시에 남은 나이 든 자신들의 어머니를 보러 지금과 반대로, 교외에서 도시로 찾아왔다. 2011년 현재, 그들은 이제 나이가 들었고 교외에 머무르는 동안 아이들은 도시로 옮겨 갔다. 그들은 더 이상 꿈의 집이라든가 커뮤니티라고 간주되지 않는 빈 둥지만 남은 곳에서 다음 대규모 이주를 기다리게 되었고, 이제는 '신의 대기실'이라는 씁쓸한 별명으로 불리는 플로리다나 애리조나, 캘리포니아 같은 곳으로 떠나려 한다.

여기에 뉴욕시의 중요한 젠트리피케이션 이야기가 있다. 이번 장은 누가 젠트리피케이션이 발생한 커뮤니티에 들어가는가에 대한 논의로 시작해보려 한다. 지난 25년 동안 수십만 명의 젊은이가 그 부모들이 포기했던 이 도시로 되돌아오는 대규모 인구 이동을 주도했고, 여기에 전국에서 모여든 수많은 젠트리파이어가 가세했다. 두 집단 모두 빅애플에서 산업 경제가 서비스 경제로 전환되며 발생한 기회에 매료되었다. 처음 왔을 때는 독신이고 얽매인 것 없는 어른이었던 젊은이들은 최근 몇 년간 대개 도심지 안쪽에 정착하기로 결심하고 뿌리를 내리고 있다. 생활 공간부터 식당, 시에서 제공하는 공공서비스에 이르기까지 이러한 인구통계학적 변화는 여러 방식으로 도시를 변화시키고 있다. 뉴욕의 다섯 개 버러 모두에 저소득층이 있지만, 도시생활을 추구하는 경향은 더 큰 추세로 나타나는 현상이며 이에 따라 빈곤층은 도시 외곽과 교외 지역으로 점점 더 밀려나고 있다.

사람들이 자리를 잡는 장소는 천차만별이다. 이스트할렘은 파크슬로프가 아니며, 브루클린하이츠는 디트마스파크가 아니다. 지역 자체가 선호에서 드러나는 계층구조의 일부분이며, 어떤 커뮤니티에서 살 형편이 안 되는 사람들은 마지못해 다른 지역에서 살아야 하는 현실을 받아들이는 대신 인지 부조화를 보이며 결정을 합리화한다.

실은 어떤 동네에 입성하는 것 자체가 중요한 변화이기는 하지만, 사람들이 변화하는 동네로 이주하는 이유는 다양하다. 편의 시설은 현지에 따라 종류도 다르고 수준도 다르다. 일반적인 고려 사항으로는 교통, 학교, 쇼핑, 소음, 대기 질 같은 것들이 있다. 또 새로 들어온 사람은 대부분 특정 수준의 명성이나 '멋'을 찾는데, 그것이 그들에게 뭔가 다르고 첨단이면서 특별한 곳으로 옮겨온 느낌을 주는 것이다. 그것은 와인 바나 세련된 레스토랑, 펑키한 상점들일 때도 있고, 원래 동네의 특징을 보존하려는 노력을 짐작할 수 있는 오랜 세월의 흔적을 간직한 장소일 수도 있다. 그리고 다양성을 추구하는 사람들이 있기에, 커뮤니티는 서로 다른 배경을 가진 사람들이 만나서 어울릴 수 있는 곳이다.

누군가 살기로 한 젠트리피케이션 지역은 개선 중인 기존 주거지역이거나 주거지로 바뀌고 있는 도시 내 산업 구역일 수 있다. 심지어 중심부에 위치하면서 조용하고 너무 비싸지 않은 곳을 찾는 사람들에게 매력적인 주택이거나 그런 위치에 있는 안정된 커뮤니티일 수도 있다. 수변, 공원 또는 해변 근처에 있다는 점도 이러한 결정을 내리는 데 중요한 요소가 될 수 있다.

젠트리파이어들이 이동해 들어가는 곳은 결코 비어 있던 곳들이 아니다. 많은 빈민층이 그곳에 살고 있으며 그중 다수가 몇 세대에 걸쳐 집이라고 불러온 공공 주택 프로젝트나 연립주택에 살고 있다. 이러한 구역은 여전히 다소 위험한 편이지만, 조금 더 나아지기 시작하면서 가끔 젠트리피케이션이 진행되기도 한다. 젊은 전문직 종사자들은 결정을 내려야 한다. 기어이 자기들을 딱히 반갑게 맞이하지 않을 사람들 가까이에 바짝 붙어 살 참인가? 사실 그 사람들은 돈 많은 침입자라며 새로운 이웃에게 원망의 눈길을 보낼 것이다. 돈을 뜯기거나 강도를 당할 위험을 감당할 것인가? 그저 돈이 없는 사람들뿐만 아니라 마약 거래업자라든가 그 외 비행을 일삼는 이들이 터를 잡은 공동주택에서 불과 한 블록 떨어진 콘도 아파트에 100만 달러를 투척할 셈인가? 그런데 젠트리피케이션이 진행된 동네를 선택하는 대부분의 사람은 이러한 커뮤니티에 살면서 우리는 장점이 그런 위험보다 더 크다고 느낀다고 한다.

이번 장에서는 몇 가지 핵심적인 문제를 다뤄보려고 한다. 첫째, 젠트리피케이션이 진행되는 커뮤니티에 가난한 사람이 미치는 영향은 무엇이며 가난한 사람에게 그 커뮤니티가 미치는 영향은 무엇인가? 젠트리파이어들은 정말 가난한 사람들을 내쫓는가? 그렇다면 가난한 사람들은 언제 쫓겨나고 언제는 쫓겨나지 않게 되는가? 젠트리파이어들이 가난한 주민이 사는 곳에 들어올 때가 종종 있다. 어떤 사람들은 떠나지만 어떤 사람들은 떠나지 않는다. 하지만 왜, 어느 정도까지 이런 일이 일어나는지는 분명하지 않다. 가난한 이들이 아파트에서 떠날 때 그 지역에 머무르는지 다른 곳으로 이사를 가는지, 그리고 옮겨 간 곳이 떠나온 곳보다 나은 곳인지 아닌지도 알기 어렵다. 이러한 질문에 대한 연구는 확실한 결론을 확실히 내리기 어려울 때가 많다.

그다음으로 네이버후드가 언제, 어떻게, 왜 변화하는지 살펴보려고 한다. 변화는 우리가 볼 수 있는 것처럼 한 번에 일어나는 것이 아니라, 사회경제적 요인에 따라 점진적이고 불균일하게 진행된다. 이는 또한 어느 네이버후드를 보는지에 따라서도 달라진다. 여기서는 뉴욕시의 서로 다른 부분과 그 변화의 정도를 살펴보겠다. 네이버후드가 변했는지는 어떻게 알 수 있을까? 어느 네이버후드라도 변할 수 있는 것인가? 변화될 수 없는 도시 부분이 있는 것일까, 아니면 모든 부분이 변화의 대상이 될 수 있는 것일까? 젠트리피케이션을 불가능하게 만드는 특정 요인이 있는 것일까? 뉴욕시의 최근 역사를 살펴보면, 젠트리피케이션이 일어날 것 같지 않던 많은 지역에서 젠트리피케이션이 발생했거나 진행 중인 것을 확인할 수 있다. 할렘, 베드퍼드-스타이버선트, 워싱턴 하이츠가 그 좋은 예다. 그러나 현상이 다른 네이버후드에도 적용되지는 않는다.

시 정부는 세금 경감이나 비영리단체에 대한 과다한 지원, 그리고 랜드마크보존위원회, 주택개발공사, 뉴욕시주택보존개발부 같은 여러 당국의 업무를 통해 변화가 어떻게 일어날지를 크게 좌우한다. 근처에 대학이 있으면 그것도 이 방정식의 한 변수가 된다.

빈곤층 외에, 젠트리피케이션이 진행되는 커뮤니티의 또 다른 중요한 요소는 여러 세대에 걸쳐 이 지역에 살고 있는 견고한 노동자와 중산층 인구다. 그들은 새로 온 사람들을 못마땅해하는가? 젠트리파이어들은 그들과 관계를 맺을 수 있을 것인가? 맺는다면 어떤 기준으로 맺을 것인가? 그들의 관심사는 어디에서 접점이 생기고, 어디에서 갈라지는가? 두 집단을 대표하는 이들이 사는 곳에 대한 느낌을 어떻게 표현하는지 살펴보자.

이곳은 이스트할렘이라는 멋진 네이버후드입니다. 여기서 저는 침실 한 개짜리 아파트가 48만 달러인 아름다운 콘도에 살고 있습니다. 여기에는 캘리포니아, 시애틀 등 각지에서 온 사람들이 있습니다. 젊은 전문직 종사자들입니다. 이 블록 위로 크리올 레스토랑과 나이트클럽이 있는데 음식도 괜찮고 주로 재즈 음악이 흐릅니다. 웨이터들은 대부분 폴란드와 러시아에서 온 영주권 없는 젊은 여성들인데, 장부에 안 남게 돈을 벌고 싶어합니다. 그리고 완벽하게 안전하지는 않지만, 밤에 지하철까지 데려다주는 셔틀버스가 있습니다. 그게 정말 좋습니다. 이렇게 시세의 절반 가격으로 맨해튼에 살고 있죠.

—시카고 출신의 스물아홉 살 헤지펀드 매니저

오늘날 이곳에 사는 젊은이들은 그다지 친절하지 않고 좀 거만한 편입니다. 만약 누군가 오늘 이곳에 이사를 온다면 그를 초대하겠죠. "무엇을 요리합니까?" 그 사람이 물을 거고, "스파게티"라고 제가 대답하겠죠. "그거 좋습니다. 제가 가겠습니다." 그가 말할 겁니다. 가장 성가신 건 이 사람들이 자기네 쓰레기통에 버려야 하는 신문지나 병, 생활 쓰레기와 같은 온갖 쓰레기를 보도의 쓰레기통에 던져 넣는다는 것입니다. 그러고서는 주변에 쥐가 있다고 제일 먼저 불평하는 게 그 사람들입니다. 그런데도 저는 여기가 어머니의 집이었고 집세가 합리적이어서 이곳에 남았습니다. 저는 이곳을 좋아합니다. 여전히 우리 집이죠.

—평생 브루클린 캐럴가든스에 거주해온
85세 이탈리아계 미국인 주민

이 두 가지 관점은 여러 네이버후드 내에서 공간을 공유하는 사람들 사이의 넓은 간극을 반영한다. 도시에서 젠트리피케이션이 진행되는 구역보다 이 간극이 더 명백한 곳은 없다. 대부분은 서로 공통점이 거의 없다고 해도 어느 한쪽도 떠나려 하지 않는다. 이주해오는 사람들은 낙관주의, 희망, 그리고 상당한 용기로 똘똘 뭉친 도시의 개척자들인 경우가 많다. 기존 주민들의 반응이 엇갈리더라도, 적어도 그들끼리는 의지할 수 있다. 그들을 내키지 않아하는 사람들도 어쨌든 그들의 유입과 함께 따라오는 혜택, 즉 안전해진 거리와 더 나아진 서비스를 향유한다. 여기서 살펴볼 질문은 이러한 집단들이 어떻게, 얼마나 서로 관련되는가 하는 것이다.

어퍼이스트사이드, 트라이베커, 퀸스의 포리스트힐스와 같은 지역은 이미 오래 확립되어온 곳들이어서 이 장에서는 다루지 않을 것이다.

그곳으로 유입되는 사람들은 항상 있어왔지만, 그 양상이 뉴욕시를 더 잘 이해할 최고의 기회를 제공하지는 않는다. 네이버후드의 이슈들과 문제점, 혁신이 전개되면서 다양한 측면의 변화가 일어나는 경우에만 그런 이해의 기회가 생긴다. 여기서 논의하는 대부분의 경우는 유동적인 커뮤니티에 관한 것이기 때문에 네이버후드가 어떻게 변화하는지는 큰 관심거리가 된다.

이제 여기에서 제기된 모든 질문을 자세히 살펴보고 상황이 어떻게 굴러가고 있는지 알아보자. 그러면 뉴욕시가 직면한 가장 중요한 문제 중 하나가 젠트리피케이션이란 점이 분명해질 것이다.

누가 이주해오는가?

뉴욕의 젠트리파이어들은 겉모습과 양상이 상당히 다양하다. 활기가 있으면서 안전하고 편리한 좋은 장소를 찾는 사람들이 가장 일반적인데, 그런 곳은 당연히 물가도 그들의 예산 내에서 적당해야 한다. 간단히 말해, 그들은 신축이거나 리모델링한 곳이면서도 되도록이면 도시가 간직해온 요소들도 계속 유지하고 있는 아파트나 주택에 살고 싶어한다. 그들은 자기들이 도시를 자립적이고 활기찬 곳으로 만들어가고 있다는 생각에 흡족해하면서, 대부분 고급 레스토랑, 멋진 바, 극장, 부티크, 자녀를 위한 좋은 학교, 그 외의 편의 시설들을 추구하곤 한다. 일반적으로 그들이 어디에서 정착할지를 결정하는 것은 경제적인 요인이다. 그리고 그런 이유로 간혹 다소 의아한 결정을 내리게 되기도 한다.

2010년 9월 19일, 『뉴욕타임스』의 부동산 면에 어떤 네이버후드를 호평하는 기사가 실렸다.¹ 한 교사 커플은 자신들의 블록을 "아름답다" 고 묘사했다. 그곳이 첫 선택은 아니었고 실은 브루클린과 퀸스에서 주택을 구입하려던 것이 잘 성사되지 않아 차선책으로 선택한 곳이라고 털어놨다. 베드퍼드-스타이버선트와 부시윅은 집값에 비해 안전하지 않다고 거절했다. 하지만 정작 그들의 '아름다운' 블록은 다름 아닌 웨스트브롱크스의 언더클리프애비뉴였는데, 앞서 이야기했듯이 이곳은 불과 5개월 전까지 유독 폭력적인 갱단이 거리를 장악하여 주민들을 공포에 떨게 만든 곳이었다. 게다가, 코 닿을 곳에 있는 미첼 라마 프로그램Mitchell-Lama program(중산층에 적절한 가격의 아파트를 보조금 지원 없이 보장해주는 뉴욕주의 주거 프로그램─옮긴이)과 연방 주택도시개발부HUD 지원 아파트 단지인 리버파크타워는 아마도 규모 면에서 도시 내 최악의 단지로, 늘 경찰이 상주해야 하고 때로는 뉴욕 경찰 단속반이 나오는 사람들을 감시하는 곳이다.

두 번째 젠트리파이어 집단은 첫 번째 집단과 비슷하지만 네이버후드의 역사와 특징을 강조하는 집단이다. 이 '역사적 보존주의자'들은 제인 제이컵스, 샤론 주킨 같은 지식인들과 유사한 관점을 취한다.² 베드퍼드-스타이버선트는 계속 변화하는 지역으로, 노스트랜드애비뉴에 있는 한 카페를 비롯해 수많은 카페가 밀집된 곳이다. 이 카페의 여성 주인 중 한 명은 카페가 "우리가 만들어낸 곳"이라면서 "저와 동업자인 이 아프리카계 미국인 여성은 이곳이 지하철의 역이었을 수 있다는 사실을 알게 되었습니다"라고 말했다. 이 젊은 백인 여자는 장소, 문화, 역사에 대한 감각을 갖춘 젠트리파이어로서, 그곳이 자기들을 역사의 일부분으로 만들어주며 깊고 의미 있는 뿌리를 가진 커뮤니티에 대한 소속감을 준다고 흡족해한다. 그녀는 이런 이유로 베드퍼드-스타이버선트로 옮겨오면서 뭔가 중요한 것을 성취했다고 믿을 수도 있다.

이 욕구는 어디에서 분출되는 것일까? 그녀의 지식이나 경험일지도 모른다. 이런 관심은 그녀의 사회적 인격을 구성하는 기본적인 부분이었다. "저는 메인대학에서 할렘 르네상스를 전공했습니다. 이 주제를 공부하기엔 묘한 장소였지만, 어쨌든 그렇게 했죠." 그녀는 젠트리피케이션이 끝까지 진행되는 데는 관심이 없었다. 그런 일이 일어나면 커뮤니티가 특성을 잃기 때문이다. 그녀는 이 장소의 '흑인성'에 빠져 있었고 이를 보존하고자 했다. 그래서 그곳에 사는 흑인·백인 보존주의자들 편에 섰다. 그런데 어떤 때는 한 네이버후드와 다른 네이버후드가 연결되는 것을 보게 될 때도 있다. 라파예트스트리트 인근의 노스트랜드 애비뉴를 따라 올라가다보면 슈거힐 서퍼 클럽/레스토랑 앤드 디스코 Sugarhill Supper Club/Restaurant and Disco가 있다. 이곳은 할렘 슈거힐 지역의 명소다.

주킨이 저서 『로프트에서 살기Loft Living』(로프트는 원래 산업용이었던 것을 개조하여 주거용 아파트로 전용한 형태의 건물―옮긴이)에서 보여준 것처럼 예술가들이 부유한 젠트리파이어들보다 더할 때가 있다. 이는 여전히 사실이다. 예술가들이 스튜디오를 여는 새로운 장소 중 하나는 부시윅으로, 특히 현지인들이 '부시우드'라고 부르는 리지우드 경계와 가깝다. 나와 이야기를 나눈 한 예술가는 "리지우드나 노스윌리엄스버그와는 달리, 부시윅은 스튜디오용 빈 땅이 더 있습니다. 아직 예술가가 많지 않고, 머틀에 커피 가게가 없는 것은 가끔 아쉽지만 가격 대비 가치가 있습니다. 게다가 여전히 괜찮은 독일 빵집에 갈 수 있죠"라고 설명했다. 어떤 사람은 '정착했다'는 사실을, 꿈꿔오던 '제자리'가 아닌 곳에 산다는 사실을 받아들이기 어려워하는 것이라고 말할 수도 있다. 하지만 예술가가 스타벅스, 서점, 의류점, 예술영화관 같은 편의 시설이 부족하다고 얘기하는 것을 들으면, 불만은 좀더 구체적이며 그것을 해소하기 위해서는 네이버후드가 여러 속성을 가지고 있어야 한다는 것을 알게 된다. 이 예술가들처럼 국외자들은 이러한 요소들이 하루빨리 충족되기를 희망한다.

경기 침체로 인해 개발자와 정부가 수행하는 주요 프로젝트와 관련해 젠트리피케이션이 다소 둔화될 수 있지만, 다른 방향으로 작용하는 여타 요인도 있다. 현명하게 조금 덜 탐탁스런 셋방으로 옮긴다든가 하는 것이다. 맨손으로 시작하는 젊은이들은 종종 상황이 가장 좋을 때도 현금이 없을 때가 많다. 22세 음악 프로듀서인 에이브 캐빈 케사다는 베드퍼드-스타이버선트에 있는 마커스가비불러바드 근처의 월세 500달러짜리 아파트에 산다. 그가 말한 대로 옮기면, "전에는 부시윅의 다락방에서 살았습니다. 이 아파트는 더 나은 편의 시설을 더 많이 갖추고 있지만, 동네는 눈에 띄게 더 엉망입니다. 부시윅에서는 정말 위협을 느낀 적이 없습니다. 그런데 이곳은 소음부터 훨씬 공격적이죠. 남자 20명이 오토바이를 타고 가는 모습이 보이거나 창밖에서 총소리가 들리기도 합니다. 한번은 일요일 한낮에 권총을 가지고 오토바이를 타

는 사람도 봤습니다. 안심되는 광경은 아니었죠".[3]

뉴욕시 기획부가 집계한 수치에 따르면 인구는 두세 배, 심지어 네 배로 점점 더 늘어나고 있다. 대개는 까다롭지 않은 젊은이들이라는 것을 기억해두자. 벤 크로는 노스윌리엄스버그의 로리머스트리트에 있는 작은 원룸에 살고 있다. "침대 하나, 책상은 침대와 벽 사이에 끼어 있고, 접이식 의자에 멋진 스카이라인 전망을 볼 수 있는 창문이 있습니다. 진정 제게 필요한 모든 것이죠"라고 그는 말한다. 코네티컷 출신인 크로는 『허핑턴포스트』의 비디오 편집자로 연간 4만 달러를 벌며 이렇게 사는 것을 정당화하기 위해 다음과 같은 이유, 과거 수백만 뉴요커의 동기를 유발한 바로 그 논리를 들었다. "저는 항상 뉴욕을 사랑했습니다. 그리고 더는 출가를 미룰 수가 없었습니다. 원했던 일, 원했던 사회생활이 있으니 뉴욕이기만 하면 어디든 상관없었습니다. 하고 싶은 게 뭔지는 잘 몰랐지만, 무엇이 됐든 이곳에서 이룰 가능성이 가장 크다는 것은 알고 있었습니다."[4]

거의 신비로울 정도인 이 믿음은 뉴욕 주민들을 불타오르게 해 도전과 어려움을 헤쳐나갈 수 있게 만드는 에너지가 된다. 크로의 마음속을 지나가는 생각들을 상상해보면, 그는 도시의 빌딩 실루엣과 강 건너 반짝이는 불빛을 바라보면서 이 마법과 미스터리, 그리고 기회의 도시에 자기 미래가 있을지도 모른다는 꿈을 꾸고 있을 것이다.

많은 사람의 눈에 젠트리피케이션은 백인들의 유입과 같은 의미이지만 항상 그런 것은 아니다. 많은 중산층 흑인이 들어오는 클린턴힐, 포트그린, 그리고 할렘에서는 확실히 그렇다. 이러한 커뮤니티가 그들에게 매력적으로 다가오는 까닭을 얘기하자면 여기서는 흑인이라는 것을 자각할 필요가 없으며 오히려 흑인 정체성을 드러내거나 심지어 기념할 수도 있고 자녀들에게 물려줄 수도 있다는 점이다.

그들은 어디로 가는가?

도시의 모든 버러에는 지역 간 위계가 있으며, 일부 지역은 다른 지역보다 더 인기가 있다. 젠트리파이어들은 이 시스템을 잘 알고 있으며 주소가 취향과 선호도뿐만 아니라 재산이 얼마나 되는가 같은 자신을 드러내는 메시지가 될 수 있다는 것을 안다. 예를 들어 브루클린을 살펴보자. 브루클린에는 사람들이 살고 싶어하는, 계층을 드러내는 큰 지역이 두 곳 있다. 브루클린하이츠, 코블힐, 캐럴가든스, 노스윌리엄스버그, 덤보, 그린포인트, 파크슬로프가 가장 선호된다. 그다음은 이스트윌리엄스버그, 포트그린, 클린턴힐, 프로스펙트하이츠, 베드퍼드-스타이버선트 일부, 그린우드하이츠, 거와너스 일부, 보럼힐, 레드훅의 '뒤쪽' 부분, 디트마스파크, 윈저테라스, 프로스펙트-레퍼츠가든스, 프로스펙트파크사우스다. 이 두 번째 지역 안에는 인종 구성과 주택 종류, 교통의 편리성 등에서 차이가 있다. 그러나 전체적으로 이 모든 지역은 브루클린 북부와 중부의 인구 구성을 재편하는 백인, 인종 간 결혼한 커플, 흑인 중산층 가구의 대량 이주 현상의 일환이다.[5]

이 지역들은 다양한 측면에서 구분된다. 프로스펙트파크사우스는 커다랗고 무분별하게 확장되는 매력적이고도 우아한 주택을 선호하는 사람들의 주문으로 조성되었다. 덤보는 확실히 아방가르드족에게 어울린다. 어떤 사람들은 개조된 산업용 건물을 보고, 브루클린에서 가장 잘나가는 네이버후드 중 한 곳에 대고 "그게 뭐 그리 대수인가?"라고 물을지도 모른다. 축소판 UN을 보고 싶다면 디트마스파크로 가는 게 좋다. 그곳 주민들은 여러 민족-종교적 집단이 조화를 이루며 나란히 살고 있다고 자랑스럽게 말할 것이다.[6] 가톨릭 세력권이 여전히 우세한 지역을 원한다면, 그리고 아일랜드계 고령 인구가 많은 지역을 원한다면 윈저테라스를 고려해볼 필요가 있다. 맨해튼 브라운스톤의 시크함을 원한다면? 브루클린하이츠와 코블힐이 마음에 들 것이다. 이런 식으로 이어진다.

뉴욕의 젠트리피케이션 구역 중 일부는 구분은 되지만 그렇게 쉽게 정의되지는 않는다. 레드훅에는 합리적으로 저렴한 임대 건물들이 있다. 개조된 건물에 있는 침실 한 개짜리 방의 월세는 약 1500달러다. 하지만 지하철을 타려면 캐럴가든스까지 자전거를 타거나 버스를 타야 한다. 어떤 면에서 여기는 저렴한 덤보와 같다. 건물들은 산업지역 특유의 정통성을 뽐내며, 모래밭과 수변, 자갈 깔린 거리, 고풍스러운 타운하우스에 맨해튼 스카이라인의 멋진 전망이 있다. 레드훅에는 캐릭터가 있고, 바와 대형 마트 페어웨이, 이케아가 있다. 이곳은 정말 흥미로운 지역이다. 밴브런트스트리트는 상가가 밀접한 간선도로인데, 여기에는 노동자 계급의 역사가 서려 있다. 3분의 1 정도는 젠트리피케이션이 일어났고, 3분의 1 정도는 산업용이며, 나머지는 형편없는 프로젝트 주택들이 들어서 있다. 이 모든 것이 현재도 진행 중인데, 언젠가는 **정말로**

재발견될 곳이다. 하지만 지금도 레드훅은 활기가 넘치며, 이곳 사람들은 자신이 무언가를 해내기 직전의 개척자라고 느낀다.[7]

이주하는 이유

젠트리파이어들이 어디로 왜 이주하는가에 대한 지성계의 논쟁은 생산-공급 측 가설과 소비-수요 측 가설의 두 광범위한 집단으로 갈린다. 인문지리학자 닐 스미스가 이끄는 전자는 그의 임대료 격차rent gap 가설에 초점을 맞춘다. 가설에 따르면 젠트리파이어들은 부동산 개발업자가 이익을 낼 만큼 낮은 비용으로 건물을 신축·개축할 수 있을 때 발생하는 저렴한 임대료 때문에 네이버후드에 끌린다. 데이비드 레이와 다른 학자들이 주도하는 후자는 예술이나 인구 구성, 다양성, 문화적 활동에 가치를 두는 사람들과 산다는 것 등 대도시의 문화적 매력이 젠트리파이어들을 유인한다고 주장한다. 리처드 플로리다는 도시에 위치한 기업과 같은 경제적 요인이 있음을 인정하면서도, 도시로 향하는 원동력 자체는 다양하고 관용적인 커뮤니티를 찾는 창의적인 사람들이라고 믿는다.[8] 곧 살펴보겠지만, 그 힘은 실제로 여기 언급된 많은 요인과 연결된다. 이제 그 요인들을 자세히 살펴보자.

편의 시설

네이버후드의 새 주민들에겐 일단 주택 문제가 해결되면, 다른 편의 시설들이 문제가 된다. 가장 중요한 것은 근처에 있는 레스토랑, 카페 및 와인 바를 이용할 수 있는가다. 대부분의 젠트리파이어들이 젊기에, 저녁의 여흥이 활동의 중심축이 된다. 이 사람들은 식당에 모이는 것을 좋아하며, 말하자면 파리의 식당처럼 노천 좌석을 특히 선호한다. 이렇게 많은 사람이 몰리면서 네이버후드의 안전성이 제고되고, 실제로 식당에 이런 노천 테이블이 있다는 사실은 범죄 발생 가능성을 낮춘다. 오전에 인터넷 카페들은 지역 사람들의 모습을 보여주며 지역을 발전시킨다. 좁아터진 원룸 아파트에서 견디느니 이런 공간에서 일하는 것이 훨씬 더 매력적이다. 그래서 단골들은 이런 곳을 '커피스coffice'(커피 coffee와 사무실office을 조합한 말 — 옮긴이)라고 부르곤 한다.

이런 장소들이 네이버후드를 덜 위험하게 만들기는 해도, 현지 주민들이 항상 이런 시설을 긍정적으로만 보는 것은 아니다. 그들 입장에서 이런 장소들은 계급의 구분을 강조한다. 평생 공공 주택 프로젝트에 살았던 어떤 할렘 주민은 새로 개업한 카페를 두고 말했다. "우리는 거기서 안 먹어요. 케이크 한 조각 사러 갔는데, 거의 4달러나 하더군요! 4달러면 홀케이크를 살 수 있어요. 우리 같은 사람들이 너무 많이 오는 것을 원하지 않는다는 게 빤히 보이는 거죠. 우리는 케이크 한 조각에 4달러를 쓰는 식으로 돈을 허비하지 않습니다. 무슨 말인지 아시겠어요?"[9] 본능적인 반감이 묻어나는 어투였다. 그는 그런 사람들과 함께 있는 것을 좀처럼 편하게 느낄 수 없어서, 받아들이지 못하고 못마땅해했다.

샤리파 로즈피츠의 책 『할렘은 어디에도 없다Harlem Is Nowhere』에는 이 감정이 잘 묘사되어 있다. "그 새로운 카페 문 밖에 이웃 노인 에드워드 씨가 서서 결코 들어가지 못하고 있는 것을 보고 나는 놀라 당혹을 금치 못했다. 그는 입구 옆에 웅크리고 보데가에서 파는 75센트짜리 커피를 마시고 있었다." 흑인으로서 저자는 젠트리파이어들이 상황을 어떻게 보는지에 민감하다. 그녀는 두 백인 남자 사이에서 대화를 엿들었던 일화를 적었는데, 그중 한 명은 친구의 새 동네인 할렘을 방문하던 차였다. "그는 '여기 대단하네'라며 감탄했다. '정말이야, 그런 말이 나오려면 뭔가를 해야 하지. 사람들이 더 많이 들어와야 해.'"[10] 더 많은 사람이라고? 할렘에는 수많은 사람이 있다. 그 남자는 자신과 같은 부류의 사람들을 의미한 게 분명했다.

부티크는 그게 아트 갤러리든 의류 매장이든 또 하나의 중요한 요소다. 빠르게 진화하는 로어이스트사이드는 이러한 장소들이 실제로 넘쳐난다. 한 연구에 따르면 2010년 12월에 이 지역에는 64개의 아트 갤러리가 있었으며, 더 많은 갤러리가 기획 단계에 있다고 했다. 아트 갤러리가 강세를 보이며 로어이스트사이드로 몰려들게 된 건 주로 소호와 첼시가 비싸서 갤러리들이 밀려났기 때문이다. 일부 사람들은 이러한 지역들이 "너무 상업적"이라고 불만을 토로한다. 하지만 갤러리에서 그림 한 점에 수천 달러를 부르고 남성복 부티크에서는 '샴브레이 버튼다운 셔츠'가 299달러에서 할인가 210달러로 팔리는 것을 보고도 그렇게 정색하고 말할 수 있을까?

로어이스트사이드에 있는 예술가들은 때로 작품에서 지역 인구의 대부분을 차지하는 중국계 주민을 묘사하기도 한다. 한 아트 갤러리의 소유주, 마크 밀러의 가족은 흥미롭게도 1903년부터 운영돼온 유니폼

가게 바로 옆집을 소유하고 있다. 그는 중국계 커뮤니티의 면모를 강조하는 예술 전시회를 개최했다. 전시회는 중국과 미국의 화폐들, 가짜 명품 가방, 빈 중국 담뱃갑 같은 전시물들을 보여주었다. 마크는 자신이 중국계 커뮤니티에 손을 내밀고 있다고 주장하지만, 이 지역을 조사한 사회학과 대학원생인 팡쉬는 모조품이나 흡연 같은 이미지는 중국계 사람들이 달가워하지 않는 것들이라고 평가했다. 마크는 현재 로어이스트사이드 사업진흥지구 회장으로 지역에서 영향력 있는 인물이라고 할 수 있다.[11] 어떤 경우든 이것은 중국인, 유대인, 힙스터들이 한 배경에 모두 모여 어떻게 융합이 이루어지는지를 보여주는 예이기는 하다. 팡쉬는 또한 힙스터와 오래된 점포들이 공간과 조닝zoning(미국에서 토지를 존zone으로 구분하여 용도와 그에 따른 규제를 지정하는 정책을 의미─옮긴이) 혜택을 차지하기 위해 경쟁하기 때문에 주로 주민들이 연루된 문화적 충돌이 상권 거리에서와 유사한 방식으로 일어난다고 관찰했다.[12]

젠트리파이어에게 쇼핑은 부티크에만 해당되는 것이 아니다. 결국 많은 사람은 이런 과도한 가격을 감당할 수 없게 되며, 심지어 비싼 값에 음식을 쥐꼬리만큼 제공하는 뉴에이지 레스토랑에도 이런 일이 일어날 수 있다. 그들은 페이리스 같은 저가 쇼핑센터까지는 아니라도 품질이 합리적이고 가격 부담이 없는 주요 쇼핑센터를 필요로 한다. 맨해튼 이스트강변의 도시 고속도로인 FDR드라이브 근처에 있는 이스트할렘 117번 스트리트 쇼핑몰에 들어가보자. 이스트리버플라자라 불리는 이곳은 아름다운 강이 내려다보이는 새로운 쇼핑 구역으로, 이 지역을 매력적으로 만드는 데 중요한 역할을 한다. 이 쇼핑몰에는 코스트코, 밥스퍼니처, 타깃, 베스트바이, 마셜스, 올드네이비, 펫스마트, 스타벅스 같은 유명 상점들이 입점해 있다. 게다가 실내 주차장도 넉넉히 갖춰져 있다. 어퍼이스트와 어퍼웨스트사이드에서 오는 고객들도 있지만, 젠트리파이어들을 포함한 이스트할렘 주민들에게 이 쇼핑센터는 특히 중요한 혜택이다. 사람들은 보통 지하철이나 버스, 택시를 타고 그곳에 가며, 구매한 상품을 집으로 직접 가지고 가지 않아도 집이든 사무실이든 맨해튼 어느 곳으로든 23달러에 배송할 수 있다.

뉴욕시에 사는 사람들 누구에게나 교통의 편리함은 매우 중요하다. 이것이 바로 지하철 L라인 근처 브루클린 북부의 네이버후드에서 젠트리피케이션이 심화되는 이유이며, 여러 지하철 노선이 운행되는 서니사이드나 애스토리아 같은 퀸스 서부의 특정 지역에서도 마찬가지다. 그러나 지금은 점차 또 다른 선택지가 생기고 있다. 노스윌리엄스버그에 사는 사람들은 페리를 타고 15분 동안 조용하고 아름다운 경치를 즐기며 맨해튼으로 가서 1번 애비뉴 34번 스트리트 부두나 월스트리트 부두에 내릴 수 있다. 페리는 깨끗하고 지하철보다 빠른 데다, 20분마다 오고 4달러면 탈 수 있다. 19세기의 엘레지 「브루클린 나루터를 건너며Crossing Brooklyn Ferry」를 지은 월트 휘트먼은 오늘날의 브루클린과 맨해튼의 스카이라인을 본다면 충격을 받을 것이다.

나와 얘기를 나눈 뉴요커들은 맨해튼과 완전히 연결돼 있다고 여겼는데, 크게는 맨해튼까지 가기가 무척 쉽기 때문이었다. 페리는 애틀랜틱애비뉴, 브루클린브리지, 헌터스포인트, 그린포인트를 포함한 여러 곳에 정선하며, 시간이 지나면서 이 운송 수단은 의심할 바 없이 점점 중요해질 것으로 보인다. 사실 이미 그렇게 되고 있어서 현재 수요가 수용치를 훌쩍 넘어선 상황이다. 2011년 6월에 운항을 시작한 이후 거의 35만 명의 승객이 페리를 이용했는데, 당초 예상 인원인 13만 4000명을 훨씬 초과한 것이다.[13]

젠트리파이어가 특별히 종교적인 집단은 아니지만, 종교를 중요하게 생각하는 사람들에게는 자기가 믿는 종교의 가까운 교회 역시 편의 시설이다. 이 도시에 있는 새로운 목사 중 한 명은 실제로 TV 전도사 짐 바커의 아들이다. 교회에는 보통 오래된 신도도 있고 새 신도도 있는데, 대다수는 종종 사회적 행동주의에서 공통점을 발견하며, 영적 연결 가능성에 대해서도 잘 알고 있다. 노스윌리엄스버그에 있는 차바드/루바비치 센터에서는 "매주 금요일 저녁, 검은색 코트를 입고 수염이 텁수룩한 랍비가 인파로 붐비는 베드퍼드애비뉴에서 종교에 관심 없는 젊은 유대인들을 안식일 식사에 초대한다. 즉흥적인 축복과 기도, 유대교와 종교적 계율에 대한 진지한 질문에다 유머와 넉넉한 양의 술을 식사에 곁들인다".[14] 물론 이 설명만으로는 재방문하는 사람, 더 깊은 관심을 갖게 되는 사람, 그리고 그저 무료 식사와 흥미로운 경험을 하러 오는 사람이 얼마나 되는지 알 수 없다.

마찬가지로 부동산 중개업자로 오래 일한 스튜 루빈펠드에 따르면 이스트빌리지 6번 스트리트의 맥스레이스킨센터에는 재즈 콘서트를 통해 젊고 힙한 사람들을 불러 모으려는 랍비가 있다고 한다. 세속적인 유대인일지라도 그들이 유대교와 얼마나 관련이 있는지를 보여주겠다는 게 그의 목표다. 또한 싱글들을 위한 만남의 자리도 있다. 유대인들이 자주 사용하는 히브리어 구절로 '세상을 고치다'라는 의미인 티쿤 올람tikkun olam이라는 말이 있는데, 만약 그렇게 본다면 이는 사회적 행동이기도 하다. "이 사람들은 유대교 정체성을 갖겠지만 전통적인 의미의 그것은 아닙니다. 그들은 힙스터 유대인이 될 것입니다." 루빈펠드는 내게 말했다. 그렇게 된다면, 지금껏 알려지지 않은 차원의 또 다른 유대교가 될 것이다.

오래된 현지인과 새로 도착한 사람 사이에 다리를 놓는 일은 그리 쉬운 일이 아니다. 그린포인트에 있는 어센션성공회성당의 신부가 관찰한 바는 이렇다. "오래된 신도들로부터 '여피들의 관심을 끌려 하는군요'라는 말을 들었습니다. 새로운 사람들에 대한 그들의 태도엔 실질적인 반감이 깔려 있죠. 지금 막 이사해 온 변호사가 있고, 동네에서 자란 건설 노동자가 있습니다. 이렇게 되면 [결과는] 폭발적일 수 있습니다. 거기에 어떤 대립이 있겠죠. 그런데 오래된 신도들의 숫자가 모자라게 됩니다. 두 부류의 회중을 이끌어야 하는데, 그들이 서로 잘 어울리길 바라고 있습니다."[15] 어렵기는 하겠지만, 이 성당은 서로를 접하고 배울 독특한 기회를 제공한다. 왜냐하면 이 두 유형은 일반적으로 다른 곳에서는 만나거나 상호작용해볼 길이 없기 때문이다.

이 주제에 대해 수행된 연구에 따르면 뉴욕에서 젠트리피케이션이 진행되는 지역이라고 해서 전체적으로 더 세속화되지는 않았다고 한다. 오히려 많은 교회가 활기를 띠고 다른 새로운 교회들이 생겨났다는 것이다. 분명히 새로 들어온 사람들의 욕구나 필요에 적응할 능력이 있는 곳들은 더 잘 해낸다. 사회적 행동주의 외에 중요한 요소는 이 사람들이 결혼하고 가정을 꾸려갈 때 교회를 보육이나 종교적 가르침, 자신들의 훈육 방식을 반영하는 가치들을 제공할 수 있는 선택지로 보게 된다는 것이다.[16]

여기에 대한 통계는 없지만 도시 전체의 많은 젊은 전문직 종사자가 스스로를 종교적으로 정체화한다. 교회나 사원을 아무 곳이나 방문해도 얼마든지 그런 사실을 확인할 수 있을 것이다. 예를 들어 젊은 현대 정통파 유대인들은 숫자가 늘어나면서 파크슬로프, 프로스펙트하이츠, 그리고 캐럴가든스와 코블힐로 옮겨 가고 있다. 그들 중 다수는 어퍼웨스트사이드 출신으로 덜 비싼 아파트를 찾는다. 프로스펙트하이츠슐이라는 새로운 유대교 회당은 젊은 사람들이 찾는 전형적인 프로그램을 제공한다. 사회적 행동, 비정통파 회중과의 공동활동, 여성 참여에 대한 강조 등이 이루어진다.[17] 그리고 어퍼웨스트사이드와 허드슨하이츠에 있는 교회들은 젊은 전문직 신자가 많이 참석하며, 신자들을 위해 예배는 여러 시간대에 운영된다.

명성

무엇이 네이버후드에 명성을 가져다줄까? 무엇이 '쿨함'이나 '인사이더' 또는 '힙함'을 만드는가? 이는 간단한 분류로는 거의 설명이 불가능한, 도깨비불만큼이나 찾기 어렵고 보이지 않는 성질들이다. 그러나 막상 보면 알 수 있거나 적어도 안다고 생각할 수는 있는 것들이다. 그게 무엇이든, 명성은 젠트리파이어들이 어디로 옮겨 갈지를 결정하는 데 강력한 영향을 미칠 수 있다. 일단 어떤 장소가 지위를 취득하면, 그 지위는 지역이 제공해주는 것에 대한 균형감을 무너뜨린다. 심지어 비합리적인 지점에 이를 때도 있다. "어떤 비용을 치르든지 간에 파크슬로프에서 꼭 장소를 찾아야 해"라고 말하는 사람도 있다. 따라서 명성이라는 주제는 살펴볼 가치가 있다.

브루클린의 보럼힐에 대한 사회학자 필립 카시니츠의 연구는 네이버후드가 명성을 얻게 되는 복잡한 과정을 보여준다. 역사에 관련지을 후광이 있는 이름, 주택 투어를 통해 네이버후드의 이미지를 끌어올리기로 결심한 사람들의 조직, 네이버후드에 매력을 더해주는 경계정리境界整理, 지역 수준에서 정치적으로 참여하는 주민, 그리고 네이버후드를 과잉 개발과 특성의 변화로부터 보호하는 랜드마크로서의 지위가 필요하다. 카시니츠에 따르면, 이 모든 게 갖춰지면 보럼힐의 주거용 블록은 완벽히 제인 제이컵스가 말한 유형에 맞아떨어진다고 한다. 이 블록들엔 짧고 '통일되고 일관성 있는' 건물들이 있었으며, 구역은 응집력을 불러일으킬 만큼 작았다. 흑인 주민들은 이 지역을 19세기의 앵글로색슨계 뿌리에 연계하여 주위 프로젝트를 지역과 분리시키려는 움직임에 숨겨진 인종주의적 의도를 감지하고는 그 시도와 관점에 반대했다.[18]

젠트리피케이션이 진행되는 뉴욕시의 한 지역은 워싱턴하이츠웨스트의 일부로 브로드웨이 서쪽, 181번 스트리트에서 인우드가 시작되는 클로이스터스까지의 구역이다. 이 동네는 1920년대와 1930년대에 처음 자리가 잡혔고, 허드슨하이츠소유주연합이라는 현지 커뮤니티 단체에 의해 허드슨하이츠로 이름이 바뀌었다. 이 단체는 지명을 바꾸면서 기억하기 쉬운 이름이 명성을 가져다준다는 걸 항상 높이 사는 부동산 중개업자들이 주로 쓰는 전략을 사용했다. 유명하고 아름다운 강을 따라 이름을 붙이자, 빙고! 이곳은 굉장한 매물이 되었다. 왜 그랬을까? 사람들은 고급스러운 듯 들리는 곳에서 산다고 얘기하기를 좋아한다. 게다가 (비록 자기들 소유의 아파트가 아니더라도) 멋진 전망이 있고, 들어본 적이 없더라도 맨해튼에 있는 곳이기까지 하다면 더욱 그렇다.[19] 또 다른 좋은 예는 할렘 남쪽 지역을 '소하Soha'로 지정한 것이다. 이렇게 함으로써 그 이름에서 소호의 이미지가 떠오른다면, 실은 그럴 의도였지만, 네이버후드는 명성을 얻을 수 있게 된다.

덤보와 비니거힐은 정통성을 소중히 여기고 장려하는 네이버후드다. 그 자체가 명성이다. 공장, 오래된 주택, 돌길 같은 것으로 나타나는 정통성은 레드훅 같은 지역에도 있지만 덤보가 훨씬 더 '핫한' 장소가 되었다. 왜 그랬을까? 덤보는 지하철이 없는 레드훅보다 (지하철 F 또는 A 라인을 이용해서) 훨씬 더 쉽게 갈 수 있다. 게다가 강 건너편의 반짝이는 고층 빌딩과 수변을 따라 세워진 프로젝트 빌딩, 남아 있는 공동주택 건물들이 과거와 현재 사이의 흥미로운 병렬을 구성하며 한눈에 고섬의 역사를 모두 볼 수 있게 해준다. 덤보에도 프로젝트 아파트가 있지만, 레드훅의 아파트들보다 훨씬 더 안전하고 소규모다. 이 지역에는 여전히 공장 건물이 있는데, 그중 일부는 외관을 그대로 유지하면서 고급 또는 중산층 아파트로 개조되었다. 그리고 비니거힐 내의 작은 구역에는 연식이 100년 이상 거슬러 올라가는 연립주택이 많으며, 이전 시대를 연상시키는 높은 굴뚝이 있는 콘에드 발전소가 수변을 내려다보고 있다. 수요가 증가함에 따라 지어진 새 건물들도 여기저기 눈에 띈다. 마지막으로, 사람들은 이 지역을 안전하다고 판단한다. 어느 늦은 오후 나는 저소득층 단지 패러것하우스에서 한 블록 떨어진 벽돌로 지은 아파트 건물을 걸어서 지나다가 검은 청바지에 베이지색 아크릴 스웨터를 입은 사십대 여성과 이야기를 하려고 멈춰 섰다. "여기 10년 동안 살았는데 괜찮았습니다." 그녀는 말했다. "아이가 두 명인데요, 넘어가지 말라고 하는 경계는 있답니다."[20]

샤론 주킨은 『벌거벗은 도시Naked City』에서 브루클린의 노스윌리엄스버그가 1990년대에 어떻게 '힙해지게' 되었는지를 설명한다. 비주류 공연 러뷸래드Rubulad와 같은 사적이고 불법적인 음악 파티가 방치된 로프트, 창고, 심지어 네일숍 같은 곳에서도 열렸다. 인터넷과 이메일로 광고하고 일반에 개방된 파티였지만, 당연히 건장한 문지기들이 입장을 허락할 만큼 '쿨'하게 보여야 들어갈 수 있었다. 그곳이 '인사이더'의 장소로 여겨지자 상업 시설과 고급 주거 공간이 뒤이어 생겨났다. '쿨한' 곳이 되면서 노스윌리엄스버그는 1970년대 소호와 1980년대 이스트빌리지의 전철을 밟았다.[21]

브루클린에서 공간을 찾던 예술가, 작가, 장인들은 코블힐이나 파크슬로프와 같은 오래된 지역이 너무 비싸지자 노스윌리엄스버그로 가서 버려진 로프트에 자리를 잡았다. 처음에 당국은 일자리를 제공하는 제조업이 중요하다며 그들을 쫓아냈다. 그러나 일자리는 계속 줄었고, 많은 예술가가 로프트와 아파트에서 합법적으로 살고 있기도 했다. 주킨에 따르면 전체 인구 11만 5000명 중 약 2000명의 예술가가 그곳에

거주했다고 한다.[22]

노스윌리엄스버그의 예술가, 부티크, 크고 작은 엔터테인먼트 현장의 조합은 퇴락해가는 산업용 건물이나 작은 아파트에 자리 잡았다. 멕시코인, 폴란드인, 흑인, 일부 이탈리아계 등 줄어들거나 느리게 증가하는 원주민과 이민자 인구는 근처 부시윅의 위험성과 결부돼 주킨이 '새로운 투지nouveau grit'라고 부르는 어떤 느낌을 지역에 부여한다. 이 느낌은 불쾌한 현실을 그대로 보여주면서 힙하기도 한 두 유형의 정통성이다. 과거의 모습과 분위기를 풍기지만 한편으로는 새롭고 예술적인 공간과 만남의 장소들, 그리고 쉽게 발견되는 편은 아니지만 명성에 후광을 더해주는 음악인들이 운영하는 음악 공간들도 있다.[23]

사람들이 그 후광을 추구하고 가치를 높게 치는 데는 의심의 여지가 없지만, 정말로 그것을 추구하는 데는 때로 위험이 따른다. 이런 종류의 변화가 너무 많은 네이버후드에서 일어나면 변화는 더 이상 경이롭지 않고, 오히려 도시의 형태에 영향을 미치는 추세가 되어버린다. 따라서 사람들은 노스윌리엄스버그를 볼 때 앞서 소호와 이스트빌리지가 명소가 된 과정을 다시 한번 목도한다. 이런 식으로 한때 경이로움을 주었던 현상은 그 고유성과 특별함을 잃어버린다. 이는 일종의 문화 과잉이다. 반면 도시 차원에서 여러 지역이 그런 명성을 개발하려는 것은 달가운 문제다.

지역이 커뮤니티의 전국적 입지를 자본화했을 때 생기는 상업적 명성도 있다. 할렘은 세계적으로 유명하며, 그래서 젠트리피케이션이 진행되고, 부동산 중개업자와 거주자도 그에 걸맞은 지위를 누린다.

124번 스트리트에 있는 할렘에서 가장 큰 멀티플렉스 극장 밖에서 카메라맨 몇 명이 세팅하는 것을 본 적 있다. "여기 무슨 일이 있나요?" 레게 머리를 하고 검은 옷을 입은 키 큰 남자에게 물었다.

"영화 「인디애나 존스」 프리미어 상영회가 있어요. 해리슨 포드도 온다고 하고, 듣기로는 오늘 밤 퍼지도 온다던데요."

"정말이에요?" 내가 반문했다.

내가 확실히 믿지 않는다고 여긴 그는 "예, 이게 우리가 최근에 이곳에서 진행한 일곱 번째 시사회 같습니다. 어떻게 생각하세요? 할렘이 그냥 로컬인 것 같나요? 우리는 **국제적**이랍니다. 톰 크루즈도 여기 왔었어요"라고 쏘아붙였다.

할렘 사람들이 새로 오는 이들을 싫어하는 만큼이나 궁극의 트렌드 세터인 유명 영화 스타들이 실제로 이곳을 찾는다는 사실에 자부심을 느낀다는 것을 엿볼 수 있는 대목이다.

오늘날 매년 5만여 명이 할렘의 아폴로극장을 방문한다. 그러나 부활하는 것은 1920~1930년대의 유명한 할렘 르네상스를 상징하는 문화적 폭발이 아니라 소규모 상업 쪽이다. 확실히 아폴로극장에서 일주일에 한 번 열리는 아마추어 나이트는 극장의 유명한 역사와는 아무 상관이 없다. 네이버후드의 다른 장소들도 역사와 문화를 등에 업고 지역의 경제적 목표에 기여하는 고귀했던 과거와 연결되고자 한다. 예를 들어 프레더릭더글러스불러바드 134번 스트리트와 135번 스트리트 사이에 위치한 스트라이버스가든스 복합 단지를 살펴보자. 그곳에는 듀크 엘링턴과 엘라 피츠제럴드의 이름을 딴 새로운 콘도미니엄 아파트가 있다. 원조 스트라이버로Strivers Row 구역은 더글러스와 애덤클레이턴파월불러바드 사이, 138번 스트리트와 139번 스트리트 사이에 있었다. 그렇다고 이렇게 불러선 안 될 이유도 없지 않은가? 듣기도 좋고 불법적이거나 잘못된 것도 하나 없다. 할렘 상업 신경망의 중심인 125번 스트리트 주변 지역에는 이제 지하 주차장, 고급 상점, 새로운 고등학교 두 곳, 할렘 명예의 거리, IHOP 레스토랑 등이 있다.

과거의 보존

상당수의 젠트리파이어는 그들이 사는 곳에 오랜 기간 운영돼온 레스토랑과 바, 개인 클럽이 있다고 생각하며 좋아한다. 그들이 그런 것을 좋아하지 않더라도 그 흔적들은 그대로 남아 임대료 상승과 새로 들어온 사람들의 다른 취향에 완고하게 맞선다. 각각의 네이버후드에는 줄곧 자리를 지켜온 커뮤니티 기관들이 있다. 프로스펙트하이츠에는 1936년에 문을 연 톰스레스토랑이라는 식당이 있다. 어떤 면에서 그곳은 과거의 모습을 보여줌으로써 네이버후드의 터줏대감 역할을 한다. 그린포인트 맨해튼애비뉴에는 폴란드 웜자 출신의 주인이 운영하는 작은 폴란드식 레스토랑 웜지니안카Łomzynianka 같은 곳도 있다. 이곳은 최저 가격으로 전통 음식을 즐기는 젊은이들로 가득하다. 69번 스트리트 근처 콜럼버스애비뉴에 있는 아일랜드식 바 에메랄드인Emerald Inn은 또 다른 유물이다. 하지만 이런 곳들은 예외다. 대부분의 경우, 임대료가 급격히 치솟아 그냥 문을 닫거나 로어이스트사이드에서 쫓겨나 다른 지역으로 옮겨야 했던 세컨드애비뉴델리Second Avenue Deli(1954년에 개점한 유명한 코셔 인증 유대계 델리 노포 상점 — 옮긴이)의 전철을 밟는다.

보존을 논의할 때 종종 간과되는 것은 바로 과거를 말 그대로 전수해주는 구술사가들인 노령 거주자들이다. 109번 스트리트 근처 5번 애비뉴의 방 세 칸짜리 아파트에 사는 한 노인은 집주인이 퇴거하면 50만 달러를 주겠다고 했다고 신고했다. 그렇게 하면 집주인은 임대료 규제법의 적용을 받고 있는 노인에게 현재 받는 월세 880달러가 아니라 월 6000달러에 아파트를 임대할 수 있게 된다. 아니면 100만 달러 이상을 받고 그 집을 팔 수도 있다. 노인은 그곳을 좋아하고 다른 곳에서는 임대료를 더 내야 하니 퇴거는 전혀 고려하지 않고 있었다. 만약 노년층 뉴요커라는 계급으로서 이 집단이 도시를 떠난다면, 뉴욕은 도시의 본질에 필수적인 무언가를 상실할 것이다.

워싱턴하이츠(현재의 허드슨하이츠)에 사는 중년의 독일계 유대인 남자는 이 책에서 답사한 그 동네의 역사를 들려주었다.

이곳은 제2차 세계대전 이후 지어진 건물로, 처음에는 독일계 유대인이 주로 거주했습니다. 그중 몇몇은 혼자 사는 청년들과 함께 아직 여기 살고 있는데, 대부분이 정통파입니다. 이 건물은 비더구트마헨Wiedergutmachen(홀로코스트 생존자 배상금) 협상을 했던 독일 총리의 이름을 따서 '아데나워 빌딩'이라고 불립니다. 오버룩테라스를 지나 포트워싱턴애비뉴까지 올라가는 긴 돌계단은 정확히 132칸인데 '키신저 계단'이라고 불립니다. 헨리 키신저의 부모가 저 계단 꼭대기 근처의 건물에 살거든요. 헨리는 이 계단을 밟고 다니며 앰스터댐애비뉴에 있는 조지워싱턴고등학교에 다녔습

사진 25 키신저 계단, 이민자의 꿈을 향해 올라가기. 184번 스트리트에 접한 오버룩테라스. 제시 리스 촬영.

니다. 뉴욕시립대학에서 시작해서 육군 정보부에 발탁된 후 하버드로 옮겼죠.

이런 지식을 가진 사람이 없다면 역사를 보존하는 것은 훨씬 더 어려워진다. 한편 여기서 젠트리파이어만 명성을 중요하게 생각하는 게 아니라는 것을 볼 수 있다. 세계적으로 유명한 정치적 인물과 동네의 연을 알게 되고 이 노인은 동네를 더 특별하게 느끼게 되었다. 그가 자라났던 커뮤니티에서 세계적으로 유명한 인물도 배출했다.(사진 25)

이런 소소한 사연은 이렇게 많은 지역이 저마다의 특성을 보유한 채

때로는 젠트리피케이션의 무대가 될 정도로 독특한 역사를 가지고 있음을 상기시켜준다. 앞서 언급한 보존주의자들처럼, 이런 식으로 생각하는 경향이 있는 젠트리파이어들은 자기들이 역사의 일부분이며, 보통은 쇠락이 중반쯤 진행되었을 무렵 근간에 자기들이 나타나 지역이 되살아남을 보여준다고 여긴다. 그 서술은 거의 항상 얼마간은 '여긴 너무 끔찍했다'는 식이다. 그런 면에서 이야기는 자존감을 채워준다. '그들', 젠트리파이어들이 주위를 둘러본다. 그들은 해냈다. "지금 이곳 아파트가 얼마나 하는지 보라"며 자랑한다. 특히 초기에 와서 헐값에 집을 산 이라면 더욱 그렇다.

또 다른 과거의 잔재는 도러시 데이와 피터 모린이 공동 창간해 1960년대 정치적 투쟁에 활발히 개입한 신문 『가톨릭 워커Catholic Worker』다. 2번 애비뉴 바로 동쪽 3번 스트리트에 본사를 둔 신문사는 여전히 운영된다. 한 직원이 현재 약 2만 명의 구독자를 보유하고 있으며 그 "수가 증가하고 있다"고 말해주었다. 이 신문은 단돈 1센트밖에 안 한다. 현재 구십대 초반인 반전운동가 대니얼 베리건 신부는 휴스턴 스트리트의 교회에서 그리 멀지 않은 곳에 산다. 이 기관들은 이스트 빌리지에 역사적으로 닻을 내리고 지역에 명성을 부여하며, 새로 온 사람들은 관점과 역사 지식에 따라 그 진가를 알아볼 수도, 알아보지 못할 수도 있다.[24]

이 블록에서 좀더 내려가 이스트 3번 스트리트 77번지에는 1969년에 설립된 헬스 에인절스 모터사이클 클럽Hells Angels Motorcycle Club의 역사적인 뉴욕 본사가 있다. '승인된 헬스 에인절스 외에는 주차 금지'

라는 표지판이 밖에 붙어 있다. 번쩍이는 모터사이클 일곱 대가 그 앞에 주차되어 있었고 '비니: 1948-1979'라고 쓰인 추모 명판이 있었다. 그의 모토는 '의심이 들면 때려눕혀버리자!'였다고 한다. 나는 바로 옆 아파트에서 나오는 네이비블루 블레이저에 줄무늬 넥타이를 맨 젊은 남자에게 다가가서 말을 걸었다. 건물에는 '뉴욕 로스쿨'이라는 명패가 붙어 있었고, 건물주는 다른 로스쿨 학생들에게도 이곳을 임대해주고 있었다. 헬스 에인절스가 딱히 법을 준수하는 시민의 모델로 여겨지지는 않기 때문에 그렇게 나란히 있기 이상한 조합이라고 생각했다. 하지만 학생들은 상당히 선선히 받아들이고 있었다. "꽤 좋은 사람들이에요." 한 학생이 내게 이렇게 말하자 친구들이 동의하면서 고개를 끄덕였다. "저는 아무 문제 없고요. 누구도 그분들과 문제를 일으키려 하지 않기 때문에 오히려 동네를 안전하게 만들고 있죠." 다시 한번, 테러 시대의 안전 우선주의 속에서 특히, 뭐든 굴러가기만 하면 괜찮다는 것으로 보인다.[25]

때때로 젠트리피케이션 이전 단계에 있다고 여겨지는 네이버후드에는 역사를 품은 구역만 '젠트리피케이션이 진행된 상태'로 존재하기도 한다. 한 가지 좋은 예는 브롱크스 벨몬트애비뉴·아서애비뉴 구역의 리틀이털리로, 이곳은 대체로 흑인과 히스패닉 빈곤 계층 지역에 둘러싸여 있다. 이탈리아인들이 떠나기 시작한 후 이곳에 알바니아인과 푸에르토리코인들이 몰려왔고, 오늘날 이 네이버후드는 배스게이트 공업 단지와 크로토나 공원 등 주변과 전혀 닮지 않은 역동적인 관광 명소가 되었다. 리틀이털리에서 아파트를 빌리려는 인근 포덤대학 학생들의 존재도 동네 활성화에 도움이 되며, 저렴한 집을 찾는 젠트리파이어들도 있다. 어떤 지역에 사업적 이해관계와 유동성이 크지 않은 인구와 학생층이 복합적으로 있는 경우, 지역은 자체적으로 유지될 수 있다.

브롱크스 커뮤니티 위원회 제6구의 구역 관리자 어빈 갈라자의 말에 따르면 이 지역은 매우 성공적이다. "주말에는 너무 사람이 붐벼서 걷지도 못합니다. 뉴저지, 코네티컷 등에서 사람들이 고기, 빵, 치즈를 맛보러 오고 있습니다." 내 개인적인 경험으로 이 진술의 정확성을 입증할 수 있다. 이곳엔 저갯에서 최고 등급으로 평가한 식당 로베르토스 등 다양한 빵집, 카페, 델리카슨, 이탈리아식과 알바니아식 레스토랑이 많다. 매년 6월 카르멜산 성모 성당의 성 안토니오 축제Feast of Saint Anthony at Our Lady of Mount Carmel Church가 개최되며, 원더러스 같은 중창단 공연과 각종 게임, 놀이 기구 등이 제공된다.[26]

이 지역은 또한 독특한 역사적 연속성이 있다. 이 커뮤니티는 19세기 중엽 궐련 제조업자 로릴러드 가문에 의해 만들어졌다. 요즘도 실내 미니 쇼핑몰에서 기다리는 동안 도미니카계 노동자들이 눈앞에서 다양한 종류의 고급 시가를 만든다. 시가를 즐기는 내 친구 한 명은 지금까지 피워본 것 중 최고라고 주장하고 있다.

역사를 보존하는 다소 기이한 한 가지 예는 이전에 프린스호텔로 알려졌던 바워리스트리트 220번지에 있는 오래된 싸구려 숙소다. 이곳을 말끔하게 단장한 두 기업가는 건물 한 층을 차지한, 위에 철망이 쳐진 좁은 칸막이 방을 그대로 유지하고 하룻밤에 10달러도 안 되는 가격에 빈털터리들에게 빌려주고 있다. 소유주들은 호텔 이름을 바워리하우스Bowery House로 바꾸면서 '살아 있는 역사'를 만들고자 했다. 하지만 그들이 철망 쳐진 방에서 가난한 임차인들이 느낄 당혹감을 고려하지 않은 것은 놀라운 일이다. 물론 머물 곳이 생겨 행복해하는 이들도 있지만, 동물원에 전시된 것처럼 보일 여지가 충분히 있다.

이 저렴한 방 위의 두 개 층에 있는 호텔의 큐비클(또는 소유주들이 부르는 것처럼, 오두막)은 온돌 바닥과 대리석 세면대가 있는 공용 욕실을 갖추고 주문 제작 매트리스가 깔린 더 고급스러운 숙소다. 주로 유럽과 미국 고객들에게 바워리가 '주정뱅이 천국'이었던 그 옛날의 싸구려 숙소 플롭하우스의 느낌을 맛보게 하겠다는 발상이다. 비용은 하룻밤에 62달러에서 129달러 사이로, 전체 빌딩에 대한 무료 가이드 투어도 제공된다.[27]

다양성에 대한 추구

민족-종교적·인종적 다양성은 젠트리파이어들이 거주지 선택을 고민할 때 확실히 긍정적으로 작용한다. 옮겨 가기로 선택한 이유라기보다는 그들이 이미 살고 있는 곳에 대한 장점으로 종종 언급된다. 새로운 집단을 만날 때의 장점은 젠트리파이어들에게 놀라움으로 다가오는 것 같다. 처음에는 만나기를 주저하게 되는 이들도 일단 지역 학부모회 같은 데서 만나게 되면 흥미롭고 즐거우며 심지어 신나는 사람들이기도 하다는 것을 알게 된다. 다양성이 풍부한 디트마스파크에 사는 한 여성의 언급은 상당히 전형적이었다. "이곳에는 진정한 커뮤니티 의식이 있어요. 젊은 사람들, 특히 예술가들이 많고요. 소박한 1940년대 이전에 지어진 건물에 있는 침실 세 개짜리 아파트 월세가 1390달러인데 전철역에서 세 블록 떨어져 있을 뿐이죠. 그리고 다양성은 믿을 수 없을 정도구요. 예를 들어 여기 공립학교에서는 40개의 언어가 사용된답니다. 저는 더 진보적인 스타일을 선호하는데, 여기는 좀더 '오래된 스타일'이긴 해요. [역에 붙어 있는] 덤보 쪽은 가격이 깜짝 놀랄 만큼 비싸요. 기차 소음이 그렇게 나는데 일할 수 있을까요? 저는 이거는 약간 겉멋이라고 봐요." 디트마스파크의 다양성에 대한 추가 증거는, 비록 다른 방식이긴 하지만, 거리 여기저기의 인터넷 카페 창문들에 보이는 다양한 책에서 알아차릴 수도 있다. 여기에는 버지니아 울프, 디킨스, 도리스 레싱, 노턴 미국 문학 선집에다가 그렇게까지 식자층의 대상은 아닌 스티브 마틴, 제임스 미치너, 수 그래프턴도 있다.

프로스펙트하이츠는 또 다른 다양성의 원천이다. 베드퍼드-스타이버선트에 접한 워싱턴애비뉴를 따라가면 일반적인 커피하우스, 와인바, 트렌디한 타이식 레스토랑뿐만 아니라 서인도식이나 남부 스타일의 음식점도 찾을 수 있다. 언더힐 플레이그라운드Underhill Playground라는 놀이터를 지나쳐 갔던 적이 있다. 그곳은 인종적 통합의 한 모델로서, 거의 동일한 수의 흑인과 백인 부모들이 모래 상자 안에서 놀거나 다양한 종류의 놀이 시설에 오르거나 그냥 주위를 뛰어다니거나 하는 아이들을 지켜보고 있었다. 나는 이런 통합이 서로의 집을 찾아가며 같이 놀게 하는 데까지 이르렀을지 궁금해졌다.

브루클린하이츠에 가까운 덤보에 있는 브루클린브리지 공원은 모든 유형의 다양성에 대한 증거를 더 많이 보여준다. 자전거와 롤러 블레이드가 유모차를 탄 아기들 옆으로 빠르게 지나쳐 가는 동안 여피족과 십대들은 벤치와 풀밭 공간을 차지하기 위해 경쟁한다. 때때로 하시드파 유대인 또는 전통적인 이슬람교도가 가족과 함께 외출하는 것을 즐기기도 하는데, 그런 배경으로 어떤 체코 다큐멘터리 영화 제작진이 한때 세계무역센터가 서 있던 강 건너편에 카메라를 맞추기도 했다. 밝게 조명을 켠 회전목마를 따라 카니발 음악이 나오고, 사랑하는 사이로 보이는 아시아인 커플과 작은 히스패닉계 아이들이 어른들과 함께 회전목마를 타고 있었다. 심지어 로어맨해튼의 스카이라인을 배경으로 결혼식 파티 촬영도 하고 있었다. 가까운 거리에는 색이 바랜 다채로운 벽돌 벽에 조만간 열릴 예정인 덤보 아트 페스티벌을 준비하는 포스터가 걸려 있었다.

웨스트할렘의 12번 애비뉴와 125번 스트리트에 있는 다이노서 바비큐Dinosaur Bar-B-Que는 흥미로운 음식을 제공하는 곳이다. 저갯에서는 점수 22점을 부여하면서 "바이커 바 컨셉으로 꾸며진 이 굉장한 웨스트할렘 바비큐 식당에는 맥주 한 양동이에 군침 돌고 기가 막히는 사이드 메뉴가 제공되며, 피크닉 테이블과 끈적한 바닥이 완벽하다. 가격은 미국 중부 시골 수준"이라고 음식을 평했다. 그리고 고객은 동네 사람, 노동자 계층, 인근의 대학생, 관광객들이 같은 테이블을 공유하기도 하고, 백인과 흑인 가족들이 섞여 있다. 여기가 할렘의 상징적인 소울 푸드 식당인 실비아스는 아니지만, 바비큐도 소울 푸드다. 다이노서 바비큐는 좀더 남부 텍사스풍인 브리스킷 플레이트, 빅애스 포크 플레이트, 갈비, 콩 요리, 맥앤드치즈, 또 멕시코풍의 추라스코 치킨도 제공하고 있다. 벽돌의 실내 장식은 천장을 따라 파이프를 노출시켰고, 거울이 설치된 바에는 등받이가 높은 의자가 마치 살롱처럼 나란히 놓여 있다. 모두가 여기에 있고 누구든지 환영을 받는다.

다이노서 바비큐는 이러한 혼합의 한 예라고 할 수 있다. 뉴욕에서 일어나고 있는 일은 직장이나 도시의 레스토랑이나 모든 수준의 사회생활 문화의 융합이다. 라이어슨스트리트와 머틀애비뉴 북쪽의 교차점에는 사폴로 스패니시 앤드 차이니즈 레스토랑Sapolo Spanish and Chinese Restaurant이 있고 바로 건너편에는 이탈리아 및 멕시코 요리를 제공하는 라 스탈라La Stalla가 있으며 바로 옆에는 스시 옥돌 코리안 앤드 재패니즈 레스토랑Sushi Okdol Korean and Japanese Restaurant이 있다. 그렇게 하나의 작은 구역에 완전히 서로 다른 세 개의 식당이, 겉보기에 아무 관계 없어 보이는 여섯 개의 다른 문화를 대표하면서 존재하고 있다. 그게 뉴욕이다!

여러 문화가 섞여 있는 커뮤니티 중 눈길을 끄는 것은 이전에 웰페어 아일랜드로 불렸던 루스벨트아일랜드다(웰페어, 즉 복지라는 이름에는 이전에 여러 차례에 걸쳐 정신병자나 범죄자, 가난한 사람들이 이곳에 살았다는 이유가 있다). 1970년대 초에 조성되었는데, 길이 3킬로미터에 대략 85번 스트리트에서 46번 스트리트까지에 해당하며, 1989년에 루스벨트아일랜드를 위한 전철역이 만들어졌다. 이 질서정연한 중간 소득 계층의 커뮤니티가 안전하고 작은 마을의 분위기를 잃게 될 것이라는 두려움은 예상처럼 현실화되지 않았다. 이 섬은 약 1만 명의 주민이 살고 있으며, 차가 거의 없는 조용한 장소로 알려져 있고, 맨해튼(케이블카와 지하철로)과 퀸스(다리와 지하철로)에서 쉽게 갈 수 있다. 인구는 대략 백인 45퍼센트, 흑인 27퍼센트, 히스패닉계 14퍼센트, 아시아인 11퍼센트, '기타'로 정의된 나머지 3퍼센트로 구성되어 있다. 이곳을 답사하면 여기도 뉴욕시의 일부라는 느낌을 받게 된다. 실제로 이 섬은 도시에 둘러싸여 있지만 그 자체가 하나의 카테고리인 다른 장소다.

젠트리파이어의 존재가 뉴욕의 다양성에 더해진다는 점을 빠트려서는 안 된다. 그들도 다양한 문화에서 왔기 때문이다. 나는 자주 이들 지역의 아파트 건물 안에 있는 이름들을 살펴봤는데, 거기서 짐작되는 민족-종교적 집단의 수에 놀랐다. 예를 들어 어퍼웨스트사이드는 한때 대단히 유대인 지역이었다가 그다음엔 히스패닉 지역이었다가 이제는 둘 다에 해당된다. 오늘날 젠트리파이어들 때문에 이런 섞임이 더 증가하고 있다. 웨스트 78번 스트리트의 아파트 건물에 있는 일부 주민들의 이름을 보면 이야기가 읽힌다. 자비도, 하그스트럼, 밸피, 에번스, 버니, 에이브럼스, 플랜더스, 테일러, 파크, 마타라초, 길레스피, 블랙셔, 어헌, 리, 마틴, 레만, 고먼, 챈, 마르턴스, 루오코. 이 엘리베이터 없는 5층짜리 건물은 그야말로 진정한 UN이다. 유대인이나 히스패닉계 이름은 거의 없지만, 아일랜드, 이탈리아, 앵글로색슨계 백인 이름은 많이 보인다.

젠트리파이어와 빈곤층

그것은 거기 서 있다. 테너먼트tenement라고 불리는 공동주택은 보통 붉은색 벽돌 건물로 뉴욕의 네이버후드에서 분리되어 있기도 하고 그 안에 포함되기도 한다. 때로 애비뉴 두 개의 폭으로 열 블록 이상 걸쳐 있기도 하고, 단지 짧은 스트리트 몇 개에 있을 때도 있다. 사람들은 그 쪽을 피하거나, 그 앞을 지나야 할 경우 조심하는 경향을 보인다. 언제 어디서 걷는 것이 안전한지 잘 알고 있는 주민들조차 밤이 깊어지면 주 의 깊게 살펴보고 다닌다. 이러한 테너먼트들은 수십 년 동안 이 도시 의 경관에 포함되어왔지만, 오늘날에는 다른 점이 있다.

좋은 주택 공급은 나쁜 주택을 몰아내고 시대에 뒤떨어지게 만들고 있으며 이 지역의 공동주택과 프로젝트 주택도 모두 이에 포함된다. 사 람들은 왜 프로젝트 주택이나 쇠락한 공동주택 근처에 살면서도 그다 지 신경쓰지 않고 살아갈까? 아마 그들에겐 공간이 가장 중요하기 때 문일 수도 있다. 어쩌면 섹션 8(저소득층 가구가 임대주택을 구하는 것을 보조해주는 뉴욕시의 프로그램 – 옮긴이)에 적용되는 사람들이 잘 꾸며진 건물에 살고 있기 때문일 수도 있고 단순히 범죄가 적기 때문일 수도 있다. 또는 단지 일자리 근처에서 저렴하게 생활하는 대신 치러야 할 비용이라고 생각할 수도 있다.

보럼힐에 있는 워런스트리트에는 타운하우스들 양쪽에 저소득층 프로젝트 주택이 있는 블록이 하나 있다. 양쪽 프로젝트 중 하나는 1134세대의 거와너스하우스이고, 다른 하나는 528세대의 윅오프가든 이다. 하지만 이 지역의 콘도 아파트는 여전히 가격이 높은 편이라서, 침실 네 개짜리 아파트가 115만 달러에 계약되었다. 한 부동산 중개업자는 전문직 종사자들이 유입되는 것과 경찰이 상주하는 것이 매수세를 강하게 하고 있다면서, "시장이 하락 중일 때는 프로젝트 단지가 하나의 요인이지만 시장이 좋을 때는 전혀 고려 사항이 아닙니다"라고 덧붙였다. 사람들은 경찰이 프로젝트 주택 단지에 주로 몰려 있는 마약상과 중독자들을 단속하지 못한 것과 이들 때문에 발생하는 폭력에 대해 불평한다.[28] 강한 시장은 실제로 자기 충족적 예언이 될 수도 있는데, 수요가 높으면 사람들은 덜 까다로워진다. 게다가 높은 수요는 지역이 더 나아지고 있다는 믿음을 불러일으킨다.

뉴욕대학의 퍼먼부동산및도시정책센터 연구에 따르면, 지역 내로 유입되는 사람들은 일반적으로 프로젝트 주택이나 저소득층 거주자들 때문에 계획을 단념하지는 않는다고 한다.[29] 그리고 신규 유입 인구가 그곳에 원래부터 있던 가난한 사람들을 마치 외부인처럼 본다는 것은 아이러니다. 한 오랜 주민은 "걔네는 '너는 여기에 속하지 않아' 하는 것처럼 쳐다봅니다"라고 불평하기도 했다.[30] 젠트리피케이션이 진행되는 네이버후드에서는 여전히 잔인한 범죄가 종종 일어나며, 그때마다 주민들은 여기가 여전히 스카스데일이나 올드브룩빌이 아닌 뉴욕시라는 것을 상기한다. 처음에는 의구심이 있던 사람들이 그 때문에 떠나겠지만, 대부분은 그런 사건을 일탈적인 것으로 넘기면서 자신의 결정을 합리화하는 경향을 보인다.[31]

내가 대화를 나눈 사람들은 열변을 토하면서 이사한 후의 만족감을 표현했다. 배터리 터널 입구에서 두 블록 떨어진 루커스트리트의 가난하고 쇠락한 대규모 주택 프로젝트 레드훅 근처 작은 미늘벽 판자집에서 수십 년 동안 살아온 사람들 중 한 명은 내게 이렇게 말했다. "1980년대에는 총격과 코카인 중독자들이 있었습니다. 아시겠죠. 내 동생은 언제나 경찰을 불렀습니다. 경찰들이 오도록 상황을 늘 과장했어요. 그래서 그들이 왔죠. 하지만 줄리아니가 시장이 된 후 상황이 달라졌습니다. 그들은 주의를 기울이기 시작했고, 상황이 좋아졌습니다. 이제 놀라울 정도로 고급 동네가 되었습니다. 맨해튼에서 10분 거리라는 점을 말하기만 하면 집 주변은 아무도 신경쓰지 않습니다." 2001년 이 사람의 가족은 프로젝트 단지 바로 옆의 한 주택을 15만 달러에 매입했는데, 현재는 가치가 여덟 배로 올랐다.

요령 있는 젠트리파이어는 인근 공공 주택 프로젝트 단지가 범죄 관련 문제를 일으킬 수 있다는 사실을 염두에 두지만, 반대로 그 사실은 네이버후드의 긍정적인 측면으로 고려된다. 이 도시 어디에서나 네이버후드 혹은 그 경계 바로 너머 한두 블록 떨어진 곳에는 공공 주택 프로젝트 단지와 젠트리피케이션이 진행되는 지역이 있다. 때로는 프로젝트 단지가 그 경계의 일부일 수도 있다. 하지만 일터 근처의 좋은 주택은 공급이 늘 모자란다. 젠트리파이어가 점점 더 유입됨에 따라, 그들의 숫자가 안전을 불러오고 경찰이 순찰과 보호를 더 강화한다.

나는 덤보와 비니거힐 거주자들에게 네이버후드의 끝자락에 위치한 저소득층 단지 패러컷하우스에 대해 물어봤다. "이곳에 7년 동안 살았는데, 그건 문제가 되지 않습니다"라며, 재택근무를 하는 한 남자가 개를 산책시키면서 내게 말했다. "약간의 노상강도는 있지만, 그래야 뉴욕이죠. 경찰도 프로젝트 단지로서 괜찮게 평가하고요. 부부싸움들이야 하겠죠, 대략 그 정도입니다. 가끔 밤에 혼자 걸어다니는데 별일 없었습니다."(공평하게 말하자면, 그는 꽤 큰 개를 데리고 있었다. 비록 사나운 로트바일러가 아니라 래브라도이긴 했지만.) 실제로 일부 프로젝트 단지는 다른 단지보다 훨씬 상황이 좋다. 패러것을 포트그린 머틀애비뉴에 있는 잉거솔·휘트먼 프로젝트 주택 단지와 대조해보자. 그곳은 마약상, 갱단, 불법 점거자들이 내부 곳곳을 점거해오고 있었다.

그렇긴 하지만, 빈곤층 단지나 그 근처에 살고 있는 사람들에게 아무 일도 일어나지 않는다고 믿게 해서는 안 된다. 범죄는 줄어들 수 있지만 만약 당신이 피해자라면 통계는 아무 의미도 없다. 나는 브루클린 도심의 한 경찰관에게 사람들이 프로젝트 주택 근처 플랫부시애비뉴를 따라 있는 멋진 건물에서 사는 것을 왜 꺼리지 않는지 물어봤다. 그녀의 눈에 성가신 기색이 엿보였다. 질문에 답하면서 실제로 얼굴을 찡그렸다.

지역은 괜찮아요. 하지만 그들은 왜, 언제 강도를 당했는지 정확히 알지 못합니다. 누군가 지갑을 낚아챘다고 말하죠. 글쎄요, 프로젝트 단지 건너편에 살겠다면서 무엇을 기대하나요? 휴대용 GPS 기기를 세워놓고 자기는 차 안에서 노트북을 보고 있습니다. 자신이 무엇을 하고 있는지 모르기 때문에 문제가 생겨나는 것입니다. 여기로 이사와서 해서는 안 되는 일이에요. 그들은 불평하지만 우리가 모든 곳에 다 가볼 수는 없어요. 당신은 뉴요커죠. 그러면 그렇게 하지 않으시겠죠. 누군가 당신 얼굴에 백만 달러를 붙여둔다면 무엇을 해야 할까요? 저는 브루클린에서 자랐습니다. 그 네이버후드들을 잘 알고 있죠.

경찰관은 새로 유입된 사람들에게서 정치적 압력을 느끼고 있었다. 그들은 이런 일이 일어나면 소리 높여 불평하는데, 이 구역에서는 익숙한 일이 아니다. 어떤 면에서는 "글쎄요, 여기서 살겠다면서 무슨 기대를 하고 있나요?"라고 말하면서 경찰은 지역 주민들의 행동을 정당화한다. 또한 "누군가 당신 얼굴에 백만 달러를 붙여두었다"고 말하면서 신규 유입자에 대한 반감을 드러낸다. 다시 말해, 그들도 눈이 있으니 그게 빤히 보인다는 것이다. 경찰이 젠트리파이어 보호에 열정을 다하지 않는 것 또한 지역의 변화 과정에 영향을 미치며 속도를 늦추기도 한다.

젠트리파이어들은 가난한 사람들을 대체하는가?

젠트리파이어들은 정말로 가난한 사람들을 대체하는가, 아니면 가난한 이들의 커뮤니티에 들어가는 것인가? 이는 도시 연구 분야에서 크게 논란이 되는 중요한 문제다. 이 책에서 해결할 수는 없지만 다뤄야 한다.

논리적으로, 시각적으로, 그리고 이야기에 따르면, 가난한 사람들이 대체된 것처럼 보인다. 포트그린, 클린턴힐, 보럼힐, 할렘, 워싱턴하이츠, 애스토리아 등과 같은 커뮤니티를 보면 20년, 30년 전보다 중산층

이 수만 명 더 많이 살고 있다는 사실을 알 수 있다. 한때 빈민층의 근거지였던 많은 지역에서 대규모로 젠트리피케이션이 발생했다는 것이다. 이전에 가난한 사람들이 살던 블록들은 이제 여유 있는 사람들이 많아졌다. 커뮤니티 옹호자들은 탐욕스러운 지주들이 안 나가고 버티는 사람들을 쫓아내기 위해 온 힘을 다하고 그들이 떠날 때 생겨나는 이익을 챙기는 것이라고 주장한다. 예를 들어 할렘에는 비영리기관 퀸마더 닥터 들로이스 블레이클리Queen Mother Dr. Delois Blakely에서 운영하는 가난한 여성과 아이들을 수용하는 부동산의 사례가 있다. 소유자들은 모기지 담보대출 연체 문제로 압류에 맞서는 중이다. 현재 이곳을 스타벅스로 바꾸는 계획이 진행 중이다. 결국 주민들은 밀려날 것이다. 이 지역에서 이와 같은 상황은 또 있을 것이다.[32] 사회학자 크리스토퍼 멜은 『로어이스트사이드를 팔기Selling the Lower East Side』에서 몇 년 동안 이스트빌리지에서 일어난 비슷한 과정을 묘사했다.[33]

반면 포트그린과 할렘을 연구한 랜스 프리먼과 같은 이들은, 대중적인 견해와 반대로 젠트리피케이션이 가난한 사람들을 몰아내지는 않는다는 결론을 내리고 있다. 대다수는 원래 있던 곳에 머물렀다는 것이다.[34] 이는 잉그리드 G. 엘런 뉴욕대학 교수가 이끄는 퍼먼센터 연구자들이 실시한 미국 주택 설문조사의 전국 통계 연구에 의해 뒷받침되고 있다. 연구는 전국적으로 젠트리피케이션 때문에 빈곤층이 대체되는 일이 사실상 거의 없다는 것을 발견했다. 사실 젠트리피케이션이 진행되거나 소득이 증가하는 네이버후드들은 소득 증가가 없는 지역보다 약간 더 낮은 유출률을 보이며, 많은 원거주자가 실제로 소득이 증가했다. 임대료도 상승했고, 소득 증가가 높아진 임대료를 상쇄할 만큼 충분하지는 않았는데도 가난한 사람들은 여전히 남아 있었다. 더 나아진 네이버후드에서 더 좋은 서비스에 더 많은 돈을 지불할 의향이 있기 때문일 수도 있다.[35] 반면, 정량적 및 정성적 데이터에 대해 조사한 정치학자 케이스 뉴먼과 지리학자 켈빈 와일리는 빈곤층 대체가 최소한이라는 주장에 의문을 제기했다.[36]

따라서 우리는 증거들이 모순적이며 결론이 나지 않는다는 것을 알 수 있다. 한 가지 문제는 정량적 데이터가 실제로 일어나고 있는 일을 제대로 알려줄 정도로 현실에 충분히 가깝지 않을 수도 있다는 것이다. 순전히 숫자들만으로는 매번 잘 이야기할 수는 없다. 사람들은 다양한 요인에 따라 결정을 내리는 경우가 많으며, 이러한 결정을 이끌어 내는 과정, 즉 각 요인에 주어진 가중치는 심층 인터뷰를 통해서만 파악할 수 있다. 예를 들어 집주인이 한 번도 난방을 충분히 공급하지 않았을지도 모르고, 바퀴벌레와 쥐를 제대로 처리한 적이 없을지도 모른다. 사람들은 씁쓸하게 불평하긴 했지만 있던 곳에 그대로 있었다. 그러고 나서 블록 아래에서 총격 사고라도 생기면 더 이상 견디지 못하게 된다. 이것을 대체라고 할 수 있을까? 그렇기도 하고, 아니기도 하다. 한 커플이 1년 안에 노스캐롤라이나로 은퇴할 계획을 세우고 있다. 건물은 잘 관리된 적이 없지만, 그들은 거기 살았다. 갑자기 노스캐롤라이나에 사는 아내의 언니가 뇌졸중으로 쓰러져 뉴욕에서 내려와 도와달라고 한다. 이사를 하는 이 커플에게 이유를 묻자, '언니 때문에, 그리고 건물이 너무 안 좋아서'라고 말한다.

젠트리피케이션이 진행되는 네이버후드의 변화는 오래된 빈곤층에 강력한 영향을 미칠 수 있다. 예를 들어 한 지역에 젠트리피케이션이 일어나고, 그곳에 사는 남자는 커피를 더 이상 75센트에 사먹을 수 없게 된다. 식료품 가게가 훨씬 비싼 스타벅스로 교체되었기 때문이다. 건물 앞에서 어슬렁거리자, 경찰은 그가 범행을 하려고 어정거린다며 체포하겠다고 협박한다. 새로 이사온 백인과 흑인들은 그가 평생 벌어도 비슷해질 수 없어 그를 불편하게 만든다. 그는 떠나야 하는 이유로 위의 모든 것을 들지만, 그중 가장 중요한 것은 무엇일까?

궁극적으로 대체 현상을 구성하는 것은 무엇인가? 기술적으로 말하자면, 사람들이 자신의 의지에 반하여 떠나야만 하는 시기다. 하지만 네이버후드가 경제적으로 변화하면 남은 빈곤층은 더 이상 환영받지 못한다고 느낀다. 말 그대로 쫓겨나는 것은 아니지만 그렇게 느끼게 되며, 새로운 생활 환경에서 불편하고 생존이 어려워진다. 더 큰 의미에서 그들은 젠트리피케이션에 의해 대체되었다고 할 수 있다.

나는 뉴욕시를 답사하는 동안 많은 건물주, 세입자, 커뮤니티 또는 단체 지도자와 이야기를 나누었다. 각 그룹의 주장은 각각 타당성이 있지만 이해타산에 의해 편향될 수 있다. 세입자들은 항상 더 나은 서비스를 원하며, 만약 자신이 실제로 아파트를 손상시켰다고 하더라도 쉽게 인정하지 않을 것이다. 커뮤니티 조직은 자신의 권리도 잘 모르고 시스템이 자신에게 어떻게 불리하게 작동하는지도 잘 모르는 세입자들을 지원하는 훌륭한 일들을 한다는 것을 반드시 언급해야겠지만, 그런 조직의 서비스가 얼마나 필요한지에 따라 다양한 출처로부터 자금을 제공받기도 한다. 건물주들은 이윤을 극대화하길 원하며, 임대료 통제법과 임대료 안정화 제도로 인해 사람들을 그냥 밖으로 내칠 수 없자 아파트를 제대로 관리하지 않는 세입자들 때문에 자신이 비용을 부담해야 한다고 불평한다. 그러나 건물주들은 자기 이해가 걸려서 세입자들의 주거지 관리를 좋지 않게 과장하기 쉽다.

한 집주인과 비공개로 대화를 나누면서 특히 세입자가 집을 나가도록 어떻게 설득하거나 압력을 가하는지를 잘 알게 되었다. 나는 그에게 "어떻게 떠나게 할 수 있나요?"라고 물었다.

"전부 그들이 원하는 것에 달려 있습니다"라고 그는 응답했다. "리모델링을 하고 싶은데 한 입주자가 여전히 남아 있는 건물이 하나 있었습니다. 그래서 그에게 이렇게 말했죠. '무엇을 좋아합니까? 여자 친구인가요? 내가 한 명 구해줄 수 있습니다.' 그러자, '아니요'라고 그가 말했습니다. '아파트를 원합니다.' '좋아요' 하고 제가 말했습니다. '플로리다로 이사하실래요, 아니면 여기에 머물고 싶으세요?' '이 도시에 있고 싶습니다.' '좋아요. 내 다른 건물들 중 좋은 곳 하나를 여기 임대료의 50퍼센트에 제공해드리겠습니다.' '좋습니다'라고 그가 말했습니다. 그리고 그뿐이었습니다. 우리는 거래를 했고 둘 다 행복했습니다. 새 장소는 그가 있던 곳보다 더 컸고 인근에 있는 동네였습니다."

이 대화는 무대 뒤에서 어떤 일이 진행되는지 알려준다. 기브 앤드 테이크가 여기 있다. 사람들이 상상하듯이 곤혹스러운 편지를 받거나 난방이 꺼지는 것과는 다르다. 오늘날 이런 낡은 전술은 사용하기 쉽지 않다. 난방 문제로 세입자가 불만을 제기하는 경우, 시에서 유류 트럭을 보내 탱크를 채워주고 건물주에게 요금을 부과한다.

통계적으로 이런저런 사례는 문서상으로는 대체 현상처럼 보이지만, 실제로도 그런가? 그것이 다음처럼 질문해봐야 하는 이유다. 대체된 사람들이 네이버후드에 남아 있었는가? 건물이 개선되었다면, 세입자들에게 어떤 거래가 제공되었는가? 공동주택을 떠나 섹션 8의 주택으로 옮겨 간 사람은 표준 이하의 다른 주택으로 이동한 것과 동일하게 '대체'로 인정되는가? 어떤 일이 어디서 발생했는지를 분석하면서 이 주제에 대해 좀더 광범위한 연구가 이뤄질 때까지는 전체 내용을 알 수 없다.

전국적인 연구는 철거나 화재로 인해 건물을 떠난 사람들을 구분할 수 없는 경우가 많다. 더 중요한 것은, 만약 거주자들이 떠난 지 5년 후 그 빈 부지에 새 주택이 지어지면 무슨 일이 있었는지 우리가 어떻게 알 수 있냐는 것이다. 그들이 떠난 것은 건물주 때문인가, 아니면 자발적인가, 어쩌면 자신의 상황이 좋아졌기 때문인가? 첫 번째 사례는 두 번째 사례보다 훨씬 대체에 가깝다.[37]

여기에 중요한 잃어버린 퍼즐 조각이 하나 있다. 떠나간 가난한 사람들이 어디로 갔는지 우리는 거의 아무것도 모른다. 내가 알기로는 이 대단히 중요한 문제를 조사한 연구가 하나도 없다. 그들은 떠날 때 인터뷰하지 않았다. 그리고 아무도 그들을 추적하려고 하지 않았다. 롱아일랜드의 서포크카운티로 갔을까? 다른 주로? 아니면 그냥 다른 동네로 이사했나? 카테고리별로 몇 명이나 있을까? 대체된 사람들이 어디로 갔는지도 모르는데 그들에게 무슨 일이 일어났는지 어떻게 말할 수 있을까? 정보가 없다면 왜 그들이 떠났는지 알 수 없고, 아마도 그 과정에서 가장 중요한 부분에 대해 우리는 깜깜이가 될 것이다.

이 논의는 그에 수반하여 분노를 불러일으키는 가열된 정책 논쟁과 맞물려 있다. 논쟁에서 많은 것은 빈곤층 전부가 그들의 의지에 반하여 대체되는 것을 뉴욕시가 허용하는지 여부에 달려 있다. 젠트리피케이션 비판자들은 도시가 번성하려면 분명 재력 있는 사람들을 끌어들이는 것이 매우 중요하다고 생각한다. 미국 전역의 도시가 세인트루이스나 디트로이트와 같이 빈민층이 대부분인 지방이 되어 세수 기반을 크게 잠식당해 쇠락의 길을 걸었다. 그런데 뉴욕은 이야기가 달랐다. 뉴욕은 돈을 가진 사람들과 상승 이동을 하려는 사람들을 끌어들이는 곳이 되었다. 이러한 변화는 코크 시장의 행정부가 다양한 경제적 인센티브를 통해 재화와 용역을 제공하는 광범위한 경제 프로젝트에 부동산 지분과 민간 부문의 전반적 투자를 촉진하면서 시작되었다. 또한 딘킨스 시장 행정부는 미국테니스협회와 디즈니/타임스스퀘어 이니셔티브(42번 스트리트 개발 프로젝트의 전무 이사 칼 와이스브로드의 주도하에 본격적으로 시작되었다)의 그런 관심에 우호적이었다. 줄리아니 시장 행정부는 기업의 이익을 위해 지원했으며 도시를 안전한 곳으로 만들고 번영시키는 중요한 역할을 했다. 일단 이런 일이 일어나자 블룸버그 시장 행정부에서 그 전개가 가속화되었으며 돈 많은 사람이 더 모여들었고 아이들을 여기서 키우기 시작했다.

특히 마이클 블룸버그 시장은 젠트리파이어들이 21세기의 시장에게 바라는 것을 대표했기 때문에 많은 젠트리파이어의 사랑을 받았다. 정치적으로 자유주의자인 그는 비즈니스와 부동산 개발을 옹호했고, 맨해튼에 대해 드러내놓고 애정을 표현했으며, 이 도시를 자전거, 조깅, 공원 마니아들에게 친화적으로 만드는 것에 관심을 쏟고, 건강한 삶을 최우선으로 하여 곳곳에서 흡연이나 불량 음료를 금지했다. 말라리아 확산 방지를 목적으로 모기를 유전적으로 조작하는 연구를 위해 모교인 존스홉킨스대학의 프로젝트에 자금을 제공한 것은 참신한 아이디어에 대한 그의 열정을 보여준다.

2013년 3월 인터뷰에서 나는 블룸버그 시장에게 어떤 업적이 가장 만족스러웠는지 물었다. 그는 여러 요소 중 건강 문제, 문화 기관 지원, 기후변화 대책 등을 꼽았다. 그러나 좀더 광범위하게는 "역대 최저 수준으로 범죄를 근절시키고 기대 수명을 3년 연장했으며 고용 성장에서 전국 수준을 앞지른 것, 붕괴된 공립학교 시스템을 오바마 행정부가 국가적 모델로 칭송한 시스템으로 전환한 것, 전국 최대 규모의 저가 주택 프로그램을 조성한 것. 이중 어느 것도 우리 행정부에 끌어들일 수 있었던 놀라운 인재들이 없었다면 일어나지 않았을 것입니다"라고 공을 돌렸다. 의심할 여지 없이 이전의 시장들과 오늘날의 사람들, 그의 서클 밖 사람들 또한 이 프로그램들을 시작하고 실행한 데 대한 인정을 받을 자격이 있다. 이와 상관없이 이런 언급은 시장이 큰 그림을 매우 잘 인식하고 있음을 보여준다.

그럼에도 내가 블룸버그 시장에게 뉴욕시가 직면한 가장 큰 도전이라고 느꼈던 것이 무엇인지를 물었을 때의 답변은 그의 우선순위가 무엇인지를 분명히 했다. 즉, 그가 보기에 세계의 중심으로서 이 도시의 성공에 가장 많이 기여할 사람들은 중산층과 상류층이기 때문에 그들에게 관심을 가장 많이 갖고 있었다.

어떤 도시에서든 도전은 시대의 변화를 따라잡는 것뿐만 아니라 변화를 주도하는 것에도 도움이 됩니다. 이것이 바로 도시생활의 모든 분야에서 우리가 하려는 것입니다. 경제에 대해 생각해보십시오. 우리는 바이오과학과 기술에서부터 영화와 패션, 관광과 예술 문화에 이르기까지, 우리 도시를 더욱 매력적으로 만들기 위해 성장하고 있는 산업에 엄청난 시간과 에너지, 자원을 투자해왔습니다. 그 작업 중 일부는 안전한 거리, 좋은 학교, 아름다운 공원, 흥미로운 문화적 기회처럼 이 도시를 사람들이 살고 일하기 더 좋은 곳으로 만드는 것입니다. 만약 도시가 사람들을 자석처럼 끌어들인다면 투자자들이 따라올 것입니다. 저는 항상 자본이 인재를 유치하는 것보다 인재가 자본을 훨씬 더 효과적으로 유치할 수 있다고 믿어왔습니다. 이것이 바로 뉴욕시가 실리콘밸리보다 기술 혁명을 주도하기 더 좋은 위치에 있다고 생각하는 이유입니다. 우리는 이미 따라잡고 있으며, 중고등학교의 컴퓨터과학 과정을 통해 자체 개발 기술을 더 많이 배출함으로써 이를 가속화하기 위해 노력하고 있습니다. 또한 세계 최고 수준의 대학들과 협력하여 여기 이 도시에서 응용과학에 대한 투자를 늘리고 있으며, 이를 통해 최고의 과학자와 엔지니어를 유치하고 있습니다. 새로운 코넬/테크니언 응용과학학교는 수십 년에 걸친 프로젝트로서, 미래의 혁신가들이 뉴욕시를 캠퍼스로 사용하도록 하기 위해 어떻게 노력하고 있는지 보여주는 좋은 예입니다.

이 사람은 자신의 결정에 대해 고민하는 사람이 아니다. 물론, 그 지위에 있는 사람이라면 누구나 그런 것처럼, 그도 자신의 유산에 대해 신경쓴다. 그러나 지금 당장 집착하는 사항은 아니다. 그는 확실한 비전이 있고 자신만만했다. 다음의 대화는 전형적인 블룸버그 스타일을 명백하게 보여준다.

"당신이 내린 결정 중에서 후회한 것이 있습니까?"라고 내가 물었다.

시장은 답변했다. "우리는 시작된 매일매일을 최대한으로 활용하는 데 집중하고 있습니다. 시청의 카운트다운 시계가 말하는 대로, '매일을 중요하게 보고' 있습니다. 남은 몇 달을 허송세월하면서 보내지는 않을 것입니다. 목표에 계속 집중하고 시민들이 기대하는 일을 할 것입니다."

할렘, 베드퍼드-스타이버선트 같은 뉴욕시의 과거 가난했던 지역은 오늘날 아름다워 보일지는 모르지만, 가난한 주민들의 요구에 부응하지 못한다면 세계 최고 수준의 진보적인 도시가 이름에 걸맞게 성공을 거두었다고 하기는 어려워질 우려가 있다. 이 도시에는 여전히 가난한 사람들이 사우스저메이카, 멜로즈, 브라운즈빌, 맨해튼 로어이스트사이드의 알파벳시티 구역, 스태튼아일랜드 북부와 같은 다양한 지역에 집단적으로 존재하고 있다. 이에 따라 그들은 도움을 받을 필요가 있다. 그리고 정부와 민간 부문 모두 더 저렴한 주택과 직업 프로그램, 더 나은 시 정부 서비스를 창출해서 빈곤층에게 안전망을 제공하기 위해 더 많은 일을 해야 한다. 이러한 일이 정확히 어떻게 달성되어야 하는지는 이 책의 범위를 벗어나지만, 첫 번째 단계는 그러한 계획을 시청 의제의 일부로 만드는 것이다.[38]

변화하는 도시

변화의 불균일성

젠트리피케이션이 활발히 진행 중이거나 이미 완료된 네이버후드도 대부분은 젠트리피케이션이 완전하게 이루어졌다고는 할 수 없다. 왜냐하면 젠트리피케이션은 네이버후드가 원래 어떤 모습이었는지에 따라 대체로 그 과정이 고르지 않기 때문이다. 대규모 주택 프로젝트는 이 과정을 늦출 수 있다. 압력 또는 유혹을 얼마나 많이 받았는지와 상관없이 단순히 움직이기를 거부하는 집단도 중요한 지체 요인이다. 좋은 제안을 받고도 거부하는 상업 구역의 존재도 마찬가지다. 이것은, 사람들이 유입되는 지역은 같은 네이버후드 안에서도 젠트리피케이션이 진행된 곳과 진행되지 않은 곳이 혼합되어 있다는 것을 의미한다.

예를 들어 이스트할렘을 살펴보자. 3번 애비뉴와 렉싱턴애비뉴를 따라 110번 스트리트에서 125번 스트리트 사이에 있는 넓은 지역과 그 옆 스트리트들은 이미 젠트리피케이션이 진행되었다. 하지만 렉싱턴애비뉴에서 동쪽으로 2번 애비뉴까지, 125번 스트리트는 그렇지 않다. 이 125번 스트리트는 예전의 트라이버러 다리에서 이름이 바뀐 로버트케네디 다리로 들어가는 여러 길이 합쳐지는 곳이다. 렉싱턴애비뉴와 125번 스트리트의 교차로는 세계적인 거리 사진가인 카밀로 호세 베르가라의 『슬레이트Slate』에 실렸던 사진 에세이에 아름답게 묘사되어 있다. 만약 당신이 그 교차로에 서 있다면, 게토와 그곳의 추악함과 활기가 모두 하나로 뭉쳐지는 것을 볼 수 있을 것이다. 나이 든 평범한 쇼핑객들과 함께 거기에는 "빈 캔과 병을 이스트 124번 스트리트의 재활용 센터에 가져가는 빈털터리 넝마주이들이 있는데, 일부는 최근 병원에서 퇴원했는지 여전히 손목에 플라스틱 ID 팔찌를 차고 있고, 몇몇은 자기들끼리 격한 대화를 나누고 있다. 이 뉴욕의 한 귀퉁이는 구원이 필요한 사람들을 쉽게 찾으려는 거리의 복음주의자들에게 특별히 매력적인 곳이다". 마약 거래가 번성하고, '루지loosie'라고 불리는 한 개비짜리 담배를 구할 수 있으며, 인근 가게의 샌드위치 광고판을 입고 있는 남자들, 그리고 매춘부들이 스스로를 광고하고 있는 곳이다. 또한 훌륭한 공짜 극장이 펼쳐진다. 베르가라는 이렇게 설명한다. "모퉁이 단골들은 경찰이 오자 휠체어를 타고 있던 사람이 갑자기 일어나 휠체어를 어깨에 끼고 뛰기 시작하던 것을 목격했다고 말했다. 한번은 한 노방전도사가 재활용 트럭이 그의 옆에 멈춰 서자 즉시 설교 내용을 바꾸는 것을 본 적이 있다. 그는 주변 사람들에게 그들의 영혼이 쓰레기고 재활용이 필요하다며, 그렇지 않으면 지옥으로 갈 것이라고 말하기 시작했다. 트럭 운전사가 이 말에 큰 소리로 웃어제꼈다."**39**

　나 역시 얼마나 많은 휠체어 사기꾼이 도시 곳곳에서 사업하고 있는지, 또는 그러한 의심이 진정한 장애인에게 몰인정한 것인지 의문이 있다. 어려운 판단이다. 브루클린의 한 친구가 해주었던 이야기가 생각난다. 그녀는 늘 정기적으로 벨을 누르던 목발 짚은 절름발이 여자에게 돈을 주었고, 심지어 가끔 차와 쿠키를 내오며 그녀를 초대하기도 했다. 그 여자가 항상 고마워하는 것은 아니었다. 한번은 "당신 보통 레인보 쿠키를 줬잖아요"라며, 그날 내어왔던 쿠키가 마음에 안 들었는지 불평하기도 했다. 내 친구는 배은망덕한 사람을 결코 믿지 말아야 한다는 것을 알았어야 했는지도 모른다. 어느 날 내 친구는 바로 그 여자가 다른 동네를 걸어다니는 걸 보고 충격을 받았다. 물론 목발도 하지 않은 채였다!

젠트리피케이션은 모두 한 번에 일어나지 않는다. 무수한 변형과 반복을 거쳐야 하는 과정이다.[40] 오늘날의 파크슬로프는 최상의 상태를 유지하고 있는 브라운스톤 주택의 블록이 길게 이어지는 무척 아름다운 곳이다. 하지만 항상 그랬던 것은 아니다. 1979년에 남편과 함께 이사했던 분의 기억을 회고해보겠다.

11번 스트리트는 그때 안 좋았어요. 여전히 슬럼이었죠. 스트리트 건너편의 이웃은 그의 낡은 브라운스톤 집을 '죠스'라고 불렀습니다. 파크슬로프의 중심은 이름 붙은 거리들name streets(뉴욕시에서 번호로 지정되는 스트리트나 애비뉴가 아닌 거리들을 의미한다 — 옮긴이)에서 8번 스트리트까지였는데 매우 좋았습니다. 플랫부시에서 7번 애비뉴까지도 좋았죠. 하지만 1979년부터 1983년까지의 5번 애비뉴는 지옥의 구멍이었어요. 그래도 정말 위험한 장소는 아니었고 노동자 계층이 사는 곳이었습니다. 그곳에서 살던 몇 년 동안 도둑맞은 적은 몇 번 있습니다. 우리는 출퇴근이 편한 집을 원했기 때문에 그곳으로 이사했습니다. 하지만 직장까지 너무 시간이 많이 걸렸고 그때는 전철을 믿을 수 없었어요. 전철에서 매일 40분 동안 서 있어야 했습니다. 그런데 우리는 파크슬로프가 떠오르고 있다고 믿었습니다. 분명히 젠트리피케이션 초기 단계였죠. 그래도 우리가 얻은 브라운스톤 집은 상태가 좋지 않았어요. 비가 올 때마다 벽에는 물이 폭포처럼 흘렸고, 바닥에 덮개를 깔아야 했죠.

그건 사실 도시 정주 장려에 해당되지 정확히 젠트리피케이션은 아니었답니다. 모두가 똑같이 형편없는 브라운스톤 주택을 가지고 있었으니 우리는 집 밖에 있는 가스등과 작은 정원이 매우 자랑스러웠죠. 그리고 사실 다 합쳐서 9만 달러에 지하실을 포함한 3층 집을 구할 수 있었고요. 몇 년 후 18만 달러에 팔았고 돈을 벌었습니다. 캐럴가든스도 엉망이었고, 보럼힐도 그랬고, 밤에 프로스펙트 공원에 들어갔으면 노상강도를 당하기 아주 좋았을 겁니다.

현재 파크슬로프에서 브라운스톤 주택의 가격은 150만 달러부터 시작해서 훨씬 웃돌고 있다. 파크슬로프가 '정말 위험한 곳'은 아니었다고 말한 후 4년 동안 '우리는 여러 번 도둑맞았다'고 말한 것은 1980년대는 기대치가 훨씬 낮은 시대였다는 것을 상기시켜준다. 몇몇 강도는 '위험한' 것으로 인정되지조차 않았다.

나의 허드슨하이츠 소식통은 오래된 현지인과 새로운 시대의 유입자들 모두가 갖고 있는 히스패닉계 십대에 대한 불만을 들려주었다. 그들은 자전거를 타고 오버룩테라스가 시작되는 곳에서 시속 128킬로미터에 달하는 무시무시한 속도로 가파른 언덕을 달려 내려간다는 것이다. "'바이크 보이'라고 알려진 무서운 놈들입니다. 이게 그들에게는 스포츠이고 다른 놀이터가 없습니다. 그러나 때때로 길을 건너는 사람들을 다치게 하죠. 베르너 그린바움이 여기서 치여서 몇 달 동안 누워 있어야 했어요. 경찰이 배석한 회의도 열어봤지만 바뀌는 건 없었습니다.” 하지만 허드슨하이츠는 저소득 히스패닉계 인구가 많은 곳이고, 그들에게 금방 이곳을 떠날 계획은 없다. 이런 경우 기존 주민과 젠트리파이어들은 주어진 현실에 익숙해져야만 한다. 여기서는 그게 '바이크 보이'다.

그린포인트는 나눠져서 변화가 발생하는 또 다른 예다. 맨해튼애비뉴와 나소스트리트에 있는 대부분의 매장은 폴란드계가 소유하고 운영하는 곳이다. 하지만 가까운 프랭클린스트리트에서는 이야기가 달라진다. 프랭클린에는 폴란드계가 전혀 없다시피 하다. 대신 바, 카페, 워드Word라고 불리는 영어 서점, 새로 지어진 아파트 건물들이 자리를 차지하고 있다. 한 연구자는 "맨해튼애비뉴로 내려가 프랭클린스트리트를 따라 올라오는 것은 두 개의 다른 동네를 걷는 것과 비슷합니다"라고 설명했다.[41]

오늘날의 젠트리파이어들은 많은 경우에 이전 세대보다 앞서 나간다. 로어이스트사이드에 대한 연구에서 사회학자 리처드 오세호는 종종 임대료가 싸기 때문에 그곳으로 이사를 갔던 이러한 개척자들이 나중에 돈 많은 유입자들이 원래 동네에 없던 바와 클럽 같은 요소들을 도입하는 것에 어떻게 화를 내는지 묘사했다. 초기 젠트리파이어들은 부인할 수도 있겠고, 그들도 나중에 온 젠트리파이어와 많은 부분에서는 비슷하다. 그러나 그들은 한편으로 과거에 동네가 어땠는지에 대해 알고 있으며 거기에 민감할 가능성이 더 높다.

이런 식으로 초기 젠트리파이어들은 옛날과 새로움을 잇는 가교 역할을 한다. 그들은 왜 지역의 '진정한' 특성에 관심을 기울일까? 왜냐하면 향수와 보존은 사람들에게 정체성, 소속감, 동네에 대한 의미를 부여하고, 이 모든 것이 그들의 이주 결정을 정당화하고 검증해주기 때문이다. 새로운 거주자들이 현지 기관과 관습이나 동네의 '외관'을 보존하는 데 별로 신경쓰지 않는다 하더라도, 이러한 경향은 그들에게도 쉽게 공유된다. 게다가, 새로운 젠트리파이어들은 현재의 가난한 거주자들과는 거의 관련이 없다. 이것은 말하자면 1970년대와는 대조적이다. 일라이자 앤더슨은 그의 고전적 저서 『스트리트와이즈Streetwise』에서 이 시대에 새로 들어온 사람들을 이렇게 묘사했다. "사람들은 잘난 체하지 않았다. 그들은 느긋하게 옷을 입고 현실적으로 행동할 것이다. 반문화적인 사람으로 거리에서 눈에 띌 수도 있다. 어떤 것에 대해서든 대화할 수도 있다."[42]

오늘날의 로어이스트사이드에는 매끄러운 새 아파트 건물, 세련된 레스토랑과 나이트클럽, 홀푸드 매장 등이 있다. 흥미로운 명소 중 하나는 바워리호텔인데, 유니폼을 입은 도어맨들에 완벽하게 설비를 갖추고 1박에 300달러를 넘어가는 곳이며 바로 지척에 리뉴얼 온 더 바워리Renewal on the Bowery라고 불리는 노숙인 보호소가 있다. 1960년대 중반, 바워리에 있던 플롭하우스라는 싸구려 숙소에서 칸막이로 된 침대 한 칸에 하룻밤 10센트를 받았다. 내 첫 사회학 프로젝트가 '노숙인 프로젝트'로 바워리의 부랑자들을 면접 조사하는 것이었기 때문에 잘 알고 있었다. 컬럼비아대학의 사회학자 시어도어 캐플로의 지휘로, 그 연구는 노숙인의 원인과 본질을 더 잘 이해하는 것이 목적이었다. 내가 주로 맡은 일은 이전에 면접자와의 대화를 거절했던 사람들을 인터뷰하는 것이었는데, 힘에 부치기는 했지만 멋진 도전이었다. 네이버후드가 바뀐다고 해서 역사가 완전히 지워지지는 않는다. 열심히 살펴보면 그것을 찾을 수 있다. 이곳의 그런 흔적은 그랜드호텔Grand Hotel이라는, 전혀 웅장하지도 않으며 객실 요금으로 하룻밤에 12달러만 지불하면 되는 싸구려 플롭하우스다.

네이버후드에는 변화를 미리 예견하고 심지어 재촉하기까지 하는 온갖 종류의 신호가 있다. 부시윅의 윌리엄스버그 경계에서는 카페 밖에 프랑스어 레슨, 요가 수업, 뉴에이지 음식점 광고 전단지들이 붙은 것을 볼 수 있다. 현 시점에서 커뮤니티의 90퍼센트는 히스패닉계이며 가장 자주 나타나는 표지판은 (사실 옥외광고판이지만) '이혼―99달러'라는 스페인어 표지판이다.

워싱턴하이츠와 허드슨하이츠에서는 젠트리피케이션이 181번 스트리트의 남쪽과 브로드웨이 서쪽부터 시작되어 160번에서 165번 스트리트까지 진행되고 있는 중이다. 그걸 어떻게 알 수 있을까? 두 아이와 함께 있는 젊은 중국계 미국인 여성이 개를 데리고 다니는데 히스패닉계 남편 또는 애인으로 보이는 남자가 동행하는 것을 본다면, 그리고 또 다른 백인 남자가 개를 데리고 와서 흑인 여성과 그녀의 개를 만나 163번 스트리트와 리버사이드드라이브에서 15분 동안 대화를 나누는 것을 본다면 알 수 있다.[43]

나는 돌아서서 잔디가 덮인 언덕을 걸어 올라가 흑백 체스판 무늬 콘크리트 테이블과 공원 벤치가 있는 작은 구역을 지나 거리를 향해 걸어갔다. 갑자기 내 십대 시절의 어느 하루를 떠올리게 되었다. 나는 정확히 바로 이곳에서 어떤 백발의 노인과 체스를 두고 있었다. 그는 내가 체스 말을 옮기면 욕을 하곤 했다. 그것은 끊임없이 반복되는 이 여정의 여러 측면 중 하나였다. 지난 몇 년 동안 내가 방문한 그 많은 장소가 수십 년이 지난 어린 시절의 추억을 되살려주었다. 타임스스퀘어에서는 열네 살일 때 새해 전야 행사에 가서는 소매치기를 당했다. 다행히도 지갑에는 아무것도 없었다. 브루클린에 있는 버러파크는 언젠가 워싱턴하이츠에서부터 걸어간 적이 있던 곳이었다. 그 여행은 다섯 시간이나 걸렸다. 그리고 다음은 코니아일랜드, 여기서 나의 형 마크가 사이클론 롤러코스터를 탔다. 그는 연달아 두 번이나 타려고 표를 두 장 샀지만, 첫 번째 표를 쓰고는 멀미가 나버렸다. 얼굴이 파랗게 질려서 롤러코스터 차에서 비틀거리며 내리던 것을 기억한다. 두 번째는 도저히 못 타겠다고 한 것까지. 그건 실제였다. 나는 이 연구 작업을 대단히 개인적인 것으로 바꾼 이 도시에 편향된 향수병을 가지고 있다.

한 아시아계 의대생과 이야기를 나눴는데, 그는 여자 친구와 함께 포트워싱턴애비뉴 근처 162번 스트리트의 침실 세 개짜리 아파트를 월 2700달러에 임차하고 있었다. 이 임차료는 한 달에 약 4500달러 정도인 90번대 스트리트나 콜럼버스애비뉴와 비교된다. 그는 누군가 나갈 때마다 집주인이 아파트 내부를 싹 비우고 재단장하기 때문에 그곳이 사랑스럽다고 설명했다. 전부 새것으로 바뀐다는 것이다. "경계하지 않더라도 안전합니다. 밤에 스페인어 음악이 크게 들리지만 그렇게 나쁘지는 않습니다." 그는 자신과 같은 다른 사람들이 들어오고 있다고 말했다.

"하지만 초인종에 붙은 이름은 대부분 히스패닉계군요"라고 내가 말하자, "이미 이사간 사람들이에요"라고 그가 대답했다. "사람들이 이름표를 아직 떼어내지 않았어요."

따라서 이 지역은 보이는 것보다 훨씬 더 젠트리피케이션이 진행된 것으로 보인다. 정량적 정보도 변화의 정도를 결정하는 데 도움이 될 수 있다. 미국 인구조사 데이터를 분석한 결과, 2000년에서 2010년까지 히스패닉계 제외 백인 인구는 사우스브롱크스의 그랜드콩코스 Grand Concourse(브롱크스에 있는 여러 네이버후드를 지나는 8.2킬로미터 정도의 대로 이름 — 옮긴이)를 따라 약 17퍼센트 증가했으며, 특히 지금 역사적 구역이 된 153번 스트리트에서 167번 스트리트 사이에 분포하는 것으로 나타났다. 사람들은 거기서 30만 달러 미만에 넓은 아파트를 살수 있다. 최근 몇 년 동안 범죄가 급감했으며 맨해튼으로 가는 통근 시간은 30분에서 약간 더 걸리는 정도다. 대부분의 구매자는 좋은 매물을 찾는 요령 있는 뉴요커지만, 1970년대와 1980년대 브롱크스의 불미스러운 과거를 잘 모르는 유럽인들도 일부 있다.[44] 또 다른 특징은 양키스타디움, 법원, 그랜드콩코스 바로 그 자체이다. 교통량이 많고 아주 넓은 거리에서 사는 것이 더 안전하다고 느끼는 사람이 많다.

종교 시설들 또한 이야깃거리가 있다. 예배를 보는 중에 들어가 어떤 사람들이 있는지 보거나 믿을 만한 소식통에게 물어보자. 허드슨하이츠는 젠트리피케이션이 거의 완전히 진행되었는데, 과거에 죽어가다시피 하던 시나이산 유대교 회당Mount Sinai Congregation을 방문해보면 확인이 된다. 시나이산 회당에는 예배에 매주 약 400명이 모이고 있고,

대부분 젊은 독신의 현대 정통파 신자다. 그들은 남아 있던 오래된 신자들로부터 회당을 이어받아 이제 그곳에서 주요 세력이 되었다.

하지만 애로 사항도 있다. 이 사람들은 대부분 일시적인 사람들이다. 이들은 반드시 허드슨하이츠에 뿌리를 내릴 필요가 없다. 대부분 대학을 갓 졸업했고, 첫 번째 직장에서 일하고 있다. 하지만 지금은 독신 정통파 유대인들의 메카인 어퍼웨스트사이드보다 임대료가 싼 정통파 커뮤니티에 속해 있는 것에 만족하는 편이다.[45] 그뿐만 아니라 허드슨하이츠를 떠나는 사람들은 나중에 다시 돌아올 수도 있다.

어떤 네이버후드라도 바뀔 수 있을까?

브롱크스의 모리스하이츠 구역에 있는 셰익스피어애비뉴에는 셰익스피어라 불리는 아름다운 신축 주거용 건물이 있다. 거기에는 체육관, 학습 센터, 각 층마다 세탁기와 건조기가 마련되어 있다. 문제는 교통이 편리하다는 것 외에는 주변에 다른 인프라가 전혀 없다는 것이다. 안목 있는 젠트리파이어에게라면 필수적인 고급 레스토랑이나 부티크, 카페도 없다. 젠트리피케이션의 맹아 상태가 어떤 것인지를 이해하고 싶다면 어번에지Urban Edge의 셰익스피어 안내 정보를 보면 된다 (http://www.urbanedgeny.com/property/shakespeare-apartments-0). 거기에는 트레드밀, 웨이트 트레이닝 장비, 실내 자전거, 그리고 맨해튼이 아니라 브롱크스 스카이라인이기는 하지만 멋진 스카이라인을 볼 수 있는 루프톱의 사진이 있다. 또 다른 셰익스피어 웹사이트는 '멋진 라이프스타일은 생각보다 더 누리기 쉬울 수 있다'고 주장하고 있다. 비전,

상상력, 배짱은 언젠가 결국 제값을 할 것이다. 의심할 바 없다. 하지만 그것을 지원할 기반 시설이 네이버후드의 나머지에 생기기 전까지는 아니다.

아파트 광고문은 기술적으로는 정확하다. 예를 들어 '힘들이지 않고 출퇴근하는' 것은 맨해튼으로 가는 교통의 양호함을 의미하지만, 제롬애비뉴 지하철에 가려면 여전히 험한 구석이 남아 있는 네이버후드를 거쳐서 5분에서 10분 정도 걸어가야 한다는 것도 의미한다. 근처에 있는 다리를 걸어서 건너도 20분 안에 워싱턴하이츠에서 갈 수 있다. 운전을 한다면 집에서 FDR드라이브 강변 고속도로까지 불과 3분 거리다. 그리고 양키스타디움까지 15분 안에 걸어갈 수 있다. 이 모든 것은 애틀랜틱디벨롭먼트그룹, 뉴욕시 주택보존개발부, 뉴욕시 주택개발공사의 협력을 통해 이루어졌다.

대부분의 사람은 셰익스피어처럼 비싸지 않으면서도 멋진 주택의 공급 가능성에 대해 전혀 모르고 있다. 나는 뉴욕시립대 대학원에서 같은 학과의 동료 한 명을 데리고 가서 짧게 투어를 했다. 그녀는 셰익스피어 바로 건너편의 셰익스피어애비뉴에서 자랐는데, 자기가 본 것을 믿지 못했다. "와우, 전부 달라졌어요. 옛날 동네만 생각하며 완전히 낙심할 거라고 예상했거든요. 그런데 실망은커녕 흥분하고 있는 중이에요. 이 모든 새로운 건물이 그저 놀라울 따름이네요. 그리고 내가 다닌 오래된 초등학교는 여전히 그곳에 예전과 마찬가지로 아름다운 모습으로 있어요. 감당이 안 되네요."

이와 같은 종류의 젠트리피케이션이 일어나지 않은 네이버후드에도 변칙이 있다. 셰익스피어 동쪽으로 10킬로미터 정도 가면 호수와 수영장, 테니스 코트, 운동장이 있는 크로토나 공원Crotona Park이 나온다. 이 모든 편의 시설은 공원의 잠재력을 애기해준다. 크로토나 공원 주변은 차로 10분 거리에 가난한 동네들이 있고, 예전에는 악명 높은 위험한 곳이었다. 반면 대부분에게는 알려지지 않았지만 세계 각국에서 온 선수들이 겨루는 최고 수준의 테니스 경기가 8월에 이 공원에서 열리기도 하는데, 중심가에서 멀리 떨어져 있는 덕에 좌석표를 구하기가 아주 좋다. 선수들 중 상당수가 US 오픈에서 경기를 하며 크로토나 공원에서 그 티켓 가격이 아닌 무료로 그 선수들의 경기를 볼 수 있다. 주중 늦은 오후에는 어퍼이스트사이드의 일부 명문 사립학교 고등학교생들이 이 공원에서 테니스 경기를 한다. 보통은 빈 자리가 있으면 누구나 거기서 테니스를 치면 된다. 근처에는 브롱크스식물원과 세계적으로 유명한 브롱크스동물원이 있다. 크로토나 공원에서 5분 거리에 있는 아서애비뉴의 이탈리아 쇼핑·식당 거리는 젠트리피케이션이 일어난 안전한 곳이다. 요약하자면 이 지역은 진정한 잠재력을 가지고 있다. 멀기는 하지만 말이다.

이제 퀸스의 헌터스포인트에 주목해보자. 이 네이버후드는 롱아일랜드시티 옆에서 이스트강을 따라 이어지는데 브롱크스 10분의 1만큼도 위험한 지역이 아니다. 시장 상황에 따라 대략 47번 애비뉴부터 50번 애비뉴에 이르기까지 임대나 판매 목적의 번쩍이는 새로운 고층 콘도와 코업 아파트들이 서 있다. 1996년의 시티라이츠 빌딩을 제외하고 이 고층 건물들은 2000년대 중반에 지어졌으며, 이미 거기 있는 다섯 개

빌딩 외에도 더 많은 건물이 여기 세워질 예정이다. 빌딩들은 맨해튼 미드타운 동쪽 스카이라인의 웅장한 전망을 바라본다. 2009년 봄에는 월 3000달러 이하로 강 조망이 멋진 침실 두 개짜리 아파트를 빌릴 수 있었는데, 월 4000달러였던 어퍼이스트사이드와 비교했을 때 이는 약 25퍼센트의 차이였다. 또 다른 차이점은 헌터스포인트에서 볼 수 있는 맨해튼의 전경을 맨해튼에서는 볼 수 없다는 것이다. 여기서 타임스 스퀘어까지는 7호선 전철로 한 정거장이다. 이 건물들의 편의 시설로는 일반적으로 천정에 채광창이 나 있고 유리로 둘러싸인 실내 온수 수영장, 체육관, 사우나와 스팀룸, 드레스룸, 샤워실을 갖춘 넓은 피트니스 센터, 카드 게임부터 보체나 요가 교실까지 있는 각종 프로그램, 인근의 테니스장이 있다.

구름 한 점 없이 햇살이 내리쬐는 오후의 벤치에 앉아서 강과 59번 스트리트 다리 너머 UN 빌딩을 바라보니 헌터스포인트에 왜 더 많은 사람이 살지 않는지 궁금해졌다. 단순히 몰라서 그런 건가? 퀸스 공포증이라도 있는 건가? 아니면 이건 그저 곧 닥쳐올, 동쪽으로 몰려올 이주의 여명에 불과한 건가? 확실히 편의 시설은 이미 이곳에 마련되어 있다. 레스토랑과 커피하우스, 부티크들이 근처 강변을 따라 늘어선 나무들의 꽃봉우리처럼 버넌애비뉴를 따라 퍼져 나가고 있다. 티끌 하나 없이 번쩍거리는 홀푸드 슈퍼마켓이 오븐에서 구운 피자와 함께 진기한 음식을 제공하며 매력을 뽐내고 있고, 대형 두에인리드 약국도 바로 옆에 있다. 사실 인구통계학적으로 이 지역은 대체로 가족이나 막 출발하는 젊은 커플들을 유치하려는 것으로 보이며, 상점의 고객들이 이를 반영하고 있다. 아마도 고층 건물 인구의 75퍼센트가 이 카테고리에 속할 것 같다.

화려한 고층 건물에 비해 편의 시설이 부족한 6층 또는 7층 높이의 건물도 많다. 그러나 이 건물들의 낮은 가격은 이스트빌리지나 훨씬 서쪽 헬스키친의 시끄러운 거리에 있는 맨해튼 원룸 아파트보다 더 저렴하고 넓은 방이라는 대안으로 그들을 끌어들인다. 이들은 부유하지 않아 보이는 사람들이 사는 페인트가 벗겨진 소금 상자 모양의 3층 미늘벽 판자집과 거리를 공유하고 있다. 또한 100년 이상 된 것으로 보이는 노란색 2층 벽돌 세미어태치드형 건물도 많이 있다.[46] 헌터스포인트는 코블힐이나 덤보 또는 첼시가 될 수 있을까? 그곳은 내보일 게 충분하지 않을 수도 있다. 하지만 확실히, 그런 동네들 아래이기는 해도 여전히 꽤 매력적이고 높은 등급의 커뮤니티일 수 있다.

극적인 변화를 발견하려면 할렘의 브래드허스트애비뉴를 꼭 방문해봐야 한다. 이 거리는 이제 W.E.B.두보이스애비뉴W.E.B. DuBois Avenue라고 불리는데 145번 스트리트에서 155번 스트리트의 폴로그라운드 프로젝트 단지까지 이어진다. 1990년대 중반까지 브래드허스트애비뉴는 할렘에서 가장 악명 높은 마약 거래 및 우범지역 중 하나였다. 애비뉴를 따라 이어지는 재키로빈슨 공원은 밤이든 낮이든 항상 안전하지 않은 곳으로 여겨졌다. 오늘날에는 완전히 새로운 세상이다. 145번 스트리트와 브래드허스트애비뉴 교차점에 랭스턴 휴스(미국의 시인이며 극작가 – 옮긴이)의 이름을 따라 랭스턴이라 부르는 고급 콘도 아파트가 있다. 그 뒤로 할렘의 정치 지도자이며 전 맨해튼 버러장이었던 퍼시

사진 26 할렘에 도달한 젠트리피케이션, 폴로그라운드 프로젝트 주택에 가까운 서턴. 브래드허스트애비뉴, 145번 스트리트에서 155번 스트리트. 제시 리스 촬영.

서턴의 이름을 딴 아파트, 서턴이 이어진다.(사진 26) 그 옆에는 재즈의 아이콘 듀크 엘링턴을 기리는 아파트인 엘링턴이 있다. 북쪽 끝에 있는 프로젝트 단지 때문에 조금 덜 안전하긴 하지만, 이제는 심지어 밤에도 완벽히 안전하게 브래드허스트애비뉴를 걸어갈 수 있다. 북쪽 끝 프로젝트 단지의 주민들에게 이 거리는 가깝지만 누리기에는 너무나 먼 선망의 공간일 것이 분명하다.

이 건물들 중 한 곳의 관리 직원인 돈의 말을 들어봤다. 빨간색과 회색 체크 무늬의 플란넬 셔츠를 입고 부엉이 같은 금테 안경을 쓴 그는 힘찬 악수로 나를 맞아주었다. '네이버후드 전문가'라고 건물의 누군가가 말해줘서 보일러실에 있는 그를 찾아봤다. 내가 과거에 비해 지금 브래드허스트 지역은 어떤지 알아보려고 한다고 말하자, 그는 마치 뭔가 생각이 떠오른 것처럼 나를 뚫어지게 쳐다봤다. 그는 활기찬 유형이었는데, 대답을 하다가 의자에서 계속해서 벌떡 일어나 풍차 같은 동작을 끼워넣었다. 나는 곧 브래드허스트가 '나빴던 옛날'에 어떠했는지를 생생하게 들을 수 있었다.

제가 좀 얘기해드릴게요. 이 아파트들은 10만 달러짜리입니다. 하지만 어딘가에 10만 달러를 내고 살겠다면, 주위에 풀들이 좀 있으면 좋겠죠. 그저 보기 좋게 만든 다세대주택이에요. 화장실이 새거나 스토브가 깨졌으면 직접 고쳐야 합니다. 옆집에서 누군가 방귀 뀌는 소리가 들리는 아파트라면 그건 내가 살고 싶은 아파트는 아닙니다. 실제로, 이 지역 아파트들은 30만 달러에서 40만 달러 이상까지도 합니다. 콘도와 코업도 있어요. 온갖 종류의 것이 다 있습니다. 한번은, 젠장, 2010년 6월에 사람들이 내게 구더기가 있다고 말했어요. 아시다시피 구더기는 사람 살을 먹죠. 그걸 보러 갔는데, 길가에 갈라진 틈으로 땅바닥에서 50만 마리는 되는 구더기가 올라와 있었습니다. 그게 어디서 왔는지는 모르겠습니다. 여기 건물들을 지으려고 오래된 건물을 때려부술 때, 진짜 과장이 아니라고 맹세합니다만, 벽 속에서 시체를 발견했답니다. 사람들이 몇 년 동안이나 이곳에 묻혀 있었습니다.

발견된 사람들 중 일부는 이곳을 다스렸던 마약 거래상 프리처[클래런스 히틀리] 때문에 그렇게 된거죠. 그가 '이 차가 마음에 들어'라고 하면, 차를 그에게 주어야 합니다. 안 그러면 죽을 수도 있었습니다. 마약이 한창이던 때였죠. 그러고 나서 그는 북부로 올라가서는 거기서 한 죄수에게 살해당했죠. 상상할 수 있겠습니까? 그렇게 죽어버리다니. 그는 이 왕국을 다스렸죠. 모든 마약 거래상이 그를 무서워했습니다. 그가 '돈을 내놔' 이렇게 말하면 사람들은 돈을 줘야만 했습니다.

"그렇다면 마약이 어떻게 여기서 사라졌죠?"라고 나는 물었다.

"사람들은 그냥 마약에 지쳐 있었습니다. 마약은 중남부 로스앤젤레스에서 확산되기 시작해서는 다시 동부로 왔죠. 그게 모든 전쟁의 시작이었습니다. 너무 많은 사람이 중독되어버렸고, 그러고 나서 마약에 취한 것에 지쳤고 돈도 한 푼 남지 않았죠."

"할렘은 점점 더 백인 지역이 되고 있나요?"

백인 말인가요? 저는 145번 스트리트 위의 이 지역을 웨스트빌리지라고 불러요! 백인, 여피족들이 여기로 이주해서 올라왔습니다. 편견에 찬 사람들, 그런 사람들은 모두 자취를 감췄죠. 그 여피족들은 신경쓰지 않아요. 그들은 단지 자신의 일에만 신경쓴습니다. 사람들은 전철과 버스를 갈아타느라 요금을 내야 하는 거랑 모든 것에 지쳐 있습니다. 아무도 그런 똥을 원하지 않습니다. 그래서 동네가 이렇게 완전히 바뀌게 된 거죠. 지금은 매우 흥미로운 동네입니다. 그리고 예전보다 훨씬 더 안전합니다. 사실 1970년대 초 브래드허스트는 아주 좋은 곳이었습니다. 그런 다음 마약이 전염병처럼 퍼지고 모든 것이 변했던 거죠. 이제 원래 상태로 돌아간 거고요.

젠트리피케이션은 뉴스거리가 아닐 때면 이미 확실히 진행되고 있는 것이며, 뉴스로 다뤄지지 않고 뉴스 속에 녹아 있다면 더더욱 그렇다고 할 수 있다. 다음은 뉴욕시의 도어맨과 그들이 맨해튼 사람들로부터 받은 다양한 팁에 대한 2010년 12월 21일 자『뉴욕타임스』기사에서 가져온 것이다. 여섯 개의 건물에 대해 짧은 설명이 먼저 나오고, 도어맨들은 대부분 100~200달러 정도의 높은 금액을 받았으며, 돈이 아니라 비싼 커프링크스 단추 컬렉션, 1991년 버건디색 혼다 어코드, 벨벳 스모킹 재킷 같은 고급 선물을 받기도 했다. 그리고 이 호화로운 건물들 중에는 [고급 콘도 아파트인] 랭스턴이 있었다! 기사엔 단순히 "네 명의 도어맨이 있는 할렘의 186세대 콘도 아파트"라고만 묘사되어 있었다. 또한 기사의 유일한 사진은 도어맨 제임스 그린이 바로 그 랭스턴 앞에서 자신이 선물받은 혼다 어코드 차에 장갑 낀 손을 얹고 있는 사진이었다.[47] 이러한 캐주얼하면서도 눈에 띄는 묘사는 할렘에서 젠트리피케이션이 꽤 멀리까지 진행된 것 같은 정보를 줄 수 있다. 기사에서 할렘의 그 아파트는 뉴욕시에 있는 다른 모든 도어맨이 있는 아파트와 동격이었다. 랭스턴의 거리 주소가 제공되지 않았기 때문에 그 신문 기사를 간접적인 판매 광고라고 볼 수도 없었다(광고가 아니라 기사임에도 사실을 과장했다는 의미—옮긴이).

시간이 지나면서 생긴 변화를 상징적으로 보여주는 것은 145번 스트리트와 브래드허스트애비뉴에 있는 스타벅스다. 심지어 브래드허스트에 있는 더 오래된 건물들에도 젠트리피케이션이 일어났다. 흥미로운 점은 여전히 안전하지 않은 폴로그라운드 프로젝트 단지로부터 한 블록 떨어진 곳에서 백인들이 개를 산책시키고 있다는 것이다. 이들은 무서워하지 않는다. 세계적으로 유명한 농구 경기장인 러커파크가 그 프로젝트 단지 건너편에 있다. 여기서는 전시회도 열리며, 여러 NBA 선수가 이 경기장에서 경기를 해왔다.

"여기는 안전한 지역입니까?" 나는 한 블록 떨어진 브래드허스트의 5층짜리 워크업 아파트에 살고 있는 뉴욕시립대 대학원생에게 물어봤다. 그녀는 슬로베니아 출신이며 외국인 억양을 가지고 있지만, 미국에서 수년 동안 살고 있었다. 아파트는 그녀가 이 오래된 5층 건물로 옮겼을 때 리모델링되었으며, 그녀는 밤에 이 지역을 돌아다녀도 무서워하지 않았다.

"누가 상관하겠어요?" 그녀는 허세롭게 말했다. "저는 걱정하지 않아요. 아직 아무 일도 일어나지 않았고, 제가 감당할 수 있거든요. 그래서 제 기회를 잡기로 했어요."

변화에 저항하는 지역

뉴욕시에서 젠트리피케이션을 가장 적게 경험한 지역은 이스트뉴욕, 브라운즈빌, 웨스트브롱크스 및 사우스브롱크스의 여러 구역이다. 브라운즈빌에 대한 『뉴욕타임스』의 「낙관론이 닿지 못하는 것처럼 보이는 곳Where Optimism Seems Out of Reach」이라는 제목의 기사에서, 지니아 벨라폰테는 1998년 이후 그곳의 살인율이 전혀 떨어지지 않았다고 적고 있다. 영아 사망률은 뉴욕에서 가장 높아서, 말레이시아의 사망률과 거의 같은 정도다.[48] 수십 년간의 방치, 민간 투자의 부재, 도심으로부터 멀리 떨어진 위치, 수많은 저소득층 인구 등이 이 불운한 상태에 한몫을 해왔다. 언제나 모험을 좋아하는 영혼들이 있어서 어떤 지역에 가서 기회를 잡고 그곳을 건설하곤 하지만, 브라운즈빌에서 그런 일이 일어나려면 오랫동안 어려운 길을 가야 할 것 같다.

모리스하이츠 구역에 있는 로버토클레멘테 주립공원 쪽으로 걸어가봤다. 이 공원은 리버파크타워의 바로 오른쪽 할렘강 기슭에 있다. 그곳은 인적이 드물지만 근처에 경찰 차량이 주차되어 있다. 나는 백인 경찰관에게 그 네이버후드의 안전에 대해 물어보았는데, 그는 "왜 알고 싶은가요?"라고 되물었다.

"로스앤젤레스에서 다시 이사오려는 제 아이들이 들어갈 저렴한 아파트를 찾고 있어요. 브롱크스는 롱아일랜드가 아니라는 것은 알고 있습니다만, 그래도……."

"글쎄요, 범죄가 많습니다"라고 그는 답했다. "잘 들으세요. 여기는 정말 우범지역입니다. 그리고 바깥 날씨가 풀리면 사건도 덩달아 많아집니다. 분명히 다른 곳을 찾을 수 있을 거예요. 어젯밤 밖에 차가 있었는데, 누군가 그냥 가져갔죠. 길거리에서 어떤 남자가 칼에 찔리기도 했고요. 이 경찰 크레인 트럭 보이시죠? 지금 제 파트너가 올라가 있습니다. 이런 장비는 나쁜 지역에만 투입합니다. 게다가 지금은 대낮인데 말입니다. 저라면 뉴저지로 건너가 호보컨에 가거나 롱아일랜드로 가겠습니다." 그는 멋지고 평화로운 교외가 부르고 있는데 누군가가 여기로 이주해오려고 하는 것은 분명 터무니없는 일이라고 생각하고 있다. 그는 출퇴근과 도시에서의 삶 같은 문제는 고려하지 않았는데, 젠트리파이어들이 뉴욕 교외를 종종 지루한 곳으로 본다는 사실은 아예 말할 것도 없었다.

나는 그의 음울한 평가를 확인해보기로 하고 한 블록 떨어진 세지윅 애비뉴에 있는 아파트를 빌릴 수 있는지 한 흑인 건물 관리인에게 이야기해봤다. 24시간 보안이 제공되고 침실 하나에 월 1200달러 정도인 임대 아파트였다. 할렘강을 마주하고 있는 15층 높이의 깔끔한 붉은 벽돌 고층 건물이며, 어퍼맨해튼에서 차로 2분 거리 근처에 대중교통이 있었다.

나를 휙 한번 쳐다보고서는 그 건물 관리인은 "그곳 괜찮아요, 그런데 당신 같은 민족에게는 잘 모르겠어요"라고 말했다.

길 건너편에 있는 건물에 대해 다시 물어봤다. "길 건너편에 있는 저 큰 빌딩은 어떻습니까? 리버파크타워인가요?"

그는 미소를 짓더니 이렇게 말했다. "저는 그곳을 베트남이라고 부릅니다. 보기에는 화려하지만 베트남입니다. 예전에는 좋았지만, 몇 년 동안 모든 것이 다 들어왔어요, 전부 다 말이에요. 당신 거기 가면 죽을 수도 있어요." 그의 말은 사실이겠지만, 이 건물도 위치를 고려하면 '비교적' 안전할 뿐이다.

주민 3분의 1 이상이 2000년도 기준의 빈곤선 이하에 사는 지역에서 젠트리피케이션 현상이 일어날 수 있을까? 소득 한도가 적용되는 사람들을 위한 새로운 주택 건설, 공립학교의 개선, 로버토클레멘테 주립공원의 2000만 달러 규모 리모델링은 약간의 희망을 제공한다. 이 패턴은 다른 곳에서 반복되고 있다. 이스트할렘과 노던할렘의 부동산 중개업자들은 할렘의 좀더 나은 지역은 가격이 너무 비싸다며 거절한 잠재 구매자들에게 맬컴엑스불러바드 동쪽 139번 스트리트에 있는 비컨뮤스 같은 곳을 바로 추천하고 있다. 포트그린에 있는 부동산업자들은 프로스펙트하이츠에 살 여유가 없는 사람들을 대상으로 하지만, 베드퍼드-스타이버선트의 부동산업자들은 포트그린에서 원하는 것을 얻을 수 없는 구매자들을 끌어들이려고 한다. 그리고 브롱크스의 부동산 중개업자들은 워싱턴하이츠에서 집을 찾는 사람들이 다른 커뮤니티, 어쩌면 심지어 그랜드콩코스 너머 오랫동안 자리 잡은 중간 소득층의 이그제큐티브타워를 고려해보기를 희망한다.

맨해튼에서 차로 몇 분 거리에 있지만 할렘강과 다른 버러에 의해 분리되어 있는 커뮤니티는 극복될 수 없을 만큼 지리적으로 멀리 떨어져 있는 것으로 보일까? 아니면 사람들이 일단 가격과 그곳에서 얻을 것을 보고 난 후에 "제기랄, 저지르고 보자"라고 할 수 있을까? 새로운 셰익스피어나 다른 신축 건물들과 같은 곳에 이미 뛰어들고본 소수의 도시 개척자들은 그저 첫 번째 파도에 불과한가? 그리고 언제 다른 젠트리파이어들이 와서 쇼핑가와 레스토랑, 커피하우스를 만들 것이며 그로써 이 지역을 정말로 변화시켜줄 것인가? 사람들이 결정할 일이다.

변화에 대한 정부의 역할

사우스브롱크스, 이스트뉴욕, 퀸스의 코로나 같은 도시 곳곳의 빈민층 지역에는 정부 자금으로 지어진 2층에서 15층 사이의 건물들이 있다. 이 건물들은 일반적으로 임대용이며, 때로 저금리의 모기지대출 자격이 있는 노동자나 중간 소득, 저소득 계층이 구입하기도 한다.[49] 경우에 따라 기존의 구조물을 개조한 것일 때도 있다. 이 사람들은 젠트리파이어가 아니라, 단지 자신의 환경을 개선시키려는 원주민들이다. 그러나 그들의 집이 새롭고 매력적으로 보이게 되고 주민들이 자부심을 가지고 자신의 집을 유지하기 때문에 외부로부터의 젠트리피케이션을 자극할 수도 있다. 결과적으로, 전체 네이버후드의 양상이 변하게 된다.[50]

섹션 8 프로그램은 전국적으로 저소득층 가계에 임대료와 공공 요금을 지불하는 데 도움이 되는 보조금 쿠폰을 제공한다. 정부 기관은 "공정 시장 임대료FMR"를 지불하는데, 이 임대료는 해당 지역의 실제 임대료 시세와 관련이 없을 수도 있다. 세입자는 자신의 소득 30퍼센트를 내놓고 섹션 8 프로그램은 FMR에 명시된 것 내에서, 임대료와 세입자 분담액 간의 차액을 지불한다. 2008년부터 건물주가 이 프로그램에 참여한 아파트에서는 임대료를 적게 내는 사람도 전액을 지불하는 사람과 같은 건물에서 살 수 있으며, 같은 편의 시설과 멋진 전망을 누리고 가전제품도 쓸 수 있다. 재정 상황에 따라 이들은 시장 임대료를 지불하는 사람의 25퍼센트까지만 지불하면 된다. 상황이 이렇게 되면 전액 지불 세입자가 그런 건물로 이사하는 것을 꺼릴까? 그들은 손해를 본다고 생각하고 그런 티를 낼까? 그리고 이 두 집단은 매일 그리고 장기적으로 어떻게 상호작용할까? 과장하지 않더라도 이 질문들에 대해 흥미로운 연구가 이루어질 수 있다. 내가 물어본 30명가량에게 임대료의 차이는 큰 문제가 아닌 것으로 보였다. 그렇다면 범죄 문제는 없는가? 이 질문을 던지기 전에 우리는 이곳에 사는 저소득 근로자는 엄격한 신용 요건을 충족하고, 관련 자료를 제공하며, 가정 방문에도 동의해야 한다는 점을 기억해야 한다. 게다가 그들은 이 좋은 아파트를 잃고 싶어하지 않는다.[51]

이런 정부 프로그램이 젠트리피케이션과 어떻게 얽히는지를 보여주는 좋은 사례 중 하나는 브루클린 도심에 있는 애틀랜틱야드 개발 프로젝트다. 유명한 건축가 프랭크 게리가 설계했으며 브루스 래트너가 개발자로 공사를 진행한다. 블룸버그 시장의 승인 후 주변 지역에서 젠트리피케이션이 가속화되었다. 애틀랜틱야드는 뉴욕 메트로폴리탄교통국의 소유이지만, 개발자도 토지수용권 법에 따라 인근의 부동산을 취할 수 있었다. 브루클린네츠 팀을 위한 새로운 스포츠 경기장이 들어서며, 현재 41만 8000제곱미터의 사무실 공간을 개발할 계획이다. 커뮤니티의 반대를 극복하기 위해 래트너는 해당 커뮤니티에 다양한 주택 공급 혜택을 주기로 하는 소위 커뮤니티 혜택 계약에 동의했다.

애틀랜틱야드 프로젝트의 향후 계획은 6430세대의 아파트와 두 개의 상업 건물이 있는 열네 개의 주택용 타워를 짓는 것이다. 일부는 향후 몇 년 내에 완료될 것이지만 전체 프로젝트를 완료하는 데 20년이 걸릴 수도 있다. 놀랄 일은 아니지만, 플랫부시애비뉴에서는 한 주에 하나꼴로 부티크와 고급 식당 같은 곳들이 문을 열고 있다. 평소와 같이 우리는 누가 이사해 들어오는지는 알지만 누가 떠나는지에 대해서는 거의 알지 못한다.[52]

1965년에 만들어진 뉴욕시 랜드마크보존위원회LPC는 수천 채의 건물을 랜드마크로 지정하고 있다. 이러한 자격을 얻으려는 건물의 소유자는 해당 건물에 자격이 있음을 합법적으로 문서화할 수 있어야 한다. 외부 개조 작업을 하려면 특별 허가가 필요하며 철거도 제한된다. 도시 랜드마크 지정은 종종 가난한 사람들을 몰아내는 영향이 있는데, 랜드마크를 복원할 여력도 없지만 철거하고 새 건물을 지을 수도 없기 때문이다. 대부분의 신청은 승인되었다. 이보다는 덜하지만 여전히 중요한 지점은 어떤 건물이나 건물이 속한 지역을 국가 등록 사적지 National Register of Historic Places로 등재하는 것이다.

LPC는 또한 도시 내 역사 지구 지정을 승인한다. 어퍼이스트사이드이든 브롱크스의 롱우드 구역이든 모두 대상이 된다.[53] 위원회에서는 지난 10년 동안 최소한 200개 이상의 역사 지구를 승인했으며, 아마도 이 책이 출판될 즈음에는 더 많은 지역이 승인될 것이다. 최근 몇 년간 복원과 보존의 움직임은 아마도 개발과 건설의 추세만큼 강력해지고 있다. 이러한 지정 사업은 이런 문제에 대한 젠트리파이어들의 견해에 따라 어느 방향으로든 그들에게 영향을 미칠 수 있다. 어떤 사람들은 역사 보존에 대한 신념과 명성 때문에 역사 지구에 살고 싶어한다. 다른 사람들은 오래된 것들을 부숴버리는 일이라 하더라도 관심을 두지 않고, 가용 공간 확보에 갈증을 느낀다.

중요한 질문은 건물을 보존할 가치가 있는지를 어떻게 결정하는가다. 1950년대 모더니즘의 예로 보이는 세인트빈센트 병원의 일부인 저층 건물의 무엇이 아름다운지를 어떻게 알 수 있을까? 일반적으로 이러한 결정을 내리는 사람은 전문가다. 어떤 사람이 어떻게 느끼더라도, 뉴욕시의 건물, 공원, 거리는 우리 이전에 그것을 창조한 사람들 모두가 표현한 역사와 문화, 가치를 품고 있다. 최소한 그 중요성을 평가하지도 않고 이런 장소들을 폐기해버릴 수는 없다. 이것이 LPC가 만들어진 배경이다. 뉴욕시의 역사는 런던 혹은 파리만큼이나 중요하다. 아니면 적어도 그렇게 되어야 한다.

대학과 변화

대학들은 젠트리피케이션의 주도자가 될 수도 있고, 때로는 그렇게 하고 있다. 학생들은 캠퍼스 근처의 가격이 적당한 거주지에 살 기회를 바라며, 그래서 안전에 관한 리스크를 기꺼이 받아들인다. 이들 학생 대부분은 범죄 피해자가 되는 것을 성공적으로 피하지만, 일부는 강도를 당하거나 간혹 중상을 입고 심지어 살해당하기도 한다. 물론 후자는 드물기는 하지만 말이다. 위험은 도시의 불안전한 환경에 익숙하지 않은 좀더 부유한 학생들이 있는 사립대학일 때 특히 문제가 된다.

그럼에도 컬럼비아, NYU, 프랫, 포덤 같은 학교들은 커뮤니티의 빈번한 반대를 무릅쓰고 캠퍼스 주택과 아파트 모두에 대한 건물 매입과 개조를 추진하고 있다. 한 가지 장점은 지역의 학생 수가 늘어나면 모두가 더 안전해진다는 것이다. 일부 학교에서는 위험하다고 여겨지는 거리에 셔틀버스와 안전 요원을 고용하고 있다.[54] 컬럼비아대학은 웨스트할렘에서 안전하지 않은 저소득 프로젝트 단지 근처에 있고, NYU 지역은 기본적으로 안전하며, 프랫과 포덤의 브롱크스 캠퍼스는 상당히 안전한 편이다. 이에 상관없이, 커뮤니티 내에 이런 대학들이 존재하는 것은 젠트리피케이션 진행을 촉진시켜준다. 이밖에 직원들이 위험 요소에도 불구하고 직장 근처에 살려고 하는 도시 내 병원의 경우도 마찬가지다.

가장 최근에 등장한 이런 패턴의 예는 뉴욕시립대학이다. 이곳은 이미 젠트리피케이션이 진행 중인 이스트할렘에서 3번 애비뉴 근처의 이스트 118번 스트리트 165번지에 대학원생들과 교직원을 위한 아파트 건물을 지어서 2011년 가을에 오픈했다. 범죄 사건이 일부 보고된 지역임에도 불구하고 이 학교 주택은 대단히 인기가 있었는데, 왜 그렇지 않겠는가? 임대료는 침실 한 개짜리의 경우 한 달에 2000달러이고 테라스가 있는 침실 두 개짜리는 2700달러다. 편의 시설로는 도어맨, 피트니스 센터와 루프톱 정원이 있다. 아파트는 오픈하자마자 완전히 채워졌다.

뉴욕시립대학 주택 주변의 범죄는 대부분의 경우 문제가 되지 않았지만 이슈는 몇 가지 있다. 예를 들어 건물이 들어서기 전에 거리 건너편에서는 마약 거래가 있어왔는데, 세상 물정 밝고 혈기 왕성한 히스패닉계 관리인 빅터의 노력으로 마약 딜러들을 몰아냈다. 현지 경찰서에 빈번하게 전화를 걸었던 그는 제인 제이컵스의 '거리를 지켜보는 눈'의 현대판 예다. 하지만 빅터는 자신의 눈보다는 건물에 설치된 줌 기능을 갖춘 카메라에 대해 자랑스럽게 "여기서 [두 블록 떨어진 거리의] 파크애비뉴도 볼 수 있을 겁니다!"라고 말했다. 이러한 카메라의 광범위한 사용과 수용은 제이컵스도 예상하지 못했던 바다.

1980년대 머틀애비뉴의 별명이었던 '살인 애비뉴'에 내재된 이미지는 이를 기억하는 사람들에게 여전히 살아 있다. 그러나 프레드 번스타인이 2011년 2월 15일에 『뉴욕타임스』에 쓴 기사는 이 지역에 활력을 불어넣기 위한 11년간의 노력에 대해 이야기하고 있다. 그것은 프랫인스티튜트의 학장 토머스 F. 슈트가 이끄는 머틀애비뉴 활성화 프로젝트Myrtle Avenue Revitalization Project가 출범하면서 시작되었다. 머틀애비뉴가 학교 캠퍼스에서 가장 가까운 상업 지구였기 때문에 슈트 학장은 이 프로젝트에 실질적인 이해관계가 있었다. 프로젝트의 초기 노력은 거리를 청소하고 낙서를 지우고 빈 공간을 채울 소매업자를 찾는 것이었다. 그리고 2011년 1월에 프랫은 5400만 달러 규모의 사무실, 교실, 갤러리가 있는 6층짜리 건물 머틀홀의 문을 열었다.

이런 종류의 준비는 종종 다른 당사자들의 참여를 요구하는데, 이 프로젝트도 예외가 아니었다. 건물 소유주였던 부동산 개발자 마이클 오백은 프랫인스티튜트에 건물을 팔 생각이 처음에는 없었다. 그러나 슈트와 서로 친분이 생기면서 일반적이지 않은 거래가 성사되었다. 오백은 1층과 지하실을 소매 공간으로 관리했고, 프랫은 건물의 상층부를 맡기로 했다. 이는 모두의 이해관계를 챙겨야 하는 서로 다른 당사자들이 파트너가 되었을 때 젠트리피케이션이 가장 잘 작동한다는 사실을 강조해준다.

젠트리피케이션에 대한 반대

백인이 베드퍼드-스타이버선트, 포트그린 같은 지역으로 이동하는 것에 반대하는 흑인이 흔치는 않다. 이러한 태도는 젠트리피케이션에도 불구하고 이 두 네이버후드가 지금까지 대부분 흑인 인구로 유지되어왔기에 그러하기도 하다. 저항이 표출되는 경우는 생활 방식, 문화, 계급 문제에 대한 차이라든가 공공장소에서 술을 마실 수 없게 되는 것처럼 경찰이 상주하게 될 경우 괴롭기 때문인 경우가 많다. 건축학자 랜스 프리먼 교수는 젠트리피케이션이 진행되는 지역으로 이주하는 사람들은 대체로 더 진보적이고, 따라서 교외 지역 거주자들보다 가난한 사람들에 대한 보조금이 지원되는 주택에 대해 더 수용적인 편이기 때문에, 도시 내부의 젠트리피케이션이 진행되는 네이버후드에 소득 계층이 혼합된 커뮤니티를 만드는 것이 교외 지역보다 훨씬 쉬울 수 있다고 주장한다. 그렇지 않으면 그들은 기꺼이 이주하려고 하지 않았을 것이다.[55] 그러나 지역이 너무 '혼합'되면 젠트리파이어들은 그곳이 그렇게 매력적이지 않다고 느끼게 될 수도 있다. 교외 지역의 사람들보다 가난한 이들에 대해 좀더 관대할 것이라는 추정에도 불구하고, 아직 실제로 연구된 적은 없지만, 이런 다수의 젠트리파이어가 진정으로 바라는 것은 가난한 사람들이 떠나는 것이라는 연구 결과가 나올 수도 있다.

에이미 손은 파크슬로프에서의 삶에 대해, 재치 있고 가끔 준열한 자신의 소설을 통해 그곳에 사는 사람들의 기준과 선입견을 묘사하고 있다. 그 내용은 관대함에 한계가 있음을 드러낸다.

채런은 『뉴욕』 잡지에서 [공립학교] 321학군의 집이 107학군의 비슷한 크기 아파트보다 평균 10만 달러 더 비싸다는 기사를 읽었지만, 자신의 아이들이 백인 비율 43퍼센트가 아니라 62퍼센트인 학교를 다니게 된다면 비용상 저렴한 편이라고 느꼈다. 그 아파트는 파크슬로프에서 가장 비싼 북쪽 끝에 있는 브랜드 거리에 있는 데다 공원 블록에 있기도 했다. 더 좋은 것은, 프로스펙트 공원 푸드코업에서 걸어서 가까운 거리에 있다는 것이었다. 노스슬로프는 브루클린 공공도서관 중앙관과 몬토크 클럽과도 가까워서, 캐런은 이미 일주일에 두 번씩 그곳에서 웨이트와처스(체중 감량 프로그램 — 옮긴이) 모임에 참가했다.[56]

브루클린의 주민이면서 『뉴욕』의 칼럼니스트인 손은 그녀가 무슨 말을 하는지 알고 있다. 이 책은 실제 장소명과 거리를 사용하고 있기 때문에 연구자에게는 귀중한 자료가 된다. 그녀의 견해는 여러 방법으로 얻어질 수 있다. 캐런은 학교에 대한 의견에서 인종차별을 표현한 걸까? 아니면 단순히 더 나은 교육 환경을 원하는 것일까? 어쩌면 각각 조금씩일까? 브랜드 거리에서 살고 싶은 이유를 설명할 때 그녀는 신분에 관심이 있는 것일까 아니면 부동산의 재판매 가치에 신경을 쓰고 있는 것일까? 많은 사람에게 좋은 도서관이 매입 결정에서 중요한 역할을 한다는 것은 분명하지만, 체중 감량 프로그램 장소에 가깝다는 것이 언급할 정도로 중요한지는 정말 체중에 신경쓰고 있는 것이 아니라면 그렇게 명확하지는 않다. 그럼에도 손의 책은 여러 면에서 매우 정확하다. 그 거리에 대해 그녀가 최신 인류학적으로 다음과 같이 설명한 것에 어느 누구도 동의하지 않을 수 없을 것이다. "4번 애비뉴를 따라 내려가면 타이어 수리점, 주유소, 유리 가게가 즐비하게 늘어서 있고, 100만 달러짜리 로프트가 있는 현대석 빌딩이 매일같이 들어서고 있었다."[57]

때때로, 젠트리파이어에 대한 반대는 이상하게도 예상 못한 연계를 가진 관계를 형성할 수도 있다. 크라운하이츠의 백인 인구는 지난 15년간 15퍼센트의 증가를 보이고 있다. 하시드파 유대인들은 유입되는 백인들의 생활 방식을 좋아하지 않는다. 특히 야한 옷을 보고 싶어하지 않는다. 그리고 흑인 커뮤니티는 네이버후드가 비싸져서 내몰리지 않을까 걱정하고 있다. 일부 부동산 중개인들이 프로크로ProCro(프로스펙트하이츠와 크라운하이츠를 붙여서 만든 이름)라는 이름을 붙여서 네이버후드를 리브랜딩하려고 했을 때, 뉴욕 주의회 의원이었던 하킴 제프리스는 "기분이 상했습니다. 흑인과 유대인 이웃들의 공동 노력으로 크라운하이츠를 사람들이 찾는 오늘날과 같은 매력적인 동네로 만들었습니다"라며 젠트리파이어들의 구미에 맞추려는 현상에 반대하는 목소리를 냈다.[58]

재임 중 발생해서 유대인과 흑인 커뮤니티를 뒤흔들었던 크라운하이츠 폭동(1991년 8월 크라운하이츠에서 흑인 아이들이 유대인 차량에 치어 숨지면서 일어난 흑인-유대인 간 갈등. 이후 젊은 흑인들이 거리에서 유대인에 총격 보복을 가하면서 두 인종 간 갈등이 폭발한 사건 — 옮긴이)에 대해 딘킨스 전 시장에게 물어봤다. 그의 답변은 뉴욕시를 '화려한 모자이크'라고 자주 묘사하고 있는 이 사람을 그 사건이 아직도 얼마나 괴롭히고 있는지를 잘 보여주었다.

정말 불행한 비극이었습니다. 하지만 저는 경찰이 충분히 대비하지 못한 것 같은 느낌을 갖고 있습니다. 저는 뉴욕시 경찰청은 폭동 상황을 통제하는 데 있어서 세계에서 최고라고 늘 말해왔었지만, 더 잘 대처할 수 있었습니다. 정말 골머리를 앓았던 것은 수년 동안 제가 유대인 커뮤니티와 이스라엘의 친구였다는 것입니다. 로널드 레이건이 독일군 전사자들을 기리기 위해 비트부르크에 갔을 때 저는 미국유대인위원회와 함께 뮌헨으로 갔고, 명예롭게도 백장미단의 무덤에서 연설할 수 있는 특전을 누렸습니다. 그들은 나치를 반대한다는 전단을 나눠주었다는 이유만으로 처형당한 젊은 독일인들이었습니다. 그러나 그렇게 하기로 선택했던 사람들(당시 크라운하이츠에서 유대인들을 공격한 흑인들 – 옮긴이)은 그 모든 것을 잊어버리기로 했습니다. 그들은 또한 1992년 로드니 킹 판결(1991년 LA에서 흑인 로드니 킹이 과속 단속하던 경찰 네 명에게 무참히 폭행당했으나, 이듬해 네 명 모두 무죄 평결을 받은 일 – 옮긴이)에 뒤이어 전국적으로 [흑인들에 의한] 폭동이 일어났을 때 뉴욕에선 폭동이 일어나지 않았다는 점도 전혀 개의치 않았습니다. 아마도 그것을 기억할 사람은 서너 명쯤일 것입니다. 우리에게는 '평화봉사단을 늘려라Increase the Peace Corps' 운동이 있었습니다. 그들은 거리로 나간 자원봉사자였고 효과가 있었습니다.

젠트리피케이션의 의도하지 않은 결과는 새로운 도시 개척자들이 크라운하이츠나 할렘 같은 커뮤니티에 이미 존재하는 이들, 즉 흑인들로 하여금 자신들이 이 과정에서 무엇을 잃게 될지 더 잘 알게 만들며 그들이 가지고 있는 브라운스톤, 공원, 상점 그리고 이미 토착 문화가 되어버린 것들을 더 자랑스럽게 생각하게 만든다는 것이다. 이것은 또한 사람들이 자신의 집단 정체성을 강화하고 오랫동안 당연하게 여겨온 커뮤니티에 대한 애착을 강화하도록 이끌 수도 있다.

이 현상은 젠트리피케이션의 역설적인 이면이다. 가난한 네이버후드의 사람들은 범죄율을 낮추기 위해 싸우고 있다. 그런 다음 범죄율이 낮아졌기 때문에 젠트리파이어들이 들어오고 임대료가 상승하여, 가난한 사람들은 더 많은 재산을 가진 사람들에 의해 대체될지도 모른다. 이러한 노력의 조직자들은 결국 자신들의 현지 동맹과 친구들이 교체되어버리는 결과를 초래한 것에 대해 죄책감을 느낄 수밖에 없게 될 수도 있다.[59]

새 이웃과 관계맺기

젠트리파이어들은 새 커뮤니티에서 만난 사람들과 얼마나 잘 어울릴까? 문화적이고 계급적인 차이는 서로 넘어설 수 있는 것일까? 이러한 질문에 대한 대답은 혼합되어 있는 것 같다. 젠트리피케이션이 진행되는 네이버후드는 원한다면 사람들이 만날 수 있는 장소나 공간을 제공한다. 예를 들어 허드슨하이츠의 181번 스트리트와 베넷애비뉴에 있는 레드룸 라운지에서는 오픈 마이크 나이트 이벤트를 제공하고 있다. 이곳에서는 테네시 출신의 싱어송라이터 닉 스원이 로컬 래퍼 청크 로드리게스와 같은 프로그램에서 공연하는 것을 볼 수 있다. 그리고 같은 날 밤 시 낭송과 힙합 공연도 있을 것이다.[60] 이 동네는 한때 독일계 유대인 중에서도 정통파가 대부분으로 제일 많고 그리스, 쿠바, 아일랜드계가 살던 곳이었지만 도미니카계가 우세한 지역으로 바뀌었고, 이제는 여피족, 아직 형편이 안 좋은 조교수와 교사들, 희망을 품은 배우와 시나리오 작가들이 많이 몰리고 있다. 어떤 사람들은 높은 임대료와 그에 상응하는 개발 부족이 주로 히스패닉계인 가난한 원주민들과 가격 상승을 주도하는 백인들 사이에 마찰을 빚곤 한다고 생각한다. 음악이나 술과 음식으로 사람들을 한데 모으는 것은 긴장을 완화시키는 하나의 방법이다.

이러한 패턴은 다른 곳에서도 나타나는데, 플러싱의 패러다이스앨리가 그렇다. 이곳에는 종종 한국인들이 술을 마시러 들른다. 퀸스의 저메이카에 있는 블라니 바도 그런 곳이다. 블라니 바의 주인인 피터 오핸런은 흑인과 에콰도르계가 뒤섞인 그의 새 고객들에 대해 "만약 아일랜드계 남자 손님이 지금 들어온다면, 이제는 자주 보지 못하는 사람들이라서 신경써서 대접해야 합니다"고 말했다. 하지만, 그런데도 그는 "아무튼 들어와 앉아서 신사처럼 행동하는 한, 어디 출신이든지 상관하지 않습니다"라고 덧붙였다.[61]

베드퍼드-스타이버선트의 메이컨스트리트에 살고 있는 사십대 흑인과 대화를 나누면서 젠트리파이어에 대해 이런 긍정적인 평가를 들었다.

문제는 사실 **젠트리피케이션**이죠. 저는 이 집에서 태어났고 여기에서 인생

전부를 살았습니다. 저는 미술품 수집가입니다. 엉망의 1960년대와 폭동을 거치고 1980년대가 될 때쯤에는 우리가 이 네이버후드를 망하게 해서는 안 되며 뭔가를 해야만 한다는 것을 깨달았어요. 그래서 우리는 그렇게 했습니다. 제 부모님 중 한 분이 백인이기는 했지만, 보시면 알겠지만 저는 흑인이고 그렇게 정체성을 갖고 있습니다. 하지만 피부색에 대해서는 신경 쓰지 않습니다. 피부 아래로 우리는 모두 같은 인간이고 함께 살아야 합니다. 백인들이 이사해 들어오는 것을 저는 좋아합니다. 길 건너편에 독일인 입주자가 있는데 좋은 사람들이에요.

그래서 우리는 이해관계가 젠트리파이어에 대한 사람들의 태도에 영향을 미치는 요소임을 알 수 있다. 베드퍼드-스타이버선트에 사는 주민들은 불친절은 생산적이지 않으며 '우리는 함께 살아야 한다'고 실용적으로 믿고 있다. 마찬가지로 헌터스포인트의 핸드볼과 농구 구역에는 히스패닉, 흑인, 아시아계 아이들과 여피족들이 한데 어울려 놀고 있다. 이들 또한 '함께할' 필요가 있다고 말했다. 이 청소년들은 정보기술고등학교ITHS에 다니고 있다. 뉴욕시에서는 이질적인 집단이 공간을 공유해야 하는 경우가 종종 있다.

하지만 일부는 젠트리피케이션을 그리 호의적으로 평가하지 않으며, 인식된 차이와 실제의 계급적 차이 양쪽 모두에서 유래된 것으로 보이는 부정적인 견해를 표시한다. 인근 선셋파크에서 교사 보조로 일하면서 파크슬로프에 오랫동안 거주한 한 히스패닉계 주민은 네이버후드의 여피족들에 대한 자신의 감정을 이렇게 표현했다. "그들은 심지어 새들이 너무 소음을 크게 낸다고 불평하기도 합니다. 홀푸드가 들어오는 것도 원하지 않는데, 농장에서 모든 것을 직거래하기 때문이죠. 그리고 그들은 파크슬로프 전체에서 자동차를 금지하기를 원합니다. 허 참, 중서부든 어디든 그들이 온 데로 되돌아가라구요. 이걸 제가 어떻게 아는지 아시겠어요? 파크슬로프 블로그에서 본답니다." 그녀는 고정관념을 정형화하는 것일까? 그럴 법도 한 게, 그녀에게는 이 집단에 자신의 친구가 없다는 것을 알고 있다. 확실히 이러한 경우 커뮤니티 리더들이 손을 내민다면 그 또한 도움이 될 수 있다.

중산층과 노동 계층에게도 젠트리파이어들에게 내려다보인다는 느낌이 있는 것 같다. 브롱크스의 중산층 커뮤니티인 파크체스터로 이사 온 이유를 설명하면서, 뮤지컬 작곡가와 단체들의 컨설턴트인 에벌린 리스턴은 이렇게 말했다. "그곳[파크체스터]은 푸른 오아시스였고, 사람들은 정말 친절했습니다. 그들은 여피족이나 뭐 그런 사람들이 아닙니다. 그냥 정말 확실한 소득이 있는 좋은 사람들이며, 투자처와 살기 좋은 곳을 찾고 싶어하는 사람들입니다."[62]

윌리엄스버그 남쪽 면에 있는 하시드파 유대인과 젠트리파이어들이 모두 거주하는 셰퍼랜딩Schaefer Landing이라는 신축 건물을 봤다. 나는 두 집단이 어떻게 함께 어울리는지 궁금했는데, 한 젊은 독일 태생의 주민이 이렇게 설명해주었다. "그들은 세금 혜택을 받기 위해 빈곤층, 말하자면 하시드파 사람들에게 일정 비율을 할당했습니다. 하지만 하시드파는 켄트애비뉴에 있는 거리 쪽 입구만 이용하고 있고, 그에 반해 여피족들은 강 전망이 보이는 뒤쪽을 차지하고 있습니다. 그래서 실제로는 구분되어 있습니다." 그는 이런 배치를 좋아했는데, 이유는 이랬다. "이 사람들을 좋아하거나 싫어하지 않습니다. 그저 그들과 공통점이 없습니다." 내가 정통파 유대인 거주자에게도 이런 상황에 대해 물어보자 그는 하시드파 유대인들이 켄트애비뉴 쪽 모든 층에 살고 있다고 말하면서 역시 그렇다고 확인을 해주었다.

"만약 예를 들어 9층 이상에 거주할 경우 안식일의 엘리베이터 사용 제한은 어떻게 처리합니까?"라고 나는 물었다.

"걸어갑니다"라고 그는 대답했다. "남자들은 계단을 올라가죠. 운동도 됩니다. 그리고 여자들은 안식일에는 슐(유대교 회당)에 가지 않기 때문에 위층에 머물면서 음식을 먹고 아이들을 돌보며 서로 방문합니다. 그리고 주중에는 강변까지 걸어가서 아이들이 잔디밭에서 놀 수 있는 구역이 있습니다."

이것은 병립하는 젠트리피케이션의 한 예다. 하시드파 유대인과 젠트리파이어들은 서로 가까이 살지만 접촉은 거의 없다. 두 집단의 멤버들 모두 그렇게 사는 것을 선호한다고 말했다. 로버토클레멘테 프로젝트 단지 근처 하시드파 유대인들과 히스패닉계는 인사 말고는 거의 접촉하지 않지만 마찰도 거의 또는 전혀 없이 같은 건물에서 오래 살아오고 있다. 그리고 도시 내 대부분의 섹션 8 건물에서는 가난한 사람들이 부유한 사람들과 같은 건물에서 함께 사는 것이 보통이다.

때때로 함께 잘 지내는 것은 자신이 속한 집단과는 관련이 없지만 스스로 드러나는 인간 됨됨이와는 관련 있는 경우가 있다. 브로드웨이를 따라 150번 스트리트에서 155번 스트리트 정도의 워싱턴하이츠에서 사는 한 대학생과의 다음 대화는 여러 측면에서 많은 것을 알려준다. 그는 짙은 갈색의 긴 머리칼에 흐린 날씨에도 푸른색 선글라스를 끼고 있었다.

"제 블록에 사는 사람들 중 약 20퍼센트는 백인이에요. 건물 관리인이 빌딩 앞을 청소하면서 거리에서 시간을 더 보내기 때문에 [그분께 물어보면] 어떤 블록이 어떤 곳인지 알 수 있어요. 저는 아파트 지하층에 살고 있죠. 살 만한 지역인지 알아보려 돌아보고 있을 때 이 멋진 와인 가게를 봤고, 동네의 이쪽 구역에서 어떻게 장사가 되는지 궁금하더라구요. 하지만 이곳을, 그리고 누가 오는지를 보면 이 동네가 변화하고 있다는 것을 알게 되죠. 저는 93번 스트리트와 앰스터댐애비뉴에서 이쪽으로 이사를 했는데, 가격이 더 저렴하기 때문이었어요. 이곳 집세는 침실 세 개짜리가 한 달에 1500달러거든요. 93번 스트리트에서라면 대략 4500달러는 될 거예요."

"여기 도미니카인들과 접촉이 있으세요? 여기 사람들과 관계를 만들수 있나요?"

"어쨌든 제 경우에는 대마초를 피우기 때문에, 그리고 여기 젊은 동네 주민들도 피우니까, 가능하다고 말하겠어요. 때때로 그분들께 대마초를 사기도 한답니다. 같이 농담하고 그러다보면 함께 어울리게 돼요. 일반적으로는 이 지역 사람들과 그렇게 어울리지 않습니다. 하지만 저는 제 친구들과 달라요. 나가서 찾는 쪽이죠. 제 친구들은 그렇게 할 배짱이 없어요."

"밤에 집에 오는 길은 안전한가요?"

"저한테는 그래요."

"누구에겐 안전하지 않을까요?"

"쿨하지 않은 사람들요. 이곳을 안전하게 돌아다니는 친구가 하나 있었는데, 그 친구는 '난 경찰이다'라는 상투적인 연기를 했어요. 하지만 당신이 그러려면 조심해야 해요. 왜냐하면 당신은 그들의 블록에 있기 때문이에요. 그곳은 항상 그들의 블록이에요."

"여기도 젠트리피케이션이 진행되고 있나요?"

"천천히요. 그리고 백인들 상당수는 가난하거나 학생이에요."

내가 이 대화에서 배운 것은, 첫째로 젠트리파이어들이 더 많아지는 블록일수록 관리인이 보도를 따라 청소를 하면서 주목을 더 많이 받게 된다는 것과, 둘째로 와인 가게는 그 학생이 말한 대로 자신과 같은 다른 사람들이 있음을 나타내는 일종의 표식이라는 점이다. 세 번째는 그 학생에게 어퍼웨스트사이드의 3분의 1이라는 임대료 차이는 대단히 중요하고 아파트 지하층에 사는 것도 도움이 된다는 것, 넷째는 특히 당신이 구매 고객인 경우 대마초가 어색함을 깨주는 역할을 한다는 것이었다. 다섯째, 학생이라는 같은 카테고리에서도 차이가 있어 어떤 이들은 수줍음을 많이 타는 편이고 심지어 이렇게 하는 것을 두려워하기도 한다. 마지막으로, 현지인과 관계가 있다면 주위를 돌아다니는 것이 더 안전해진다. 요약하자면, 일반화할 수 없다는 것이다. 이러한 커뮤니티에서 전개되는 사회적 관계를 결정하는 데는 수많은 요인이 있다.

비교하기 위해, 어린 아들이 있고 기혼인 짐이라는 남자의 생활을 살펴보자. 그는 앞의 그 대학생보다 조금 더 아래로 내려가 브로드웨이와 앰스터댐애비뉴 사이의 136번 스트리트에서 살고 있으며 뉴욕주 출신이다. 나는 그가 오후 7시경에 3년 된 아파트 건물에 들어서는 것을 포착했다. 차콜 회색 양복과 맞춤 색상의 넥타이, 가죽 서류 가방으로 그는 전형적인 임원급처럼 보이는데, 사실이 그렇기도 했다. 그는 '전형적인 백인'이지만 아내는 푸에르토리코인이다.

"모든 사람이 친절합니다. 그들은 제 친구는 아니지만 모두 저를 알고 있습니다." 짐은 이 동네에서 편안함을 느끼지만, 거기까지다.

"동네 공립학교에 자녀를 보내시겠습니까?"라고 나는 물었다. 그는 "절대 안 보내죠!"라고 외쳤다. "그때가 되면 사립학교를 찾을 겁니다. 컬럼비아대학이 토지수용권을 근거로 이 주변에서 건물을 많이 사들인 걸 기억해요. 앞으로 전반적으로 지역이 개선될 것이며, 우리에게도 반드시 선택지가 생길 겁니다."

그리고 IRT 지하철역이 두 블록밖에 떨어져 있지 않고 근처에 뉴에이지 레스토랑이 우후죽순처럼 개업하고 있다는 점을 감안하면, 어쩌면 짐에게 선택의 폭이 생겨날 가능성은 높다. 나는 또한 답사 도중에 이미 대부분 학생인 꽤 많은 백인이 오래된 공동주택에 살고 있음을 알아차렸다. 그리고 브로드웨이와 리버사이드드라이브 사이의 블록에는 138번 스트리트와 같이 백인들이 살고 있는 괜찮은 브라운스톤 주택이 많이 있다.

"하지만, 어떻게 생각했나요?" 하고 나는 계속 물었다. "예를 들어 브루클린하이츠와 비교해서, 블록의 유일한 새 아파트에서 살고 있다는 것에 대해 어떻게 생각했나요?"

"지금은 상황이 매우 달라졌습니다. 오늘날 사람들은 모든 곳에 살고 있죠. 그리고 다른 지역에서는 이 가격에 이런 곳을 찾을 수 없다는 점도 잊지 마세요."

마음에 들든 들지 않든 짐의 견해에 따르면, 만약 그럴 수 있다면 다른 곳에 살겠다고는 하지만, 그런 곳에서는 원하는 것을 얻을 수 없다. 15년 전과는 달리 오늘날, 이런 거칠었던 지역은 범죄율이 줄고 현지 주민들이 전문직 인구를 수용함으로써 선택 가능한 실질적인 옵션이 되었다. 하지만 여전히 모든 곳에 적용되는 것은 아니다. 예를 들어 센트럴브롱크스와 사우스브롱크스의 많은 구역에서는 백인 얼굴을 보지 않고도 몇 킬로미터를 걸어갈 수 있다.

짐은 실용적인 젠트리파이어의 완벽한 예다. 그에게 돈이 더 있었다면 여기 살지 않았을 것이다. 함께 이야기했던 학생과는 달리, 그는 현지인들과 친구가 되는 것에 관심이 없다. 그들은 그의 유형이 아니며 그는 그것을 알고 있다.[63] 분명히 그 블록에 있는 아이들은 방과 후 서로의 집에 가서 노는 친구가 되지 않을 것이다. 짐은 그저 겉으로 우호적이어서 이웃들과 무난하게 지낼 수 있기를 바랄 뿐이며, 아마도 스페인어를 할 줄 아는 아내가 언어 장벽을 넘는 데도 도움이 될 것이다. 책임감 있고 가정적인 남자라는 자신의 지위 때문에 그는 쿨한 그 학생처럼 대마초를 피우지 못한다는 것을 기억해두자. 그는 자신과 같은 생각을 가진 영혼들이 확대된 실체가 있다는 듯이 자신을 그 일부분으로 만들어 결정을 정당화하면서, "오늘날 사람들은 모든 곳에 살고 있죠"라고 의견을 밝혔다. 그리고 인근의 컬럼비아대학, 지하철, 식당들 때문에 확대될 새로운 젠트리파이어들로 구성된 커뮤니티의 맨 아래층에 자신이 있을지도 모른다고 생각한다. 부언하자면, 젠트리파이어들이 익숙해져야 할 것 중 하나는 밤에 어슬렁거리며 모여 있는 십대와 남자들이다. 도미니카인들은 왁자지껄한 거리 문화가 있다. 심지어 말을 걸 수도 있지만 아는 사람들끼리는 진지하게 받아들이지 않는다. 그들은 그저 연기를 하는 것이고 당신은 거기 익숙해져야 한다.

여기 다른 종류의 사람이 관련된 세 번째 상황이 있다. 사실 이 사람은 젠트리파이어가 아니지만 뒤에 남겨진 사람들 중 하나며, 그들은 모두 젠트리파이어, 이민자, 일반인들과 같이 살며 도시 전역에 있기 때문에 이 현장의 일부다. 이 커뮤니티는 사우스오존파크이며, 오늘날엔 주로 가이아나인들이 살지만 예전에는 백인 가톨릭 신자들이 사는 곳이었다. 133번 애비뉴 근처, 마당에 커다란 성조기가 자랑스럽게 휘날리는 티끌 한 점 없이 깨끗한 스플릿레벨형 주택 밖에 서 있는 존을 만났다. 그는 짧게 자른 머리와 갈색 눈의 백인으로, 노스페이스 브랜드의 짙은 회색 추리닝 상의를 입고 손에 밀짚 빗자루를 들고 있었다. 그는 '덕 헌팅'이라고 적힌 모자를 쓰고 있었는데, 나중에 총을 가지고는 있지만 사냥은 하지 않는다는 것을 알게 되었다.

"집은 아름답네요. 모든 것이 깨끗해요"라고 내가 말했다.

"항상이죠, 항상."

"저 번쩍이는 은빛 난간은 어떤 소재인가요?"

"스테인리스 스틸입니다. 주로 취급하는 이들은 중국인이고요. 이것만 취급하는 시장이 있죠. '스테인리스 스틸'을 입력하기만 하면 됩니다."[64]

"여기는 안전한 편입니까?"

"안전하냐고요? 그 어느 때보다 안전합니다. 저는 이제 쉰세 살인데 여기서 태어났죠. 그 시간을 다 보냈습니다. 한때 아일랜드인과 이탈리아인들뿐이었습니다만, 나중에 모두 빼앗겼죠. 지금은 가이아나에서 온 인도인들이 대부분입니다. 그들은 곳곳에 저택을 짓고 있어요. 제 말은, 내 친구 레니와 래리도 그렇지만, 여전히 백인들이 있다는 것입니다. 하지만 여기서는 누구도 다른 사람에게 신경쓰지 않아요."

"하지만 가이아나 사람들과 친구가 될 수 있나요? 제 말은, 그들과 충분히 공통점이 있습니까?"

"네, 모두 일하는 사람들입니다."

"맥주를 마시자고 집에 부를 수 있겠어요?"

"에이, 아니요. 저는 누구와도 그럴 정도로 친하지는 않습니다. 그냥 '하이' 하는 거죠."

"모든 사람이 떠나가는 것에 대해서는 어떻게 생각합니까?"

"내가 어쩌겠어요? 집값이 올라서 팔고들 가는데."

"당신은 왜 팔지 않았죠?"

"여전히 콘에드에서 일하고 있거든요. 35년을 일했습니다. 2년 더 일하고 나면, 업스테이트(뉴욕시 북쪽의 뉴욕주를 의미 — 옮긴이)의 그린카운티로 갈 겁니다. 약 10만1200제곱미터의 땅을 구해두었습니다. 좋은 집도요."

"깃발이 멋지네요."

"제가 거는 유일한 깃발입니다." [이 말은 이곳에서 많이 볼 수 있는 힌두교의 기도 깃발에 대한 간접적인 언급일 수도 있다.] 그는 "로커웨이불러바드 근처는 안 좋아도, 여기는 좋은 곳입니다"라고 덧붙였다.

"오존파크는 어떻습니까?"

"오존파크. 네. 한때 거기는 깡패 떼가 전부였습니다. 여기서부터 애퀴덕트 경마장까지 모두 백인이었죠. 저 모퉁이 주변에 있는 집을 확인해보세요. 스테인드글라스 창문, 최신 대형 카메라, 다듬은 관목, 디지털 표지판이 있습니다. 그들은 인도인입니다. 아름답죠."

존은 문밖으로 한 발을 내딛은 보수적인 사람이다. 그는 가이아나인과 친구가 될 수도 있다고 주장하지만 우정에 대한 그의 정의는 약간 협소하다. 맥주 한잔 하자고 그들을 초대하지도 않을 것이며, "저는 누구와도 그럴 정도로 친하지는 않습니다"라고 분명하게 선을 그었다. 분명히 다양성을 받아들이지는 않고 있으며, 거기에는 동질감이 주는 편안함이 없다. 그러나 그는 가이아나인 이웃들이 그들의 집을 꾸미는 방식은 감사해하고 있다. 나는 또 그가 나를 어떻게 인식하는지도 잠시 생각해봤다. 이 지역의 역사 초기, 대부분 백인들이었을 때라면, 그는 그렇게 자유롭게 말하지 못했을지도 모른다. 나는 하얀 피부에도 불구하고 그에겐 외부인이었던 것이다. 하지만 백인이 거의 남지 않은 지금 막 만났음에도 불구하고 나는 이미 그의 집단에 속해 있을지도 모른다는 생각도 했다.

그러나 다른 사람과의 상호작용이 항상 이렇게 제한되어 있는 것은 아니다. 이 대도시가 제공하는 사회적 상호작용의 기회를 포착하는 사람들이 있다. 퀸스할리스우드에 살고 있는 정통파 유대인 데이비드의 사례는 놀라울 정도다. 그의 아내는 머리카락을 가리는 전통을 따르고 있다. 위층 이웃은 레즈비언 부부이며 그건 정통파 사이에서는 인정받지 못하는 생활양식이다. 그러나 데이비드와 아내는 그 부부와 좋은 친구이며 아이들을 정기적으로 맡길 정도로 그들을 신뢰하고 있다. 사실 그 레즈비언들은 짧은 휴가 동안 아이들을 자신의 여름 별장으로 데리고 가기도 하고, 한번은 아이들의 어머니에게 "저희는 최소한 당신만큼 당신의 아이들을 사랑해요"라고 말하기도 했다. 데이비드와 아내가 그 이웃에 대해 가진 신뢰의 정도는 두 커뮤니티의 가치관 차이를 고려했을 때 매우 놀라운 일이다.

한 가지 마지막 사례는 집단 내에서 계급이 다른 것들을 이길 수 있음을 보여준다. 베드퍼드-스타이버선트에 살며 커뮤니티 안에 주택과 사업장을 소유한 세련된 복장의 중산층 흑인 여성은 내게 넋두리를 들려주었다. "저는 여러 해 동안 이곳에 살아왔고, 우리는 말하자면 이 커뮤니티를 유지하기 위해 대단히 힘쓰고 있습니다. 저 모퉁이를 돌아 루이스애비뉴에 있는 블록을 사들이고 식당, 서점, 다른 고급 상점용 공간을 임대해주었습니다. 한 가지 조건은 그들(사업주)이 자신의 사업장에서 도보 거리 내에 살아야 한다는 것이었죠. 그렇게 하면 커뮤니티 사람들이 운영할 수 있게 되니까요." 이는 흑인 젠트리파이어들에게 민감한 문제였다.

"저희는 지금 노스트랜드애비뉴에 와인 바를 허가받기 위해 애쓰는 중입니다"라고 그녀는 계속 말했다. "그리고 원주민들의 반대에 부딪히고 있어요. 그들이 말하기를, '우리는 원하지 않는다. 이 지역에서 주정뱅이 부랑자들을 없애기 위해 열심히 일했는데 당신들이 그들을 다시 불러오려고 한다'고 합니다."

"하지만 와인 바는 그냥 술집과 다르지 않을까요?"라고 나는 물었다. "이곳에서 당신이 해온 일을 그들은 모르는 걸까요?"

"물론 알죠. 그들에게 젊은이들이 어울릴 곳이 필요하다고 말했지만 한마디로 자기들은 오래된 사람들이고 우리는 새로운 사람들입니다. 그들은 우리를 더 성공했고 더 교육받은, 그래서 다른 사람들로 봅니다. 제가 처음으로 이곳에 건축 허가를 신청했을 때, 그들은 제게 '당신의 부모님은 어떤 분들이요?'라고 했죠. 그 말은, '당신은 우리 중 하나가 아니다'라는 의미인 거죠. 알겠어요? 이건 인종 문제가 아니라 계급의 문제랍니다."

"만약 오래된 매점들을 후원한다면 어떨까요?"

그녀는 그 말에 눈을 부라리더니 목소리가 한 옥타브 올라갔다. "방탄 창문이나 작은 구멍을 통해 말하거나 비위생적인 음식을 제공하는 장소를 만들려는 것이 아닙니다!"

나는 원주민들을 끌어들일 방법들과 그들이 출석하는 교회의 목회자들과 얘기하고 헌금하는 방법을 제안했다. 그녀는 동의하긴 했지만 별로 희망적이지는 않았다. 이 갈등은 계급을 따라 전개되어, 뉴욕시의 어떤 지역, 젠트리피케이션이 진행되는 곳이라면 어디에서든지 일어나고 있다. 요점은 그게 인종 문제와 거의 관련이 없다는 것이고, 문화적 유사성과 공통된 역사조차 항상 많은 것을 의미할 수는 없는 법이라는 걸 우리에게 지적해준다는 것이다.[65]

4년 동안 뉴욕의 네이버후드들을 답사하며 많은 사람과 대화를 나누고 개인적으로 관찰하면서, 나는 대부분의 젠트리파이어가 원주민들과 잘 어울리지 않는다는 결론을 내렸다. 대신 자신들처럼 그 지역에 새로 들어온 사람들을 선호한다. 안 그럴 이유가 없지 않은가? 결국, 그들은 다른 젠트리파이어들과 더 공통점이 많다. 사실 정통성을 경험하는 것, 즉 현지의 다른 민족계 식당에서 식사하고 출신 국가와 가치, 생활양식이 완전히 다른 사람들과 대화해보는 것은 재미있을 수 있다. 그러나 이런 장소들은 종종 그들이 건드려보거나 경험해보기를 원하는 곳이긴 하지만, 영구적으로 들어가고 싶어하는 집단은 아니다. 결국 그들은 자신 같은 무리에 만족하는 사람들이다. 이것이 그들이 바로 그들인 이유다. 즉, 그들은 **동네 안에** 있지만, 그곳에 꽤 살았다 해도 그 **동네의 성원**은 아니라는 의미다. 아마도 이 현상은 다른 사람들과 함께 산다는 생각에 그들이 익숙해지게 됨에 따라 시간이 지나면서 다소 바뀔 것이다. 게다가, 일부 젠트리파이어들은 현재 그들이 속해 있는 환경보다 덜 특권적인 환경에서 자랐을지도 모른다. 하지만 더 가능성이 있는 것은 그들이 옮겨 온 동네는 전반적으로 생활비가 충분한 사람들만이 남아 있을 수 있는 곳이 되면서 점점 더 동질적으로 변하리라는 것이다.

모든 것을 고려해볼 때, 젠트리피케이션은 복잡한 문제다. 도시의 많은 부분을 휩쓸고 있고, 다양한 이해관계의 도움을 받는다. 젠트리피케이션은 뉴욕의 얼굴을 바꾸고 있으며 수십 년 동안 그 미래를 만들어 줄 것이다. 현장에서 관찰함으로써 이러한 복잡성을 다양한 각도에서 볼 수 있게 되었고, 그중 다수는 긍정적이었고 일부는 반드시 그렇지는 않았다. 이제 뉴욕시의 민족-종교적 정체성의 미래라는 똑같이 복잡한 질문으로 관심을 돌리겠다. 흥미롭게도 이 문제에는 계급과 주거 패턴에 관련하여 젠트리피케이션이 진행되는 과정과 놀라울 정도로 평행한 부분이 있다.

7장

동화될 것인가, 구분될 것인가:

뉴욕의 민족 – 종교적 미래

퀸스에 있는 네이버후드들에 대한 다음의 짤막한 묘사들은 뉴욕시뿐만 아니라 일반적인 미국 전역에서 민족-종교적ethnic 요소가 갖는 중요성을 강조해준다. 에스니시티ethnicity란 인종, 종교, 또는 민족적 기원을 의미할 수도 있고 이들의 조합을 의미할 수도 있으며 문화와 계급 모두의 영향을 받지만, 그중 어느 것이 가장 중요한지는 오랫동안 논란이 되어왔다. 퀸스의 리치먼드힐은 진정한 민족-종교적 집단의 용광로인데, 페루인, 멕시코인, 시크교도, 인도와 파키스탄계가 포함되며 가이아나계(힌두교, 이슬람교, 기독교)가 아마 그중 가장 큰 집단일 것이다. 85번 애비뉴와 저메이카애비뉴 사이의 북부 지역 역시 아일랜드계, 이탈리아계, 유대인들이 함께 살고 있다.

저메이카애비뉴를 따라 식료품, 부동산 사무실, 미용실, 레스토랑, 패스트푸드점 같은 모든 종류의 상점이 있다. 110번 스트리트 근처에 있는 현지인들의 단골 장소인 아르만도스 포요 리코Armando's Pollo Rico는 페루 식당인데, 치킨 4분의 1마리, 프렌치 프라이나 쌀밥, 수프나 샐러드, 소다 모두를 5.75달러에 먹을 수 있다. 특산 음식으로는 파파 레예나스papa rellenas라는 간 고기를 채운 감자 튀김과 초클로 콘 케소choclo con queso라는 화이트 치즈를 곁들인 페루식 삶은 옥수수 요리가 있다. 힐사이드애비뉴에 있는 한 슈퍼마켓은 분명하게 다민족 고객에게 호소하고 있다. "공정거래 슈퍼마켓: 우리는 스페인, 가이아나, 인도 및 방글라데시 민족 상품을 모두 취급하고 있습니다."(사진 27) 저메이카애비뉴 근처의 112번 스트리트에는 보석과 시계를 팔거나 수리하는 가게를 소유한 신실한 부하라계 유대인이 있다. 그는 모든 사람과 함께

사진 27 공정거래 슈퍼마켓의 다민족 소비자 집단에 대한 호소. 메트로폴리탄애비뉴 130-10번지. 제시 리스 촬영.

잘 지내고 있다고 말했다.

 정말이지, 그런 다언어 지역에서 왜 안 그러겠는가? 하지만 그가 저 메이카애비뉴의 인근 교회 신도들과 어떻게 교류할 수 있는지는 궁금하다. 그 교회의 간판에는 '이글레시아 데 디오스 이스라엘리타Iglesia De Dios Israelita'라고 쓰여 있고, 다윗의 별과 메노라, 히브리 글자가 새겨진 석판 그림으로 장식되어 있다. 십자가는 보이지 않지만 유대교 회당 시너그그synagoga가 아니라 이글레시아iglesia, 즉 기독교 교회다. 저메이카애비뉴 더 아래에는 거리 쪽에 생명수 강 성전Temple of the Rivers of Living Waters이라고 스스로를 알리는 교회가 있는데, 목사 데이비드 매걸린의 전화번호가 바깥에 적혀 있다.

이런 사람들의 소우주는 퀸스의 엘름허스트, 브루클린의 디트마스 파크, 맨해튼의 워싱턴하이츠 같은 다른 도시 네이버후드에서도 재현되고 있다. 그리고 비록 서로 일치하지 않는 부분도 있지만, 그들은 모두 놀랄 정도로 잘 어울려 살아간다. 정체성을 유지하기 위한 그들의 노력은 시 정부나 다른 누군가에게 어떠한 불안이나 큰 우려도 주지 않는다. 그들의 차이는 이 믿을 수 없을 정도로 다양한 메트로폴리스에서 살아가는 구체적 삶의 내용일 뿐이다. 그러나 이 삶의 내용에는 파생된 큰 문제가 있다. 사람들은 근접성으로 인해 서로에 대해 알고 배우게 된다. 그들은 미국적 상황 내에서 누군가의 민족-종교적 요소를 다루는 것은 어려운 일이지만 모든 유입 인구 집단이 반드시 직면해야만 하는 문제라는 것을 서로에게서 배우게 된다. 게다가 나의 동료 필립 카시니츠가 개인적으로 관찰한 바와 같이 뉴욕이 대중교통 도시라는 사실 자체가 다양한 집단과 마주하지 않을 수 없게 만든다.

비록 에스니시티가 여전히 뉴욕에서 강력한 힘을 가지고 있지만, 미국적 삶과 문화에 완전히 동화하는 것도 유입 인구를 포함한 도시 거주자들 사이에서 똑같이 강력한 현상이 되었다. 2010년을 전국적으로 살펴보면 인종 또는 민족-종교적 집단 간 결혼은 1980년보다 두 배 이상이었으며, 이중 대다수가 트렌드를 선도하는 뉴욕시에서 이루어졌다. 15퍼센트라는 비율은 바로 관대함을 반영한다. 퓨리서치센터의 연구에 따르면, 이들 결혼은 동성 결혼이나 증가하는 편모 가정보다 더 호의적으로 받아들여졌다. 그리고 미국인의 3분의 1 이상이 직계 가족이나 친척이 다른 인종과 결혼했다고 말했다. 간단히 말해, 인종 간 결혼은 해가 갈수록 점점 더 흔해지고 있다. 흑인 여성보다 흑인 남성이 다른 인종과 결혼하는 사례가 더 많았지만 아시아인은 남성보다 여성의 사례가 훨씬 더 많았다. 아시아인-백인 부부들은 백인 부부나 아시아계 부부보다 소득이 높았으며, 다른 인종과 결혼하는 히스패닉계와 흑인들은 대학 학위자가 더 많은 경향이 있었다.[1]

2010년 약 830만 명으로 추정되는 뉴욕 인구 중 비히스패닉계 백인은 33퍼센트, 히스패닉계는 28퍼센트, 흑인은 26퍼센트, 아시아인은 13퍼센트를 차지했다.[2] 뉴요커의 36퍼센트는 외국에서 태어났으며, 뉴욕은 합법적으로 입국하는 외국인이 다른 어느 도시보다 더 많았고 미국 도시 중에서 동성애자 인구가 가장 많다. 이제 뉴욕주에서 동성 간 결혼은 합법이기 때문에 분명히 더 늘어날 것이다. 민족-종교적 집단은 아니지만, 이들도 분명 구분되는 집단이다.

이번 장에서는 민족-종교적 정체성의 미래에 대해 초점을 맞춰보겠다. 동화되는 것과 정체성 유지 또는 그 두 가지의 혼합 버전 중 어느 것이 지배적인 패턴일까? 이 질문에 답하려면 상이한 집단들 사이의 접촉을 이해하는 것이 중요하며, 그들이 외부인에게 어떻게 보이는지 역시 중요한 문제다. 그들은 받아들여지고 있고 시간이 가면서 편견은 감소했는가? 그리고 가장 중요한 것은, 민족-종교적 집단은 어떻게 국가적으로, 종교적으로, 인종적으로 또는 다른 방식으로 식별되는가? 이러한 질문에 대한 대답은 우리가 앞으로 50년 안에 어떤 사회가 될지 말해줄 수 있기 때문에 중요하다. 관용과 존중이 특징인 사회가 될 것인가, 아니면 불신과 갈등의 낙인이 찍히는 사회가 될 것인가? 먼저 뉴요커들의 놀랄 만큼 다양한 접촉부터 살펴보겠다.

데이그레이션

우리 사회에는 내가 '데이그레이션daygration'(일중day과 이동migration을 합쳐 저자가 만든 조어―옮긴이)이라고 부르는 접촉이 존재한다. 이제까지 이런 식의 분류는 없었지만, 좀더 연구의 대상이 될 자격이 있다고 생각한다. 데이그레이션이란 한 지역 거주자들이 낮에만 그 지역 다른 집단 사람과 상호작용할 때 발생하는 접촉을 말한다. 외부인은 저녁이면 자신의 집으로 돌아가지만, 일어나서 활동하는 대부분의 시간 동안 그 지역 주민들과 접촉을 한다. 이러한 상황에서 어떤 관계가 발전할 수 있고 그것은 얼마나 의미 있는 일일까? 진정한 우정이 거기서 생겨날 수 있을까? 아니면 더 깊은 의미는 딱히 없는 표피적인 교류에 불과할 것인가? 집단 간의 인식을 어떻게 형성하고 어떤 영향을 미칠 것인가? 이 개별적인 사람들은 집단적 대표자로 보일까, 아니면 규칙의 예외로 보일까? 집단의 관계에 더 큰 영향을 미치는 것은 무엇일까?

뉴욕시에 데이그레이션의 예는 많다. 한국인 델리와 그들의 소수민족 고객들처럼 몇몇은 이미 연구된 적이 있다. 히스패닉계나 흑인 지역에서 일하지만 거주지는 않는 예멘인 델리 주인과 파키스탄 주유소 주인과 같은 새로운 집단들은 아직 연구되지 않았다. 이들은 중요한 사례다. 그들의 존재는 지배적인 집단이 다른 사람들로부터 고립되어 사는 게 아니라는 것을, 순전히 현재의 주소지만으로 네이버후드를 정의

하면 이야기의 중요한 부분을 놓치게 된다는 것을 의미하기 때문이다. 내가 '현재'라고 말한 이유는 지역에서 일하는 사람들 중 많은 이가 한때 그곳에 살았다는 사실을 발견했기 때문이다. 이런 경우, 현재 그곳의 지배적 거주자들이 신입 거주자였을 때에 대한 이들의 기억이 관계에 영향을 미칠 수 있다.

가끔 백인 회원을 가진 단체들이 한때 백인 네이버후드였던 곳에 남아 있는데, 낮 동안에 흑인들이 그곳에서 일하며 서비스를 제공해주기도 한다. 좋은 예로는 대형 노인 복합 센터인 선라이즈센터가 있다. 운동 프로그램, 치과 검진, 알츠하이머와 치매 프로그램, 영양 상담, 게임, 영화, 식사, 미용실 등을 갖추고 있는 곳이다. 이 센터는 브루클린의 커나시, 이스트 96번 스트리트와 애비뉴 J에 위치해 있다. 수백 명의 백인 노인이 정기적으로 브라이턴비치와 십스헤드베이 같은 곳에서 커나시로 들어가 아름다운 시설에서 하루를 보낸다. 직원들은 대부분 소수민족이고, 관계도 거기서 발전한다. 노인들은 소수민족 직원들이 자신들을 잘 대하는지 살피게 된다. 친절하고 도움이 되는가, 아니면 차갑고 대꾸도 하지 않는가? 어떤 경우든 그들은 다른 커뮤니티의 친구나 가족에게 그들에 대해 이야기하게 된다. 이러한 방식으로 한 집단에 대한 인식이 발전되고 확산되는 것이다.

또 다른 흥미로운 예는 연방 보조금으로 운영되는 엘레드 브얄다 취학 전 아동 프로그램Yeled V'Yaldah preschool program이다. 이 프로그램은 예전엔 번성했던 패러컷로드의 사용되지 않는 유대회당 건물에 자리 잡고 있다. 경비원과 다른 직원들은 현지 흑인이며, 그중 한 명은 인근

글렌우드 공공 주택 프로젝트 단지 출신이다. 브루클린 전역에서 버스를 타고 오는 유대인 자녀가 원생의 대부분을 차지하지만 일부 흑인 아이들도 같은 수업을 받고 있다. 두 프로그램이 모두에게 열려 있어야 정부에서 자금을 지원해주기 때문에 두 집단은 기꺼이 어울리게 된다. 인격 발달에서 가장 중요한 시기에 이렇게 가까운 접촉은 양쪽 모두에 오래 지속될 인상을 심어줄 수 있다. 어쨌든 아이들은 함께 놀고 같은 반 친구와 우정을 형성하며 서로에 대해 좋고 나쁜 점을 만들어나갈 것이다.

어떤 커뮤니티는 자신들의 문화를 유지하려 더 노력한다. 이스트빌리지의 우크라이나 커뮤니티는 한때 상당히 큰 규모였다. 마약과 폭력이 커뮤니티를 잠식하기 시작하자 많은 우크라이나인이 퀸스나 브루클린, 뉴저지 등지로 옮겨 갔다. 그러나 그들은 자녀가 자신들의 문화와 강한 정체성을 유지할 수 있도록 요즘에도 먼 거리를 가로질러 그곳에 다닌다. 한 우크라이나인의 말처럼 "대단히 가족 중심적인 우크라이나 부모들은 아이들을 걱정하기 시작했습니다. 자녀를 거리의 아이들과 같이 키우지는 않았습니다". 1990년대에 이 지역은 젠트리피케이션이 발생했고 이제는 다시 돌아올 수 없을 정도로 비싸져버렸다. 그렇지만 "아이들은 학교(가톨릭 세인트조지학교)를 통학하며 우크라이나어와 문화를 배운다". 이렇게 낮에만 있지만 결과적으로는 다른 민족-종교적 집단과 접촉이 생기게 된다. 학교는 새로운 환경을 수용하고 현재 이슬람교도와 유대인뿐만 아니라 흑인과 히스패닉계 공동체에서 온 학생들도 받아들이고 있다. 이 새로운 그룹은 분명히 함께 공부하고 함께 논다. 사회학자 마리오 L. 스몰, 모니카 맥더멋, 로버트 샘슨이 실시한 연구는 학교, 탁아소 및 다른 비영리단체들의 역할이 네이버후드의 생애에 미치는 중요한 영향을 보여주고 있다.[3]

접촉은 심지어 단순히 스쳐 지나갈 때도 발생할 수 있다. 내가 네 명의 대학원생과 함께 주로 정통파 유대인 지역인 큐가든스힐스를 답사하다가 밀마트라고 하는 코셔 테이크아웃 가게에 들어갔을 때다. "여기는 저의 뉴욕 수업을 듣는 학생들입니다." 학생들에게 유리 디스플레이 상자에 있는 음식들에 대해 얘기하면서 카운터 뒤에 있는 사람들에게 무심코 설명했다. 마침 유대인들이 8일 동안 수카succah(임시로 만든 오두막 공간)에서 식사를 하는 수코트Succoth 명절이었다.

"수카에는 가보신 적 있으세요?" 아이 두 명을 데리고 온 검은 모자에 턱수염을 기른 젊은 남자가 물었다.

"아니요. 그렇지만 가보고 싶네요"라고 대답했다.

"저희에게 오실래요?"라고 그가 제안했다. "제가 이 근처에 살고 있거든요."

"와우, 대단히 감사합니다. 언제 방문하면 될까요?"

"아내에게 전화해둘 테니 30분 정도 있다가 오세요. 거의 다 왔을 때 제 휴대전화로 전화해주시고요."

그렇게 일이 진행되었다. 도착하자 우리는 그의 거실을 지나 현관 베란다에 설치된 임시 오두막인 수카로 안내되어 들어갔다. 남학생만 있는 인근 예시바학교의 교감인 이 남자는 루겔라흐rugelach라고 하는 과자와 주스를 미리 준비해두고 있었다. 그는 참을성 있게 우리에게 이 명절의 의미를 설명했다. "수카에 손님을 초대하는 것은 매우 중요한 일이에요. 날씨만 좋으면 밤에 여기서 잘 수도 있습니다." 그의 네 어린아이가 들어와서 인사했고, 바로 맨해튼 어퍼웨스트사이드에서 자란 젊은 아내가 들어왔다.

무엇보다 이 만남을 정말 주목할 만하게 만든 것은, 이 금요일 아침은 그들에게 매우 바쁜 시간이었고 지난 이틀 동안 명절 준비와 요리, 청소 등을 계속하는 중이었다는 것이다. 또 내 학생들은 유대인이 아니라서 유대인들에게 유대교를 전도한다는 인센티브도 없었다는 것이다. 한 명은 독일 출신이었고, 다른 한 명은 독일-아일랜드계, 세 번째는 매사추세츠에서 온 보통의 미국인, 네 번째는 한국인이었다. 이날의 초대는 정통파 유대인에 대한 학생들의 시각에 크게 영향을 끼쳤으며, 학생들도 그렇다고 말했다. 몇 년이 지난 후에도 적어도 두 명은 아직 그 만남과 그들이 어떻게 대접받았는지에 대해 좋은 기억을 가지고 있었다.

같은 터전에서의 만남

같은 네이버후드에 여러 집단이 사는데 외관상으로는 가끔 속을 때가 있다. 아시아인 지역을 답사하면 여기가 단일 아시아계 집단에 속한다고 생각할 수 있지만 더 자세히 보면 그렇지 않은 경우가 있다. 이스트빌리지에 있는 일본인 거주지를 연구한 결과, 일본인이 운영하는 레스토랑에서 꽤 많은 한국인이 일하는 것으로 나타났다. 게다가 이 지역은 한국, 타이완, 타이, 중국인들이 유입되는 좀더 범아시아적인 지역

이 되고 있으며, 집단의 구성원들은 서로가 소유한 상점에서 쇼핑하는 경향이 있다.[4]

도시 내 대부분의 지역은 매일 서로 접촉하고 공간을 공유하는 사람들이 그 안에서 섞여 살고 있다. '손을 내민다' 같은 문제가 아니다. 오히려 이웃과 좋은 관계를 갖는 것이 합리적이다. 전형적인 예로 브루클린의 플랫부시에 있는 엄격한 정통파 유대인 중년 여성의 반응을 보자. 그녀는 옆집에 사는 이탈리아계 미국인 이웃과 매우 친하다고 말한다. 감색의 롱 스커트를 발 아래까지 내려가도록 입고(동네에서는 '바닥 청소기'라고 불린다) 헐렁한 흰 블라우스를 입고 머리를 짙은 색 두건으로 가리고 있다. "그녀[이웃집 여자]와 그녀의 친구들은 그저 놀라울 뿐이에요. 제가 외래 치료를 받으러 병원에 정기적으로 가야 했을 때 그 집 아들이 2주 동안 매일 저를 데려다주었어요. 제 남편은 세 가지 일을 하고 있어서, 정말 하늘이 내린 선물이었습니다."

"하지만 저녁 식사에 초대해서 같이 먹을 사람들은 아니죠?"라고 나는 물었다.

"그건 전적으로 우리는 코셔를 지켜야 해서 초대를 받아도 갈 수 없는 상황이라 남편이 그들을 초대하지 않기로 했기 때문이에요. 하지만 저는 그 점이 궁금합니다. 제 말은, 코셔 피자를 가지고 가서 종이 접시에 놓고 먹으면 안 될 이유도 없잖아요? 아니면 그분들을 코셔 레스토랑에 데려오든지 하는 식으로요."

"이탈리아인은 다른 비유대인과 다릅니까?"라고 나는 물었다.

"저는 유대인과 매우 비슷하다고 생각해요. 아시겠지만 가족 구조도 비슷하고 음식을 중요히 여긴다는 점 등에서요."

그녀는 좀더 개방적이고 우호적인 사람이 되고 싶지만 유대인으로서의 정체성이 위협받을 것을 두려워하는 남편의 저항을 받고 있었다. 그렇지만 나는 수십 명으로부터 배경이 전혀 다른 이웃들과 우정을 나눈 이야기를 접할 수 있었다.

로어이스트사이드의 중국인과 유대인 관계에 대한 탐사적 연구에서, 노인 센터에서 인터뷰도 진행했던 나의 대학원생 중 한 명인 팡쉬는 상당히 흥미로운 내용을 발견했다. 유대인과 이탈리아인처럼 두 집단은 가족에 대한 존경, 노인에 대한 공경, 교육에 대한 관심, 사업에 대한 집중과 같은 문화적 가치를 공유하고 있었다. 지난 50년 동안 로어이스트사이드에 사는 대부분의 유대인은 정통파였다. 중국인들 역시 오랫동안 그곳에 있어왔는데, 처음으로 도착한 것은 1870년대로, 심지어 1880년대의 유대인 대량 이민이 시작되기도 전이었다. 팡쉬의 인터뷰에 응한 유대인 노령 응답자들은 중국인들에 대해 호의적인 마음을 표현하면서 노인에 대한 공경과 가족 가치, 조용한 성품에 주목했다. 유대인과 중국인은 모두 마작을 많이 하지만 완전히 다른 규칙으로 게임을 한다. 언어 장벽도 있다. 한 유대인 응답자는 중국계 이웃들과 함께 공놀이를 하고 서로의 집을 방문하는 것에 대해 이야기했다. 두 커뮤니티 사이에는 갈등이 거의 없다시피 한 것처럼 보였다. 유대인들은 중국계보다 더 미국화되었기 때문에 최근에 유입된 예술 취향이 강한 여피족들과 더 친하게 지낼 거라고 짐작하는 이들도 있다. 사실 맞는 말이다. 유대계 아이들 중 일부는 새로운 친구들과 잘 어울리는 것 같다. 반면 중국계는 2세대 몇몇이 예술계에 진출한 경우도 있지만 아직은 쉽게 어울리지는 못하는 것 같았다.[5]

집단 간에 공통점이 더 많은 경우 의미 있는 접촉은 더 쉬워진다. 니컬러스 디마지오 주교는 "우리는 정통파와 함께 학교 보조금 쿠폰, 종교적 관행 존중, 가족적 가치 같은 다양한 문제를 상의할 수 있습니다. 정통파들은 비정통파 유대인보다는 우리와 함께 일하는 것을 종종 더 선호합니다"라고 보고 있다.

뉴욕시에서 민족-종교적 집단 간 접촉, 사회적 진보, 진정한 터전의 공유를 보고 싶다면 브루클린에 있는 히브리계 차터 스쿨의 경험이 완벽한 사례가 될 것이다. 헤브루랭귀지아카데미는 예시바대학에 자리 잡고 있고, 여러 국적의 어린이들이 출석하고 있다. 학교의 프로그램은 이스라엘의 문화와 히브리어를 강조하지만, 학생들은 크리스마스와 라마단에 대해서도 배운다. 학생들의 3분의 1은 흑인이고 히스패닉계가 일부 포함되어 있다. 종교적으로 보면 유대인, 이슬람교도, 기독교인으로 구성되어 있다.

아알림과 아알리마는 이 학교를 다니는 쌍둥이인데, 서로 히브리어로 얘기하는 것을 좋아한다. 그들에게 이는 아버지가 이해하지 못하는 일종의 비밀 코드 같은 것이다. 아알림은 히브리어로 가장 좋아하는 노래 부르기를 즐겨한다. "나의 이스라엘 땅은 아름답고 꽃이 만발합니다. / 누가 그것을 짓고 누가 그것을 가꾸었나요? / 우리 모두 함께! / 나는 이스라엘 땅에 집을 지었죠. / 이제 내게는 땅이 있고 이스라엘 땅에 집을 가지고 있죠!"(「이스라엘의 땅」이라는 유대인 동요-옮긴이) 그런

데 알아두어야 할 것은 아알림이나 아알리마가 이슬람교도라는 점이다. 그리고 그들이 다니는 학교는 이스라엘에 대한 노래들을 가르칠 뿐아니라 건물 전체에 이스라엘 국기를 게양하고 문화 프로그램의 일환으로 이스라엘 독립일을 축하하고 있다.[6] 민족-종교적 또는 인종적 긴장감이 있는 집단에 손을 내미는 일반적인 음악이나 요리 봉사 프로그램들을 넘어서는 수준이다.

이상하고 일반적이지 않은 접촉

우익 정통파 유대인들은 이성과의 접촉을 대단히 조심한다. 내 학생한 명이 왜 버스가 성별로 분리되어 있느냐고 물었을 때 사우스윌리엄스버그의 한 하시드파 남자가 보인 반응이 생각난다. "섞지 않아요, 섞지 않죠"라는 게 그의 대꾸였다. "그리고 우리는 다른 방식으로도 매우엄격하게 이를 따르고 있습니다. 여성들도 단정하게 옷을 입지 않으면우리 커뮤니티에서 걸어다닐 수 없습니다"라고 그는 덧붙였다.

그래서 나는 대단히 종교적인 유대인 네이버후드에 있는 대형 고급코셔 슈퍼마켓에 들어갔을 때 몸에 딱 달라붙는 스웨터를 입은 삼십대정도의 아름다운 금발 머리칼에 파란 눈의 여성이 반갑게 맞아주자 깜짝 놀랐다. 사실 그 가게는 초정통파 유대인들의 소유였다.

"안녕하세요!" 하고 그녀는 인사했다. "이 치즈 시식해보세요. 아주맛있어요. 코셔 치즈가 이런 맛도 낼 수 있다는 걸 믿지 못할 거예요."
그녀의 말은 많은 유대인이 믿고 있는 바에 비추면 확실히 맞는 말이었다. 유대인들은 코셔가 아닌 스테이크나 피자, 와인 제조법에 제한이 없기 때문에 항상 더 맛있다고 믿고 있기 때문이다. 또한 코셔 규칙을 지키는 사람들은 일종의 인질 같은 소비자라서 제조업체와 소매점이 굳이 제품을 개선해야 할 이유를 찾기 어렵기도 하다.

그러나 그녀는 콜로라도 출신의 개종자였고 이렇게 말하는 게 좀더 자연스러웠다. 맛의 차이를 알고 있을 것이기 때문이다. 그녀에게도 인질 소비자들이 있다. 하지만 코셔 음식을 원하는 사람들만을 말하는 것은 아니다. 바로 다른 행성에서 온 이 여성과 이야기하고 추파를 던지는 것에 스릴을 느끼는 신실한 정통파 남자들도 포함된다. 가게에 들어갔을 때 나는 그런 두 남자가 그녀와 이야기하는 것을 봤는데, 40분 후 내가 가게를 나갈 때도 그들은 겉으로는 이쑤시개에 찍은 치즈 조각을 맛보는 척하면서, 실제로는 대화를 나누며 웃음을 터뜨리고 낄낄거리면서 여전히 그곳에 머물고 있었다.

여기 독실한 정통파라면 우려할 만한 문제들이 있다. 그 여성은 어떤 합리적인 기준으로 봐도 매력적이었다. 악수 같은 신체적 접촉은 모두 금지되어 있지만 기회는 여기 너무나 많이 있다. 그리고 서부 억양이 뉴욕 억양과 너무나 달랐기 때문에, 그 억양에 익숙하지 않은 사람들에게는 대부분 이국적인, 금단의 열매 같은 느낌을 주었을지도 모른다. 주인과 손님들은 분명히 인지 부조화를 연습하고 있었으며 그들의 경제적 그리고 아마도 관음증적 목표에 맞게 기존의 현실을 재창조하고 있었던 것이다.

나는 "어디서 왔어요?"라며 그녀와 대화를 나누었다.

"콜로라도에서요. 제가 만난 랍비가 작년에 이곳 일자리를 제의했고
요. 이혼을 겪는 중이라 뭔가 할 일이 필요했죠. 치즈 일은 6년 정도 했
어요. 그리고 모든 명절과 관습에 대해서, 어떤 치즈가 코셔 치즈인지
도 배우고 있어요."

"유대인이세요?"라고 나는 물었다.

"예, 하지만 개종자예요. 저희 엄마는 이 일을 별로 좋아하지 않았습
니다. 인정하시지 않지만, 엄마는 유대인 혈통이지만 가톨릭이 많이 섞
여 있어요. 그래서 법적으로 저는 유대인이 아니예요. 엄마는 '하지만
너는 세례를 받았잖아'라고 하시죠. 저는 '좋아요, 뭐든지요'라고 말하
고요. 저는 슐(유대 교회)에 매주 가고, 코셔를 먹어요. 보수적인 회당을
다니는데 가끔은 정통파 쪽도 가죠. 하지만 지금 유대인 남자를 사귀
기도 하고요. 랍비 한 분과 레베친(랍비의 아내를 칭하는 말 - 옮긴이) 덕
분에 여기 이렇게 있을 수 있었어요. 물론 저는 지하실에 붙잡혀 있는
포로 신세라고 말하겠지만 말이에요."

"뉴욕에는 어떻게 오게 되었습니까?"

"우연히 이곳 치즈 마케팅 프로젝트에 참여했다가 해고되었어요. 그
래서 머물기로 했어요."

이상하지만, 그리고 많은 이야기를 하지는 않았지만, 교훈은 적지 않
았다. 우선 우리는 배타성이 강한 사회에서도 사람들이 접촉하기를 원
한다는 것을 알 수 있다. 그리고 예쁜 여성이라는 요인에 의해 갈망은
증폭된다. 좀더 흥미로운 것은 이 여성이 초정통파 주인에게 의도적으
로 고용되었다는 것이다. 그녀와 공적인 장소에서 오랫동안 대화를 나

누면서 농담을 주고받는 것은, 독실한 남성이라면 비난의 위험을 감수해야 하고 심지어 커뮤니티의 검열 대상이 되기도 하는 일이다. 이 상황은 그렇게 피하려는 노력에도 불구하고 초정통파조차 도시적 환경 속에서 바깥 세계와의 접촉을 피할 수 없다는 것을 상기시켜준다. 눈에 띄지 않는 많은 접촉이 도시에 있는 모든 종류의 사업에서 일어난다. 사업에서 정통파는 다른 사람들과 접촉해야만 한다. 가장 중요한 것은, 이 이야기는 인구 밀도가 높은 지역이라면 누구나 누구든지 만날 수 있음을 보여준다는 것이다. 이러한 현실 때문에 도시는 단순히 그 존재로 인해 커뮤니티 간의 접촉을 촉진한다.

그다음으로 흔치 않은 사례는 완전히 다른 종류다. 비록 이 남자 역시 독실한 정통파 유대인이기는 하지만 말이다. 그는 차바드라고 알려진 루바비치파 커뮤니티에 속한다. 루바비치 운동의 유대인들은 율법 준수를 매우 중시하지만, 율법 적용이 느슨한 유대인 커뮤니티와의 관계에서 상당히 자유롭고 일반적으로 더 큰 사회에 대해서 개방적인 태도를 가지고 있다. 더욱이, 그와의 만남은 내게 고정관념을 깨는 것이었다.

나는 2010년 5월 하순 어느 금요일 오후, 사우스브롱크스의 그랜트 애비뉴 주위 이스트 167번 스트리트로 걸어 올라가고 있었다. 이때 불현듯 학교 건물을 떠나는 하시드 스타일의 남자를 볼 수 있었다. 중간 키에 큰 검은색 머리쓰개를 쓰고 있었으며, 회색 턱수염이 길게 나 있었다. 그리고 셔츠 아래에 입은, 실을 꼬아 장식한 종교적 복장에 달린 끈 치치스tzitzis가 셔츠 양쪽으로 엉덩이 높이에 매달려 있었다. 나는 그에게 다가가서 "당신처럼 종교적인 유대인이 여기엔 어쩐 일인가요?" 하고 상당히 자연스럽게 질문을 던졌다.

"저요? 요 위 블록의 제22중학교에서 일하고 있습니다."

"거기서 어떤 일을 하시는데요?"라고 나는 물었다.

"주임선생이요. 규율 주임선생입니다."

"정말인가요?" 나는 그가 덩치가 크지도 터프하지도 않다고 생각하면서, 이 지역의 거친 중학교 아이들이 정통파 유대인인 그를 아무렇게나 대할 것 같다는 생각이 들었다. 어떻게 그는 자신과 그렇게 다른 그들의 삶과 문화를 이해할 수 있을까?

"어떻게 학생들을 통제하나요?"라고 나는 물었다. 곧 내 생각 대부분이 틀린 것으로 판명 났다.

"왜 못하겠어요?" 그는 웃으면서 대답했다. "저는 학생들을 인간으로 대우합니다. 아직 전혀 문제가 없었습니다."

"당신 차림새에 대해 학생들이 뭔가 말을 한 적은 있었습니까?"

"딱히 그러지는 않았습니다." 그는 짧게 웃음을 터뜨렸다. "여기 사람들이 옷을 입는 방식을 고려해본다면, 그러니까 스컬캡, 턱수염, 망토를 입은 아프리카 이슬람교도들 말입니다만, 저도 정말 잘 어울리죠. 저는 그저 또 다른 이상한 옷차림일 뿐입니다. 여기서는 무슨 일이든 일어나죠. 사실 제가 유대인이라는 것을 깨닫지 못하는 경우가 매우 많습니다."

"하지만 부모들은 어떤가요, 특히 무슬림 부모들은?"이라고 계속 물어봤다.

"아무런 문제가 없습니다. 그들은 매우 존경스러워요. 단지 아이들이 좋은 교육을 받게 하고 싶어합니다. 아이들의 문제는 대개 가정 형편이 어려운 것이지만, 개인적으로 저는 그들과 대단히 잘 지내고 있습니다. 저는 종교가 아닌 행동을 다룹니다. 아이들을 좋아하고, 그들이 어떻게 성장하는지 지켜보는 것을 좋아하고요. 점심을 먹은 적이 한 번도 없을 정도죠. 문제를 해결하느라 너무 바빠서요. 오전 8시부터 오후 5시까지 여기에 있습니다. 유일한 문제는 출퇴근인데 크라운하이츠에서부터 지하철을 타고 여기까지 와야 합니다."

그리고 마치 대기라도 하고 있었던 것처럼, 아마도 열한 살이나 열두살쯤 되었을 흑인 소년과 소녀가 케네디프라이드치킨 가게에서 모습을 드러냈다. 주임선생을 본 학생들은 기쁜 마음으로 하이파이브를 하더니 "안녕하세요, 미스터 T. 어떻게 지내세요?"라고 인사했다. "제 별명입니다"라고 그는 웃으며 설명했다. "성이 'T'로 시작합니다. 저는 투비아 타틱이라고 합니다."

"여기에는 조정adjustment(뉴욕시 교육제도에서 교사와 학생들의 필요에 대해 조정하는 것을 의미ㅡ옮긴이)으로 오신 건가요?"

딱히 그렇지는 않습니다. 보시다시피 저는 프룸frum[종교적으로 독실한]으로 자라나지 않았습니다. 브롱크스에서 비종교적인 유대인으로 자란 후 드위트클린턴고등학교에 갔습니다. 그리고 이 동네 유대인 커뮤니티 센터에서 농구를 하곤 했죠. 그래서 바깥 세계와 공립학교에 대해 이미 알고 있었습니다. 저는 또한 흑인 인구가 많은 크라운하이츠에 살고 있습니다. 누가 저를 고용했는지 아세요? 바로 또 다른 독실한 유대인, 하버드에서 박사학위를 받은 시몬 워롱커입니다. 그는 교장이며 『뉴욕타임스』 1면에도 기사로 나온 적이 있습니다. 구글 검색을 해보세요. 7분짜리 아름다운 동영상을 볼 수 있습니다. 그가 오기 전에 이 학교는 이 도시에서 최악의 중학교 열두 곳 중 하나였습니다. 칠레에서 이 나라에 왔을 때, 그는 영어를 전혀 하지 못했습니다. 그래서 그가 이 직책을 맡았을 때 사람들은 웃었죠.

"하지만 적어도 그는 스페인어를 알고 있었고, 그게 여기서는 매우 중요합니다"라고 나는 끼어들었다. 투비아도 그 점에 대해서는 내게 동의했다. 사실 나는 그 기사를 기억하고 있었다.

"학교에 또 다른 정통파 유대인도 있습니다"라고 그는 내게 말하면서, "하지만 그는 '현대적'입니다"라고 덧붙였다. "그는 건물 안에서는 키파kippa[머리쓰개]를 착용하지 않습니다."

현실은 눈으로 보는 것보다 항상 더 많은 상황을 보여준다. 투비아는 전형적인 독실한 유대인보다 특별하다고 여겨질 만한 비공식적인 자격을 가지고 있다. 첫째, 그는 정통파로 양육되지 않았다. 둘째, 브롱크스에서 자랐고 어린 시절 그곳에서 농구를 했다. 셋째, 공립학교 출신이다. 넷째, 하시드파 집단들 중에서 가장 외향적인 루바비치 종파에 속해 있다. 다섯째, 내가 듣기로 그는 투로대학에서 공부한 훈련된 심리학자다. 마지막으로, 흑백의 혼합 커뮤니티에 살고 있다. 이러한 특징은 일상적인 도전에 직면할 때 그에게 큰 도움이 된다.

"학교에 반유대주의가 별로 없다고 생각하는 이유는 무엇입니까?"

계속 물어봤다.

"솔직하게 말하겠습니다. 히스패닉계가 많기 때문이죠. 대략 70퍼센트 정도 됩니다. 히스패닉계는 전반적으로 종교 자체를 존중하는 문화가 있습니다. 그리고 우리는 심지어 이슬람교도와도 종교에 대해 이야기합니다. 일부는 실제로 중동이나 예멘에서 왔고요."

지하철 입구에서 그와 헤어지면서 나는 "만나서 너무 반가웠습니다. 정말 흥미로웠습니다. 그리고 당신이 그때 막 건물 밖으로 나오지 않았다면 만날 수 없었을 겁니다"라고 말했다.

투비아의 답변은 사물에 대한 그의 신앙에 기반한 접근 방식을 강조하는 것이었다. "하시드 철학의 주춧돌 중 하나는 모든 것이 미리 정해져 있다는 것입니다. 신은 나뭇잎 하나도 아무 목적 없이 나무에서 떨어지도록 내버려두지 않으십니다. 신은 우리가 만나야 하도록 하셨습니다. 저는 에레브 샤보스erev shabbos[안식일 바로 직전]여서 3시에는 퇴근하려고 했습니다. 하지만 다른 주임 선생님들과 얘기를 나누느라 늦어졌죠. 제게 언제든지 전화를 거서도 좋습니다."

"크라운하이츠의 친구들이 당신이 가르치는 아이들에 대해 어떤 오해를 하고 있지는 않습니까? 학생들이 난폭한 아이들이라고 생각합니까?"

"그게 말이죠"라고 그는 대답했다. "아이들은 가공하지 않은 다이아몬드 원석 같습니다. 아이들은 제 치치스가 뭐냐고 묻습니다. 그러면 저는 설명해줍니다. 대부분은 물어보지도 않습니다."

확실한 것은, 독실한 정통파 유대인들은 투비아처럼 관대하지 않다는 것이다. 나와 학생들을 수카에 초대했던 사람처럼 외부인들을 환영하는 경우는 드물다. 그래서 이런 예외적 사례들을 매우 흥미롭게 만든다. 뉴요커들은 다른 집단과 지속적으로 접촉하기 때문에 일상적이지 않으면서도 이처럼 생산적인 접촉의 가능성이 크게 높아진다.

이 사례는 민족-종교적 집단 학습의 좋은 예다. 투비아가 고정관념에 사로잡힌 집단에 속해 있다는 바로 그 사실 덕분에 그가 아이들이나 동료들로부터 얻는 평판의 상대적 이익을 생각해보라. 보통 흑인들과 히스패닉계는 하시드파(및 대부분의 유대인)들을 천박하고 비윤리적인 집단으로 본다. 왜 그럴까? 그들이 전지전능한 달러를 숭배한다고 보기 때문이다. 흑인과 히스패닉계는 유대인들과 현실에서의 접촉이 거의 없다. 있어봤자 건물주로서, 상인으로서, TV에 나오는 희화화된 인물로서일 뿐이다. 이슬람교도들은 보통 중동 정치에 의해 고정관념이 형성되기 때문에 더 상황이 좋지 않다. 그렇다면 방정식의 반대편에서 투비아가 소수민족에 대한 커뮤니티 구성원들의 좁은 시야를 어떻게 변화시키는지 생각해보자. "우리 아이들 정말 멋져요." 그는 이렇게 이웃들에게 말한다. 투비아는 걸어다니는 외교관이며, 감수성이 예민한 나이인 아이들은 그와 가진 경험을 평생 지니고 갈 가능성이 높다.

편견

1970년대와 1980년대, 브루클린의 커나시는 이탈리아인과 유대인들이 떠나면서 점점 더 많은 아프리칸아메리칸이 유입되어 역내 주도권을 다투게 되었다. 네이버후드에 대한 글을 쓰고 있는 도시학 연구자 키스 매클린은 백인 주민들이 흑인 주민들에 대한 두려움으로 인해 인종 차별과 외국인 혐오를 보였다고 주장한다. 1980년까지 커나시는 거의 90퍼센트 정도 백인 지역이었다. 흑인들은 대부분 중산층 신규 유입 인구였고, 소득과 교육 수준이 거기 거주하고 있던 백인들보다 높은 경우도 많았다. 오늘날 이 네이버후드는 거의 100퍼센트 흑인이다. 중산층에서 중하층 정도로 많은 주민이 카리브해 출신이다.[7] 아마도 백인들의 두려움은 자신들이 이전에 이스트뉴욕과 브라운즈빌의 허물어져가는 지역에서 가난한 흑인들에게 밀려났다고 느꼈기 때문에 더 악화되었던 것 같다. 그러니 정말 의문이 드는 건 이것이다. 인종차별주의가 무직의 가난한 게토 거주자와 커나시의 비싼 집값을 치르고 들어온 성공한 중산층 흑인을 백인들이 구분하지 못하도록 막았는가라는 것이다.

30년 전 퀸스에서 흑인들은 로럴턴에 살았고 백인들은 비치허스트에 살았다. 여전히 그렇기는 하지만, 지금은 뭔가 아주 달라졌다. 이전 시기의 흑인들은 비치허스트나 다른 백인 지역으로 쉽게 이동할 수 없었다. 그랬다면 있는 그대로의 편견과 노골적인 적대감에 직면했을 것이다. 지금은 원하는 곳에 살 수 있다. 이것이 바로 흑인들이 싸워서 얻은 권리다.

그러나 권리가 획득됐다고 그것이 곧 행사된다는 것을 의미하지는 않는다. 퀸스의 비치허스트나 더글래스턴에 흑인들이 살 수는 있지만, 실제로 사는 사람들은 거의 없다시피 하다. 왜일까? 사실 많은 흑인은 백인들로부터 평가나 고정관념의 대상이 되지 않는 자신들의 커뮤니티에서 더 편안함을 느낀다. 이런 네이버후드들은 또한 그들의 필요와 선호도에 들어맞는 레스토랑, 클럽, 쇼핑몰, 종교 시설들을 갖추고 있다. 게다가 과거의 잔재처럼 남아 있는 백인들의 혐오를 무시할 수도 없다.

사회학자 일라이자 앤더슨은 『코즈모폴리턴 캐노피The Cosmopolitan Canopy』에서 통찰력 있게 다음과 같이 말하고 있다. "내가 백인 동료들 사이에 혼자 있는 흑인을 지나칠 때면, 그는 내게 알 만한 눈짓을 보내거나 심지어 인사를 하기도 한다. 다른 사람들은 우리가 방금 특권적인 커뮤니케이션을 나눴다는 것을 알아차리지 못한다." 그는 흑인 전문가들이 겉보기에 멋지고 개방적인 백인들이라도 적어도 흑인의 시각에서는 완전히 믿을 만하지 않을 수 있다는 것을 알게 된다는 점에 주목한다. 흑인들은, 흑인 전문가라 하는 백인들이 스스로를 흑인의 적으로 여기는 백인 인종차별주의자들과 친구가 될 수 있다는 사실을 보고 환멸을 느낀다.[8]

반대로, 백인은 케임브리아하이츠라고 불리는 퀸스의 매우 안전한 중산층 네이버후드에 살 수 있지만 실제 살고 있는 사람은 거의 없다. 이곳은 선택으로 만들어진 흑인 커뮤니티인 것이다. 많은 백인은 다른 백인들과 함께 사는 것이 그저 더 편안하다고 느낀다. 그들은 인종관계의 선구자도 아니고 사회적 지평을 넓히는 데도 특별히 관심이 없다. 그것은 그들의 기득권이다.

역설적으로 퀸스의 우드사이드, 포리스트힐스, 브루클린의 디트마스파크, 선셋파크 같은 다른 지역들은 말하자면 통합의 모델이다. 이런 지역에서는 온갖 출신의 주민들이 자신은 다양성을 좋아한다는 긍정적인 결정을 내렸다. 다시 묻자면, 이들이 살아가는 방식과 장소가 뜻하는 것은 정말로 통합일까, 아니면 단순히 병렬적 공존일까? 나는 관찰을 바탕으로 둘 다라고 믿고 있다. 그 이유는 통합이 어디에 있고 어디에 없는지, 그리고 각각의 경우에 어떤 결과가 따르는지에 달려 있다.

첼시, 그리니치빌리지, 프로스펙트하이츠, 클린턴힐, 윌리엄스버그, 포리스트힐스, 코업시티, 레퍼츠가든스와 같은 지역에서는 20년 전에 비해 인종 간 커플을 더 많이 볼 수 있다. 경계를 공유하고 네이버후드 사이를 오가며 같은 장소에서 먹고 시간을 보내거나 같은 학교에 다니는 주민들 사이에서는 좀더 많은 혼합이 일어난다. 좋은 예로는 브루클린의 베드퍼드-스타이버선트와 프로스펙트하이츠 사이의 경계를 나누는 워싱턴애비뉴, 아니면 클린턴힐에서 포트그린을 나누는 밴더빌트애비뉴가 있다. 그러나 인종 간 접촉을 보려면 이들 구역을 직접 답사해봐야 한다. 지도에서 이곳들을 보면 좀더 인종적으로 분리된 것처럼 보인다. 그리고 할렘과 베드퍼드-스타이버선트에는 예전에 비해 이제 백인 거주자가 많은 것도 사실이다. 마찬가지로 대학 캠퍼스를 방문하면, 특히 뉴욕시립대학 캠퍼스에 가보면, 과거 1960~1970년대에는 상상할 수도 없었을 만큼 인종이 훨씬 더 많이 혼합되어 있음을 확인할 수 있다. 가장 중요한 점은 그게 겉보기보다 훨씬 더 복잡하다는 것이다.

이에 대한 태도는 몇 년 동안 점진적으로 변화하고 있다. 잭슨하이츠에서는 1970년대에 백인에서 다양한 인종으로의 전환이 꽤 순조로워서 그런 중요한 변동에 보통 수반되는 공황적 매각 사태도 없었다. 이는 최근 몇 년 동안 소수민족에 대한 태도가 어떻게 변해왔는지에 대한 징표다. 1990년대 잭슨하이츠의 백인 주민들은 잭슨하이츠의 학교

과밀 문제 때문에 자녀를 버스로 인근 애스토리아의 백인 학교로 통학시키려는 지역의 시도에 격렬하게 저항했다. 사는 동네에 머물기를 원했을 뿐 아니라, 자녀들이 자기 지역의 히스패닉계 및 아시아계가 중심인 학교에 다니며 더 다양한 경험을 하기를 원했다. 더 과거에 잭슨하이츠에 살던 대부분의 사람은 자녀가 백인 학교에 다닐 수 있어 기뻐했을 것을 생각하면 큰 변화다.[9]

에드 코크 전 시장은 이 태도의 변화에 대한 공을 현재 시장직을 맡고 있는 마이클 블룸버그에게 돌렸다. 코크는 인터뷰에서 블룸버그에 대해 "그는 인종과 관련된 분위기를 변화시켰습니다. 제가 알아차릴 만한 인종적 적대감은 절대적으로 없습니다. 분명히 개인들은 있겠지만, 인종적 분노라는 측면에서는 더 이상 존재하지 않습니다. 어떻게 한 걸까요? 그의 성격이 그냥 그 필요에 딱 들어맞습니다. 논쟁적이지 않고 있는 그대로입니다. 저는 약간 논쟁적인 사람이었습니다." 그는 웃으면서 말했다.

편견은 인종적으로뿐만 아니라 유사한 집단들 사이에서도 줄어들고 있다. 퀸스 커뮤니티 위원회 제8구의 구역 관리자 마리 애덤오바이드에게 물어봤다. 일반적으로 아이티 및 서인도제도 출신 부모들이 자신의 자녀가 미국 태생의 친구들에게 인정받기 위해 애쓰다가 문화적으로 나쁜 물이 들까 우려하는 건 아닌지 말이다. 그녀는 아니라고 말한다.

그런 건 제 부모님의 관심사였습니다. 부모님은 어디 출신 애들인지에 따라 편견이 심하셨어요. "'이런' 이유로 자메이카인들과 문제를 일으키지 마라." 또는 "'그런' 이유로 흑인들과 문제를 일으키지 마라." 하지만 그런 다음 학교에 가서 아이들을 만나 그중 어떤 애들은 문제가 되지 않는다는 것을 알게 됩니다. 그리고 비슷한 이유로 그 애들도 자기 부모로부터 같은 잔소리를 들었다는 것을 알게 되죠. '아이티 애들은 거드름을 피우니 어울리지 마라'라고요. 아이티 애들은 학교에 일정한 방식으로 옷을 입고 와 '프렌치'라고 불렸습니다. 아이티에서는 교복을 입고 학교에 가거든요. 제가 학교 다닐 때도 늘 전통 바지랑 치마를 입고 다녔는데, 그게 학교에서는 잘 통하지 않았습니다. 얼마 지나지 않아 부모님께 청바지를 사달라고 졸라서 입었습니다. 청바지 안 입으면 학교에서 얻어맞는다고 했거든요.

확실히, 애덤오바이드는 자신이 요즘 젊은 세대들과 공통점이 더 많다고 느낀다. 그녀는 민족 복장이 미국 보통 아이들과 잘 맞지 않자 친구들에게 맞추려고 했다.

그러나 이 문제를 너무 순진하게 생각해서는 안 된다. 아직도 편견은 있다. 변화하는 커뮤니티의 수요를 맞추기 위해 커나시에 있는 자신의 사업 설비를 교체하고 있던 어떤 백인 남성과의 흥미로운 대화에서 그 사실이 대단히 명확하게 다가왔다. 그는 자기가 혐오하는 사람들의 필요를 맞춰주고 이익을 취해야 하기 때문에 자신의 강한 편견에 찬 시각을 감추어야만 하는 사람의 교과서적인 사례였다. 그는 흑인 커뮤니티를 대상으로 하는 제품을 판매한다. 동네 자체는 조용하고 상대적으로 안전하며, 거주자들은 대부분 노동 계층 또는 중산층 흑인이다.

내가 얘기를 나눈 그 지역의 다른 몇몇 백인도 그런 견해를 보였지만, 과거 커나시의 지배적인 집단이었던 유대인과 이탈리아인을 모두 포함한 대다수는 분명히 그들에게 동의하지 않았다.

우리는 변했고 그래서 번창했습니다. 이탈리아 사람들은 모두 떠나버렸습니다. 우리는 제 가게 앞 여기서 시위했습니다. 한 가지는 저도 말할 수 있죠. 저는 지인이라든지 제 사촌이라든지 하는 이유로 부탁하는 것을 들어주지 않습니다. 흑인 말입니까? 저는 그들에게 이렇게 말합니다. "돈을 내라, 아니면 가질 수 없다." 그러면, 어떨까요? 그들은 돈을 지불합니다. 저는 이 변화가 일찍이 1993년에 도래하는 것을 봤고 거기 적응했습니다. 하지만 대부분은 그러지 못했죠. 갈비 가게도 닫았고 피자 가게도 문을 닫았죠. 그들은 망했습니다. 대연회장도 문을 닫았습니다. 유대교 사원은 크라운하이츠에서 온 하시드파에게 임대해줬기 때문에 잘 되고 있습니다. 그들은 안식일에 예배를 보러 여기 옵니다.

"하지만 어떻게 그렇게 할까요? 안식일에는 운전도 할 수 없잖아요" 라고 내가 말했다.

"버스로 오죠. 당신 눈으로 한번 봐야 하는데. 턱수염(하시드파)들도 마찬가지로 그곳에서 수업을 듣습니다."

"설마 토요일에요?"

"그래요. 토요일은 아니고, 평일이죠. 그 사원은 현명한 선택을 한 거라고요."

"안식일에 왜 영업을 하나요?"

"저는 모르겠지만, 잘 버틴 사람들은 큰돈을 벌었어요. 첫 번째 파도에 그들은 패닉에 빠졌고 아무것도 손에 넣지 못했죠. 요즘 이곳의 가격은 미친 것 같아서, 2가구용 주택이 60만 달러나 합니다."

"왜 그렇게 비싸죠?"

"그 사고방식 안에 들어가서 이해해야 해요. 2가구용 주택을 가졌다고 합시다. 살기는 1층에서 삽니다. 첫 번째로 할 일은 지하실을 살 수 있게 고치는 것이죠. 이제 지하에서 소득을 얻게 됩니다. 다음은 차고를 고치고 단열을 해서 집에서 분리하는 거죠. 그러고 나서 차고를 임대 놓습니다. 이탈리아인, 아일랜드인, 독일인, 유대인이었다면 4명이 살았던 곳에 이제 40명이 살고 있습니다. 그들은 정부에서 보조금을 받아요. 저나 당신은 받을 수 없는 담보대출도 받죠."

프랭크는 그의 오랜 동네의 변화를 브루클린의 트렌드 일부라고 보고 있다. "이건 시간 문제일 뿐입니다. 벤슨허스트를 보세요. 중국인 동네가 되어가고 있습니다. 우리 형편에 살 만한 동네는 이제 별로 남지 않았어요. 다이커하이츠와 베이리지가 있죠. 누가 그곳에서 살고 싶겠어요? 거기서 자려면 주차된 차를 사야 할 겁니다. 그리고 그 사람들 있죠, 그 뭐라고 하죠, 레바논 사람들이 거기 있죠."

"무슬림 말인가요?"

"네."

프랭크는 자신이 한때 살았던 세계가 외계의 흑인 침략에 의해 파괴된 것처럼 억울하게 느끼는 사람이다. 편견에 찬 시각은 너무나 분명하며 거리낌이 없다. 역설적이게도 그는 아프리카계 미국인이 자기네 족

속과는 달리 얻는 것에 대해 돈을 잘 내는 사람들이라고 칭찬하고 있다. 그는 그들의 요구에 맞게 사업을 조정한 것에 스스로 높은 점수를 주고 있지만, 본질적으로는 그들이 없다면 사업도 할 수 없다는 게 맞다. 그의 편견은 다른 사람들에게로 확대되며, 베이리지의 무슬림들을 '레바논 사람들'이라고 불시에 언급할 때도 잘 알 수 있다. 하시드파 유대인은 '턱수염'으로 부른다. 모르는 사람들이라면, 어쩌면 알고 싶지 않은 사람들이라면 별명으로 불러도 어떠냐는 생각이 깔려 있다. 프랭크는 유대인을 보는 일반적인 시각으로 그 사람들을 보지 않는다. 그는 보통의 유대인들을 '훌륭한 사람들'이라고 묘사했다. 그는 그가 받을 수 없는 모기지 대출을 흑인들이 받는 것에 반감을 갖고, 백인들이라면 4명만 살 공간에 40명이나 돈을 받고 처넣는다고 비난한다. 분명한 것은 시간적 변화에 영향을 받지 않는 이런 사람들이 있다는 사실이다. 비록 분명히 소수이고 줄어들고 있지만, 그들도 이 도시의 인구를 구성하는 한 부분이다.

때로 한 번의 사건이 여러 가지를 이야기하기도 한다. 다음 이야기가 그렇다. 나는 아내와 2012년 9월 13일 뉴저지주 뉴어크에서 열리는 가스펠 콘서트에 참석했다. 대다수의 관중은 뉴욕시에서 왔다. 콘서트는 큰 동굴 같은 강당에서 열렸고 여섯 합창단이 경연을 벌였다. 아마 1500여 명의 관중 중에서 백인은 우리 둘과 아마도 세 사람 정도뿐이었을 것이다. 대부분 노동자 계층으로 보였다. 각 합창단에 대해 심사자와 관중 모두가 투표를 했다. 여섯 그룹 중 한 그룹만 백인들이 섞여서 노래를 불렀고 다른 그룹은 모두 흑인으로만 구성되었다. 우승은 관중을 자리에서 일어나게 만든 통합 팀에게 돌아갔다. 15년 전이었으면 어땠을까. 나에게 이 일은 오늘날 흑인 커뮤니티가 공개적인 인종적 적개심으로 특징지어지는 1980년대와 1990년대 초로부터 얼마나 멀리 떠나왔는지를 보여주는 상징이었다. 관중의 투표는 인종이 아닌 실력이 중요하다는 것과, '인종 이후의 사회'라는 말이 그리 멀지 않은 미래에 더 광범위한 현실이 될 수 있다는 것을 알려주었다.

정체성의 복잡성

뉴욕시를 정말로 굴러가게 하는 것이 무언지를 이해하려는 우리의 탐색에서 아마도 민족-종교적 정체성만큼 복잡한 것은 없는 듯하다. 정체성 행위에 영향을 미치는 개인적·집단적인 동기들은 수없이 많은 방향으로 수렴하고 분기하고 있다. 민족-종교적 집단 정체성은 그 안의 개별 구성 요소를 검토함으로써만 이해가 시작될 수 있다. 이 구성 요소의 목록은 출신 국가, 종교적 신념 및 관행, 외모, 언어, 거주, 경제적 동기, 감정, 내밀한 경험, 개인적 위기, 문화적 융합, 성적 지향, 교육 외에도 끝없이 이어질 정도다.

정체성을 갖는 이유를 자세히 분석할 때 어떤 집단을 매력적으로 만드는 요소는 사실 여러 가지가 조합된 경우가 많다는 걸 기억해두는 것이 중요하다. 개인의 정체성을 나타내는 것에는 종교, 커뮤니티, 인종, 언어, 경제적 사유가 모두 포함될 수 있으며, 개인은 자연스럽게 이중에서 고르고 선택하여 자신의 정체성으로 삼을 수 있다. 또한 이 모든 것을 아우르는 하나의 큰 틀을 자신의 정체성으로 고수할 수도 있다. 문제를 더 복잡하게 만드는 것은 정체성 형성 과정에서 외부세계의 인식과 편견이 추가적 요인으로 작용한다는 것이다. 그렇다 해도 이 모든 것을 해독하려는 시도가 없다면, 뉴욕시의 이 수많은 사람에 대한 우리의 이해는 비참할 정도로 불충분할 것이다. 나의 목표는 포괄적인 프레젠테이션을 제공하려는 것이 아니다. 그것은 별도의 책이 필요할 것이다. 나의 목표는 오히려 다양한 네이버후드에서 일어나고 있는 일을 살펴봄으로써 확률과 순열의 범위를 설명해보려는 것에 가깝다. 사람들이 새로운 방향으로 깨고 나가는 것을 더 자유롭게 느끼는 시대에는 그들, 특히 젊은이들이 그러한 선택을 행사한 증거가 여기저기 남아 있다. 이제부터 탐험해볼 몇몇 영역만으로도 그 점을 잘 알 수 있다.

국가적 정체성과 민족-종교적 정체성

히스패닉·라틴계 커뮤니티에 대한 몇 가지 관찰로 시작해보자. 이 집단은 2010년 약 5000만 명에 달하고 있다. 히스패닉 정체성은 특히 복잡한데, 그 안에 '아프리카' '인도인' '카리브계' '백인' '흑인' '뉴요리칸 New Yorican' '라틴' 또는 '히스패닉'과 같은 용어를 모두 포함하고 있다. 그동안 대부분의 히스패닉계는 인종을 묻는 질문에서 '백인'을 주로 선택했지만 이제는 '다른 인종'(인구조사 설문 문항의 15개 선택지 중 하나)을 선택하는 경우도 점차 많아지고 있으며, 이들은 민족 집단, 국적, 종교, 관습, 언어 등의 문화를 단순한 피부색보다 더 중요하게 보고 있다.

2010년 미국 인구조사에서 5000만 명 이상의 히스패닉계 가운데 1800만 명이 인종을 묻는 질문에 히스패닉이라 답했는데, 이는 2000년의 1490만 명보다 증가한 것이다. 아버지가 유대인이고 어머니가 멕시코인인 에리카 루블리너 같은 사람도 많다. 에리카는 어떻게 답해야 할지 고민돼서 그 질문을 빈칸으로 남겨두었다. 캘리포니아에서 자란 의사인 에리카의 경우는 어머니 쪽의 문화적 환경에서 성장했다. "믿어주세요, 저는 혼란스러운 사람이 아니에요"라고 그녀는 말했다. "저는 제가 누구인지 알고 있습니다. 하지만, 꼭 카테고리에 잘 맞춰야 할 필요는 없지 않나요." 이런 경우 미국 인구조사국이 결정을 내리게 되는데 그 결정은 그 사람이 속할 선거구, 고용 차별 평가 등에서 중요한 영향을 미치게 된다.[10]

　미국에서 상대적으로 소규모인 민족, 국가 출신도 매우 다양하지만, 대부분의 미국인은 이를 그저 뭉뚱그려버리는 경향이 있다. 사회학자 마둘리카 칸델왈이 보여주는 것처럼, 인도계는 특히 다양하게 분화된 집단이다. 그 안에는 자이나교, 힌두교, 이슬람교, 시크교, 기독교, 남인도와 북인도, 구자라트, 벵골, 파르시, 유대인 등등의 집단이 있다. 특정 인종이나 소속에 대한 인식 자체가 그들의 동화에 영향을 미칠까? 확실히 인도계들은 미국인들이 인도계 집단을 한 인종이나 민족 집단의 카테고리로 묶어버리는 것에 당황스러워한다. 또한 인도인들에게 종교와 세속주의는 그것들을 떼어놓으려는 서구와는 달리 훨씬 더 서로 얽혀 있다. 인도에서는 세속주의가 (무신론이 아니라) 신앙과 관습을 포함한 모든 종교에 대한 관용을 의미한다.[11]

　비록 종교적 정체성은 약하지만, 인도인들처럼 러시아계 유대인들도 강한 민족-종교적 정체성을 가진 집단이다. 그들은 러시아적 유산을 강하게 느끼며 높은 내부 결혼율을 유지하고 있다. 반면 인도인들과는 다르게, 2011년 뉴욕 UJA 연합에서 실시한 최근의 연구에 따르면, 대부분의 러시아계 유대인은 유대교 교육 및 종교 단체들을 피한다는 사실이 드러났다. 이 단체들이 종교적 조항들을 더 엄수하도록 압력을 가할 것이라는 두려움 때문이었다.

제2장에서 본 바와 같이, 분명히 이민에 관한 한 어떤 사람의 출신국은 정체성의 중요한 지표다. 사람들은 출신국과 지속적으로 연락하고 그 나라에서 온 사람들과 우정을 유지한다. 이는 그들 정체성의 중요한 구성 요소다. 시간이 지나면서 그 결합은 느슨해진다. 같은 지역의 다른 곳에서 온 사람들이 어떻게 서로 관계를 형성하는지에 대한 것은 거의 이해되지 못하고 있다. 예를 들어 캄보디아인, 베트남인, 라오스인, 또는 네덜란드인, 벨기에인, 프랑스인, 아니면 나이지리아인, 가나인, 세네갈인들의 경우가 그렇다. 이 모든 것은 충분한 관찰과 평가가 뒤따라야 하며, 이들이 속할 좀더 큰 범위의 사회 내에서 무슨 일이 일어나는가에 많은 게 달려 있을 것이다.

30년 전에 비해서는 훨씬 덜 지배적이기는 하지만, 오늘날 뉴욕시 안에는 여전히 많은 수의 백인 민족 집단이 있다. 그들은 주로 중산층이거나 노동계급이고, 대다수는 가톨릭이며 유럽계다. 뉴욕시에는 그들의 세련되지 않은 백인 민족 문화가 여전히 남아 있는데, 그런 문화는 브루클린, 퀸스, 브롱크스의 아일랜드계나 이탈리아계 거주지에서 환영받는다. 좋은 예로는 게리슨비치, 에지워터파크, 브리지포인트, 하워드비치, 우들론과 같은 지역이 있다. 건축업자, 노동조합, 경찰 및 소방서, 심지어 풀턴 어시장(지금은 헌츠포인트로 이전한)과 같은 산업들에서 이러한 문화를 허용하기도 하고 그들의 본거지가 되어주기도 한다. 백인의 민족 문화는 때때로 도전적이고 거침없으며 거의 자기비하에 가까운 특정 유머 감각을 포함한다. 필립 로페이트는 바버라 멘시의 탁월한 사진집 『사우스 스트리트South Street』의 서문에서 어시장이 오랫동안 지속된 이유 중 하나는 노동자 계급 뉴요커들이 편안함을 기대하지 않으며 회복력이 강하기 때문이라고 썼다. 뉴욕시의 모순과 독특함은 아마도 여러 측면에서 초현대적인 것과 전통적인 것을 모두 가지고 있다는 점일 것이다.[12]

종교적 신앙과 실천

뉴욕에서 특히 강한 에스니시티의 형상은 종교다. 이슬람교도들은 9·11 테러 이후 더 종교적으로 독실해졌는데, 아마도 부분적으로는 차별에 반응하여 내면으로 전환해서일 것이다.[13] 수만 명의 하시드파 유대인은 자신의 커뮤니티에 머물며 극소수만이 거기를 벗어난다. 많은 젊은이가 종교에 소속되는 걸 택하는데, 그중 상당수가 복음주의 계열에 가입한다. 특정 계파에 속하지 않은 상당수의 유대인은 율법을 따르고 있다. 콜롬비아, 아이티, 가나, 중국과 같은 곳에서 온 최근 이민자들은 이전에 백인만 있던 동네에서 같은 교회를 공유한다. 계급의 중요성에 초점을 맞춘 분석가들은 종교와 민족-종교적 집단의 이와 같은 끈질기게 지속되는 현실 또한 직면할 필요가 있다.[14]

종교의 힘을 보여주는 또 다른 지표는 작은 점포 교회storefront church (예전에 상업적 용도로 지어진 건물을 교회로 재활용하는 미국식 현상 – 옮긴이)들이 뉴욕의 도시 풍경에 점점이 찍혀 있다는 것이다. 이 교회들은 매우 매력적인데 물론 일상 공간을 활용한 그런 건축 구조를 말하는 게 아니다. 그 매력은 사람들을 끌어들이는 영성, 즉 그 안에 있는 영혼이다. 브롱크스의 오그던애비뉴에 있는 크리스천페이스 교구 성당(한 개 교회밖에 없어서 교구 성당cathedral이란 이름은 부적절하지만)과 같이, 이 작은 교회들은 신도를 끌어들이기 위해 폭넓은 슬로건을 사용한다. 교회 바깥에는 다음과 같이 성경을 인용한 나무 표지가 걸려 있다. "계시의 말씀이 없으면 백성이 방자해진다. 잠언 29:128." 그들은 왜 이 인용문을 걸어놓은 것일까? 아래에는 "당신을 생각하는 비전 교회"라는 광고문이 있다.[15] (표지판에 잘못 표기된 것으로 원래 잠언 29장 18절이다. 교회는 '계시의 말씀vision'을 광고문에서 중의적으로 활용하고 있다 – 옮긴이) 이제 종교적 정체성의 여러 특징을 좀더 자세히 살펴보자.

민병갑 퀸스칼리지 석좌교수의 종교 및 에스니시티에 대한 주의 깊은 연구, 『미국에서 종교를 통해 에스니시티 보존하기Preserving Ethnicity through Religion in America』에서는 신앙을 바탕으로 한 종교적 의식이 민족-종교적 특성을 유지하는 데 중요한 역할을 한다는 사실을 지적하고 있다. 힌두교도는 예배 의식에 그렇게 자주 참석하지 않지만, 그들의 사원은 커뮤니티를 위한 상징적 통합자의 역할을 한다. 하지만 민족-종교적 정체성의 진정한 보전은 매일의 기도, 음식에 대한 규정, 정기적인 의식 행위 같은 국부적 수준에서 발생한다. 이러한 종교적 실천은 인도 문화의 필수적인 부분이기 때문에 인도에서 온 이민자들의 자녀도 힌두교 정체성을 가짐으로써 정체성을 유지하고 강화하게 된다. 2011년 실시된 UJA 연합의 연구에 따르면, 이스라엘 출신 유대인은 일반적인 유대인보다 더 깊이 유대인 커뮤니티와 의식적으로 관련되어 있다고 한다. 그들은 유대교 회당에 소속되는 비율이 높고, 유대교 자선 단체에 기부하며, 다른 유대인보다 자녀를 유대인 학교에 더 보내는 경향이 있다.

이슬람교도들은 반드시 식단 제한을 준수해야 하며, 도시 주민들은 이들을 위한 할랄 고기 광고 표지판을 보는 데 익숙해져가고 있다. 제한은 더 작은 영역에도 존재한다. 예를 들어 라마단 기간 이슬람교도들은 낮 시간 식사를 자제해야 한다. 라마단 기간이 종종 뜨거운 여름에 돌아오기 때문에 밖에서 농구하는 이슬람 청소년들은 좀더 느린 속도로 경기를 하게 되거나, 단식을 하기 때문에 에너지가 부족해진다. 다른 선수들에게 슬슬 하겠다는 메시지를 보내기 위해 그들은 운동화가 아니라 슬리퍼와 플립플롭을 신고 경기에 나선다. 또한 탈수 증상이 쉽게 올 수 있기 때문에 해변에도 가지 않는다. 이슬람교도 중 일부 십대는 이러한 제한 사항에 대해 짜증을 낼 수도 있겠지만, 긍정적인 면을 찾는 이들도 있다. 한 청소년은 "단식을 시작한 이후로 신이 저를 더 좋아하시는 것 같습니다"라고 말하기도 했다.[16]

이글레시아 니 크리스토Iglesia Ni Cristo(그리스도의 교회)는 퀸스 헌터스포인트의 21번 스트리트 45-33번지에 위치한 필리핀계 개신교 복음주의 교회다. 이 종파는 1914년 필리핀의 펠릭스 마날로가 설립한 세계적인 종교 단체이며 현재 수백만 명의 추종자가 있다. 2014년 기준 5000여 개의 교회가 전 세계에 퍼져 있으며 여호와의 증인과 규모 면에서 막상막하다.

이 교회 인근에는 약 200명의 필리핀인이 살고 있다.[17] 어느 봄날 일요일 나는 그곳의 예배에 참석했다. 인상적인 양철 지붕이 있는 붉은 벽돌 건물은 신고딕 양식으로, 좁고 높은 첨탑을 선호하는 이 종파 교회의 전형적인 형태였다. 진지하고 열정적인 목사는 신도들로 가득 찬 방에서 신은 믿는 자들의 공동체에 늘 임재하신다고 말하면서, 예배를 놓치지 말라고 계속해서 신도들에게 권면했다. 그는 자신이 말한 거의 모든 것을 뒷받침하는 데 성서의 구절들을 인용하면서, 언제나 예배 출석의 주제로 되돌아갔다. 심지어 사람들에게 이 결론에 대해 구두로 그에게 동의하라고 요구하기도 했다. 그는 단조로운 억양으로 신도들에게 같은 교인이 아닌 사람들과의 연애관계를 피하고 어떤 불법적인 활동도 삼가라고 충고했다.

나중에 나는 열정적이지만 유머는 좀 부족한 그 목사를 만났는데, 그는 주일학교가 진행 중인 작고 깔끔한 지하 사무실 안에서 나를 진심으로 반갑게 맞아주었다. 내가 왜 남녀가 따로 앉느냐고 묻자 그는 엷게 미소 지으며 "성경에 의하면 남녀가 함께 섞여 앉는 것은 금지되어 있고 방해가 되기 때문입니다"라고 말했다. 하지만 거기에는 아름답게 찬송가를 부르는 25명의 남녀 혼성 성가대가 있었다. 목회자들은 순환 임명되고, 그는 곧 포리스트힐스의 72번 로드와 112번 스트리트에 있는 훨씬 더 큰 교회를 담당하게 될 것이라고 했다. 전체적으로 꽤 친절했고 나를 따뜻하게 맞아주었다. 모든 것이 매우 군대 같고 정확해서, 예배가 끝나자 사람들이 첫 줄부터 차례로 열을 잘 맞춰 나왔다. 목사에 따르면 예배 중에는 자리를 떠날 수 없다고 했다. "그 규칙은 우리 전통의 핵심이며, 반드시 글자 그대로 따라야 합니다"라고 그는 선언했다.

2010년 가을 어느 화창한 일요일 오후, 나는 몇몇 대학원생을 데리고 사우스윌리엄스버그의 하시드파 유대인들이 어떻게 사는지를 보러 그곳에 갔다가 한 하시드파 노인과 대화를 나누게 되었다. 그는 대답하면서 나를 쳐다봤지만 나와 함께 있던 네 명의 여학생에게는 눈길을 한 번도 주지 않았다. 그러고 나서 그는 그들이 어떻게 의상, 종교적 관행, 이디시어를 통해 그리고 고등교육을 받지 않음으로써 그들의 문화를 유지하고 있는지 이야기했다. 나와 단둘이 있게 되자 그는 좀더 자세히 말해주었다.

당신은 왜 우리가 섞이지 않는지, 왜 당신과 같이 온 여학생을 쳐다보지도 않는지 아세요? 이렇게 설명하겠습니다. 저는 전기 공사 도급업자입니다. 대략 20년 전쯤 저는 영이스라엘 시너고그(유대인 회당)에 있었고, 그곳은 모데르네moderneh(현대 정통파)가 가는 곳이었습니다. 저는 한 젊은 여성과 대화를 시작했는데, 그녀가 실제로 게모라gemorah[탈무드]를 알고 있다는 것을 발견했습니다. 그녀는 코셔용으로 닭을 셰흐트schecht[도축]하는 방법을 말해줬습니다. 그리고 아름다웠죠. 제가 그런 여자를 쉽게 좋아할 수 있다는 것도 깨달았습니다. 그러나 이것은 내 모든 차시더스chassidus[하시드 문화]를 잃고 커뮤니티를 떠나게 됨을 의미할 수 있습니다. 이것이 우리가 섞이지 않는 이유입니다. 너무 위험합니다. 당신은 당신이 선택한 모든 방식대로 살 수 있겠죠.

이런 삶의 방식을 실천하는 사람들은 쉽게 사라지지 않을 것이다. 하시드파 노인의 말은 종교 의식이 한 커뮤니티의 생존에 얼마나 중요한지를 명확하게 보여준다. 그는 다른 생활 방식에 노출되면 자신의 삶을 떠나게 될 수 있다는 점을 인정하고 있다. 그는 현대 정통파 여성들과 상호작용하는 것을 즐긴다. 그러나 그것이 종교적 정체성의 어느 일부라도 포기해야 하는 것을 의미한다면, 일고의 가치도 없다.

독일 출신의 내 학생 중 한 명은 하시드파 유대인을 보면서 완전히 충격을 받았다. "정말 놀라웠어요. 저는 나치가 폴란드와 헝가리에서 수백만 명의 유대인을 살해했을 때 이 같은 삶의 방식이 완전히 파괴됐다고 생각했거든요. 그러니까, 미국에 수백만 명의 유대인이 있다는 것을 알았지만, 이런 유대인이 있다는 건 몰랐다는 거죠." 나는 그녀에게 이들은 전쟁 후 일부만 살아남아 이민을 와서 미국 땅에서 삶을 재건한 하시드파 유대인들의 후손이라고 설명했다.[18] "제가 제 친구에게 독일어로 크게 말하는 것을 듣는다면 그들은 비명을 지르기 시작할까요?"라고 또 다른 독일 학생이 물었다. "말하기 쉽지 않군요"라고 나는 대답했다. "어떤 사람들은 아마도 그럴지도 모르겠지만, 대부분은 독일어를 네덜란드어나 플라망어(벨기에 북부에서 쓰는 네덜란드어의 방언-옮긴이)와 구분하지 못할 겁니다. 저들의 이디시어는 상당히 다릅니다. 그들은 상관하지 않을 것 같습니다."

또 다른 초정통파 브루클린 커뮤니티인 버러파크를 연구한 내 학생 신시아 매그너스는 커뮤니티의 에스니시티와 배타성을 강조하는 어떤 유머러스한 사건에 대해 설명했다. "버러파크는 히치하이킹을 하려는 사람들을 거의 본 적이 없는 곳 중 하나예요. 차를 몰고 그 동네를 지나가는데 보수적인 검은색 복장을 한 젊은이가 14번 애비뉴를 따라 내려가는 차를 얻어 타려고 엄지손가락을 흔들며 애쓰는 것을 봤어요. 저는 그 불행한 십대가 슐에 가야 하는데 지각을 해서 최후 수단으로 히치하이킹을 한다고 생각했기 때문에 속도를 줄여 그에게 타겠냐고 물었죠. 그러자 그는 당황한 듯 저를 향해 아니라고 손을 젓더라고요."[19]

그 히치하이커에게는 세 가지 기대감이 있었던 것 같다. 첫째, 엄지손가락을 흔들어 차를 얻어 타는 것이 안전하다는 것. 둘째, 차를 얻어 탈 기회가 쉽게 있다는 것. 셋째, 다른 하시드파 유대인이 차를 태워주리라는 것이다. 매그너스는 세 번째 기준을 위반했다. 그녀는 여자다. 그녀가 독실하지 않다거나 아니면 심지어 유대인이 아니라는 것은 상관없다. 왜냐하면 정통파 여성이라면 그가 응급 상황이 아닌 한 여성과 함께 차를 타지 않는다는 것을 알기 때문에 남자를 위해 차를 멈추지 않을 것이기 때문이다. 좀더 넓은 의미에서 히치하이킹은 요즘 좀처럼 없지만, 이곳 사람들에게는 그렇지 않았다. 이들은 종교적으로 같은 파 사람들이 도와줄 것을 기대하고 있다.

좀더 외향적으로 보이는 차바드 하시드파 유대인들도 자신들의 운동이 가진 연대성을 대단히 고양시켜서 의식과 풍습을 아주 정확하게 따르고 있다. 특히 젊은이들이 열성적이다. 1년에 세 번, 유월절Passover,

오순절Shavuot, 율법감사제Simchat Torah의 주요 유대인 휴일에 그들은 밖으로 손을 내미는 프로그램에 참가한다. 늦은 오후에 자신들의 중심지인 크라운하이츠의 거리를 따라서 그 너머로 도시 멀리, 심지어 브롱크스와 퀸스까지 수천 명이 걸어간다. 그들은 이 세 휴일에 회당들을 방문하고 그곳의 회중을 열광적인 노래와 춤으로 끌어들여 사원의 영성 수준을 높이려고 한다. 이 이벤트는 타할루차tahaluchah라고 불리는데, 말 그대로 걷는다는 의미다.

구경꾼들은 지나가는 그들을 바라보면서 이 젊은 사람들이 무엇을 하고 있는지 궁금해하기는 하지만, 약간 겁도 나고 두드러지는 옷차림 때문에 잘 물어보지는 않는다. 그들이 걸어가는 동안 차바드 운동의 특징을 나타내는 노래와 멜로디가 자주 터져 나온다. 이것은 미국, 유럽, 라틴아메리카, 이스라엘 전역에서 온 참가자들 사이에서의 민족-종교적 연대를 인상적으로 보여준다. 더 주목할 만한 점은 그들의 지도자, 최후의 루바비치 랍비인 랍비 메나헴 멘델 슈니어슨이 수년 전에 죽었다는 것이다. 그들은 "하지만 그의 영혼은 살아 있습니다!"라고 말한다.[20]

의식과 관습은 왜 그렇게 중요할까? 왜냐하면 커뮤니티의 기초를 제공하고 많은 사람이 공통의 일을 할 때 단결이 발생하기 때문이다. 그리고 그 공통의 일은 외부인들과 자신을 차별화해서 추종자들이 특별한 느낌을 갖게 한다. 전통은 외부인들에게 일반적으로 알려져 있지 않기 때문에, 전통을 고수하는 사람들은 자신이 다소 독특하다고 느끼게 된다. 이러한 인식은 전통이 수천 년은 아니더라도 수백 년은 거슬러 올라갈 때 더욱 풍부해진다. 구성원들은 자신들이 오랜 역사의 사슬에서 가장 최근의 연결 고리라고 생각해 자신에게 그 사슬이 끊어지지 않도록 할 의무가 있다고 느낀다.

그럼 도시 어디에나 사는 독실하게 교리를 따르지 않는 유대인은 어떠한가? 여전히 적어도 50만 명 이상이 있다. 그들은 대부분 공식적인 계파 소속을 거부한다. 그런 경우 유대인으로서의 정체성을 갖기를 원하는 사람들은 다른 연결 고리를 찾아야 한다. 포트그린에서 아내와 함께 살고 있는 45세의 잡지 경영자인 스티브 색스의 경우를 여기 소개해보겠다.

포트그린이나 근처에는 유대인 기관이 없습니다. 파크슬로프의 유대교 회당에 등록했지만 [우리와 비슷한] 다른 가족들을 만나보고 싶었고, 이곳에서 그들과 커뮤니티를 만들고 싶었습니다. 그래서 우리는 약 1년 반 전에 매월 포트럭 디너를 하는 모임을 만들었습니다. 처음에는 두세 가족을 모을 수 있을 거라 생각했는데, 첫 모임에서 여기 아이들과 어른들 모두 약 40명이 왔습니다. 깜짝 놀랐습니다! 저녁이 끝날 때 우리가 "우리 또 모일까요?"라고 묻자, 사람들이 그러자고 말했습니다. 그래서 이제 우리는 매달 두 번째 금요일에 만납니다. 장소는 돌아가면서 정하는데, 사람들은 자원해서 "다음 번은 제가 하겠습니다"라고 말합니다. 어떤 사람들은 매번 오고 어떤 사람들은 왔다 갔다 하기도 하며, 항상 새로운 사람들이 오고 있습니다.[21]

이는 기존의 종교 조직에 흥미를 잃은 젊은 사람들이 스스로를 표현할 방법을 찾는 전형적인 모습이다. 흥미로운 것은 그들 역시 포트럭 디너라는 의식을 중심에 두고 있다는 것이다. 이를 정통파 사람이 따르는 수백 가지 관행에 비교할 수는 없지만, 하나의 의식은 그와 관련된 또 다른 의식들을 촉발하는 경향이 있다. 예를 들어 저녁을 먹는 동안 유대교 문화에 대한 논의가 있을 수 있다(어쩌면 이제는 그러고 있을 것이다). 어떤 의미에서 이 예는 종교가 젊은 사람들 사이에서 반드시 죽어가고 있는 건 아님을 보여준다. 그보다는 오히려 새로운 형태로 변하고 진화하고 있는 것이다. 나는 디트마스파크에서 브루클린 플랫부시의 말버러로드 83번지에 있는 템플 베스 에멧Temple Beth Emet의 '디트마스 어쿠스틱'의 광고를 봤다. 이 세속 음악을 표방한 프로그램은 '너무 유대인스럽지는' 않게 사람들을 성전으로 불러 모으고 있었다.

성직자들은 이 젊은 인구 집단에 대응해야 할 필요가 있음을 알고 있다. 랍비 조지프 포타스니크는 이렇게 얘기하고 있다.

우리는 일부 젊은이에게 다가가고 있지만 충분치는 않습니다. 우리 성직자는 그들의 필요와 견해에 대응해야 합니다. 많은 젊은이에게 그 핵심은 '영적'이란 단어입니다. 그걸로 전체를 붙잡을 수 있습니다. "저는 구름 속에서 공동체의 일부가 될 수 있습니다." 많은 경우 규칙에 대한 헌신을 원하지 않으며, 마음먹기에 따라 유연하고 자유롭게 탈퇴할 수 있기를 바랍니다. "마음으로 종교를 느끼고 싶습니다"라고 그들은 말합니다. "내 손과 발로는 아무것도 안 해도 돼요"라고요. 만약 젊은이들에게 와닿지 않으면 우리는 끝납니다. 어떻게 해야 할까요? 언제까지 말할 때 화나 내며 투덜거리는 일단의 사람들로 그냥 있을 건가요? 만약 오지 않거나 참여하지 않는다고 비난한다면, 사람들은 관심을 잃을 것입니다. 그들은 이렇게 말할 것입니다. "이미 직장과 집에 문제가 많고, 위로나 지원을 찾아 왔는데 여기 사람들이 나를 크게 책망하네요." 죄책감은 어떤 사람들에게 일시적으로 동기 부여가 될 수 있겠지만 장기적으로는 부정적인 영향을 미칩니다. 우리는 또한 젊은 세대에게 반향을 일으키는 사회적 정의 문제를 강조해야 합니다. 독실함은 성소 안에서 우리가 하는 말로 측정되는 것이 아니라 예배당 밖에서 우리가 하는 행동에 의해 측정되는 것입니다.

젊은이들 사이의 종교적 정체성

도시의 젊은 전문직 종사자들 사이에 흥미로운 현상이 있다. 복음주의적 기독교는 도시 전문직 종사자들에게 점점 더 매력적으로 보이고 있으며 이스트빌리지, 어퍼이스트사이드, 첼시, 파크슬로프나 다른 도시 내 지역에 기반을 마련하고 있다. 현재 맨해튼에는 할렘 이남에 영어로 사역하는 복음주의 교회가 100개 이상 있다.[22] 이들은 동성애나 낙태와 같은 특정 문제에 대해 진보적인 뉴욕이라는 도시에서 통하기 어려운 입장을 갖고 있다. 한 목사는 이렇게 얘기했다. "이스트빌리지의 교회로서 우리가 어디에 서 있는지, 그리고 성경이 무엇을 가르치는지 아는 것은 신중해야 하는 일이고, 사람들을 양극단으로 분열시키는 쪽으로 이끌어서는 안 됩니다. 저는 우리가 교회에서 나누는 이야기가 하나의 뜨거운 주제에 서 있기보다 훨씬 더 많은 것을 의미하기를 원합니다." 이런 의미에서 그 새로운 복음주의는 제리 폴웰과 팻 로버트슨 (대표적인 기독교 근본주의 목사 — 옮긴이) 같은 세대와의 '단절'이며, 감정적이고 영적인 의미를 추구하고 모두를 위한 사랑을 강조한다. 복음주의자들은 동성애자의 생활 방식을 인정하지는 않음에도 동성애자를 인간으로 환영한다.

그 이끌림은 종종 감정적이다. 복음주의자들은 의미를 찾고 있지만, 왜 그런가? 기술이 때때로 개인적인 상호작용을 저해하고 있는 빠르게 움직이는 세상에서, 아마도 이러한 사람들은 안정성과 따뜻함 같은 삶에서 결핍된 것 그리고 더 큰 비전을 추구하고 있기 때문일 것이다. 청소년 그룹의 리더인 세라 프레이저는 이스트빌리지 교회의 비전에 대해 이렇게 설명한다. "저와 뉴욕대학의 좋은 교육을 받은 제 백인 친구들은 갱단원과 전과자와 함께 아이들, 어머니들과 같은 집에 함께 있습니다. 우리의 비전은 쿨한 힙스터든 프로젝트 단지의 어떤 사람이든 가리지 않고, 이곳이 그들의 집이 되리라는 것입니다."[23]

젊은 유대인들 또한 종교에 관심이 있지만 그게 확립된 교파인 것만은 아니다. 이스트 48번 스트리트 155번지에 있는 카발라 센터 밖에 있는 표지판이 '당신은 대단한 존재가 될 자격이 있습니다'라고 선언하고 있다. 나는 센터의 모던한 입구로 걸어 들어갔다. 옆쪽으로 판매용 책들이 놓인 몇 개의 선반이 있다. 판매용 '카발라워터' 물병이 진열되어 있는 것이 얼핏 보였다. 아래에는 일본인 저자 에모토 마사루가 쓴 책이 있다. 그의 연구에 따르면, 인간의 생각이 물에 전달되면 물의 조성에 변화가 생겨 물이 얼었을 때 그 결정의 모양이 아름다워지거나 추해진다고 한다. 그의 책 『물 속의 숨겨진 메시지The Hidden Messages in Water』(한국어판 『물은 답을 알고 있다』)는 40만 부 이상 팔렸다고 한다.

러시아 억양이 약간 있는 한 젊은 직원이 "물과 대면해 명상하면 성스러움이 퍼져나가는 것을 느낄 수 있습니다. 사실 폴란드스프링 생수(뉴욕의 가장 흔한 생수 브랜드 ─ 옮긴이)를 마시고도 제대로 된 의식이 있다면 변할 수 있습니다"라고 말했다.

"그렇다면 폴란드스프링과 카발라워터 사이에는 차이가 없나요?" 나는 약간 회의적인 뉘앙스를 풍기며 물어봤다.

그녀는 나를 조심스레 쳐다보며 "정확히 똑같다고 말할 수는 없지만 어느 쪽이든 효과는 있습니다"라고 말했다.

카발라의 열광적인 지지자들도 인구 구성적으로 보면 다양하다. 브루클린의 어디에 카발라 센터가 있을지 추측해본다면 파크슬로프, 코블힐, 브루클린하이츠 같은 신세대 유대인이 있는 열 개의 커뮤니티를 먼저 떠올릴 것이다. 하지만 아시아인, 이탈리아인, 러시아인 집단이 있는 벤슨허스트를 그러한 커뮤니티와 묶어서 생각하지는 않을 것이다. 기독교도와 유대계 러시아인들은 이 도시의 가장 세속적인 집단이고, 유대인 인구는 그들과 엮이게 되는 것에 강력히 저항해왔다. 부분적으로 이는 공산주의 시대를 지배했던 반종교적 분위기의 책임이 크다. 하지만, 브나이바룩카발라센터는 20번 애비뉴 근처 85번 스트리트의 아파트 건물 안에 버젓이 있었다. 3년 전에 개관한 곳인데, 나는 그 앞을 지나가는 한 나이 든 러시아계 여성에게 말을 걸었다. 그녀는 "저는 카발라 센터를 전적으로 지지합니다. 저는 개신교 신자이지요. 그리고 루바비치파 랍비도 지지하고요. 퀸스에 있는 그의 묘지도 방문한 적 있답니다"라고 대답했다.

아파트 건물 옆문을 통해 카발라 센터에 들어가서 직원 중 한 명을 만나 "이곳은 어떤 분들이 관심이 있을까요?"라고 질문했다.

"누구나 관심이 있죠. 저는 다른 곳에 대해 나쁜 말을 하고 싶지는 않아요. 가령 맨해튼에 있는 그런 곳이요. 아무튼 우리는 상업적이지 않고 카발라를 제대로 가르쳐요. 여기는 80명 정도가 비정기적으로 출석하는데 매우 다양하며 젊은 사람, 여성, 미국인, 러시아인, 이스라엘인 등등 좌우간 누구든지입니다. 우리는 비종파적입니다."

뉴욕의 다섯 개 버러를 답사하면서 알게 된 것처럼, 이런 형태의 지원활동은 모든 종류의 교회가 대단히 많이 하고 있는 일이다. 대부분의 종교 단체들은 커뮤니티 의식을 만들려고 노력한다. 사실 그들은 무언가를 팔고 있지만, 적어도 따뜻함과 친절함으로 팔고 있다. 어느 일요일 오후 나는 브루클린 이스트플랫부시의 46번 스트리트와 처치애비뉴에 있는 리스토레이션템플교회에 있었다. 나는 이곳의 신도들이 보여준 타인에 대한 사랑과 함께, 불신자들은 지옥불에 떨어진다고 단호하게 말하지 않는다는 점에 깊은 인상을 받지 않을 수 없었다. 교회에서는 가난한 사람들에게 나눠줄 가정식 칠면조나 햄 디너를 담은 종이봉지가 수백 개나 준비되고 있었다. 나는 거기 있는 유일한 백인이었지만, 그것은 거기 있던 흑인들이 나를 대하는 태도에 아무런 영향을 주지 않았다. 그들에게 나는 그냥 산책하는 사람이었다. 두 시간 후에 다시 돌아가봤을 때 저녁 식사가 거의 끝나 있었다. 이 일은 도시 내의 모든 곳에서 이루어지는 교회활동의 필수적인 부분이며, 수혜를 받는 사람들의 큰 변화를 이끌어낸다. 하지만 그날 내게 가장 인상적이었던 것은 자원봉사자 거의 모두가 이십대 청년이나 청소년이라는 점이었다.

이스트할렘의 퍼스트애비뉴 근처 114번 스트리트에 있는 홀리태버내클교회 역시 마찬가지다. 이곳은 열광적인 찬양과 춤이 있는 남부 스타일의 가스펠 교회다. 나는 매년 박사과정 학생들을 데리고 그곳에 가서 관광객 중심이 아닌 할렘의 교회가 어떤 모습인지 보여주고 있다. 회중은 유아부터 십대, 어른에 이르는 다양한 연령대로, 보통 부모나 나이 든 형제자매이거나 친구인 사람들로 구성되어 있다. 교회를 가는 날이 중요한 날이기 때문에 대부분 옷을 잘 차려입고 온다. 나는 다른 많은 교회에서도 청소년의 참석 경향을 관찰했는데, 이것이 일반적인 경우라면 이런 기관들은 정말로 미래가 밝다.

젊은이들에겐 강조해야 할 만한 또 다른 중요한 경향이 있다. 그들이 선택한 민족-종교적 정체성을, 다른 사람들과 맺고 있는 관계와 상관없는 개인적인 선택으로 인식한다는 것이다. 오늘날 대부분의 젊은이에게 종교, 피부색 또는 민족적 배경은 우정이나 사회적 패턴, 결혼 또는 동거 선택에 점차 거의 영향을 미치지 않고 있다. 차이는 공개적으로 논의되고 탐구되며, 심지어 그에 대해 농담까지 하지만 진지하고 모욕적이지는 않다. 이것은 과거에 비해 상전벽해 같은 변화다. 이 변화는 직장 및 사회적 삶 모두에서 점점 더 많은 다인종적 환경을 촉진하고 있다.

젊지만 대단히 다른 집단에 속한 이민자 자녀에게 무슨 일이 일어나고 있는지 말하기는 너무 이른 것 같다. 그러나 예비 조사 결과는 그들도 미국인들의 일반적인 패턴과 궤를 같이한다는 것을 시사해준다. 그들은 미국화되고 있으며, 비록 민족-종교적 측면에서 다양한 집단에 속하지만 자신을 특정 종교적 집단으로 구분하지는 않는다. 다른 말로 하자면, 그들이 가톨릭이나 개신교도라고 스스로 말할 때 그것은 종교의 민족적 구성, 즉 히스패닉계 또는 한국계 천주교인 같은 것이라기보다는 종교 자체에 대한 것일 경우가 더 많다.[24]

외모도 고려된다

피부색과 기타 물리적 특성은 정체성의 중요한 지표이자 결정 요인이다. 그래서 수십 년 동안 연구자들이 주의 깊게 연구해왔다. 마찬가지로, 꽤 많은 집단에 있어서 복식도 정체성의 중요한 지표다. 시크교도, 이슬람교도, 하시드파 유대인, 인도계, 아프리카 사람들은 모두 구분되는 독특한 옷이 있다. 의복은 때로 관습의 문제이고, 때로 어떤 개인의 종교적 율법의 일부이기도 하다.

일반적으로 오늘날 민족-종교적 집단은 예전의 집단들보다 자신의 민족-종교적 정체성을 숨기려고 하지 않는 편이다. 과거에 유대인들은 종종 코 성형수술을 했다. 코 안의 격막이 어긋났기 때문이라고 주장했지만, 스스로는 이유를 잘 알고 있었다. '좀더 미국인으로' 보이길 원하는 아일랜드계 사람들은 귀를 뒤로 고정시켰다. 오늘날 이민자들과 그 자녀도 외모를 고치는 의료 수술을 할 수는 있지만, 이것은 더 정체성을 내보이려는 의도이고, 그래서 자신들이 누구인지에 대한 자부심을 반영하는 새로운 경향이다.

워싱턴하이츠에서 라틴계 사람들은 엉덩이를 둥글게 확대해달라고 요구한다. 한 도미니카계 여성의 얘기로는, 그들은 '여성의 실루엣'을 원한다고 한다. "우리 라틴 여성들은 자신을 몸으로 정의해요"라고 그녀는 말했다. "우리는 항상 곡선을 이루죠." 퀸스의 플러싱에서 중국계는 귓불을 크게 해달라며 병원을 찾는다. 성형외과 의사 제리 W. 창의 말에 따르면, "귓불이 클수록 더 번창합니다". 그들은 또한 콧구멍이 너무 눈에 띄면 '행운을 쏟아버린다'고 믿기 때문에 위로 향한 코를 '완전히 아래로 향하도록' 수술해달라고 부탁한다. 물론 여전히 그와는 반대로 위로 치켜올려달라고 요구하는 아시아인들도 많아서, 지배적 문화 관념의 미적 기준이 여전히 유효하다는 것을 말해주기는 한다. 가장 인기 있는 수술은 눈을 좀더 둥글게 만드는 쌍꺼풀 수술이다. 마찬가지로 러시아 이민자들은 유방 이식 수술을 요구한다. 왜냐하면 큰 유방이 미국 문화에서 가치가 있기 때문이다.[25] 이러한 다양한 경향은, 밀고 당기는 힘의 존재와 민족-종교적 집단 구성원들이 그러한 문제들을 어떻게 보는지에 대해 쉽게 고정관념을 가질 수 없다는 사실을 보여준다.

의복과 외모 문제는 반드시 다른 요인과 함께 다뤄야 한다. 시크교를 더 자세히 살펴보면 이는 확실히 분명해진다. 나는 퀸스 리치먼드힐의 101번 애비뉴와 114번 스트리트에 있는 시크교 사원을 여러 번 방문해서 그들의 행동을 직접 관찰할 기회가 있었다. 많은 시크교 남성은 전통적인 터번을 쓰고 머리카락을 자르지 않는데, 이것은 그 신앙의 핵심 원칙 중 하나다. 머리카락은 성스러운 것으로 여겨지고, 머리카락을 자르라는 요구를 거절해서 고문을 당하고 심지어 목숨을 잃은 시크교도들의 이야기가 많다. 그들의 관점에서는 신앙으로 인해 고통받을수록 헌신의 힘을 더 많이 증명할 수 있다.

젊은 세대는 좀더 진보적이지만 많은 젊은 시크교도가 여전히 정기적으로 예배에 참석하고 있다. 성전에서는 남녀를 위한 좌석이 분리되어 있지만, 그들은 같은 큰 개방형 방에 가로놓인 벽 없이 서로 잘 보이게 앉는다. 남자들은 가끔 형식에 구애받지 않고 대화하기 위해 여자 쪽으로 가기도 한다. 입장하려면 신발을 벗고 밝은 오렌지색 스카프로 머리를 가리기만 하면 된다. 종종 그곳에는 기도와 함께 노래와 음악이 있다. 종교적 성상을 별도로 모신 방에서는 특별한 기도를 올릴 수 있다. 다른 객실에서는 연중무휴 24시간 이곳에 오는 모든 사람, 거주자 또는 방문객에게 음식을 제공한다. 식단은 차, 쌀밥, 피타 빵, 채식 수프로 구성되어 있다(모든 음식은 채식이다). 그래서 우리는 옷을 입고 머리카락을 길게 기르는 것이 기도와 의식, 채식주의 같은 다른 중요한 요소와 함께 그들의 정체성을 형성하는 것을 볼 수 있다. 시크교 사원에 혼자 또는 학생들과 함께 여러 번 가봤지만 내게 헌금 또는 다른 도움을 청한 사람은 아무도 없었다. 매번 그들은 나를 초대하고 음식을 제공했으며, 그들의 신앙에 대해 어떤 질문에도 대답할 수 있다는 것을 내게 알려주었다.

언어

많은 이민자 집단은 미국과 영어라는 언어에 익숙해질 때에도 자신들의 언어를 유지하기 위해 최선을 다하고 있다. 모국어를 유지하는 것은 그들이 무엇을 편하게 느끼는가에 대한 문제일 뿐만 아니라 남겨두고 온 것으로부터 멀어지기 싫어하는 것이기도 하다. 거기에 더해 어떤 개념이나 감정은 다른 언어로 표현하기 쉽지 않은 경우도 있다. 도미니카계 사람들은 대부분 모국어를 유지할 가능성이 가장 높고 러시아인들은 그 가능성이 가장 낮은 편이다. 그러나 전체적으로 이민자의 거의 모든 자녀는 영어에 능통하며 부모들은 대부분 집에서 영어를 쓰려고 노력한다. 이민자들의 자녀는 종종 자신의 이중 언어 능력을 자랑스러워한다. 그러나, 항상 그렇듯이, 문화적인 보존에 관해서라면 다른 요인들도 마찬가지로 작동한다. 비디오, 가정 방문, 외국과의 의사소통, 게다가 인터넷을 대충 훑어보는 것 역시 중요한 역할을 한다.

때때로 언어가 아닌 억양이 정체성의 표지가 될 수도 있다. 서인도제도인들은 그들이 서인도제도인이라는 다른 사람들의 인식이 그들에게 더 높은 지위를 부여한다고 믿고 있다. 듣는 사람이 누구인지에 따라 맞는 말일 수도 있다. 하지만 다른 억양은 부정적인 의미를 가질 수도 있다. 예를 들어 1980년대 이전 브루클린버러에 관한 많은 영화와 코미디의 반복적인 클리셰였던 옛 브루클린식 억양과 은어는 거의 사라졌지만, 내가 보기에 완전히 죽지는 않은 것 같다.

벤슨허스트의 캔디 가게와 델리를 둘러보다, 나는 근처에 있는 공립학교의 십대 무리가 들어와서 쉬는 시간에 잡담을 나누거나 맵시를 부리며 데블도그나 와이즈 포테이토칩과 소다 캔 같은 간식을 사는 것을 보고 얘기를 듣게 되었다. 그들은 분명히 내가 있는 것을 몰랐다. 나는

"dem"과 "dose" 같은 단어들이 그들의 입에 쉽게 붙어서, 질문을 할 때 "Is you'se goin'?"이라든가 "Is you'se buyin' this?"와 같이 말한다는 것을 발견했다. 이런 말투는 어떤 조롱이나 농담조로 만들어진 것도 아니었고, 보통 그런 경우에 보이는 청자들의 반응도 없었다. 무리에는 백인들, 아마도 이탈리아계 미국인들과 아시아인들이 섞여 있었다. 이제는 사라졌다고 생각했던 이 흔적들이 어떻게 살아남을 수 있었을까 궁금했다. 가족들을 통해 전해졌을까? 분명히 러시아나 중국계 2세대 아이들은 이민자 부모가 아니라 미국 태생의 학교 친구들에게서 이런 발음을 배웠을 것이다.

일주일 후 그 동네에 사는 중년의 배관공과 이야기하면서, 그가 내게 개를 어디서 구했는지 물으며 "Where did you'se get this dog from?"이라고 벤슨허스트의 십대들과 같은 방식으로 말하는 것을 알아차렸다. (나는 가끔 어색함을 깨주는 역할로 개를 사용한다. 대부분의 사람은 핏불이 아니라면 개 주인과 쉽게 이야기를 나누는 편이다.) 그 친밀함을 깨지 않고 당신이 말하는 방식을 스스로 아느냐고 물어보는 건 쉽지 않다. 그러나 문법을 제대로 사용하지 않는 사람들은 상대도 문법을 제대로 구사하지 않으면 동류라고 느끼게 된다는 사실을 알게 되었다. 그런 의미에서 이것도 정체성의 표지다. 이런 식의 말투가 흔히 들리는 지역은 현재 원주민들이 다 흩어져버렸다는 걸 감안하면 "dem" "dose"와 같은 말은 곧 사라지게 될 것 같다. 외부인에게 그런 것들은 한때 그곳이 다른 세계였다는 것을 상기시켜주고 집단 정체성을 강화해주는 역할을 한다.[26] (이 일화 속의 you'se는 뉴욕과 뉴저지의 오래된 토박이 사투리로, 2인칭 복수를 지칭하는 데 사용되는 표현이다. 지금은 거의 사용되지 않지만 언어의 흔적이 남아 있다는 예로 언급되었다 — 옮긴이)

네이버후드

오랫동안 상당히 민족적으로 남아 있는 지역들이 있다. 그중 하나는 브롱크스에 있는 주로 아일랜드계 구역인 우들론이다. 233번 스트리트에서 시작하여 웨스트체스터카운티와 뉴욕시 경계까지 이어지는 작은 구역이며, 또한 서북쪽으로 밴코틀랜드 공원과 경계를 접하고 있다. 그 동쪽 경계는 브롱크스리버파크웨이 고속도로다. 이곳은 잘 관리된 아파트 건물이 있는 정돈된 주택 지역이다. 상업 중심지는 카토나애비뉴로 술집이 여러 군데 있고, 레스토랑 음식은 매우 아일랜드식인 아이리시 브렉퍼스트, 셰퍼드 파이, 콘드 비프와 양배추, 더블린 스타일의 피시앤칩스, 아이리시 소시지, 게일식 스테이크 같은 것들이다.

우들론은 최근 몇 년 동안 친숙한 아일랜드계 이민자들의 꾸준한 유입으로 인해 더욱 발전해왔다. 여행사의 간판은 저렴한 요금, 보모 일자리, 그린 카드 발급 지원 등의 내용들을 광고하고 있다. 에메랄드아일 출입국관리센터는 외로움이나 DWI(음주 운전. 보통 '디위'라고 부름) 문제, 아니면 그 어떤 문제라도 얘기를 나누기 위해 센터에 들러달라고 말하고 있다. 아이리시 콘서트 또한 현지 상점의 벽과 창문에 붙이거나 전단을 돌려서 발표된다. 이 지역으로의 이민은 아일랜드 경제에 따라 들어왔다가 빠졌다가 한다. 2010년 아일랜드의 경기 침체 이후 한참 줄어들던 이민이 다시 증가하고 있다.[27]

이스트플랫부시의 서인도제도인, 그린포인트의 폴란드인, 리치먼드 힐의 가이아나인, 윌리엄스버그의 하시드파 유대인, 플러싱의 한국인과 중국인에 대해서도 비슷한 관측을 할 수 있다. 각 경우마다 구성원들은 네이버후드와 그 상점, 교회, 놀이터 등을 통해 모여 살면서 자신들의 문화가 강화되는 생활의 처음부터 끝까지를 누릴 수 있다.

각 커뮤니티는 정체성에 대한 구체적인 지표가 서로 다르다. 다시 말하지만, 종교는 뉴욕의 가난한 커뮤니티에서 특히 강력한 존재감을 갖고 있다. 브롱크스의 모리스애비뉴와 이스트 151번 스트리트에 서서 일반적인 중국 테이크아웃 음식점 미스터원턴, 헬스 센터, 자메이카 레스토랑 등을 살펴봤다. 하지만 이 위치는 붉은 배경에 황금색 글씨로 표시된 깔끔한 표지판이 보여주는 것처럼 거의 성지와도 같은 종교적 장소로도 알려져 있다. 표지판에는 '이 장소에서 1979년 10월 2일 교황 성 요한 바오로 2세가 커뮤니티의 신실함을 축복했다'고 되어 있다. 그렇게 역사가 만들어지고 보존되어오고 있었다. 사우스브롱크스의 사람들에게 이것은 전 세계 가톨릭 신자들의 지도자가 이 네이버후드를 방문하고 여기에 사는 사람들에게 축복을 줄 정도로 마음을 쓰고 있음을 의미하는 것이다.

에스니시티의 경제적 의미

가끔 아프리카 국기가 바람에 펄럭이는 근처에서 음식, 허브, 포켓북, 녹음기 같은 물건을 파는 사람들을 볼 때가 있다. 브로드웨이와 166번가에 있는 워싱턴하이츠의 패스트푸드 식당은 맬컴엑스박물관의 그림자 아래 엑스 카페라고 이름을 붙임으로써 흑인 영웅의 아이콘을 자본화하려고 한다. 여기 잘못된 것은 하나도 없다. 사실 이는 에스니시티 자체의 힘과 호소를 보여주며 그 자체가 민족-종교적 정체성의 한 형태다. 그러나 분명히 경제적 이득을 위한 것이기도 하다.

브루클린의 코셔식 대형 고급 업체 포미그래닛 슈퍼마켓Pomegranate super-market은 매일 마치는 시간에 유대인 빈곤층에게 팔리지 않은 음식을 기증한다는 사실을 알려주고 구매 고객들에게 어필하려고 노력한다. 그럼에도 사람들은 회의적이다. "매일 밤 배고픈 사람들에게 남은 음식을 모두 준다는 곳은 좀 믿기 어렵지 않습니까?" 하고 한 나이든 정통파 여성이 말했다. "그렇게 하면 돈을 벌 수가 없을 거예요."

브루클린의 플랫랜즈에서 삼십대 후반으로 보이는 머리쓰개를 쓴 부하라계 이발사를 만났다. 그의 이름은 토니가 아니었지만, 이발소 유리창 맨 위에는 '토니의 이발소'라고 적혀 있었다. 예전의 진짜 토니를 알고 있었던 나이 든 이탈리아계 남자들에게 토니의 이름을 사용하는 것은 가치가 있을 수 있다. 하지만 퀸스의 큐가든스힐스에서 매일 이발소로 출퇴근하는 이 이발사는 첫 번째 표지 옆에 자신만의 광고 표식이 있었다. '쇼머 샤보스Shomer Shabbos'(안식일을 지키는 자). 업자가 종교적 율법을 준수하는 수준이 고객에게 중요한 코셔 푸드 시설과는 달리, 이발사의 안식일 준수 여부는 실질적인 차이를 만들어내지 않는다. 이는 민족-종교적 충성에 대한 다소 명시적인 호소다. 사실 이것은 아프리카계 미국인들에게 '바이 블랙buy black'(아프리카계 미국인들의 사업을 촉진하기 위해 같은 아프리카계 미국인이 운영하는 사업장을 더 많이 이용하자는 사회운동 — 옮긴이)하라고 격려하던 오래된 간판 같은 것이며, 자신이 속한 집단에 공개적으로 호소해도 된다는 이 도시의 불문율처럼 보인다. 사실 이발소 의자에 앉아 나누는 대화 같은 또 다른 영역에서라면 이는 중요한 일이 된다. 당신이 비슷하게 독실한 유대인이라면 한 달에 한 번씩 20분 동안 공통점이 많은 사람과 대화할 수 있다는 걸 의미한다.

여기 또 다른 사례가 있다. 플러싱에는 한 자동차 수리점이 있는데, 간판의 중국어를 알아본다면 중국인들이 운영하는 곳임을 알 수 있다. 그곳의 이름은 '할렐루야 주를 찬양해'라는 의미의 할렐루야 프레이즈 더 로드 오토 세일즈Hallelujah Praise the Lord Auto Sales로, 샌퍼드애비뉴 131-32번지에 있다.(사진 28) 이 가게는 훨씬 더 미국적으로 들리는 홈디포에서 두 블록 떨어진 곳에 있다. 가게 앞에 주차된 체로키 지프는 'Isaiah58'이라는 맞춤형 뉴욕주 번호판을 달고 있었고, 지프의 뒤쪽 창문에는 '내 아버지가 천지를 창조했습니다'라는 스티커가 붙어 있었다. 이 도시에서는, 적어도 플러싱의 일부에서는 종교가 살아 있고 번창하고 있었다. 그리고 어떤 고객들은 주인의 강한 종교적 감정을 공유한다는 것을 추정해볼 수 있었다.

종교적 율법을 따르지는 않지만 문화적으로는 유대교적인 유대인이 있다. 나는 레스토랑 중에서 분명히 코셔 음식은 아닌데 그런 사람들에게 손을 내미는 레스토랑들을 우연히 찾아본 적이 있다. 이것은 민족-종교적 관용의 한 예이며, 실제로 공감을 줄 뿐만 아니라 고객을 끌어들이는 좋은 아이디어이기도 하다. 주인들은 사람들이 긍정적인 반

사진 28 할렐루야 프레이즈 더 로드 오토 세일즈, 샌포드애비뉴 131-32번지. 제시 리스 촬영.

응을 보였다고 말해주었다. 사람들이 직접 준비를 하지 않고도 식당에서 가족적 유월절을 보낼 수 있다고 느끼기 때문이었다. 게다가 몇 시간이고 하가다Haggadah(유월절 축하에 사용되는 탈무드의 전례서—옮긴이)를 암송하는 것과 같은 종교적인 부분은 패스할 수도 있다. 유월절은 모든 종파의 유대인들뿐만 아니라 종파에도 속하지 않은 유대인들 사이에서도 가장 널리 지켜지는 휴일이기 때문에, 어떤 식으로든 휴일을 축하하는 것에 대한 이러한 관심은 그리 놀라운 것이 아니다.

이와 연결되는 얘기인데, 매디슨애비뉴의 높은 저갯 등급을 받은 카네기힐의 이탈리아 레스토랑 터스컨 앞을 지나간 적이 있다. 그곳에는 특별 유월절 메뉴가 있었다. 토스카나 치킨 간과 하로세스haroseth(과일과 견과로 만든 달콤한 명절 음식)와 마초matzo(발효하지 않은 유대인식 크래커 — 옮긴이), 이어서 게필테 피시gefilte fish(유대인식 생선요리 — 옮긴이)와 마초볼(유대인식 고기 완자 — 옮긴이)을 넣은 치킨 수프, 메인 코스로 오븐에서 구운 감자를 곁들인 토스카나 포트 로스트와 치킨, 시금치, 스트링빈, 브뤼셀 스프라우트, 그리고 마무리 디저트로 초콜릿 소스를 얹은 코코넛 마카롱. 가격은 1인당 65달러였다. 코셔가 아닌 레스토랑에서 '코셔 스타일' 저녁 식사를 제공하는 것은 전혀 큰 문제가 되지 않았다. 그러나 카네기나 스테이지델리와 같은 곳들은 맨 처음 시작할 때는 기본적으로 유대인 지향적이었다. 하지만 이 레스토랑이 뭔가 새로운 것은 이탈리아 식당이 과감하게 그러한 메뉴를 광고하고 있다는 점이었다. 유월절이 되기 10일 전에 창문에 붙여둠으로써 분명 눈길을 끄는 중요한 것이었다. 보통 날에는 거기서 원하는 모든 새우나 조개, 돼지고기 요리를 먹을 수 있다. 여기의 교훈은 종교는 에스니시티의 한 측면일 뿐이기 때문에 유대인들이 반드시 종교에 충실한 사람이 아닐지라도 그들에게 에스니시티는 중요하다는 것이다. 이는 저명한 사회학자 허버트 갠스가 처음으로 만든 용어인 '상징적 민족성symbolic ethnicity'의 완벽한 예다. 그의 관점에서 볼 때 그것은 종종 동화 전의 마지막 단계다. 결국 그러한 형태의 정체성은 어떤 힘을 유지할 수 있을까?

종교적·경제적 공생의 마지막을 한번 보자. 맨해튼 북쪽 끝의 219번 스트리트 근처 9번 애비뉴에는 세계 각국의 깃발로 이쪽 끝에서 저쪽 끝까지 장식된 자동차 수리점이 있다. 주인은 이렇게 말했다. "저희 아버지는 이민자로 그리스에서 오셨는데, 세계 어느 나라에서든지 사람들이 와서 뭔가 이루어내는 나라라는 생각을 너무 좋아하셨습니다. 이 깃발을 걸어놓는 것은 미국에 되갚는 그만의 방식이었습니다. 우리에게는 전 세계에서 온 고객이 있습니다." 그는 비록 이런 디스플레이가 도움이 된다고 생각하기는 하지만 확실히는 모른다고 했다. 이게 고객을 더 유치할 수 있는지가 내게는 분명하지 않아서 이 이야기를 마지막에 덧붙였다. 이런 의미에서 이것은 정체성의 복잡성을 재는 척도이며, 도시에선 우리가 생각하는 것보다 더 많은 일이 일어나고 있다.

다른 문화와 합성하기

만약 어떤 것이 어떤 식으로든 집단을 강화한다면, 아무리 그 연결이 미약해도 다른 것들과 연결하려는 노력이 생길 것이다. 이제 살펴볼 흥미롭고 부차적인 이야기는 겉보기에는 연결되지 않은 먼 과거와 종교적으로 어떻게 연결될 수 있을지에 관한 것이다. 2009년 여름, 5일간의 '헌신 의식'이 북미힌두사원연합회의 전국 최대 규모 신전인 가네샤 신전Ganesha Temple에서 열렸다. 뉴욕은 7만 8000명의 인도 태생 주민과 그 자녀의 고향이며, 이들 대부분이 힌두교도다.

이 축하 행사와 의식은 다양한 힌두교 신의 석상에 '신성한 에너지'를 부여하는 것으로 알려지고 있다. 37세의 인도 코끼리 미니는 이 여름 행사의 참가자 중 하나였는데, "이마에 금이 박힌 방패를 달고 은색 술 장식의 양산 아래 상의를 벗은 사제를 싣고 날랐다". 가네시는 코끼리 얼굴을 한 신에게 주어진 이름이며, 힌두교는 가네시가 모든 '문제와 장애물'을 제거해준다고 믿는다. 힌두교도에게 성스러운 암소도 이 신전에 등장했다. 이 암소는 "말을 듣지 않고 밖으로 나오지 않으려고 해서 나올 때까지 쓰다듬으면서 껍질을 벗기지 않은 바나나를 먹여야 했다". 붉은색과 주황색의 도티스dhotis(인도에서 남자들이 몸에 두르는 천―옮긴이)를 입은 힌두교 사제들은 땅 위 높이 설치된 비계 위에 맨발로 서서 신상들과 신전의 탑에 물을 부었다. 이는 찰라challah에서 지도자들이 빵을 던지기 시작하면 그 조각을 잡으려고 하는 하시드파 유대인들의 반응을 연상시켰는데, 군중은 땅에 떨어지는 물방울을 잡으려고 했다.[28]

우연히도 그 신전과 대규모 힌두 커뮤니티가 있는 퀸스의 플러싱은 1657년 현지 식민지 주민들이 플러싱 진정서Flushing Remonstrance에 서명했던 곳이다. 진정서는 영국의 권리장전에서 볼 수 있는 종교적 자유 선언보다 앞선 것으로 오랫동안 여겨져왔다. 진정서의 서명자들은 퀘이커교도들에 대한 박해에 항의했지만, 항의서에 유대인, 이집트인, 터키인을 언급했기 때문에 힌두교도에게도 같은 생각을 적용했을 것이라고 추측할 수 있다. 현재 바운스트리트는 힌두 사원, 유대 회당, 중국인 교회, 시크교도의 구르드와라gurdwara(예배당)가 다양하게 뒤섞여 있는 곳인데, 사실 이 거리의 이름은 퀘이커교도들이 자신의 집에서 회합할 수 있게 해주었던 존 바운의 이름을 따온 것이다.

퀘이커교도들처럼 힌두교 사원의 설립자들도 20년 전에 사원을 열었을 때 편견에 직면했고, 그런 연결은 그들에게도 끊어지지 않았다. 짐작하기로 힌두교 신앙을 컬트 같은 것이라고 간주한 듯한 사람들이 성전에 달걀을 던지는 일도 벌어졌다. 이 사원은 이제 완전히 받아들여지고 있으며, 현재 사원의 대표인 우마 마이소레카르 박사는 오바마 대통령의 첫 취임식 때 워싱턴 국립성당의 행사에도 초대를 받았다.[29]

퀘이커교도와 힌두교도들이 경험한 박해와 비슷한 사건들 사이의 공통점은 종교적 차별과 그에 이어지는 점진적인 수용이 미국 역사에서 얼마나 계속 반복되는 특징인지를 강조해준다. 그 공통점은 또한 힌두교도가 결국에는 미국에서 오늘날 퀘이커교도들처럼 받아들여지는 개념이 될 것임을 시사한다. 그리고 지리적인 우연성은 그것을 강조해주는 훌륭한 방법으로서의 역할을 한다.

아프리카계 미국인은 유대인과 오랜 애증이 엇갈리는 관계다. 한편으로 두 집단은 상인-고객, 임대인-임차인, 교장-교사 간 충돌이라는 측면에서 갈등을 빚어왔다. 그러나 두 문화 간의 이러한 차이는 민권운동 시대와 그 이전의 편견에 저항하는 그들의 연대로 인해 더 이상 드러나지 않게 되었다. 그들은 또한 역사적으로도 강한 연결을 느낀다. 노예가 되었다가 영토가 없는 백성으로 사막을 헤매던 고대 이스라엘 사람들을 흑인들은 자신과 동일시한다. 그리고 흑인 목회자들은 자주 유대인들을 언급하고 성경 속 그들의 이야기를 설교한다. 실제로 어떤 흑인 종파들은 '진짜 이스라엘인'이라고 자칭하며 잃어버린 열 개 지파가 자신들이라고 내세우고 있다.[30]

아프리카계 미국인들은 또한 훨씬 더 큰 무슬림 세계와 자신을 연결하고자 노력해왔다. 맬컴 엑스는 일라이자 무하마드와 결별한 후 아프리카계 미국인 무슬림들을 그 세계와 더 가깝게 연계시켜, 이슬람 국가의 인종적 수사로부터 벗어나 보편적으로 통일된 이슬람으로 나아가려고 했다. 결국 맬컴 엑스는 예언자 마호메트가 표현한 바와 같이 쿠란은 인종적인 요소가 없는 것이라고 확신하게 되었다. 그리고 그는 궁극적으로 모든 종교에 대한 편견에 반대했다.[31]

이 도시에서 대단히 특이한 집단을 찾는 것은 그리 놀라운 일이 아니다. 내가 우연히 알게 된 한 종교 단체는 간단히 설명하기는 불가능하지만 케메티즘이라고 하는 고대 이집트 사상 및 영성학파School of Kemetic Thought and Spirituality다. 부르키나파소(예전에 오트볼타라고 불렸던)에 기반을 둔 이 종교는 수천 년 전 파라오의 시대에 이집트에서 이주해온 민족에 의해 왕조가 세워졌을 때 시작되었다. 다신론, 영성주의, 상형문자 기반 언어인 메두Medu어, 명상, 찬송, 호흡법 등을 포함하는 구르마Gourma와 도곤Dogon 사람들의 전통을 지키고 있다. 주로 흑인지역인 브루클린 레퍼츠가든스에 있는 뉴욕애비뉴와 맞물리는 레퍼츠애비뉴 405번지에 새로 문을 연 지구 센터의 대표들 중 한 명과 얘기를 했다. 센터는 강의용 테이프뿐만 아니라 다양한 음식과 액상 상품을 판매하고 있었고, 강의도 제공했다. 흑인이 대부분인 네이버후드지만 다른 배경의 사람들도 있었다. 어떤 면에서 이 종교는 불교나 힌두교와 같은 동양 종교처럼 보이지만 역사적으로 아프리카에서 온 것이다.

그곳을 운영하는 진지한 젊은 백인 남성은 뉴저지주 몬트클레어에서 자란 대단히 미국적인 사람이었다. 가냘프고 턱수염을 기른 그는 웨슬리언대학을 다녔던 진지하고 박식한 사람이었다. 내게 내민 명함은 '네키템 카멘투, 1세대 비서, 재무담당자 및 교관'이라고 그를 내세우고 있었다. 명함에는 이집트 상형문자같이 생긴 매력적이지만 읽을 수 없는 글자가 적혀 있었다. 뒷면에는 흰 가운을 입고 터번을 쓴 아프리카인이 나무 아래 서서 흑인 어린이들에게 설교하는 사진이 있었다. 사진과 센터의 웹사이트 주소 사이사이에 "태양은 절대 지지 않습니다. 빛에서 멀어져가는 것은 사람입니다"라고 새겨져 있었다.

네키템은 "이 종교는 아직 유지되고 있는 그리스-로마 문명 이전의 종교이며 혈연관계, 의학, 정부, 철학, 영성 등 모든 것을 가지고 있습니다. 파라오는 3계층 시스템의 주된 왕이었습니다. 그리고 그 아래 지역의 왕과 소왕들이 있었습니다. 그들 중 많은 사람이 나일강 계곡에서 서쪽으로 이동하여 나이저 계곡에 정착했습니다. 이곳에서 그 나일강 계곡 문화가 보존되고 있는 것입니다"라고 설명해주었다.

뉴욕시는 이 종교를 위한 완벽한 장소라는 생각이 내 머리를 때렸다. 국제적인 도시이며 수많은 크고 작은 단체의 본향이기 때문이다. '모든 것이 다 되는' 곳인 것이다. 또한 일종의 종교적 부흥의 한가운데에 있는 것처럼 보이는 도시이기도 하다. 아프리카에 기반을 둔 이 고대의 종교는 사람들의 수많은 동경, 특히 뿌리와 기원을 찾고 배우려는 흑인들의 니즈에 많은 부분 답하고 있다. 그 외에 명상, 운동, 건강한 생활 같은 현대적 요소도 젊은이들에게 매력적으로 다가가며, 많은 신을 숭배하는 것 역시 이국적인 분위기를 준다.

동성애자

동성애자들은 말 자체의 일상적인 의미로 민족-종교적 집단은 아니지만, 분명하게 나름의 규범과 가치를 가진 독특한 집단이다. 그들은 성적 지향으로 정의되고, 남성과 여성 모두를 포함하며, 과거에 차별을 받아서 엄청나게 고통받았다. 지난 35년 동안 그들도 하나의 커뮤니티로서 큰 진전을 이루었다. 동성애 문화에서 가장 중요한 순간 중 하나는 뉴욕주에서 2011년 6월 24일 동성결혼 법안을 통과시킨 것이다. 자정을 불과 5분 앞두고 앤드루 쿠오모 주지사가 법안에 서명했다. 이 법은 동성애자 커뮤니티가 얼마나 멀리까지 왔는지를 상징적으로 보여준다.[32] 얼마나 많은 진전이 이루어졌는지 보기 위해서 이 법을 1970년대의 상황과 대비해본다면, 그때 동성애자들은 로어웨스트사이드의 반쯤 버려진 부두나 플레이토스트리트리트 같은 개인 클럽에서 은밀한 관계를 맺을 수밖에 없었다.[33]

첼시의 8번 애비뉴를 따라 있는 바에서 몇 명의 게이와 대화를 나누면서 그들이 법의 통과를 어떻게 바라보는지 알아봤는데, 답변들이 흥미로운 사실을 드러내주었다. 그래픽 아티스트인 한 명은 이렇게 말했다. "물론이죠, 조금 늦긴 했지만 정말 행복합니다. 이 법은 우리의 법적인 지위와 자아상에 영향을 미칠 거예요. 우리는 존중을 느끼게 될 것입니다." 변호사인 다른 남자는 장기적인 영향에 대해 말했다. "보세요, 1964년 민권법이 상황을 그 즉시 변화시키지는 않았습니다. 부정적인 태도는 여전히 존재했지만 시간이 지나면 태도가 변합니다." "맞아요." 세 번째 사람이 말했다. 그는 자신의 직업에 대해 이야기하기를 거절했다. "여전히 동성애 혐오자들이 많습니다. 물론 갈수록 대놓고 그러지는 않습니다만." 그가 웃었다.

전반적으로 동성애자들이 다른 사람과 동일한 권리를 가질 수 있다는 생각에 점점 더 많은 뉴요커가 동의하면서, 대중 의견의 상전벽해 같은 변화로부터 그들은 혜택을 보기 시작했다. 오늘날 많은 사람은 비록 동성애가 스스로 선택할 수 있는 것은 아니어도 동성애자들도 자신의 라이프스타일에 맞는 권리를 갖고 있다고 생각한다. 그들은 또한 동성애자라는 것은 개인적인 문제이며, 게다가 병이 아니라고 믿게 되었다. 동성애자가 '정상적'이라고 믿지 않는 사람들조차 이에 대해 더 관대해졌다.

많은 민족-종교적 집단처럼, 이들은 정체성과 집단적 연대가 성장하고 있는 집단이다. 그들은 단결이 힘을 준다는 걸 깨달았지만, 또한 미디어, 예술, 교육, 상업 분야에서 실제로 자리를 잡은 고등교육을 받은 집단으로부터 혜택을 받았다. 이것은 그들의 영향력을 크게 증가시켰으며, 특히 점점 더 많은 사람이 공개적으로 커밍아웃했다. 그리고 강력한 위치에 있는 이성애자들이 가까운 동성애자 친구나 친척을 점점 더 많이 알게 되면서 동성애자들을 더 많이 받아들이게 되었다. 이 모든 것을 보면 30년 전의 사회와 근본적으로 달라졌다.

달라진 현상들은 가치와 태도를 변화시켰으며 이민자나 흑인, 여성에 대한 관점 변화를 초래한 것과 같은 진화가 이루어졌다. 접촉이 늘고 교육이 확대되었으며, 인권이 강화되면서 이 모든 것이 좀더 포용적인 사회로의 전환에 중요한 역할을 했고, 이러한 노력은 여론의 변화로 보상받았다. 2004년 퀴니피악에서 실시한 여론조사에서 뉴욕주 거주자들의 동성 간 결혼에 대한 지지율은 37퍼센트로 나타났지만, 2011년에는 58퍼센트로 증가했다. 가장 눈에 띄는 상징이었던 1969년 6월 웨스트빌리지에 있는 스톤월 인Stonewall Inn에서 있었던 폭동으로부터 이 운동은 오랜 시간 지속되었다.[34]

흥미롭게도 대부분의 사회적 변화는 처음에는 급진적으로 나타난 후 사회적 질서에 도전하는 의제를 장려하기 위해 노력한다. 중심적인 의미의 측면에서 이 노력은 그 반대였다. 동성애 운동가들은 결혼할 권리를 요구함으로써 가족 기반 전통에 참여하는 것을 주장했고, 이는 분리주의보다는 통합을 추구한 초기 민권운동의 요구와 비슷했다. 그런 의미에서 그들의 동성애자로서의 정체성은 변하지 않았는데도 외부인으로서의 동성애자 정체성은 변화했다.

『뉴욕타임스』칼럼니스트 프랭크 브루니는 기고문에서 이렇게 말했다. "결혼 서약에서 '예'라고 서로 말하는 것은, 대다수 동성애자가 사는 방식을 더 잘 반영한다는 것은 말할 필요도 없이, 퍼레이드 꽃마차 위에서 가죽 옷을 입고 있는 것보다 훨씬 더 효과적이다. 우리는 결혼이라는 제도를 약화시키려고 하지 않는다. 그건 타이거 우즈, 아널드 슈워제네거, 존 에드워즈와 같은 수많은 한때의 롤 모델이 더 솜씨 있게 해치우고 있다. 우리는 가족에 엄청난 찬사를 보내고 있다."[35] 따라서 이 대규모의 조직적인 노력은 그 운동이 어떻게 '기존 질서'가 되어왔는지를 상징으로 보여준다. 또한 이것은 동성애자들이 기존 질서의 일부가 된다면 그들이 미국 사회 내에서 자신들의 위치와 장기적인 안전을 보장받게 될 것이라는 영리한 계산을 제안해준다.

에이즈에 대항하는 30년 간의 투쟁 역시 중요한 역할을 했다. 미국인들의 마음속에서 부끄러운 질병이었던 만큼, 에이즈는 동성애자들이 '옷장에서 나올' 필요가 있게 만들었다. 그건 이 질병으로 인해 얼마나 많은 구성원이 병에 걸렸는지 사회가 깨달을 수 있는 유일한 방법이었으며, 이로 인해 그들은 불균형적으로 고통을 받았다.[36]

그럼에도 동성 간 결합에 대한 반대는 여전히 남아 있다. 결국, 2011년 뉴욕 시민 응답자의 42퍼센트는 이 같은 생각을 지지하지 않았다. 이는 또한 뉴욕주가톨릭회의의 데니스 파우스트가 "여러 면에서 우리는 화력에서 밀렸다"고 인정한 바와 같이 명백하게 되었다.[37] 그럼에도 입법자들은 종교 단체들이 그들의 시설에서 동성 결혼 의식을 치르기를 원하는 것을 수용하지 않을 경우 주 정부의 처벌에서 보호하는 조항을 밀어붙였다.[38]

그러나 보수적 집단에서도 태도는 변화하고 있는데, 이는 종종 개인적인 경험에 의해 가속화되기도 한다. 보수의 아이콘인 안드레아 페이서는 『뉴욕포스트』에서 게이 결혼에 관한 칼럼을 자그마치 "나는 항복했다"라는 말로 시작하며 이 점을 분명히 했다. 최근 매사추세츠주에서 열린 그녀의 여자 조카와 다른 여성의 결혼에 대해 쓰면서 그녀는 다음과 같이 말했다. "일반적인 동성애자 결합에 대한 추상적인 불편함에도 불구하고, 바로 옆집에 있는 멋진 남자들을 차별할 사람은 한 명도 알지 못한다. 내 조카의 미소로 분명하게 드러나는 그녀의 행복도 나는 부인할 수 없을 것이다."[39] 분명하게도, 모든 종류의 집단 정체성에 대한 일반적인 관대함이 높아질수록 동성애자들에 대한 인식도 영향을 받게 되었다. 요컨대 오늘날 뉴욕시는 30년 전보다 훨씬 더 개방된 도시다.

뉴욕이여, 어느 길로?

이 도시는 에스니시티라는 측면에서 지금으로부터 50년 후쯤 어떤 모습일까? 동화가 일반화될까, 아니면 대부분의 주민이 계속 자신의 민족-종교적 기반의 정체성을 갖고 있을 것인가? 사회학자 리처드 앨버는 획기적인 『인종 경계를 흐릿하게 만들기Blurring the Color Line』에서 이 질문을 여러 측면에서 서술하고 있다. 논의 자체는 일반적인 미국에 대한 것이지만, 빅 애플은 전국적인 트렌드의 측면에서 종종 이 나라의 전조가 되어왔다.[40]

앨버는 버락 오바마 대통령의 선출이 정말로 인종과 에스니시티에 있어서의 진보라는 더 큰 구상을 의미하는지 묻는 것으로 시작하고 있다. 그는 현재 감옥에는 백인보다 흑인이 더 많다는 것을 지적하는데, 오늘날 민족-종교적·인종적 소수자가 수감된 사람들의 60퍼센트를 차지하고 있다. 주거지역 분리에 대한 추가적인 비관주의가 지속되고 있으며 뉴욕을 포함한 미국의 많은 지역에서 이는 심지어 일반적인 양상이기까지 하다. 이 나라의 흑인 아이들 중 3분의 1은 가난의 수렁에 빠져 있다. 흑인만큼 나쁘지는 않지만, 히스패닉계 또한 형편없이 지내고 있다. 이런 현상을 감안한다면, 많은 학자는 동화가 일어난다고 하더라도 100년은 더 있어야 할 거라고 믿고 있다.

그러나 앨버는 상황은 바뀔 수도 있다고 말한다. 그의 책에서 나머지 부분은 그것이 어떻게 그리고 왜 일어날 수 있는지를 찾고 통찰력 있게 분석하는 것에 할당되어 있다. 그는 백인 민족들의 경험을 지적한다. 백인 민족들은 주로 19세기 중엽부터 20세기 초에 이곳에 왔는데, 그 시기는 차별적인 이민법이 그들의 수를 조금씩 줄여나가고 있을 때였다. 이 집단들이 궁극적으로 백인이어서 성공했다는 주장을 부인하면서, 앨버는 오늘날의 흑인, 히스패닉계, 그보다는 좀더 약하지만 아시아계처럼 당시에는 백인 민족 집단들도 '동화되지 못할' 것이라고 간주되었다는 점을 상기시켜준다. 이탈리아인들은 범죄자와 원시인으로, 아일랜드인들은 술주정뱅이와 강간범으로, 유대인들은 공산주의자, 그리스도를 살해한 자, 수전노로 정형화되었다. 오늘날 이런 식으로 판단하는 것은 시대에 너무나 뒤떨어진 것이다.

앨버는 점점 더 많은 베이비 붐 세대가 직장에서 은퇴하고 있다고 지적한다. 따라서 2030년대까지는 약 1500만 개의 일자리가 생길 것으로 예상했다. 이는 소수민족을 포함한 일반적인 사람들을 위해 새로운 기회의 문을 열 것이다. 2005년과 2006년 미국 커뮤니티 설문 조사를 비롯한 여러 출처의 통계 데이터를 사용한 앨버는 이미 소수민족이 특히 공공 부문에서 더 나은 직위로 이동 중이라는 것을 보여준다. 그는 정부 기관과 민간 조직이 동등한 대우를 제공하고 기회를 확대함으로써 중요한 역할을 할 수 있다고 주장한다. 동화를 선호하는 이들에게 앨버는 교육의 격차를 좁히고, 예견할 수 있는 미래에 대한 차별 철폐

조처(어퍼머티브 액션)를 계속하며, 가능한 한 주거지 통합을 촉진할 것을 권장하고 있다.

동화하는 쪽으로 이동하고 있음을 뒷받침하는 다른 출처의 증거도 있다. 필립 카시니츠의 연구에 따르면 이민자 자녀의 20퍼센트만이 같은 집단 내에서 결혼하는 게 중요하다고 생각하는 것으로 나타났다.[41] 2008년에는 미국의 흑인 남성 20퍼센트와 흑인 여성 9퍼센트가 비흑인과 결혼했다. 게다가 미국 태생 아시아인의 50퍼센트가 비아시아계와 결혼했다. 더욱이 30년 정도 이내에 혼혈인 사람들이 미국 인구의 대부분을 차지할 것으로 보인다.[42] 백인들 사이에서는 이미 20년 전에 동화의 징후가 뚜렷했다. 1990년 미국 인구조사를 보면 백인 중 56퍼센트가 다른 민족-종교적 집단의 사람과, 4분의 1은 일부 겹치는 집단의 사람과, 20퍼센트는 같은 민족-종교적 집단의 사람과 결혼했다. 1990년 일본계 이외의 사람과 결혼한 일본계는 거의 70퍼센트에 달했으며, 그 수는 점점 늘어나고 있다. 이것은 단일 인종의 경계가 감소하는 정도를 보여준다. 1950년에 일본인의 비일본계 혼인 비율은 단지 5퍼센트였을 뿐이다. 유대인의 경우 이 비율은 1965년 11퍼센트에서 1985년 이후 약 50퍼센트로 증가했다.[43] 오늘날 다른 민족-종교적 집단에 속한 부부의 수는 전체적으로 상당히 높다.

그동안 겪은 일들을 통해 많은 뉴요커가 서로 다른 집단 간의 결혼에 대한 트렌드를 지지할 뿐만 아니라 편견을 줄일 방법으로서 이를 긍정적으로 보고 있다는 것을 알게 되었다. 스태튼아일랜드에 사는 아일랜드인-유대인 부부가 좋은 사례다. 그들의 자녀 중 한 명은 아일랜드 및 쿠바, 이탈리아계 후손인 사람과 결혼했다. 다른 자녀는 일리노이에서 온 '흰 식빵white bread'(원래 white bread는 보통이라는 의미로 사용되는데 여기서는 중서부의 보통 미국인이라는 의미 – 옮긴이)이라고 불리는 사람을 배우자로 맞았다. 그들은 이것이 미래라고 믿으며 그 미래를 사랑한다. "훌륭한 사위입니다"라고 그들은 말했다. 이러한 언급은 다양한 유형의 뉴요커들과의 수많은 대화에서 내가 들은 전형적인 얘기다. 할렘의 레스토랑 웨이터에게 그의 출신 국가에 대해 물어본 기억이 있다. "저는 모든 것입니다"라고 그는 대답했다. "제 어머니는 가봉과 프랑스계이고 제 아버지는 폴란드와 중국계입니다. 저는 제가 그냥 미국인인 것 같습니다." 바라건대, 사회도 유사한 결론에 도달하게 될 것이다.

또 다른 사람들은 아마도 낭만화된 이 시점은 상당한 장애물을 맞닥뜨려야 하고, 아주 오래가지는 않아도 적어도 그것을 그저 지나칠 수는 없을 것이라고 말한다. 뉴욕에는 선택한 것인지 아닌지에 관계없이 여전히 많은 주거 차별이 존재하고 있다. 소수민족에 대한 백인의 태도가 시간이 지나면서 얼마나 변할지는 확신할 수 없다. 수많은 서류 미비 소수민족의 존재는 동화 과정을 느리게 할 것이다. 여전히 피부색이 주요 장벽이기 때문에 특히 흑인과 다수의 히스패닉계는 계속해서 심각한 장애물을 마주하게 될 것이다. 그렇긴 해도 확실히 피부색과 에스니시티는 결국 중요성을 잃게 될 것이다. 다른 인종 간 혼인으로 금색, 올리브색, 베이지색 등등 옅은 피부색이 일반화되면서 신체적 특징의 차이를 희미하게 만들어버릴 것이기 때문이다.

이후 제기된 재정적인 사기 혐의에도 불구하고, 미래의 물결을 보여주기엔 아마도 존 리우 뉴욕시 감사원장 선출이 가장 좋은 예가 될 것이다. 그의 부모가 아들들의 이름을 케네디 가문을 따라서 로버트, 에드워드, 존으로 지은 것은 어쩌면 정치적인 꿈도 더해진 이민자 드림의 상징적인 예다. 리우는 단지 시 정부 수준에서 최초로 아시아계로 선출된 것이 아니다. 그는 그 모든 것이다. 그러나 더 중요한 것은 타이완에서 미국으로 온 부모의 자녀였던 리우가 자신이 속한 집단 이외에 브루클린의 파키스탄인과 퀸스의 한국인을 포함한 다른 이민자들의, 거의 불가능했던 연합의 결과로 당선되었다는 점이다. 물론 그는 다양한 배경의 일반적인 뉴욕 시민들로부터 표를 얻을 필요도 있었다.

리우는 취임 선서에서 자신의 당선이 가진 중요성을 명백히 인식하고 있었다. 과거 새 이민자들의 파도를 가리켰던 용어로 말하자면, 그는 "2등 시민권"의 역사와 "이민자들이 건설한 국가의 획기적인 이정표"를 가져온 유권자 등록 추진을 언급하며 "그런 변화 물결의 일부가 되어 영광으로 생각합니다"라고 말했다.[44] 그리고 그가 단상에 서서 주먹을 머리 위로 높이 치켜들고 활짝 웃고 있을 때, 자리에 있던 모든 이의 환호 속에서 역사가 만들어지고 있다는 것을 우리는 알 수 있었다.[45]

리우가 아시아계 미국인으로서 불법 선거 자금 혐의로 위상에 타격을 입은 직후, 뉴욕닉스의 포인트가드인 제러미 린이라는 또 다른 롤모델이 이 무대에 뛰어들었다. 역시 타이완 이민자의 자녀이기도 한 린은 닉스의 선발 선수로 첫 네 경기에서 무려 114점을 득점하여 미국프로농구NBA 신기록을 세우면서 이 도시와 전 미국을 열광시켰다.

엄청난 수의 아시아계가 그의 성취에 도취하여 밤사이에 농구에 관심을 갖게 되었다. 그래픽 디자이너 수 남은 "아시아계 미국인 남성은 모두 제러미 린이 되고 싶어하고, 아시아계 미국인 소녀는 모두 그와 결혼하고 싶어한다"고 말했다.[46] 확실히 스테레오타입의 붕괴 현상이었다. 아시아인들은 과학에, 그중 수학, 컴퓨터, 공학에 특히 재능이 있다고 사람들은 생각한다. 농구에 재능이 있다고 하지는 않는다. 한편 린은 일반적으로 아시아계라는 것과 관련된 특정한 자질도 가지고 있었다. 학업적으로 성공을 거둔 그는 하버드대학을 졸업했고, 자신의 성적만을 강조하기보다는 자기를 낮추고 팀원을 칭찬하는 모습을 보여주기도 했다.

유대인이나 아랍계 출신이 거의 없는 것처럼 아시아계 미국인 농구스타의 물결이 일지는 대단히 의심스럽다. 그러나 중국계 미국인에게 이런 일이 일어날 수 있다는 생각은 바다 건너 이 대륙에 온 이후로 녹록잖은 편견과 차별을 경험한 집단이 자부심을 갖기에는 충분했다. 이것은 중국계를 넘어 한국계와 필리핀계, 태국계들이 바와 레스토랑에서 텔레비전 앞에 모여 앉는 '린세니티Linsanity'(제러미 린의 Lin과 무모하다는 의미의 insanity를 합성한 표현—옮긴이)라고 불리는 현상처럼 훨씬 더 범아시아적인 이벤트였다. 린은 이 미국 스포츠의 보루를 폭풍처럼 무너뜨리면서 다른 어떤 것보다 더 아시아계를 미국인스럽게 만드는 모든 아시아인의 상징으로 우뚝 섰다.

그리고 린은 소매 또는 적어도 유니폼 저지에 기독교 신앙을 표시해 두었다. 그는 자신의 성공에 대해 신께 감사했고, 젊은이들을 포함한 아시아계 커뮤니티의 많은 사람이 정기적인 교회 참석자라는 사실을 집중 조명시켰다. 이 조합은 다시 인종, 종교, 에스니시티 간의 복잡한 상호작용을 보여준다. 여기서 작동하는 뉘앙스는 동료 아시아계 미국인 마이클 루오가 『뉴욕타임스』 기고에서 적절하게 묘사했다. "어떤 사람들은 덴버브롱코스의 쿼터백 팀 티보를 언급하며 린이 그의 신앙 때문에 타이완의 티보가 될 것이라고 예언했습니다. 팀 티보는 자신의 복음주의적 기독교 신앙에 대한 노골적인 발언으로 인해 일부 집단에서는 유난히 인기가 있었지만 다른 사람들은 대단히 싫어했습니다. 하버드-래드클리프 아시안 아메리칸 크리스천 펠로십을 통해 그를 알고 있었던 사람들과 그의 대화를 통해, 그리고 그의 인터뷰를 보면서, 저는 그[린]가 좀더 조용하고 덜 극단적이지만 헌신적인 신앙의 깊이는 덜하지 않다는 느낌을 갖게 되었습니다."[47] 물론 이제 그는 휴스턴로케츠로 이적했지만(그리고 거기서도 잘 나가고 있지만), 출신지가 다른 모든 뉴요커에게서 쉽게 잊히지 않을 것이다.

리우와 린의 사례는 수용의 문제가 닥쳤을 때 작동하는 동력의 그물망을 강조해준다. 일어나는 일반적인 상황을 특징짓는 어떤 이중성이 여기 있다. 아시아계에 대한 주류 사회의 수용은 명백하다. 그러나 리우와 린은 자신의 아시아계 정체성을 유지하면서 동시에 앞으로 나아갔다. 실제로 그들의 성취는 개인적 자질과 아시아계라는 사실 모두에서 기인한 것으로 보이고 있다. 제러미 린의 종교적 정체성은 비슷하게 개인적인 결정이라고 생각되지만, 또한 미국 전역의 아시아계 미국인들 사이 트렌드의 한 부분이기도 하다.

이 모든 것을 반추해볼 때, 뉴욕시에 세 개의 집단이 있다고 안전하게 결론을 내릴 수 있다. 먼저 정체성을 가진 자들이 있다. 그들은 유산을 자랑스러워하며 적극적으로 그것을 통해 정체성을 확립한다. 둘째는 동화주의자들로서 자신의 에스니시티를 폄하하며 그러한 차이가 무의미해지는 미래를 소망한다. 그리고 제3의 집단이 있다. 그들은 다른 사람과의 접촉을 포용하면서도 정체성을 유지하는 사람들이다. 이 집단들 중 어느 쪽도 주도권을 쥐게 될 것 같지는 않다. 아마 미래에는 십중팔구 새로운 혼성 집단이 많아질 것이다. 이와 상관없이 이러한 모든 집단이 관용의 깃발 아래 공존할 가능성이 매우 높다. 만약 이 도시 탐사에서 뭔가가 부각되었다면, 누가 어디에서 어떻게 살고 어떤 정체성을 가질지 선택하는 자유가 있어야 한다는 것에 대해서는 사람들이 거의 보편적으로 동의하고 있다는 것이다.

8장 | 결론

이 책에서 내린 결론은 지난 4년 동안 뉴욕시의 거리와 공원을 가로지르며 9600킬로미터가 넘게 이어진 답사에 큰 기반을 두고 있다. 그 기간 나는 도로 위의 삶을 관찰했고 그 일상 활동에도 참여했다. 길가에서 사람들과 시간을 보내고 커뮤니티 회의에 참석했으며, 공원에 앉아도 보고 콘서트도 가고 나이트클럽에서 춤을 추기도 했다. 모든 계층의 수백 명의 사람과 이야기를 나누었다. 사실 나는 어린아이였을 때부터 이 도시에서 자라면서 계속 걸어서 답사를 해오고 있었다. 이 경험은 뉴욕의 오랜 변화를 평가할 수 있는 소중한 관점을 갖게 해주었다. 사회학 분야의 도시 연구 저술과 논문들을 주의 깊게 읽어온 것이 더해지면서 답사의 밀도는 더욱 강화되었다.

나의 작업은 우발성과 계획된 다양성 모두를 집중적으로 관찰하고 인터뷰 비중을 높인 매우 정성적인 작업이었다. 그렇긴 하지만 정량적인 성격의 다른 연구 결론과도 통합되어 있다. 이는 민족지학을 방법론적으로 사용하여 사회학적으로 도시를 전체로서 평가하는 첫 시도이기 때문에 입문적 노력으로 보아야 한다. 그래서 미래의 도시 연구자들은 여기 수집하고 제시한 정보들에서 작업에 필요한 것을 찾을 수 있기를 바란다.

이러한 노력의 결과로 전반적으로 명확해진 것은 오늘날 뉴욕은 대단한 르네상스를 누리고 있다는 점이다. 이것은 1970년대나 1980년대 초반의 뉴욕과는 놀라운 대조를 이룬다. 우선 거리들이 그 어느 때보다 안전하고 깨끗해져서 인파가 밤낮으로 도시를 걸어다닌다. 그들의 에너지는 주로 두 주요 집단에서 나오는데, 하나는 외부 집단인 이민자들이고 다른 하나는 내부 집단인 젠트리파이어들이다. 세계 각지에서 온 이민자들은 놀라운 추진력과 야망으로 도시에 활력을 불어넣어왔고, 그 추진력과 야망은 다시 한편으로 더 나은 삶을 위해 궤적을 바꾸겠다는 이들이 꿈을 불사르게 하고 있다. 젠트리파이어들은 주로 젊은 전문직 종사자들이다. 높은 수준의 재능과 성취로 인해 그들은 뉴욕시의 인식과 현실을 패셔너블한 최첨단의 장소, 새로운 아이디어와 믿을 수 없는 에너지와 상업적인 성장으로 가득 찬 곳, 그리고 주민들이 이곳을 영원한 집으로 부를 만큼 자부심을 주는, 만질 수 있을 듯이 뚜렷한 열광의 감각이 가득 찬 곳으로 바꾸어놓았다.

다음은 이 책의 가장 주요한 몇 가지 결론이다.

1. 뉴욕은 다양한 사람과 마을로 구성된 극도로 풍부하고 복잡한 도시다. 이곳의 주민들은 대체로 매우 세련된 이들인데, 그 세련됨은 그들의 개인적인 삶의 역사에서 나오고, 그들이 고도로 현대적이며 기술적으로 발달된 세계적인 도시에서 생활하고 활동한다는 사실에서 기인한다.

2. 범죄는 가난한 지역에서 여전히 심각하며 반드시 해결해야 할 문제이지만, 대부분의 뉴요커는 범죄가 감소한 것이 도시 회생의 주요 요인이라고 생각하고 있다. 놀라운 것은 이러한 관점이 표현되는 열정과 빈도다.

3. 이민은 뉴욕에 상당한 역동성을 제공하는 주 동력이다. 새로 유입되는 사람들의 존재는 앞으로 다양한 방식으로 계속 도시를 형성할 것이다.

4. 사회 내의 모든 수준에서 서류 미비자들에 대한 폭넓은 동정심이 있다. 이들의 인구는 매우 많아서 이 문제의 해결책을 만들지 않을 수 없다.

도시가 지속해서 번창하고 성장하기 위해 반드시 넘어야 할 산이다.

5. 이 도시에서는 젠트리피케이션이 대단히 중요한 현상이며, 네이버후드들을 극적으로 변모시키고 뉴욕을 재구성하는 주요 인구 변화를 초래하고 있다.

6. 냉정하고 험난한 도시라는 전형적인 인식과는 달리 대부분의 뉴요커는 친절하고 외향적이며, 어울리기를 좋아하고 기꺼이 도와주고 싶어한다.

7. 외곽 버러 주민들이 맨해튼에 대해 갖는 양면적 감정은 크게 줄어들었다.

8. 9·11 테러의 충격은 뉴요커들의 의식에서 영구적으로 한 부분을 차지하게 되었다. 시간이 지났다고 해서 그날 일어났던 사건에 대해 어떻게 느끼는지가 달라지지는 않았다. 하지만 가장 중요한 것은, 이 끔찍한 비극이 도시를 통합하는 작용을 해왔으며 거의 승리와 같을 정도의 회복력으로 절망을 극복해낸 표본이 되었다는 점이다.

9. 과거 35년 동안 차별이 크게 감소하여 오늘날 다양한 인종 및 민족-종교적 집단은 원하는 곳이라면 어디에서든 살 수 있다. 그럼에도 대다수는 여전히 자신의 집단 안에서 살기를 선택한다. 그것은 그들이 원해서이지 다른 선택이 없기 때문이 아니다. 다양성을 선호하는 사람은 자신에게 맞는 커뮤니티를 선택하고 있기도 하다.

10. 이민오기 전에는 전통적으로 서로 적대적이었던 집단들도 뉴욕에서는 놀랍게도 서로 잘 지내게 된다.

11. 건강과 환경에 대한 더 큰 강조가 많은 부분에서 이 도시에 영향을 미쳤다.

12. 뉴요커들은 자신의 내면과 외면을 모두 표현하는 긍정적이고 창의적

인 방식으로 공공 공간을 이용하며, 그럼으로써 특히 여가활동에 있어서 자신에게 정말로 중요한 것이 무엇인지 명확하게 한다.

13. 도시의 장기 트렌드는 동질화되는 방향으로 가고 있다. 그러나 꽤 많은 사람이 종교적, 에스니시티적 정체성을 확대하는 쪽으로도 움직인다.

14. 또 다른 새로운 트렌드는 다양한 문화의 요소를 새롭고 독특한 방식으로 결합하는 혼성 정체성의 전개다.

이제 그 결과를 좀더 자세히 살펴보겠다. 이 책에서 가장 중요한 발견 중 하나는 뉴욕시가 분리된 여러 커뮤니티의 집합체이면서 동시에 통합된 전체이기도 하다는 것이다. 뉴요커들은 자신의 커뮤니티가 역사, 규칙, 관습, 정체성을 가진 미니어처 국가라고 생각한다. 어떤 면에서 이런 태도는 그들이 식별할 수 있는 공간을 만들어 진정한 집이라고 부르는 과정을 통해 거대한 익명적 장소에서의 삶이라는 현실을 헤쳐나가려는 시도다.

역설적으로 뉴요커들은 세계적인 도시에 사는 것에 공통적으로 자부심을 느끼고 있으며, 이런 생각도 강하게 정체성을 부여하고 있다. 엠파이어스테이트빌딩이나 라디오시티 뮤직홀, 센트럴파크, 메트로폴리탄 미술관 같은 여행객들의 행선지도 이들에게는 다른 의미가 있다. 뉴요커들은 이런 곳들이 소재하는 도시에 살고 있고 마음만 먹으면 언제든지 갈 수 있기 때문에, 이런 장소는 정말로 자신들의 것이다. 게다가 이러한 명백히 국가적인 보물의 존재와 복지를 뒷받침하고 있는 것은 바로 그들이 내는 세금이다. 그 결과 '뉴욕 스타일'이라는 이미지가 만들어졌다. 자신만만하고 자존감이 있으며 약간 잘난 체하는, '고집스런 태도'를 가진 누군가의 이미지다. 이러한 특징은 분명히 고정관념이지만, 그만큼 진실의 알맹이들이 포함되어 있다.

도시 내 네이버후드의 모습은 대단히 다양하다. 어떤 곳은 가상 국제연합인 데 반해, 다른 곳은 경계 내에 한두 개의 민족-종교적 집단만이 살고 있다. 일부는 물 위에 있거나 공원에 연접하여 있고 다른 일부는 인구 밀도가 높은 지역에 있다. 어떤 지역은 1가구 주택들이 있는가 하면 아파트 건물만 있는 곳도 있다.

위치에 관계없이 네이버후드의 매력을 결정하는 중요한 요소는 커뮤니티 의식의 존재 여부다. 각 네이버후드마다 그 커뮤니티의 감각은 전적으로 그들이 살고 있는 곳의 친절함, 따뜻함, 자부심에 관한 것이다. 이는 커뮤니티의 독특함을 개선하는 사람들, 커뮤니티의 삶과 생동력에 헌신하는 사람들이 존재하면 더욱 강화된다. 레크리에이션 시설, 좋은 쇼핑 시설과 교통, 레스토랑, 엔터테인먼트 시설 같은 편의 시설 또한 커뮤니티의 매력에서 중요한 역할을 한다. 반대로 열악한 네이버후드에 위성 상가와 쇼핑몰이 확산되면 그곳들은 더 자치적으로 운영되고, 그런 경우에는 어디에나 좋은 교통시설이 부족하기 때문에 결과적으로 도시 전체와 연결이 끊어지게 되었다.

커뮤니티 정원은 오늘날 도시생활의 특히 중요한 시설이다. 정원들은 그것을 만들고 유지하는 데 힘쓰는 주민들 사이에 자부심과 목적을 불러일으키며, 네이버후드를 진정한 커뮤니티처럼 보이게 만든다. 어떤 네이버후드에는 명성이 있고 어떤 네이버후드는 그렇지 않다. 이는 그곳으로 유입되어 오는 사람들, 특히 유명한 사람들, 그리고 커뮤니티가 자신의 역사와 이미지를 얼마나 잘 표현하는지에 달려 있다.

　뉴욕은 현재 미국에서 가장 안전한 대도시일 것이다. 1970년대와 1980년대 범죄가 범람했던 시기에 살았던 사람들만큼 이 사실에 대해 높이 평가하는 사람은 없다. 주목할 만한 점은 뉴요커들이 이 도시의 낮은 범죄율에 대해 얼마나 자주 자부심에 차서 설명하는지다. 그들은 도시의 이미지뿐만 아니라 자신들의 일상생활을 변화시킨다는 측면에서 이를 가장 중요한 성취 중의 하나라고 본다. 하지만 물론 완벽하지는 않다. 이런 추세의 영향을 거의 받지 않는 이질적인 큰 지역들이 뉴욕시에 여전히 남아 있다. 이 지역 사람들은 범죄가 점점 더 줄어드는 추세라는 통계를 경멸과 불신의 시선으로 본다. 왜냐하면 자신들의 동네가 어떤 기준으로도 아직 안전하지 않기 때문이다. 노숙인들과 걸인들은 아무튼 여전히 우리와 함께 있다. 그들의 전체 숫자는 지난 몇 년 동안 감소했고, 그들에 대한 관용도 훨씬 더 커졌으며, 그들은 10년 전에 비해 훨씬 더 눈에 잘 띈다. 도시 사람들은 대체로 그들의 존재에 무관심하게 되었고, 그들을 단순히 오랜 골칫거리처럼 취급한다.

　또 다른 변화는 공공장소와 사적인 장소에서 감시 카메라의 사용이 크게 늘어난 것이다. 과거 범죄에 대한 두려움과 근래 테러리즘에 대한 불안의 결과물이다. 대부분의 도시 거주자들은 사생활 침해보다 안전이 우선이라고 주장하며 카메라에 반대하지 않는다는 게 사실임을 많은 뉴요커와의 대화가 입증해주었다. 범죄자와 경찰마저 모두 여기 동의하며, 카메라가 매우 효과적이라고 말한다.

1960년대 이후 300만 명 이상이 이 도시에 도착하면서, 뉴욕으로의 이민은 도시를 완전히 변화시켰다. 삶을 다시 시작하고 꿈을 이루려는 이민자들의 에너지와 야망은 도시에 큰 영향을 미쳤고, 그들은 특히 정착한 동네를 충만하게 만들면서 거리를 걷는 사람 누구나 느낄 수 있는 어떤 역동성을 제공하고 있다. 그들이 온 땅은 초기 이민자들의 물결이 출발한 곳과 다른 경우가 많아서, 빅 애플의 문화적 지도를 재구성하는 결과를 가져왔다. 게다가 많은 이민자가 경제적 자본과 네트워크를 가지고 오며, 그들 중 일부는 놀라울 정도로 세련되었다. 의도하지는 않았지만 실질적으로 이는 여기서 때로 수 세대에 걸쳐 가난에 시달리며 좀더 개방적인 사회가 만들어내는 새로운 선택을 활용해보고자 했던 푸에르토리코인과 아프리카계 미국인들의 기회를 감소시키는 결과를 불러왔다.

이민자들은 자기 집단 내에서 살려는 경향이 있다. 부분적으로는 그것을 대단히 편하게 느끼기 때문이기도 하고 다른 한편으로는 특정 집단이 짧은 시간 동안 밀물처럼 몰려왔다는 사실 때문이기도 하다. 이는 한 집단이 특히 많이 거주하는 특정 네이버후드에서 격리 효과를 가져오기도 한다. 이 도시에는 영어를 하는 사람이 거의 없는 넓은 지역들이 있는데, 퀸스의 플러싱 일부 지역, 브루클린의 부시윅이 그 대표적인 예다. 이민자들은 결과적으로 영어를 더 느리게 배우고 있으며 이곳에 적응하기 위해 다른 사람들과 어쩔 수 없이 접촉하지 않아도 된다. 하지만 대부분의 이민자는 좀더 넓은 혼재지역 한가운데 거주한다. 그들은 학교, 공원, 커뮤니티 센터, 예배당, 직장에서 다른 사람들을 만난다. 항상 그래왔지만 새로운 혼합에는 자체의 고유한 도전 과제가 있다. 이슬람교도의 적응은 9·11 테러의 영향을 크게 받았다. 많은 이슬람교도는 그들에게 가해지는 편견으로 인해 자신들의 커뮤니티 내부로 삶의 방향을 틀었다.

이민자들이 각 버러에 유입되는 규모와 속도는 계속해서 민족-종교적 집단의 모습을 변화시키고 있다. 이전에 백인 민족 집단이 살던 네이버후드가 몇 년 만에 아시아계나 히스패닉계 지역이 되기도 하고, 히스패닉계 커뮤니티가 파키스탄계 커뮤니티가 되기도 한다. 이는 이민자들의 이동에 따른 끊임없는 변화를 보여준다. 그들이 후원하던 가게들과 참석하던 예배 장소들 역시 자리를 옮겨야만 하고, 한 지역의 학교에 다녔던 이민자들의 자녀도 뿌리를 옮겨 떠나게 된다. 이러한 변화의 한 가지 혜택은 이민자들이 새로운 동네로 이주할 때 적어도 처음에는 외부인들과 상호작용하지 않으면 안 되기 때문에 앞에서 언급했던 이민자의 고립이란 문제에 다소 대응하게 된다는 것이다. 이러한 두 과정, 고립과 접촉은 불균일하게 발생한다. 일부 지역에서는 변화가 많은 반면 다른 지역에서는 거의 변화가 없는 경우도 있다.

뉴욕시에서는 중요한 인구통계적 변화가 지난 수십 년 동안 발생해 오고 있다. 하나는 오늘날 100만 명을 넘어선 아시아 인구의 큰 증가다. 히스패닉계 또한 멕시코인들이 가장 빠르게 늘어나면서 숫자상으로 증가했다. 반면, 히스패닉계 외의 백인과 흑인은 지난 10년 동안 규모가 줄어들었다. 유대인 인구는 지난 10년 동안 더 크게 성장했지만 구성이 변했고, 많아진 유대인 중 약 40퍼센트가 자신을 정통파로 규정짓게 되었다. 이는 전체적으로 뉴욕의 맨해튼, 젠트리피케이션이 발생한 브루클린과 퀸스 지역이 좀더 백인 지역이 되었으며 시 전체로는 다양한 적응 단계에 있는 이민자들의 인구가 증가했다는 것을 의미한다.

최근의 이민자들은 국경 바깥으로의 네트워크가 좋은 편이며 고국을 더 자주 방문한다. 한 가지 새로운 패턴은 이민자의 고학력 자녀가 부모의 나라로 되돌아가는 것이다. 그러나 실제로는 미국의 상황이 좋지 않아서 일시적으로 발생하는 현상일 수도 있다.

이 나라가 시작된 이래 모든 이민자는 외국인들과 마주칠 수밖에 없다는 딜레마에 직면해야만 한다. 그 딜레마는 그들이 종종 그리워하고 한때 그 안에 속했던 과거의 삶의 방식을 잃지 않으면서도 어떻게 새로운 문화와 사회에 통합될 것인가라는 문제다. 최근 차이에 대한 관용이 확대됨에 따라, 새로 들어온 사람들은 이전 세대 이민자들보다 더 많이 자신의 정체성을 유지할 수 있게 되었다. 이 연구의 주요 결과 중 하나는 이민자들의 삶에서 종교가 갖는 중요성을 문헌화하는 것이었다. 그들에게 있어서 신앙은 많은 위안을 주는 원천이며, 같은 사고방식의 다른 신자들과 함께 나누는 동료애다. 종교 단체들도 필수적인 서비스를 많이 제공하고 있다. 사람들을 네트워크로 이어주어 일자리를 찾을 수 있게 하고, 카운슬링을 제공하며, 어려운 시기에 버틸 수 있도록 도움을 준다. 그리고 궁극적으로 종교 단체들은 사람들의 삶에 의미를 부여해준다.

뉴욕의 이민자 인구를 좀더 자세히 살펴보면 집단 내에서도 특히 계급, 종교, 문화, 지리, 언어의 측면에서 차이가 있음을 알 수 있다. 새로 들어온 사람들을 참여시키는 다양한 기관과 조직은 그들을 도와야 할 때 이러한 차이점을 민감하게 고려해야 한다. 또 다른 흥미로운 발견은 원래 고국에서는 서로 적대적인 집단들이 여기서는 극적으로 전혀 다른 관계를 맺고 있다는 것이다. 고국에서의 분쟁은 미국이라는 맥락 속에서는 관계없는 것으로 보인다. 많은 이는 미국으로 오게 되었다는 것이 한때 생각조차 할 수도 없던 우정을 만들 기회가 되었다고 보고 있다.

서류 미비 이민자들은 뉴욕 인구의 많은 부분을 차지하고 있지만 별로 알려진 게 없다. 대략 60만 명 정도로 추정되고 있으며 매년 인구가 늘고 있는 것으로 보인다. 정부가 그들의 지위를 합법화할 수 있게 허용하는 정도에 따라 많은 부분이 달려 있기 때문에 미래는 불확실하다. 한 가지 놀라운 결론은, 모든 계층의 시민들이 자신들의 높은 실업률에도 불구하고 서류 미비자들에 대해 압도적으로 공감한다는 것이다. 이들은 일반적으로 다른 사람들이 원하지 않는 일을 기꺼이 맡아 열심히 일하는 이들로 인식되고 있다. 내가 얘기해본 서류 미비자는 기꺼이 대화를 나눴으며 추방될지도 모른다는 불안을 보이지 않았다. 법적인 문제를 일으키지 않는 한 아무도 신경쓰지 않을 것 같다고 생각하는 느낌이었다. 그들은 공원에서 병원까지 여러 공공시설을 이용하고, 자녀는 학교에 다니고 있으며, 꽤 정상적인 삶을 살고 있다.

지난 25년 동안 뉴욕은 젊은 도시 전문직 종사자들이 교외나 다른 지방으로부터 도시 중심지역으로 이동해 들어오는 놀라운 인구통계학적 변화의 한 부분이 되어왔다. 일자리와 더 쉬워진 출퇴근, 엔터테인먼트, 고급 레스토랑, 안전한 거리와 같은 편의 시설에 매료되어 도시로 옮겨온 그들은 도시 내에 있음으로써 뉴욕시에 새로운 생명을 부여했다. 그리고 그들의 부모가 한 세대 전에는 벗어나려고 하던 동네에서 점점 더 많이 가족을 꾸리며 살고 있다.

젠트리파이어들은 어떤 때는 겹치는 두 카테고리로 구분된다. 하나는 제공되는 편의 시설과 직장 근처 주거의 편리함 때문에 커뮤니티에 들어가는 사람들이고, 다른 하나는 특정한 네이버후드의 특징과 역사에 끌리는 보존주의자들이다. 이러한 것들은 보통 산업용 구역인 이런 네이버후드 내에서 가장 저렴한 주택으로 이동하는 학생과 예술가의 조연 역할로 인해 종종 두 배, 세 배로 강화된다.

뉴욕의 네이버후드들을 진지하게 조사한 결과 일반화에도 불구하고 뉴욕시는 정통성을 크게 유지하며 남아 있다는 것이 분명하게 밝혀졌다. 이곳에는 '역사적인 명성historical cachet'이 있다. 만약 향수를 느끼고 싶다면 적절한 곳에서 그냥 찾아보기만 하면 된다. 옛 뉴욕의 향취를 그대로 갖고 있는 고섬시가 광범위하게 펼쳐져 있다. 벤슨허스트나 베이리지를 가로지르면 영화 「토요일 밤의 열기Saturday Night Fever」가 그대로 살아 있는 브루클린을 볼 수 있을 것이다. 롤랜드, 세인트피터스, 세인트레이먼즈, 제리가, 폴딩, 크로스비, 래드클리프, 보가트 같은 이름의 동북부 브롱크스의 거리를 따라 걸어가면 젠트리피케이션의 영향을 상대적으로 덜 받은 100년 된 주택과 아파트 건물을 볼 수 있다. 오늘날 주민들은 초기에 있던 사람들과 최근에 온 사람들이 섞여 있다. 그래서 여기 있는 크로스비피자스톱과 같은 작은 피자 가게들은 진한 치즈 잔향이 남는 두꺼운 옛날 스타일의 피자 슬라이스를 팔고 있다.

방글라데시 가게에서는 할랄 고기를, 인도 식당에서는 사모사samosa와 알루 고비aloo gobi를, 보데가에서는 모든 것을 다 조금씩 판매하고 있다. 거의 모든 사람이 동네 주민이고 가게까지 걸어다니기 때문에 외부인이라도 주차 공간을 찾는 데 아무런 문제가 없을 것이다.

젠트리피케이션이 발생하는 현장은 그러한 것으로 인식되는 바람직함에 따라 넓은 두 계층에 속한다. 각각에는 장점과 단점이 있다. 편의시설은 특정 네이버후드로 이주하는 결정에서 중요한 요소다. 일단 특정 수준의 서비스에 도달하면 네이버후드는 명성을 얻을 수 있고, 얻게 된다. 말하자면 덤보나 노스윌리엄스버그에서와 마찬가지로 눈덩이 효과를 만들어내는 '인싸' 장소로 보이게 된다. 하지만 이 트렌드는 포화 지점에 가까워질 수도 있다. 그리고 너무 많은 네이버후드에서 변화가 이루어지면 그들은 첫 번째로 카드를 뽑았던 특별함을 잃게 된다. 다양성은 적어도 어떤 젠트리파이어들에게는 고려해야 할 또 다른 사항이다. 그들은 다양성에 대해 호의적인 견해를 나타내는 경우가 많지만, 일반적으로 그런 의견은 혼재된 지역으로 이주하고 난 後에 형성된다. 다양성은 거주지의 선택에 있어 초창기 고려 사항으로는 자주 언급되지 않는다. 이 용어는 지역의 토착적인 빈곤 계층에 대해서가 아니라 반대로, 비슷한 사회적 지위의, 역시 젠트리파이어인 소수민족을 가리킬 때 사용되는 말을 의미한다.

젠트리파이어들은 정말 가난한 사람들을 대체하는가? 그렇다. 그러나 증거가 결정적이지는 않기 때문에, 대체의 정도는 명확하지 않다. 양쪽 입장의 논쟁은 이 책에서 이미 논의되었다. 여하튼 이 도시는 계속해서 서비스를 제공하고 빈곤층을 위한 프로그램을 만들어 이 가난한 사람들을 돕기 위해 더 많은 것을 해야만 한다.

젠트리피케이션은 불균일한 과정이며, 네이버후드들은 연속선을 따라 각각 그 어딘가에 해당되는 경우가 많다. 이는 젠트리피케이션이 일어난 곳이 아직 그 단계에 도달하지 않은 곳과 혼재하게 된다는 것을 의미한다. 뉴욕시에는 이스트뉴욕과 브롱크스의 일부 지역처럼 젠트리피케이션이 일어난다 하더라도 현실화되는 데 시간이 오래 걸릴 곳들도 존재한다. 하지만 40년 전에는 부시윅이나 이스트할렘, 또는 로어이스트사이드도 거기서 젠트리피케이션이 일어날 것이라고 생각한 사람이 거의 없었다는 점을 명심하는 것이 좋을 것이다.

또 다른 중요한 결론은 도시 내 젠트리피케이션이 발생한 지역에서 양질의 주택이 나쁜 주택을 압도하고 있으며, 적어도 나쁜 주택을 사소한 문제로 만들어버리고 있다는 것이다. 사람들은 20년 전보다 훨씬 더 기꺼이 공동주택이나 프로젝트 주택 단지 인근 지역으로 옮겨 가려고 한다. 시장은 강세이고, 범죄는 일반적으로 저조하며, 간혹 강력 범죄가 발생하여 커뮤니티에 충격을 주더라도 수요는 곧 상황이 더 좋아질 것이라는 믿음을 주고 있다. 전체 소득 수준에 걸쳐서 사람들은 또한 이러한 트렌드의 원인으로 일반적으로 사람들이 더 교육받았으며 따라서 집단 사이 관계가 더 좋다는 사실을 들고 있다.

변화를 위해 가장 중요한 기관은 정부다. 정부는 대개 대출 또는 자격을 갖춘 저소득층에 대한 직접 부담을 통해 관대하게 자금을 조달해준다. 이러한 재정적 지원을 통해 그들은 주변 환경이 개선된 새로운 주택에서 살 수 있으며, 그래서 젠트리피케이션의 가능성도 높아지게 된다. 섹션 8 주택은 시세 수준으로 임대료를 내는 고소득층과 같은 건물에 가난한 사람들이 아파트를 구할 수 있도록 해주는 제도다. 이러한 트렌드는 최근 몇 년 동안 가속화되고 있으며, 지금까지는 빈곤층과 부유층이 같은 건물에서 살아도 그리 문제가 되지 않는 것 같다.

대학들 또한 젠트리피케이션이라는 게임에 참가하고 있는 선수들이다. 대학이 캠퍼스에 인접한 건물을 매입하고 재생하여 학생, 직원, 교수에게 임대해주면, 그들은 지역을 더 안전하게 만들어 다른 젠트리파이어들을 끌어오게 된다. 대학들이 기숙사, 학사 센터, 프로그램 센터, 교실과 사무실 건물의 건축을 추진하게 되는 경우에는 전체 지역의 모양과 느낌을 바꾸게 된다. 원주민들이 항상 환영하는 것은 아니다. 왜냐하면 종종 잃어버리는 쪽은 자신의 아파트이고, 전반적인 개선보다 이 안 좋은 일이 먼저 일어나기 때문이다.

모든 사람이 젠트리피케이션을 환영하지는 않는다는 점을 언급할 필요가 있다. 동네가 너무 비싸지고 더 이상 자신들의 동네가 아니게 되었다는 느낌을 받는 현지인들이 드러나지 않게 젠트리파이어들에 대해 강한 적대감을 갖게 될 때가 있다. 이러한 긴장은 때때로 공개적인 갈등으로 터져 나올 수도 있다. 뉴욕을 탐사하는 데 있어서 가장 큰 발견은 젠트리파이어들과 그들이 같이 살고 있는 가난한 사람들은 이웃이지만 서로를 거의 친구 삼지 않는다는 것이었다. 나란히 살고 있지만, 인삿말을 나누거나 '좋은 날입니다' 하고 짧게 얘기 나누는 것 외에는 두 당사자가 일시적으로 함께 긴급 상황을 맞는 게 아니라면 실질적인 접촉이 없다. 각각은 자신과 공통점이 더 많은 집단을 가지고 있다. 그리고 다수의 오래된 주민이 갖고 있는 인식으로, 젠트리파이어들은 속물이어서 자신들을 낮춰본다는 생각이 있다.

외곽의 버러들은 맨해튼과 변함없이 서로 양면적인 관계를 유지하고 있지만 과거보다는 이 관계가 덜해졌다. 브루클린과 퀸스의 많은 부분을 업그레이드한 젠트리피케이션은 이 변화에서 역할을 했을 수도 있다. 외곽 버러에 사는 사람들은 자신의 커뮤니티에 대해 당파성을 크게 지키고 있으면서도 어떤 식으로 보아도 자신들이 어엿한 뉴요커라고 느낀다. 맨해튼 사람들은 젠트리피케이션이 일어나기 전보다는 나아진 것이라고는 해도, 종종 강 너머의 뉴욕에 대해서는 전혀 알지도 못하는 경우가 많다.

그러나 모든 뉴요커를 하나로 묶어주는 것이 하나 있는데, 그것은 9·11의 기억이다. 모든 버러에서 이 대참사의 희생자가 나왔고, 그날의 공포에 대한 기념은 대도시 전역에 있는 수백 개의 장소에서 이뤄지고 있다. 오늘날 사람들은 그 얘기를 할 때마다 서로에게 "그 당시에 어디 있었어요?"라고 물어본다.

이 도시의 많은 네이버후드에 지속적으로 남아 있는 특징 중 하나는 그 내부의 엄청난 차별화다. 한 블록은 고요하고 평화롭다가 그다음 블록은 시끄럽고 활기가 넘칠 수 있다. 한 곳은 아름다운 주택이 펼쳐지지만 그다음은 슬럼처럼 보일 수도 있다. 블록 주민회는 도시생활의 필수적인 부분이며 커뮤니티의 안정성을 높이는 데 중요한 역할을 한다. 그러나 제인 제이컵이 동네에 살고 일하면서 동네의 파수꾼이 되는 사람들에 대해 쓴 '눈과 귀' 또한 그만큼 중요하다.

한 가지 일반적인 원칙은 동네는 낮과 밤, 계절, 주중과 주말에 따라 완전히 다르게 보이고 느껴진다는 것이다. 사람, 활동, 겉모습, 안전 요소, 모든 것이 바뀔 수 있다. 뉴욕 거리를 답사할 때 이해해야 할 것은 도시의 커뮤니티가 낮과 밤 구분 없이 각종 활동으로 북적거리며, 그 안에서 삶에 의미 있는 많은 것을 발견할 수 있다는 점이다. 이것은 거리와 상점, 사람들의 가정에서 이루어지고 있는 비공식적 삶에 해당되는 것이다.

또한 커뮤니티의 본질에 중요한 것은 청소년 및 노인 센터, 건강 관련 조직, 종교 클럽 및 기타 집단 같은 조직적 네트워크다. 자연사박물관이 후원하는 밴 트럭이 동네를 지나다니며 아이들에게 공룡에 대한 시각적 강연을 제공하면, 아이들은 바로 이것을 기억하게 된다. 매주 수요일, 25세의 한 여성이 여전히 가난한 사우스브롱크스의 보도에 앉은 네다섯 살짜리 어린이 무리에게 손에 땀을 쥐는 모험 이야기를 들려준다. 그녀의 이야기를 들으며 집중한 아이들은 마치 세서미스트리트가 현실로 펼쳐진 듯한 광경을 만들어낸다. 이야기가 끝나면 간식을 나눠주며 마치는 이 행사는 영원히 간직할 경험을 아이들에게 선사한다. 그리고 노인 센터, 커뮤니티 수영장, 지역 스포츠 경기장 같은 것들은 도시의 영혼이다. 이곳에서 우정이 생겨나고 결속이 이루어지기에, 사람들은 이런 곳을 원하고 심지어 중요하다고 느낀다.

교육은 모든 도시 네이버후드에 중요한 요소다. 한 가지 주요한 발전은 도시 곳곳에 생겨나고 있는 차터 스쿨들이다. 사립 단체들에 의해 운영 자금이 조성되는 이 교육기관들은 종교 재단의 교구학교와 공립학교 모두가 프로그램 개선에 대해 고민하게끔 압력을 행사하는 효과가 있다. 그들은 또한 부모들이 가난한 네이버후드에 산다고 해서 실패한 학교 제도를 받아들일 필요는 없다고 느끼게 만들었다. 나 역시 발견한 바로는, 학교는 종종 가장 좋은 교육 방법에 대한 다양한 관점을 가진 다양한 인구 사이의 전쟁터가 되어왔다. 특히 어떤 지역에 젠트리피케이션이 일어나는 경우에 그렇게 된다.

뉴욕의 주택 프로젝트는 수십 년 동안 지속되어왔으며 여전히 커뮤니티 삶에 중요한 요소다. 치안의 부족, 그와 연관된 일종의 부정적 낙인, 활기 없고 심지어 우울하기까지 한 외관이 그곳에 인접한 커뮤니티면 어디든지 영향을 미친다. 반면 프로젝트 단지는 기능적이며, 40만 명 이상의 사람에게 적절한 생활 터전을 제공하고 있다. 그리고 비용 대비 효과가 있기 때문에 단지들은 가까운 미래에도 뉴욕의 풍경 속에 남아 있게 될 것이다. 1980년대와 비교해 한 가지 변화는 젠트리파이어들이 주택을 찾을 때 더 이상 예전에 그랬던 것처럼 이 단지들의 존재와 노후된 공동주택이 장애 요인이 되지 않는다는 것이다. 일하기 편리한 공간과 교통이 요즘에는 그냥 너무 찾기 힘들다.

기술, 특히 교통과 커뮤니케이션은 뉴욕시와 미국 전역에 엄청난 영향을 끼쳤다. 이 책의 범위를 훨씬 넘어서는 엄청난 주제이지만 적어도 잠깐 언급 정도는 할 수 있다. 휴대전화와 다른 전자 기기를 통해 지하철에서나 쇼핑 중에도 다른 사람과 대화하고 필요한 것들을 해결할 수 있게 되었다. 경찰에 전화를 걸어 당장 닥친 위험을 해결하는 데도 그러한 장치를 사용할 수 있다. 이런 기기들은 사람들을 다른 세계로 갈 수 있게 만들어서 무료함을 달래주기도 한다. 간단히 말해, 우리가 일상생활을 영위하는 방식을 극적으로 변화시켰다는 것이다. 또한 ATM 기계는 소매 수준에서 상업의 바퀴가 굴러가도록 윤활유가 되어준다. 그 때문에 더 많은 가게가 밤새도록 문을 열고 있다. 사람들은 주 7일 하루 24시간 내내 현금을 찾아 이용할 수 있기 때문에 더 쉽게, 더 자주, 더 많은 금액으로 구매할 수 있게 되었다. 직원들은 손님이 없을 때면 문자 메시지와 이메일을 보내거나 온라인 비디오 게임을 하면서 시간을 보내기도 한다.

이 연구에서의 또 다른 중요한 발견은 도시 전역에서의 여가의 중요성이었다. 정확히 말하면, 바쁜 삶을 영위하고 있고 심지어 일하러 가는 것조차 많은 시간이 소요되기 때문에 뉴요커들은 휴식을 취할 기회를 진정 필요로 하고 가치 있게 여긴다. 이러한 요구가 충족되는 여러 방법을 평가하면 주목해야 할 다른 문제에도 초점이 맞춰진다.

여유 시간의 사용과 관련된 선택은 종종 민족-종교적 정체성의 중요점을 강화하거나 적어도 반영한다. 아일랜드인, 자메이카인, 폴란드인, 유대인, 라틴계와 연결된 이런저런 콘서트가 도시 전역에서 열리고 있다. 물론 여가활동은 건강, 가족, 직장 같은 주 관심사보다는 부차적인 것이지만, 이들이 부각될 때는 민족-종교적 정체성이 중앙 무대를 차지하게 되는 경우가 많다. 콘서트뿐만 아니라 무용, 시 낭송, 영화, 박물관, 종교 의식과 이벤트, 스포츠, 퍼레이드, 그리고 거리와 레스토랑과 사람들의 집에서 이루어지는 수천 개의 비공식 모임이 있다. 이 활동들이 보여주는 것은 비록 미국화되었지만 자신의 뿌리에 대한 연결을 유지하려는 강렬한 욕망이다.

이러한 이벤트는 대체로 일반에게 공개되어 있고 공공 공간을 다른 사람들과 공유하기 때문에, 갈등을 피하게 하는 피뢰침이 될 수 있다. 참가자들에게 의미가 큰 종교적 행렬은 그 가치를 공유하지 않거나 거부하는 지역민들로부터 존중을 받지 못할 수도 있다. 퍼레이드는 사람들의 적대감을 불러일으킬 수도 있다. 우선순위에 대한 동의가 없을 경우 커뮤니티 자금 사용 방식 또한 중대한 논쟁거리가 된다. 혼잡한 환경 속에서 살 때 갈등은 종종 훨씬 더 대결적으로 변하는 경우가 많다.

동시에 여가활동 역시 사람들을 하나로 묶는 역할을 한다. 이것은 종종 수많은 친목 단체와 사교 클럽에서 나이 든 사람들이 서로 만나 함께 어울려 그룹 활동에 참여하면서 발생한다. 이러한 조직들은 노령층 시민들이 변화하는 커뮤니티 내에 머물지를 결정하는 데 있어 중요한 역할을 한다. 때로 이런 단체는 YMCA 또는 YMHA나 시에서 운영하는 노인 센터에 위치해 있다.

모든 버러에서 술집이나 바는 친구들을 만날 수 있는 장소이지만, 특히 맨해튼에서는 좋은 시간을 보내기 위해 주말에만 맨해튼에 들어가는 사람들의 목적지가 돼준다. 여기서 낯선 사람들이 대화를 트게 되고 때때로 그 와중에 관계가 생겨나기도 한다. 동행하는 친구에게는 맨해튼에서 바를 전전하는 것이 비교적 쉽게 올 수 있는 거리에 살고 있다는 것을 장점으로 여기게 한다.

같은 민족-종교적 집단의 일원들끼리 축구나 야구를 할 수도 있지만, 스포츠는 일반적으로 배경과 관계없이 모든 사람이 참여할 수 있는 중립적인 땅으로 인식되고 있다. 나는 이스트브롱크스나 퀸스 북부에서 농구, 야구, 아니면 축구 경기의 참가자들이 함께 경기하면서 어떻게 진정한 국제연합을 대표하는지를 몇 번이고 되풀이하여 보고 놀랄 수밖에 없었다. 심지어 이탈리아계 미국인들의 오랜 영역인 보체 게임도 다른 집단 사람들을 끌어들이고 있다. 앉아서 하는 게임 중 체스는 상당한 인기를 끌고 있는데, 특히 흑인들 사이에서 인기가 더 높으며 히스패닉계 커뮤니티에서는 어디에서나 도미노 게임이 행해지고 있다. 마지막으로 빙고 게임은 여전히 노인들 사이에서 인기가 높으며, 그들에게 사회적으로 모일 이유를 부여해주고 고립감을 완화해준다.

스포츠 관람 역시 사람들을 한데 모은다. 스포츠 바에 앉아 있을 때, 나는 낯선 사람들이 서로 득점 상황을 물어보면서 어떻게 말을 트는지를 여러 번 지켜봤다. 그러면서 이야기는 팀들에 대한 긴 대화로 이어지며, 나중에는 자신이 응원하는 팀이 점수를 내거나 내지 못하는 데 따라 하이파이브를 하며 같이 기뻐하거나 신음 소리를 내거나 하게 되곤 했다. 마지막으로, 도시의 주요 스포츠 팀은 사람들이 어떤 팀을 응원하는지에 따라 도시를 통합하기도 하고 나누기도 한다.

뉴욕은 또한 주민들에게 살아 있는 극장이다. 다른 대도시에도 일반적으로 적용되는 설명이기는 하지만, 그래도 나는 종종 어떤 면에서 이곳이 세계 최대 규모의 박물관이라고 느낀다. 건축물과 관광지, 인파는 모두 뉴욕에 있다는 것 자체를 특별하고 흥미로운 이벤트로 만들어준다. 모퉁이를 돌면 영화가 촬영 중인 것을 볼 수도 있다. 지하철에서 나오면 사이렌이 울리고 경광등이 깜박이는 광경을 볼 때가 있다. 말다툼이 벌어지고 있거나, 어쩌면 경찰이 추적 중이거나, 불타는 건물에서 사람을 구출하는 중일 수도 있다. 여기서는 무슨 일이든지 일어날 수 있고 또 일어나는 중이기도 하다는 느낌을 받는다.

아마도 다른 어떤 공간보다 모든 규모와 종류의 공원이야말로 모든 배경의 사람들이 프리스비 놀이를 하거나, 어린아이들이 즐겁게 뛰노는 모습을 지켜보거나, 아니면 단순히 햇빛이나 그늘에 누워 휴식을 취하고, 음악을 듣고, 대화를 나누면서 상호작용을 하는 곳일 것이다. 평화로운 분위기의 공원에서는 도시의 따뜻함과 개방성이 더욱 선명해지고, 도시가 일반적으로 움직이는 속도와 달리 모든 것이 슬로모션으로 일어나는 것처럼 보인다.

수많은 프로그램과 이벤트의 기저에 있는 초점은 엔터테인먼트를 통해 교육하는 것이다. 아트 페스티벌은 사람들이 예술과 음악의 형태에 접할 수 있게 하여 감각의 지평을 넓혀준다. 나이트클럽은 외부인들이 음악, 시, 춤에 익숙해지도록 맞추어져 있다. 그리고 학교들은 연극, 강의, 대중에게 개방된 다른 이벤트들을 통해 그들이 존재하는 커뮤니티에 문화를 정착시키는 역할을 하고 있다. 뉴욕에는 개울, 강, 숲, 야생동물 보호구역과 큰 그린벨트가 있으며, 특히 외곽 지역이 그렇다. 도시화의 정수라고 종종 생각되는 도시 내의 자연의 규모와 사람들이 자연에 보이는 높은 관심의 수준은 내게 계시와도 같았다.

뉴요커들이 어떻게 자유 시간을 보내는지 살펴보면 오늘날 환경과 건강에 대한 중요성이 전반적으로 더 강조되고 있음을 알 수 있다. 하이킹, 낚시, 보트 타기, 탐조 같은 활동을 즐기는 사람들이 사용하는 구역을 보존하는 데 집중하는 단체들이 형성되었다. 플레이 스트리트 프로그램의 기획자들은 요가, 줄넘기, 달리기 등의 활동이 재미도 있지만 건강에도 좋다고 설명하기도 했다. 35년 전과는 달리 공공장소에서는 흡연이 거의 금지되었다는 점도 언급할 필요가 있다. 이 일반적인 염려 섞인 관심은 심지어 도시 레스토랑의 청결함을 평가하는 새로운 등급제에도 제 역할을 하고 있다.

도시의 거리를 걸으며 다양한 공간의 패치워크로 건물, 보도, 담벽, 기념물, 표지판을 볼 수 있었다. 모든 거리를 체계적으로 걸어서 답사하는 것은 사람들이 갖고 있는 동네의 공간적 경계(또는 그들이 방문하는 다른 곳)에 대한 인식이 제한적이라는 점을 깨닫게 해준다. 그 이유는 우리 대부분이 이해관계가 있는 블록, 즉 학교가 있는 곳, 친구들이 살고 있는 곳, 예배당, 시간을 주로 보내는 장소에만 익숙하다는 데 있다. 그래놓고 우리는 "플랫부시는 바로 이러이러한 곳"이라거나 "포리스트힐스는 이러저러한 곳"이라고 묘사한다.

가장 부유한 커뮤니티도 결코 외부 세계를 완전히 배제할 수 없다는 점에서 이 도시는 평등화 효과를 지니고 있다. 그 커뮤니티도 도시 내 지역에 위치하고 있으며 단순히 사람들이 그곳들을 지나다닐 수 있다는 것이 주된 이유다. 브루클린의 시게이트나 퀸스의 브리지포인트와 같은 출입을 통제하는 게이트 커뮤니티도 재주가 있는 이라면 이 핑계 저 핑계를 대서 쉽게 들어갈 수 있을 정도다.

도시 내 공간을 차지하려는 투쟁은 그것이 어떻게 강한 감정을 가진 사람들에게 화약고가 되는지를 보여준다. 건물 위원회는 건물 바로 앞에서 개들이 똥을 누지 못하게 하도록 규정했다. 보도 사용에 대한 훨씬 상위의 규칙은 모든 개 소유자가 개똥을 치우도록 요구하는 법이 통과되면서 확립되었다. 공공장소에서 영화를 촬영할 권리는 시에서 종종 비중을 두는 문제이며, 경쟁 집단들 간의 또 다른 격전지다.

각 버러에는 지금까지 진지하게 연구된 적이 없는 대규모 산업지역이 있다. 사람들은 대도시 전 지역에서 이곳으로 와서 자신의 가정과 사업을 위한 물품을 사고, 차를 수리하고, 도매 가격으로 신선한 음식을 구한다. 이 지역들이 인접한 주거지역에 어떤 영향을 미치는지에 대한 일반적인 내용도 알려지지 않고 있다.

모든 외곽 버러에는 맨해튼의 높은 숙박료를 피하려는 관광객들을 위한 모텔과 호텔이 있다. 이곳에 머무르는 대부분의 관광객은 다른 나라에서 온 방문객들이다. 비록 그들은 맨해튼에 초점을 맞추고 있지만, 또한 외곽 버러 주변을 산책하고 동네 식당에서 식사하고 가게에서 쇼핑을 하며 '다른 반쪽'이 어떻게 살아가는지 알게 된다. 그들이 일반적으로 뉴욕과 미국인에 대해 갖는 인식에 이런 경험이 미치는 영향은 알려지지 않았다.

도시의 거리는 지난 15년간 급격하게 변모해오고 있다. 뉴욕의 가장 번잡한 일부 지역에 있던 자동차 도로는 보행자 전용 도로로 대체되었다. 현시대의 우선순위는 안전과 환경 그리고 미학이다. 그래서 자전거가 더 높게 평가되며, 도시 내 대부분의 간선도로에 자전거 전용 차선이 설정되었다. 보도는 판매하려는 상품들로 가득 들어차 있다. 농장

직거래 시장이나 음식과 의류를 파는 스트리트 페어에는 즉시 허가가 부여된다. 그 결과 도시는 더욱 흥분과 활기가 넘치게 되었고 궁극적으로는 모든 사람에게 '사용자 친화적'으로 느껴지게 되었다.

뉴욕시의 또 다른 특징은 뉴요커들이 공공 공간을 자신에게 적합하게 확보하는 빈도일 것이다. 누군가는 어머니를 기리는 나무를 보도에 심는다. 도미노 선수들은 보도의 한쪽 귀퉁이에 옷장과 책장, 접이식 의자, 테이블을 갖추어두며, 매일 밤 그것을 치우는 대신 노숙인들에게 돈을 주고 지켜달라고 한다. 아무도 신경쓰지 않는 것 같다.

도시 곳곳에서 사람들은 자신들의 상품을 광고하는 것 말고도 상점 광고판이나 다른 곳의 표지판, 예술적인 그림으로 경고나 훈계에 해당되는 정치, 종교, 사회적 메시지를 전달한다. 이런 모습은 아일랜드 단식 투쟁에 대한 5층 높이의 벽화에서부터 브루클린에 있는 흥미로운 기념물로 가득 찬 마당, 1층 진열 창에 더 이상 존재하지 않는 식료품점을 광고하는 브라운스톤 주택에 이르기까지 그야말로 다양하게 존재한다. 왜 그럴까? 그게 바로 식료품 상인이 원했던 일이고, 손자들이 여전히 그의 소원을 따르고 있기 때문이다. 다양한 표지판에 적힌 어떤 문장들은 너무 기이해서 특정인의 의견과 이를 표현할 권리가 명확하게 반영되어 있기도 한다. 주민들은 또한 그들이 원하는 방식으로 발코니나 앞뜰, 지붕을 완벽하게 이용하는데, 그중 많은 것이 지나가는 사람들에게 그대로 보이고 흥미를 자아낸다. 사람들은 옷과 장난감, 가구를 거리에 두며, 이제는 이런 것들을 모아 책으로 엮어내는 경우도 생겨난다.

1970년대에 그래피티는 특히 지하철 차량에서 제거해야 하는 골칫거리였다. 아직 완전히 주류가 된 건 아니지만, 오늘날 그래피티는 예술의 형태로 존중받고 있으며 도시 내의 산업 단지에서 주로 쉽게 볼 수 있다. 헌터스포인트에서 이스트윌리엄스버그나 사우스브롱크스까지, 세계적으로 유명한 예술가들과 또는 조금 덜 알려진 예술가 지망생들이 화려한 색상으로 모든 종류의 놀랍고 기괴한 파노라마를 만들어낸다. 이 예술가들 중 일부는 거의 신화에 가까운 지위를 얻고 있으며, 이를 이미 알고 있는 방문객들이 그들의 작품을 보고 사진 찍고 해석하기 위해 전 세계에서 온다. 태도의 변화는 예술에 대한 관점이 바뀌고 사회의 혁신에 대한 자세가 더 개방적으로 변화한 결과다.

이 책을 쓰면서 중요했던 질문 중 하나는 미국인들이 동화되고 있는지 강한 정체성을 유지하고 있는지 여부였다. 집단 간의 상호작용이 서로 다른 방식으로 이루어지기 때문에 대답은 다각적이다. 이러한 상호작용을 살펴보니 특정 유형의 관계에 대해서 우산이 있다는 것을 알게 되었다. 이를 '데이그레이션'이라고 불렀는데, 이는 민족-종교적으로 분리된 커뮤니티들이 낮에만 집단 간 접촉이 발생하는 것을 의미한다. 자동차 수리점이나 델리에서 이런 일이 일어났을 때는 그리 의미가 크지 않았지만, 노인 센터나 학교에서라면 의미 있는 관계가 전개될 수 있고 때로는 실제로 발생하기 때문에 중요한 현상이었다. 그런 경우들은 어떤 사람들의 타인에 대한 인식을 형성하게 된다. 이것은 앞으로 더 연구 조사되어야 할 가치가 있는 주제다.

이 도시는 인구 밀도가 매우 높고 또 수많은 국적의 사람이 공간을 공유하고 있기 때문에 집단의 구조와 존재 자체에 의해 집단들 간의 접촉이 활발해진다. 어떤 아시아계 교사는 주로 히스패닉계 학생으로 구성된 학교에서 일하고 있다. 아무도 유대인이 아닌 사무실에서 하시드파 유대인 여성이 일을 한다. 주민이 대부분 백인인 구역에 흑인 경찰관이 배정되기도 한다. 이러한 관계를 신중하게 분석하면 에스니시티를 전체로서 놓고 많은 것을 배울 수 있게 된다. 시카고, 로스앤젤레스, 마이애미 또는 다민족 구성의 여러 대도시가 아닌 한, 미국 대부분의 지역에서 이러한 조합이 이뤄질 가능성은 거의 없다.

비록 완전히 사라진 것은 아니지만 지난 35년 동안 뉴욕시에서의 편견은 크게 줄어들었다. 이 의견은 내가 얘기를 나눈 대부분의 뉴요커가 갖고 있는 것이었다. 버락 오바마의 선출은 이런 트렌드의 증거로 자주 언급되었다. 사람들은 자신이 원하는 곳이라면 어디든지 살 수 있다고 느끼고 있고, 직장과 사회 내에서의 편견도 상당히 줄어들었다. 하지만 많은 사람이 그런 사실을 알고 마음 편하게 느끼면서도 자신의 집단과 살고 어울리는 것을 선호하는 경우가 많았다. 어떤 사람들은 진정으로 통합된 커뮤니티에서 살고 싶어하며 그렇게 하는 중이기도 하다. 중요한 것은 어떤 선택이든 존중해야 할 필요가 있다는 것이다.

말 그대로 수백만 명의 뉴요커가 자발적으로 자신의 민족, 인종 또는 종교적 집단에 정체성을 갖고 있다. 그 동기는 심리적인 것에서부터 경제적인 것까지 대단히 다양하지만, 정체성이란 여러 목적에 소용되고 있으며 그렇지 않으면 널리 퍼질 수 없을 것이다. 그리고 사람들은 종종 한두 가지 이유가 아니라 여러 이유의 조합으로 특정 집단의 정체성을 갖게 된다. 이를 더 복잡하게 만드는 문제는 오늘날의 세계에서는 사람들의 배경이 그 어느 때보다 더 혼합되어 있기 때문에 어렵지 않게 서너 개의 집단으로 정체성을 내세울 수 있다는 것이다. 가장 일반적인 구별 방법으로는 피부색, 국적, 신앙, 종교의식과 관습, 언어, 의복이 있다. 최근 젊은 전문직 종사자들 사이에서 종교에 대한 관심이 높아진 것으로 보인다. 좀더 깊은 삶의 의미를 찾고자 하기 때문이다. 이것은 주시할 만한 새로운 전개다.

그러나 이 동일한 대도시 내에는 동등한 열정으로 동화되려는 노선을 택한 수많은 개인도 있다. 그들은 모든 사람이 서로 섞이고 동화된 세계가 모두에게 더 나은 세상이 될 것이라고 믿는다. 심지어 바로 자신의 부모가 이민자인 사람들조차 20퍼센트만이 동일 집단 내에서 결혼하는 것이 중요하다고 생각할 정도다. 동화의 트렌드는 2010년 미국 인구조사 데이터를 통해서도 뒷받침되고 있다. 뉴욕시는 계속 유입되는 엄청난 수의 외국인 때문에 전 국가적 트렌드를 잠시 거스를 수도 있을 것이다. 그러나, 비록 그렇다 하더라도, 동화를 향한 움직임의 장기적인 방향을 바꿀 가능성은 거의 없다.

전반적으로 뉴욕에 살고 있는 인종 간 커플의 수가 크게 증가했고, 이것 역시 전국적인 트렌드다. 나는 답사 여정에서 다른 인종이나 민족-종교적 집단들이 사회적으로 섞여 있는 것을 몇 번이고 반복해서 봤다. 예를 들면 그런 여덟 명이 함께 저녁을 먹거나, 서너 명이 함께 거리를 따라 걷거나, 또 다른 네 명은 영화관에 같이 앉아 있는 그런 풍경이다. 내 강의나 대학 식당에서도 점점 더 일반화되는 패턴이기도 하다. 1970년대와 1980년대에 경험했던 것과는 매우 대조적인 패턴이다.

그러나 우리는 그러한 동화가 정말로 무엇을 의미하는지 생각해봐야 한다. 반드시 과거처럼 자신의 문화를 잃고 정체성 불명의 미국인이 되어가는 것을 의미하지는 않는다. 오히려 민족-종교적 정체성을 사실의 문제로 받아들이고, 자신들 삶의 역사 일부로 기술하며, 개인적으로 자신에게 중요한 요소로 자부심을 갖는 것을 의미할 것이다. 다시 말해 동화는 존재하겠지만, 사람들이 원하는 것이 아니라면, 개인이 누구인지 결정하는 유일한 혹은 심지어 일차적인 특징과는 거리가 멀 것이다.

다른 인종이나 민족-종교 집단 간 혼인의 결과로, 구분되던 정체성은 궁극적으로 전체로서 희석될 것이다. 얼마나 많은 사람이 따로 구분되어서 오직 한 집단으로만 식별되기를 선택할 것인지는 앞으로 두고 봐야 할 것이다. 정체성의 보존은 대부분 필요와 기능에 따라 달라진다. 개인은 자유롭게 선택할 수 있기 때문에, 아마도 다수에 속하는 이들조차, 많은 이가 결국 자신들이 명목상 속해 있는 집단에 어느 정도 정체성을 갖게 되는 것으로 끝날 것이다. 그러나 그들이 얼마나 많이 또는 얼마나 적게 정체성을 갖게 될지에 대해서는 엄청난 차이가 있을 것이다. 정체성을 유지하거나, 동화되거나 혹은 이 두 입장의 혼성 형태가 되거나, 이 세 집단 중 어느 집단이 우세하건 간에 이 도시는 지금 매우 진보적인 도시가 된 것처럼 50년 전보다 훨씬 더 관대한 도시가 될 것이다.

현재의 트렌드가 계속된다면 도시 전체가 중산층과 상류층 계급에게 주로 제공되는 곳으로 전환될 것이다. 그리고 이 도시는 여전히 방문객을 위한 쇼케이스이면서 도회적 아메리카에 대한 인기 있는 공적 이미지로 남게 될 것이다. 이민자들은 중산층에 합류하거나 다른 곳으로 이주하게 될 것이며, 빈곤지역은 지속적으로 줄어들고 있고, 개발업자들은 특권층을 위해 새로운 보호구역을 만들고 있다. 값싼 식당과 식료품 가게, 낮은 임대료, 저렴한 옷 가게 등 빈곤층이 살아남기 위해 필요한 인프라 구조는 줄어들 것이다. 오직 프로젝트 주택 단지만이 남아 있다가, 역시 언젠가 사라질지도 모른다.

반면 이곳에 합법적으로 거주하는 빈민들과 50만 명 이상의 서류 미비 체류자는 사라지지 않을 큰 집단이다. 그리고 필수 불가결하면서도 누구도 원치 않는 일을 하는 빈곤층 사람들은 통근이 쉬운 거리 안에 살 만한 장소를 가져야만 한다. 도시 인구의 많은 부분이 계속 그들을 대변해서 지원하고 보호할 것이다. 이런 노력이 잘 진행되지 않는다 해도 임대료 안정법의 적용을 받거나 기존의 프로젝트 단지에 사는 가난한 사람들은 그 가격에 갈 곳이 없기 때문에 아마 움직이지 않을 것이다.

뉴욕시는 오늘날 길게 울려 퍼지는 성공 서사다. 이곳은 새로움과 오래됨 모두에서 최선의 것을 결합하여 독특하면서도 흥미로운 장소를 만들어내고 있다. 그러나 그 위치를 유지하기 위해서는 행운과 기술이 둘 다 필요하다. 심각한 경제 불황이 역동성에 결정적인 변동을 가져오고, 경제적 기반을 유지하는 사람들은 외곽 지역의 더 싼 곳으로 빠져나갈 수도 있다.

취향이라는 것 자체가 변덕스럽고 변하기 쉬운 것이다. 많은 사람이 더 넓은 브루클린과 퀸스의 중심과 외곽의 순환 노선 구역을 재발견하고, 맨해튼과 가까운 외곽 버러의 그린포인트, 브루클린하이츠, 윌리엄스버그, 애스토리아, 헌터스포인트, 서니사이드 같은 선호지역을 깔끔하게 흉내 낸 위성지역들을 만들어내고 있다. 범죄가 증가하는 추세로 돌아서게 된다면 사람들의 머리 속에서 결코 쉽게 잊히지 않는 인식, 즉 도시가 안전하지 않다는 생각을 다시 불러일으킬 수도 있다. 그리고 그렇게 모든 것이 무너질 수도 있다. 특히 아이들을 위해 도시에 정착한 사람들에게는 더욱 그렇게 될 것이다. 마지막으로, 고속 교통이 새로운 지역으로 확장된다면 그 장소는 매력적인 주거 대안으로 도시와 경쟁할 수 있을 것이다.

결론을 내리자면, 뉴욕은 여러 수준에 맞춰 수많은 것을 제공하여 앞으로도 오랫동안 세계 최고의 도시 중 하나로 남을 것이다. 그것이 뉴욕의 운명이다.

감사의 말

이런 종류의 대규모 프로젝트는 불가피하게 감사의 말을 전해야 할 많은 빚을 지게 되는데, 나는 기꺼이 그렇게 할 것이다. 먼저 이 아이디어를 믿고 그것을 실현할 기회를 준 프린스턴대학 출판사의 피터 도허티 이사에게 감사를 표하고 싶다. 또한 나의 편집자인 에릭 슈워츠도 그의 깊은 인내와 지원, 심지어 이 도시의 여러 곳으로 함께 답사에 나서주었던 열정에 깊이 빚지고 있다. 나의 교열 편집자 질 휴스는 이 원고를 고치고 다듬는 데 중요한 역할을 했고, 수석 제작 편집자 캐슬린 치오피 역시 원고를 다듬어주었다. 나를 대신하여 노력해준 제시카 펠리엔 홍보 담당 감독에게도 공을 돌린다. 프린스턴에서 나를 도와준 다른 모든 사람에게 많은 감사를 표한다. 이런 훌륭한 사람들과 함께 일하는 것은 특권이었다.

특히 전 뉴욕 시장들에게 감사하고 있다. 전임 시장들은 시간을 넉넉히 할애해서 매우 유용한 통찰력과 의견을 나눠주었다. 루돌프 줄리아니, 마이클 블룸버그, 데이비드 딘킨스, 고故 에드워드 코크 등이 그들이다.

다양한 단계에서 내 작업을 평가하고 논평해주었던 동료들과 다른 식견을 가진 분들에게 감사의 말을 전하지 않을 수 없다. 특히 로저 월딩어, 미첼 두나이어, 일라이자 앤더슨, 존 몰런코프, 피터 모스코스, 앨퍼드 영 주니어, 폴 마커스와 아이린 마커스에게 감사하고 있다. 초점을 크게 집중시키고 오류를 피할 수 있게 해주었으며 주제들에 대한 나의 이해를 높여준 이들로는 리처드 앨버, 빌 콘블룸, 필 카시니츠, 낸시 포너, 허버트 갠스, 신시아 푸치스 엡스타인, 샤론 주킨, 메리 클레어 레넌, 조지프 버거, 셀던 채프닉과 토비 채프닉, 레슬리 백, 루번 잭 토머스, 메리 커티스, 키스 톰슨, 러모나 허낸데즈, 밀드러드 그린, 앨런 헬름라이히, 데니스 헬름라이히, 대니 프랭클, 잭 내스, 일라이 골드슈미트, 조앤 다운스, 스티븐 골드버그, 앨런 루돌프, 로슬린 볼로, 에스더 프리드먼, 실비아 버락피시먼, 데이비드 핼리, 개브리엘 하슬립비에라, 마리차 포로스, 릴리 호프먼, 라루 루이스매코이, 메흐디 보조르그메르, 파르마트마 사란, 하워드 푸치스, 짐 바일스, 캐서린 첸, 추디 우와자우리케, 아이리스 로페즈, 프랜시스 터렐, 로버트 카츠, 수전 태넌바움, 얼라인 매코드, 잭 디커, 스티븐 래비노위츠, 스튜어트 파인투치, 어윈 프라이드, 빌 그린, 샌퍼드 골드플리스, 앨버트 와인스타인, 데이비드 스테치, 제프리 위젠펠드, 노미 래비노위츠, 앰넌 실로치, 새뮤얼 힐먼, 제프리 거록, 필립 제이컵스, 시델 네퍼와 로버트 네퍼, 아치 다이크스, 아이번과 리사 코프먼, 로나 울던버그, 마틴 워버, 에드워드 와이드라, 질 와치스톡, 필립 피시먼, 펄 핼리가와 네이선 핼리가, 대니얼 비토, 스튜어트 루번펠드, 패트릭 샤키, 코델 샥터, 그웬 도딕, 잭 레빈슨, 로라 보먼, 잭 워스하이머, 아이라 샐러먼, 리사 헬름라이히, 톰 쇼트, 제나 스노, 에반 내스, 그리고 데버라 밴애머런전이 있다. 나의 사진작가인 제시 리스와 밥 마커스에게 특별한 감사를 전한다.

사람들이 말하듯, "우리는 거인들의 어깨 위에 서 있다". 이런 의미에서 나는 세인트루이스 워싱턴대학의 내 초기 멘토였던 어빙 루이스 호로위츠, 리 레인워터, 줄스 헨리, 앨빈 굴드너, 니컬러스 디미래스, 어빙 자이틀린, 조지 러윅, 데이비드 피트먼, 존 거링이 사회학적으로 사고하는 방법과 생각의 틀을 벗어나는 방법을 가르쳐준 것을 언급하고 싶다. 내 경력의 초반에는 롤 모델이 되어주었던 동료들, 특히 윌리엄 매코드, 조지프 벤스먼, 버나드 로젠버그, 제럴드 헨들, 베티 요버그가 있었다.

그 외에도 많은 사람이 다양한 방식으로 도움을 주었고, 나는 그들 모두에게도 감사의 말을 전하고 싶다. 그들은 자신이 무엇을 했고 그것이 나에게 무엇을 의미하는지, 이 작업의 성공에 어떻게 기여했는지 알고 있었다. 커린 펠드해머, 수리 카시러, 아만다 콘스탬, 에릭 크리즈먼, 제프리 위젠펠드, 네이선 골드버그, 아비 하다, 마르첼 피슐러, 에드워드 베이더, 조 포타스니크, 토머스 디나폴리, 니컬러스 디마지오, 데니스 설리번, 윌리 래포겔, 빌 헬름리치, 게리 노블, 주디스 로스먼, 애런 프라일리치, 케네스 코언, 마이클 니컬러시, 이츠하크 하이모비치, 게리

골드버그, 마이클 플리스킨, 아든 스미스, 리자 콜런, 데니즈 메이저, 조이스 골드스타인과 아이라 골드스타인, 헬렌 이쇼프스키와 하비 이쇼프스키, 해리엇 시멀과 데이비드 시멀, 데이비드 워비, 주디스 코노턴, 아니 브라이트바트, 샬럿 웬들, 렌 거펠버그, 닐 콜트, 빌리 리스리븐슨과 네카마 리스리븐슨, 에드워드 아우어바흐, 러모나 허낸데즈에게 고마움을 표한다.

나의 가족은 매우 재능 있는 작가들이다. 나의 아이들 제프, 조지프, 데버라는 모두 원고를 꼼꼼히 읽어주었다. 그들의 코멘트는 예리하면서 사려 깊었으며 덕분에 책이 더 나아질 수 있었다.

무엇보다 아내 헬레인에게 많은 빚을 지고 있다. 그녀는 대단히 유능한 소설가, 전기 작가, 역사가이며 나의 모든 책에서 내가 쓴 모든 단어를 읽고 문학적인 관점과 개념적인 관점 모두에서 아주 귀중한 수백 가지 제안을 해주었다. 나를 위한 것인 만큼 그녀에게도 사랑의 수고였으며, 그녀는 여러 차례 답사에 동반해주었다. 아내이며 친구, 그리고 지적인 동반자로서 그녀가 내 곁에 있는 것은 큰 행운이었다.

아직 20세기가 채 끝나지 않았던 시기에 뉴욕이라는 곳으로 옮겨왔습니다. 이제부터 여기서 살겠다고 마음을 먹었을 무렵부터 틈만 나면 좁은 아파트를 나와 거리에서 요지경 같은 사람과 건물들, 풍경을 구성하는 여러 오브제를 구경하며 걸었습니다. 그러다 굉장히 많은 층이 이 도시에 중첩되어 있다는 것을 발견했습니다. 어느 날 동네 거리의 신문 가판대를 유심히 들여다보니 『뉴욕타임스』나 『데일리뉴스』 같은 지역 신문들 말고도 『프랑크푸르터 알게마이네 차이퉁』 『르몽드』 『르피가로』, 읽을 수도 없는 『알아브람』 같은 아랍 신문이나 히브리어 유대계 신문, 폴란드어와 그리스어, 중국어 신문은 말할 것도 없고 미주판 한국계 신문까지 수많은 언어의 오늘 자 신문이 꽂혀 있어서 동네 사람들이 열심히 사서 읽고 있었습니다. 같은 공간 속에서도 서로의 접점이 아예 짐작되지 않는 이 중첩된 층은 어쩌면 이 도시에 사는 한 사람 한 사람마다 각자의 층이 있는 것이 아닌가 생각이 들 정도였습니다. 그런가 하면 9·11 테러를 함께 겪으면서는 예상치 못했던 연대가 형성되어, 지하철에서든 거리에서든 문득 눈빛과 가벼운 끄덕임을 나누게 될 때면 이렇게 이 층들이 같은 공간 안에서 서로와 접점이 닿는구나 생각하기도 했습니다.

그러다 몇 년 전 지인이 새로 나온 흥미로운 책을 소개해줘서 읽게 되었습니다. 사회학자인 저자는 제가 다녀본 거리들 너머 이 도시의 모든 거리를 걸어, 그 길 위에서 마주친 사람들과 얘기를 나누고 그들을 관찰한 이야기를 생생하면서도 통찰력 있게 전해주고 있었습니다. 거리 가판대에서조차도 다양성과 관용이 당연하게 받아들여지는 모습을 보며 왜 역사가 현재에도 의미를 잃거나 잊히지 않는지, 서양 역사에서 왜 '도시의 공기는 자유를 만든다'고 했는지 그 맥락을 좀더 알 것 같았습니다.

마침 이 책을 번역하기 시작할 즈음 전 세계가 갑자기 팬데믹으로 봉쇄되는 암울한 시기에 접어들었습니다. 언제 끝날지도 짐작할 수 없게 좁은 아파트에 꼼짝없이 갇혀 새로운 노멀에 적응하려 궁싯거리다가, 갑갑한 마음에 어느 늦은 봄 오후 마스크로 꽁꽁 싸매고 동네 거리로 처음 산책을 나섰습니다. 이럴 수가. 잠시도 멈추지 않던 거리가 CG로 싹 지워진 것처럼 텅 비어 있었습니다. 사람도 자동차도 없는 거리에는 그 겹겹이 쌓여 있던 층들 역시 하나도 보이지 않았습니다.

이 책의 번역 대부분은 바로 이 봉쇄의 시기에 이루어졌습니다. 바로 얼마 전만 해도 신기루처럼 펼쳐져 있던 뉴욕이라는 도시의 모습과 문제점, 그 행간의 애정을 한 문장 한 문장 한국말로 옮기면서, 어쩌면 우리가 살던 세계가 이렇게 하면 잊히지 않고 다시 가동될 거라 스스로에게 말했는지도 모르겠습니다.

거의 2년이 지났고 뉴욕은 이제 겉으로는 팬데믹 이전으로 돌아온 것처럼 보일 정도로 재가동되기 시작했습니다. 그런데 팬데믹과 트럼프 행정부가 맞물려 마구 휘적이자 저 아래 바닥에 침잠해 있던 진흙탕이 수면 위로 떠올랐습니다. 아시다시피 아시아계에 대한 혐오 폭력, 실직과 인플레이션이 다양성과 관용의 역동성을 손상시키는 중입니다. 반면 도시 번영의 단면이라고 할 수 있는 젠트리피케이션은 잠시 주춤하는 것처럼 보입니다. 어쩌면 도시란 사실 층층이 겹쳐져 있던 문제점의 퇴적물이었던 것이 아닐까 하는 의문마저 들었습니다.

팬데믹의 두 번째 겨울을 보내고 봄이 왔고, 저는 의문점을 마음속에 가진 채 다시 동네의 거리를 걷고 있습니다. 하지만 이제는 이 거리가 원래 어떤 곳이었는지 머릿속에 담고 어떤 곳이 되었는지, 그 변화는 어디로 가고 있는지 알 수 있게 해주는 좋은 지남철을 가지고 있습니다. 이 책이 정확하게 관찰하고 전해주는 뉴욕시가 경험하고 극복한 문제들을 머리에 담고 새로 직면한 의문들의 대답을 나름대로 찾아보는 중입니다. 이 책을 손에 잡은 독자들도 저처럼 책의 이야기를 들어보고 여러분의 거리와 도시를 직접 걸어서 그 기억과 변화를 찾아보는 계기가 된다면 좋겠습니다.

네이버후드 용어집

여기의 네이버후드는 책에서 언급되거나 논의된 곳들이다. 이 용어집에서는 '커뮤니티' '구역' '지역' 및 '네이버후드'가 같은 의미로 사용된다. 전문가들조차 이 네이버후드의 정확한 경계에 대해 항상 보편적으로 동의하고 있는 것은 아니라는 점에 주의하기 바란다(사전적 의미로 번역된 '동네'와는 달리 그 영역이 좀더 크고 준공식적인 성격을 지니고 있어, 여기 나열된 네이버후드에 대한 서술은 '네이버후드', 일반적인 의미로 사용된 경우는 '동네'로 번역했다—옮긴이).

브롱크스
· **베이체스터**Baychester 북동부의 허친슨리버파크웨이와 펠럼베이파크 사이에 있는 지역.
· **벨몬트**Belmont 포덤 동부, 이스트트레몬트의 북쪽 네이버후드.
· **코업시티**Co-op City 베이체스터 구역에 위치한 인구 5만5000명 이상의 여전히 성장하고 있는 세계에서 가장 큰 코업Co-op 커뮤니티.
· **크로토나파크이스트**Crotona Park East 크로스브롱크스 고속도로 남쪽, 브롱크스강 서쪽 이스트트레몬트 인근 네이버후드.
· **이스트브롱크스**East Bronx 브롱크스강 동쪽에 있는 브롱크스 전체 지역.

- 트레몬트Tremont 벨몬트 남쪽, 브롱크스동물원의 서쪽에 있는 지역.
- 이든월드Edenwald 윌리엄스브리지와 코업시티 사이의 네이버후드.
- 에지워터Edgewater 스록스넥 다리 바로 동쪽에 있는 스록스넥 반도에 둘러싸인 커뮤니티.
- 포덤Fordham 브롱크스 서북부 커뮤니티로 그랜드콩코스와 포덤로드를 중심으로 한다.
- 하딩파크Haarding Park 남중부 쪽 해변지역으로 사운드뷰 지역의 일부, 이스트강의 북쪽, 브롱크스강의 동쪽.
- 헌츠포인트Hunts Point 브루크너 고속도로에 인접해 있는 브롱크스강의 남쪽 네이버후드.
- 킹스브리지Kingsbridge 브로드웨이 서쪽, 마블힐 지역 북쪽에 있는 브롱크스 커뮤니티.
- 롱우드Longwood 멜로즈와 헌츠포인트 사이의 남부 지역.
- 멜로즈Melrose 149번가 주위의 서남 브롱크스 네이버후드로 '허브Hub'라고도 불린다.
- 모리스하이츠Morris Heights 할렘강을 따라 있는 중서부 브롱크스의 네이버후드.
- 모리세이니어Morrisania 클레어몬트 동쪽, 크로스브롱크스 고속도로 남쪽에 위치해 있다.
- 모트헤이븐Mott Haven 할렘강의 동쪽 서남부 커뮤니티.
- 마운트이든Mount Eden 크로스브롱크스 고속도로 남쪽의 중서부 네이버후드.
- 파크체스터Parchester 브롱크스 동부 커뮤니티로 같은 이름의 대규모 주택 개발 단지가 차지하고 있다.
- 펠럼베이Pelham Bay 펠럼베이파크의 서쪽, 펠럼파크웨이의 남쪽에 위치한 동북쪽 네이버후드.
- 리버데일Riverdale 허드슨강과 밴코틀랜드파크의 서북쪽, 용커스의 남쪽.
- 실버비치Silver Beach 스록스넥 다리 인근의 출입이 통제되는 게이트 커뮤니티.
- 사운드뷰Soundview 동남쪽 커뮤니티로, 사운드뷰파크의 북쪽이며 브롱크스강의 동쪽.
- 사우스브롱크스South Bronx 원래 모트헤이븐, 헌츠포인트, 멜로즈를 의미했지만 크로스브롱크스 고속도로를 따라 북쪽으로 포덤까지를 포함하게 됐다.
- 스록스넥Throgs Neck 롱아일랜드해협의 서쪽, 이스트강 북쪽의 반도 남쪽.
- 웨스트브롱크스West Bronx 브롱크스강의 서쪽에 해당되는 브롱크스의 전체 지역.
- 우들론Woodlawn 용커스 남쪽, 브롱크스 중북부.

브루클린

- 베이리지Bay Ridge 61번가와 86번가 사이의 브루클린 서남쪽 구역으로 거와너스 고속 도로로 서쪽에 있다.
- 베드퍼드-스타이버선트Bedford-Stuyvesant 플러싱애비뉴 남쪽, 애틀랜틱애비뉴 북쪽 에 있는 중북부 네이버후드로 '베드스타이'라고도 한다.
- 벤슨허스트Bensonhurst 61번가의 남쪽, 버러파크 옆에 있는 서남부 네이버후드.
- 보럼힐Boerum Hill 다운타운 브루클린 근처의 포트그린과 캐럴가든스 사이에 있는 네 이버후드.
- 버러파크Borough Park 13번 애비뉴의 양쪽이며 선셋파크 동쪽, 벤슨허스트 북쪽에 위 치한 브루클린버러의 중심부에 있는 네이버후드.
- 브라이턴비치Brighton Beach 맨해튼비치와 코니아일랜드 사이 서남부 지역.
- 브루클린하이츠Brooklyn Heights 브루클린버러의 북쪽 끝에 있는 커뮤니티로 코블힐 근처에 있다.
- 브라운즈빌Brownsville 이스트뉴욕과 경계를 접한 동남부 커뮤니티로 이스턴파크웨이 와 린든불러바드 사이에 있다.
- 부시윅Bushwick 베드퍼드-스타이버선트의 동쪽으로 퀸스카운티와 접해 있다.
- 커나시Carnasie 저메이카만을 따라 위치해 있으며 플랫랜즈에 연접해 있다.
- 캐럴가든스Carrol Gardens 거와너스운하와 브루클린-퀸스 고속도로 인근의 네이버후드.
- 클린턴힐Clinton Hill 브루클린-퀸스 고속도로와 애틀랜틱애비뉴 사이에 있는 커뮤니티.
- 코블힐Cobble Hill 캐럴가든스와 브루클린하이츠 인근의 네이버후드.
- 코니아일랜드Coney Island 오션파크웨이와 대서양에 가까운 브루클린 서남쪽 구역.
- 크라운하이츠Crown Heights 애틀랜틱애비뉴와 엠파이어불러바드 사이의 중북부 지역.
- 사이프러스힐스Cypress Hills 이스트뉴욕의 옆, 퀸스 경계의 남쪽.
- 디트마스파크Ditmas Park 플랫부시 북부의 일부로 오션파크웨이의 동쪽.
- 덤보·비니거힐Dumbo and Vinegar Hill 브루클린하이츠와 포트그린에 연접한 '맨해튼 다 리 오버패스 아래Down Under the Manhattan Bridge Overpass'를 의미한다.
- 다이커하이츠Dyker Heights 베이리지와 벤슨허스트에 연접한 서남부 커뮤니티.
- 이스트플랫부시East Flatbush 플랫부시 옆에 위치한 브루클린버러 중심부 커뮤니티.
- 이스트뉴욕East New York 브라운즈빌과 퀸스와 경계를 접한 브루클린 동부 부분에 있 는 커뮤니티.
- 이스트윌리엄스버그East Williamsburg 그린포인트 동남쪽, 부시윅 북쪽에 있는 지역으

로 여전히 산업 중심 지역이지만 젠트리피케이션이 진행되기 시작했다.

- 플랫부시Flatbush 오션파크웨이의 양쪽으로 이어지는 중앙 브루클린 네이버후드.
- 플랫랜즈Flatlands 밀베이슨과 머린파크 인근의 남부 네이버후드.
- 포트그린Fort Greene 플랫부시와 애틀랜틱애비뉴를 따라 있는 맨해튼 다리 옆의 북부 커뮤니티.
- 게리슨비치Gerritsen Beach 크냅스스트리트의 동쪽으로 십스헤드베이와 연접한 수변 커뮤니티.
- 거와너스Gowanus 거와너스 운하를 따라 이어지는 캐럴가든스 인근의 북부 지역.
- 그린포인트Greenpoint 퀸스 리지우드 옆에 있는 북부 커뮤니티.
- 그린우드하이트Greenwood Height 파크슬로프와 선셋파크 사이에 위치한 커뮤니티.
- 맨해튼비치Manhattan Beach 브라이턴비치와 십스헤드베이에 연접한 남부 해변 커뮤니티.
- 머린파크Marine Park 밀베이슨 남쪽의 남부 커뮤니티.
- 미드우드Midwood 플랫부시의 일부인 커뮤니티.
- 밀베이슨Mill Basin 마린파크 북쪽의 남부 커뮤니티.
- 노스윌리엄스버그North Williamsburg 이스트강에 연접한 그린포인트 남쪽 지역(노스사이드로도 알려짐)으로 최근에 젠트리피케이션이 심하게 발생했다.
- 오션힐Ocean Hill 브라운즈빌에 인접한 커뮤니티.
- 파크슬로프Park Slope 거와너스, 선셋파크, 프로스펙트하이츠 인근의 서북부 지역.
- 프로스펙트하이츠Prospect Heights 파크슬로프와 크라운하이츠 옆에 있는 커뮤니티.
- 프로스펙트레퍼츠가든스Prospect-Lefferts Gardens 브루클린식물원과 크라운하이츠, 프로스펙트파크사우스와 경계를 나눈 지역.
- 프로스펙트파크사우스Prospect Park South 브루클린식물원과 플랫부시에 경계를 접한 지역.
- 레드훅Red Hook 브루클린배터리 터널 옆의 네이버후드로 캐럴가든스와 거와너스에 경계를 접한다.
- 시게이트Seagate 코니아일랜드 옆의 출입이 통제된 게이트 커뮤니티.
- 십스헤드베이Sheepshead Bay 맨해튼비치와 게리슨비치 옆의 지역.
- 사우스윌리엄스버그South Williamsburg 주로 하시드파 유대인과 푸에르토리코인들이 거주하는 노스윌리엄스버그와 경계를 접한 지역으로, 사우스사이드라고 알려짐.
- 선셋파크Sunset Park 그린우드하이츠 남쪽, 버러파크 서쪽의 지역.
- 윌리엄스버그Williamsburg 노스윌리엄스버그와 사우스윌리엄스버그를 참고.

- 윈저테라스Windsor Terrace 선셋파크와 파크슬로프 인근의 지역.

맨해튼

- 배터리파크시티Battery Park City 허드슨강을 따라 파이낸셜디스트릭트 서쪽, 트라이베커 남쪽에 위치한 지역.
- 카네기힐Carnegie Hill 어퍼이스트사이드의 북쪽 지역에 있는 커뮤니티.
- 첼시Chelsea 웨스트빌리지 북쪽의 서부 지역.
- 차이나타운Chinatown 로어이스트사이드와 리틀이털리 근처에 있는 커뮤니티.
- 클린턴Clinton 미드타운의 서쪽, 첼시의 북쪽으로 한때 이 지역의 일부가 '헬스키친 Hell's Kitchen'으로 불렸다.
- 이스트할렘East Harlem 할렘의 동쪽, 어퍼이스트사이드의 북쪽 지역.
- 이스트빌리지East Village 그리니치빌리지 동쪽의 커뮤니티.
- 그리니치빌리지Greenwich Village 이스트빌리지 서쪽, 트라이베커 북쪽의 네이버후드.
- 할렘Harlem 이스트할렘과 웨스트할렘 사이에 있는 할렘 중심가 상업·주거지역.
- 인우드Inwood 워싱턴하이츠의 북쪽.
- 리틀이털리Little Italy 소호와 차이나타운에서 가까운 지역.
- 로어이스트사이드Lower East Side 이스트빌리지의 남쪽, 차이나타운의 동쪽에 있는 지역.
- 맨해튼빌Manhattanville 125번가와 브로드웨이 주변 웨스트사이드의 바로 북쪽에 있는 지역.
- 미드타운Midtown 맨해튼 중심부의 사업, 극장 구역.
- 모닝사이드하이츠Morningside Heights 어퍼웨스트사이드의 커뮤니티.
- 마운트모리스Mount Morris 할렘 125번가 인근의 역사지역.
- 노호Noho 휴스턴스트리트 북쪽, 그리니치빌리지 남쪽 지역.
- 소호Soho 트라이베커와 리틀이털리 근처 휴스턴스트리트의 남쪽 지역.
- 슈거힐Sugar Hill 웨스트할렘 125번 스트리트 북쪽의 네이버후드.
- 트라이베커Triangle Below Canal Street 그리니치빌리지와 파이낸셜디스트릭트 사이의 지역.
- 어퍼이스트사이드Upper East Side 동쪽을 따라 이스트강이 있고 서쪽으로 센트럴파크가 있으며 59번 스트리트와 96번 스트리트 사이에 위치한 동쪽 지역.
- 어퍼웨스트사이드Upper West Side 서쪽을 따라 허드슨강이 있고 동쪽으로 센트럴파크가 있으며 59번 스트리트와 125번 스트리트 사이에 위치한 서쪽 지역.

- 워싱턴하이츠Washington Heights 웨스트할렘 북쪽, 인우드 남쪽에 있는 지역(허드슨하이츠는 부동산 개발자와 많은 신규 거주자가 181번 스트리트 북쪽 지역을 지칭하는 새 이름이다).
- 웨스트빌리지West Village 6번 애비뉴와 허드슨강 사이에 있는 그리니치빌리지에 연접한 지역.

퀸스

- 오번데일Auburndale 베이사이드, 머리힐, 퀸스버러힐 사이의 네이버후드.
- 아번Arverne 로커웨이 반도의 에지미어 옆에 있는 네이버후드.
- 애스토리아Astoria 퀸스버러의 서쪽 끝, 롱아일랜드시티와 경계를 이루는 지역.
- 베이사이드Bayside 더글래스턴과 오번데일 사이의 퀸스 동부 지역.
- 비치허스트Beechhurst 화이트스톤에 연접한 북부 네이버후드.
- 벨하버Belle Harbor 로커웨이 반도의 일부.
- 벨로즈Bellerose 퀸스빌리지 옆의 동부 지역.
- 브리지포인트Breezy Point 로커웨이 반도의 서쪽 끝에 있는 커뮤니티.
- 브라이어우드Briarwood 큐가든스의 인근 지역.
- 브로드채널Broad Channel 로커웨이 반도에서 가까운 저메이카베이 지역.
- 케임브리아하이츠Cambria Heights 퀸스빌리지와 로럴턴 사이의 남부 지역.
- 코로나Corona 엘름허스트와 잭슨하이츠 인근의 지역.
- 더글래스턴Douglaston 리틀넥과 베이사이드와 경계를 접하는 지역.
- 이스트엘름허스트East Elmhurst 코로나 및 잭슨하이츠와 경계를 접한 라과디아 공항 인근의 지역.
- 에지미어Edgemere 로커웨이 반도의 아번 옆에 있는 지역.
- 엘름허스트Elmhurst 잭슨하이츠, 코로나와 경계를 접한 지역.
- 파로커웨이Far Rockaway 로커웨이 반도의 동쪽 끝에 있다.
- 플러싱Flushing 퀸스버러힐과 머리힐 인근에 있는 지역.
- 포리스트힐스Forest Hills 큐가든스과 레고파크 사이에 있는 지역.
- 프레시메도스Fresh Meadows 힐크레스트와 오번데일 인근의 커뮤니티.
- 글렌데일Glendale 미들빌리지와 리지우드 근처.
- 해밀턴비치Hamilton Beach 하워드비치 바로 동쪽에 있는 지역.
- 힐크레스트Hillcrest 프레시메도스와 큐가든스힐스 옆에 있는 지역.

- 할리스우드Holliswood 저메이카이스테이츠와 퀸스빌리지 사이의 네이버후드.
- 하워드비치Howard Beach 오존파크 바로 남쪽 케네디 공항 인근에 있다.
- 헌터스포인트Hunters Point 서니사이드 옆의 이스트강을 따라 있는 서쪽 지역.
- 잭슨하이츠Jackson Heights 코로나와 엘름허스트 근처에 있다.
- 저메이카센터Jamaica Center 사우스저메이카 옆의 상업지역.
- 저메이카이스테이츠Jamaica Estates 사우스저메이카, 할리스우드와 경계를 접하고 있다.
- 큐가든스Kew Gardens 리치먼드힐과 브라이어우드에 연접한 지역.
- 큐가든스힐스Kew Gardens Hills 포리스트힐스와 힐크레스트 사이의 지역.
- 로럴턴Laurelton 케임브리아하이츠와 경계를 접한 퀸스 동남부의 구역.
- 리틀넥Little Neck 롱아일랜드시티, 더글래스턴과 경계를 접한 지역.
- 롱아일랜드시티Long Island City 애스토리아와 헌터스포인트 사이의 지역.
- 매스퍼스Maspeth 미들빌리지와 리지우드 인근의 커뮤니티.
- 미드빌리지Middle Village 매스퍼스, 글렌데일, 리지우드와 경계를 접한 지역.
- 머리힐Murray Hill 플러싱과 베이사이드 사이에 있다.
- 오존파크Ozone Park 하워드비치와 사우스오존파크 인근에 있다.
- 퀸스빌리지Queens Village 벨로즈와 케임브리아하이츠 사이의 지역.
- 퀸스버러힐Queensboro Hill 플러싱과 머리힐 인근 커뮤니티.
- 리치먼드힐Richmond Hill 큐가든스와 사우스오존파크 사이의 지역.
- 리지우드Ridgewood 글렌데일과 미들빌리지, 그리고 브루클린의 그린포인트와 경계를 접하고 있다.
- 사우스저메이카South Jamaica 저메이카이스테이츠와 사우스오존파크 인근의 구역.
- 사우스오존파크South Ozone Park 하워드비치와 케네디 공항에 가까운 남부 커뮤니티.
- 서니사이드Sunnyside 헌터스포인트와 롱아일랜드시티 인근의 서부 지역.
- 화이트스톤Whitestone 비치허스트와 북쪽 경계를 마주하고 있다.
- 우드사이드Woodside 퀸스 서부의 롱아일랜드시티 옆에 있다.

스태튼아일랜드
- 매리너스하버Mariners Harbor 고설스 다리 인근 서북부 지역.
- 뉴브라이턴New Brighton 웨스트브라이턴과 세인트조지 사이의 동북쪽 지역.
- 랜들매너Randall Manor 뉴브라이턴과 웨스트브라이턴의 경계에 있는 네이버후드.
- 세인트조지St. George 맨해튼으로 가는 여객선 터미널이 있는 최동북단.

- **사우스비치**South Beach 베레차노-내로스 다리 근처의 로어뉴욕만을 따라 있는 수변 네이버후드.
- **토트힐**Todt Hill 그랜트시티와 사우스비치 인근의 언덕 지역.
- **토튼빌**Tottenville 스태튼아일랜드의 서남쪽 끝에 있다.
- **트래비스**Travis 버러의 서쪽 중부에 위치해 있다.
- **웨스트브라이턴**West Brighton 랜들매너와 뉴브라이턴 옆에 있는 지역.

제1장 뉴욕의 내밀한 삶과 심장

1. 일부 예로는 Gregory 1998, Rieder 1985, Mele 2000, J. L. Jackson 2001, Poll 1962, Sanjek 1998 등이 있다.

2. 책을 쓰고 있다고 사람들에게 말한 때도 있었지만, 그때까지 내가 교수라는 것은 언급하지 않고 조심스러운 태도로 말하곤 했다. 내가 권위 있는 위치에 있기 때문에 사람들이 질문을 더 진지하게 받아들일 것이라고 판단될 때 그렇게 했으며, 그들이 단지 쓸모없는 잡담에 시간을 낭비한다고 느끼게 하고 싶지 않았다.

3. 그럼에도 뉴욕시에 대한 연구는 방대하다. 그래서 나는 뉴욕 답사를 마치기 전까지는 가능한 한 더 이상 읽지 않으려고 의식적으로 노력했다. 내 아이디어가 가능한 한 기존의 연구에 영향을 받지 않은 신선한 시선이기를 원했다. 또한 나의 관찰에서 일반적인 이론적 명제와 결론들에 이르기까지 연구가 유도적으로 진행되도록 Barney Glaser and Anselm Strauss(1967)의 고전적인 접근법을 따랐다. Katz 2010 참고. 대부분의 민족지학자는 이론을 더 유도적으로 적용하지만 연역적으로 적용하기도 한다(Anderson 1999; Duneier 1999; K. Newman 1999). 이 주제에 대한 Wilson and Chaddha(2009)의 중요한 기사에서 이 두 가지 접근 방식에 대해 자세히 설명하고 있다.

4. 재넷 사디크칸 교통국장의 재임 시기, 도시 전체에 자전거 도로가 확산됨에 따라 자전거 이용이 크게 진흥되었다. 하지만 사회학자 Jen Peterson(2011)이 지적했듯이 뉴욕은 여전히 자동차 중심의 도시이며, 보행자와 자전거 이용자는 종종 사용 가능한 공간을 놓고 서로 경쟁을 벌인다.

5. Sam Roberts(2012b)는 이 도시의 진가를 인식하는 데 있어 걷는 것에 어떤 이점이 있는지에 대한 통찰력 있는 기사를 썼다.

6. 2006년에 총기를 난사하여 한 명을 살해하고 다섯 명에게 부상을 입힌 매슈 콜레타의 경우처럼 복장의 패턴이 정신병자의 망상적 체계 일부가 될 때가 있다. 범행 동기는 무엇이었을까? 희생자들은 모두 빨간 옷을 입고 있거나 빨간 차를 타고 이동 중이었다. 콜레타는 블러드 갱 폭력단이 쫓아오고 있다고 믿었고, 자위를 위해 행동하고 있다고 느꼈을 것이다(Kilgannon 2009d).

7. 즉, 서로 모르는 사이라면 흑인은 백인보다 흑인과 눈이 마주칠 가능성이 더 높다는 것이다. 그들은 상호 간의 공통 친구가 있거나 앞으로 관계를 형성할 수 있기 때문이다(Anderson 2011, 113). 네이버후드에서의 청소년 폭력 문제 방지에 대한 중요한 논의는 Sharkey 2006 참고.

8. 뉴욕이 환대하는 도시라는 관점은 통계에서도 얻을 수 있다. 2010년 5월 마이클 블룸버그 시장은 2003년에 개통된 311 민원 서비스의 1억 번째 통화를 축하했다. 이 서비스에는 306명의 종일 근무 직원이 있으며, 연간 운영 비용은 4600만 달러에 달한다. 민원 업무를 한 주 동안 체험한 『뉴욕타임스』 기자 Elissa Gootman(2010)은 민원의 예를 전해줬다. 왜 어떤 사람의 싱크대 물은 갈색인가요? 이모의 돈을 훔친 한 가사도우미를 어떻게 신고하나요? 브롱크스에서 메디케이드를 받아주는 피부과 전문의는 어떻게 찾습니까? 왜 어떤 편지는 배달되지 않나요? 어떻게 하면 담배를 끊을 수 있을까요? 개 짖는 소음, 친척이 수감된 감옥을 알아내는 방법, 어디선가 퍼지는 악취 등에 관한 민원도 있었다. 분명히, 여러 사례를 보면 이 서비스는 매우 필요하다. 도와줄 사람이 있다는 것 또는 적어도 긴장을 완화할 수 있다는 것은 도시의 기능성을 향상시킨다. 누군가 말을 듣고 도와주려 했기 때문에 남에게 무모하거나 해로운 행동을 하지 않기로 한 사람이 얼마나 될지 누가 알겠는가? 우리는 적어도 비슷한 상황에 처하기 전까지는 이 문제에 대해 자주 생각하지 않는다. 그러나 이러한 안전망이 없다면 도시는 순식간에 혼란에 빠질 수도 있다.

9. 시카고, 뉴올리언스, 그리고 보스턴의 노동자 계층 구역은 아마도 그 규칙의 예외

일 것이다.

제2장 핫도그, 꽃, 꿈: 새로 온 이들

1. B. Howe 2010, 58.

2. 뉴욕시 이민에 관한 가장 중요한 연구 중에 Nancy Foner, 2000, 2001 and 2005a; Kasinitz et al. 2008이 있다. 이 연구들을 결합해서 보면 이민자 2세대를 더 잘 이해할 수 있다. 내 작업과 특히 인용한 작품 외에도 이 장의 일부 정보는 2006~2009년에 발표된 미국 커뮤니티 설문 조사 수치, The New York City Department of Planning figures, Foner 2005a, Kasinitz et al. 2008, and Fessenden and Roberts 2011을 참고하고 있다. 세부 사항은 무척 흥미롭다. 도미니카인은 주로 가난하고 대가족제를 가장 많이 따르며, 공교육을 잘 받지 못했다. 그러나 그들 중 20퍼센트는 정기적으로 고국에 돈을 송금하고 있다. 퀸스 플러싱의 중국계는 외국 출생이 중국 출생보다 더 많고 맨해튼의 차이나타운의 중국계는 미국 출생이 외국 출생보다 많다. 전체적으로는 노동자 계층이다. 2006년 ~2007년에 고등 교육을 위해 유학 온 학생 중 한국인은 인도인과 중국인 바로 다음으로 많았다. 많은 서인도제도인이 고향의 높은 실업률과 고등 교육 때문에 이곳으로 왔고 여성들 대부분이 일하고 있다(Foner 2005a). 대략 80만 명의 아이티인과 그 자손이 여기 포함되어 있다. 에콰도르인 이민자의 수는 최근 몇 년 동안 콜롬비아인을 제치고 상당히 증가했다.

3. Davletmendova 2011; Turhan 2012. 네팔 사람들의 또 다른 소규모 커뮤니티에 대한 정보는 Pokharel 2012 참고.

4. Fessenden and Roberts 2011. 주거지 변화에 대한 논의의 일부는 이 기사와 뉴욕 시립대학(Center for Urban Research)에서 작성된 인터랙티브 지도 연구 및 보고서가 출전이다. 리처드 앨버가 이 자료를 알려주었다. 이 문제에 대한 나머지 정보는 이러한 지역을 답사하며 직접 관찰한 것에서 구했다.

5. Semple 2011a; Beveridge 2006b.

6. Khandelwal 2002, 6-9, 17.

7. Glazer and Moynihan 1970; Alba, Portes, et al 2000.

8. 네이션 글레이저는 또한 자신이 아프리카계 미국인과 푸에르토리코인의 상향 이동 능력을 과대평가했다고 인정했다(Alba, Portes, et al. 2000). 그는 이들 집단이 학대당하고 부당하게 대접받고 적의의 대상이 되어 진정으로 앞으로 나가기 어

렵다는 로버트 블로너와 존 오그부의 주장을 받아들이는 것처럼 보였다. 비록 이 주장이 일반적인 사실일 수도 있지만 많은 아프리카계 미국인과 푸에르토리코인은 시간이 지나면서 성공을 거두고 있다. 또한 연구자들은 이민이 범죄율을 낮추고(Ousey and Kubrin 2009) 빈곤 수준 또한 낮춘다는 것(Moore 1997)을 발견했다. 뉴욕에서 수년 동안 라틴계에게 닥친 문제들에 대한 탁월한 개요는 Haslip-Viera and Baver 1996 참고. 푸에르토리코인에 대한 자세한 내용은 Haslip-Viera, Falcon, and Matos Rodriguez 2005 참고.

9. 이 섹션의 논의 중 일부는 Beveridge 2006a; Coplon 2008; Semple 2010d; R. Smith 2006; Stoller 2002; Foner 2005a, 110-120; Kinetz 2002; Kim 2009; D. Gonzalez 2009a; 그리고 the Fiscal Policy Institute를 참고하고 있다. 퓨히스패닉 센터의 Jeffrey Passel(2007)은 서류 미비자가 남아시아와 동아시아(23퍼센트), 카리브해(22퍼센트), 멕시코와 중미(27퍼센트)에서 대략 비슷한 규모로 들어오는 것으로 추정한다. 나머지는 남미, 아프리카, 유럽, 중동에서 온 사람들이다.

10. 이는 이민자들이 주로 남유럽과 동유럽에서 오던 옛날에도 상향 이동을 위한 1세대의 주요 통로였다. 추가 정보는 Alba, Portes, et al. 2000; Min 2001, 2008; Sassen 1988; Waldinger 1996a; Zukin 2010a; Gold 2010 참고.

11. Kang 2003. 이러한 틈새가 어떻게 그리고 왜 발전하며 그 결과는 무엇인지에 대한 자세한 내용은 Foner 2001 참고.

12. 대부분의 집단은 자신의 집단을 선호하는 것처럼 보이지만, 어떤 집단은 좀더 갈등으로 기울어지는 것으로 보인다. 퀸스 애스토리아와 그곳의 그리스계 인구에 대한 논문에서 Lauren Paradis(2011)는 족벌주의와 외부인들에 대한 무례함을 보여주는 많은 예를 인용하고 있다.

13. Berger 2010b.

14. B. Howe 2010, 169-170.

15. Ibid., 6.

16. Min 2008, 52.

17. Sharman and Sharman 2008, 97-110.

18. Cordero-Guzman, Smith, and Grosfoguel 2001; Semple 2012.

19. Foner 2005a; Grasmuck and Grosfoguel 1997.

20. Poros 2011. Massey, Alarcon, Durand, and Gonzalez 1987; Portes 1998; Sanjek 1998; Stoller 2002; R. Smith 2006 참고.

21. Brown 2009; Orleck 2001; Foner 2001.

22. Lehrer and Sloan 2003, 324-325.

23. Santos 2010a.

24. 정치에 대한 이러한 감정은 이민 단계보다 훨씬 오래 지속될 수 있다. 이집트계 미국인은 애스토리아에 1960년대부터 살고 있지만, 이집트의 최근 대변혁에 매우 강하게 반응하고 있다(Bilefsky 2011a). 음악의 역할에 대한 간결하고 정확한 요약은 Foner 2001, 18 참고.

25. 몬타스는 그런 테마 업장을 몇 군데 소유하고 있다. 그중 하나인 브루클린 리지우드의 몬타스레스토랑은 페드로 마르티네스, 알렉스 로드리게스, 카를로스 델가도, 새미 소사 같은 유명한 스포츠 스타들이 즐겨 찾는 곳이다.

26. Beveridge 2008a. Foner and Alba(2008)는 유럽과 미국에서 이민자 적응을 돕는 종교의 역할을 대조할 때 이 점을 강조한다. 저자들은 미국인이 유럽인보다 종교에 훨씬 더 수용적이라는 사실과 미국 정부의 일반적인 종교 접근 방식 때문에 종교의 역할이 유럽보다 미국에서 더 크다는 점을 설득력 있게 주장하고 있다.

27. Lehrer and Sloan 2003, 24-25.

28. Berger 1986. 한국인에 대해서는 Min 2010, 24-26 참고. 뉴욕시의 한국인 59퍼센트는 개신교, 14퍼센트는 기독교, 8퍼센트는 불교, 19퍼센트 정도가 무종교이다. 많은 한국인 이민자는 이곳에 오자마자 개신교로 옮겨 갔는데, 개신교가 미국에서의 정착을 돕는 사회적 서비스, 조직, 그리고 네트워킹 가능성을 주기 때문이다. 이민자들은 때때로 독특한 관행과 강조점을 가지고 있다. 이 도시에 존재하는 다양한 신앙에서 물이 차지하는 많은 역할에 대한 흥미로운 논의는 Kornblum and Van Hooreweghe 2010 참고. 보태니커Botanica라고 부르는 성물聖物, 약초 치료제 및 부적 가게 또한 이 도시에서 중요한 위치에 있다. 물론 그들의 초점은 종교보다 마술의 영역에 더 가깝지만, 항상 명확하게 선이 그어지는 것은 아니다. 부시윅 머틀애비뉴의 보태니커를 둘러보면서 나는 묘지에 악마의 촛불을 밝히는 것에 대한 광고를 읽었는데, 아마 천주교 신앙의 영향을 받았을 수도 있다.

29. Slotnik 2010. Stoller 2002, vii, xi 참고.

30. Kasinitz et al. 2008; Rumbaut and Portes 2001.

31. Remeseira 2010, 4; Zentella 2010, 323. 브루클린의 서인도제도계 청소년들이 자신들의 정체성을 어떻게 타협하는지에 대한 흥미로운 논의는 LaBennett 2011 참고.

32. Semple 2011b.

33. Kwong and Miscevic 2005, 253; Herbst 1988.

34. Coles 2011, 40.

35. 퀸스에는 싱어스Singa's라는 이름으로 알려져 있는 작은 피자 가게가 있는데, 인도 미각을 만족시키는 곳이다. 한 평론가는 이런 관찰을 남겼다. "피자와 함께 어울리는 이렇게 멋진 핫 칠리 토핑과 망고 음료를 어디서 먹을 수 있을까요?" (Khandelwal 2002, 43)

36. Robbins 2011b.

37. Kershaw 2002.

38. 공공 부문의 직업과 정치적 영향력을 놓고 흑인과 푸에르토리코인 사이에 오랜 갈등이 있다. 전반적으로 히스패닉 연구자들이 라틴계가 흑인보다 못하다고 자주 언급하지만, 최근의 인구조사 데이터는 적어도 전국적으로는 달리 생각할 여지를 준다. 2004년 3월 상시 인구조사Current Population Survey에 따르면, 전국 가계 소득률은 백인의 경우 5만1235달러, 히스패닉은 3만187달러, 흑인은 2만6269달러(흑인계 히스패닉은 2만5878달러)였다. 그러나 뉴욕시의 경우는 다르다. 2000년 인구조사에서 히스패닉은 2만7757달러, 흑인은 3만1058달러였다(U.S. Census Bureau). 어느 쪽이든, 두 집단 모두 소득 수준의 최하단에 있으며 갈 길이 멀다는 것은 분명하다.

39. 민족-종교적 집단 연합의 가능성에 대해서는 Mollenkopf 1999; W. Helmreich 1973; Novak 1971 참고.

제3장 다이너, 사랑, 엑소시즘, 양키스: 뉴욕의 커뮤니티

1. D. Goodman 2009.

2. Ruderman 2012 and Mahler 2005. 말러는 또한 항상 건물주가 건물들을 불태우는 것은 아니라고 관찰했다. 화재는 주민들에 의해서도 우발적으로 시작되었고, 부시윅 같은 곳에서는 건물이 불타면 값비싼 동관을 더 쉽게 빼낼 수 있다는 사실을 발견한 범죄자들이 방화를 저질렀다. 그리고 어떤 경우에는 사회복지 서비스가 자신들을 더 나은 곳으로 재정착시켜주기도 한다는 것을 알고 가족이 스스로 방화를 저지르기도 한다. 이상하게도, 동네의 평판이 나쁘다는 사실은 특정 종류의 폭력이 발생할 가능성을 감소시켜준다. 이런 현실 때문에 사람들은 행위에 훨씬 더 조심하게 된다. 누군가 이중 주차해서 차를 막아뒀다고 쉽게 뛰쳐나가 항의하지는 않을 것이며, 사람들과 쉽게 말싸움을 벌이지도 않을 것이다. 그 사람들

이 자기를 죽일 수도 있기 때문이다. 이런 식으로 어떤 지역의 악명은 일종의 사회 통제력이 되고, 무법자들 사이에서 하나의 법이 된다. "그렇게 짜증을 억누른다."(Anderson 1999, 27) 흥미롭게도 오늘날 사우스브롱크스는 웨스트브롱크스보다 신규 주택이 훨씬 더 많다. 사우스브롱크스의 상당 부분이 1970년대와 1980년대에 화염에 휩싸여 잿더미가 되었기 때문에 개발자들이 그야말로 처음부터 시작할 수 있었기 때문이다. 실제로 거짓말처럼 평화롭게 보일 수 있는 웨스트브롱크스는 예를 들어 제46관할구처럼 도시 내 최고 범죄 발생 구역을 포함하고 있다.

3. Mooney 2011b. 최근 몇십 년간 부시윅의 안전 문제에 대한 자세한 내용은 Ehrenhalt 2012, 80-82 참고.

4. Flegenheimer 2011 참고. 이 도시에서 가장 황폐하고 위험한 지역 중 하나가 매리너스하버라는 것을 언급할 필요가 있다. 그곳은 스테이튼아일랜드의 북쪽에 위치해 있으며 고설스 다리에서 멀지 않다. 음침한 프로젝트 단지 바로 앞에서 거친 젊은 이들이 지나가는 행인들에게 욕을 하거나 간혹 위협을 하면서 시간을 보낸다. 갱단에 대한 자세한 내용은 Venkatesh 2008 참고.

5. 2011년 초에 거리와 지하철에 사는 노숙인의 숫자는 시 정부 공식으로 2648명이었지만, 그들의 존재를 불편하게 느끼는 사람들에게는 아마 그 숫자가 훨씬 더 크게 느껴질 것이다. 최근, 가난한 사람과 노숙인들을 돕는 조직인 브롱크스워크스BronxWorks는 그동안 도와줬던 수백 명을 위한 파티를 열었다. 아파트에 받아들여지기 전 10년 동안 거리에서 살았던 전 노숙인은 그의 경험에 대해 이렇게 말했다. "매일이 내게 가장 멋진 날인 것은 아닙니다. 하지만 이곳에서 가장 나쁜 날이 길거리에서 가장 좋았던 날보다 더 좋아요."(Secret 2011) 정신장애 노숙인들이 필요한 치료를 피할 수 있게 하는 허점을 더 자세히 알아보려면 Hollander and De Avila 2013 참고.

6. Duneier 1999. 또한 Edwards 2012 참고.

7. 걸인, 지하철 음악가, 그리고 이 민감한 이슈에 관련된 정치에 대한 자세한 내용은 Tanenbaum 1995, 특히 p. 165 참고. 결국 이 상황은 살고 있는 곳뿐만 아니라 술을 마시거나 사교할 수 있는 커뮤니티를 단골 손님들에게 제공해주는 가까운 바 주인과도 다르지 않다. 물론 이런 시설들 역시 어느 정도 그 위치에 따라서 형성되고 있다. 지금은 이전한 풀턴 어시장 근처의 주점 프레시 솔트Fresh Salt의 한 바텐더는 "어시장이 여기 있었을 때는 노동자들이 일을 마치는 아침 7시 30분에 해피 아워를 했습니다"라고 말했다. 현재 이 지역은 평균 판매가가 100만 달러에 가까

울 정도로 젠트리피케이션이 진행되고 있다(Satow 2011). 풀턴 어시장에 대한 사진 촬영 정보는 Mensch 2007 참고.

8. Roberts 2011a.

9. Moody 2007, 134-138. Karmen 2000; Powell 2012 참고.

10. Dewan 2009. 스릴과 같은 범죄 행위에 대한 심리학적 요인에 대한 흥미로운 토론은 Katz 1988 참고.

11. Sharman and Sharman 2008, 173.

12. Madden 2010. Michel Foucault(1975) 또한 병원, 학교, 직장에서의 감시 활동에 관련된 '팬옵티콘Panopticon' 접근법을 취하여 그것이 어떻게 유순하고 통제된 사회를 만드는지를 살펴본다.

13. Katyal 2002. 더 나은 육아, 직업, 교육, 사회 복지 프로그램, 법 집행이 작동하지 않는다고 말할 순 없지만, 닐 커타이얼은 도시 공간의 물리적 디자인이 개선되면 범죄가 크게 제한될 수 있으며 이러한 아이디어가 충분히 주목받지 못하고 있다고 말한다. 범죄자의 환경과 연령, 인종, 무직 상태, 가족 상황에 초점을 맞춘 일반적인 사회적 솔루션은 비용이 많이 들고 항상 효과가 있는 것은 아니다. 또한 커타이얼이 인용한 통계 조사에 따르면 범죄 중 거의 3분의 2가 신고조차 되지 않으며 신고된 범죄 중 5분의 1만이 해결되었다고 한다. 게다가 잘 알려진 바와 같이, 투옥과 재활 프로그램은 그 목표를 달성하는 데 크게 효과가 없다. 커타이얼은 물리적 디자인의 개선에 더해서 정부 규정도 도움이 될 수 있다고 주장한다. 그가 제안한 규정은 범죄 영향 설명에 의존하는 프로젝트에 자금을 지원하고 해당 지역의 범죄율을 투자자와 잠재 거주자에게 공개하며 범죄를 억제하는 구역 설정 요구 조건을 만들고 법을 구축하는 것, 그리고 설계에 필요한 변경을 하지 못하면서 건물 디자인의 문제를 공개하지 않는 건물주를 상대로 불법 행위에 대한 배상권 소송을 취하는 것을 포함하고 있다.

14. Kate Cordes(2009)는 자신의 커뮤니티 연구에서 1880년대 처음 폴란드 이민자들을 수용했던 그린포인트가 어떻게 130년 동안 그토록 강한 폴란드 세력을 유지하고 있는지를 물었다. 이는 브라운즈빌의 유대인, 벤슨허스트의 이탈리아인, 인우드의 아일랜드인, 그리고 거의 모든 다른 민족적 집단에 비하면 정말 긴 시간이다. 그 이유 중에는 맨해튼으로 가는 교통편이 편리하지 않다는 것이 배타성을 생성했다는 점이 있다. 또한 이 지역을 관통하는 G 노선 열차는 서비스에 매우 문제가 많아서 '고스트 트레인'이라고도 불릴 정도다. 게다가, 특히 제2차 세계대전 이

후 그리고 최근 몇 년 동안, 폴란드로부터의 연속적인 이민 파도가 그곳의 인구를 보충했다. 그다음으로 공간적 요인이 있다. 코디스는 "주거지역 네이버후드는 산업지구의 고리에 둘러싸이고 BQE[브루클린 퀸스 익스프레스웨이]의 통과로 급성장 중인 윌리엄스버그로부터 단절되었다"고 한다. 그녀는 또한 매우 최근까지 이 지역이 젠트리파이어들에게 매력적이었던 적이 없으며 범죄 발생률도 낮았다는 사실을 인용하고 있다. 마지막으로, 그린포인트가 모든 종류의 민족 상점, 교회, 문화 단체 같은 것을 갖춘 풀 서비스 커뮤니티라는 사실이 있다. 즉, 노동계급의 본능적인 보수주의와 폴란드인으로서의 강력한 정체성이 그곳에 머무르는 것에 만족하게 만든다는 것이다. 실제로 그린포인트 거주자 중 걸어서 일터로 출근할 수 있는 이들의 비율은 13퍼센트로 뉴욕시 평균인 6퍼센트의 2배 이상이다. 코디스는 자신의 관찰을 바탕으로 그린포인트는 "마치 자급자족하는 네이버후드처럼 느껴지고 거리에는 마치 손에 잡힐 듯한 마을의 느낌이 있다"며, "사람들이 서로서로 잘 아는 곳"이라고 결론짓고 있다.

사실 뉴욕은 소수 집단 거주지들로 가득 차 있다. 이 집단 거주지는 구분되는 민족, 종교 또는 인종 집단으로 구성될 수 있으며, 노조원, 동성애자, 노숙인, 부자 같은 사람들로 구성되어 있을 수도 있다. 이 개념에 대한 자세한 내용은 Abrahamson 2005 참고. 디트마스파크에 대한 매우 유익한 논의에 대해서는 Berger 2007 참고. 커뮤니티를 인기 있게 만드는 구성 요소에 대한 개요는 Zhang 2012 참고. 덧붙여서 뉴욕시에서 가장 작은 규모의 민족-종교적 커뮤니티는 유니버시티애비뉴에 있는 브롱크스 아파트 한 곳에 있는데, 네팔에서 온 8가구 40명 규모의 부탄인 난민 그룹이다. 2007년부터 미국에 6만 명 정도의 부탄인이 받아들여졌고, 그중 170여 명이 뉴욕시에 있다. 대부분은 이전에 집에 전기나 실내 배관이 한 번도 없었던 사람들이다. 이는 상당한 적응을 요구하며 그들은 미국에서의 새로운 삶을 시작하는 것에 대한 도움과 조언을 위해 서로에게 많이 의지하고 있다(Semple 2009e). 부탄 이민자들에 대한 자세한 내용은 Lehrer and Sloan 2003 참고.

15. 다른 예로는 브루클린 시게이트, 퀸스 브리지포인트, 브로드채널, 해밀턴비치, 브롱크스 실버비치가 있다. 연구에 따르면 출입을 통제하는 게이트 커뮤니티는 그들이 소재한 일반 지역에서 기존의 인종 분리 패턴을 강화함으로써 더 큰 분리를 초래한다고 한다(Vesselinov, Cassesus, and Falk 2007). Low 2000 및 Berger 2012f 역시 참고.

16. 『뉴욕타임스』의 기자 리젯 앨버레즈는 삶을 개선하려는 히스패닉계가 하딩파크

로 이주하는 움직임을 "역사적으로 전체 네이버후드의 격을 떨어뜨린다고 비난받는 데 지쳤던 사람들의 자부심"으로 묘사했다. 이 지역은 1980년대와 1990년대에 히스패닉계 지역이 되었다. 자신의 방갈로 단층 주택을 꾸준히 개선해온 초기 거주민 중 한 명인 페페 메나는 1964년 하딩파크에 처음 왔을 때 "스페인어 쓰는 놈, 꺼져라"라고 누군가 외치던 것을 기억하고 있었다. 결국 뉴욕시는 이 지역을 주택 소유주 협회에 필지당 3200달러에 매각했다(Alvarez 1996).

17. 이 같은 친밀감의 다른 두 가지 예는 둘 다 브롱크스에 있는 에지워터파크와 실버 비치이다. 매년 메모리얼데이 퍼레이드를 주관하는 에지워터 레드코츠Edgewater Redcoats라는 단체가 있고 빙고 게임과 부활절 계란 찾기 행사도 열리며, 커뮤니티 신문인 『에지워터파크 가제트Edgewater Park Gazette』도 있다. 두 커뮤니티 모두 수상 구조원과 해변을 보유하고 있으며 민간 보안 대책도 갖추고 있다(Toy 2009b).

18. Berger 2011a. 커뮤니티마다 스스로에 대한 인식과 그 안에서 사는 삶에 대한 만족도의 수준이 다르다는 것은 분명하다(Santos 2009). 이는 2008년 도시 전체를 대상으로 한 고객 설문 조사에서 보고되었다(City of New York 2008).

19. Ruderman and Schweber 2012.

20. Collins 1999. 이러한 유형의 사람들에 대해서는 Whyte 1988, 43-47; Mensch 2007; Barry 2010; M. Fernandez 2011 참고.

21. Feuer 2002.

22. 들리는 것만큼 이상한 것은 아닐지도 모른다. 가톨릭교회 내에서 구마 의식은 드문 편이고, 백번 양보해도 크게 눈살을 찌푸리는 일이다. 그러나 『뉴욕타임스』는 볼티모어에서 이틀간 열린 회의에서 이 문제를 어떻게 처리할지 의논한 것에 대해 보도했다. 악마에 사로잡혔다고 믿는 사람들이 많기 때문이었다(Goodstein 2010).

23. Marwell(2004, 231, 352)이 지적했듯이, 1990년에서 2000년 사이에 뉴욕시 의회가 통과시킨 법의 3분의 1 이상인 36퍼센트가 공원, 광장, 거리, 쇼핑몰, 야구장, 삼각지 등에 전쟁 영웅뿐만 아니라 민족, 종교, 커뮤니티, 금융계 및 정치 지도자들 같은 다양한 사람의 이름을 붙이기를 고려하는 것이었다.

24. P. Goodman 2004. 이발소가 퀸스 롱아일랜드에 있다는 게 차이를 만드는 것은 아니다. 요점은 같다.

25. Kornblum and Van Hooreweghe 2010. 흥미로운 것은 수상활동이 자동으로 주민들의 시야를 확장한다는 것이다. 배는 단순히 교통수단이라고 하기 어려워서 지하철이나 버스와 다르다. 게다가 배는 모르는 사람들과 공유하는 수송 수단도 아

니다. 유동적인 라이프스타일의 일부이며, 바다로 나가 갑판에서 휴식을 취하거나 자연과 교감하면서 모든 것에서 벗어날 기회를 제공한다. 그러면서 사는 곳으로 쉽게 돌아갈 수도 있다. 이런 공유된 자유의 느낌은 일반적인 활동을 넘어서는 방식으로 이용자들을 이어준다. 그것을 체험한 자신들만이 공유하고 감상할 수 있는 유쾌한 비밀을 가지고 있음을 의미하는 것이다.

26. Sanjek 1998, 223. 한 정통파 여성은 버러파크에서 플랫부시에 있는 데이힐로드로 이사했으며 지금은 옛 네이버후드를 그리워하고 있다. "더 큰 아파트에 살려고 이곳으로 이사했습니다"라고 그녀가 설명했다. "하지만 정통파 커뮤니티의 중심지였던 버러파크가 그립네요. 아이클러 서점이 있고, 부림절 퍼레이드를 볼 수 있으며, 종교적인 사람들이 대부분인 곳입니다." Jane Jacobs(1961)는 잭슨하이츠 개발업자들이 모델로 삼은 루이스 멈퍼드나 이브네저 하워드 같은 탈중심주의자들의 구상에 비판적이었으며 상업, 시민, 주거지역을 분리해서 저층 구조의 주택을 공급한다는 아이디어가 도시를 자체 구역들로부터 고립시키고 그 생동감을 침식시킨다고 말했다. 세인트루이스와 필라델피아가 좋은 예이며, 애틀랜타는 혼합된 결과를 보여주었다. 뉴욕에서는 이 아이디어가 작동하지만, 그것도 부분적으로 인구 밀도와 주택 부족 때문이다. David Halle(2003)는 분산형의 로스앤젤레스와 중앙 집중형의 뉴욕시를 대조한다. 그는 뉴욕 학파를 정립했는데, 그의 관점으로는 제인 제이컵스, 건축가 로버트 스턴, 샤론 주킨, 케네스 잭슨, 리처드 세넷이 여기에 해당된다. 커뮤니티는 종종 예술을 위한 장소, 즉 '무언가 발생하는 장소'를 조성하는데, 그러한 장소가 일반적으로 비즈니스에 도움이 될 수 있다고 생각한다. 한 가지 그런 예로는 로어이스트사이드에 있는 아트 갤러리가 있다. 오처드스트리트에 있는 빈티지 부티크 남성복 매장 주인 로버트 제임스는 이렇게 설명한다. "저는 이 동네에서 계속 일하고 싶습니다. 이곳의 저린스나 벨라프스와 같은 가게에서 제 디자인을 위한 재료를 구입하고 있습니다. 실은 엘드리지의 여자아이에게서 받고 있지요. 저는 아주 지역적으로 일을 하고 있습니다." 그리고 그는 현지인들과 친구다. "우리는 서로를 잘 압니다. 어젯밤에 드레싱룸(인근의 부티크 바)의 여자아이와 파티에 갔어요." 또 현지 모자 상점으로 서로서로 고객을 보내며 경제적으로 협력하기도 한다. "저는 그의 모자를 쓰고, 그는 제 옷을 입습니다."(Xu 2010) 이것은 동네에서 좋은 판매 포인트가 될 수 있다. 반대로, 이를 아는 사람이라면, 제임스가 실제로 지역에서 모든 것을 매입하면서 정말 질 좋은 것을 팔 수 있는지 궁금해할 수도 있다. 이러한 고려 사항과 관계없이, 아마도 가장 중요한 것은 그러한 관행이 동네를 활력

있고 활기차고 번창하게 만드는 커뮤니티 의식을 크게 높인다는 점이다.

27. 이는 레드훅의 히스패닉계 식품 공급업자에 대한 설명과 비슷하다. "마치 집에서 요리하는 것처럼 영혼과 마음으로 요리하는 사람이며, 고객들은 여기에서 바로 신선한 정품을 구할 수 있습니다"(Zukin 2010a). 또 다른 좋은 사례는 코키 멕시카노Coqui Mexicano다. 사우스브롱크스의 브룩스트리트와 3번 애비뉴에 있는 비좁고 작은 음식점인데, 경찰, 사업가, 동네 주민들이 정기적으로 가서 먹고 얘기를 나누는 곳이다. 커뮤니티에서 레스토랑을 지지하는 수준을 결정하는 것은 무엇인가? 보통은 음식의 질과 주인의 개성이다. 알프레도 디에고는 사람들이 스타일이라고 부르는 것을 갖고 있다. "이곳에는 알프레도의 부인인 다니샤 나사리오가 운영하는 대여 도서관도 있습니다. 작은 책장으로 이루어져 있죠." 블로거 에드 가르시아 콘데는 "이 책장은 그다지 대단치 않게 보일 수도 있지만, 우리는 주변에 서점이 없습니다. 그 자체로 엄청난 손실이 될 수 있는 일이죠"라고 말했다(Dolnick 2010a).

28. Berger 2010d.

29. 줄리아니 시장 때 상당한 필지가 경매에서 낙찰되고 경매장에 귀뚜라미 1만 마리가 풀렸던 일까지 포함해서 항의가 점점 확대되었다. 블룸버그 시장은 좀더 관대하게, 정원의 용도를 바꾸기 전에 환경 평가를 실시하기로 합의했다. 정원은 항상 화초를 가꾸기 위해서 사용되지는 않는다. 예를 들어 로어이스트사이드에서 푸에르토리코 사람들은 종종 정원을 모임 장소로 이용했다. 그들은 카시타Casita라고 하는 작은 판자집을 지었고 남자들은 그 안에서 도미노나 카드 게임을 하고 음악을 들었다(Martinez 2010; Smith and Kurtz, 2003; Zukin 2010a, 193-208; Makris 2008). 아마 정원은 음식을 사용하여 일반적으로 사람들을 자연과, 또는 자신의 유산과, 아니면 심지어 개인의 과거와 다시 연결해주는 역할을 하는 것 같다(Kornblum and Van Hooreweghe 2010, 51). 이 도시의 또 다른 흥미로운 점은 많은 정원이 종종 커뮤니티에서만 봉사하고 업적이 알려진 사람들에 의해 세워졌다는 것이다. 이 동향은 1973년 뉴욕시 환경위원회 리즈 크리스티가 바워리스트리트와 휴스턴스트리트의 첫 번째 커뮤니티 정원을 조성한 때로 거슬러 올라간다. 클라이드 해버먼, 수전 도미너스 또는 짐 드와이어가 이 정원 중 하나에 대해 글을 쓸 때마다 우리는 그 정원들에 대해 더 많이 배우게 되지만 그것들은 단지 양동이에 떨어진 한 방울일 뿐이고, 우리에게 교훈을 줄 수 있는 수많은 다른 이가 함께 모여야 비로소 양동이가 넘치게 된다. 세인트베네딕트무어커뮤니티센터의 설립자인 로저 지글리오 신부

(1943~1990)를 기리기 위해 모트헤이븐에 세워진 파드레플라자Padre Plaza의 경우를 생각해보자. 그는 매사추세츠 오번 출신으로 링컨병원의 전속 사제로 일했으며, 1985년에 중독과 알코올 중독의 문제에 집중하기 위해 그곳을 떠나 노숙인들을 위한 세인트베네딕트센터를 설립했다. 그는 암으로 47세의 이른 나이에 죽었지만, 센터는 계속 운영되고 있다. 그 공원은 아름답고 정자가 있으며, 몇몇 작은 정원과 더운 여름철에 충분한 그늘을 제공하는 플라타너스도 있다.

30. 1965년 2월 21일 일요일 오후에 브로드웨이 바로 동쪽 165번 스트리트를 따라 3번 버스를 기다렸던 적이 있어서 기념관을 보는 전체 경험이 나에게 으스스하게 느껴졌다. 그날 바로 그때 나는 내 곁으로 두 명의 사나이가 달려가고 40명에서 50명의 사람이 집요하게 그들을 쫓아가는 것을 봤다. 그들이 지나가는 동안 나는 본능적으로 할 수 있는 만큼 복도 안쪽 뒤로 물러났다. 2월 27일 맬컴 엑스의 추도식이 열렸고 장례식에서 오시 데이비스가 약 2만 명의 군중 앞에서 연설했다. 그는 뉴욕 하츠데일의 펀클리프 묘지에 묻혔다. 몇 년 후 TV 쇼에 출연해서 맬컴 엑스의 딸 중 한 명을 만나 운명적인 그날에 내가 본 것을 말하자, 그녀는 매우 심각하게 질문을 던졌다. "그 남자들은 어떤 모습이었습니까?" 나는 가능한 한 최선을 다해서 대답했다. 범인은 맬컴 엑스가 자신들의 지도자와 관계를 끊은 것에 분노한 일라이자 무하마드의 지지자들이었다는 것이 오늘날 널리 인정되고 있는 사실이다. 볼룸 내부에서 일어난 일에 대한 훌륭한 설명은 Marable 2011 참고.

31. Barron and Baker 2012.

32. Sorkin 2009, 172-177.

33. 인구 밀도가 높은 도시 지역의 네이버후드는 종종 "마이크로네이버후드"라 불리는 지역으로 세분된다. 예를 들어 그리니치빌리지에는 10번가와 11번가 사이의 블리커스트리트를 따라 지역이 있는데, 이 지역은 가격대가 파리에 필적할 만한 세련된 부티크로 가득하다. 근처의 크리스토퍼스트리트에는 성인용품점이 있고, 웨스트스트리트와 베이스스트리트는 극장과 예술가들이 장악하고 있다. 옛날에는 로어이스트사이드 오처드스트리트에 저렴한 옷가게가 있었고, 이스트브로드웨이에는 가전제품 가게가 있었다(Thompson 2005). 또한 공원, 수로, 식료품 가게, 학교 등 한 지역과 다른 지역을 구분하는, 주민들에게 잘 알려진 비공식적인 네이버후드 표지도 있다. 대부분은 운동화인데, 전선에 매달린 신발이 경계로 사용될 수도 있지만 반드시 그런 것은 아니다. 신발들은 대부분 가난한 지역에서 발견되며 때때로 그들의 영역을 표시하기 위하여 갱단원들이 그곳에 던지기도 한다. 하지만

그저 동네 아이들이 낡은 운동화나 아기 신발을 던져둔 것일 수도 있다. 젊은 나이에 죽은 사람을 기억하는 것일 때도 있다. 이는 비극이 그 게토 안에서 멀지 않은 곳에 있다는 것을 상기시켜준다.

34. Barnard 2009c. Bearman(2005)의 흥미로운 책 *Doormen* 참고.

35. 브롱크스의 개리슨애비뉴 940번지에 있는 포인트 커뮤니티 개발 공사Point Community Development Corporation에 들어간 적이 있다. 그곳은 헌츠포인트 주민들에게 프로그래밍, 예술, 문화를 소개하고 음악, 사진, 시각 예술, 교과 과외 같은 다양한 수업을 제공하는 비영리단체다. 이 단체는 십대 청소년을 끌어들이는 일종의 장치로 채식주의 식사를 무료 제공하는, '소고기 안 먹는 목요일'이라 불리는 수업도 개설하고 있다. 참가자들은 노스브러더아일랜드의 자연 서식지를 복원하고 지역 커뮤니티 정원에서 자신이 먹을 식물을 키우는 방법을 배우는 프로젝트들을 진행해왔다. 학생들은 또한 기술, 이력서 작성, 웅변, 컴퓨터 프로그래밍, 대학 지원 방법 같은 수업을 수강한다. 웨스트할렘에 있는 핸콕플레이스 6번지에는 1909년에 매끄러운 석회암, 테라코타, 그 시대의 전형적인 르네상스 리바이벌 양식으로 지어진 소방서가 있다. 이곳은 현재 앰스터댐애비뉴 근처의 토니상 수상자 조지 페이슨이 설립한 페이슨파이어하우스극장Faison Firehouse Theater으로 개조되었다. 페이슨은 할렘에 대한 비전을 가지고 있으며, 이 극장의 주요 사업 중 하나는 도시 전역의 학교, 소년원, 노숙인 숙소에서 공연을 하는 제작사 '리스펙트 프로젝트The Respect Project'이다. 그곳은 데이트 강간, 폭력배 전쟁, 십대 임신, 문맹 등에 대한 것을 돌아가며 테마로 다루고 "폭력의 피해자를 치료하기 위해" 사업을 벌이고 있다. 수백 개의 우편번호를 기반으로 한 2000년 인구조사 데이터를 분석한 결과, 네이버후드에 사는 흑인의 비율이 증가하면 조직적인 자원이 감소했다는 것이 밝혀졌다. 반면 네이버후드에서 외국 출신자의 비율이 커지면 자원도 증가했다(Small and McDermott 2006).

36. 이 프로그램의 1950년대 버전은 공공도서관의 북모바일Bookmobile이었다(Schonfeld 2012).

37. Leland 2011c.

38. Berger 2012d; Ukeles and Grossman, 2004; Englander 2004. 흑인 커뮤니티는 노인의 사회적, 경제적 욕구를 충족시키는 구조가 다르다. 사교 단체Lodge와 친목회Fraternal order는 오래전부터 흑인 커뮤니티에 필요 불가결한 것이었으며, 주로 나이 든 사람들을 위해 봉사하고 있다. 비록 숫자가 줄어들고 있지만 여전히 그곳

에 있고, 자주 참석하는 사람들은 거의 모두 노년층이다. 베드퍼드-스타이버선트와 할렘을 걸어 지나갈 때면 설립된 지 120년이 지난 후에도 여전히 존속하고 있는 사교 단체들을 볼 수 있다. 유대인을 위한 브나이 브리스B'nai Brith와 마찬가지로, 그들은 부분적으로 메이슨이나 오드펠로스, 로터리클럽 같은 주류 단체들이 종종 흑인들의 회원 가입을 금지했기 때문에 생겨났다. 그 단체들은 또한 회원이 아프거나 상을 당했을 때 도움을 제공해왔다. 맬컴엑스불러바드와 애덤클레이튼파월불러바드 사이의 123번가에 수프림 그랜드 로지 디스트릭트 넘버 1 인디펜던트 오더 오브 메카닉스the Supreme Grand Lodge District Number 1 Independent Order of Mechanics, 프레스턴 유니티 프렌들리 소사이어티Preston Unity Friendly Society Inc. 가 있다. 그곳은 서인도제도, 영국, 네덜란드를 대표하며, 1906년 11월에 시작되었고 북미와 남미를 포괄하고 있다. 122번 스트리트 근처에서는 프리메이슨 사원도 볼 수 있다. 121번 스트리트의 160번지에는 정말 과장스럽게 이름을 적어둔 단체가 있다. "통합 프리메이슨 관할 전국 최고 본부." 이곳뿐만 아니라 시 전역에서 볼 수 있는 많은 사교 단체는 당시의 건설 붐으로 제법 돈을 만들 수 있을 거라고 생각했던 1920년대 호황으로 그 연원을 거슬러 올라갈 수 있다. 그러나 오래가지 않았고, 많은 단체가 결국 손해를 보고 재산을 팔아야만 했다. 현재는 거의 남아 있지 않다(C. Gray 2003).

39. 뉴욕에서 커뮤니티, 에스니시티, 정치가 어떻게 교차하는지에 대한 훌륭한 분석을 보려면 Marwell 2004 및 2007과 Mollenkopf and Emerson 2001 참고. 이들 세 요소를 성공적으로 결합하는 것은 진정한 도전이다. 왜냐하면 Mollenkopf(1999)가 암시적으로 인정하듯이 정치인들은 각 집단의 문화적인 가치, 경제적 경험, 그리고 그들이 다른 집단들과 어떻게 상호작용하고 영향을 주고받는지 알기 때문이다.

40. 이 문제에 대한 자세한 내용은 Zukin 2010a 참고.

41. J. Hernandez 2009b. 2000년 당시, 도시의 6세에서 18세 어린이 약 100만 명이 공공 학교를 다니고 있었다. 1350개의 학교와 9만 명의 교사가 있었으며, 24만 5000명의 학생이 종교계 교구학교나 사립학교를 다니는 중이었다. 제2세대에서 10명 중 1명은 교구고등학교를 졸업했고 27퍼센트는 1년 이상 출석했다. 추가로 3퍼센트는 비종교파적 사립고등학교를 졸업했다. Kasinitz et al.(2008)는 뉴욕시립대학에 있는 대부분의 학생이 그들의 가족 중 처음으로 대학에 갔다는 점을 지적하고 있다.

모든 2세대 집단은 고등학교와 대학 졸업률 측면에서 원래부터 있던 소수민족보다 우수한 성과를 냈다. 도미니카인들은 푸에르토리코인보다 더 잘했으며(10퍼센트), 서인도제도인은 아프리카계 미국인보다 더 잘했고, 중국인과 러시아인은 토착 백인보다 더 잘했다(이민자 자녀들의 동기부여를 보여줄 수도 있다)(Kasinitz et al. 2008, 137-138). 도미니카인은 이민자 집단 중 2세대가 가장 힘든 시기를 보낸다. 흑인은 푸에르토리코인보다 고등학교를 더 많이 졸업했지만, 푸에르토리코인이 흑인보다 대학을 더 많이 졸업했다. 이는 가족 문제 때문일 수 있다(238). 토착 백인을 제외하고 모든 집단의 여성들은 남성보다 대학을 졸업했을 가능성이 높다.

Kasinitz et al.(142-143)는 연구에서 인용된 이민, 2세대 성공에 대한 일반적인 이유를 먼저 제시하고 있다. 부모의 기대와 참여, 민족-종교적 집단의 유대를 유지하는 것 등이다. 그런 다음 자체적인 데이터에 다변량 분석을 적용하여 연구원들은 추가적인 성공 이유를 찾아냈다. 가장 강한 요인은 부모의 교육 수준이었다. 또한 주거(학교 부분을 참고) 안정성, 형제자매의 수, 양부모 가정 여부와 여성인지 여부, 양호한 학교 등이 있었다(145-167). 그들은 2세대는 아프리카계 미국인과 푸에르토리코인의 낮은 수행 평가 수준에 크게 영향을 받지 않은 것으로 결론지었다.

42. Gabriel and Medina 2010; Herbert 2010a; Lewis-McCoy 2012.

43. A. Newman 2009, 2011; Ronalds-Hannon 2011.

44. 프로젝트 주택 단지 내부의 범죄와 소외감에 대한 자세한 내용은 Kilgannon 2011; Jacobson 2012. 참고.

45. Bloom 2008. 도시 주택 공급에 대한 비평은 Zipp 2010 참고. 1980년 인구조사 데이터를 토대로 테리 윌리엄스와 윌리엄 콘블룸이 네 군데의 할렘 공공 주택 프로젝트 단지를 조사한 결과, 해당 프로젝트들은 소재하고 있는 해당 동네에 비교해서 상대적으로 안전했다. 이 연구는 유급의 일자리, 약물 중독, 범죄, 그리고 자녀의 학교에서의 수행평가에 대해 조사했다. 프로젝트 단지에 문제는 있었지만, 그들은 주변 동네보다 더 안정되고 안전해 보였다. 오늘날 많은 프로젝트 단지 주변이 젠트리피케이션으로 인해 전보다 개선되었기 때문에 상황이 달라졌다. 이전 시기의 프로젝트 단지에 대한 훌륭한 설명은 Ragen 2003 및 Schonfeld 2012 참고. 가장 최근의 저층 주택 건설 시도는 스태튼아일랜드의 노스쇼어에서 일어나고 있다. 이곳에서 민간 개발업체가 시에서 재정적 투자를 추가로 받아 900채의 저임대료 주택을 짓고 있다(Bellafante 2011c).

46. B. Howe 2010, 12-13. 뉴욕시로부터 스태튼아일랜드가 분리될 가능성에 대해서는 Viteritti 1992 참고.

47. 스태튼아일랜드의 주택들은 이 도시의 어느 곳보다 더 많이 깃발을 걸고 있는데, 나는 그에 대한 이론을 가지고 있다. 그것은 섬 주민들이 자신이 빅 애플의 일부라고 실제로 느끼지 않기 때문일 수도 있다. 그들은 자신이 대도시의 사고방식이라고 보는, 속물적이고 우쭐대는 것을 싫어한다. 미국과 너무 강하게 동일시함으로써, 자신이 그런 시각을 넘어섰다고 느낄 수 있다. 그들은 이제 뭔가 전 국가적이고 훨씬 더 중요한 어떤 것, 바로 미국에 속한다. 물론 그들은 애국심, 보수적 가치 등등 다른 곳의 사람들이 성조기를 내보이거나 게양하는 이유를 모두 가지고 있다. 이 도시의 나머지 지역에 대한 적대감은 그저 추가 요인이다.

48. Foner 2005b. 9·11 테러 피해자가 소방관이었던 남편을 사별한 특별히 감동적인 내용은 Marian Fontana의 *A Widow's Walk*(2005) 참고.

49. 이 문제의 중요성에 대한 자세한 내용은 Ehrenhalt 2012, 234-236 참고.

제4장 바차타 춤, 보체 게임, 중국 학자의 정원: 도시를 즐기기

1. Whyte(1988, 140)는 록펠러 공원에 있는 폭포의 매력을 이해하는 데 도움이 되는 폭포에 대한 흥미로운 논의를 제공한다. 폭포 소리는 거리 소음보다 더 크긴 하지만, 짧고 날카로운 경적이나 굴착기 소리보다는 일정하다. 게다가 시각적으로 진정시켜주는 효과도 있다. 브롱크스강에 있는 아름답지만 잘 알려지지 않은 폭포는 보스턴로드와 이스트 180번 스트리트에서 찾아볼 수 있다.

2. Iverac 2010. 관광객들의 할렘에 대한 새로운 관심은 재즈, 소울, 펑크 음악, 그리고 다양한 영화에 나온 할렘의 이미지 등 범죄가 크게 감소하기 전인 1990년대 초에 대한 호기심에 의해 촉발되었다(Hoffman 2003).

3. Tanenbaum 1995; Allan 2010.

4. Curcuru 2010. 어떤 사람들은 이런 관광 중심의 축제를 통해 경제적으로 도시 주민과 도시 전체가 어떤 혜택을 받는지 의문을 제기해왔다(Quinn 2005). 그러나 스태튼아일랜드와 같은 경우에는 이 행사에 참석하는 사람들 대부분이 현지 주민이다. 맨해튼에서 이러한 프로그램은 많은 관광객을 끌어들이지만, 맨해튼 주민과 그 밖의 뉴욕 주민들도 프로그램을 충분히 활용하곤 한다. 여전히 남은 질문은 내가 '책임감 요인'이라고 부르는 것이다. 어떤 행사를 즐기기 위해 세계에서 온 사람들을 보면, 뉴요커들도 거기 참가하려는 경향을 보인다.

5. D. Gonzalez 2010. 또한, Berger 2012c. 퍼레이드의 맥락에서 두 집단이 그 차이를 어떻게 해결했는지 보여주는 예는 Haberman 1997 참고.

6. Zukin 2010a.

7. 뉴욕의 다른 많은 것과 마찬가지로 볼링장도 변화하고 있다. 오늘날에는 최첨단 채점 시스템이나 화려한 바와 밴드, 그리고 브루클린의 정통파 유대인 고객을 유치하려는 코셔 스낵 자판기가 구비되어 있다(Robbins 2011a).

8. Filkins 2001.

9. "Playing Chess in the 'Hood'" 2007.

10. W. Helmreich 1982. 체스는 도시 전역에서 일반적으로 인기 있는 게임으로, 536개의 공원에 2000개 이상의 공공 체스 및 체커 테이블이 설치되어 있다.

11. Newman and Schweber 2010.

12. Kleinfeld 2010.

13. Carse 2010. 이 사회적 기능은 이전 시대의 다른 집단들을 위한 다른 클럽들에 의해 만들어졌다. 사운드뷰애비뉴의 끝에는 256개의 고급 콘도가 있으며 출입이 통제되는 커뮤니티 워터프런트가 있다. 충분히 평범한 것 같지만, 그 이름을 알고 있는 사람들에게 쇼어헤이븐Shorehaven 콘도미니엄은 여기가 이전에 쇼어헤이븐비치 클럽이었다는 사실을 알려준다. 예전에 브롱크스 주민이었던 제프리 위젠펠드는 어린 시절 이곳에 갔던 적이 있는데, 사운드뷰의 쇼어헤이븐 클럽The Shorehaven Club은 1940년대와 1950년대에 캐츠킬스에 갈 형편이 안 되던 노동자 계층, 주로 유대인을 대상으로 삼는 클럽이라고 묘사했다. 그러나 브롱크스 역사가 로이드 얼턴은 그곳이 중산층을 위한 곳이었다고 말한다. 어느 쪽이든, 주인인 닥터 굿스타인은 브롱크스 전 지역에서 클럽으로 사람들을 데려갈 버스를 마련했다. 모든 것에는 팔기 위한 미끼가 있어야 하며 쇼어헤이븐 클럽의 미끼는 "동부에서 가장 큰 해수 수영장"이었다. 사람들에게는 주변 해역이 롱아일랜드해협의 해역이라고 했었지만, 그곳은 사실 훨씬 매력적이지 않게 들리는 이스트강변이었다. 캐츠킬스만큼 고급스럽지는 않았을지도 모르나, 탁구, 셔플보드, 배구, 테니스, 스퀘어 댄스장 등 동일한 시설을 갖추고 있었고, 버디 해킷, 마이런 코언, 그 외의 유대계 코미디언 같은 사람들이 등장하는 적절한 오락거리를 갖추고 있었다. 이 클럽을 자주 찾던 사람은 여름을 마무리하는 하이라이트였던 미스 쇼어헤이븐 콘테스트를 여전히 즐겁게 회상하고 있다. 당시 그곳에 있었던 사람들은 분명히 오늘날은 더 이상 그곳에 살지 않는다. 하지만 여전히 살아서 회상을 하는 사람들에게 쇼어헤이븐은 즐거웠던 장소로 마음속에 살아 있다. 이런 의미에서 오늘날의 인구는 비록 많은 새로운 장소가 서로 다른 이름을 가지고 있고 다른 민족-종

교적 집단이 찾는 곳이라고 해도 그 전통을 이어가고 있다.

14. Roberts 2010g.

15. Jerolmack 2009.

16. Stelloh 2011.

17. Sullivan 2010.

18. Stoddard 2007; Feuer 2011c; Kornblum and Van Hooreweghe 2010; Sharman and Sharman 2008.

19. 집으로 가는 길은 때로 좀 불쾌하다. 기차와 지하철은 다양한 의식과 혼란의 상태 속에서 사람들을 머린파크, 펠럼베이, 오번데일 같은 곳으로 싣고 간다. 롱아일랜드철도LIR의 차장들은 기차에서 소란을 피우는 사람들을 어떻게 처치했는지 이야기하기를 좋아한다. 예를 들어 "그는 차표를 가지고 있지도 않았고, 돈을 내려고도 하지 않았습니다. 맥주를 좀 마시면 그렇게 되는 거죠. 우리는 그런 사람들을 차에서 쫓아내는 것을 좋아하지 않지만 그 사람이 쫓겨나기를 바랐어요"(Sharman and Sharman 2008, 123). 아마, 이 사람들 중 상당수가 도시에서 일하기 때문에 그 저녁의 오락거리에 대해 더 많은 것을 알고 있을 것이다. Reitzes 1986을 보라. 이 환경에서 새로운 현상은 맥주 정원이었다. 2011년 5월까지 애스토리아, 윌리엄스버그, 로어맨해튼 같은 지역에 그런 곳이 54개가 있었다. 물론 그중 가장 유명한 애스토리아의 보헤미안 홀 앤드 비어 가든Bohemian Hall and Beer Garden은 100년 동안 이곳에 있었다(Feuer 2011B).

20. Kimmelman 2011.

21. Appelbaum 2011.

22. Smiley 2012.

제5장 타르 해변, 보도 위의 조각, 아일랜드 자유의 투사, 슈퍼맨: 빅 애플의 공간들

1. 뉴요커들의 거리 감각 또한 도시 환경에 의해 제한된다. 그들은 기차를 타기 위해 버스를 탈 수는 있지만 걸어갈 수는 없다고 말할 것이다. 얼마나 먼 거리일까? 12 내지 13블록, 그저 약 800미터를 조금 넘는 정도로 15분 거리일 것이다. 더 시골 지역이라면 그다지 멀다고도 할 수 없는 거리이다.

2. Eligon 2010.

3. 네이버후드에 대한 인식도 좀더 심각한 방식으로 현실에 영향을 미칠 수 있다. Kasinitz(2000)는 레드훅에 관련된 자신의 글에서 한 지역의 명성은 주민들의 주

민으로서의 속성을 넘어서 그들의 운명에 영향을 미친다고 주장한다. 이들은 다른 사람들, 특히 잠재적 고용주들에게 특정한 방식으로 보이는데, 고용주들은 지역의 일반적인 악명으로 인해 종종 이들을 배척하기도 한다.

4. E. Miller 2009.

5. 사실 개의 용변을 주인이 치우게 하는 푸퍼-스쿠퍼 법The pooper-scooper law은 개인 반려동물 소유자의 권리에 관심을 가진 사람들의 요구에 대항해서 전체 커뮤니티의 요구가 대중의 동의를 얻어 승리한 전형적인 사례다. 1978년 법이 제정되기 전, 빅 애플은 매일 무려 250톤의 개 배설물에 익사 직전이었다(Brandow 2008). 에드 코크 전 시장은 이 문제를 밀어붙인 데 대해 충분한 평가를 받아야 마땅하다.

6. Sorkin 2009, 100-101.

7. Zukin 2010a. 이에 관한 대부분은 기업 도시의 이미지와 친근한 도시 마을의 이미지 사이, 로버트 모지스와 제인 제이컵스 사이 전투의 연장이다. 주킨은 "역사적으로 오래되었든 창의적으로 새로 만들어진 것이든" 상관없이, 정통성Authencity은 도시 공간의 삶을 개선하는 데 유용한 도구가 될 수 있다고 주장한다. 결론에서 그녀는 정통성의 주 특성 중 하나를 명확하게 정의하고 있다. "우리는 정통성이 네이버후드의 선천적인 자질을 지칭한다고 생각하지만, 그것은 사실 그 장소가 어떻게 바뀌는지에 대한 우리 자신의 불안감을 잘 표현하고 있다. 정통성에 대한 관념은 중요하다. 왜냐하면 그것은 우리의 개인적인 동경을 단번에 그리고 한 장소에서 더 큰 사회적 힘의 우주적 파악에 연결시켜 많고도 작으며 흔히 보이지도 않는 행위로부터 우리의 세계를 재창조해내기 때문이다."(220) 그러나 그렇다면 누구의 "단번에 한 장소에서"가 우선되어야 하는가? 젊은이들? 나이 든 사람들? 중년층? 부자들? 가난한 사람들? 그 사이의 그들? Lefebvre(1991)는 그가 '추상적인 공간abstract space'이라고 부르는 것을 정부와 기업이 공간 사용 방식에 관한 이익 추구형 비전을 달성하고 사회를 통제하기 위해 어떻게 전유하고 사용하는지에 대해 썼다.

Zukin(1995)은 르페브르의 작업에 대한 통찰력 있는 분석에서 이 점을 기반으로 하고 있다. 그녀는 다시 활기가 넘치게 된 브라이언트 공원, 타임스스퀘어, 소니플라자를 "새로운 종류의 공간을 구현하는 것으로, 즉 전체 사회의 민영화 템플릿이며, 민주적 접근과 사회적 통제가 결합된 시도"라고 묘사했다(293). 이 장소들에 가본 사람은 누구든지 그녀가 무엇을 의미하고 있는지 정확히 알 수 있다. 그곳에 가서 즐거운 시간을 가질 수 있지만 공간적 한계는 분명히 공간을 담당하는 사람들에 의해 강요되고 있다. 주킨은 다음과 같은 거의 예언적인 관찰을 했다. "그러나 모든 공공 공간은 지배적인 상징적 경제의 영향을 받는다. 그리고 지금 지배적인 상징적 경제는 125번 스트리트의 아프리카 시장보다 디즈니 월드에 더 많은 빚을 지고 있다."(294) 정말로 그렇다. 1995년의 주킨의 책 *The Cultures of Cities*가 등장했을 때 그 시장은 아직 이전되지 않았거나, 말하자면 제거되지 않았으며, 지금은 125번 스트리트의 좀더 강력한 상업적 이해관계의 희생양이 되어 인파와는 거리가 한참 먼 5번 애비뉴와 맬컴엑스애비뉴 사이 116번 스트리트에 자리 잡고 있다. 새로 생긴 이곳은 다시키Dashiki라고 하는 길게 흘러내리는 아프리카 옷과 화려한 색상의 보석 구슬을 찾는 소수의 아프리카인 고객만이 주로 찾는 곳으로, 한때 이 시장이 속해 있던 북적거리는 쇼핑센터라기보다 화려한 유령 마을처럼 보인다. 학자들이 공간을 어떻게 보는지에 대한 소개는 Orum and Neal 2010; Low and Smith 2006; Harvey 1985; Foucault 1975; 그리고 Herbert Gans(2002) and Sharon Zukin(2002) 사이의 논쟁 *City & Community*를 참고. 간스는 용도 중심의 접근 방식에 초점을 맞추는 반면, 주킨은 이러한 평가에서 권력의 역할에 더 집중해야 한다고 강조한다.

8. 반대로, 이전의 산업지역은 다른 용도로 사용되었다. 뉴욕시는 창고와 선적의 중요성이 줄어들고 있으며 866킬로미터의 해안선과 강안선의 잠재력을 극대화하기 위해 새로운 방법을 모색해야 한다는 사실을 인식했다. 사우스스트리트시포트, 배터리파크시티, 다양한 공원과 둔치 산책로, 습지 보호지역이 미래의 물결로서 이 지역들에 대한 도시 계획의 새로운 방향이 되었다. 이러한 계획은 맨해튼만이 아니라 모든 버러에 적용되는 것이었다. 1998년까지 배터리파크시티, 첼시피어스 레크리에이셔널센터, 135번가에서 145번가 사이의 주립 공원, 레스토랑, 테니스 코트, 수상 택시 등이 생겼다. 요약하면, 이것은 공적 이해관계와 사적 이해관계 모두의 이익을 위해 수변의 기회를 활용하는 데에 더 큰 민감성이 필요하다는 것을 의미했다. 사람들이 물 근처에 있고 싶어한다는 좀더 큰 바람이라는 중요한 요인으로 인해, 대체로 연방법의 요구 사항을 준수하기 위해 물이 점차 깨끗해졌다. 깨끗해진 물은 레크리에이션 낚시에 대한 외부 버러의 관심 증가라는 효과를 가져다주었다. 맨해튼에서는 보트, 조정, 카약은 부활해서 즐길 수 있게 되었지만 여전히 낚시는 금지되었다(Stern, Fishman and Tilove 2006, 95).

9. Kornblum 1983.

10. J. Hernandez 2010. 센트럴파크에 대해서는 Brawarsky and Hartman 참고.

11. Stern, Fishman and Tilove 2006, 427-431; Kilgannon 2010b; Caro 1974.

12. Whyte 1988, 200.

13. 또한 지상이 아닌 지하 공간도 있다. 두 젊은이가 딜랜시 언더그라운드The Delancey Underground라고 불리는 3블록 길이의 지하철 차고 장소에 또 다른 공원을 건설하자고 제안했는데, 사람들은 이미 익살스럽게 이를 "로라인Lowline"이라고 말하기 시작했다. 그 위치가 딜랜시스트리트 아래의 지하라는 점을 감안하면, 뉴욕 스카이라인을 폄훼하는 것은 물론 아니지만, 대자연을 모사할 수는 있다. 개발자들은 자연광을 직접 연결하는 광섬유 기술을 사용하여 자연스럽게 식물이나 풀밭과 나무를 기를 수 있기를 바라고 있다. MTA(뉴욕시 교통당국 — 옮긴이)가 계획을 승인할까? 과연 많은 사람을 끌어들일 수 있을 것인가? 이 시점에서 말하기는 어렵지만 하이라인의 멋진 경관과 몇 킬로미터나 되는 길이가 없기 때문에 새로운 지하 공원은 사람들이 직접 즐길 수 있는 창의적인 방법을 찾아야 할 것이다. 어쩌면 콘서트나 놀이기구, 체험형 전시물이 될 수도 있다. 확실히 비가 오거나 눈이 내리지 않는 공원을 산책할 수 있는 독특한 기회가 될 것이다. 현재까지 이 공원 계획에는 어떤 논란도 없었다(Foderaro 2011b; J. Davidson 2011; Morgan 2012).

14. 권위 있는 Robert Caro(1974)의 1246쪽 분량의 연구는 모지스에 대한 주요한 비평이었다. "1마일"이라는 제목의 크로스브롱크스 고속도로에 대한 한 장은 특히 그러했다. 모지스는 공원, 초대형 수영장, 산책로, 링컨센터 같은 문화 공간, 고속도로를 건설하는 것에 더 많은 관심을 갖고 있었다. 커뮤니티 운동가들에게는 실망스럽게도, 영향을 받는 네이버후드에 있는 사람들의 요구는 부차적인 것이었다. 캐로의 책이 1974년에 나왔을 때 뉴욕은 최악의 시대에 있었고, 그런 우울한 평가는 시대의 기질에 딱 맞아떨어졌다. 최근 컬럼비아대학 건축사학자인 힐러리 밸런과 같은 사람들의 주도로 모지스는 그가 착수하고 성공적으로 추진하여 완공한 주요 프로젝트에 대해 재평가를 받고 있다. 뉴욕역사학회와 퀸스박물관의 후원으로 2006년 '로버트 모지스와 현대 도시Robert Moses and the Modern City'라는 전시회도 열렸다. 전시회의 큐레이터는 밸런과 저명한 역사학자 케네스 잭슨이었다. 공영방송 PBS의 뉴욕에 대한 시리즈에서 저명한 건축가 로버트 스턴은 모지스의 생각의 소산인 믿을 수 없게 복잡한 트라이버러 다리에 대해 이렇게 말했다. "움직이는 조각의 예술로 승화된 고속도로 건축이다. 그냥 환상적일 뿐이다. 그의 지시에 따라 우리는 세계에서 이제까지 본 적 없는 최고의 공공사업 프로젝트를 얻었다." 뉴욕을 다시 자동차의 천국으로 만들자는 열정으로 모지스는 자신의 목표

를 달성하기 위해 이를 이웃들을 파괴하려는 시도라고 봤던 주민들의 시위를 종 종 무시했다. 같은 PBS 시리즈를 통해 캐로는 모지스가 고속도로 정체를 완화하 기 위해 다리를 건설했지만 다리가 교통량을 더 많이 끌어와서 다시 다리를 더 만들 필요를 만들어냈으며, 그때마다 정체는 일시적으로만 줄어들었다고 주장했 다. PBS 시리즈에 출연한 역사학자 크레이그 스티븐 와일더는 모지스가 사람들보 다 물리적 공간을 더 우선시했기 때문에 이런 접근법을 선호했다고 말했다(Burns, Sanders, and Ades 2008).

15. Kaminer 2010.

16. 윌리엄 화이트는 1988년 저술 *City*에서 공공 공간이 어떻게 바람직하지 못하게 만 들어지는지 지적했다. 사람들이 앉는 울타리, 가파른 계단에 스파이크와 기타 금 속 물체가 장착되어 있기도 하고, 감시 카메라도 설치되어 있다. 오늘날 테러리즘은 진정한 공포이며 범죄에 대한 우려가 계속되는 상황에서 대부분의 사람은 감시에 대해 두 번 생각하지 않고 이를 명백한 혜택으로 보고 있다.

17. Chen 2009.

18. Grynbaum 2009a. 40년 전 1972년에 이 도시는 보행자 전용 구역을 실험하여, 점 심시간 두 시간 동안 메디슨애비뉴의 15개 블록의 교통을 통제했다. 이는 도보 통 행을 두 배 이상 증가시키며 성공을 거뒀다. 그러나 이 보행자 전용 구역은 택시업 계가 반대 입장을 주도하여 곧 폐지되었다. 오늘날 그들의 목소리는 대부분 무시 되고 있다. 뉴욕은 훨씬 더 보행자 친화적인 도시가 되었고, 도시의 매력이란 부분 적으로는 사람들이 거리에 나가 관광과 쇼핑을 즐기거나 그저 편하게 쉴 수 있는 곳으로 보이는 것에서 나온다.

19. Ibid.

20. Dominus 2009.

21. 퀸스의 콘딧애비뉴도 저수지에 연결되어 있다. '콘딧conduit'은 저수 시스템의 일부 였던 원래의 용수 관을 의미한다. 그러나 이 단어는 영어 화자에게는 '동력 선관 Force tube'보다 훨씬 잘 알려져 있다.

22. 실제로, 나는 그 건물에 들어간 누군가로부터 어떤 관광객이 실제로 그것을 봤다 고 하는 것을 전해 들었다. Sharifa Rhodes-Pitts(2011)는 또한 보도에 색 분필로 쓴 격언과 권고문으로 생각을 나누면서 보도를 이용하는 사람에 대해 글을 썼다. 상당히 다른 보도 이용의 또 다른 사례는 55번 스트리트와 56번 스트리트 사이의 매디슨애비뉴에 있다. 여기 소니코퍼레이션은 본사 건물 외부에 밝은 색상의 데

칼을 부착하여 이것이 "당신의 시대"라고 선언했다. 이러한 광고는 이전에도 있었으며, 지금처럼 시 교통부에서는 매번 보도에서 광고를 금지하는 도시 규정을 위반했다고 그것들을 제거하라고 명령했다(Foderaro 2011a).

23. Whyte 1988, 9.

24. B. Howe 2010, 71-73.

25. Ibid., 191.

26. Zukin 2010a.

27. Sanjek 1998. 잭슨하이츠의 공간 구성 및 사용에 대한 자세한 내용은 Ortiz 2012 참고.

28. Wines 2011.

29. Burros 2009.

30. R. Goodman 2010, 107.

31. Sorkin(2009)은 현관 계단 스툽Stoop의 모호한 지위에 대해 "필터링을 담당하는 우수한 중간적 공간으로, 거리의 공공생활에서 건물의 사적인 삶으로의 전환을 조절하는 곳"이라는 설명을 제시하고 있다(67). 그는 또 이곳이 만남의 장소이자 거리에서 무슨 일이 일어나고 있는지, 누가 지나가고 있는지, 누가 개를 데리고 나와 배설물을 치우지 않는지, 누가 의심스러운지를 볼 수 있는 곳이라고 말한다.

32. 뉴욕시 건물에 대해 디자인과 역사적 관점 모두에서 최고의 도서로는 Norval White and Elliot Willensky(2000)의 *AIA Guide to New York City*와 Robert A. M. Stern and his associates(1983, 1987, 1997, 1999, 2006)의 다섯 권이 있다. 투라노 하우스Turano house에 대한 자세한 내용은 G. Gray 2012 참고.

33. 이 이야기에 흥미를 느낀 나는 1880년대 초반과 1890년대 초 기간 이 지점의 다양한 부동산 등기부와 거래를 찾아봤다. 그 결과 이 구획 중 일부는 유대인의 소유였을 수 있으며 그러한 배치가 있었음 직한 것 같았다. 그러나 모든 관련 당사자가 오래전에 사망했다는 사실을 고려할 때, 확실히 알 방법은 없다. 앞서 언급한 주소에서 New York City Department of Finance, Land Records/City Register, Block 1754 참고.

34. 현대 그래피티는 60년대 초 필라델피아에서 처음 등장했지만 곧 브루클린, 브롱크스, 워싱턴하이츠로 확산되었다(Ehrlich and Ehrlich 2006). 파이브포인츠 지역에 대한 자세한 내용은 www.5ptz.com 참고.

35. Crow 2001; Mele 2000, 256.

36. Grynbaum 2009b.

37. 아일랜드 단식 투쟁가들의 벽화는 124번 스트리트에 있었다. 배터리파크시티에는 아일랜드 감자 기근이 있었던 1840년대를 기리는 공원 기념물이 있으며, 이 감자 기근으로 수백만의 아일랜드인이 미국으로 건너왔다. 벽화는 베시스트리트의 서쪽 끝에 있으며, 아일랜드에 관련된 것이기는 하지만 그들 역사의 다른 부분을 다룬다.

38. LeDuff 1997.

39. Kasinitz(2000)는 살해된 학교 교장이 쓰러진 곳에 성소聖所가 만들어진 레드훅의 사례를 인용하고 있다. 커뮤니티의 주민들이 함께 슬픔을 나눌 수 있는 곳으로 장소를 변모시킨 사례. Kasinitz는 커뮤니티의 문제를 이해하는 데 있어서 지역의 특수성이 주변의 더 큰 구조적인 힘만큼이나 중요하다고 주장한다.

40. Bader 2010.

제6장 워싱턴하이츠에서 허드슨하이츠까지, 소호에서 소하까지: 젠트리피케이션

1. Bindley 2010.

2. 제이컵스는 2006년 4월에 사망했다. Zukin 2010a, 11; and Wichmann 2012.

3. Rosenblum 2010d. 몇몇 사람은 미국의 도시 내부로 이동하는 젠트리파이어의 실제 수가 별로 중요하지 않다고 주장하지만(Kotkin 2010; Massey and Rivlin 2002 참고), 내 연구에 근거한 바로는 이것은 뉴욕시의 경우에는 해당되지 않는다. 월스트리트 및 부시윅으로의 움직임에 대한 논의에 대해서는 Ehrenhalt(2012, 65-88) 참고.

4. Rosenblum 2010d.

5. 이 커뮤니티 전체의 젠트리피케이션에 대한 자세한 내용은 Hymowitz 2011; Gross 2012 참고. 네이버후드에서 진행되는 젠트리피케이션은 또한 완전히 안전한 중산층 커뮤니티 사이에서도 이러한 커뮤니티가 모든 관심을 끌게 되어 더 나은 서비스와 더 많은 투자를 창출하는 것을 보고 적대감을 불러일으켰다. 머린파크시빅협회Marine Park Civic Association의 회장은 지역 주민들이 "선출직 공무원에게 우리가 여기 살고 있고, 우리가 투표자들이며, 우리는 집과 서로를 잘 보살피면서 당신들이 우리를 잊지 않도록 확인하고자 한다고 끊임없이 상기시키고 있다"고 말했다(Berger 2012e). 젠트리파이어들에게 문제는 머린파크, 맨해튼비치, 베이리지, 프레시메도스, 화이트스톤 및 다른 많은 멋진 커뮤니티는 고려해보기에 맨해튼에서 너무 멀리 떨어져 있다는 것이다.

6. 디트마스파크에 대한 훌륭한 설명은 Berger 2007, 19-31 참고.

7. Zukin의 레드훅에 대한 통찰력 있는 토론(2010a, 159-192) 참고. 도시 내 대형 상점 건물을 옹호하는 초기 기사는 R. Kramer 1996 참고.

8. Neil Smith(1996)의 예처럼 '지대 격차Rent gap'는 자본주의에 대한 마르크스, 엥겔스, 베버의 고전적 저술들과 이것이 도시에 어떻게 적용되는지를 보여주는 도시생활에 대한 새로운 '정치경제적' 접근법의 한 부분이다. 이런 연구의 가장 좋은 예는 프랑스 철학자 앙리 르페브르의 저술에서 볼 수 있다. Lefebvre 1991. 논쟁의 수요 측면에 대한 자세한 내용은 Ley 1986; Florida 2003 참고.

9. L. Freeman 2006, 64.

10 Rhodes-Pitts 2011, 31; 강조는 원문.

11. Xu 2010.

12. Ibid. 차이나타운 자체는 그랜드스트리트 북쪽, 커낼스트리트를 훨씬 넘어 딜랜시스트리트에 가깝도록 이전의 유대인과 이탈리아인 요새들을 침범하면서 상업적으로 위로 확장되었다. 이러한 지리적 이동은 아마도 여기에서 논의된 융합Syncretism의 가능성을 높일 것이다.

13. McGeehan 2011.

14. Cimino 2011.

15. Ibid.

16. Ibid.

17. Lipman 2012.

18. Kasinitz 1988.

19. 많은 이가 가격, 편리성, 다양성, 그리고 '역동성'의 느낌을 그곳으로 옮겨 가는 이유로 인용한다(Harris 2009). 젠트리피케이션이 발생하고 있는 네이버후드에 주어진 이름들의 중요성을 더 잘 이해하려면, Baudrillard 1994; Lefebvre 1991; Gottdiener 1995 참고. 물론 이런 것을 좋아하지 않는 순수주의자들이 항상 있다. 컬럼비아대학의 역사 보존 프로그램을 지휘하는 앤드루 돌카트는 "그것은 가짜 이름이다"라고 말한다. "이곳은 포트워싱턴이었고 이것이 네이버후드의 역사적인 이름이었다."(Harris 2009) 아마도 그렇겠지만, 평균적인 거주자에게는 별로 문제가 되지 않는다.

20. 브루클린 네이버후드의 공장 재배치에 대해서는 Curran 2007 참고. 노스윌리엄스버그에 대한 논의가 있기는 하지만, 이것은 덤보에 훨씬 더 관련이 있다.

21. Zukin 2010a, 36-37; Mahler 2005, 167-172; Mele 2000, 234; M. J. Taylor 2005.

22. Zukin 2010a, 42-43.

23. Ibid., 47-52. 최근의 경기 침체 속에서도 노스윌리엄스버그는 지속적으로 성장하고 있다. 64개의 객실을 갖춘 호텔(매캐런 공원에 인접하고 노스 11번 스트리트와 노스 12번 스트리트에 걸친 호텔 윌리엄스버그Hotel Williamsburg)과 함께 연결된 두 개의 콘도미니엄 아파트 건물은 주민들이 호텔 시설을 이용할 수 있게 해준다. 한 주민은 "나와 같은 중년의 소프트볼 선수들이 시멘트 코트에서 뛰는 것"을 볼 수 있는 호텔에 숙박하기 위해 하룻밤에 300달러 이상을 낼 수 있다는 점을 놀라워했다(Cardwell 2010b). 항상 그렇다. 그곳의 값이 싸던 시절에 있었던 사람들은 왜 사람들이 더 많은 돈을 지불하는지 알 수 없다. 그들에게는 여전히 같은 곳이기 때문이다. 하지만 편의 시설, 레스토랑, 안전한 거리가 있다면 사실 전혀 같은 곳이 아니다.

24. 『가톨릭 노동자The Catholic Worker』에 대한 자세한 내용은 Yukich 2010 참고.

25. 이스트빌리지에는 오토바이 갱단의 오랜 역사가 있다(Connell-Mettauer 2002, 101-103).

26. Vandam 2010.

27. Barry 2011.

28. Cardwell 2011. 1980년대부터 2000년대 초까지 보럼힐의 빈곤과 젠트리피케이션의 놀라우면서도 현실적인 묘사에 대해서는 Lethem 2003 참고.

29. Ellen, Schwartz, Voicu, and Schill 2007.

30. Cardwell 2011.

31. Yardley 1999.

32. Tzou 2011.

33. Mele 2000 N. Smith 1996 및 Moody 2007 참고.

34. L. Freeman 2006.

35. Ellen and O'Regan 2010. 이 분석은 미국 주택 조사의 내부 인구조사 버전을 살펴봤다. 듀크대학과 피츠버그대학, 콜로라도대학 연구자들의 또 다른 연구도 비슷한 결론에 도달했다(Kiviat 2008). Massey and Rivlin 2002; Vigdor 2002; Ehrenhalt 2012, 234를 참고.

36. Newman and Wyly 2006. 이주 중에서 젠트리피케이션으로 인한 재배치가 얼마나 많은지는 언급하지 않고 있지만, 최근의 통계에서는 뉴욕시 흑인들이 도시를

떠나 남부로 가는 경향이 증가하고 있다고 한다. 지난 10년 동안 남부로 옮겨 간 사람들의 약 17퍼센트는 뉴욕에서 떠난 것이며 이는 주州 중에서 가장 큰 비중을 차지한다. 물론 뉴욕에는 흑인 인구가 많지만 뉴욕의 매력을 감안하면 여전히 놀라운 수치이다. 퀸스칼리지 사회학과의 연구에 따르면 뉴욕주를 떠난 4만4474명의 흑인 중 절반 이상인 2만2508명이 남부로 간 것으로 나타났다. 그 이유들 중에는 경제도 있다. 오늘날 남부의 흑인에 대한 비교적 자유로운 태도도 도시 내의 인종관계에 대한 환멸과 함께(아마도 기대치가 더 높았던 탓일 것이다) 이유가 될 것이며, 남부가 그들의 '영적이며 감정적인 뿌리'를 상징한다는 느낌도 있다(Bilefsky 2011b).

37. 학구적 토론의 주 영역은 젠트리피케이션으로 누가 더 혜택을 입고 누가 혜택을 입지 못하는가에 대한 것이다. Lance Freeman(2006)과 Richard Florida(2002) 같은 학자는 새로운 자원과 더 나은 서비스 같은 혜택이 가난한 사람들의 주택 상실(프리먼이 과대평가되었다고 믿는 것), 안정적인 사회 및 가족적 네트워크의 붕괴, 그리고 Perez(2004)와 Zukin(1987)이 지적한 바와 같이 수십 년 동안 네이버후드의 보호자였던 교회, 학교 및 기타 기관의 손실을 능가한다고 주장한다. 또한 과거의 충성과 참여가 종종 새 이주민들과 동반하는 개선된 신규 단체들에 어느 정도로 전해질 수 있는가에 대한 질문도 제기되었다(Zukin 1987). 그리고 사업의 폐업은 가난한 사람들에게 획일적으로 손실을 주지는 않는다. 예를 들어 보데가를 대체하는 패스마크 식료품점은 코스트코가 그런 것처럼 아주 요긴할 수 있지만 부티크라든가 싸구려 커피숍을 대신하는 스타벅스라면 그렇지 않다.

38. 블룸버그에 대한 자세한 내용은 Barbaro 2013, Brash 2011 참고. 도시의 도덕적 책임과 그 정책이 빈민에게 어떤 영향을 미치는지에 대해서는 Neil Smith(1996)의 영향력 있는 작업 참고. 젠트리피케이션이 발생한 지역에서의 빈민층의 특정한 이탈과 그들의 최종 정착지를 직접 연결할 수 있는 증거는 충분하지 않지만, 2011년 10월 미국 인구조사 결과에 따르면 2000년 이후 교외에 사는 빈민층의 수는 53퍼센트 증가한 반면 도시에서의 증가는 26퍼센트에 불과했다(Ehrenhalt 2012, 12). 그들이 젠트리피케이션이 진행되고 있는 지역이나 도시 내부의 빈곤지역에서 왔는지 아니면 다른 나라에서 왔는지는 알려져 있지 않다.

39. Vergara 2009.

40. 변화 과정에서 정부, 은행, 부동산 이해관계, 정치, 그리고 변화하는 취향의 상호작용에 대한 통찰력 있는 분석을 보려면 Mollenkopf(1983) and Sanjek(1998) 참

고. 젠트리피케이션의 점진적 과정은 다음에 잘 묘사되어 있다. Anderson (1990, 26-30, 149-152).

41. Cordes 2009.

42. Ocejo 2011; Anderson 1990, 20. Davis 1979; Turner 1987; Kasinitz and Hillyard 1995 참고.

43. 부시윅의 젠트리피케이션 과정에 대한 자세한 내용은 Fruhauf 2012 참고. 젠트리피케이션에서의 개의 역할에 대한 자세한 내용은 Tissot 2011 참고.

44. Berger 2012a; Roberts 2012a.

45. Lichtenstein 2010.

46. 이 도시는 구획 구분Zoning의 완화, 자금 조달, 세금 공제 같은 제도를 통해 새로운 건물들을 적극 지원해왔다. 왜냐하면 이 건물들은 산업이 퇴출된 후 아무것도 남지 않는 곳에서 중요한 세금 원천이기 때문이다. 이 프로젝트 단지들이 개발되기 전에 이곳에 이주했던 같은 유형의 사람들은 뉴저지주의 호보컨으로 갔고, 뉴욕은 그들의 세금만큼을 잃어버리게 되었다. 이 지역은 노스윌리엄스버그나 그린포인트보다 팔기가 더 어려울 수 있다. 왜냐하면 그런 커뮤니티들과 달리 헌터스포인트는 레스토랑, 드라이클리너, 의류 매장, 병원을 갖춘 기존 커뮤니티에 포함되지 않기 때문이다. 이곳은 대부분 산업 지구이며, 작은 주거 구역이 있다.

47. Haughney 2010.

48. Bellafante 2012. Berger 2012e and A. Davidson 2012 참고. 마치 브롱크스가 젠트리피케이션을 위해 태세를 갖추고 있는 것처럼 보인다. 최근 데이터에 따르면 2012년 7월 1일까지의 기간 동안 브롱크스는 떠나는 사람보다 들어오는 사람이 더 많았다. 실제 숫자는 적었다. 시 기획부서의 인구 담당 디렉터인 조지프 샐보는 이렇게 말했다. "우리는 (마지막으로) 브롱크스로 이주하는 사람들이 급증했던 전쟁 후의 1940년대로 돌아가야 할 겁니다"(Roberts 2013).

49. 1970년대 이스트뉴욕과 브라운즈빌은 뉴욕시에서 가장 황폐하고 위험한 두 곳의 네이버후드였다. 90년대 초까지도 이스트뉴욕은 여전히 '뉴욕의 살인 수도'로 알려져 있었다. 이 지역 재활의 첫 번째 주요 단계는 1982년 느헤미야 계획The Nehemiah Plan의 수립이었다. 침실 두 개짜리와 세 개짜리 붉은 벽돌 개인 주택 1500채를 건설하는 데 도움을 주는 계획이었다. 이 주택들은 퀸스의 플러싱, 우드사이드, 매스퍼스 같은 네이버후드에서 보이는 유형의 개인 주택들이었다. 느헤미야 주택 및 시 정부와 재활이나 건축 제휴를 맺은 다른 비영리단체는 훌륭한 성공

사례가 되었다. 6만 채 이상의 주택 중에서 최근의 경기 침체에도 불구하고 압류 건수는 1퍼센트 미만뿐인 것으로 알려졌다. 왜일까? 사람들은 아주 조심스럽게 주택을 선별했고 위험을 거의 감수하지 않았기 때문이다. 한 주택 주인은 이렇게 회상했다. "신용이 좋지 않다면 할 수 없었습니다. 옛날식이었죠." 모두가 행복한 것은 아니어서, 시장에게 불평하는 편지를 1000통이나 쓴 여자도 있었다. 그건 그녀의 문제인가? 그녀는 소득 증빙을 제출하지도 않았는데 말이다(Powell 2010).

이 접근 방식을 과도하게 가혹한 것으로 보는 사람들은 압류를 당하면 어떤 일이 일어나는지도 고려해야 한다. 집주인, 은행, 커뮤니티 모두 뭔가를 잃게 된다. 특히 버려진 집이 있다면 그곳은 쉽게 방랑자와 마약 거래상의 먹이가 될 수 있다. 압류의 희생자가 되지 않기 위해 사람들이 어떻게 노력하는지에 대한 자세한 설명은 Gonnerman 2009 참고. 몇몇 사람은 인구 밀도가 낮아 느헤미야 주택을 낭비라고 비난했고, 브루클린의 한 집단은 1989년에 실제로 다른 것을 시도했다. 그것은 브루클린의 이스트뉴욕 구역에 위치한 스프링크릭가든스Spring Creek Gardens 로 알려져 있다. 이 아파트들은 기본적으로 저층의 5층(건설 당시 585가구)짜리 건물이었다. 소규모 거리와 마을 광장이 결합된 이 건물은 작은 마을 분위기를 조성했다(Stern 2006, 1191-1201). 다른 유사한 프로젝트들이 진행됨에 따라 이스트뉴욕은 전체적으로 되살아났고, 그곳에 있는 몇몇 주택은 수십만 달러에 팔 수 있게 되었다. 최악의 건물들은 대부분 사라졌으므로 이름값을 하는 것처럼 보이는 빈민굴을 찾기가 점점 더 어려워지고 있다. 그리고 그들에 대한 향수는 분명히 없다. 영리단체들이 이러한 유형의 프로젝트를 수행하는 것은 주목할 만큼 중요하다.

50. 젠트리피케이션을 좀더 촉진하기 위한 현재 프로그램은 421a 및 J-51 이니셔티브다. 421a 프로그램은 다가구 주거용 건축을 지원한다. 새로 창출된 가치에 따라 재산세 감면 혜택을 제공하며 뉴욕시 주택보존개발부와 재무부의 후원을 받는다. 방치된 지역에 건축을 장려하기 위해 건설업자들은 공사 전 건축물의 가치를 기준으로 10년에서 25년 동안 세금을 감면받을 수 있는 감세 조치를 받았다. J-51 프로그램은 부동산 세금 면제와 감세 혜택을 제공함으로써 주거용 아파트 건물의 개조를 지원한다. 이 프로그램은 위에서 언급한 기관들에 의해 지원을 받고 있다. 또한 뉴욕주 주택금융국, 주택개발공사, 주택보존개발부에서 행정 처리를 담당하는 80-20 프로그램도 있다. 이 프로그램은 저소득층에게 혜택을 주기 위해 주로 바람직한 지역에 있는 저렴한 주택에 대해 비과세 채권을 사용한다. 건물주는 지역 중간 소득의 50퍼센트 이상을 벌지 못하는 신청자들을 위해 건물 내 아파

트의 20퍼센트를 별도로 할당한다. 뉴욕시의 커뮤니티 계획 및 부동산 프로그램에 대한 흥미로운 분석을 보려면 Angotti 2008 참고.

51. 블룸버그 행정부는 16만5000가구의 저렴한 주택을 짓거나 유지하기 위해 뉴 하우징 마켓플레이스 플랜the New Housing Marketplace Plan으로 알려진 계획을 수립했다.

52. Berger 2012b. 정부가 어떻게 민간 투자와 연계하고 지원하여 상황을 움직이고 있는지 자세히 알아보려면 Harvey 1985 참고. 아마 뉴욕에서 가장 잘 알려진 개발업자는 1976년 처음으로 세금을 감면받은 도널드 트럼프일 것이다. 수년 동안 그는 어퍼웨스트사이드와 어퍼이스트사이드의 다른 장소에 호화로운 아파트를 지어왔다. 네이버후드에 젠트리피케이션을 진행시키려는 노력을 따로 하지는 않았지만, 그의 화려한 성격은 도시의 재활성화와 동의어가 되었다.

53. 롱우드 역사 지구Longwood Historic District에서는 보존의 놀라운 예를 볼 수 있다. 롱우드스트리트와 156번 스트리트 사이의 도슨애비뉴를 답사했다. 이 블록은 목가적인 조용한 거리에 쓰레기나 낙서도 없으며 100년 된 아름다운 브라운스톤 주택이 늘어선 곳으로, 이 도시에서 거의 볼 수 없는 즐거운 곳이다. 이곳에서는 슬레이트 지붕, 벽돌집과 석재집, 광택이 나는 나무 틀의 유리문에 햇빛을 받아 반짝거리는 황동 문손잡이, 그리고 빅토리아 시대 소설에 나오는 첨탑과 박공들을 볼 수 있다. 북쪽으로 더 가면 홈스트리트와 166번 스트리트 사이의 보스턴포스트로드 바로 옆 잭슨애비뉴에 아름답게 보존된 오래된 세미어태치드형 주택과 벽돌 통로가 있으며, 심지어 측면을 따라서도 내닫이창과 아름다운 테라코타가 있다. 그중 한두 곳은 매물로 나와 있었다. 이 지역은 조용해 보이지만 그건 사실 현혹이다. 실제로 몇 블록 떨어진 곳의 프로젝트 단지에 갱들이 있지만, 이곳에 서서는 그것을 알 수가 없다. 그리고 길모퉁이에는 금속 탐지기와 카메라를 갖춘 고도의 보안 대상인 거친 모리스고등학교가 있다. 이곳은 이 도시의 영원한 역설 중 하나이다. 한 블록은 평화로운 전원 마을 같아 보이고, 그다음 블록은 분주한 벌집처럼 모퉁이에 보데가가 있고 사람들이 나와 모여서 얘기를 나누며 쓰레기도 낙서도 눈에 띄는 곳이다. 각각의 블록에 대한 사람들의 행동과 거기에 모이거나 모이지 않는 경향은 일반적으로 그곳에 거주하는 사람들의 공통된 동의와 습관에 의해 결정되고 유지된다.

54. 이것은 시카고대학(Venkatesh 2008 참고) 또는 서던캘리포니아대학에서와 같이 도시 내부의 전국적인 문제다. 2012년 6월, 로스앤젤레스 중남부 지역을 스스로 돌아보는 셀프 가이드 투어에 참가했던 나는 그 대학 근처 블록에 있는 사설 보안 요

원들의 수에 충격을 받았다. 그들 중 몇 명과 얘기하면서, 나는 2주 전에 그곳에서 두 명의 아시아 학생이 살해당했다는 것을 알았다. 그들은 살인은 드물지만 무단 침입과 노상강도는 드물지 않다고 덧붙였다.

55. L. Freeman 2006, 82-86, 206.

56. Sohn 2009, 13-14.

57. Ibid., 2.

58. Robbins 2012. Ehrenhalt 2012, 82 참고. 오늘날 젠트리피케이션에 저항하려는 이스트할렘의 시도에 대한 자세한 내용은 Maeckelbergh 2012; Wichmann 2012 참고.

59. 이 점을 강조해준 것에 대해 필립 카시니츠에게 감사를 전한다.

60. E. Abramson 2009.

61. Kilgannon 2010a.

62. Bleyer 2007.

63. 젠트리파이어와 원주민 빈곤층 사이의 실질적인 관계 부재에 대해서는 Anderson 1990, 159; Ehrenhalt 2012, 75 참고.

64. 플러싱에서 메인스트리트 서쪽의 41번 애비뉴와 풀러 플레이스Fuller Place 옆에 있는 담장 회사를 찾았다. 담장은 중국에서 수입된 재료로 만들어졌는데, 사실 이 제품의 선도적인 제조국이자 수출국이 중국이다.

65. Berger 2011f; Hydra 2006. Wichmann 2012 참고. 커뮤니티 정원에 대한 젠트리파이어와 현지인들의 관점이 어떻게 다르게 작동하는지에 대한 흥미로운 논의는 Martinez 2010 참고.

제7장 동화될 것인가, 구분될 것인가: 뉴욕의 민족-종교적 미래

1. Saulny 2012.

2. 2011년 뉴욕시 인구는 824만4910명이었다(Roberts 2012a). 민족-종교적 집단 수치는 반올림되었다.

3. Jang 2010. 그 학교의 도로 건너편에는 우크라이나 박물관도 있다. 옛 공산 정권에 대한 향수가 점점 커져가는 새로운 이민자들과 공산주의로부터 탈출한 초기 이민자들 사이에 최근 대립이 있었다(Lehmekh 2010). 비영리 조직들이 주민들의 삶과 그들의 네이버후드에 미치는 영향에 대한 자세한 내용은 Small and McDermott 2006, Small 2009, Sampson 2012 참고.

4. Jang 2010.

5. Xu 2010.

6. Medina 2010.

7. Rieder 1985; Mc Lean 2001; Pritchett 2002. 가끔 흑인이 백인 네이버후드에서 매입을 시도했다가 어떻게 퇴짜를 맞았는지에 대한 이야기가 들려오기도 한다. 2010년 2월 『뉴욕타임스』는 스록스넥브리지 근처의 브롱크스 커뮤니티인 에지워터파크에서 주택을 구입하려는 흑인들의 시도가 어떻게 좌절되었는지에 대한 기사를 실었다. 그들은 공정거래주택정의센터the Fair Housing Justice Center의 도움을 받아 매입을 신청했다(Buckley 2010a). 그들이 정말 그곳에 살고 싶었는지 아니면 단지 한번 신청해본 것인지는 분명하지 않다. 흑인 거주자가 거의 없는 지역에 흑인 커플이 정말로 살고 싶어하는지 적법하게 물어볼 수 있기 때문에 문제가 된다. 도시 계승의 역사에 대한 자세한 내용은 Sugrue 1996; Massey and Denton 1993 참고.

8. Sleeper 1991; Krysan and Farley 2002; Anderson 2011, 15-16, 178.

9. Kasinitz, Bazzi, and Doane 1998.

10. Navarro 2012. 국적 연구에 기반한 현재의 분류에 대한 비평에 대해서는 Hitlin, Brown, and Elder 2007 참고. 저자들은 히스패닉이란 용어를 선택적으로 사용하기를 권장한다. 도미니카인에 대한 연구는 정의 범주로 인종을 사용하는 것에 대한 거부를 확인해주는데, 도미니카인들이 정체성을 협상하고 인종 범주화에 저항하기 위해 언어를 사용한다고 주장한다(Bailey 2000). 데이트 습관에 대한 연구에 따르면 라틴계는 흑인보다 백인과 데이트하는 경향이 더 많다는 것이 밝혀졌다. 하지만, 백인보다 흑인을 선호할 가능성이 훨씬 높게 나타났다(Feliciano, Lee, and Robnett 2011).

11. Khandelwal 2002. 인도계 커뮤니티에 대한 일반적인 개요는 Saran 1985 참고.

12. 이들 집단에 대한 자세한 내용은 Novak 1971; Gans 1982; Zeitz 2007 참고.

13. 9·11에 대한 반응과 이슬람교도의 종교적 관습 패턴 변화에 대한 자세한 내용은 Bakalian and Bozorgmehr 2009 and Mahon 2013 참고.

14. Alba, Portes, et al. 2000, 244에서 알레한드로 포르테스의 설명 참고. Kasinitz, Bazzi, and Doane(1998)도 퀸스 잭슨하이츠에서 공간을 공유하는 다양한 집단의 평행한 라이프스타일에 대해 언급했다. 정통파 유대교 내부의 종교적 우익화에 대한 자세한 내용은 Heilman 2006 참고.

15. 텍사스 출신인 토니 칸스는 이 도시에 있는 모든 단일 종교 예배당을 파악하기 위

해 노력을 기울이고 있다(Oppenheimer 2011).

16. Dominus 2010. 2009년 뉴욕시 의회는 학교 일정에 이슬람 공휴일 2일을 휴무일로 추가하는 결의안을 통과시켰다. 뉴욕시에는 적어도 60만 명의 이슬람교도가 살고 있는데, 이는 그때까지 기독교와 유대인 공휴일만 달력에서 인정했던 것에 반해 이제 그들에게도 제스처를 보여준 것이다(Semple 2009c). 라마단 종식을 기념하는 이드 알피트르Id al-Fitr와 연간 메카 순례 종식을 기념하는 이드 알아다Id al-Adha 같은 공휴일도 크리스마스 수준으로 지켜질까? 그것은 문제가 아니다. 언급되어야 하는 것은 이슬람교도가 점점 더 많아지고 있으며 그들은 문화를 인정받을 자격이 있다는 것이다. 이슬람교도는 이 기간 동안 아침에 기도하고 가족과 선물을 교환하며 잔치를 베푼다.

17. Frase 2005.

18. Poll 1962; W. Helmreich 1992. 커뮤니티를 떠나는 하시드파 유대인에 대한 설명은 Winston 2006을 참고.

19. Magnus 2009.

20. 종교 단체들에 대한 많은 연구 결과, 일반적으로 집단이 작을수록 구성원들의 헌신이 커지는 것으로 나타났다. Olson 2008을 참고.

21. S. Abramson 2010.

22. Leland 2011a.

23. Ibid.

24. See Kasinitz et al. 2008.

25. Dolnick 2011a. 과거 소수민족 사이에서 성공은 그들이 받아들여지는 정도를 기준으로 결정되곤 했다. 그래서 이전 시기의 유대인 커뮤니티에서 유대인 어머니는 성공한 아들에게 이렇게 말했다. "그럼, 너는 유대인의 대장이지. 하지만 고임 Goyim(히브리어와 이디시어로 비유대인을 의미—옮긴이)의 대장이기도 하니?" 오늘날이 시각은 훨씬 잦아들었기는 해도 여전히 존재하고 있다. 중국계 미국인에 대한 Gish Jen(1996)의 통찰력 있는 소설에서 한 젊은 중국계 여성이 이민자 부모에 대해 이렇게 이야기한다. "그들은 그냥 중국인뿐만 아니라 수많은 서양인도 찾아오는 훌륭한 의사인 테리사 아줌마의 좋은 예를 조심스럽게 살폈습니다."(233)

26. 나는 영어가 형편없는 외국인을 지칭하는 것이 아니라, 문법에도 맞지 않는 영어를 사용하는 것에 대한 구실조차 부족한 토착 백인들을 지칭하는 것이다.

27. Berger 2011b.

28. Barnard 2009b.

29. Ibid.

30. 이 흑인·유대교 회중은 대부분 브루클린, 맨해튼, 퀸스에서 찾을 수 있다. 이런 유
대교 회당 중 하나는 오션힐-브라운즈빌에 있는 새러토가애비뉴 297번지에 있다.
시마 이스라엘 헤브루 이스라엘라이트 콩그리게이션Sh'ma Yisrael Hebrew Israelite
Congregation이라고 불리는 이곳은 치포르 벤 주불룬 대왕자가 이끌고 있다. 때때
로 기독교와 유대교가 결합되기도 한다. 매디슨애비뉴 1941번지에 있는 상점은
하나님과 예수 그리스도의 이스라엘 교회The Israelite Church of God and Jesus Christ
본부인데, 창문에 커다란 다윗의 별을 전시하고 있다. 이스라엘의 열두 지파에 대
한 도표는 아이티, 흑인, 서인도제도인, 멕시코인, 세미놀 인디언, 과테말라인, 푸
에르토리코인, 쿠바인들을 포함한 다양한 현재 민족으로 이뤄진 회중을 표시하고
있다. 이 주제에 대한 자세한 내용은 A. Helmreich and Marcus 1998; Weisbord
and Stein 1972 참고. 나는 이스트뉴욕의 루이지애나애비뉴에 있는 교회의 제7일
안식일 재림파 장로에게 한때 유대교 회당이었던 교회가 왜 다윗의 별을 보존하
고 있는지 물어봤다. 그는 "왜냐하면 우리 모두가 같은 하나님을 믿기 때문입니다.
그리고 예수님을 받아들이는 유대인들도 많이 있습니다"라고 답했다. 나는 왜 지
난 20년 동안 그 네이버후드가 좋아졌는지도 물었다. "예수님 덕분이죠." 그의 대
답은 간결했다. "당신이 믿는 사람이라면 이 모든 것은 경찰이나 줄리아니의 정책
이 아니라 하나님으로부터 온 것입니다." 내가 함께 얘기한 목사 워터먼도 "그 별
은 교회를 코셔로 만들어주고, 코셔 율법은 우리 성경의 일부이며 제7일안식일 재
림파로서 우리가 믿는 것입니다"라고 덧붙였다.

31. Marable 2011, especially pp. 301 and 369. 집단들이 정체성을 보존하는 또 다른 방
법은 자신들의 역사를 쓰는 것이다. 특히 멀리 떨어진 곳에서 온 집단인 경우에 그
러하다. 스태튼아일랜드에 있는 몇몇 라이베리아 여성은 자신들이 어디서 왔는지
를 잊지 않기 위해 조국에 대한 이야기를 적고 출판하는 구술사 프로젝트에 착수
했다(Ludwig 2009). 이란 혁명 후 뉴욕에 와서 퀸스 큐가든스에 정착한 마샤드 출신
의 이란계 유대인들도 이와 비슷한 프로젝트를 추진했다. 180여 년 전 이란에서 이
슬람으로 강제 개종해야 했던 그들은 비밀리에 신앙을 지켜왔다. 이제 그들은 자신
들의 신앙을 공개적으로 갖고 살 수 있게 되었고, 미래 세대를 위해 유대인으로 남
으려 투쟁해온 과정을 기록하기로 결정했다(H. Helmreich 2008).

32. Confessore and Barbaro 2011.

33. Mahler 2005, 126-129.

34. Confessore and Barbaro 2011. Armstrong and Crage 2006; Duberman 1993; Gan 2007 참고.

35. Bruni 2011.

36. 에이즈 감염으로 동성애자 커뮤니티가 어떻게 황폐화되었는지에 대한 흥미롭고 열정적인 토론에 대해서는 Schulman 2012 참고.

37. Barbaro 2011; Confessore and Barbaro 2011. 물론 수천 명의 가톨릭 신자는 이 견해를 공유하지 않는다.

38. Hakim 2011.

39. Peyser 2011.

40. Alba 2009. 2003년 Victor Nee와 공동 저술한 앨버의 초기 책 *Remaking the American Mainstream*도 같은 주제에 초점을 맞추었는데, 2009년판은 대폭 확장되었다.

41. Kasinitz et al. 2008, 229-235.

42. Roberts 2010e.

43. Alba and Nee 2003, 91-94.

44. Fahim and Zraick 2010.

45. 사회학자 피터 퀑이 지적했듯이, 중국연합자선단체협회와 같은 조직에 대한 의존으로부터 정부 기관으로의 전환은 실제로 25년 전에 시작되었다(Kwong 1996, 81-123).

46. Dolnick 2012.

47. Luo 2012; Min 2010.

참고문헌

Abrahamson, Mark. 2005. *Urban Enclaves: Identity and Place in the World*. 2nd ed. New York: Worth.

Abramson, Evan. 2009. "Where Boundaries Are Melting, A Place to Celebrate Differences." *New York Times*, March 21.

Abramson, Stacy. 2010. "The Stories of One Brooklyn Block." *New York Times*, Metropolitan Section, July 23.

Abu-Lughod, Janet, ed. 1994. *From Urban Village to East Village: The Battle for New York's Lower East Side*. Oxford: Blackwell.

Akam, Simon. 2009. "With Every Whack of the Cricket Bat, a Bond." *New York Times*, June 29.

Alba, Richard D. 2009. *Blurring the Color Line: The New Chance for a More Integrated America*. Cambridge, MA: Harvard University Press.

Alba, Richard D., John R. Logan, and Kyle Crowder. 1997. "White Ethnic Neighborhoods and Spatial Assimilation: The Greater New York Region, 1980–1990." *Social Forces* 75: 883–912.

Alba, Richard D., John R. Logan, and Brian J. Stults. 2000."How Segregated Are

Middle-Class African Americans?" *Social Problems* 47: 543–558.

Alba, Richard D., and Victor Nee. 2003. *Remaking the American Mainstream: Assimilation and Contemporary Immigration*. Cambridge, MA: Harvard University Press.

Alba, Richard D., Alejandro Portes, Philip Kasinitz, Nancy Foner, Elijah Anderson, and Nathan Glazer. 2000. "Documentation: Beyond the Melting Pot 35 Years Later: On the Relevance of a Sociological Classic for the Immigration Metropolis of Today." *International Migration Review* 34: 243–279.

Alexander, Jeffrey C. 2004. "From the Depths of Despair: Performance, Counterperformance, and 'September 11.'" *Sociological Theory* 22: 88–105.

Allan, David G. 2010. "Music That Rises above the City's Roar." *New York Times*, April 20.

Altman, Barbara M. 1981. "Studies of Attitudes toward the Handicapped: The Need for a New Direction." *Social Problems* 28: 321–337.

Alvarez, Lizette. 1996. "Hispanic Settlers Transform Harding Park in Bronx." *New York Times*, December 31.

Alvarez, Lizette, and Michael Wilson. 2009. "Their Launching Pad." *New York Times*, Metropolitan Section, May 31.

Andersen, Kurt. 2008. "Because We're Resilient." *New York Magazine*, December 14.

Anderson, Elijah. 1976. *A Place on the Corner*. Chicago: University of Chicago Press.

———. 1990. *StreetWise: Race, Class, and Change in an Urban Community*. Chicago: University of Chicago Press.

———. 1999. *Code of the Street*. New York: W.W. Norton.

———, ed. 2009. *Ethnography* (Special Issue), vol. 10, no. 4.

———. 2011. *The Cosmopolitan Canopy: Race and Civility in Everyday Life*. New York: W. W. Norton.

Angelos, James. 2009. "Parkchester: Closing on a Dream." *New York Times*, New York Region, May 3.

Angotti, Tom. 2008. *New York for Sale: Community Planning Confronts Global Real Estate*. Cambridge: MIT Press.

Appelbaum, Alec. 2011. "Presto, Instant Playground." *New York Times*, Sunday Review, August 14.

Arieff, Irwin. 2009. "Momentum in South Harlem." *New York Times*, Real Estate Section, December 27.

Armstrong, Elizabeth A., and Suzanna M. Crage. 2006. "Movements and Memory: The Making of the Stonewall Myth." *American Sociological Review* 71: 724–751.

Bader, Daniel P. 2010. "The Meaning of the Trivium." *Manhattan Times*, September 15.

Bagli, Charles V. 2008. "For Reinvention, Red Hook Follows Its Roots." *New York Times*, November 23.

_____. 2009a. "City and Developer Spar over Coney Island Visions." *New York Times*, February 17.

_____. 2009b. "After Two Years of Trying, Owners Give Up on Selling Starrett City." *New York Times*, February 18.

_____. 2009c. "Beyond Sideshows, the City and a Developer Face Off over Coney Island's Future." *New York Times*, April 11.

_____. 2009d. "Seeking Revival, City to Buy Land in Coney Island." *New York Times*, November 12.

_____. 2010a. "As a Neighborhood Shifts, the Chain Stores Arrive." *New York Times*, November 13.

_____. 2010b. "After 30 Years, a Rebirth Is Complete." *New York Times*, December 4.

Bahr, Howard M. 1973. *Skid Row: An Introduction to Disaffiliation*. New York: Oxford University Press.

Bailey, Benjamin. 2000. "Language and Negotiation of Ethnic/Racial Identity among Dominican Americans." *Language in Society* 29: 555–582.

Bakalian, Anny, and Mehdi Bozorgmehr. 2009. *Backlash 9/11: Middle Eastern and Muslim Americans Respond*. Berkeley: University of California

Press.

Ballon, Hilary, and Kenneth T. Jackson, eds. 2007. *Robert Moses and the Modern City: The Transformation of New York*. New York: W. W. Norton.

Barbanel, Josh. 1991. "Fiscal Reality: Bumpy Streets, Library Cuts and Tuition Rise." *New York Times*, February 4.

Barbaro, Michael. 2010. "Debate Heats Up about Mosque near Ground Zero." *New York Times*, July 30.

———. 2011. "Behind Gay Marriage, an Unlikely Mix of Forces." *New York Times*, June 26.

———. 2013. "Bloomberg to Johns Hopkins: Thanks a Billion (Well, $1.1 Billion)." *New York Times*, January 27.

Barnard, Anne. 2009a. "A Working-Class Neighborhood Seeks Its Place in History." *New York Times*, March 28.

———. 2009b. "Reconsecration, with Bells, Saffron, and Elephant." *New York Times*, July 14.

———. 2009c. "Doormen and Residents: Under One Roof, Yet Far Apart." *New York Times*, November 27.

Barnard, Anne, Adam Nossiter, and Kirk Semple. 2011. "From Hut in Africa to the Glare of a High-Profile Assault Case." *New York Times*, June 15.

Barron, James. 2009. "Subway Killing's Chilling Scenes, Captured by a Photography Student." *New York Times*, November 27.

———. 2010a. "A New York Bloc on the Supreme Court." *New York Times*, May 12.

———. 2010b. "The Floating Lady Surfaces for the Summer." *New York Times*, June 16.

Barron, James, and Peter Baker. 2012. "In Brooklyn Brownstone, Future President Found a Home on the Top Floor." *New York Times*, May 2.

Barry, Dan. 1997. "Darkest Blue Brutality." *New York Times*, August 14.

———. 2010. "Death of a Fulton Fish Market Fixture." *New York Times*, Metropolitan Section, October 15.

———. 2011. "On Bowery, Cultures Clash as the Shabby Meet the Shabby Chic." *New York Times*, October 13.

Baudrillard, Jean. 1994. *Simulacra and Simulation: The Body in Theory: Histories of Cultural Materialism*. Translated by Sheila Faria Glaser. Ann Arbor: University of Michigan Press.

Bearman, Peter S. 2005. *Doormen*. Chicago: University of Chicago Press.

Bellafante, Ginia. 2011a. "Steps Away but Worlds Apart in New York." *New York Times*, Metropolitan Section, September 18.

———. 2011b. "A Diverse City? In Some Ways, Anything But." *New York Times*, Metropolitan Section, October 23.

———. 2011c. "Economic Revival, without the Fancy Cheese?" *New York Times*, Metropolitan Section, December 4.

———. 2012. "Where Optimism Feels Out of Reach." *New York Times*, Metropolitan Section, January 15.

Beller, Thomas, ed. 2002. *Mr. Beller's Neighborhood: Before & After: Stories from New York*, Vols. 1 and 2. New York: W. W. Norton.

Bender, Thomas. 2002. *The Unfinished City: New York and the Metropolitan Idea*. New York: New Press.

Berger, Joseph. 1984. "Study Reports Exodus of Affluent and Educated New Yorkers in Late 70s." *New York Times*, September 19.

———. 1985. "Reagan's Tax Plan: Reductions for Most and Local Effects: New York Leaders Oppose Plan Vehemently." *New York Times*, May 29.

———. 1986. "Koreans Breathe New Life into Queens Church." *New York Times*, July 30.

Berger, Joseph. 2001. *Displaced Persons: Growing Up American after the Holocaust*. New York: Washington Square Press.

———. 2002a. "A Time of Flux for City's Core of Greek Life: Others Discover Astoria as Longtime Citizens Exit." *New York Times*, August 5.

———. 2002b. "Well, the Ices Are Still Italian." *New York Times*, September 17.

———. 2005. "Vegemite Toast and Other Slices of Home." *New York Times*, July 7.

———. 2007. *The World in a City: Traveling the Globe through the Neighborhoods of the New New York*. New York: Ballantine Books.

———. 2009. "West Farms Journal: When Yoo-Hooing Was Big in the Bronx." *New York Times*, July 11.

———. 2010a. "Sunnyside Journal: An Old Synagogue Downsizes in a Desperate Bid to Keep Itself Alive." *New York Times*, January 9.

———. 2010b. "Hunts Point Journal: Foot Soldiers of the Automotive Repair Trade." *New York Times*, April 30.

———. 2010c. "As Russians Move In and Flourish, Resentment Follows." *New York Times*, August 21.

———. 2010d. "A Diner That Was the Special of Every Day." *New York Times*, December 4.

———. 2011a. "There Stays the Neighborhood." *New York Times*, January 8.

———. 2011b. "'It Keeps the Neighborhood Irish.'" *New York Times*, March 12.

———. 2011c. "Killing Rattles a Jewish Community's Long-Held Trust of Its Own." *New York Times*, July 15.

———. 2011d. "In an Early 1900s Neighborhood, a Glimpse of '2001.'" *New York Times*, July 30.

———. 2011e. "Staving Off Change to the Grit of the Bowery." *New York Times*, October 10.

———. 2011f. "As Tastes Change in Harlem, Old-Look Liquor Store Stirs a Fight." *New York Times*, December 2.

———. 2012a. "No Longer Burning, the South Bronx Gentrifies." *New York Times*, March 26.

———. 2012b. "Impact of Atlantic Yards for Good or Ill, Is Already Felt." *New York Times*, April 16.

———. 2012c. "As Greenpoint Gentrifies, Sunday Rituals Clash: Outdoor Cafes vs. Churchgoers." *New York Times*, May 11.

———. 2012d. "With Orthodox Growth, City's Jewish Population Is Climbing Again." *New York Times*, June 12.

———. 2012e. "As Brooklyn Gentrifies, Some Neighborhoods Are Being Left Behind." *New York Times*, July 9.

———. 2012f. "Enclaves, Long Gated, Seek to Let in Storm Aid." *New York*

Times, November 27.

Berman, Marshall. 1982. *All That Is Solid Melts into Air: The Experience of Modernity*. New York: Simon and Schuster.

Bernstein, Fred A. 2011. "Pratt Institute Takes an Interest in Making a Neighborhood Nicer." *New York Times*, Real Estate Section, February 16.

Beveridge, Andrew A. 2006a. "Undocumented Immigrants." GothamGazette. com. April.

―――. 2006b. "New York's Asians." GothamGazette.com. May.

―――. 2008a. "A Religious City." Gotham Gazette.com. February.

―――. 2008b. "A Century of Harlem in New York City: Some Notes on Migration, Consolidation, Segregation, and Recent Developments." *City & Community* 7: 358–365.

Beyer, Gregory. 2009a. "Prosperous Area Seeks Shops to Match." *New York Times*, Real Estate Section, April 26.

―――. 2009b. "A Beach Shared by a Tight-Knit Clan." *New York Times*, Real Estate Section, September 6.

Bianco, Anthony. 2005. *Ghosts of 42nd Street: A History of America's Most Infamous Block*. New York: Harper Perennial.

Bilefsky, Dan. 2011a. "Converging on Little Egypt, with Anger and Hope." *New York Times*, January 31.

―――. 2011b. "For New Life, Blacks in City Head to South." *New York Times*, June 22.

Bindley, Katherine. 2010. "Living In/Morris Heights, the Bronx." *New York Times*, Real Estate Section, September 17.

Biney, Moses O. 2011. *From Africa to America: Religion and Adaptation among Ghanaian Immigrants in New York*. New York: New York University Press.

Bleyer, Jennifer. 2007. "Living In/Parkchester, the Bronx: 129 Acres, Renewed Yet Affordable." *New York Times*, Real Estate Section, October 7.

Bloom, Nicholas Dagen. 2008. *Public Housing That Worked: New York in the Twentieth Century*. Philadelphia: University of Pennsylvania Press.

Blumenthal, Ralph. 1989. "Black Youth Is Killed by Whites: Brooklyn Attack Is Called Racial." *New York Times*, August 25.

Bobb, Vilna Bashi. 2001. "Neither Ignorance Nor Bliss: Race, Racism, and the West Indian Immigrant Experience." In *Migration, Transnationalization, and Race in a Changing New York*, edited by Hector R. Cordero-Guzman, Robert C. Smith, and Ramon Grosfoguel, 212–238. Philadelphia: Temple University Press.

Boggs, Vernon, Gerald Handel, and Sylvia F. Fava, eds. 1984. *The Apple Sliced: Sociological Studies of New York City*. New York: Praeger.

Borden, Anthony. 1987. "AIDS Crisis: The Sorrow of the City." *Dissent* (Fall): 561–564.

Bowley, Graham. 2008. "The Battle of Washington Square." *New York Times*, November 21.

Bozorgmehr, Mehdi, and Anny Bakalian. 2005. "September 11, 2001, Terrorism, Discriminatory Reactions to···" In *Encyclopedia of Racism in the United States*, edited by Pyong Gap Min, 557–564. Westport, CT: Greenwood Press.

Brandow, Michael. 2008. *New York's Poop Scoop Law: Dogs, the Dirt, and Due Process*. West Lafayette, IN: Purdue University Press.

Brash, Julian. 2011. *Bloomberg's New York: Class and Governance in the Luxury City*. Athens: University of Georgia Press.

Brawarsky, Sandee, and David Hartman. 2002. *2002 Views of Central Park: Experiencing New York City's Jewel from Every Angle*. New York: Stewart, Tabori, and Chang.

Breasted, Mary. 1977. "Three-Year Inquiry Threads Together Evidence on F.A.L.N. Terrorists." *New York Times*, April 17.

Brenner, Elsa. 2008. "Living In/Co-op City, the Bronx: Everything You Need in One Giant Package." *New York Times*, Real Estate Section, April 6.

Briggs, Xavier De Souza. 2007. "Some of My Best Friends Are···": Interra cial Friendships, Class, and Segregation in America." *City & Community* 6: 263–90.

"Brooklyn Principal Cleared of Charges." 2011. *New York Times*, April 15.

Brotherton, David C., and Luis Barrios. 2004. *The Almighty Latin King and Queen Nation: Street Politics and the Transformation of a New York City Gang*. New York: Columbia University Press.

Brown, Patricia Leigh. 2009. "Invisible Immigrants, Old and Left with 'Nobody to Talk To.'" *New York Times*, August 31.

Brown-Saracino, Japonica, ed. 2010. *The Gentrification Debates*. New York: Routledge.

Bruch, Elizabeth E., and Robert D. Mare. 2006. "Neighborhood Choice and Neighborhood Change." *American Journal of Sociology* 112: 667–709.

Bruni, Frank. 2011. "To Know Us Is to Let Us Love." *New York Times*, Sunday Review Section, June 26.

Bryk, William. 2003. "From Jew to Jew-Hater: The Curious Life (and Death) of Daniel Burros." *New York Press*, February 25.

Buckley, Cara. 2006. "Brooklyn Community Is on Edge and in Spotlight after Hate-Crime Arrests." *New York Times*, August 12.

———. 2009. "One Artist Is Hurt, and 200 Others Are Feeling the Pain." *New York Times*, April 19.

———. 2010a. "2 Bronx Communities Are Accused of Preventing Blacks from Buying Homes." *New York Times*, February 6.

———. 2010b. "Agencies Lack Money to Mend Public Housing." *New York Times*, October 25.

Burgess, Ernest W. 1923. "The Growth of the City: An Introduction to a Research Project." *Proceedings of the American Sociological Society* 18: 85–89.

Burgess, Matt. 2010. *Dogfight: A Love Story*. New York: Doubleday.

Burke, Edward C. 1978. "House, 247–155 Supports New York with $2 Billion Bond Guarantee; Koch Calls Vote 'Overwhelming.'" *New York Times*, June 9. Burns, Ric, James Sanders, with Lisa Ades. 2008. *New York: An Illustrated History*. New York: Alfred A. Knopf.

Burros, Marian. 2009. "Urban Farming, a Bit Closer to the Sun." *New York Times*, Dining Section, June 17.

Burrows, Edwin, and Mike Wallace. 1999. *Gotham: A History of New York City to 1898*. New York: Oxford University Press.

Byrne, David. 2009. *Bicycle Diaries*. New York: Viking.

Calder, Rich. 2011. "Coney Island Revival Creates Brighter Beach." *New York Post*, July 26.

Campbell, Karen E., and Barrett A. Lee. 1992. "Sources of Personal Neighbor Networks: Social Integration, Need, or Time?" *Social Forces* 70: 1077–1100.

Cardwell, Diane. 2009. "For High Line Visitors, Park Is a Railway out of Manhattan." *New York Times*, July 22.

———. 2010a. "When Parks Must Rely on Private Money." *New York Times*, Metropolitan Section, February 7.

———. 2010b. "With Luxury Hotel-Apartment Complex, Williamsburg Continues Its Evolution." *New York Times*, August 17.

———. 2011. "In Brooklyn, A Quaint Block and a Symbol of Blight." *New York Times*, October 25.

Carmody, Deirdre. 1984. "The City Sees No Solution for Homeless." *New York Times*, October 10.

Caro, Robert A. 1974. *The Power Broker: Robert Moses and the Fall of New York*. New York: Alfred A. Knopf.

Carse, Kathryn. 2010. "Bats and Balls at Walker Park." *Staten Island Advance*, August 5.

Castells, Manuel, and John H. Mollenkopf. 1992. *The Dual City: The Restructuring of New York*. New York: Russell Sage Foundation.

Chen, David W. 2009. "In the Future, the City's Streets Are to Behave." *New York Times*, May 20.

Chivers, C. J., and William K. Rashbaum. 2000. "Inquiry Focuses on Officers' Responses to Violence in Park after Parade." *New York Times*, June 14.

Cimino, Richard. 2011. "Neighborhoods, Niches, and Networks: The Religious Ecology of Gentrification." *City & Community* 10: 157–181.

City-Data.com.City-data.com/forum/new-york-city/319770-williamsbridge-section-bronx.html.

City of New York. 2008. *NYC Feedback: Citywide Customer Survey: Report of Survey Results*, December. http://www.nyc.gov/html/ops/downloads/pdf/feedback/nyc_feedback_web_final.pdf.

Cohen, Joyce. 2009. "The Hunt: Space for Friends, Outdoors and In." *New York Times*, Real Estate Section, December 24.

Cohen, Steven M., Jacob B. Ukeles, and Ron Miller. 2012. *Jewish Community Study of New York: 2011 Comprehensive Report*. New York: UJA-Federation of New York.

Cole, Teju. 2011. *Open City: A Novel*. New York: Random House.

Collins, Glenn. 1999. "Louis (Moondog) Hardin, 83, Musician, Dies." *New York Times*, September 12.

———. 2009. "Rent Reprieve for a Fixture on the Upper West Side." *New York Times*, January 5.

Confessore, Nicholas, and Michael Barbaro. 2011. "New York Allows Same-Sex Marriage, Becoming Largest State to Pass Law: Cuomo Signs Bill, Recharging Gay-Rights Movement." *New York Times*, June 25.

Conley, Dalton. 2000. *Honky*. Berkeley: University of California Press.

Connell-Mettauer, Susan. 2002. "Speed Freaks." In *Mr. Beller's Neighborhood: Before & After: Stories from New York*, edited by Thomas Beller, 101–103. New York: W. W. Norton.

Cooper, Michael. 1999. "Officers in Bronx Fire 41 Shots, and an Unarmed Man Is Killed." *New York Times*, February 5.

Coplon, Jeff. 2008. "Hiding in Plain Sight." *New York Magazine*, November 30.

Copquin, Claudia Gryvatz. 2007. *The Neighborhoods of Queens*. New Haven, CT: Yale University Press.

Cordero-Guzman, Hector R., Robert C. Smith, and Ramon Grosfoguel, eds. 2001. *Migration, Transnationalization, and Race in a Changing New York*. Philadelphia: Temple University Press.

Cordes, Kate. 2009. "Striking a Balance: Greenpoint, Brooklyn." Research paper. Department of Sociology, City University of New York Graduate Center.

Corman, Avery. 1980. *The Old Neighborhood*. New York: Linden Press.

Cotto, Andrew. 2011. "Pet Supplies? Yarn? Patter? 'I Got That.'" *New York Times*, Metropolitan Section, December 11.

Coughlin, Brenda C., and Sudhir Alladi Venkatesh. 2003. "The Urban Street Gang after 1970." *Annual Review of Sociology* 29: 41–64.

Cowan, Coleman. 2007. "Sweeping Him off His Street." *New York Times*, March 18. Online Edition.

Cristillo, Louis Abdellatif, and Lorraine C. Minnite. 2002. "The Changing Arab New York Community." In *A Community of Many Worlds: Arab Americans in New York City*, edited by Kathleen Benson and Philip M. Kayal, 124–139. New York: Museum of the City of New York (Syracuse University Press).

Crow, Kelly. 2001. "Citypeople; Preserving the Work of the Artful Tagger." *New York Times*, February 18.

Crowe, Timothy D. 2000. *Crime Prevention through Environmental Design Applications of Architectural Design and Space Management Concepts.* Woburn, MA: Butterworth-Heinemann.

Curcuru, Christina. 2010. "Island Inspiration: Art by the Ferry Gives Our Creative Community Street Cred." *Industry.com.* (July–August): 54.

Curran, Winifred. 2007. "'From the Frying Pan to the Oven': Gentrification and the Experience of Industrial Displacement in Williamsburg, Brooklyn." *Urban Studies* 44: 1427–1440.

Currid, Elizabeth. 2007. *The Warhol Economy: How Fashion, Art, and Music Drive New York City.* Princeton, NJ: Princeton University Press.

Dao, James. 1992. "Asian Street Gangs Emerging as New Underworld." *New York Times*, April 1.

Davidson, Adam. 2012. "The Bronx Is Yearning: Why One Borough Seems Gentrification-Proof." *New York Times Magazine*, July 15.

Davidson, Justin. 2009. "Low Income? You're Kidding: Two Architects Offer Far More Than Lip Service to Affordable Housing." *New York Magazine*, March 2.

———. 2011. "The Low Line." *New York Magazine*, September 16.

Dávila, Arlene. 2004. *Barrio Dreams: Puerto Ricans, Latinos, and the Neoliberal*

City. Berkeley: University of California Press.

Davis, Fred. 1979. *Yearning for Yesterday: A Sociology of Nostalgia*. New York: Free Press.

Davletmendova, Nargis. 2011. "New Ingredients in the Melting Pot: Kazakhs, Kyrgyz, and Uzbeks." MA thesis. Department of Sociology, City College of New York.

DeParle, Jason. 2009. "Struggling to Rise in Suburbs Where Failing Means Fitting In." *New York Times*, April 19.

Dewan, Shaila. 2009. "The Real Murder Mystery? It's the Low Crime Rate." *New York Times*, Week in Review, August 2.

"A Divorce for Governors Island." 2009. *New York Times*, Editorial, March 27. Dolnick, Sam. 2010a. "Bronx Neighborhood Fights to Save Its Living Room." *New York Times*, May 12.

———. 2010b. "Report Shows Plight of Puerto Rican Youth." *New York Times*, October 29.

———. 2011a. "Ethnic Differences Emerge in Plastic Surgery." *New York Times*, February 18.

———. 2011b. "Staying Put in a City of Change." *New York Times*, Metropolitan Section, September 18.

———. 2012. "At SoHo Bar, a New Star's Fans Share His Heritage." *New York Times*, February 11.

Dominus, Susan. 2009. "A Times Square for Our Time, Pedestrian in More Ways Than One." *New York Times*, July 1.

———. 2010. "Teenage Summer, the Fasting Version." *New York Times*, August 21.

Dordick, Gwendolyn A. 1997. *Something Left to Lose: Personal Relations and Survival among New York's Homeless*. Philadelphia: Temple University Press.

Duberman, Martin B. 1993. *Stonewall*. New York: Dutton.

Duck, Waverly. 2009. "'Senseless' Violence: Making Sense of Murder." *Ethnography* 10: 417–434.

Dunbar, Ernest, ed. 1970. *The Black Expatriates*. New York: Pocket Books.

Duneier, Mitchell. 1992. *Slim's Table: Race, Respectability, and Masculinity.* Chicago: University of Chicago Press.

———. 1999. *Sidewalk.* New York: Farrar, Straus, and Giroux.

Dunlap, David W. 2004. *From Abyssinian to Zion: A Guide to Manhattan's Houses of Worship.* New York: Columbia University Press.

Dwyer, Jim. 2009. "What to Make of a Big Deal Gone Sour." *New York Times*, November 4.

———. 2011. "Hauling Cans and Bottles through Brooklyn, for a Hard-Earned Extra Penny." *New York Times*, July 27.

Ebaugh, Helen Rose, and Mary Curry. 2000. "Fictive Kin as Social Capital in New Immigrant Communities." *Sociological Perspectives* 43: 189–209.

Edwards, Aaron. 2012. "As Vendors Hustle for Space, Tempers Flare." *New York Times*, September 3.

Ehrenhalt, Alan. 2012. *The Great Inversion and the Future of the American City.* New York: Alfred A. Knopf.

Ehrlich, Dimitri, and Gregor Ehrlich. 2006. "Graffiti in Its Own Words." *New York Magazine*, June 25.

Eligon, John. 2010. "The Police Say They Smashed a Major Bronx Drug Ring." *New York Times*, May 13.

Ellen, Ingrid Gould. 2000. *Sharing America's Neighborhoods: The Prospects for Stable Racial Integration.* Cambridge, MA: Harvard University Press.

Ellen, Ingrid Gould, Keren Mertens Horn, and Katherine O'Regan. 2011. "Urban 'Pioneers': Why Do Higher Income Households Choose Lower Income Neighborhoods?" Furman Center for Real Estate and Urban Policy. March 8.

Ellen, Ingrid Gould, Michael C. Lens, and Katherine O'Regan. 2011. "American Murder Mystery Revisited: Do Housing Voucher Households Cause Crime?" Furman Center for Real Estate and Urban Policy. October.

Ellen, Ingrid Gould, and Katherine M. O'Regan. 2010. "How Low-Income Neighborhoods Change: Entry, Exit, and Enhancement." U.S. Census Bureau, Center for Economic Studies. September.

Ellen, Ingrid Gould, Amy Ellen Schwartz, Ioan Voicu, and Michael H. Schill. 2007. "Does Federally Subsidized Rental Housing Depress Neighborhood Property Values?" *Journal of Policy Analysis and Management* 26: 257–280.

Emerson, Robert M. 2009. "Ethnography, Interaction, and Ordinary Trouble." *Ethnography* 10: 535–548.

Emoto, Masaru. 2004. *The Hidden Messages in Water.* Hillsboro, OR: Beyond Words.

Englander, Caryl. 2004. *Acts of Charity—Deeds of Kindness: New York's Met Council at Thirty.* New York: Metropolitan Council on Jewish Poverty.

Espinoza, Martin. 2008. "A Neighborhood in Transition, Sometimes Uneasily." *New York Times*, December 6.

Evelly, Jeanmarie. 2010. "White House 'Drug Czar' Visits the Bronx." *Norwood News*, June 17–30.

Fahim, Kareem. 2010. "Energy of Haitian Sound Pulses after a Difficult Year." *New York Times*, September 7.

Fahim, Kareem, and Karen Zraick. 2008. "Killing Haunts Ecuadoreans' Rise in New York." *New York Times*, December 15.

———. 2010. "A New Comptroller, Cheered by Asian-Americans Declaring a New Era." *New York Times*, January 2.

Fálcon, Angelo. 2005. "De'tras Pa'lante: Explorations on the Future History of Puerto Ricans in New York City." In *Boricuas in Gotham: Puerto Ricans in the Making of Modern New York City*, edited by Gabriel Haslip-Viera, Angelo Fálcon, and Félix Matos Rodríguez, 147–192. Princeton, NJ: Markus Wiener.

Fava, Sylvia F., and Judith DeSena. 1984. "The Chosen Apple: Young Suburban Migrants." In *The Apple Sliced: Sociological Studies of New York City*, edited by Vernon Boggs, Gerald Handel, and Sylvia F. Fava, 305–322. New York: Praeger.

Feliciano, Cynthia, Rennie Lee, and Belinda Robnett. 2011. "Racial Boundaries among Latinos: Evidence from Internet Daters' Racial Preferences." *Social Problems* 58: 189–212.

Fernández, Georgina. 2010. "A Brighter Future for the Lower Grand Concourse?" *Bronx Youth Heard* 3: 4.

Fernández, Manny. 2008. "Brawl Involving Firefighters Invites Unwanted Reputation for East Side Bar." *New York Times*, December 15.

———. 2009a."New York Housing Plan Is Delayed." *New York Times*, January 6.

———. 2009b. "City's Beach Clubs Catch Government Scrutiny." *New York Times*, September 1.

———. 2009c. "2 Brooklyn Complexes with a Ghost-Town Feel." *New York Times*, December 8.

———. 2010. "Public Housing Project to Come Tumbling Down." *New York Times*, February 6.

———. 2011. "Growing Up and Old in the Same Neighborhood." *New York Times*, January 12.

Fessenden, Ford, and Sam Roberts. 2011. "Then as Now: New York's Shifting Ethnic Mosaic." *New York Times*, Week in Review Section, January 23.

Feuer, Alan. 2002. "Secrets of the Dean of the Pie Men: Hints from 59 Years in Pizza: Crust Is Thin, and No Avocados." *New York Times*, Metropolitan Section, April 2.

———. 2011a. "The Wilderness below Your Feet." *New York Times*, Metropolitan Section, January 2.

———. 2011b. "Beer Gardens Everywhere." *New York Times*, May 27.

———. 2011c. "Jamaica Bay: Wilderness on the Edge." *New York Times*, Metropolitan Section, July 31.

———. 2012. "The Hidden Homeless." *New York Times*, Metropolitan Section, February 5.

Filkins, Dexter. 2001. "Connecting Dots, Linking to Roots; In Caribbean Enclaves, Dominoes Are a Summer Fixture." *New York Times*, July 2.

Firey, Walter. 1945. "Sentiment and Symbolism as Ecological Variables." *American Sociological Review* 10: 140–148.

Fischler, Marcelle S. 2009. "The Island's Changing Face." *New York Times*, Long Island Section, September 27.

Fisher, Ian. 1996. "The Human Face of New York's World Wide Web." *New York Times*, August 8.

Flegenheimer, Matt. 2011. "Window Fixtures of Rougher Days Come Down." *New York Times*, December 13.

Florida, Richard L. 2002. *The Rise of the Creative Class and How It's Transforming Work, Leisure, Community, and Everyday Life*. New York: Basic Books.

———. 2003. "Cities and the Creative Class." *City & Community* 2: 3–19. Foderaro, Lisa W. 1987. "Harlem's Hedge against Gentrification." *New York Times*, Real Estate Section, August 16.

———. 2011a. "O.K., Keep Looking Down: Sidewalks Will Stay Ad-Free." *New York Times*, July 15.

———. 2011b. "From High Line to Low, and Behold: Two Men Have Ideas for Park in Old Terminal under Delancey St." *New York Times*, November 22.

Foner, Nancy. 2000. *From Ellis Island to JFK: New York's Two Great Waves of Immigration*. New Haven, CT: Yale University Press.

———, ed. 2001. *New Immigrants in New York*. Rev. ed. New York: Columbia University Press.

———. 2005a. *In a New Land: A Comparative View of Immigration*. New York: New York University Press.

———, ed. 2005b. *Wounded City: The Social Impact of 9/11*. New York: Russell Sage Foundation.

———. 2006."Immigrants at Home." *New York Times*, Op Ed Page, November 26. Foner, Nancy, and Richard D. Alba. 2008. "Immigrant Religion in the U.S. and Western Europe: Bridge or Barrier to Inclusion?" *International Migration Review* 42: 360–392.

Fontana, Marian. 2005. *A Widow's Walk: A Memoir of 9/11*. New York: Simon and Schuster.

Fordyce E. J., T. P. Singh, F. M. Vazquez, J. McFarland, P. Thomas, S. Forlenza, and M. A. Chiasson. 1999. "Evolution of an Urban Epidemic: The First 100,000 AIDS Cases in New York City." *Population Research and Policy Review* 18: 523–544.

Foucault, Michel. 1975. *Discipline and Punish: The Birth of the Prison*. New York: Vintage.

Frase, Peter. 2005. "The Next Neighborhood: Hunter's Point/Long Island City." Research paper. Department of Sociology, City University of New York Graduate Center.

Frazier, E. Franklin. 1957. *Black Bourgeoisie*. New York: Free Press.

Freedman, Samuel G. 1985. "The New New Yorkers." *New York Times*, Sunday Magazine, November 3.

———. 1994. *Upon This Rock: The Miracles of a Black Church*. New York: Harper Perennial.

———. 1998. "From the Ground Up in East New York." *New York Times*, April 4.

Freeman, Joshua B. 2000. *Working-Class New York: Life and Labor since World War II*. New York: New Press.

Freeman, Lance. 2006. *There Goes the 'Hood: Views of Gentrification from the Ground Up*. Philadelphia: Temple University Press.

Freidenberg, Judith, ed. 1995. *The Anthropology of Low-Income Urban Enclaves: The Case of East Harlem*. New York: New York Academy of Sciences.

Freund, Helen. 2011. "Slain over a Glance." *New York Post*, July 26.

Frey, James H., and D. Stanley Eitzen. 1991. "Sport and Society." *Annual Review of Sociology* 17: 503–522.

Fruhauf, Hannah. 2012. "Bushwick: A Forgotten Neighborhood Revitalized." Research paper. Department of Sociology, City University of New York Graduate Center.

Gabriel, Trip, and Jennifer Medina. 2010. "Charter Schools' New Cheerleaders: Financiers." *New York Times*, May 10.

Gamm, Gerald. 1999. *Urban Exodus: Why the Jews Left Boston and the Catholics Stayed*. Cambridge, MA: Harvard University Press.

Gan, Jessi. 2007. "'Still at the Back of the Bus': Sylvia Rivera's Struggle." *Centro Journal* 19: 124–139.

Gans, Herbert J. 1982. *The Urban Villagers: Group and Class in the Life of Italian Americans*. New York: Free Press.

_____. 2002. "The Sociology of Space: A Use-Centered View." *City & Community* 1: 329–339.

Gentry, Kendra. 2009. "Then and Now: An Exploration of Manhattan Valley." Research paper. Department of Sociology, City University of New York Graduate Center.

Genzlinger, Neil. 2011. "Invasion of the Pop-Ups: Time for a Smackdown." *New York Times*, Metropolitan Section, August 14.

Gerstle, Gary, and John H. Mollenkopf, eds. 2001. *E Pluribus Unum?: Contemporary and Historical Perspectives on Immigrant Political Incorporation*. New York: Russell Sage Foundation.

Gill, John Freeman. 2005. ""Wonder Years," by Way of Bed-Stuy." *New York Times*, December 4. Online Edition.

_____. 2010a. "Living In/Prince's Bay, Staten Island: Horses, Beaches, Boats, and New Houses." *New York Times*, Real Estate Section, September 26.

_____. 2010b. "Living In/Hunts Point–Longwood: A Place That Redefines Resilience." *New York Times*, Real Estate Section, November 14.

Gladwell, Malcolm. 2000. *The Tipping Point: How Little Things Can Make a Big Difference*. Boston: Little-Brown.

Glaser, Barney G., and Anselm L. Strauss. 1967. *The Discovery of Grounded Theory: Strategies for Qualitative Research*. Chicago: Aldine.

Glassman, Carl. 2008. "Martinis to Displace Tribeca Pushcarts?" *Tribeca Tribune*, October.

Glazer, Nathan, and Daniel Patrick Moynihan. 1970 (1963). *Beyond the Melting Pot: The Negroes, Puerto Ricans, Jews, Italians, and Irish of New York City*. Cambridge: MIT Press.

Goering, John M., Maynard Robison, and Knight Hoover. 1977. *The Best Eight Blocks in Harlem: The Last Decade of Urban Reform*. Washington, DC: University Press of America.

Gold, Steven J. 2002. *The Israeli Diaspora*. Seattle: University of Washington Press.

_____. 2009. "Immigration Benefits America." *Society* 46: 408–411.

_____. 2010. *The Store in the Hood: A Century of Ethnic Business and Conflict.* Lanham, MD: Rowman and Littlefield.

Goldberger, Paul. 1979. "Midtown Construction: Problem of Prosperity." *New York Times*, July 30.

_____. 1984. "Utopia in the Outer Boroughs." *New York Times*, Sunday Magazine, November 4.

Goldblum, Robert. 2011. "Chewing on Jewish Decline." *Jewish Week*, July 5.

Goldstein, Joseph. 2012. "43 in Two Warring Groups Are Indicted in Brooklyn." *New York Times*, January 20.

Gonnerman, Jennifer. 2009. "Last Home Standing." *New York Magazine*, September 6.

González, David. 1997. "After 12 Steps, One Prayer: To Die Sober." *New York Times*, September 3.

_____. 2009a. "A Family Divided by 2 Words, Legal and Illegal." *New York Times*, April 26.

_____. 2009b. "Play Street Becomes a Sanctuary." *New York Times*, August 2.

_____. 2009c. "Faces in the Rubble." *New York Times*, Metropolitan Section, August 23.

_____. 2010. "Still Taking to the Streets to Honor Their Saints." *New York Times*, June 6.

González, Evelyn. 2004. *The Bronx*. New York: Columbia University Press. Gooch, Brad. 1992. "The New Bohemia: Over the Bridge to Williamsburg." *New York Magazine*, June 22.

Goodman, David. 2009. "A Harlem Tradition: Risking Scraped Skin for Cycling Glory." *New York Times*, June 22.

Goodman, Peter. 2004. "Immigrants Bring Dreams and Combs to N.Y. Shop." *Newsday*, July 24.

Goodman, Richard. 2010. *A New York Memoir.* New Brunswick, NJ: Transaction Books.

Goodstein, Laurie. 2010. "For Catholics, Interest in Exorcism Is Revived." *New York Times*, November 13.

Goodyear, Sarah. 2010. "This Commissioner Takes No Prisoners: Taming the Mean Streets: A Talk with NYC Transportation Chief Janette Sadik-Khan." *Grist: A Beacon in the Smog*, December 21. Online publication.

Gootman, Elissa. 2010. "Insights from a Week as a 311 Operator in New York." *New York Times*, Metropolitan Section, May 16.

Gordinier, Jeff. 2011. "Restaurateur's 'Japantown' Helps Victims." *New York Times*, March 30.

Gotham, Kevin Fox, and Miriam Greenberg. 2008. "From 9/11 to 8/29: Post-Disaster Recovery and Rebuilding New York and in New Orleans." *Social Forces* 87: 1039–1062.

Gottdiener, Mark. 1995. *Postmodern Semiotics: Material Culture and the Forms of Postmodern Life*. New York: John Wiley and Sons.

Gottlieb, Jeff. "Change and Revelation: The Movement of Jews in Queens." Unpublished. n.d. Internet, 3 pps.

Grasmuck, Sherri, and Ramon Grosfoguel. 1997. "Geopolitics, Economic Niches, and Gendered Social Capital among Recent Caribbean Immigrants to New York City." *Sociological Perspectives* 40: 339–363.

Gratz, Roberta Grandes. 1978. "How Westway Will Destroy New York: An Interview with Jane Jacobs." *New York Magazine*, February 6.

Gray, Christopher. 2003. "Recalling the Days of Knights and Elks." *New York Times*, August 24.

_____. 2009. "In Audubon Park, a Few Surviving Oriels." *New York Times*, Real Estate Section, April 19.

Gray, Geoffrey. 2012. "King Carl of Canarsie." *New York Magazine*, January 8.

Greenberg, Miriam. 2008. *Branding New York: How a City in Crisis Was Sold to the World*. New York: Routledge.

Gregor, Alison. 2010. "Protecting an Array of Gems in the Bronx." *New York Times*, Real Estate Section, March 26.

_____. 2012. "All It Needs Is a Name." *New York Times*, Real Estate Section, February 26.

Gregory, Steven. 1998. *Black Corona: Race and the Politics of Place in an Urban*

Community. Princeton, NJ: Princeton University Press.

Gross, Max. 2012. "Gowanus Is Upon Us!" *New York Post,* August 11.

Grynbaum, Michael M. 2009a. "Tourists and New Yorkers Take a Rubber Seat in Times Square." *New York Times,* June 11.

———. 2009b. "A Calming Presence amid the Groans and Screeches." *New York Times,* July 6.

———. 2010. "Plan Gives Pedestrians a Plaza at Union Square." *New York Times,* April 24.

Gubernat, Tamara. 2008. "Ridgewood, New York, and Its Borders." Research paper. Department of Sociology, City University of New York Graduate Center. Haberman, Clyde. 1997. "Two Parades, Same Route? It Can Be Done." *New York Times,* November 28.

———. 2009. "Welcome, Archbishop Dolan! Now Show Us What Ya Got." *New York Times,* April 17.

———. 2011. "Bloomberg Seeks to Show That He Cares." *New York Times,* January 20.

Hakim, Danny. 2011. "Exemptions Were Key to Vote on Gay Marriage." *New York Times,* June 26.

Haley, Alex. 1976. *Roots: The Saga of an American Family.* New York: Doubleday. Hall, Trish. 1999. "A South Bronx Very Different from the Cliché: Renovated Homes, New Apartments, and Antique Stores." *New York Times,* Real Estate Section, February 14.

Halle, David, ed. 2003. *New York and Los Angeles: Politics, Society, and Culture: A Comparative View.* Chicago: University of Chicago Press.

———. 2006. "Who Wears Jane Jacob's Mantle in Today's New York City?" *City & Community* 5: 237–241.

Hallman, Howard H. 1984. *Neighborhoods: Their Place in Urban Life.* Beverly Hills, CA: Sage Publications.

"Harlem Is Booming." 2010. Advertising insert in *New York Times,* Z: 1–8, October 7.

Harris, Elizabeth A. 2009. "Living In/Hudson Heights: An Aerie Straight Out of the Deco Era." *New York Times*, Real Estate Section, October 18.

Harris, Elizabeth A., and Adriane Quinlan. 2011. "Where the Fight Began, Cries of Joy and Talk of Weddings." *New York Times*, June 25.

Harvey, David. 1976. "Labor, Capital, and Class Struggle around the Built Environment in Advanced Capitalist Societies." *Politics and Society* 6: 265–295.

———. 1985. *Consciousness and the Urban Experience*. Baltimore, MD: Johns Hopkins University Press.

Haslip-Viera, Gabriel, and Sherrie L. Baver, eds. 1996. *Latinos in New York: Communities in Transition*. Notre Dame, IN: University of Notre Dame Press. Haslip Viera, Gabriel, Angelo Fálcon, and Félix Matos Rodríguez, eds. 2005. *Boricuas in Gotham: Puerto Ricans in the Making of Modern New York City*. Princeton, NJ: Markus Wiener.

Hassell, Malve Von. 1996. *Homesteading in New York City, 1978–1993: The Divided Heart of Loisaida*. Westport, CT: Bergin and Garvey.

Haughney, Christine. 2008. "Old Europe and New Brooklyn in Williamsburg." *New York Times*, November 22.

———. 2009. "Harlem's Real Estate Boom Becomes a Bust." *New York Times*, July 8.

———. 2010. "Tipping the Doorman? Keep the Smoking Jacket." *New York Times*, December 21.

Heilman, Samuel C. 1986. *A Walker in Jerusalem*. New York: Summit Books.

———. 2006. *Sliding to the Right: The Contest for the Future of American Jewish Orthodoxy*. Berkeley: University of California Press.

Helmreich, Alan, and Paul Marcus, eds. 1998. *Blacks and Jews on the Couch: Psychoanalytic Reflections on Black-Jewish Conflict*. Westport, CT: Praeger.

Helmreich, Helaine. 2008. *Rachel's Diary*. Brooklyn, NY: Franklin Printing. Helmreich, William B. 1973. *The Black Crusaders: A Case Study of a Black Militant Organization*. New York: Harper and Row.

———. 1977. *Afro-Americans and Africa: Black Nationalism at the Crossroads.*

Westport, CT: Greenwood Press.

Helmreich, William B. 1982. *The Things They Say behind Your Back: Stereotypes and the Myths behind Them*. New York: Doubleday.

———. 1992. *Against All Odds: Holocaust Survivors and the Successful Lives They Made in America*. New York: Simon and Schuster.

———. 2011. *What Was I Thinking?: The Dumb Things We Do and How to Avoid Them*. Lanham, MD: Rowman and Littlefield.

Herbert, Bob. 1993. "In America: Violence in the State of Denial." *New York Times*, Op Ed, October 27.

———. 2010a. "Where the Bar Ought to Be." *New York Times*, February 22.

———. 2010b. "This Raging Fire." *New York Times*, Op Ed, November 16.

Herbst, Laura. 1988. "The Hidden Lives of the 'Downtown Chinese.'" *New York Times*, Long Island Section, May 29.

Hernández, Javier C. 2009a. "In the Future, the City's Streets Are to Behave." *New York Times*, May 20.

———. 2009b. "City Students Gain in Math; Racial Gap Shrinks." *New York Times*, June 2.

———. 2010. "Hearing on Limits for Vendors Gets Creative Response." *New York Times*, April 24.

———. 2011. "Just Look at This Place. What's Not to Love?" *New York Times*, March 31.

Hernández, Ramona, and Silvio Torres-Saillant. 1996. "Dominicans in New York: Men, Women, and Prospects." In *Latinos in New York: Communities in Transition*, edited by Gabriel Haslip-Viera and Sherrie L. Baver, 30–56. Notre Dame, IN: University of Notre Dame Press.

Herring, Cedric, Verna Keth, and Hayward Horton. 2004. *Skin Deep: How Race and Complexion Matter in the "Color-Blind" Era*. Chicago: University of Illinois Press.

Herszenhorn, David M. 1999. "Protesters Fight Auctioning of Community Gardens." *New York Times*, May 6.

Hinds, Michael deCourcy. 1985. "New Housing Lags in Outer Boroughs." *New*

York Times*, Real Estate Section, April 14.

Hitlin, Steven, J. Scott Brown, and Glen H. Elder Jr. 2007. "Measuring Latinos: Racial vs. Ethnic Classification and Self-Understandings." *Social Forces* 86: 587–611. Hochschild, Jennifer, and Vesla Weaver. 2007. "The Skin Color Paradox and the American Racial Order." *Social Forces* 86: 643–670.

Hoffman, Lily M. 2003. "Revalorizing the Inner City: Tourism and Regulation in Harlem." In *Cities and Visitors: Regulating People, Markets, and City Space*, edited by Lily M. Hoffman, Susan S. Fainstein, and Denis R. Judd, 91–112. Malden, MA: Blackwell.

Hollander, Sophia, and Joseph De Avila. 2013. "'Holes' Are Seen in Kendra's Law." *Wall Street Journal*, January 9.

Holloway, Lynette. 1997. "Shorties and Scholars Agree, the Word Is Rap." *New York Times*, January 5.

Hosler, Akiko S. 1998. *Japanese Immigrant Entrepreneurs in New York City: A New Wave of Ethnic Business*. New York: Garland.

House, Laura. 2008. "Amid Downturn, an Uptick in Doing Good." *New York Magazine*, December 14.

Howe, Ben Ryder. 2010. *My Korean Deli: Risking It All for a Convenience Store*. New York: Henry Holt.

Howe, Marvine. 1985. "Ukrainian Resurgence in East Village." *New York Times*, June 9.

Hoyt, Homer. 1939. *The Structure and Growth of Residential Neighborhoods in American Cities*. Washington, DC: Federal Housing Administration.

Hu, Winnie. 2012. "For an Old Italian Game, a Crescendo of Sorts." *New York Times*, April 24.

Hughes, C. J. 2010. "Living In/Sea Gate, Brooklyn: The Beach Is Never Far Away." *New York Times*, Real Estate Section, September 5.

———. 2011. "26.2 Miles of Change." *New York Times*, November 5.

Hydra, Derek. 2006. "Racial Uplift?: Intra-Racial Class Conflict and the Economic Revitalization of Harlem and Bronzeville." *City & Community* 5: 71–92.

Hymowitz, Kay S. 2011. "How Brooklyn Got Its Groove Back." *City Journal*

(Autumn):76–88.

Iverac, Mirela. 2010. "A Tokyo Start, but Most at Home on 125th Street." *New York Times*, April 24.

Jackson, Jennifer V., and Mary E. Cothran. 2003. "Black Versus Black: The Relationships among African, African American, and African American Caribbean Persons." *Journal of Black Studies* 33: 576–604.

Jackson, John L., Jr. 2001. *Harlem World: Doing Race and Class in Contemporary Black America*. Chicago: University of Chicago Press

Jackson, Kenneth T. 1985. *Crabgrass Frontier: The Suburbanization of the United States*. New York: Oxford University Press.

———, ed. 1995. *The Encyclopedia of New York City*. New Haven, CT: Yale University Press.

———, ed. 2010. *The Encyclopedia of New York City*. Rev. ed. New Haven, CT: Yale University Press.

Jackson, Kenneth T., and John B. Manbeck, eds. 2004. *The Neighborhoods of Brooklyn*. New Haven, CT: Yale University Press.

Jackson, Nancy Beth. 2002. "Fort Greene: Diversity, Culture, and Brownstones, Too." *New York Times*, Real Estate Section, September 1.

Jacobs, Jane. 1961. *The Death and Life of Great American Cities*. New York: Vintage Books.

Jacobson, Mark. 2012. "The Land That Time and Money Forgot." *New York Magazine*. September 9.

Jang, Sou Hyun. 2010. "East Village in New York City." Research paper. Department of Sociology, City University of New York Graduate Center.

Jen, Gish. 1996. *Mona in the Promised Land*. New York: Alfred A. Knopf.

Jerolmack, Colin. 2008. "How Pigeons Became Rats: The Cultural-Spatial Logic of Problem Animals." *Social Problems* 55: 72–94.

———. 2009. "Primary Groups and Cosmopolitan Ties: The Rooftop Pigeon Flyers of New York City." *Ethnography* 10: 435–457.

Johnson, Kirk. 1985. "Suddenly, the Barrio Is Drawing Buyers." *New York Times*, June 2.

Jonnes, Jill. 1986. *We're Still Here: The Rise, Fall, and Resurrection of the South Bronx*. Boston: Atlantic Monthly Press.

Kadushin, Charles, Matthew Lindholm, Dan Ryan, Archie Brodsky, and Leonard Saxe. 2005. "Why It Is So Difficult to Form Effective Community Coalitions?" *City & Community* 4: 255–275.

Kaminer, Ariel. 2010. "Has the Big Apple Become the Big Eyeball?" *New York Times*, Metropolitan Section, May 9.

Kang, Miliann. 2003. "The Managed Hand: The Commercialization of Bodies and Emotions in Korean Immigrant-Owned Nail Salons." *Gender and Society* 17: 820–839.

Kappstatter, Bob. 1996. "South Bronx Area on the Way Back." *New York Daily News*, September 29.

Karmen, Andrew. 2000. *New York Murder Mystery: The True Story behind the New York Crime Crash of the 1990s*. New York: New York University Press.

Kasinitz, Philip. 1992. *Caribbean New York: Black Immigrants and the Politics of Race*. Ithaca, NY: Cornell University Press.

———. 1998. "The Gentrification of 'Boerum Hill': Neighborhood Change and Conflicts over Definitions." *Qualitative Sociology* 11: 163–182.

———. 2000. "Red Hook: The Paradoxes of Poverty and Place in Brooklyn." *Research in Urban Sociology* 5: 253–274.

Kasinitz, Philip, Mohamad Bazzi, and Randal Doane. 1998. "Jackson Heights, New York." *Cityscape: A Journal of Policy Development and Research* 4: 161–177.

Kasinitz, Philip, and Bruce Haynes. 1996. "The Fire at Freddy's." *Common Quest* (Fall): 25–34.

Kasinitz, Philip, and David Hillyard. 1995. "The Old-Timer's Tale: The Politics of Nostalgia on the Waterfront." *Journal of Contemporary Ethnography* 24: 139–164.

Kasinitz, Philip, John H. Mollenkopf, and Mary C. Waters, eds. 2004. *Becoming New Yorkers: Ethnographies of the New Second Generation*. New York:

Russell Sage Foundation.

Kasinitz, Philip, John H. Mollenkopf, Mary C. Waters, and Jennifer Holdaway. 2008. *Inheriting the City: The Children of Immigrants Come of Age.* New York: Russell Sage Foundation.

Katyal, Neal Kumar. 2002. "Architecture as Crime Control." *Yale Law Journal* 111: 1039–1139.

Katz, Jack. 1988. *Seductions of Crime: Moral and Sensual Attractions in Doing Evil.* New York: Basic Books.

———. 2010. "Time for New Urban Ethnographies." *Ethnography* 11: 25–44. Kennedy, Randy. 2004. *Subwayland: Adventures in the World beneath New York.* New York: St. Martin's.

Kennedy, Shawn G. 1985. "Fort Greene Integrates as It Gentrifies." *New York Times*, Real Estate Section, June 23.

Keogan, Kevin. 2010. *Immigrants and the Cultural Politics of Place: A Comparative Study of New York and Los Angeles.* El Paso, TX: LFB Scholarly Publishing.

Kershaw, Sarah. 2002. "The Distant Drums of War: In Queens, Indians and Pakistanis Live in Harmony." *New York Times*, June 1.

Khandelwal, Madhulika S. 2002. *Becoming American, Being Indian: An Immigrant Community in New York City.* Ithaca, NY: Cornell University Press.

Kidder, Tracy. 2009. *Strength in What Remains.* New York: Random House. Kilgannon, Corey. 2009a. "Putting Together a Hamburger, a Neighborhood, and Hip-Hop." *New York Times*, February 20.

———. 2009b. "Local Stop/Little Guyana: India in Queens, with a Caribbean Accent." *New York Times*, Metropolitan Section, May 24.

———. 2009c. "Where Blue-Collar Boys Hoist a Sail, and a Beer." *New York Times*, Metropolitan Section, June 14.

———. 2009d. "Why Was He Shot while Walking the Dog? It Was the Red Shirt." *New York Times*, December 8.

———. 2009e. "Night and Day." *New York Times*, Metro Section, December 13.

_____. 2010a. "In Old Irish Sections, Seeing Shifts through a Pint Glass." *New York Times*, March 17.

_____. 2010b. "High Line's Next Phase: Less Glitz, More Intimacy." *New York Times*, December 20.

_____. 2011. "Feud between Projects Cited in Basketball Star's Killing." *New York Times*, September 15.

Kim, Esther Chihye. 2009. "'Mama's Family': Fictive Kinship and Undocumented Immigrant Restaurant Workers." *Ethnography* 10: 497–513.

Kimmelman, Michael. 2005. "A Billowy Gift to the City." *New York Times*, February 13. Online Edition.

_____. 2011. "In a Bronx Complex, Doing Good Mixes with Looking Good." *New York Times*, September 26.

_____. 2012. "Towers of Dreams: One Ended in Nightmare." *New York Times*, Arts Section, January 26.

Kinetz, Erika. 2002. "Love's Journey." *New York Times*, February 10.

Kiviat, Barbara. 2008. "Gentrification: Not Ousting the Poor." *Time*, June 29. Kleinfield, N. R. 2009. "Big Pulpit." *New York Times*, Metropolitan Section, May 24.

_____. 2010. "Bingo in the Blood." *New York Times*, Metropolitan Section, November 28.

Koolhaas, Rem. 1994. *Delirious New York: A Retroactive Manifesto for Manhattan*. New York: Monacelli Press.

Kornblum, William. 1983. "Racial and Cultural Groups on the Beach." *Ethnic Groups* 5: 109–124.

_____. 2002. *At Sea in the City: New York from the Water's Edge*. Chapel Hill, NC: Algonquin Books.

Kornblum, William, and Kristen Van Hooreweghe. 2010. *Jamaica Bay Ethnographic Overview and Assessment*. Graduate Center, City University of New York. Report. Northeast Region Ethnography Program, National Park Service, Boston, MA, December.

Kotkin, Joel. 2010. *The Next Hundred Million: America in 2050*. New York:

Penguin.

Kramer, Rita. 1996. "New York's Missing Megastores." *City Journal* (Autumn): 68–73.

Kramer, Sarah, and Maggie Nesciur. 2009. "One in 8 Million: The Walker." *New York Times*, Metropolitan Section, November 8.

Krysan, Maria, and Reynolds Farley. 2002. "The Residential Preferences of Blacks: Do They Explain Persistent Segregation?" *Social Forces* 80: 937–980.

Kwong, Peter. 1996. *The New Chinatown*. Rev. ed. New York: Hill and Wang.

Kwong, Peter, and Dusanka Miscevic. 2005. *Chinese America: The Untold Story of America's Oldest New Community*. New York: New Press.

LaBennett, Oneka. 2011. *She's Mad Real: Popular Culture and West Indian Girls in Brooklyn*. New York: New York University Press.

LeDuff, Charlie. 1997. "Custodian of a Doomed Ship." *New York Times*, Section 13, April 27.

Lee, Denny. 2002. "A Once Evocative Name Falls Victim to the Bursting of the High-Tech Bubble." *New York Times*, March 24.

Lee, Jennifer. 2002. *Civility in the City: Blacks, Jews, and Koreans in Urban America*. Cambridge, MA: Harvard University Press.

Lee, Trymaine. 2010. "In Changing Harlem, Rift between Old and New Business Owners." *New York Times*, December 20.

Lees, Loretta. 2003. "Super-gentrification: The Case of Brooklyn Heights, New York City." *Urban Studies* 40: 2487–2509.

Lefevbre, Henri. 1991. *The Production of Space*. Translated by Donald NicholsonSmith. Oxford: Basil Blackwell.

Lehmekh, Halyna. 2010. *Ukrainian Immigrants in New York: Collision of Two Worlds*. El Paso, TX: LFB Scholarly Publishing.

Lehrer, Jonah. 2010. "A Physicist Solves the City." *New York Times*, Sunday Magazine, December 19.

Lehrer, Warren, and Judith Sloan. 2003. *Crossing the BLVD: Strangers, Neighbors, Aliens in a New America*. New York: W. W. Norton.

Leland, John. 2000. "East Ninth Street: Cool Stuff for the Intrepid Sleuth." *New*

York Times, Home and Garden Section, November 30.

———. 2011a. "The God Squad." *New York Times*, Metropolitan Section, April 24.

———. 2011b. "Rocked Hard: The Battle of Williamsburg." *New York Times*, Metropolitan Section, May 29.

———. 2011c. "I Have No Neighbors Here." *New York Times*, Metropolitan Section, November 27.

Lessinger, Johanna. 2001. "Class, Race, and Success: Two Generations of Indian Americans Confront the American Dream." In *Migration, Transnationalization, and Race in a Changing New York*, edited by Hector R. Cordero-Guzman, Robert C. Smith, and Ramon Grosfoguel, 167–190. Philadelphia: Temple University Press.

Lethem, Jonathan. 2003. *The Fortress of Solitude*. New York: Doubleday. Levere, Jane L. 2009. "Retailers Take a Chance on a Mall in the Bronx." *New York Times*, September 2.

Levine, Hillel, and Lawrence Harmon. *The Death of an American Jewish Community: A Tragedy of Good Intentions*. New York: Free Press.

Levitt, Ellen. 2009. *The Lost Synagogues of Brooklyn*. Bergenfield, NJ: Avotaynu Books.

———. 2011. *The Lost Synagogues of the Bronx and Queens*. Bergenfield, NJ: Avotaynu Books.

Lewis-McCoy, R. L'Heureux. 2012. "School's Out: What Happens When Public Schools Shut Down?" Ebony.com. May 2.

Ley, David. 1986. "Alternative Explanations of Inner-city Gentrification: A Canadian Assessment." *Annals of the American Association of Geographers* 76: 521–535.

Liang, Zai, and Naomi Ito. 1999. "Intermarriage of Asian Americans in the New York City Region: Contemporary Patterns and Future Prospects." *International Migration Review* 33: 876–900.

Lichtenstein, Matty. 2010. "Fractured Identities: Community, Identity, and the Transformation of a Congregation." Research paper. Department of Sociology, City College of New York.

Lipinsky, Jed. 2012. "Leaving His Footprints on the City." *New York Times*, Metropolitan Section, March 25.

Lipman, Steve. 2012. "Prospect Park Frum." *Jewish Week*, January 6. Lockwood, Charles. 2003. *Bricks and Brownstone: The New York City Row House, 1783–1929*. New York: Rizzoli.

Lopate, Phillip. 2004. *Waterfront: A Walk around Manhattan*. New York: Anchor Books.

Low, Setha M. 2000. *On the Plaza: The Politics of Public Space and Culture*. Austin: University of Texas Press.

Low, Setha, and Neil Smith, eds. 2006. *The Politics of Public Space*. New York: Routledge.

Ludwig, Bernadette. 2009. "Little Liberia: aka Park Hill in Staten Island, N.Y." Research paper. Department of Sociology, City University of New York Graduate Center. Expanded version presented at the Annual Meeting of the American Sociological Association, Atlanta, Georgia, 2010.

Lueck, Thomas J. 1996. "A Rise in Visitors, a Shortage of Rooms." *New York Times*, October 21.

Luo, Michael. 2005. "Billy Graham Returns, to Find Evangelical Force in New York." *New York Times*, June 21.

———. 2012. "Lin's Appeal: Faith, Pride, and Points." *New York Times*, Sports Sunday, February 12.

Lyall, Sarah. 1989. "Where Isolation Is Both Curse and Charm." *New York Times*, July 24.

Madden, David J. 2010. "Revisiting the End of Public Space." *City & Community* 9: 187–207.

Maeckelbergh, Marianne. 2012. "Mobilizing to Stay Put: Housing Struggles in New York. *International Journal of Urban and Regional Research* 36: 655–673. Magnus, Cynthia. 2009. "A Sociology Field Study of the Jews of Boro Park in 2010." Research paper. Department of Sociology, City University of New York Graduate Center.

Mahler, Jonathan. 2005. *Ladies and Gentlemen, the Bronx Is Burning: 1977,*

Baseball, Politics, and the Battle for the Soul of a City. New York: Picador.

Mahon, Emily. 2013. "Paradoxes of Piety in Young Muslim American Women: Public Perceptions and Individual Realities." PhD dissertation. Department of Sociology, City University of New York Graduate Center.

Makris, Molly. 2008. "El Barrio: Enclave on the Eve of Transformation." Research paper. Department of Sociology, City University of New York Graduate Center.

Malanga, Steven. 2006. "Silicon Alley 2.0." *City Journal* (Autumn): 35–41.

_____. 2008. "The Death and Life of Bushwick." *City Journal* (Spring): 64–73. Maly, Michael T. 2005. *Beyond Segregation: Multiracial and Multiethnic Neighborhoods in the United States*. Philadelphia: Temple University Press. Marable, Manning. 2011. *Malcolm X: A Life of Reinvention*. New York: Viking.

Margolis, Maxine L. 1994. *Little Brazil: An Ethnography of Brazilian Immigrants in New York City*. Princeton, NJ: Princeton University Press.

Martin, Douglas. 1994a. "Districts to Improve Business Proliferate." *New York Times*, March 25.

_____. 1994b. "A Thoroughfare for Wildlife." *New York Times*, May 16. Martínez, Miranda J. 2010. *Power at the Roots: Gentrification, Community Gardens, and the Puerto Ricans of the Lower East Side*. Lanham, MD: Lexington Books.

Marwell, Nicole P. 2004. "Ethnic and Post-Ethnic Politics in New York City: The Dominican Second Generation." In *Becoming New Yorkers: Ethnographies of the New Second Generation*, edited by Philip Kasinitz, John H. Mollenkopf, and Mary C. Waters, 227–256. New York: Russell Sage Foundation.

_____. 2007. *Bargaining for Brooklyn: Community Organizations in the Entrepreneurial City*. Chicago: University of Chicago Press.

Massey, Douglas S., Rafael Alarcón, Jorge Durand, and Humberto González. 1987. *Return to Aztlan: The Social Process of International Migration from Western Mexico.* Berkeley: University of California Press.

Massey, Douglas S., and Nancy Denton. 1993. *American Apartheid: Segregation and the Making of the Under-Class.* Cambridge, MA: Harvard University Press. Massey, Douglas S., and Alice M. Rivlin. 2002. "Comments on 'Does Gentrification Harm the Poor?'" *Brookings-Wharton Papers on Urban Affairs.* 174–179. McFadden, Robert D. 1986. "Black Man Dies after Beating by Whites in Queens." *New York Times,* December 21.

McGeehan, Patrick. 2011. "Pleasant Surprise for East River Ferries: Crowds." *New York Times,* October 17.

McGeehan, Patrick, and Matthew R. Warren. 2009. "Black-White Gap in Jobless Rate Widens in City." *New York Times,* July 13.

Mc Lean, Keith Radcliffe. 2001. "Ethnic Succession: A Study of Racial and Ethnic Transformation in Canarsie, Brooklyn, New York." MA thesis, Department of Urban Affairs, Queens College, CUNY.

Medina, Jennifer. 2009. "Why Is This Christmas Different from All Others?" *New York Times,* December 26.

_____ . 2010. "Success and Scrutiny at Hebrew Charter School." *New York Times,* June 24.

Meisel, Abigail. 2013. "40 Miles to Work on a Bike." *New York Times,* Metropolitan Section, January 27.

Mele, Christopher. 2000. *Selling the Lower East Side: Culture, Real Estate, and Resistance in New York City.* Minneapolis: University of Minnesota Press.

Mensch, Barbara G. 2007. *South Street.* New York: Columbia University Press. Merlis, Jim. 2002. "Sal the Barber and the Make-Believe Ballroom." In *Mr. Beller's Neighborhood: Before & After: Stories from New York,* edited by Thomas Beller, 1: 28–32. New York: W. W. Norton.

Mesch, Gustavo S., and Kent P. Schwirian. 1996. "The Effectiveness of Neighborhood Collective Action." *Social Problems* 43: 467–483.

Miller, Elizabeth. 2009. "The Other Tribeca: Diversity amid Affluence." Research paper. Department of Sociology, City University of New York Graduate

Center. Miller, Stuart. 2007. "Turn Left at [Your Name Here]." *New York Times*, Op Ed Page, April 22.

Min, Pyong Gap. 2001. "Koreans: An Institutionally Complete Community in New York." In *New Immigrants in New York*, edited by Nancy Foner, 173–199. New York: Columbia University Press.

_____. 2008. *Ethnic Solidarity for Economic Survival: Korean Greengrocers in New York City*. New York: Russell Sage Foundation.

_____. 2010. *Preserving Ethnicity through Religion in America: Korean Protestants and Indian Hindus across Generations*. New York: New York University Press.

Minsky, Pearl. 2010. "Your Soap Box: Helen Granatelli, Dongan Hills." *Staten Island Advance*, August 5.

Mitchell, Joseph. 1992. *Up in the Old Hotel*. New York: Random House Digital. Model, Suzanne. 2008a. "The Secret of West Indian Success." *Society* 45: 44–48.

_____. 2008b. *West Indian Immigrants: A Black Success Story?* New York: Russell Sage Foundation.

Molina, Antonio Muñoz. 2010. "Spanish in New York: A Moving Landscape." In *Hispanic New York: A Sourcebook*, edited by Claudio Iván Remeseira, 355–358. New York: Columbia University Press.

Mollenkopf, John H. 1983. *The Contested City*. Princeton, NJ: Princeton University Press.

_____. 1999. "Urban Political Conflicts and Alliances: New York and Los Angeles Compared." In *The Handbook of International Migration*, edited by Charles Hirschman, Philip Kasinitz, and Josh DeWind, 412–422. New York: Russell Sage Foundation.

Mollenkopf, John H., and Ken Emerson, eds. 2001. *Rethinking the Urban Agenda: Reinvigorating the Liberal Tradition in New York City and Urban America*. New York: Century Foundation Press.

Mollenkopf, John H., John Pereira, and Steven Romalewski. 2010. "First Reactions to the Combined American Community Survey Data for

2005–2009." CUNY Graduate Center Presentation, December 17.

Moody, Kim. 2007. *From Welfare State to Real Estate: Regime Change in New York City, 1974 to the Present.* New York: New Press.

Mooney, Jake. 2007. "Crime Is Low, but Fear Knows No Numbers." *New York Times*, December 16.

———. 2011a. "Bringing Up Dumbo." *New York Times*, May 8.

Mooney, Jake. 2011b. "Living In/Bushwick, Brooklyn: The Vanguard Alights." *New York Times*, Real Estate Section, July 17.

———. 2011c. "Living In/Prospect Park South, Brooklyn: Houses Are Few but Not Far Between." *New York Times*, Real Estate Section, October 9.

Moore, Stephen. 1997. "The Immigrant Burden." *City Journal* (Spring): 12. Online version.

Morales, Ed. 2003. "Spanish Harlem on His Mind: Puerto Ricans Remember When El Barrio Was Theirs Alone." *New York Times*, Section 14, February 23. Morgan, Richard. 2012. "Neighborhood Boost Seen from the Lowline." *Wall Street Journal*, December 26.

Moskos, Charles. 1989. *Greek Americans: Struggle and Success.* New Brunswick, NJ: Transaction Books.

Moskos, Peter. 2008. *Cop in the Hood: My Year Policing Baltimore's Eastern District.* New York: Princeton University Press.

Nagourney, Adam. 1997. "Giuliani Sweeps to Second Term as Mayor." *New York Times*, November 5.

Nanos, Janelle. 2005. "Entering This Hall of Fame Takes Heart (and One Spaldeen)." *New York Times*, July 4.

Navarro, Mireya. 2012. "For Many Latinos, Racial Identity Is More Culture Than Color." *New York Times*, January 14.

Newfield, Jack, and Wayne Barrett. 1988. *City for Sale: Ed Koch and the Betrayal of New York.* New York: Harper and Row.

Newman, Andy. 2009. "As Cultures Clash, Brooklyn Principal Faces Assault Charges." *New York Times*, June 27.

———. 2011. "Principal Cleared of Charges in Confrontation with Teacher."

New York Times, April 14.

Newman, Andy, and Nate Schweber, with Dylan Loeb McClain. 2010. "Police! Drop the Pawn! Step Away from the Table!" *New York Times*, November 18. Newman, Katherine S. 1999. *No Shame in My Game: The Working Poor in the Inner City*. New York: Russell Sage Foundation.

Newman, Kathe, and Elvin K. Wyly. 2006. "The Right to Stay Put, Revisited: Gentrification and Resistance to Displacement in New York City." *Urban Studies* 43: 23–57.

Nossiter, Adam. 2010. "A Winner Is Announced and Disputed in Ivory Coast." *New York Times*, December 3.

Novak, Michael. 1971. *The Rise of the Unmeltable Ethnics*. New York: Macmillan.

Ocejo, Richard E. 2011. "The Early Gentrifiers: Weaving a Nostalgia Narrative on the Lower East Side." *City & Community* 10: 285–310.

Okeowo, Alexis. 2011. "An African Pageant Reflects the Changing Face of Staten Island: Maintaining Connections to Homelands." *New York Times*, August 5.

Okie, Susan. 2009. "The Epidemic That Wasn't." *New York Times*, Science Times, January 27.

Olson, Daniel V. A. 2008. "Why Do Small Religious Groups Have More Committed Members?" *Review of Religious Research* 49: 353–378.

O'Neill, Joseph. 2009. *Netherland*. New York: Vintage.

Onishi, Norimitzu. 1996. "Merging Identity—A Special Report: New Sense of Race Arises among Asian-Americans." *New York Times*, May 30.

Oppenheimer, Mark. 2011. "Mapping Religious Life in the Five Boroughs, with Shoe Leather and a Web Site." *New York Times*, March 19.

Orleck, Annelise. 2001. "Soviet Jews: The City's Newest Immigrants Transform New York Jewish Life." In *New Immigrants in New York*, edited by Nancy Foner, 111–140. New York: Columbia University Press.

Ortiz, Pilar. 2012. "The Informal Economies of Roosevelt Avenue." Research paper. Department of Sociology, City University of New York Graduate Center.

Orum, Anthony, and Zachary P. Neal, eds. 2010. *Common Ground?: Readings and Reflections on Public Space*. New York: Routledge.

Ousey, Graham C., and Charis E. Kubrin. 2009. "Exploring the Connection between Immigration and Violent Crime Rates in U.S. Cities, 1980–2000." *Social Problems* 56: 447–473.

Paik, Leslie. 2011. *Discretionary Justice: Looking Inside a Juvenile Drug Court*. New Brunswick, NJ: Rutgers University Press.

Paradis, Lauren. 2011. "Astoria: Not 'All Greek to' Residents." Research paper. Department of Sociology, City University of New York Graduate Center.

Passel, Jeffrey S. 2007. "Unauthorized Migrants in the United States: Estimates, Methods, and Characteristics." *OECD Social, Employment, and Migration Working Papers*, No. 57.

Pattillo-McCoy, Mary. 1999. *Black Picket Fences: Privilege and Peril among the Black Middle Class*. Chicago: University of Chicago Press, 1999.

Pérez, Gina M. 2004. *The Near Northwest Side Story: Migration, Displacement, and Puerto Rican Families*. Berkeley: University of California Press.

Perry, Donna L. 1997. "Rural Ideologies and Urban Imaginings: Wolof Immigrants in New York City." *Africa Today* 44: 229–260.

Petersen, Jen. 2011. "Whose Streets?: Paving the Right to the City." PhD dissertation. Department of Sociology, New York University.

Peyser, Andrea. 2011. "Gay Nuptials—This Time, It's Personal." *New York Post*, June 20.

Phillips, McCandlish. 1965. "State Klan Leader Hides Secret of Jewish Origin." *New York Times*, October 31.

"A Plan for Coney Island." 2009. *New York Times*, Editorial, July 13. "Playing Chess in the 'Hood.'" 2007. MSNBC.com, March 19.

Podhoretz, John. 2010. "The Upper West Side—Then and Now." *Commentary*, May.

Pogrebin, Robin. 2008a. "An Opaque and Lengthy Road to Landmark Status." *New York Times*, November 26.

———. 2008b. "Preservationists See Bulldozers Charging through a Loophole."

New York Times, November 29.

_____. 2008c. "Houses of Worship Choosing to Avoid Landmark Status." *New York Times*, December 1.

_____. 2008d. "Preservation and Development in a Dynamic Give and Take." *New York Times*, December 2.

_____. 2011. "High Line: The Sequel: Coming Soon: More Room to Roam." *New York Times*, Metropolitan Section, May 29.

Pokharel, Sunita. 2012. "Nepali Living in New York." Research paper. Department of Sociology, City College of New York.

Poll, Solomon. 1962. *The Hasidic Community of Williamsburg: A Study in the Sociology of Religion*. New York: Free Press.

Poros, Maritsa V. 2011. *Modern Migrations: Gujarati Indian Networks in New York and London*. Stanford, CA: Stanford University Press.

Portes, Alejandro. 1998. "'Social Capital': Its Origins and Applications in Modern Sociology." *Annual Review of Sociology* 24: 1–24.

Powell, Michael. 2010. "Old-Fashioned Bulwark in a Tide of Foreclosures." *New York Times*, Metropolitan Section, March 7.

_____. 2012. "No Room for Dissent in a Police Department Consumed by the Numbers." *New York Times*, May 8.

Press, Eyal. 2006. "Do Immigrants Really Make Us Safer?" *New York Times*, Sunday Magazine, December 3.

Preston, Julia. 2009. "Mexico Data Say Migration to U.S. Has Plummeted." *New York Times*, May 15.

Pritchett, Wendell. 2002. *Brownsville, Brooklyn: Blacks, Jews, and the Changing Face of the Ghetto*. Chicago: University of Chicago Press.

Prochnik, George. 2009. "City of Earthly Delights." *New York Times*, Week in Review Section, Op Ed, December 13.

Purnick, Joyce. 1980. "Koch Warns Unions on Hopes for Raises." *New York Times*, April 13.

Putnam, Robert D. 2000. *Bowling Alone: The Collapse and Revival of American Community*. New York: Simon and Schuster.

Quinn, Bernadette. 2005. "Art Festivals and the City." *Urban Studies* 42: 927–943.

Ragen, Naomi. 2003. *Chains around the Grass*. New Milford, CT: Toby Press.

Raver, Anne. 1997. "Houses before Gardens: The City Decides." *New York Times*, January 9.

Reitzes, Donald C. 1986. "Downtown Vitality: Factors Influencing the Use of Dining and Entertainment Facilities." *Sociological Perspectives* 29: 121–143.

Remeseira, Claudio Iván, ed. 2010. *Hispanic New York: A Sourcebook*. New York: Columbia University Press.

Rhode, David. 1997. "Crime and Politics Make Most Gangs Come and Go." *New York Times*, October 12.

Rhodes-Pitts, Sharifa. 2011. *Harlem Is Nowhere: A Journey to the Mecca of Black America*. Boston: Little, Brown.

Rich, Wilbur C. 2006. *David Dinkins and New York City Politics: Race, Images, and the Media*. Albany: SUNY Press.

Ricourt, Milagros, and Ruby Danta. 2010. "The Emergence of Latino Panethnicity." In *Hispanic New York: A Sourcebook*, edited by Claudio Iván Remseseira, 201–215. New York: Columbia University Press.

Rieder, Jonathan. 1985. *Canarsie: The Jews and Italians of Brooklyn against Liberalism*. Cambridge, MA: Harvard University Press.

Rimer, Sara. 1985. "Pool and Pride in the Bronx." *New York Times*, August 11.

Rivera, Ray, and Al Baker. 2010. "A Rise in Violent Crime Evokes City's Unruly Past." *New York Times*, April 12.

Robbins, Liz. 2008. *A Race Like No Other: 26.2 Miles through the Streets of New York*. New York: HarperCollins.

———. 2011a. "Bowlers in Brooklyn Enjoy a Haven While It's Still Around." *New York Times*, April 23.

———. 2011b. "After Coming Together for a Frantic Search, a Community Is Left Reeling." *New York Times*, July 14.

———. 2012. "Unease Lingers amid a Rebirth in Crown Heights." *New York Times*, February 1.

Roberts, Sam. 1991. "The Region: The Outer Boroughs Come Closer to the Inner

Circle." *New York Times*, Week in Review, June 9.

_____. 1993. "New York Hit by Increases in Migration." *New York Times*, March 10.

_____. 1994. "In Middle-Class Queens, Blacks Pass Whites in Household Income." *New York Times*, June 6.

_____. 2005. "More Africans Enter U.S. Than in Days of Slavery." *New York Times*, February 21.

_____. 2008a. "Census Shows Growing Diversity in New York City." *New York Times*, December 9.

_____. 2008b. "In Biggest U.S. Cities, Minorities Are at 50%." *New York Times*, December 9.

_____. 2009a. "City Nears 8.4 Million as Fewer Leave the State." *New York Times*, March 19.

_____. 2009b. "New York, a City Unspoiled. Wait, New York?" *New York Times*, March 23.

_____. 2009c. "Hispanic Population's Growth Propelled City to a Census Record." *New York Times*, May 14.

_____. 2009d. "What's in a Name? For Hispanics, a Generational Shift." *New York Times*, May 29.

_____. 2010a. "No Longer Majority Black, Harlem Is in Transition." *New York Times*, January 6.

_____. 2010b. "New York's Haitian Diaspora." *New York Times*, Metropolitan Section, January 17.

_____. 2010c. "Census Figures Challenge Views of Race and Ethnicity." *New York Times*, January 22.

_____. 2010d. "In a Switch, Manhattan Lost People, Census Says." *New York Times*, March 24.

_____. 2010e. "Black Women See Shrinking Pool of Black Men at the Marriage Altar." *New York Times*, June 4.

_____. 2010f. "White Population Rises in Manhattan." *New York Times*, July 4.

_____. 2010g. "Staten Island, Where Tennis in America Began." *New York*

Times, City Room Column, August 21.

———. 2010h. "In New York, Black and Hispanic Strongholds Become More White." *New York Times*, December 15.

———. 2011a. "In Time of Declining Crime, a Survey Finds Fewer Broken Windows." *New York Times*, February 24.

———. 2011b. "Survey Hints at a Census Undercount in New York City." *New York Times*, May 24.

Roberts, Sam. 2011c. "A Striking Evolution in Bedford-Stuyvesant as the White Population Soars." *New York Times*, August 5.

———. 2011d. "Happy to Call the City Home, More Now Move In Than Out." *New York Times*, November 12.

———. 2012a. "Population Growth in New York City Is Outpacing 2010 Census, 2011 Estimates Show." *New York Times*, April 5.

———. 2012b. "Touring the City with Fresh Eyes." *New York Times*, May 4.

———. 2013. "Fewer People Are Abandoning the Bronx, Census Data Show." *New York Times*, March 14.

Rodríguez, Clara. 2005. "Forging a New New York: The Puerto Rican Community, Post-1945." In *Boricuas in Gotham: Puerto Ricans in the Making of Modern New York City*, edited by Gabriel Haslip-Viera, Angelo Falcón, and Felíx Matos Rodríguez, 195–218. Princeton, NJ: Markus Wiener.

Ronalds-Hannon, Eliza. 2011. "Parents React to Sean Keaton's Acquittal." *New York Times*, April 15.

Rooney, Jim. 1995. *Organizing the South Bronx*. Albany: State University of New York Press.

Rosenberg, Noah. 2011. "Ice Cold, 42 Flavors of Nostalgia." *New York Times*, Metropolitan Section, August 7.

Rosenblum, Constance. 2009. "The Grand Cornice and Pediment Tour." *New York Times*, City Section, April 19.

———. 2010a. "Gods, Goddesses, and Elephants for Luck." *New York Times*, Real Estate Section, August 15.

———. 2010b. "An Island Perch with Postcard Views." *New York Times*, Real

Estate Section, August 29.

_____. 2010c. "A Magnetic Field, with Walls and Roof." *New York Times*, Real Estate Section, October 24.

_____. 2010d. "The Big Squeeze." *New York Times*, Real Estate Section, November 14.

Rosenthal, A. M., and Arthur Gelb. 1967. *One More Victim: The Life and Death of an American-Jewish Nazi*. New York: New American Library.

Rovzar, Chris. 2010. "Our Town." *New York Magazine*, January 31.

Ruderman, Wendy. 2012. "414 Homicides a Record Low for New York." *New York Times*, December 29.

Ruderman, Wendy, and Nate Schweber. 2012. "Central Park Rape Victim Says She Reported Earlier Confrontation." *New York Times*, September 15.

Rumbaut, Rubén G., and Alejandro Portes, eds. 2001. *Ethnicities: Children of Immigrants in America*. Berkeley: University of California Press.

Sachs, Susan. 2001. "The Census: New York." *New York Times*, March 16.

Sagalyn, Lynne B. 2001. *Times Square Roulette: Remaking the City Icon*. Cambridge: MIT Press.

Salkin, Allen. 2009. "Anybody Here from Astoria?" *New York Times*, Sunday Styles, October 11.

Sampson, Robert J. 2012. *Great American City: Chicago and the Enduring Neighborhood Effect*. Chicago: University of Chicago Press.

Samtur, Stephen M., and Martin A. Jackson. 2003. *The Bronx: Then and Now*. Scarsdale, NY: Back in the Bronx Publishing.

Samuels, David. 2008. "Assimilation and Its Discontents: How Success Ruined the New York Jew." *New York Magazine*, September 28.

Sandoval, Edgar, and Rocco Parascandola. 2010. "Harlem Neighborhood Lives with Fear and Tears as Deadly Gang War Rages on." *New York Daily News*, October 28.

Sanjek, Roger. 1998. *The Future of Us All: Race and Neighborhood Politics in New York City*. Ithaca, NY: Cornell University Press.

Sante, Luc. 2002. "The Tompkins Square Park Riot, 1988." In *Mr. Beller's*

Neighborhood: Before & After: Stories from New York, edited by Thomas Beller, 1: 45–51. New York: W. W. Norton.

———. 2003. *Low Life: Lures and Snares of Old New York.* New York: Farrar, Straus, and Giroux.

Santora, Marc. 2011a. "Gowanus: Big Development Can Wait." *New York Times*, Real Estate Section, July 31.

———. 2011b. "Across the Hall, Diversity of Incomes." *New York Times*, Real Estate Section, September 2.

Santos, Fernanda. 2009. "Are New Yorkers Satisfied? That Depends." *New York Times*, March 8.

———. 2010a. "Here to Aid His Family, Left to Die on the Street." *New York Times*, April 27.

———. 2010b. "A Queens Development Raises Ethnic Tensions." *New York Times*, July 14.

Saran, Parmatma. 1985. *The Asian Indian Experience in the United States.* Cambridge, MA: Schenkman.

Sassen, Saskia. 1988. *The Mobility of Capital and Labor: A Study in International Investment and Labor Flow.* New York: Cambridge University Press.

———. 2001. *The Global City: New York, London, Tokyo.* Princeton, NJ: Princeton University Press.

Satow, Julie. 2011. "The Fish Market Cleans up Good." *New York Times*, Real Estate Section, September 18.

Saul, Michael. 2002. "500 Gardens Saved in City Housing Deal." *New York Daily News*, September 19.

Saulny, Susan. 2009. "Voices Reflect Rising Sense of Racial Optimism." *New York Times*, May 3.

———. 2011. "Black? White? Asian? More Young Americans Choose All of the Above." *New York Times*, January 30.

———. 2012. "Interracial Marriage Seen Gaining Wide Acceptance." *New York Times*, February 16.

Schanberg, Sydney H. 1982. "Gentrifiers: The Lawyers." *New York Times*, May 11.

Schoeneman, Deborah. 2005. "The Waiting Is the Hardest Part." *New York Magazine*, May 21.

Schonfeld, Irvin Sam. 2012. "Not Quite Paradise: Growing Up in a New York City Housing Project." Unpublished manuscript.

Schulman, Sarah. 2012. *The Gentrification of the Mind: Witness to a Lost Imagination*. Berkeley: University of California Press.

Secret, Mosi. 2011. "Smaller Shelters and Persuasion Coax Homeless off Bronx Streets." *New York Times*, October 18.

Secret, Mosi. 2012. "Charges Tell of Iron Grip of a Gang." *New York Times*, February 1.

Semple, Kirk. 2008. "Political Dissension Troubles Liberian Groups on Staten Island." *New York Times*, New York Regional Section, July 28.

_____. 2009a. "A Heated Campaign for a Ceremonial Post." *New York Times*, March 28.

_____. 2009b. "Korean New Yorkers Hope for Council Seat in Queens, Their First." *New York Times*, May 6.

Semple, Kirk. 2009c. "Council Votes for Muslim Holidays." *New York Times*, July 1.

_____. 2009d. "As Ireland's Boom Ends, Job Seekers Revive a Well-Worn Path to New York." *New York Times*, July 10.

_____. 2009e. "Bhutan Refugees Find a Toehold in the Bronx." *New York Times*, September 25.

_____. 2010a. "New York Haitians See a Chance to Cohere into a Lasting Force." *New York Times*, February 4.

_____. 2010b. "In an Italian Enclave in the Bronx, Signs of Mexico Begin to Show." *New York Times*, July 8.

_____. 2010c. "Staten Island Neighborhood Reels after Wave of Attacks on Mexicans." *New York Times*, July 30.

_____. 2010d. "Long Island Study Rebuts Perceptions on Immigrant Workers." *New York Times*, November 18.

_____. 2011a. "Passing the One Million Mark, Asian New Yorkers Join Forces." *New York Times*, June 24.

_____. 2011b. "In New York, Mexicans Lag in Education." *New York Times*, November 25.

_____. 2012. "Many U.S. Immigrants' Children Seek American Dream Abroad." *New York Times*, April 16.

Senior, Jennifer. 2008. "Alone Together." *New York Magazine*, November 23.

Sennett, Richard. 1990. *The Conscience of the Eye: The Design and Social Life of Cities*. New York: Alfred Knopf.

Severson, Kim. 2009. "Brooklyn's Flavor Route to the South." *New York Times*, December 30.

Shaer, Matthew. 2011. "Not Quite Copenhagen." *New York Magazine*, March 20.

Sharkey, Patrick. 2006. "Navigating Dangerous Streets: The Sources and Consequences of Street Efficacy." *American Sociological Review* 71: 826–846.

_____. 2013. *Stuck in Place: Urban Neighborhoods and the End of Progress toward Racial Equality*. Chicago: University of Chicago Press.

Sharman, Russell Leigh. 2006. *The Tenants of East Harlem*. Berkeley: University of California Press.

Sharman, Russell Leigh, and Cheryl Harris Sharman. 2008. *Nightshift NYC*. Berkeley: University of California Press.

Sheftell, Jason. 2011. "Life on the Oval: Parkchester Can Save You Green While Surrounding You with Greenery." *New York Daily News*, Real Estate Section, July 8.

Shokeid, Moshe. 1988. *Children of Circumstances: Israeli Immigrants in New York*. Ithaca, NY: Cornell University Press.

Shulman, Robin. 2005. "A Neighborhood Fixture Too Gruff to Not Love." *New York Times*, June 21.

Siegel, Fred. 2000. "The Prince of New York: Rudy Giuliani's Legacy." *Weekly Standard*, August 21.

Sleeper, Jim. 1991. *The Closest of Strangers: Liberalism and the Politics of Race in New York*. New York: W. W. Norton.

Slotnik, Daniel E. 2010. "Muslim Deli Owners Must Choose Koran or

Customers." *New York Times*, January 4.

Small, Mario Luis. 2009. *Unanticipated Gains: Origins of Network Inequality in Everyday Life*. New York: Oxford University Press.

Small, Mario Luis, and Monica McDermott. 2006. "The Presence of Organizational Resources in Poor Urban Neighborhoods: An Analysis of Average and Contextual Effects." *Social Forces* 84: 1697–1724.

Smiley, Brett. 2012. "City Council to Hold Hearing on Controversial Restaurant Grading System." *New York Magazine*, March 7.

Smith, Christopher M., and Hilda E. Kurtz. 2003. "Community Gardens and Politics of Scale in New York City." *Geographical Review* 93: 193–212.

Smith, Neil. 1979. "Toward a Theory of Gentrification: A Back to the City Movement by Capital, not People." *Journal of the American Planning Association* 45: 538–548.

———. 1996. *The New Urban Frontier: Gentrification and the Revanchist City*. New York: Routledge.

Smith, Patricia K. 2005. "The Economics of Anti-Begging Regulations." *American Journal of Economics and Sociology* 64: 549–577.

Smith, Robert C. 2006. *Mexican New York: Transnational Lives of New Immigrants*. Berkeley: University of California Press.

Smothers, Ronald. 1986. "Black Leaders Say Queens Attack Is Evidence of 'Pervasive Problem.'" *New York Times*, December 23.

Soffer, Jonathan. 2010. *Ed Koch and the Rebuilding of New York City*. New York: Columbia University Press.

Sohn, Amy. 2009. *Prospect Park West*. New York: Simon and Schuster.

Sorkin, Michael. 2009. *Twenty Minutes in Manhattan*. New York: Reaktion Books.

Sorkin, Michael, and Sharon Zukin, eds. 2002. *After the World Trade Center: Rethinking New York*. New York: Routledge.

Sotomayor, Sonia. 2013. *My Beloved World*. New York: Alfred A. Knopf.
Souljah, Sister. 1999. *The Coldest Winter Ever*. New York: Pocket Books.
Steinberg, Stephen. 1981. *The Ethnic Myth: Race, Ethnicity, and Class in*

America. New York: Atheneum.

Stelloh, Tim. 2011. "Not Quite a Reporter, but Raking Muck and Reaping Wrath." *New York Times*, January 24.

Sterba, James P. 1978. "'I Love New York' Campaign Going National." *New York Times*, July 7.

Stern, Robert A. M., David Fishman, and Thomas Mellins. 1997. *New York 1960: Architecture and Urbanism between the Second World War and the Bicentennial*. New York: Monacelli Press.

Stern, Robert A. M., David Fishman, and Jacob Tilove. 2006. *New York 2000: Architecture and Urbanism between the Bicentennial and the Millennium*. New York: Monacelli Press.

Stern, Robert A. M., Gregory F. Gilmartin, and John Massengale. 1983. *New York 1900: Metropolitan Architecture and Urbanism, 1890–1915*. New York: Rizzoli.

Stern, Robert A. M., Gregory F. Gilmartin, and Thomas Mellins. 1987. *New York 1930: Architecture and Urbanism between the Two World Wars*. New York: Rizzoli.

Stern, Robert A. M., Thomas Mellins, and David Fishman. 1999. *New York 1880: Architecture and Urbanism in the Gilded Age*. New York: Monacelli Press.

Stoddard, Grant. 2007. "Castaway." *New York Magazine*, June 25.

Stoll, David. 2009. "Which American Dream Do You Mean?" *Society* 46: 398–402.

Stoller, Paul. 2002. *Money Has No Smell: The Africanization of New York City*. Chicago: University of Chicago Press.

Storper, Michael, and Richard A. Walker. 1983. "The Theory of Labor and the Theory of Location." *International Journal of Urban and Regional Research* 7: 1–43.

Stout, Hilary. 2010. "The March of the Conversions." *New York Times*, Real Estate Section, July 8.

"Subway Concerts Music to Fight/Switch By." 1985. *New York Times*, Opinion,

September 15.

Sugrue, Thomas J. 1996. *The Origins of the Urban Crisis*. Princeton, NJ: Princeton University Press.

Sullivan, C. J., and Wilson Dizard. 2010. "They'll Take Manhattan over Bronx." *New York Post*, October 22.

Sullivan, Robert. 2010."The Concrete Jungle." *New York Magazine*, September 12. Sulzberger, A. G., and Stacey Solie. 2010. "Guatemalans, in Brooklyn for Work, Keep Bonds of Home." *New York Times*, February 2.

Suro, Roberto. 2010. "New York: Teetering on the Heights." In *Hispanic New York: A Sourcebook*, edited by Claudio Iván Remeseira, 123–142. New York: Columbia University Press.

Suttles, Gerald D. 1972. *The Social Construction of Communities*. Chicago: University of Chicago Press.

Tanenbaum, Susie. 1995. *Underground Harmonies: Music and Politics in the Subways of New York*. Ithaca, NY: Cornell University Press.

Tavernise, Sabrina. 2011. "Outside Cleveland, Snapshots of Poverty's Surge in the Suburbs." *New York Times*, October 25.

Taylor, Marvin J., ed. 2005. *The Downtown Book: The New York Art Scene, 1974–1984*. Princeton, NJ: Princeton University Press.

Taylor, Monique M. 2002. *Harlem between Heaven and Hell*. Minneapolis: University of Minnesota Press.

Thabit, Walter. 2003. *How East New York Became a Ghetto*. New York: New York University Press.

Thompson, Clive. 2005. "The Rise of the Microneighborhood." *New York Magazine*, May 21.

Tissot, Sylvie. 2011. "Of Dogs and Men: The Making of Spatial Boundaries in a Gentrifying Neighborhood." *City & Community* 10: 265–284.

Tomasky, Michael. 2008. "The Day Everything Changed." *New York Magazine*, September 28.

Toth, Jennifer. 1993. *The Mole People: Life in the Tunnels beneath New York City*. Chicago: Chicago Review Press.

Toy, Vivian S. 2009a. "The Diaper District." *New York Times*, Real Estate Section, February 22.

———. 2009b. "Edgewater Park and Silver Beach Gardens, the Bronx: Co-ops Galore, but Not a High Rise in Sight." *New York Times*, Real Estate Section, August 2.

Traore, Rosemary L. 2004. "Colonialism Continued: African Students in an Urban High School in America." *Journal of Black Studies* 34: 348–369.

Trump, Donald J. (with Tony Schwartz). 1987. *Trump: The Art of the Deal*. New York: Random House.

Tuan, Mia. 2005. *Forever Foreigners or Honorary Whites?: The Asian Ethnic Experience Today*. New Brunswick, NJ: Rutgers University Press.

Turhan, Suna. 2012. "Bay Rich: Turks and More in Bay Ridge." Research paper. Department of Sociology, City University of New York Graduate Center.

Turner, Bryan. 1987. "A Note on Nostalgia. *Theory, Culture, and Society* 4: 147–156.

Tyler, Gus. 1987. "A Tale of Three Cities." *Dissent* (Fall): 463–470.

Tzou, Alice. 2011. "The Spirit of East Harlem: Beautiful but Misunderstood." Research paper. Department of Sociology, City University of New York Graduate Center.

Ukeles, Jacob B., and David A. Grossman. 2004. *Report on Jewish Poverty*. New York: Metropolitan Council on Jewish Poverty.

Ultan, Lloyd. 1997. "Shorehaven." *Bronx Roots-L-Archives*, August 7. Online publication.

Ultan, Lloyd, and Barbara Unger. 2000. *Bronx Accent: A Literary and Pictorial History of the Borough*. New Brunswick, NJ: Rivergate Books.

"Unfamiliar Names on Familiar Streets." 2007. *New York Times*, Letters to the Editor, April 29.

U.S. Census Bureau. 1990. *U.S. Census*. Washington, DC: Bureau of the Census.

———. 2000. *U.S. Census*. Washington, DC: Bureau of the Census.

———. 2004 (March.) *Current Population Survey*. Washington, DC: Bureau of the Census.

———. 2010. *U.S. Census*. Washington, DC: Bureau of the Census.

Vaisey, Stephen. 2007. "Structure, Culture, and Community: The Search for Belonging in 50 Urban Communes." *American Sociological Review* 72: 851–873. Vandam, Jeff. 2008. "Condos Flood In; Hipness Stays Afloat." *New York Times*, Real Estate Section, December 21.

_____. 2009. "History, with Hipper Retailing in Bed-Stuy." *New York Times*, Real Estate Section, August 23.

_____. 2010. "The Bigger Little Italy." *New York Times*, Real Estate Section, February 3.

Vanderkam, Laura. 2011. "Where Did the Korean Greengrocers Go?" *City Journal* (Winter): 54–61

Vedantam, Shankar. 2010. "Shades of Prejudice." *New York Times*, January 19.

Venkatesh, Sudhir. 2008. *Gang Leader for a Day: A Rogue Sociologist Takes to the Streets*. New York: Penguin Books.

Vergara, Camilo José. 2009. "125th and Lex." *Slate*, December 3. Online. Vesselinov, Elena, Matthew Cazessus, and William Falk. 2007. "Gated Communities and Spatial Inequality." *Journal of Urban Affairs* 29: 109–127.

Vigdor, Jacob L. 2002. "Does Gentrification Harm the Poor?" *Brookings-Wharton Papers on Urban Affairs* 3: 133–173.

Vitale, Alex S. 2008. *City of Disorder: How the Quality of Life Campaign Transformed New York Politics*. New York: New York University Press.

Vitello, Paul. 2009. "Pastor at Riverside Church Ends Stormy Tenure with Unexpected Resignation." *New York Times*, July 1.

Viteritti, Joseph. 1992. "Should Staten Island Leave the City?" *City Journal* (Autumn): 9–12.

Waldinger, Roger D. 1986. *Through the Eye of the Needle: Immigrants and Enterprise in New York's Garment Trades*. New York: New York University Press.

_____. 1996a. *Still the Promised City?: African-Americans and New Immigrants in Post-Industrial New York*. Cambridge, MA: Harvard University Press.

_____. 1996b."From Ellis Island to LAX: Immigrant Prospects in the American City." *International Migration Review* 30: 1078–1086.

_____. 2001. *Strangers at the Gates: New Immigrants in Urban America*. Berkeley: University of California Press.

_____. 2011."Immigration: The New American Dilemma." *Daedalus* 140: 215–225.

Walsh, Kevin. 2006. *Forgotten New York: Views of a Lost Metropolis*. New York: HarperCollins.

Way, Christina Halsey, ed., and Mary Delaney Krugman. 1998. *The Architectural and Historical Resources of Riverdale, the Bronx, New York: A Preliminary Survey*. Riverdale Nature Preservancy.

Wayne, Leslie. 1987. "5-Year Stock Rally: The Far-Reaching Impact." *New York Times*, August 3.

Weidman, Jerome. 1974. *Tiffany Street*. New York: Random House.

Weinstein, Emily. 2009. "One in a Million: The Religious Runaway." *New York Times*, Metropolitan Section, May 24.

Weisbord, Robert G., and Arthur Stein. 1972. *Bittersweet Encounter: The AfroAmerican and the American Jew*. New York: Schocken Books.

Wellman, Barry. 1988. "The Community Question Re-evaluated." In *Power, Community, and the City*, edited by Michael P. Smith, 81–107. New Brunswick, NJ: Transaction Books.

White, Norval, and Elliot Willensky. 2000. *AIA Guide to New York City*. New York: Crown.

Whitman, Walt. 1954. *Leaves of Grass*. New York: Signet Classics.

Whyte, William H. 1988. *City: Rediscovering the Center*. New York: Doubleday.

Wichmann, Moritz. 2012. "From Pit Bull to Terrier: Continuities and Change—The Gentrification of East Harlem." Research paper. Department of Sociology, City University of New York Graduate Center.

Williams, Terry, and William Kornblum. 1994. *The Uptown Kids: Struggle and Hope in the Projects*. New York: Grosset/Putnam.

Williams, Timothy. 2008. "Mixed Feelings on 125th Street." *New York Times*, June 13.

Wilson, Claire. 2001."About an Island That's Worth Remembering." *New York Times*, August 17.

Wilson, Michael. 2011. "On Quiet Roosevelt Island, Unease Pays a Sudden Visit." *New York Times*, December 10.

Wilson, William Julius, and Anmol Chaddha. 2009. "The Role of Theory in Ethnographic Research." *Ethnography* 10: 549–64.

Wines, Michael. 2011. "Picking the Pitch-Perfect Brand Name in China." *New York Times*, November 12.

Winnick, Louis. 1991. "Letter from Sunset Park." *City Journal* (Winter): 75–77.

Winston, Hella. 2006. *Unchosen: The Hidden Lives of Hasidic Rebels*. Boston: Beacon Press.

Wolfe, Tom. 1987. *The Bonfire of the Vanities*. New York: Farrar, Straus, Giroux.

Wolff, Kurt H., ed. and trans. 1950. *The Sociology of Georg Simmel*. New York: Free Press.

Woods, Vidal. 2010. "Kips Bay Clubhouse Welcomed by Residents." *Bronx Youth Heard*, July 12.

Wright, Christian L. 2011. "An Avenue Arrives, Tourists and All." *New York Times*, Real Estate Section, November 12.

Wright, Kai. 2008. "Where Murder Won't Go Quietly." *New York Magazine*, January 7.

Wright, Talmadge. 1997. *Out of Place: Homeless Mobilizations, Subcities, and Contested Landscapes*. Albany: State University of New York Press.

Wyly, Elvin, and James DeFilippis. 2010. "Mapping Public Housing: The Case of New York City." *City & Community* 9: 61–86.

Wynn, Jonathan R. 2011. *The Tour Guide: Walking and Talking New York*. Chicago: University of Chicago Press.

Xu, Fang. 2010. "The New Lower East Side: A Hipstoic Neighborhood." Research paper. Department of Sociology, City University of New York Graduate Center.

Yardley, Jim. 1999. "Perils amid Lure of Gentrification: Slaying Brings Shock to Gentrified Neighborhood." *New York Times*, March 11.

Yost, Mark. 2010. "A Piece of Handball Heaven." *Wall Street Journal*, May 29–30.

Young, Alford, Jr. 2006. *The Minds of Marginalized Black Men: Making Sense of*

Mobility, Opportunity, and Future Life Chances. Princeton, NJ: Princeton University Press.

Yukich, Grace. 2010. "Boundary Work in Inclusive Religious Groups: Constructing Identity at the New York Catholic Worker." *Sociology of Religion* 71: 172–196.

Yungreis, Esther. 1978. "Rebbetzin's Viewpoint." *Jewish Press*, December 1.

Zeitz, Joshua M. 2007. *White Ethnic New York: Jews, Catholics, and the Shaping of Postwar Politics*. Chapel Hill: University of North Carolina Press.

Zengerle, Jason. 2009. "Repeat Defender." *New York Magazine*, November 22.

Zentella, Ana Celia. 2010. "Spanish in New York." In *Hispanic New York: A Sourcebook*, edited by Claudio Iván Remeseira, 321–353. New York: Columbia University Press.

Zhang, Xinyu. 2012. "An Urban Arcadia: Forest Hills in New York City." Research paper. Department of Sociology, City University of New York Graduate College.

Zhou, Min. 1992. *Chinatown: The Socioeconomic Potential of an Urban Enclave*. Philadelphia: Temple University Press.

———. 2009. *Contemporary Chinese America: Immigration, Ethnicity, and Community Transformation*. Philadelphia: Temple University Press.

Zimring, Franklin E. 2012. *The City That Became Safe*. New York: Oxford University Press.

Zipp, Samuel. 2010. *Manhattan Projects: The Rise and Fall of Urban Renewal in Cold War New York*. New York: Oxford University Press.

Zukin, Sharon. 1982. *Loft Living: Culture and Capital in Urban Change*. Baltimore, MD: Johns Hopkins University Press.

———. 1987. "Gentrification and Capital in the Urban Core." *Annual Review of Sociology* 13: 129–147.

———. 1995. *The Cultures of Cities*. Cambridge, MA: Blackwell.

———. 2002. "What's Space Got to Do with It?" *City & Community* 1: 345–348.

———. 2010a. *Naked City: The Death and Life of Authentic Urban Places*. New York: Oxford University Press.

———. 2010b. "How the City Lost Its Soul: American Cities Are Safer Than Ever

Before—But They're Deader Too." *Playboy*, April.

Zukin, Sharon, and Ervin Kosta. 2004. "Bourdieu Off-Broadway: Managing Distinction on a Shopping Block in the East Village." *City & Community* 3: 101–114.

Zukin, Sharon, Valerie Trujillo, Peter Frase, Danielle Jackson, Tim Recuber, and Abraham Walker. 2009. "New Retail Capital and Neighborhood Change: Boutiques and Gentrification in New York City." *City & Community* 8: 47–64.

* 『뉴욕타임스』는 온라인과 종이 신문을 모두 참조하고 있다. 온라인 자료는 제목과 날짜가 조금씩 다르다. 온라인 자료든 종이 신문 자료든 온라인 타임스 아카이브에서 문제없이 찾아볼 수 있을 것이다. 『뉴욕매거진』의 기사들 또한 온라인 자료다.

THE NEW YORK NOBODY KNOWS

옮긴이 딜런 유 Dylan Yu

서울대학교를 졸업하고 LG종합상사에서 근무하다 미국으로 건너가 뉴욕시립대학교 MBA를 거쳐 2000년부터 미국의 금융정보회사에서 근무하고 있다. 옮긴 책으로는 『일본에 간 베이브 루스』가 있다.

아무도 모르는 뉴욕

세계 최대 도시는 어떻게 살고 있는가

초판 인쇄 2022년 6월 10일
초판 발행 2022년 6월 30일

지은이 윌리엄 B. 헬름라이히
옮긴이 딜런 유
펴낸이 강성민
편집장 이은혜
책임편집 진상원
마케팅 정민호 이숙재 김도윤 한민아 정진아 우상욱 정유선
브랜딩 함유지 함근아 김희숙 안나연 박민재 박진희 정승민
제작 강신은 김동욱 임현식

펴낸곳 (주)글항아리 | 출판등록 2009년 1월 19일 제406-2009-000002호
주소 10881 경기도 파주시 회동길 210
전자우편 bookpot@hanmail.net
전화번호 031-955-2696(마케팅) 031-955-2670(편집부)
팩스 031-955-2557

ISBN 979-11-6909-010-0 03300

잘못된 책은 구입하신 서점에서 교환해드립니다.
기타 교환 문의 031-955-2661, 3580
www.geulhangari.com